Employee Assistance Programs:
Wellness/Enhancement Programming *(Fourth Edition)*

员工帮助计划
促进身心健康的方案（第四版）

Michael A. Richard
【美】 William G. Emener ◎主编
William S. Hutchison, Jr.

王京生　宋国萍　赵　然◎译
王京生◎审校

中国轻工业出版社

图书在版编目（CIP）数据

员工帮助计划：促进身心健康的方案：第4版／（美）理查德（Richard, M. A.）等主编；王京生，宋国萍，赵然译. —北京：中国轻工业出版社，2013.10（2016.9重印）

ISBN 978-7-5019-9254-6

Ⅰ. ①员… Ⅱ. ①理… ②王… ③宋… ④赵…

Ⅲ. ①企业管理-人事管理-管理心理学-研究

Ⅳ. ①F272.92

中国版本图书馆CIP数据核字（2013）第093323号

总 策 划：石铁

策划编辑：孙蔚雯　戴婕　　责任终审：杜文勇

责任编辑：孙蔚雯　郑晓辰　　责任监印：刘志颖

出版发行：中国轻工业出版社（北京东长安街6号，邮编：100740）

印　　刷：三河市鑫金马印装有限公司

经　　销：各地新华书店

版　　次：2016年9月第1版第2次印刷

开　　本：850×1092　1/16　印张：26.25

字　　数：380千字

书　　号：ISBN 978-7-5019-9254-6　定价：60.00元

著作权合同登记　图字：01-2010-6088

读者热线：010-65181109，65262933

发行电话：010-85119832　传真：010-85113293

网　　址：http://www.chlip.com.cn　http://www.wqedu.com

电子信箱：1012305542@qq.com

如发现图书残缺请与我社联系调换

100611J6X101ZYW

译者序

一本书的翻译，通常应该是读过之后觉得有价值才将其译出。而本书的翻译过程却并非如此。当初宋国萍博士提出要合作翻译这本书时，我对EAP（员工帮助计划）的认识只是停留在“为企业提供心理服务”的水平上，我相信这也是许多人对EAP的认识。因为中文版本的EAP著作很少，而从这本书的目录上来看，它内容比较丰富，像是一本EAP的小百科全书，觉得有介绍价值，于是决定翻译这本自己还未曾读过的著作。我一边学习，一边理解，一边翻译。译着译着，就对EAP有了新的认识，也就越发觉得把这本书介绍给国人是一件非常有意义的工作。同时，翻译过程中的心理压力也随之增大，甚至有些诚惶诚恐，生怕由于自己的能力不足而降低了这本书应有的价值。

EAP对中国的心理学界来说，已经不是一个陌生的概念。但在许多人看来，EAP的主要工作就是为企业员工提供咨询、举办教育讲座、培训或者开展团体活动等。这些固然都是EAP工作的重要内容，但却绝不仅限于此。在本书的翻译过程中，我经常会有一种力不从心之感，本书所涉及的范围太广了！它涵盖了美国的政治、法律、经济、种族、宗教、教育和医疗体制等各个领域，翻译难度超出了我的预期。它似乎不是我想象中的EAP，它所提供的其实是一种远超出心理学的全方位的综合服务。译完全书之后我深深感到，在中国开展EAP工作，至少有以下几个问题需要我们认真加以思考和解决，这也许就是本书最值得我们借鉴和参考的地方。

首先是EAP工作者的角色定位问题。从美国EAP的工作内容来看，EAP服务绝不是心理学工作者所能够独自胜任的。至于EAP工作者是应该叫EAP专员，还是叫协调员，或者称之为项目经理？业界可能会有不同的认识。尽管EAP工作的核心技术是以短程心理咨询为主，但从事EAP工作的却未必都是心理学出身。EAP工作者有些像军队中的卫生员，什么都懂一些，又什么都不精；什么都管，又什么都不深管。他们主要的责任是早发现、早预防，防患于未然，或者是在做出评估的基础上提供初步的应急处理，而后续工作多是交给更为专业的机构或专家。换句话说，EAP工作者做得最多的工作是为前来求助的员工提供转介，很像医疗机构的分诊。但这项工作却有着不可替代的独特价值，很难将这样一个岗位归入现有的哪一个专业，可以说EAP本身就是一个独特的新专业。因此，EAP工作者的培养模式也应是独特的，肯定不同于心理咨询师的培训模式。

其次是资源整合问题。无论是在企业内部设置EAP部门，还是从外部购买EAP服务，或者采用内外结合的方式，EAP工作者都不可能独自完成其任务。如何充分利用周边的资源并将各不同专业机构的资源加以整合，在互惠共赢的基础上为我所用，这在我国还是一个全新的课题，然而也是开展真正意义上的EAP服务所必须要解决的问题。

第三是EAP的服务对象问题。虽然EAP工作者的专业性看似并不很强，但其工作难度却不亚于专职的心理咨询与治疗，所以我才强调EAP本身就是一个独特的专业。一般的心理咨询只对求助者本人负责。而EAP却要同时对两个客户负责。毫无疑问，EAP的主要工作对象是企业的员工，它必须为员工提供优质服务，也就是说，它要对员工当事人负责。但EAP服务是由企业购买的，企业购买EAP的目的是为了提高生产效率。尽管企业的效益与员工的身心健康从根本上说应该是相互促进的，至少不应是对立的，但基于自身的利益，劳资双方难免在诸多领域和诸多方面发生冲突。EAP工作者要同时服务于企业管理者和员工这两个客户，就必须要协调好这一矛盾。EAP工作者不是企业主用来管理员工的工具，但也不可能完全站在员工的立场上做工作，有时出于安全的考虑，同时也是从企业的利益考虑，也要对有问题的员工做强制性的转介。特别是当企业因某种原因要辞退员工时，EAP工作者的角色就更为复杂了，此时他要为员工提供帮助，但又不是帮助员工为自己主张权利，主张权利的工作应该是由工会来承担的。在美国，工会的角色十分重要，企业的EAP若不能获得工会的支持，则不可能取得成功。但它的立场与当事的某员工个体的立场也不完全一致。所以这种面向双重甚至多重客户的服务，必须使各方同时受益，并且满意，其难度不言而喻。为企业提供的服务不仅是解决员工个体面临的种种困难，使之以健康、积极的身心状态投入到工作之中，它还包括在为员工提供这些服务的同时，要从中发现管理方存在的各种问题（有些就是造成员工问题的重要影响因素），并对此做出客观的分析和评估，为改善企业的管理提供具有科学性的咨询建议。这对于EAP从业者的专业素养提出了更高的要求。

第四是EAP服务效果的评估问题。心理咨询通常都是按时间收费的，而EAP显然不能用这么简单的方式来核算其报酬。除了为员工提供服务，EAP从业者还要会给企业算经济账。EAP服务的效果如何，无论是由企业管理方来评估，还是由企业聘请第三方来评估，EAP工作者自己首先要提交一本清晰的经济账。你做了哪些具体工作，这些工作给企业带来了哪些效益，或者是避免、减少了哪些损失？这笔账如果自己不会算，是没有人替你算的。企业购买EAP服务的最大动力就是经济效益，赔本的生意是不做的。做出令人信服的效果评估，让企业从投入产出比上认可你的贡献，继续购买服务甚至签订长期合同自然就不是问题了。如何把这笔账算得清楚、客观，让雇主口服心服，这就需要科学的评估方法。这可不是在汇报你为企业做了多少次讲座，为多少名员工做了咨询，而是这些工作究竟产生了什么效果，从经济效益上应如何理解。因而掌握这种评估方法应该是EAP培训的一项重要内容。本书在这方面的介绍对我们独具启发意义。

此外，本书介绍的EAP工作案例涉及面十分广泛，几乎覆盖了美国社会的各大主要行业。虽然我们一直在使用“企业”与“员工”这样的概念，但它的服务对象却不仅限于企业，只要有管理者与被管理者，就有EAP的用武之地，如政府公务员、警察、律师、学校、职业运动队、教会以及其它宗教组织等。从这个意义上说，EAP工作需要的是科学与艺术的结合，既要掌握EAP服务的一般规律，又要熟悉服务对象各自的独特特点。就EAP工作者个体而言，除了接受EAP专业的基本训练之外，也要充分发挥自身的优势。每个EAP从业者都有着不同的专业背景，要面对各种不同类型的客户，有时需要扬长补短，有时则需要扬长避短。但是，面对日趋增长的巨大社会需求，只要勤奋学习，善于思考，勇于实践，EAP从业者的职业前景应该是相当乐观的。

本书可以被看作是一本EAP手册，它较为全面地介绍了EAP的发展历史、现状、领域、方法、重点以及现实中的突出问题。由于国情、体制、管理环境和企业文化的不同，我们不应该也不可能盲目地模仿和机械地照搬。在国家日益走向全球化的今天，东西方EAP工作中共性的东西要远远大于其文化差异。所以我相信，我国的EAP从业者一定可以从中获得诸多的借鉴和启示。至于国情不同的问题，相信读者自有分辨与取舍的能力。

本书的第四章至第七章、第二十二章、第三十二章以及第三十七章至第三十九章由宋国萍博士翻译；第八章至第十六章、第二十章、第二十一章以及第四十一章至第四十三章由赵然博士翻译；本人负责翻译第一章至第三章、第二十三章至第三十一章、第三十三章至第三十六章、第四十章以及前言、作者简介、编者简介以及全书的统稿与审校。

在本书中有太多我们不熟悉的人名与术语，理应都附有原文。但如果再加上出于学术规范而必须保留的文献索引的话，每一页都将会有大量的英文充斥其间。为了避免因此而造成的页面杂乱感，也为了让读者能够对书中的一些重要人物的名字印象深刻，利于阅读，我们将其全部译成中文，只是在这些人名与术语第一次出现时附上原文，此后则只用中文。

前面已经提到，此翻译是出于兴趣，而非专长，因而翻译过程也是一个学习的过程。许多概念都是陌生的，许多思路是在翻译的过程中慢慢理清的，加之对美国国情缺乏了解，因此误译在所难免，也望读者给予指正。

王京生

2013年5月4日

前　言

自2001年“9·11事件”发生以来，加之其他一些事件的推波助澜，商界和职场正在发生着螺旋上升式的变革，这一切激发并驱使我决定对本书做第四版的修订。这些对工作、就业以及员工帮助计划（Employee Assistance Programs，以下简称EAP）造成深刻影响的事件包括：

- 在国际竞争环境下，不断增长的全球经济与飞速变化的产业发展前景。
- 逐步改变的劳动力构成，包括越来越多的单身父母、合法的或非法的外籍劳工，还有迅速增长的老龄化劳动人口。
- 美国陆续卷入耗资巨大的伊拉克战争和阿富汗战争。
- 经济危机打碎了许多劳动者有关金融安全和私有住房的梦想。
- 自然灾害，诸如①2004年12月26日，在地壳下积蓄了数百年的巨大力量瞬间爆发，猛烈地撼动着大地，继而引发了一系列致命的海啸，并以喷气式飞机的速度席卷了整个印度洋。最终，这场历史上最具毁灭性的海啸造成了11个国家共15万人的死亡或失踪，数百万人流离失所；②2005年8月末，有史以来大西洋第六强飓风，美国历史上造成损失最为惨重的五大致命飓风之一卡特里娜飓风席卷美国；③加利福尼亚森林大火摧毁了数百间房屋及数千亩土地。
- 校园枪击案，诸如1999年4月20日的科伦拜校园屠杀事件;2007年4月16日，位于弗吉尼亚州布莱克斯堡的弗吉尼亚理工学院两小时内竟连续发生了两起袭击事件；另一枪击事件发生在2008年2月份的北伊利诺伊大学，该事件造成包括枪击者在内的6名学生身亡，这给生活在迪卡尔布县的5名被害年轻女孩的家人带来了无尽的悲痛。

查尔斯·C. 托马斯出版有限公司总裁迈克尔·托马斯（Michael Thomas）先生给予我的诚挚鼓励进一步坚定了我出版本书第四版的决心。迈克·理查德（Mike Richard）、比尔·艾米纳（Bill Emener）和比尔·哈奇森（Bill Hutchison）分析了前三版的成功因素，并适时地考虑到了新版本要达到同样成功将面对的巨大挑战。

在该书的43章中，有21章（48%）选自前两个版本，11章（26%）是选自第三版中新增的内容，另外11章（26%）是为第四版专门撰写的。在书中的15处评注与补充资料里，有9处(60%)是为最新的第四版单独引入的。因此，当你饶有兴致地品读第三版中翔实、深刻并且与时俱进的资料时，你会发现全新修订版增加了11章的新内容和9篇新的补充评注。它们均出自该领域的专家之手，这使得第四版得以成为当今EAP领域最为前沿的著作。

怀着最崇高的敬意，我们向共同合作编撰第四版这43章的一流的专家们致以深深的谢意。尤其要感谢参与编撰工作的46位同事，他们中的17位或独立或合作编撰了第四版中11章的新内容，9篇新的评注。为此，我们要深怀敬佩地说，正是因为他们，第四版才得以成为当今乃至未来的“前沿之作”。

撰写第四版的过程的确充满了艰辛与挑战。尽管如此，我们仍然相信，通过高效率和富有实效的援助行为，促进并改善员工及其家人的生活质量，对于现在或将来的EAP专业人员的要求将越来越高。令人鼓舞的是，尽管EAP从业者面临着令人不安的社会变革和各种新的挑战，他们仍然在以积极的方式努力满足员工们的各种需求。有报告显示，尽管存在着诸多独特的挑战，EAP从业人员的职业倦怠感依然保持在较低水平。我们完全有理由相信，他们会及时适应这种变革，并最终取得成功。此外，对于他们的不懈努力来说，第四版无疑将会起到极为重要的帮助作用。

Michael A. Richard

William G. Emener

William S. Hutchison，Jr.

目 录

第四编　项目规划与评估

第五编　专业训练与发展

第六编　特殊问题

第七编 案例选编

第八编 未来之路

第一编

发展历史与基本理念

第一章

1900—1955：基于工作的戒酒方案发展史

Harrison M. Trice
Mona Schonbrunn

谈到基于工作的戒酒方案，其早期历史可以追溯到20世纪初期盛行的工作场所戒酒运动，以及后来那些迫使人们改变长期行为习惯和企业雇用政策的社会经济因素。包括第二次世界大战在内的诸多重大事件严重冲击了劳工市场，以致那些酗酒者只要能够得以康复，就是劳动力市场上所急需的资源。当时许多颇具敏锐眼光和创新意识的企业医师也意识到了这一点。但有证据表明，如果没有匿名戒酒者互助会（Alcoholics Anonymous，AA），没有该互助会的一些成员在推动和支持这些早期方案时所付出的超乎常人的努力，这些方案都难以持续到今天。

为了向读者介绍20世纪四五十年代职场戒酒方案在形成时期所涉及的部分事件、机构和人物，本书的作者们从不同途径收集了大量的资料，其中包括许多来自直接参与早期方案开发的当事人的第一手资料。希望这些资料能有助于提高人们对基于工作的戒酒方案发展历史的兴趣，引发更多的信息挖掘工作，让人们更深入地了解对酗酒问题干预实践产生过巨大影响的戒酒运动。

导言

尽管近年来人们有一种对“新发展”推崇备至的趋势，而对于早期基于工作的戒酒方案在戒酒运动中的作用没有给予应有的尊重，但越来越多的人开始对该运动的发展历史产生浓厚兴趣。许多从业人士对早期的运动感到非常好奇，相信其中必有很多趣闻和有个性的人物，他们也许可以通过对前辈活动的了解，探寻到戒酒运动日渐突显的重要意义。

为了能对20世纪四五十年代基于工作的戒酒运动的形成期所涉及的事件、组织和人物做部分介绍，我们一直努力从各种途径搜集资料。首先，我们试图寻找并获取曾参与早期运动、现仍然健在的当事人的回忆和讲述。找到他们后，我们尽力安排面谈并录音，或让他们按照统一的原则为我们录音，或以信件的形式撰写回忆录。

另一途径是查阅当时以及“二战”前几十年的文献资料。此外，我们还拜访了匿名戒酒者互助会总部，获得了相关的信件复印件（匿名）。克里斯托弗·史密瑟斯基金会（Christopher D. Smithers Foundation）还允许我们使用其档案资料。长期担任美国反酗酒委员会（National Council on Alcoholism，NCA）副董事长的伊夫林·加德纳（Yvelin Gardner）先生为我们提供了一些私人文件和协会资料。同时，我们还在美国锡拉丘兹（Syracuse）大学图书馆找到了美国反酗酒委员会创始人并担任该委员会执行董事多年的马蒂·曼恩（Marty Mann）夫人的论文集。我们还非常幸运地得到了美国反酗酒委员会企业服务部前主任路易斯·F. 普雷斯奈尔（Lewis F. Presnall）的支持，为我们提供了5盘有关背景资料的磁带。除此之外，密尔沃基信息与转介中心（Milwaukee Information and Referral Center）的前主任J. S. 乔治（J. S. George）与我们分享了对这段历史的回顾。

尽管获得了上述帮助，我们依然对本章所述的很多内容没有充分的把握，希望读者能理解我们是第一次尝试在本章中将过去5年收集到的资料加以整合。如果有人认为我们的内容有误（我们也的确会在某些观点和结论上有误），我们诚邀读者给予指正。正因为本文是我们的首次尝试，我们不揣冒昧，特邀您与我们分享您所拥有的任何历史资料，我们将以专业的方式处理这些资料，用以更正或补充我们的内容。通过深入了解早期运动的形成以及那些先驱们所做出的贡献，我们都会从中获益。正是这些具有奉献精神的先驱们所引领的这场伟大的创新运动，使得那些酗酒的员工走向了康复。

基于工作的戒酒方案的发源

具有讽刺意味的是，基于工作的戒酒运动之所以产生，其首要根源及发生背景居然是因为当时人们普遍把饮酒作为提高工作效率的重要手段。在19世纪前半叶，几乎所有行业的工人都可以在工作场所饮酒，费用大都由雇主支付，并专门为工人留出了饮酒的时间（Krout，1925；Furnas，1935）。比如在美国南部，男人们在工作时间一般都可以享受特殊的工作茶点——“下午酒歇”，即威士忌和白兰地版本的下午茶歇（Janson，1935）。在英格兰，当时的码头工人至少有4～5次饮酒休息时间，这种状况一直持续到20世纪，“在工作时间几乎没有任何饮酒限制”（Sullivan，1906）。这种做法在18世纪的英国更为普遍。在当时的伦敦，许多行业的工人普遍都离不开酒馆，有些酒馆在当时甚至扮演着就业中介的角色。更极端的情况是，运煤船上的工人几乎被要求每天都要饮一定量的酒，费用从其工资中扣除——不管其是否饮酒（George，1925）。也有一些雇主在工作场所售酒，并不断在工资中扣除这些费用。

很显然，这种饮酒习惯已深深地植根于工人阶层的休闲与工作行为之中……渗透到拓荒者的全部或大部分生活里。他们“饮酒完全自由，并且经常过量”（Winkler，1968）。一波又一波的移民在饮酒形式上虽有所不同，但大多数人都持支持态度。这进一步促进了工作期间或工作之外饮酒习惯的广泛传播（Sinclair，

1952）。尽管许多人曾试图努力根除工人的这种行为习惯（Gulinan，1977），但直到19世纪下半期，这种习惯依然如故，并一直维持到了20世纪（Stivers，1976）。

首先对工作场所饮酒问题表示关切并试图以非惩罚性措施处理该问题的，可能是一个叫做"华盛顿人"（Washingtonians）的组织（Fehlandt，1904）。该组织在某种程度上应该是匿名戒酒者互助会的先驱，因为这个组织倡导完全戒酒，并通过召开小组会来"传达主的旨意"。该组织在19世纪中期曾有一个短暂的全盛时期，后因政治和宗教的原因而消亡。但该组织的确为匿名戒酒者互助会大量参与20世纪四五十年代基于工作的戒酒方案奠定了基础。"华盛顿人"组织的宗旨之一是"以一带一"，工人是其主要目标群体，其成员经常会在工作环境中找到过度饮酒者，建议其雇主和同事向他们传达"主的旨意"。比如，在美国内战期间和内战结束之后，"华盛顿人"组织曾一度在芝加哥一个著名出版公司的员工中非常活跃。

由于现有文献大都是针对酗酒问题的讨论，而对功能性饮酒或"支付性饮酒"的探讨较少（Bacon，1976；Trice & Beyer，1977）。所以，关于饮酒对工人阶层生活的积极作用，我们所知甚少。但很显然，当时人们认为饮酒对工作是有诸多好处的。因此，在19世纪80年代至20世纪20年代，当大量农场主和雇主希望训练和组织更可靠、更好控制的劳动力而试图根除工作场所饮酒习惯时，他们面临的是一个长期而艰巨的任务，充满了激烈的价值争论。正是在这种背景下才可以找到基于工作的戒酒方案的首要根源。尽管困难重重，反对声浪巨大，这种纵容工作场所饮酒的习俗在20世纪初的几十年中还是慢慢地消失了。

美国社会各阶层都参与了禁酒运动，尤其是雇主们，不遗余力地消除工厂内的饮酒行为，以彻底根除这个使工人无法适应正常社会生活的严重问题。其中最为显著的例子是钢铁行业的雇主们（Hendrick，1916）。他们采取了各种说服手段，甚至不惜用解聘来禁止工作场所的饮酒行为。在19世纪末和20世纪初，美国的许多铁路部门都要求无论是工作时间还是工作时间以外，都实行完全禁酒（Timber-take，1963）。对禁酒运动有直接推动作用的是20世纪二三十年代盛行的"效率准则"观念（Haber，1964）。这种"准则"的形式之一就是商业效率。除了纪律性、自立和勤奋等良好的个人道德品质外，当时人们理想中盈利、高效的商业企业，就是让高效率的员工在高效率的环境中工作。这种理念甚至影响了家庭主妇、牧师和教师。泰勒主义是这种理念在工作场所的集中体现，人们仔细盘算如何以最少的时间和最高的效率来完成工作，由此形成了一种氛围，即不可想象还要留出休息时间让员工去喝杯啤酒！无论原因如何，效率低下的工人都是令人难以容忍的，酒精成为提升工作效率的大敌。

同样对禁酒运动形成有力影响的事件是各州颁布了关于发放工人赔偿金的法规。根据各州法律，不论工作事故由谁造成，雇主必须为那些在工作中受到人身伤害的员工提供经济赔偿。因此，雇主们更加担心工人会由于醉酒而引发工作失误，给自己或他人（抑或两者）造成伤害。总而言之，禁酒运动、泰勒主义和工人赔偿金法规的颁布，这三股力量联合起来，推动了工作场所饮酒现象的消除。

随着这些运动的进一步推动，很快就产生了各种惩罚性措施，并在很多工作岗位得以推行。由此形成了一种批判性态度，人们对那些醉酒甚至下班后醉酒的人极其愤怒和厌恶。可以毫不夸张地说，由这些禁酒运动所形成的酗酒耻辱感，也加速了工作场所酗酒现象的消失。

不管动机如何，这一时期的人们开始真正关心醉酒、酗酒和饮酒对工作绩效的影响，这与长期以来雇主鼓励或接受工作场所饮酒的历史状况形成了鲜明的对比。20 世纪前 20 年出现了让工业企业了解这些问题的共同力量。沙利文指出，“工业领域酗酒行为”是尤为严重地降低生产力的因素，它源于工人希望通过饮酒来缓解繁重劳动所带来的压力。在工业领域酗酒情况严重的英国码头工人中，罹患酗酒相关疾病的工人比例很高，而在酗酒情况较轻的煤矿工人中，患有同样疾病的工人比例就比较低（Sullivan，1906）。引用这两组数据后，沙利文呼吁应该消除而不是鼓励工作中的饮酒。按照他的观点，实施这种方案将解决酗酒的主要根源问题。美国安全博物馆曾将欧洲企业为了制止工人在工作场所的饮酒行为而采取的各种方法编辑出版，并大量销售给各行各业的管理者。其中提到，企业管理者们之所以采取这些行动，主要是因为工人们的饮酒行为不仅会带来工作效率的降低，如果该行为发生在机械化程度高的工厂，还会增加发生工作事故的可能性（Tollman，1911）。

在随后的 1915 年，《展望》（*The outlook*）杂志简要公布了对美国中西部地区 63 家大型企业的调查结果：即使是少量的饮酒，也会造成工作效率的降低。该杂志还向人们介绍如何使用包括解雇在内的各种方法来制止员工的饮酒行为。这一结果正是由“工业领域的新科学效率运动”所带来的。对该时期发生事件的总体评述出现在 20 世纪 40 年代早期耶鲁饮酒问题研究中心最早发表的一篇文章中（*Quarterly Journal of Studies on Alcohol*，1942），该文章在很多方面是对早期方法的扩展和提炼。一位不具名的大型炼铁厂副总裁在其早期文章中解释了福音传道者比尔·萨岱（Bill Sunday）对工作生产力的积极影响，他认为生产效率的提高并非出于宗教原因，“工人效率提高的原因是饮酒的减少”（Theiss，1914）。因此，工作期间饮酒对工作绩效的不良影响成为“二战”前主要关注的问题，尽管在第一次世界大战前人们就早已意识到了这一点。最初强调这一点的首先是那些工作在一线领域的员工。值得一提的是，他们并不是医务人员或人事部门人员，也不是企业外部试图影响雇主的人。更确切地说，他们大多是生产线上的管理者，他们主要关心的是生产任务的完成。然而，这些早期的努力其实都仅仅关注了饮酒和酗酒问题。虽然后来的 EAP 也十分关注其他个人问题，但基于工作的戒酒方案毫无疑问起源于工作场所的饮酒问题。

20 世纪 40 年代初期和中期：真正的戒酒方案出现

这一时期的三股强大力量联合起来，令人们认识到饮酒对工作效率的不良影响，使该问题引起了普遍的关注。首先是匿名戒酒者互助会的诞生和迅猛发展。其次是颇具影响力和奉献精神的医疗指导专家在该时期开始支持和积极倡导实施戒酒方案，为新产生的戒酒方案提供高端的指导。第三是该项运动的发展与“二战”期间独特的劳动力市场状况相契合。

1938 年，在美国一共只有三个匿名戒酒者互助会小组，大约 100 名成员。而到 1944 年，匿名戒酒者互助会在美国和加拿大总共拥有 300 多个小组，约 1 万名成员。从 1939 到 1940 年，匿名戒酒者互助会的一个“大手笔”——一本图文并茂的出版物受到了广泛的好评，激起了人们对匿名戒酒者互助会的兴趣。1941 年《星期六晚邮报》(*Saturday Evening Post*)上的一篇文章更是大大促进了该书的销售，形成了关注匿名戒酒者互助活动的热潮（Trice，1958）。1945 年，《时代进行曲》(*March of Time*)栏目拍摄的系列纪录片《酗酒者》突出报道了匿名戒酒者互助会、新成立的美国反酗酒教育委员会（National Committee for Education on Alcoholism，NCEA）和耶鲁饮酒问题研究中心的情况。

可能同等重要的是，匿名戒酒者互助会已引起了几个非常有影响的医疗主管和企业医师的关注，这些人后来也成为了早期项目开发的重要人物。参与调查的受访者在回忆中提到了该时期很多公司医疗主管的名字，其中一个受访者认为，20 世纪 30 年代新英格兰电话公司的医疗主管丹尼尔·林奇（Daniel Lynch）医生，“就时间上来说，他可能是当时第一个在企业实施戒酒方案的人。早在 20 世纪 30 年代中期，他就独自一人实施了医疗主管方案”。其他受访者还提到了杜邦公司的乔治·哥赫曼（George Gehrmann）医生、伊斯特曼·柯达公司的约翰·L. 诺里斯（John L. Norris）医生、联合爱迪生公司的约翰·维特莫（John Witmer）博士和 S. 查尔斯·弗兰克（S. Charles Franco）医生、加拿大贝尔电话公司的 W. 哈维·克鲁科山克（W. Harvey Cruickshank）医生、新英格兰电力公司的詹姆斯·罗伯茨（James Roberts）医生、太平洋电话电报公司的克莱德·格林（Clyde Greene）医生、新泽西州标准石油公司的罗伯特·佩吉（Robert Page）医生、伊利诺伊州贝尔电话公司的哈罗德·梅耶（Harold Meyer）医生和北美航空公司的詹姆斯·劳埃德（James Lloyd）医生。我们将在后面章节具体讨论这些人以及他们所推广的项目。

在很大程度上，对酗酒工人采取康复性措施的基本动机源于第二次世界大战期间特殊的劳动力市场状况。战争所引发的对产能的巨大要求，迫使很多公司对生产效率进行严格精确地计算，在员工的使用上也不得不降低门槛。在这种“生产力最大化”的压力下（Stevenson，1942），因少数工人的低效率而造成的巨大损失成为引人关注的问题。福克斯（Fox，1944）描述了当时对劳动力的要求：“从大萧条时期到要求产能最大化的巨大变革，为工业生产带来了很多新问题，包括不得不聘用那些在正常情况下不会雇用的工人。”于是，像酗酒和饮酒这类在一般情况下典型地不属于工作场所要考虑的问题，现在却引起了企业管理者和医疗主管的关注。比如，新英格兰电气公司的詹姆斯·罗伯茨医生说，公司在战争期间极度需要补充工薪阶层的劳动力，甚至开始在纽约鲍尔瑞街上的职业中介所招募工人。从这里招来的工人有很多都生活在酗酒者聚集的贫民窟，为帮助他们恢复工作能力所付出的努力并不令人满意。他进而强调，公司的这一行为并非出于任何慈善目的，而是不得已而为之。除了雇用“勉强够格的”工人外，战争年代的其他因素也使管理者认识到了在工作场所饮酒带来的相关问题。随着酒精滥用与旷工之间的联系日益明显（*Industrial Medicine*，1943），管理者也逐渐意识到问题的严重性（Jukes，1943）。倒班作业也导致工人在工作时间饮酒，这同时也带来了安全和纪律问题。产能迅速而突然扩大需要延长工作时间，这为饮酒提神提供了理由；也让管理层不得不忍受曾经在一个世纪以前发生过的状况。

也有证据表明，战后的情况加剧了员工的饮酒问题，其中一个因素是退伍军人的再适应问题；另一个因素则是工商业在战后的大规模调整。阿利斯·查默斯公司的人事部门主管亨利·A. 米尔凯利克（Henry Mielcarek）战后发现，这些问题一直持续到了 20 世纪 50 年代（Mielcarek，1951）。

尽管劳动力的状况对早期“干预方案雏形”的形成有巨大影响，但工会却几乎没有介入。应注意的是，这一时期，管理层的介入也是微不足道的。真正早期的干预方案通常是非常“不正规”和“不成文”的，只有直接参与者才了解其发展情况。比如，杜邦公司为保证“戒酒方案秘密进行”而做了大量的工作（凡未注明何人所言的引号内容，均表示是受访者的直接引语），该方案在实施了三四年后才逐渐被人们所了解。如果管理层都不知晓，工会就更不可能了解了。尽管当时工会力量的发展势头良好，但直到 20 世纪 40 年代末 50 年代初，他们才真正参与方案的实施。即便是介入，在很大程度上也是他们自己主动要求介入的。有证据显示，有些方案长期以来被看作是由管理层主导的。当伊斯特曼·柯达公司和杜邦公司公布了自己的方案时，工会是不在其中的。战后其他公司在尝试这些方案时也是同样如此。虽然这种情况变化缓慢，却为未来的方案设计提供了一种模式；同时也引发了诸多的疑惑和争论。

先驱公司：不知名公司与著名公司

在我们收集的资料中，有大量证据显示，战争期间有许多企业采取过某种类似戒酒方案的措施。军方的一些部队似乎也针对战场上的酗酒行为开展过一些行动。服务于战争的美国商船队早就发现，战场上的压力过大导致一些人用过度饮酒来缓解压力。为此，他们建立了自己的康复中心，鼓励人们坦率地正视该问题（JIF，1947）。在我们收集的资料中也有证据显示，美国海军也遇到过同样的问题。

在第二次世界大战期间或刚结束之后，有些公司可能曾尝试过某种形式的戒酒方案（常被看作是“不正规”或“准私立的”），这在我们收集的资料中至少出现过两次以上，但很难确认。其中有底特律的哈德森百货商店和克利夫兰的航空产品公司。同样，我们的资料还提到了舒立兹酿酒公司，但也难以证实。

有确实证据表明，一些公司在 20 世纪 40 年代早期所做的工作，就已经具备了戒酒方案的基本要素。太平洋电话电报公司在 1940 年对员工福利计划进行了修改和补充，决定将因醉酒或饮酒直接或间接造成的伤残纳入到该计划之中。而在此之前，该公司对酗酒问题的处理多带有较大的随意性。新英格兰电气公司因“二战”带来的诸多压力开始在 20 世纪 40 年代中期有计划地控制和帮助酗酒者恢复工作能力。也有迹象显示，伊利诺伊州的贝尔电话公司在“二战”结束前就开始着手解决酗酒问题，这一工作“悄悄地进行，没有管理层的正式支持”。换句话说，所采取的方法是康复性的，但“不宜公开”。至于为什么在当时如此强调“保密性”，我们的受访者都没有给出答案；但可以猜测，酗酒所带来的负面形象恐怕是其重要原因。

西部电气公司在20世纪40年代初期以一系列备忘录的形式制订了康复措施，公司并没有做出任何公开的宣传。一名受访者说，当他20世纪30年代末到西部电气公司开始工作时，这些规章制度就已经存在了。据其所言，工会从一开始就持支持态度——这与工会一般不参与的做法不同。

尽管有证据显示，一些“不成文政策”很早就出现了，卡特彼勒拖拉机公司为应对酗酒问题所做出的正式努力却开始于1945年。同年，公司的医疗部门与康奈尔大学医学院合作，推出了一项面向全公司的综合性心理健康计划，包括解决酗酒问题（Vonachen et al.，1946）。从各方面来看，这就是一个早期的EAP，而不仅仅是针对酗酒员工制订的方案。应该说这是该时期唯一明确的EAP方案。虽然有调查显示，“当时有一个明显的趋向是将工业领域的酗酒问题与更广泛的健康和个人成长方案相整合”（Henderson & Straus，1952），如西部电气公司的霍桑工厂和肯尼科特铜矿公司下属的奇诺矿业部所实施的某种个人咨询方案；但我们的资料显示，这些方案与基于工作的戒酒方案是完全分离的。戒酒方案仅仅关注酗酒问题——文献或其他资料来源中很少提及其他如药物滥用之类的问题。

早期的一些措施似乎正在趋向于形成方案，但大部分时至今日都不为人知。美国西部沿海地区的首个半正规方案是北美航空公司于1944年开始实施的，其人事部经理韦伯·海尔（Webb Hale）与艾尔·S.（Earl S.）共同制订了一个方案（因参考了私人资料或匿名戒酒者互助会的资料，本文遵循匿名戒酒者互助会的传统，仅显示人名和姓的首字母，以尊重成员的匿名性，尤其是曾经为我们提供帮助的仍然健在的匿名戒酒者互助会成员）。艾尔·S.是一名康复了的酗酒者，后被聘为顾问，很快便应邀为其他多个公司提供服务。尽管我们的资料无法显示该公司高层管理者对这个“方案”的认可度，但就总体而言还是很正规的。

战争结束后，加拿大贝尔电话公司的W.哈维·克鲁科山克医生开始对工作场所的酗酒问题感兴趣；但主要因管理层的抵制，该方案多年未得以落实。

在战争期间和战争结束之后，一些企业只是悄无声息地以零敲碎打的方式实施他们的方案。在这样一个背景下，仍然涌现出了一些引人关注的“先锋”企业。其中最为知名的大概要数杜邦公司和伊斯特曼·柯达公司。而将他们二者联系起来的理由是很充分的。很显然，伊斯特曼·柯达公司的约翰·L.诺里斯（John L. Norris）医生与杜邦公司的乔治·H.哥赫曼（George H. Gehrmann）医生在20世纪40年代初期都扮演着非常相似的角色，虽然两人直到1949年才得以在一次会议上碰面。两人都对匿名戒酒者互助会在抑制员工酗酒问题上的有效性印象深刻，提倡采用匿名戒酒者互助会的做法来恢复酗酒工人的工作能力。然而，虽然被公认为“先驱”的两个人出发点相同，但他们在项目开发中所采取的做法却大相径庭：一个采用的是更为正规化的企业内部方案，制订了专门的政策方针，任命了专门的协调人；而另一个则开创了非正式信息网络，直接借助于企业外部社会机构的力量。

哥赫曼医生在特聘匿名戒酒者互助会成员戴维·M.（David M.）的帮助下，制订了杜邦公司的方案，部分是为了解决杜邦公司的几个高价值员工的严重酗酒问题。同样，公司高层管理人员的关注也很重要。很显然，杜邦公司的方案随着战争的结束变得更为正规。

与此相反，此时柯达公司的项目发展却是非正规的，在管理层“默许”的情况下，该公司医疗部门和公司内部匿名戒酒者互助会成员悄然地实施了该方案。没有证据显示柯达公司高层员工认识到了酗酒这一严重问题，尽管这种可能性很大。不管怎样，诺里斯医生与匿名戒酒者互助会建立了联系，将其视为一种社会资源，并按照这种方法在纽约的罗切斯特创建了首个反酗酒委员会，并在反酗酒委员会的支持下建立了一个门诊诊所。

即使对那些公开和非公开的早期方案的发展过程做了上述考察，也很难说清楚哪一个才是史上“第一个”戒酒方案。毫无疑问，西海岸的北美航空公司与东海岸的杜邦公司、柯达公司大约在同一时期以多少有些相同的方式构建了该项目的基本要素。其他公司也有所动作，他们与许多充满奉献精神和工作热情的匿名戒酒者互助会人员一同合作，但大多仍处在“非正规”状态。杜邦公司和伊斯特曼·柯达公司在“二战”结束前后确实实施了非常低调的方案，但双方都有医疗主管利用其地位和专业能力发起和创新了戒酒方案，并取得了历史性的突破。其主要区别是能否获得具相当影响力的管理者的支持，以确保方案的延续性和认可度。这点尤其符合哥赫曼医生的情况。他选择了在企业内部解决问题，逐步地在杜邦公司内部建立一个与社会资源和机构毫无关联的方案。

“内部解决”的概念得到了另一位先驱公司的支持，即纽约的联合爱迪生公司。这在很大程度上标志了早期项目开始时那种不正规的、悄然进行的模式发生了转折。1947 年初，联合爱迪生公司正式承认酗酒是一种疾病，并制订了三个层次的治疗方案。与柯达公司和杜邦公司截然不同的是，1947 年时任劳资关系副总裁的约翰·J. 维特莫博士似乎成为主要推手；尽管也有证据表明，是董事会主席拉尔夫·泰普斯考特（Ralph Tapscott）从当地一个牧师那听到了关于解聘一名长期酗酒员工的抱怨后提出该方案的。维特莫博士多次向杜邦公司的哥赫曼医生和耶鲁大学的塞尔登·培根（Selden Bacon）教授咨询。与杜邦和柯达不同的是，这里显然没有提到公司内部的辅导人员、匿名戒酒者互助组织或匿名戒酒者互助会成员；而是在高层管理人员授意下，由有影响力的医疗主管和医务部门自己设计方案，主要依靠公司领导合法地实施干预。也就是说，今天被称作“职业规划”的方案由此开始形成。比如，我们有理由相信当时的工会表现积极，公司也将其列为方案的合作方。公司的态度也非常明确，虽然会有一些负面影响，但仍将会公开其政策。根据今天对该方案的表述，联合爱迪生公司可以算得上是“历史上第一个”实施此类方案的公司。

匿名戒酒者互助会的先驱人物

有两个人确实可称得上是基于工作的戒酒

方案的先驱。最早的当然亦即第一位先驱，就是前文提到的戴维·M.。他独自一人在布里奇波特的雷明顿武器制造公司坚持不懈地开展工作。该公司是杜邦公司在康涅狄格州的一个子公司，戴维在这里做这项工作一直到1957年退休。虽然他在杜邦公司以外也有一些影响（曾应邀参加耶鲁大学工业研讨会、威斯康星大学首届夏季班以及后来的罗格斯大学工业研修班），但主要还是公司内部的先驱人物，可称得上是一名“企业内部变革”的促进者。另一位先驱人物是被称作“左翼”的拉尔夫·亨德森（Ralph Henderson），他与戴维形成了鲜明的反差，自担任耶鲁饮酒问题研究中心企业顾问一职，从1948年开始，他的活动范围十分广泛。他联络并鼓励建立了几十个组织，足迹遍布全美，启动了不少戒酒方案。如果说戴维·M.是一名“企业内部变革者”的话，“左翼”亨德森则可称得上是一位“企业外部变革者”。

他们二人背景相同，都曾长期出现过严重的酗酒问题，也都是在匿名戒酒者互助会的帮助下获得康复的。两人的康复可以说是匿名戒酒者互助会早期发展取得的成果——他们都在1940年加入了匿名戒酒者互助会——两人显然都具有超人的意志力、坚持不懈的奋斗精神和精通事理的睿智，身边也都各有一位具有较高地位和社会影响力的共事者，为他们提供了必要的支持和帮助。戴维·M.得到了杜邦公司医务主任乔治·H.哥赫曼博士的长期支持，而亨德森则得到了耶鲁饮酒问题研究中心主任塞尔登·D.培根教授的支持。培根教授虽然没有像哥赫曼那样长期从事这项工作，但有一段时间是非常投入的。感谢命运之神将这两个人做了如此匹配，尽管他们两位无疑在背景和地位上存在许多差异，但他们之间的互补性产生了神奇的“化学”作用，从而激发了他们卓有成效的行动。

戴维·M.：专注的企业内部变革者

戴维·M.是第一位受聘处理酗酒员工问题的企业顾问，他在工业界的早期经历和在雷明顿武器制造公司坚持不懈的努力可通过他自身的描述来了解：

> 在我所效力的网球俱乐部中，有一名高级管理人员是雷明顿武器制造公司的副总裁，我曾向他详细描述过自己在匿名戒酒者互助会经历的那些生动而奇妙的体验。我告诉他我希望能够离开网球场。我认为工业企业也可以用类似的方式来帮助酗酒员工恢复工作。他当时看起来非常理解我，并说俱乐部成员已经注意到了我的巨大变化。我随后在报纸上做了广告，告诉大家在布里奇伯特地区有这样的一个匿名戒酒者互助小组，酗酒者可以在这里获得帮助和支持。于是来了一位雷明顿武器制造公司的倒班主管，他在匿名戒酒者互助小组取得了很好的效果。后来，我又找到了那位副总裁，问他是否愿意重新雇用这名主管，并拜访了该公司的人事主管和福利专员，他们都对我的努力表示理解，但却都表示需要与另一位医疗主管共同商议这件事情。而当初也正是这位医疗主管解雇了这名主管。所以这位医生这次非常坚决，最终将他拒之门外。
>
> 那年夏天，我结束了网球场的工作，

希望能够在雷明顿武器制造公司中开展戒酒方案。但我随后发现，自己当时只拥有第一张公民证，而第二张公民证要等到第二年3月才能拿到。没有这张身份证，我什么都做不了。因此，我不得不耐心等待，这样，从9月份辞掉艾肯的工作，一直到第二年3月份，我无所事事。1942年，我终于加入了雷明顿武器制造公司。这是我长期以来的愿望，因为只有这样，我才有可能在企业中实施一套完整的戒酒方案。我在这里的工作类似于检验员，要对子弹外壳的制作过程进行监督。在网球场，我每工作一小时可以赚五到六美元，而现在却只能从每小时75美分开始。最初的五个月，我每天晚上11：00开始工作，直到第二天早上7：00下班。这段经历给我带来了很多收获，我在这里找到了两名酗酒者，并成功地说服他们来参加我们设在布里奇波特的匿名戒酒者互助会的成员聚会。

经过一番努力，我被转到了人事部门，成为一名针对离职问题的访谈员，与那些因为被解雇、被派去服务机构或因怀孕而将要离开公司的员工进行会谈。这个工作的特殊性使得酗酒者在离职前必须要见我一面，也正是因为这样，我才有机会将匿名戒酒者互助会介绍给他们，并让他们加入到该组织之中。到我离开雷明顿时，已经有22名员工在匿名戒酒者互助会的帮助下逐渐康复，能够在工作中保持清醒的头脑和稳定的状态。

在人事部门工作的这段时间，我曾经接触过三四位生产一线的管理者，向他们介绍我的这些工作，并问他们那里是否存在酗酒的员工，告诉他们我非常愿意为这些员工提供帮助。在自己的独立办公室里，我很快便能说服这些管理者，使他们同意再给那些即将被解雇的酗酒员工一次机会，通常他们对此都会非常乐意，我的成功概率非常高。但是，当我联系到高层管理人员，希望能够在他们的支持下更加正式地开展更多的戒酒工作时，这些管理者却都一致认为，公司目前存在的问题还没有严重到需要实施类似方案的程度。我曾经争取到了一次与特拉华州威明顿的杜邦公司联系的机会，但前提是我要先得到母公司的某医生的许可，而这位医生却斩钉截铁地拒绝了我。1942年9月，我得到了一封介绍信，将我介绍给了威明顿市的两位大人物：莫里斯·杜邦·李（Maurice DuPont Lee）先生和埃米尔·杜邦（J. Emile DuPont）先生。这封信是信托担保公司的一位副总裁写的，这位副总裁当时也在积极参加匿名戒酒者互助会的活动。在做足了充分的准备之后，我出发去拜访李先生和杜邦先生，我向他们详细介绍了自己在雷明顿所做的工作。他们为人都很亲切，感谢我为此所花费的时间和精力；但是，他们认为酗酒问题并不是特别重要。他们说，这几年我已经使一些个体得到了恢复，对于这家公司来说这些工作已经足够了，目前还没有必要为此专门设计一套完整的方案。

在这次拜访途中，我曾在费城的匿名戒酒者互助小组做了短暂的停留，并与那里的一名会员成为了很好的朋友。我将自己在雷明顿武器制造公司所做的工作讲给他听，并将自己前去拜访杜邦公司的目的告诉了他。他向我透露，杜邦公司的医务主管哥赫曼医生曾在这里参加过两三次聚会，对酗酒问题有很大的兴趣。他还建议我到了威明顿一定要见见哥赫曼医生。

因此，在拜访过李先生和杜邦先生之后，我来到了医务部门，但碰巧赶上哥赫曼医生出差，我们没能见面。两周后，我收到了来自李先生的一封信。在信中，他再次向我表示感谢，但同样也再一次告诉我，他们认为这个方案的实施不会给公司带来多大的帮助。这当然令我非常失望。三周后，我收到了裁员的通知，雷明顿武器制造公司正准备将这里的员工从 1.5 万名削减到 7000 名。1943 年 12 月 1 日，在收到离职通知一个月后，我决定给哥赫曼医生打电话。在电话中，我向他说明自己是匿名戒酒者互助会的一名成员，加入该协会已经有三年了，并向他描述了我在雷明顿武器制造公司所从事的工作，哥赫曼给我的回答令我惊喜，他说：“感谢上帝，我正在寻找一个像你这样的人。”他说他曾经参加过几次费城匿名戒酒者互助会的聚会，给他留下了很深刻的印象。他希望能够在公司或威明顿也成立一个这样的小组。我终于有机会为企业戒酒方案发挥自己的力量了。他说：“我会安排你过来详谈，看是否能把你调过来。”于是一切顺理成章，我去见到了哥赫曼，我们非常高兴见到对方。同时，我开始与比尔·威尔逊（Bill Wilson）商谈，能否以一名专业匿名戒酒者互助会成员的身份开始工作，但他说：“不行，除非能够得到公司的资助而直接开展治疗，否则就不要声张。如果公司确实想找一个能够讲解、教授和指导他们如何应对该问题的人，从酗酒中走出来的人是再合适不过了”。于是我感到释然了。他说我最好能够先做出点儿成绩来。

哥赫曼医生打算把我安排在医疗部门，但是我建议他让我继续保持匿名身份，找到一份能让我忙碌的工作。同时我在威明顿创建了一个类似于匿名戒酒者互助会的小组，任何一名杜邦员工都可以参加。1944 年 1 月，我调到杜邦公司开始了自己新的工作。

一旦工作上了轨道，戴维便开始坚定地与员工进行私下的接触，这项工作得到了哥赫曼医生的大力支持。部门主管会与那些表现不佳的员工进行面谈，初步判断他们的问题是否与酗酒有关。他们会将出现酗酒问题的员工交给医务部门处理。据哥赫曼医生的夫人描述说，管理者们会将那些存在酗酒问题、“需要医务部门进行更进一步接触的人员名单交给他（戴维）”。他会将匿名戒酒者互助小组介绍给这些员工，并告诉他们在特拉华州威明顿市已经成立了类似的小组。他还会向这些员工说明，是否参加该小组活动完全由他们个人决定，同时员工仍然能够获得医务部门的帮助。但是如果他们无法成功摆脱酒精的困扰，则最终将被解雇。在随后的 4 年中，这些要点以及其他（如留职察看 3 个月等）相关措施逐步正规化，并被纳入到了公司的政策和程序之中（Gehrmann，1955）。这种强硬的“建设性挟制”立场后来实质上演变成为了今天所谓的“建设性面质”（Beyer & Trice，1980）。

戴维·M. 是一名侨居美国的公民，出生于爱尔兰北部，21 岁以前一直生活在英格兰，在英格兰接受教育并爱上了网球。于 1923 年的禁酒令时期来到美国，1928—1929 年期间严重酗酒，在长达 12 年的酗酒生涯中，个人状况日益恶化。其间，戴维以担任教练和网球手为生。自从在《自由杂志》（*Liberty Magazine*）上读到一篇有关匿名戒酒者互助组织的文章后，写信索取了一本有关匿名戒酒者互助会的书，读后深受启发，1940 年初与该组织建立了联系。

加入匿名戒酒者互助会时，戴维·M. 刚过 40 岁，后来为雷明顿武器制造公司工作，在调到杜邦公司后近 25 年的时间里，他致力于杜邦公司及其多地子公司内部戒酒方案的开发和发展，将其视为毕生为之奋斗的事业，直至 1967 年退休。比尔·W. 是匿名戒酒者互助组织的合创者，他在 1968 年写给戴维的一封信中认为，戴维因“所做出的杰出贡献而可以被视为工业领域酗酒者康复事业的首个开创者”。毫无疑问，他确实是一名真正意义上的创新者，他与另一位创新者——敬业而有影响力的医疗部门主管——一起开创了一种解决酗酒问题的全新而实用的方法。

对哥赫曼医生在 20 世纪 30 年代末和 40 年代初的经历和思想我们所知甚少，但也获得了一些信息。1943 年，当戴维给他打电话时，他与柯达公司的诺里斯医生一样，在处理酗酒员工的过程中遭遇了多次的失败。后来他说：“在得到匿名戒酒者互助会的帮助之前，我独自一人奋斗了 28 年，却一无所获。而在匿名戒酒者互助会的帮助下，过去的 5 年中，我使 65％的酗酒者得到了康复”（National Industrial Conference Board，1958）。与诺里斯医生一样，匿名戒酒者互助会这个组织以及它所取得的成就给哥赫曼医生留下了很深的印象。他曾将公司员工介绍过去，自己也参加过几次该组织的聚会。当时他是杜邦公司一名地位稳固的专业人员和行政管理人员，自 1915 年起，他在杜邦公司工作了约 25 年，包括第一次世界大战期间。他于 1926 年成为医务部门主管，直到 1955 年退休。在无数参与基于工作的戒酒方案的企业医师中，他可能是地位最佳的医生之一。这样的身份使得他能够发起这一戒酒方案，并保证该项工作的顺利开展。

尽管证据并不充分，但我们有理由相信杜邦公司的一些高层管理者对此是持支持态度的。威明顿一名私人开业的精神科医生托马斯·豪格斯海德（Thomas Hogshead）了解那些参与反酗酒工作的主要人物。他说莫里斯·杜邦·李是一个“对这项工作的启动和发展非常支持”的人。莫里斯·杜邦·李是在度假时偶遇比尔·W. 后对此产生兴趣的。其他受访者也提到了亨利·杜邦（Henry DuPont）和埃米尔·杜邦同样非常赞同该项工作。无论如何，虽然没有积极的鼓励，但显然也没有人反对哥赫曼医生和戴维的工作。最佳的结论是，就公司政策而言，哥赫曼医生独自肩负了主要的责任。

“左翼”拉尔夫亨德森：四处奔波、颇具影响力的“外部变革的推动者”

诸多早期推动工作场所戒酒方案的事件都集中反映在拉尔夫·麦卡姆·亨德森（Ralph McComb Henderson）的身上以及其所从事的工

作中。在他生命的最后10年（1948—1958），他作为耶鲁饮酒问题研究中心的企业咨询师而四处奔波。为了说服那些大大小小的企业和工会，为了使企业的酗酒员工能够得到积极的康复，他做出了不懈的努力。大概没有人能像他那样在这项工作中投入了如此多的时间、尝试和精力。R. 布林克雷·斯密瑟斯（R. Brinkley Smithers）介绍说，亨德森不遗余力地帮助纽黑文市和耶鲁研究中心周边地区的很多小公司开展了戒酒活动。后来接替亨德森工作的米尔顿·麦克斯韦尔（Milton Maxwell）教授在1958年对亨德森评论道，“就当前的每一项职业方案而言，亨德森几乎都曾或多或少地参与其中。”长期担任《饮酒问题研究》（*Journal of Studies on Alcohol*）杂志编辑的马克·凯勒（Mark Keller）将亨德森描述为一位“专门为企业服务的人，一直为了在工商业领域推广耶鲁计划四处奔波”。他认为亨德森与耶鲁研究中心的塞尔登·培根教授都是密尔沃基的阿利斯·查默斯方案（Allis Chalmers Program）的主要发起者。20世纪50年代初，培根花了许多时间与亨德森共同奋斗，向企业解释耶鲁研究中心的方案，为耶鲁中心的一个工业企业部门募集资金。培根将自己描述为一名“马不停蹄的匿名戒酒者互助会成员，总是渴望去接触那些大公司，告诉他们关于饮酒者的生活状况”，作为“一名经常旅行的人，在旅行途中总是喜欢不停地讲啊讲啊讲的，是一个极受欢迎的宣讲者”。

亨德森可以称得上是美国东北部、中西部甚至更大区域内的第一位职业规划咨询师（Occupational program consultant，OPC）。据路易斯·普雷斯奈尔所言，实际上早在20世纪50年代早期，亨德森就曾为了耶鲁研究中心的方案拜访过新墨西哥州赫尔利的肯尼科特铜矿公司奇诺矿业部。亨德森的第二任妻子艾斯特（Esther）介绍说，他经常应邀到明尼阿波利斯圣保罗地区，向无数工业企业代表提供咨询。她说道：“他与各类人群打交道——当他与美国退伍军人协会、法律界、工业企业界的人士联系时，我丝毫都不会感到惊讶，尤其平常的就是匿名戒酒者互助会成员，当然还有美国反酗酒委员会的工作人员。他几乎与全国企业界的各方面人士都有联系。”

乔治·S.（George S.）描述了亨德森几次拜访密尔沃基地区的情况，与之随行的都是名人，如马蒂·曼恩、里奥·格林伯格（Leo Greenberg）和塞尔登·培根。据乔治·S.所言，亨德森“在建立密尔沃基机构的过程中起到了不可替代的作用”。在密尔沃基信息与转介中心的赞助下，首届基于工作的戒酒方案研讨会得以在该地区召开，共有14家企业的雇主参加，其中包括国际收割机公司、协达仕制造公司、特拉克森公司、威斯康星电气公司、A.O. 史密斯公司、美国洗衣公司、舒立兹酿酒公司、卡德希包装公司、阿利斯·查默斯公司和马拉松纸业公司。毫无疑问，在亨德森的影响下，乔治·S.成功地激发了这些公司的兴趣，他们同意参与耶鲁方案的示范项目，这也许是美国历史上的第一个实施戒酒方案的企业联盟。亨德森首次去密尔沃基是在1950年，但在两年后的第三次前往时因遭遇车祸而严重受伤。同时乔治·S.也于1953年离开了密尔沃基。受此影响，所有实际运作的耶鲁方案示范项目不得不中途流产。

康涅狄格州沃特伯里的斯考威尔制造公

司的基层管理培训部主任查尔斯·瑞特迪克（Charles Rietdyke）讲述了亨德森在美国东北部付出的不懈努力。他曾协助亨德森开发斯考威尔公司戒酒方案。在亨德森的努力下，20世纪50年代早期在斯考威尔公司、阿姆科钢铁公司和沃特伯里铜业公司都启动了戒酒方案。伊利莎白·惠特尼（Elizabeth Whitney，现为Elizabeth Whitney Post）也详细讲述了亨德森的奉献精神和工作热情。他曾无数次来到波士顿，与当地企业和匿名戒酒者互助会兄弟组织交流。与密尔沃基的乔治·S.一样，她也深受亨德森的影响，在新英格兰公司的工作中得到了亨德森的大力帮助。亨德森也在新泽西标准石油公司戒酒制度的制订中起到了关键作用。在20世纪50年代初，匿名戒酒者互助会总部回复有关工作场所戒酒方案的信件咨询时，都将他和戴维作为举荐咨询人。据塞尔登·培根估计，在当时他与大约50多家企业和工会相互通了信。

然而，亨德森在耶鲁研究中心任职之前就已经跑了很多地方。在进入耶鲁研究中心的前一年（1947年），他曾是美国戒酒教育委员会的区域代表。根据他在那一年的报告可以看出，他的足迹遍布美国14个州的43个不同城市，还有加拿大的一个城市，平均每个城市都去过两三次。早在20世纪40年代初期在新奥尔良的楔管公司工作时，亨德森就曾向“遍布美国南部的工商业企业做演讲”，在匿名戒酒者互助会所做的演讲甚至达数百场。毫无疑问，无论是在广度还是深度上，“左翼”拉尔夫·亨德森对基于工作的戒酒方案的传播都是史无前例的；也许后来也是无人能够企及的。

亨德森乐于助人、喜欢交往、性格外向，这使得他交友广泛。那些见过他的人对他的印象通常都非常相似，谈起他来都充满深情。据一位受访者的叙述，亨德森“喜欢喝啤酒，非常友好，声音沙哑，体格强壮，目光炯炯有神”。但是另一位受访者则将其生动地描述为一个极具说服力却又“不修边幅的人”。还有人说他“是一名性情急躁、工作起来特别卖力、讲求实事求是的匿名戒酒者互助会成员”。一位受访者讲述了亨德森曾在一个暑期班上课时多次就所谓“科学问题”进行更正，他在1954年的一次匿名戒酒者互助会的讲座上声称：“我为自己不是一名学者而感到自豪”。但实际上，他是一位知识渊博、兴趣广泛、充满活力的演说家，既幽默又尊重听众。1954年企业研修班上的一名学员将他比作幽默大师威尔·罗杰斯（Will Rogers）或者是喜剧演员华莱士·比利（Wallace Beery），形容他讲课时挥舞着粗壮的手臂，气势逼人。培根说，亨德森“是我见过的最了不起的讲台艺术家”。很显然，亨德森早年作为辩护律师锻炼出来的技巧找到了新的用武之地。

亨德森于1895年出生于美国南达科他州的阿莫尔地区，1919年毕业于该州立大学的法学院。在其自己的律师事务所做了一段时间的辩护律师后，他成为美国退伍军人协会的积极分子（他曾参加过第一次世界大战）。1933年至1934年，他担任美国退伍军人协会的州负责人，不久又短暂地担任过南达科他州副首席检察官。1939年，他担任共和党全国大会的州主席，参与了奥尔弗·兰登（Alf Landon）的提名。

在他生命的这段时期，他出现了严重的酗酒问题。在1954年的一次匿名戒酒者互助会演讲录音中，他说道:“在七八年的时间中，我丢掉了朋友，丢掉了家人，甚至丢掉了我自己”。他和第一任妻子分居并最终离婚。20世纪30年代后期，他曾在很多地方的贫民区讨生活。1939年，他的生活终于出现了转折。芝加哥的一位地方法官挽救了他，该法官警告他说，如果他不参加匿名戒酒者互助会，就会“把他关起来”。他的未婚妻艾斯特也给予他精神上的支持，鼓励他了解匿名戒酒者互助会，并为他联系上了当地的匿名戒酒者互助会。用他的话来说，那时的匿名戒酒者互助会“相当难找”，当他最终找到时，才发现原来那名法官自己也是其中的一员!

1940年，参加匿名戒酒者互助会后，他在芝加哥的楔管公司找到了一份工作。根据其当年的讣告（Quarterly Journal of Studies on Alcohol，1958）所述，他在该公司的新奥尔良办事处担任“企业人事专家”。由于在战争中收获了许多相关经验，使得他能够游刃有余地处理这种特殊工作场所中的员工酗酒问题。1946年，公司将他调回芝加哥总部，在这里，他的生活掀开了崭新的一页。他再次组建了家庭，并在1947年同妻子一起加入了耶鲁暑期班的饮酒问题研究组，他的妻子艾斯特·亨德森在饮酒问题研究中心担任塞尔登·培根教授的秘书和会计，拉尔夫·亨德森自己则成为了美国反酗酒教育委员会执行董事马蒂·曼恩女士的助理。1947年间，他开始为美国反酗酒教育委员会到处奔波，足迹遍及美国的东南、东北和中西部地区，并形成了一种流动性的工作模式，而且很快发展成为他的标识。1948年，他接受了来自耶鲁研究中心的邀请，成为了那里的企业咨询师。

1948—1958年，亨德森在耶鲁研究中心开发了职场酗酒问题解决方法；在暑期班讲课，举办企业研讨班；充分地向外扩张，参与各企业和工会的活动。在耶鲁研究中心的第一年，他与培根共同草拟了一项“工商业企业耶鲁计划”（Henderson，Bacon，1953）。在这份计划中，他提出了一个后来被广泛引用的概念，即将酗酒员工视为“半个人”。该计划列出了一系列的具体指导方针，帮助公司坦诚地解决酗酒员工问题，强调一线生产经理的重要作用，以及如何在公司任命协调人、如何为酗酒的员工提供咨询。该计划多次强调酒精依赖实际上是一种健康问题，酗酒者是患者。如前所述，该计划是威斯康星州密尔沃基信息与转介中心主持召开的一系列会议的重点，亨德森在所有的工作中都起到了领导者的作用，不幸的是该计划最终还是流产了。显然只有阿利斯·查默斯一家公司实施了这项计划，而且后来成为了经典范例，在全世界范围内被广泛引用或研究。1958年亨德森去世，这意味着我们失去了一位精力充沛的开创者，他不仅有过酗酒的切身体验，而且具备工作场所的实际工作经验——虽然随后几年基于工作的戒酒方案层出不穷，但兼具这两方面经验的人却实在所见不多了。

当然，还有另外一些匿名戒酒者互助会的先驱人物在推动着基于工作的戒酒方案的发展，但遗憾的是我们对此缺乏了解。其中一位是20世纪50年代早期大北方铁路公司（现为伯灵顿北方铁路公司）的首位咨询师沃伦·T.（Warren T.)。戴维·M.和位于纽约的匿名戒酒者互助会总部记载了其早期开创性工作的一些轶事，但却没有可靠的证据。在匿名戒酒者互助会的档案里，我们发现了沃伦于1943年写的一封信，他写到：“我现在贷款部，我的人事经理是一名非常宽容的人，我将处理有关酗酒问题。我想这是第一家真正借助匿名戒酒者互助会解决员工酗酒问题的公司。我在新的工作岗位上已工作了4天，处理了17个案例（我负责记录），与那些承认自己有酗酒问题并寻求帮助的人交流。”他把自己工作的公司称为“造船厂”。据戴维·M.所述，沃伦·T.在加利福尼亚州奥克兰附近的凯撒造船厂工作，但工作性质与戴维·M.在1941年雷明顿武器制造公司的工作不同，沃伦在人事部能够方便地接触到有酗酒问题的员工。虽然他的信件没有详述细节，但看起来似乎可信。尽管他在给匿名戒酒者互助会总部的信件中显得非常乐观，但戴维·M.说他实际上很难得到管理层的支持——这与戴维在雷明顿武器制造公司的境况一样。该船厂1946年关闭后，沃伦·T.是否仍然坚持这类工作就不得而知了。

另一方面，在1955年圣路易斯召开的匿名戒酒者互助会成立20周年大会上，他说“我在企业为解决酗酒问题而工作了12年……”，但当他被任命为大北方铁路公司首位咨询师时，他在1951年7月给匿名戒酒者互助会总部的信件中却说“我非常感谢能有这样的机会，让我重新回到这项工作中，我是如此地喜欢这个工作”。

有一点是很清楚的：当沃伦·T.被聘为大北方铁路公司企业咨询师时，他已是一名在解决酗酒问题上具有丰富经验的人，其丰富的经验源自他于20世纪40年代在西海岸所做的工作。与戴维·M.一样，他也是成为匿名戒酒者互助会的成员后受到了极大的启发，他所在的公司看起来比较开明，但在工作启动大约两年后，却因为战争的结束和管理层不愿意将这项工作纳入正轨而告终。与此相反，戴维·M.的工作在战后却得到了加强。无论怎样，可能的情况是继戴维·M.之后（1941），沃伦也做了大量工作（1943），而亨德森随后接下了这面大旗，成为该时期的先锋（1949）。

另外两名匿名戒酒者互助会成员、波士顿的伊丽莎白·W.和密尔沃基的乔治·S.在20世纪40年代中期的戒酒运动中也起到了重要作用，但他们的侧重点不同。对基于工作的戒酒问题，他们两个人的方法都是借助于基础更为广泛的社区组织。这与戴维·M.、沃伦·T.的做法形成了对比，甚至在一定程度上也迥异于亨德森的方法，他们的方法都限于依赖单一的某具体工作组织。乔治·S.于1953年离开密尔沃基，在加拿大继续探索基于社区的解决方法。而伊丽莎白·W.一直坚持在波士顿地区的地方工作组织展开大量活动，她于1945年创建大波士顿区反酗酒委员会，并在长达25年的时间里担任执行董事。该委员会是美国第一个志愿者社区保健组织，后来成为美国反酗酒委员会的首个分支单位。她很早就认识到了与企业合作、共同帮助酗酒人士康复的重要性。通过大波士顿区反酗酒委员会，她建立了工商企业戒酒咨询和指导办公室，为大波士顿区的公司提供教育服务和有关社区治疗机构的信息。大波士顿区委员会、波士顿大学和商会的人事经理俱乐部共同为企业人事部门员工开设了一门名为“工商企业酗酒者”的两个学分的课程，并实施了5年。在哈佛商学院、塔夫茨大学和麻省理工学院长期开设为期1天的培训课程，时间持续了7年。

她曾提供服务的波士顿地区公司有陶氏

化学公司、贝尔电话公司、通用电气公司、胡德奶业公司、雷声公司、伍尔沃斯公司、埃利斯·查默斯公司、波士顿第一国家银行、东部煤气和燃料公司、新英格兰电气公司、福克斯波罗公司、新英格兰电话公司和利宝互助保险公司。从波士顿企业对波士顿反酗酒委员会的大力支持中，伊丽莎白·W. 的能力可见一斑。

伊丽莎白·W. 是早期基于工作的戒酒运动中最为杰出的妇女，但她不是该运动中唯一的女性。马蒂·曼恩虽然没有专门从事这项工作，但作为美国反酗酒委员会的创建者，她也一直提供支持，并“竭尽一切努力推动”该项工作。其他女性则以更为专业化的方式工作。沃伦·T. 的妻子爱丽丝（Alice）直接与丈夫共同工作，而艾斯特·亨德森是拉尔夫·亨德森的行政领导和同心协力的支持者。在密尔沃基运动的高峰期间，两名企业护士尤其活跃：舒立兹酿酒公司的菲比·布朗（Phoebe Brown）和国际收割机公司的凯瑟琳·卢塞尔（Kathleen Russell）。几乎在同一时间，纽约的都市人寿保险公司任命莉迪亚·吉伯森（Lydia Giberson）医生为总裁办公室成员，专门负责为员工提供医疗行为问题的咨询。

基于工作的戒酒方案发展的高峰阶段——20 世纪 40 年代末期和 50 年代初期

从更广阔的视角来看，在 20 世纪 50 年代到来之际，各种相互呼应的活动迅猛发展，基于工作的戒酒方案运动更加清晰地趋向于整合。正式的、以文件形式规定的政策大量涌现，那些“悄然实施”的活动日渐式微。原因涉及多个因素：

主要推动因素

匿名戒酒者互助会继续发挥着影响广泛的推动作用。匿名戒酒者互助会总部一直坚持回答各种与基于工作的戒酒方案相关的问题，这些问题有些来自匿名戒酒者互助会会员，还有很大一部分来自于非会员。在 1949 年到 1954 年之间，这类问题的数量增加了近 50%，随后数量趋于稳定。匿名戒酒者互助会自身在这段时间也有了进一步的扩大。截至 1950 年，匿名戒酒者互助会已经在全世界范围内建立了 3000 个小组，拥有大约 9 万名成员（Trice，1958）。

耶鲁研究中心的活动显著增加。拉尔夫·亨德森的工作就集中在这段时间，但主要是与塞尔登·培根共同开展。塞尔登·培根后来将这番努力看作是“一场声势浩大的战役”，他回忆说：“我个人访问了 65 家美国最大公司的四五十位管理者（董事或执行董事），花了很长时间与他们讨论这方面的问题。这种令人疲惫的访问可能产生了一定的影响，但也许永远无法证明”。耶鲁研究中心为培根和亨德森制作了一份大型企业领导者名录，然而其中的许多领导者对此表示拒绝或干脆置之不理。1948—1950 年间，他们为一家大型公司制订了一份试验性方案，但却因为“最高领导人是一位禁酒主义者”而流产。然而，这种需求却在不断增加，其中感兴趣的还有美国劳工部和美国联邦安全署。

20 世纪 50 年代早期，克里斯托弗 · 史密瑟斯基金会成立，并在 1952 年 10 月正式组成公司，很快便发展成为当时（直至今日）惟一积极传播和实施戒酒方案的私人基金会。虽然当时它所关注的问题并不仅限于企业戒酒问题，但很快便开始把企业当做其实施戒酒方案和预防干预工作的首要关注对象。此外，该基金会较早地强调了劳工与管理方需要共同参与制订和实施该类方案。基金会积极鼓励美国反酗酒委员会成立劳工—管理者联合委员会，创办基于工作的戒酒方案的专刊（Smithers Foundation，1977）。基金会还广泛收集各个公司有关戒酒工作的信息，在其发行的第一份出版物上，发表了对四五十年代该项工作发展状况的调查报告（Smithers Foundation，1958）。从此以后，该基金会及其主席 R. 布林克雷 · 斯密瑟斯一直都在积极地支持和推动基于工作的戒酒方案。

广告宣传也开始对这一活动的高涨产生一定的作用。至少有两家企业将他们的方案公开发表，它们是阿利斯 · 查默斯公司和联合爱迪生公司。亨德森的努力受到了舆论的好评，这说明他的事业是值得报道的。纽约城记者、后来成为克里斯托弗 · D. 史密瑟斯基金会教育部主任的查尔斯 · P. 弗莱泽（Charles P. Frazier）撰写了一系列文章，引起了广泛关注。该系列被称为《损失 10 亿美元的宿醉》，版权被美国联合报业集团所买断，共包括三部分的系列文章在二百五十多个报刊杂志上连载。查尔斯在导言中写到："酗酒问题已日益成为企业最头疼的问题，一年损失达 10 亿美元，有些企业已经采取治疗性手段向酗酒问题开战了。（Frazier，1957）"

此外，自 1950 年起一些广播节目也开始涉足这一领域。大波士顿区反酗酒委员会的执行董事伊丽莎白 · W.（Elizabeth W.）制作并主持了一档名为《酗酒关乎每个人》的电台节目，每周播出一期。每一期都会邀请不同的社会活动家做访谈，其中有很多是工商业界的领袖。她还邀请来自全国不同企业的各类人员，其中有企业的医生、心理学专家或护士，他们在节目中就如何帮助酗酒员工的问题进行讨论。这台节目深受欢迎，拥有约 15 万的听众。

这段时期，美国企业内外科医生协会（现为美国职业医疗协会）成立了一个反酗酒委员会，并在 1950 年更名为饮酒问题委员会（Committee on Problem Drinking），多伦多的戈登·贝尔（R.Gordon Bell）博士出任委员会主席。该委员会致力于转变企业医疗部门对酗酒人员所持有的冷漠和消极态度。委员会成员都是极有名望的企业医生，如新英格兰电气公司的詹姆斯 · 罗伯茨医生、加拿大贝尔电话公司的哈维 · 克鲁科山克医生，辛辛那提通用电气公司的爱德华·比奈斯基（Edward Byneski）医生等。在协会 1949 年举办的年会上，哥赫曼医生与诺里斯医生举办了一场专题研讨会，名为"酗酒：企业中的健康问题"。

与此同时，纽约市联合爱迪生公司采取了更为具体的措施。弗兰克医生在纽约大学校医院的贝尔维尤医疗中心创建了酗酒问题咨询门诊，纽约市区其他企业医师也加入了弗兰克医生的行列，纷纷将有酗酒问题的员工转介到该门诊就诊。

与这些发展情况相得益彰的是，酗酒问题被纳入了职业医疗的教科书。哥赫曼医生为一本发行广泛的教科书撰写了专门的一章，介绍了杜邦公司实施的戒酒方案（Gehrmann，1954）。相比10年前连哥赫曼都不得不遵守的“悄然行事”的做法，这一时期的戒酒方案居然可以成为了教科书的内容。该阶段也有一些企业医生采用其他一些方式来实现方案的薪火相传。1951年，约翰·维特莫医生将为联合爱迪生公司制订方案的任务交给了S.查尔斯·弗兰克医生，而弗兰克医生又在20世纪70年代初期将这项工作传递给了自己的年轻助手托马斯·多伊尔（Thomas Doyle）医生。在杜邦公司，乔治·哥赫曼医生退休时，杰拉德·戈登（Gerald Gordon）医生接替了他的使命，继续与戴维·M.携手合作。在伊利诺伊州的贝尔电话公司，哈罗德·梅耶医生将方案转交给了罗伯特·希尔克（Robert Hilker）医生，罗伯特·希尔克医生在20世纪70年代一直负责该项工作。在伊斯特曼·柯达公司，约翰·诺里斯医生退休时，威廉·郝思金（William Hoskin）医生接替了方案工作。

与此同时，还涌现出了许多以工作场所酗酒问题为主题的专门会议。另外，在耶鲁大学的带领下，很多机构开始举办范围更广的酗酒问题研究暑期班，将酗酒问题列入他们的课程大纲和研究课题之中。例如，威斯康星州的成年人拓展中心在1949年举办过一场以酗酒为主题的会议，为期一周。20世纪50年代早期，亨德森还在那里开办了一期关于企业酗酒问题的课程。犹他大学在当时也举办过一场类似的会议。同年，芝加哥反酗酒委员会发起了第一次关于工作场所酗酒问题的国际会议，会议主题为“企业中的酗酒问题”，哥赫曼和诺里斯医生均出席了那次会议。

1949—1951年，密尔沃基信息与转介中心举办了一系列的会议，参会的公司至少有18家。1951年，在马凯特大学（Marquette Univer¬sity）劳动人事学院成立了一个酗酒问题研究所。同一年，亨利·米尔凯利克在该研究所举办了一期课程，重点介绍了阿利斯·查默斯公司戒酒方案从发起到实施的全部过程。1952年，前面所提到的伊丽莎白·W.为人力资源管理者专门开设的课程，被波士顿大学列为正式课程，课程名称为《工商企业中的酗酒者》。

与这些会议相伴随的，自然就是大量相关研究的产生。1946年，埃尔文·耶利内克（Elvin M. Jellinek）医生为底特律经济学俱乐部做了一场名叫《关于酗酒，我们应该做些什么》（*What Shall We Do About Alcoholism*）的演讲（Jellinek，1947），此演讲非常著名，于1947年正式发表。其中详细估算了由酗酒造成的旷工、工作事故等问题为企业和政府带来的损失。（有意思的是转载耶利内克医生演讲的同期刊物还刊登了有关匿名戒酒者互助会如何形成和组建的演讲）。这些事实和估算很快就被进一步充实了。培根发表了针对企业医生和商业人士的文章，详细解释了耶利内克演讲中的观点，指出了酗酒为企业带来的经济损失（Bacon，1948；1951）。

1950年，在耶鲁研究中心成立了工业酗酒问题研究会，成员由来自著名公司的代表组成。该研究会于1951年开展了一项颇具开创意义的研究，颠覆了早期报告中的那种笼统的总体评价，并有效地消除了人们对酗酒者所持的穷困潦倒的不良印象。这项由耶鲁研究中心的罗伯特·斯特劳斯（Robert Straus）和塞尔登·培根主持的课题调查了来自9所门诊的2000名男性患者，结果显示，“迄今为止我们尚未认识到，有许多酗酒者显示出相当高水平的社会和职业整合能力”（Straus & Bacon，1951）。这是一项具有里程碑意义的研究，至今还常被引用。它为基于工作的戒酒方案的合法化奠定了基础，连同早期的研究，在“工商企业之耶鲁计划”的产生过程中起到了至关重要的作用。这与亨德森对酗酒员工做出的广为人知的“半个人”的描述大相径庭。

随着这些活动的推波助澜，也产生了一些虽不够深入但却非常有用的研究。阿利斯·查默斯公司在戒酒方案开始实施后进行了八个月的追踪调查，调查结果在1950年出版。在整个研究过程中，一共调查了71名被试，其中有51名仍然留在工作岗位上，并且酗酒程度有所降低，不会影响到正常工作。其他员工状态未定，只有5名员工最终不得不被公司解雇。这或许是对企业的戒酒方案所进行的第一次正式评估，它提供了非同寻常的成功模式，在随后的多年来被频繁地报道。阿利斯·查默斯公司的方案同时也给出了关于旷工问题的实证研究数据：方案刚开始实施时，174例酗酒患者平均每年缺勤26天（O'Brien，1949）。几年后，班森·Y. 兰蒂斯（Benson Y. Landis，1945）也对由酗酒导致的员工缺勤次数进行过评估，结果显示这些员工“平均每月缺勤3天，一年共缺勤36天”。这段时期发表的研究中，还有一些试图对特定工作场所酗酒工人的真实数量做出评估（Page et al.，1952）。

在如火如荼的研究活动中，调查法并未被忽视。1952年，大波士顿区反酗酒委员会对400家波士顿区的公司进行了调查，了解企业是否有兴趣开展基于工作的戒酒方案。调查结果显示，85%的公司表示希望开展戒酒方案，并将其纳入公司的健康体系中。新泽西州普林斯顿民意研究公司对特许饮料行业展开了调查，对433名制造公司的医疗和人事主管的抽样调查结果显示，他们并不认为“长期酗酒”是一个非常严重的问题。1954年堪萨斯州对364家公司的调查显示，有些公司采取的一项制度是：一旦发现酗酒，立即解聘（Community Studies，1954）。

尽管基于工作的戒酒方案最初纯粹是管理导向的，但到了20世纪40年代末和50年代初，工会开始介入并显现出浓厚的兴趣。虽然耶鲁计划中并没有提及任何工会，但趋势已然形成。早期的方案是典型的管理者取向，新泽西州标准石油公司的医务主任罗伯特·佩吉的陈述尤其具有代表性：戒酒方案“必须为管理层服务，从上至下由管理层传达和执行”。根据R. 布林克雷·斯密瑟斯的观点，这在早期通常会阻碍方案的实施。从那时开始，不仅工会介入的意愿增强了，而且更多的方案中都有工会的直接参与。

长期担任美国劳工联合会与产业劳工组织联合会（简称美国劳联—产联）社区服务部主任的里奥·帕里斯（Leo Perlis）讲述了酗酒问题是如何在1948年末与心脏病、癌症和其他各种疾病一同被列入该部门的工作内容之中的。在20世纪40年代末和50年代初，工会积极参与了很多研讨会。1948—1949年，产业劳工组织联合会的社区服务工作委员会举办了一系列的研讨班和讨论会。1950年，美国钢铁工人联合会在俄亥俄州扬斯敦举办了两次会议。1953年，美国公共事业工人联合会、产业劳工组织联合会以及国际电力工人兄弟会共同在纽约医学研究院举办了数次会议，会议主题为“饮酒问题与工业组织”。帕里斯与美国反酗酒委员会执行董事马蒂·曼恩女士多次会面并参加会议。这些会议所产生的结果之一，就是第一份由劳工自己出版的有关酗酒的小册子，标题为：《每位员工应该知道的酗酒问题》（*What Every Workers Should Know about Alcoholism*）。

同样重要的是让劳工代表成为美国反酗酒委员会董事会成员。产业劳工组织联合会社区服务部员工伯克利·沃特森（Berkeley Watterson）曾在20世纪50年代早期担任美国反酗酒委员会董事会成员，联合汽车工人委员会主席沃尔特·卢瑟（Walter Reuther）也曾为早期成员。有意思的是酿酒工人工会却对此有所抵制——他们担心这样的戒酒方案会导致完全的禁酒。但后来随着他们对酗酒疾病概念的了解，这种担心也逐渐消失了。帕里斯将早期的情况归纳如下：“我们自己的记录显示，我们在1950年首次启动了全国性的戒酒方案，由美国产业劳工组织联合会社区服务委员会主办。但工会领导人并没有表现出极大的热情，更不用说公司的主管们了。甚至当我们提出由工会和公司管理层共同主办并制订一项政策，使酗酒问题不再成为商讨中的争议话题时，结果却依然如故。”

20世纪50年代中期，产业劳工组织联合会将一批社区服务代表送进了耶鲁酗酒问题研究暑期班。亨德森利用产业劳工组织联合会的那本手册，鼓励这些工会代表积极参与其中，并使他们认识到工会在基于工作的戒酒方案中所具有的重大作用。在1953年的一封信中，他简要陈述了自己的观点：“只要工会认识到问题并且公开表明态度，就会大大有助于在有产业劳工组织介入的工厂实施这些方案。”培根回忆他曾与钢铁工人联合会的代表之间的一次长时间的讨论，起初他们对企业中酗酒问题的态度是犹豫不决的，最后这些代表们不得不承认酗酒问题的确是应该由工会来负责的。与此同时，纽约市和芝加哥当地的社区服务顾问已经开始公开接收有关酗酒问题的个案。而在纽约州的布法罗市，钢铁工人联合会地方分会已经从马尔文·布劳克（Marvin Block）医生的教育和指导中受益匪浅。马尔文·布劳克医生是治疗酗酒问题的著名医学权威，曾指导启动了多个酗酒项目。

但是工会所取得的这些成就也付出了引发内部冲突的代价。因为工会作为首个重要的政治组织，这其中的风险是，以往似乎都是由管理方发起或掌控的工作，工会现在却试图将其接管过来。例如，阿利斯·查默斯公司所属的工会在20世纪40年代后期并没有参与方案的最初制订，直到公司开始对此进行宣传，他们才获知。工会对此非常气愤，甚至威胁要举行罢工。1949—1950年，情况变得愈发难以控制，以至于美国汽车工人联合会主席沃尔特·卢瑟不得不出面调停。最终，他说服了阿利斯·查默斯公司的管理方，使他们同意与工会领导一起协商，共同对全部方案进行审查。在与工会领导人的意见达成一致后，工会代表也开始接受相关的培训课程。冲突解决了，工会给予了更大的支持。令人惊讶的是，参与此方案的两个工会后来表示，如果管理层不实施这种方案，他们就会实施。

主要方案

20世纪40年代末至50年代初，各公司解决酗酒问题的方案和政策大量出台。塞尔登·培根考察了这些公开并且更为明确的方案后认为，“这种情况将持续整个20世纪50年代”。这一时期的方案通常比早期的更为正式，其中以威斯康星州的阿利斯·查默斯公司、加拿大贝尔电话公司以及明尼苏达州的大北方铁路公司的方案最为著名。

在这三个公司中，宣传力度最大的是阿利斯·查默斯制造公司。在阿利斯·查默斯制造公司的早期方案中，同样也有一名匿名戒酒者互助会成员在其中起到了关键的推动作用，这就是乔治·S.。1948年，他创立了密尔沃基信息与转介中心，关注工商业企业的酗酒问题。据推测，他大概是受到了阿利斯·查默斯制造公司高层管理人员的青睐，也许是他的工作激发了他们的兴趣。总之，公司总裁沃尔特·盖斯特（Walter Geist）在20世纪40年代末期对该项工作非常支持。阿利斯·查默斯方案的一个宣传单上声称:“从1947年10月开始，公司就制订了酗酒员工康复计划……”当时的人事服务部经理亨利·米尔凯利克描述了“阿利斯·查默斯公司如何于1948年3月组建一个委员会专门研究员工酗酒问题（Mielcarek，1951）。但万事开头难，该项目于1947年10月启动后曾出现过长达两年的停滞。乔治·S.不断催促盖斯特再启动该项目。1949年初，盖斯特要求米尔凯利克编制计划，米尔凯利克回忆说“公司在1950年雇用了一名有着丰富经验、曾经担任匿名戒酒者互助会地方小组秘书的企业咨询师来参与这项工作”（Mielcarek，1951）。该项目由人事服务部负责，该部门还负责管理员工的各项福利问题，如住房福利、医疗保险、退休保障、娱乐休闲以及“法律问题咨询”。最初医务部门没有参与，尽管两三年后也加入了进来，但具体参与的方式和参与程度并不清楚。

另一方面，公司的公共关系部门则从一开始就对此抱有极大的兴趣。一名当事人说，“方案的公共关系方面是促进该方案从计划到实际实施的主要因素”。根据几位受访者所述，方案在实际实施之前就已经公布了。一名信息提供者讲述了公共关系部和广告部的人（尤其是其中的一位）如何“从中看到了巨大的潜力……于是不遗余力、不计成本地大力推动，以致尽人皆知，一夜之间就吸引了来自四面八方的人前来学习他们处理酗酒问题的方法”。

当时的人事部门主管亨利·米尔凯利克前往威明顿拜访了哥赫曼医生，同时参加了耶鲁中心的暑期班，他显然在某种程度上采纳了杜邦公司和联合爱迪生公司的理念:“我们实施戒酒方案的目的，是为了帮助那些酗酒者恢复正常，而不是惩罚他们”（Mielcarek，1951）。有这样一段有趣的经历似乎能相当准确地说明问题，这是发生在1949年堪萨斯城（也许是圣路易斯）重型机械销售大会上的一个颇具影响的故事。他在会上介绍了阿利斯·查默斯公司的方案，立即就赢得了一批新客户，尤其是来自南方腹地的客户，那里的一些经销商认为阿利斯·查默斯公司已经有了成熟的方案。关于该故事的另一个版本是说米尔凯利克“创造了销售高峰，并一直掌控着整个销售会谈”。很显然，公共关系宣传在基于工作的戒酒方案的推行方面起到了突出的作用。与20世纪40年代早期那种以“悄然行事”为特征的工作氛围形成鲜明反差的是，该方案越来越成为企业日常工作的一部分。事实上，这项工作真的变得如此重要，以致当阿利斯·查默斯公司聘用的首位匿名戒酒者互助会咨询师偶有“闪失”时，竟然会酿成“一些实实在在的问题”。另外一个重要特征是工会在阿利斯·查默斯项目中起到的作用。如前所述，因为前期缺乏工会的参与，阿利斯·查默斯方案险些引发罢工。因此，工会在方案开发的早期就参与进来，这在历史上或许还是第一次。

与阿利斯·查默斯公司的方案不同，加拿大多伦多贝尔电话公司的方案几乎全部由医务部门负责，没有任何匿名戒酒者互助会成员或人事部门的参与。它的发展应该说大部分得益于一个人的经验和能力：W. 哈维·克鲁科山克医生。他的信件为我们展现了加拿大企业界在20世纪40年代对酗酒问题的态度和做法。在战争爆发前，克鲁科山克医生正在攻读精神科学位。在当时，“几乎没有多少人会考虑帮助酗酒的人恢复工作能力；即使有，也大多未能获得成功”，匿名戒酒者互助会的活动也并不活跃。战争期间，哈维·克鲁科山克既供职于加拿大安大略省的卫生署，又服务于加拿大在国内外的军医部队。那时没有任何人关心酗酒问题或者饮酒者。但是后来，随着战后加拿大局势的变化，由战争所推动的企业医疗机构广泛建立、战后经济状况发生改观、养老和医疗福利水平不断提高，人们越来越意识到“员工的边缘健康状态以及缺勤等会给企业带来重大的经济损失”。于是，高层管理者也开始越来越关注“企业的人力资源”问题。

在这样的背景下，克鲁科山克医生在战争结束后立即担任了加拿大贝尔公司的医务主管。然而，他当时所关心的问题并非酗酒，他最初感兴趣的问题是造成“疾病和缺勤的主要原因，以及它们给公司造成的影响”。从这些研究中，他很快发现，给公司造成巨大损失的，在很大程度上正是那些经常生病或缺勤的员工。克鲁科山克回忆说，当他和同事们“开始调查经常缺勤员工的详细信息时，最终的原因终于落到了酗酒问题上。当意识到问题的严重性后，便开始花费更多时间来研究如何解决这一问题”。这一结论意味着应该把更多的关注放在员工的行为矫正和康复上。1947—1950年，他和同事开始培训各部门的经理，并向他们讲授这些知识。尽管医务部门发现“大多数有饮酒问题的人都是可以康复的”，但其工作开展得还是“不尽如人意”，各级部门都有所抵制。

因为公司拥有8000多名管理人员，20世纪40年代末期确实需要出台一个正式的公司制度，引导管理人员发现那些酗酒者，并为之提供推介诊治。经过长时间的努力，克鲁科山克和他的同事们研究制订了一项政策方针，说明酗酒是一种健康问题，是可以治愈的；如果有酗酒问题，可以获得疾病补贴，待到健康状况经考察符合康复标准后，再考虑纪律处分。他写道，“到1950年，我们获得了大量的成功案例，其中有些是专业技术很强的人才。持怀疑态度的人越来越少”。但是只有等“各个部门的大多数人接受了这些理念”，才有可能正式实施这一制度。真正的方案直到1951年才得以落实。尽管这一时期匿名戒酒者互助会非常活跃，其提供的服务“影响深远”，但在这里派不上用场。克鲁科山克医生还写道，他知道“人事部门没有很强的积极性”，而工会虽然给予支持，但“却没有提供任何实质性的帮助”。很显然，该公司的方案一直是由公司的医务部门发起和推动的。

在这段时期持续推行的另一个项目是大北方铁路公司的方案。该公司的董事长约翰·M. 巴德（John M. Budd）早在1951年就意识到了在公司的员工之中确实存在着酗酒问题，于是聘用沃伦·T. 为公司首任酗酒问题咨询师。巴德是从底层一步步走上管理岗位的，他清楚地了解在铁路运行过程的每一个环节上，酗酒都有可能为公司带来严重的损失。这项工作引起了他的高度重视，并要求沃伦·T. 直接向他报告工作。该公司的方案不仅获得了管理部门罕见的强力支持，而且其所涵盖的内容从某种程度上说也更为广泛。如前所述，沃伦·T. 的妻子爱丽丝还为大北方铁路公司的员工提供“债务调节”服务，帮助那些债台高筑的饮酒者摆脱困境，为此还要做那些债主的工作。1956年，莱斯·V.（Les V.）接替了沃伦·T. 的工作，其妻子凯瑟琳也与他一道工作，并使该项工作有了新的发展：由于其妻子是嗜酒者家庭互助会的发起人，因此该项目将家庭这一重要因素也纳入其中。他们的工作定期开展，工作覆盖范围达4万公里，并逐渐获得了铁路工会组织的支持。

在这段时期，还出现了大量比较正式的和公开的政策措施，但其影响均不及阿利斯·查默斯公司、加拿大贝尔公司和大北方铁路公司的方案。但就其数量来说，也进一步说明了20世纪40年代后期和50年代中期该项工作的快速发展。

当时军队也开展了一些活动，尽管很难说清其是否公开或明确。1949—1950年，威廉·斯维根（William Swegan）中士加入了耶鲁饮酒问题研究中心，米歇尔空军基地的牧师托马斯·亚当斯（Thomas Adams）少校帮助他争取到了6周的事假和150美元的经费。1950年，进修时他又获得了5天的假期，但没有经费支持。历经诸多波折后，斯维根中士于1953年调入了得克萨斯州圣安东尼奥的拉克兰空军基地，非常幸运地得到了与精神科医生路易斯·韦斯特（Louis West）共事的机会。“经院方、基地指挥官和军医处的同意，他们于1953年在空军第700医院启动了一项小型试验项目”（West & Swegan，1956）。

几点结论

基于工作的戒酒方案的发起可以追溯到19世纪末期和20世纪初期，当时企业采取措施希望能够根除长久以来在工作场所饮酒的习惯。尽管这些措施大都是成功的，但这个过程耗费了大约50年，而采用的强制性手段也在很大程度上导致人们对酗酒者形成了负面的看法。后来实际形成的方案则致力于消除这种不良印象，以建设性的、康复的方式为酗酒员工提供治疗，而不是惩罚他们。戒酒方案发源于工作场所，始于雇主对工作效率的关注、对员工赔偿的忧虑，以及对实现机械化生产的渴求。更值得一提的是，这类方案也从最初仅仅关注酗酒问题而逐渐发展到开始关注药物滥用以及员工的其他个人问题。

20世纪30年代末期和“二战”期间，三股力量所形成的合力，促使人们针对这些普遍关注的问题而制订了最初的方案雏形。这三股力量就是匿名戒酒者互助会的迅速崛起、“二战”期间对劳动力的迫切需求以及企业医师们对这一问题的关注。那些积极主动并且高度敬业的改革者们在战争期间充分利用这些因素，明确而又“悄然”地推动了这些方案的实施。这些早期的因素在战后又进一步衍生出了其他相关方案。一些高层管理者开始对此感兴趣，各类工会组织也借助于他们的社区服务方案公开活跃起来，20世纪40年代前期那种“悄然进行”的工作方式很快便让位于20世纪40年代后期大张旗鼓的运作。耶鲁饮酒问题研究中心在当时极具活力，匿名戒酒者互助会成员也在不懈地努力，企业的医师们则以更为正规的方式来开展工作。人们开始采用严谨的方法进行研究，并设法将其成果纳入方案的设计之中。到了20世纪50年代中期，至少有五六十家公司和工会全面开展了针对饮酒问题的工作，而在10年前，仅有几个热心的匿名戒酒者互助组织和几名有影响力的企业医师在半私密的状态下从事这方面的活动。

在这段短暂却又极为活跃的时期，解决工作场所酗酒问题的干预性策略开始朦胧显现。在耶鲁计划中并没有提到工作绩效不佳的问题，管理人员在很大程度上就是为求助者推介咨询师的联络人，但它确实推动了匿名戒酒者互助群体的发展，即使在工厂内部亦是如此。但是，匿名戒酒者互助会有关“最坏结果”的理念与该计划提倡运用企业权力推进实施的做法并无关系。

然而，有一些人却将这二者联系了起来。对于那种普遍认为来自职场的压力会阻碍而不是有助于员工发展的观点，联合爱迪生公司的维特莫医生就持反对意见。他认为，公司针对酗酒员工的饮酒问题和工作绩效不佳问题所施加的压力，可以促使员工接受帮助和治疗。在杜邦公司，戴维·M.告诉酗酒的员工，公司十分关注员工的工作绩效衰退问题，它必须保证对员工的投资有所回报。哥赫曼医生更是直言不讳，公开提倡监管者直接与酗酒员工讨论其问题，告诉他们公司绝不容忍因酗酒而影响工作绩效，否则就只有解聘。但是如果员工下定决心改正，匿名戒酒者互助组织和医疗部门会提供帮助。这表明，后来被称为“建设性对抗”的措施初见端倪，一项干预性策略诞生了（Beyer & Trice，1980）。

最后，早期的许多方案显然都没有延续下来，人们对此了解不多或者说不知道它们为何会夭折。但根据历史事实可以做出两个推断：第一，只要有高层管理者的支持、有一名地位较高人员的积极推动、有一名执著的匿名戒酒者互助会咨询师的不懈努力，该方案就容易持续下去；第二，也是更为重要的一点，如果方案具备了上述要素，并且还能将其制度化和正规化，该方案就一定能够存活。相反，如果方案的实施和发展仅仅是靠某一个人的热情和执著，不管这个人是谁，这种方案都不会有生命力。

参考文献

Allis-Chalmers Manufacturing Company (1950). Results to Date–March 15, 1950. Milwaukee, Wis.: Privately Printed. (March 15).

Bacon, S. (1948). Alcoholism in Industry. *Industrial Medicine, 17:* 161–167.

Bacon, S. (1951). Alcoholism and Industry. *The Civitan Magazine,* March, 3–57.

Bacon, S. (1976). Concepts. Pp. 57–134 in Filstead, W. J., J. J. Rossi, & M. Keller (eds.) *Alcohol and alcohol problems.* Cambridge, MA: Ballinger Publishing Co.

Beyer, J., & Trice, H. (1980). The design and implementation of job-based alcoholism programs: Constructive confrontation strategies and how they work. Papers Presented for N.I.A.A.A. Research Workshop on Alcoholism in the Workplace, Reston, Virginia, May 24, 1980, Government Printing Office, Forthcoming.

Community Studies, Inc. (1954). Alcoholism Survey: State of Kansas. Kansas City, pp. 76–80.

Fehlandt, A. (1904). *A century of drink reform in the United States.* Cincinnati: Jennings and Graham Publishers.

Fox, J. (1944). Some implications of expansion in war industries. *Quarterly Journal of Studies on Alcohol, 3,* 646–649.

Frazier, C. P. (1957). Firms fight alcohol waste. *New York World Telegram and Sun,* April 8, 9, 10.

Furnas, C. (1965). *The life and times of the late Demon Rum.* New York: Capricorn Books.

Gehrmann, G., & Norris, J. (1949). Alcoholism in Industry–Symposium: Thirty-Fourth Annual Meeting, American Association of Industrial Physicians and Surgeons, Detroit, Michigan, April 16.

Gehrmann, G. (1954). The rehabilitation of the alcoholic in industry. In A. Fleming & C. A. D' Alonzo, *Modern occupational medicine.* Philadelphia: Lea & Febiger.

Gehrmann, G. (1955). How DuPont combats alcoholism. *Petroleum Refiner,* July, pp. 23–28.

George, M. D. (1925). *London life in the 18th century.* New York: Knopf.

Gutman, H. (1977). *Work, culture, and society in industrializing america.* New York: Vintage Books.

Haber, S. (1964). *Efficiency and uplift.* Chicago: University of Chicago Press.

Henderson, R., & Straus, R. (1952). Alcoholism: 1941–1951. A survey of activities in research, education and therapy. *Quarterly Journal of Studies on Alcohol, 13,* 472–495.

Henderson, R., & Bacon, S. (1953). Problem drinking: The Yale plan for business and industry. *Quarterly Journal of Studies on Alcohol, 14.* 247–262.

Hendrick, B. (1916). How business fights alcohol. *Harper's Monthly Magazine,* August: 425–431.

Industrial Medicine (1943). Absenteeism–Unauthorized time away from the job. 12:338–341.

Janson, C. (1935). *The stranger in America, 1798–1806.* New York: Press of the Pioneers.

Jellinek, E. J. (1947). What shall we do about alcoholism? *Vital Speeches, 13,* 252–254.

J.I.F. (1947). Alcoholism: An occupational disease of seamen. *Quarterly Journal of Studies on Alcohol, 8,* 498–505.

Jukes, R. (1943). Industrial absenteeism; Its medical phase. *Industrial Medicine, 12,* 553–556.

Krout, J. (1925). *The origins of prohibition.* New York: Alfred A. Knopf.

Landis, B. (1945). Some Economic Aspects of Inebriety. In *Alcohol science and society.* New Haven: Yale University Press, pp. 212–268.

Mielcarek, H. (1951). Alcoholism in Industry. In *Proceedings of the Institute on Alcoholism,* October 10–December 12, Marquette University Labor College, pp. 150–161. Milwaukee, Wisconsin.

National Industrial Conference Board (1958). *The Alcoholic Worker.* Studies in Personnel Policy, number 166. New York: National Industrial Conference Board.

Norris, J. L. (1968). *Alcoholism in Industry: Lecture in Honor of Dr. George Gehrmann.* Annual Meeting of the American Academy of Occupational Medicine. Boston, February 8th.

O'Brien, C. (1949). Alcoholism among disciplinary cases. *Quarterly Journal of Studies on Alcohol, 10,* 268–278.

Opinion Research Corporation (1952). *Chronic alcoholism in industry as viewed by medical and personnel directors.* Princeton, NJ, privately printed.

The Outlook (1915). Alcohol and efficiency. Vol. III, Oct. 13, p. 350.

Page, R., Thorpe, J. J., & Caldwell, D. W. (1952). The problem drinker in industry. *Quarterly Journal of Studies on Alcohol, 13,* 370–396.

Quarterly Journal of Studies on Alcohol (1942). Alcohol and industrial efficiency. Lay Supplement #3, New Haven, Conn.

Sinclair, A. (1963). *Prohibition: The era of excess.* Boston: Little, Brown and Co.

Smithers Foundation, The Christopher D. (1958). *A basic outline for a company program.* New York.

Smithers Foundation, The Christopher D. (1977). *25th Anniversary Report: Pioneering in the disease of alcoholism.* Mill Neck, New York.

Smithers Foundation, The Christopher D. (1979). *Pioneers we have known in the field of alcoholism.* Mill Neck, NY.

Stevenson, R. (1942). Absenteeism in an industrial plant due to alcoholism. *Quarterly Journal of Studies on Alcohol, 2,* 661–668.

Stivers, R. (1976). *A hair of the dog.* University Park, PA: Penn State University Press.

Straus, R., & Bacon, S. (1951). Alcoholism and social stability. *Quarterly Journal of Studies on Alcohol, 12,* 231–260.

Sullivan, W. C. (1906). Industry and alcoholism. *Journal of Mental Science, 52*:505–514.

Theiss, L. (1914). Industry vs. alcohol. *The Outlook, 107,* 856–861.

Timberlake, J. (1963). *Prohibition and the Progressive Movement, 1900–1920.* Cambridge: Harvard University Press.

Tolman, W. (1911). *Alcoholism in industry.* New York: American Museum of Safety.

Trice, H. (1958). Alcoholics Anonymous. *Annals of American Academy of Political and Social Science, 315,* 108–116.

Trice, H. (1959). The problem drinker on the job. Bulletin #40. New York State School of Industrial and Labor Relations, Cornell University, Ithaca, NY.

Trice, H., & Beyer, J. (1977). A sociological property of drugs. *Journal of Studies on Alcohol, 38*:58–74.

Vonachen, H., Mittelmann, B., & Kronenberg, M. (1946). A comprehensive mental hygiene program at Caterpillar Tractor Co. *Industrial Medicine, 15,* 179–184.

West, L., & Swegan, W. (1956). An approach to alcoholism in the military service. *American Journal of Psychiatry, 112,* 1004–1009.

Winkler, A. (1968). Drinking on the American Frontier. *Quarterly Journal of Studies on Alcohol, 129,* 413–445.

第二章

EAP：历史概述

Fred Dickman
Robert Challenger

有充分的文献表明，EAP运动近年来有着令人惊异的发展势头，在名列《财富》（*Fortune*）杂志“500强”里那些最大的企业中，有超过一半的企业采用了EAP（Busch，1981；Dickman & Emener，1982；Land，1981；Roman，1981；Sonnenstuhl & O' Donnell，1980）。越来越多的小公司（员工在250人左右）也对EAP产生了兴趣（Phillips，1983）。从社区机构的情况来看，那些心理健康中心、酗酒问题康复中心以及其他社会服务机构等，几乎是一窝蜂地“介入了这一行动”，寻求与企业签订EAP合同。一个强大而独立的组织为EAP的专业队伍奠定了人才基础，这就是戒酒问题的劳工、经营管理者与顾问协会（Association of Labor and Management Administrators and Consultants on Alcoholism，ALMACA）。毫无疑问，这一运动还将像以往一样继续发展。所以，多少了解有关该运动的一些历史知识和早期的基本理念是十分重要的。

发展历史与基本理念

EAP的历史是与匿名戒酒者互助会（AA）的发展紧密交织在一起的。众所周知，它发轫于1935年6月10日，比尔·威尔逊在美国俄亥俄州的阿克伦市与鲍勃·史密斯（Bob Smith）医生进行了长达若干小时的探讨，意在要求史密斯医生帮助他戒酒。比尔，这位来自纽约的股票经纪人刚刚接受了5个月的强制戒酒。生意上的失败使他在去往阿克伦市的途中急欲借酒浇愁（Kissin & Begleiter，1970）。这次会面实质上标志着匿名戒酒者互助会的肇始，它意味着每个人都可以通过与他人交流有关自己的酗酒问题而取得戒酒的效果。回想1935年，酗酒者在执业的医生和心理医生那里都被视作“不可救药”的人而放弃救助，他们通常都会被送进收容机构。因此，他们二人当时的会面简直就是一个奇迹。

到了1939年，匿名戒酒者互助会运动已经从美国的中西部地区扩展到了东北部，更多的人由此得到了“康复”。许多康复者都是劳动大军中的一员，因此有理由假定，在工厂的监管人员与高层的管理人员看来，他们的转变使得他们没有丧失工作能力。

一位戒了酒的工人非常渴望与其他酗酒的工友交流自己戒酒的经验、戒酒的力量和戒酒的希望（Trice & Schonbrunn，1981）。因此，EAP运动便由这样一种可以说是业余的方式开展起来了——康复了的戒酒工人将自己康复的经验分享给其他酗酒者。

这些职场戒酒计划（occupational alcoholism programs，OAPs）在节省资金、提高生产力以及使技术工人得以康复方面是如此的成功，以至于使我们有理由相信，这种解决酗酒问题的方法同样可以有效地运用到解决人类其他的问题上。

1962 年，坎帕集团启动了酗酒员工康复计划，并将该计划推进到酗酒员工的家庭中，甚至扩展到了被其他“生活问题”所困扰的员工中。这一扩大了范围的职场戒酒计划引发了现代 EAP 的产生，它被看作是解决企业员工问题的“宽泛型”方法。该方法从根本上丰富了 EAP 的服务内容，其中包括了婚姻与家庭问题、情绪问题、家庭财务问题和法律问题，其他还有除酗酒问题之外的药物滥用问题。这成为了 20 世纪 70 年代末期典型的企业咨询方法，而在 20 世纪 70 年代期间，这种宽泛型方法呈爆发式发展。

20 世纪 70 年代 EAP 的惊人发展也同时伴随着（也许是催生了）以下重大事件：

休斯法案

1969 年，美国爱达荷州的参议员哈罗德·休斯对联邦政府和州政府在救助酗酒问题方面的资金投入不足而深感痛心，并为此而积极活动。美国国会于第二年通过了联邦政府关于防治酒精滥用与酗酒的综合性康复法案，并建立了美国酗酒与酒精滥用问题研究会（National Institute of Alcoholism and Alcohol Abuse，NIAAA），掌管该项目的资金，以对该领域工作实施领导。法案通过后的第二年（1971 年），大多数州都追随联邦纷纷立法，不再把公众场合的醉酒行为视为犯罪，而将酗酒当作疾病来对待，酗酒问题不再属于法律问题。

美国酗酒与酒精滥用问题研究会

1971 年，美国酗酒与酒精滥用问题研究会（NIAAA）接受委托对酗酒问题进行治疗和调查研究，调查者认为工作场所是具有潜在效用的早期干预因素。结果表明，在每一个不同的州都采取了优先的政策来扶持 EAP 的建立。各个州负责酗酒问题的机构从政府那里获得补贴，用以训练和雇用 EAP 专业人员。通过这些资助，许多地方的心理健康机构和社区戒酒服务机构可以雇用专业人员，并努力将其服务延伸到那些当地的小企业，这与 20 世纪 40 年代、50 年代乃至 60 年代时的情况大不相同，当时是许多个体漫无计划地向国家企业推行自己的服务。

美国反酗酒委员会

20 世纪 70 年代，美国反酗酒委员会（NCA）成立了职场酗酒问题管理处，在罗斯·杨·维甘德（Ross Yon Wiegand）的领导下开始出版极有助益的读物，主办讲习班和研讨会，传播 EAP 的理念。

戒酒问题的劳工、经营管理者与顾问协会

20 世纪 70 年代的另一个主要推动力是成立于 1971 年的一个叫做戒酒问题的劳工、经营管理者与顾问协会(ALMACA)

的组织。该组织提供了一个在各行业人员中间传播知识和促进认识转变的论坛，出版了一本EAP专家名录，广泛地推动了社区和企业对今日之EAP理念的认识。

治疗中心

自1970年休斯法案颁布以来，酗酒问题治疗中心犹如雨后春笋般地大量涌现。1969年，佛罗里达州只有3个治疗中心——一个是州立的，另外两个是私立的。如今，据笔者了解，仅坦帕湾这一地区，四个县就有20多个私立的中心。每个中心都有一名EAP专家，主要致力于为企业服务。除此之外，在同一地区还有一些公共服务机构。随便翻阅一下国家的杂志和专业期刊，就不难发现这在当时是一种全国性的现象。如今，我们已经无法精确地估计当今究竟有多少EAP服务机构在运作。

改变了人类基本健康服务的资金投入状况

EAP事业在当今获得突破性发展的另一助推剂大概要属20世纪80年代最具影响力的一个EAP事件。这一事件既波及了公共服务中心，也影响到了个体的从业者。由于20世纪80年代早期的经济状况，美国政府的施政思想在很大程度上都是对人类基本健康服务的各个领域实施大幅度的财政削减政策。公共心理健康机构、酒精与药物依赖治疗中心以及私营的咨询公司都把与企业建立合作关系看作是未来生存的出路，因而都十分渴望能够进入EAP领域。这被看作是最具影响力的事件，因为它有可能改变了政府重要的施政理念，并大大推动了EAP运动。

据记载，早期的戒酒运动通过主动干预和现身说法等手段，为确认和治疗酒精滥用问题提供了一种具有创新性和高效率的方法。其工作理念表明，酗酒问题是可以治疗的。由于企业的酗酒员工都是有着10年左右工龄的技术工人，该理念的实质是，对这些员工的挽救就是从根本上为公司省钱（Brisolara，1979；Land，1981）。当时正处在企业高度重视生产力的提升，同时又缺乏训练有素的员工的时期（第二次世界大战以及之后的20年间），这一理念从而得以发展。由于职场戒酒计划和EAP人员在酒精滥用者的康复工作上都承担着极高的义务，这为他们确认和治疗酒精滥用的员工提供了强烈的动机。

现在的情况也许正在改变。技术工人排着长队找工作，EAP人员在确认和帮助酒精滥用人员时不再像他们的前辈那样训练有素或者投入。此外，地方企业的许多管理者并不愿意相信在他们的员工中存在着酒精和药物滥用问题。这种观念上的变化（或者说是困惑）也许是有目共睹的，这种变化在20世纪80年代EAP大发展期间也可以看到。那么出路在哪里呢？

耻辱感的降低

20世纪七八十年代最具意义的变化是与酗酒有关的耻辱感的降低。1976年，在美国反酗酒委员会的年会上，50位杰出的美国人公开宣称他们战胜了自己的酗酒问题。自那时起，无数的国家知名人士仿效了他们的做法。这导致了有关酒精滥用问题引起的耻辱感在逐渐降低，并直接影响了 EAP 理念的传播。

一个新概念正在获得强劲的发展，并且可能会威胁到（或者说排挤掉）EAP 运动。这就是日渐广为人知的员工促进计划（Employee Enhancement Program，EEP）。该计划是通过着力解决诸如压力管理、整体健康观以及其他像吸烟、暴饮暴食、过度工作等“成瘾”的问题来提高预防能力。该计划声称，如果压力能够得以控制，就可以教授员工们去过一种健康的生活方式。这些以往由职场戒酒计划和 EAP 来解决的问题也许就可以提前加以预防。然而，对这一新概念的推动也许还存在争议，没有人会怀疑这可能就是 20 世纪 80 年代提出的“企业咨询”概念（见图 2.1）。我们希望，这一新的“预防性”方法将能够对旧的方法加以改善，更好地治疗那些有饮酒问题的人。同时，对那些存在其他问题的员工的帮助也将得到进一步地完善和增强。

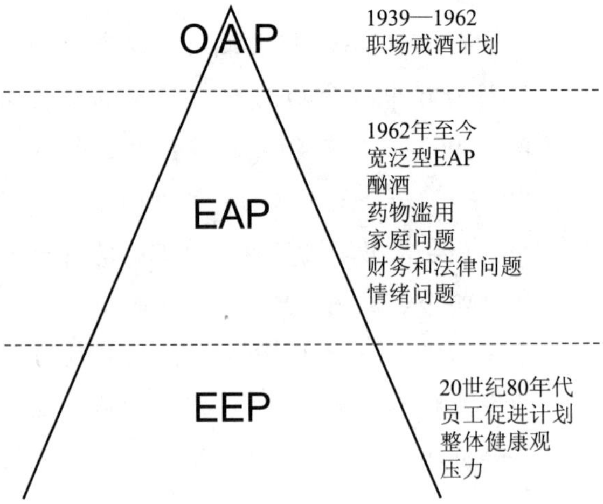

图 2.1

评论与补充资料：2003—2008

Michael A. Richard

在过去的 10 年间，美国的 EAP 所提供的指导和服务是在一个飞速变化的世界里日渐成形的。这些变化包括技术的改变、作为重要经济资源的信息的增长、国内耐用品生产的衰退、管理方式的变革以及更加老龄化与多元化的劳动力队伍（Special Report：EAP Management Letter，2007；Owen，2005）。此外，像恐怖主义袭击、工地和校园枪击案、卡特琳娜飓风、美国残疾人法、日渐引人关注的职场暴力之类的政治、社会和环境事件，也都影响到了人们对 EAP 需求的改变。还有，当今的工人要应对如何维持生活稳定的问题；他们努力去适应不断提高的工作要求，在家中还要承担比以往更大的责任（Thompson，2005）。

EAP 从业者不仅要为遇到问题的员工提供服务，如今，他们还经常要为工人与员工提供像子女教养、老龄化、种族多元化问题、家庭问题、信用咨询、法律问题、病假和住院问题等大量的信息（Special Report，2007；Hurst，2006；Leopold，2004）。

自 2001 年的“9·11”悲剧性事件发生以来，EAP 咨询师成了危机事件群体晤谈的主要组织者，是设计和实施应急准备计划的核心成员。也就是说，EAP 咨询师要不断地充实他们的技能，以满足员工们应对这些问题的需要（Special Report，2007）。同样，EAP 从业者也在满足这一需要的过程中要不断地获得必要的训练和专业资质（Hurst，2006）。

“9·11”恐怖袭击发生后，前面提及的这些需求大量增加，由此扩展了 EAP 的服务范围，这种模式延续到了今天。根据 EAP 从业者的报告，①“9·11”以来，员工有创伤后应激障碍症状的人数显著增加；②遭恐怖袭击之后，员工中紧张和抑郁情绪蔓延。随着校园与职场暴力事件的频发，仅暴力威胁就持续构成紧张情绪的一个重要来源（Hurst，2006）。此外，近来的经济动荡、就业恐慌和日益加重的工作负荷，也成为员工们所报告的主要压力源。所以，除了生活中能感受到的日益猖獗的恐怖主义威胁外，更多的员工还表达了对工作或者生活方式安全感的焦虑——而不仅是人身的安全感（Special Report，2007；Thompson，2005）。

在过去的 10 年里，特别是《破产法》被修订后，员工对于理财和信用咨询的需求有所增加。对财务状况的担忧一直被看作是员工压力的一个日益严重的来源。另外，越来越多的妇女因忧虑她们的经济状况和医疗保健开支而寻求 EAP 专业人员的帮助（Leopold，2004）。

妇女不断成为家庭暴力的受害者。这一现实还对她们的工作绩效造成了损害，并且成为 EAP 咨询师时常关注的问题。由此所造成的与工作相关的问题更令她们痛苦不堪，这包括经常迟到或请病假、失去晋升的机会，还有许多人丢掉了工作。有报告表明，每年医疗费用的支出多达数千万美元，其中绝大部分都是由员工支付的（Bowman，2005）。

有关雇主与员工之间权利之争的问题呈逐年上升之势。除了对人身安全威胁所做出的显而易见的反应之外（如雇用更多的保安人员），雇主们还加强了对员工身份背景的审查，安装比以往更多的网络监视器和摄像头以监控员工的活动。许多员工理解他们雇主的担心，但还是感到自己的隐私权受到了侵犯。结果，那些直接和间接涉及职场暴力和恐怖主义的问题以诸多相反和意想不到的方式呈现在了 EAP 咨询师的面前（Special Report，2007；Owen，2005）。

人口结构的变化也正在对劳动力和职场构成冲击。例如，老年人与青年人之间的比例正在改变。能够从事生产劳动的年轻劳动力在减少，而全体工人们的身上负担却越来越重。工人们常期望能提高自身的技能，但更多的人却因要照料家中的老人而不得脱身。年长的员工通常要担负看护小孩的任务，有的人甚至还要承担起照料患严重疾病的亲人的责任。这些问题以及与此相关联的其他问题都是员工们在与 EAP 人员讨论时涉及的越来越多的主题（Administration on Aging，2000）。

在 EAP 运动中还有许多其他发展趋势。近年来，EAP 外包服务转由企业内部 EAP 人员提供的做法越来越多，而且有可能会继续发展下去。EAP 服务人员报告说，员工们经常提出精神信仰问题，他们为自身的存在价值问题而纠结。随着少数族裔员工数量的增加，EAP 专家在处理这些与种族多元化有关的问题时要具有敏感性。EAP 从业者还要与各种群体打交道，确认美国健康保险流动与责任法案对社会保健服务的保障有何影响（Special Report，2007；Owen，2005）。

EAP 提供服务的方式已经发生改变。例如，无论是内部 EAP 还是外包 EAP，网上 EAP 资源的使用价值都有了令人瞩目的提高。在网上搜索这类信息，会很容易地证明这一现象（Richard，2005）。

物质与酒精滥用问题依然是 EAP 服务者关注的焦点。尽管如此，围绕物质滥用的检测方法以及对化学品和酒精依赖的治疗方法所展开的争论也是与时俱进。并且，EAP 服务者还被要求解决像赌博和沉溺网络之类的其他成瘾问题（Belanger，2005；Richard，2005）。

EAP 与身心健康计划（Wellness programs）不断地走向整合。据“员工帮助从业者协会”（The Employee Assistance Professionals Association，EAPA）报告，有大约 1/6 的 EAP 咨询师在回答一项问卷调查时认为，他们自己不仅具有 EAP 的咨询技能，同时也擅长身心健康计划的咨询。一份有关 EAP 服务的研究综述支持了这一观点。员工所提的问题中就包括对咨询服务的需求（如帮助减压、解决家庭问题和物质滥用等）、针对平衡工作与生活的治疗以及有关身体健康的信息服务。雇主和员工们更认可健康生活方式的重要性，而把 EAP 服务者看作是最重要的信息源（Sullivan & Collins，2004）。

人们也越来越关注保证优质服务的责任与措施。EAP 运动的支持者们正在推动 EAP 的资格认证工作，努力提高从业人员资格证书的含金量。这一旨在制订和认可职业标准的工作有望得到进一步发展，并成为未来几年内的职业规范（Special Report，2007）。

参考文献

Administration on Aging (2000). AoA announces the availability of “a profile of older Americans, 2000,” [Online]. Retrieved February 2, 2008. Available: http://www.aoa.dhhd.gov/

Begleiter, H. (Ed.). *Treatment and rehabilitation of the chronic alcoholic.* New York: Plenum Press.

Belanger, M. (2005). Online screening for alcohol use. *Journal of Employee Assistance, 35,* 12–15.

Bowman, C. (2005). EAPís domestic violence role: one MBHO/EAP teamed up with a major telecommunications provider to address the problem through the workplace. *Behavioral Health Management* [Online]. Retrieved March 20, 2008. Available: http://www.allbusiness.com/human-resources/benefits-employee-assistance-plans-eap/619902-1.html

Brisolara, A. (1979). *The alcoholic employee: A handbook of useful guidelines.* New York: Human Sciences Press.

Busch, E. J. (1981). Developing an employee assistance program. *Personnel Journal, 60* (9), 708–711.

Dickman, F., & Emener, W. G. (1982). Employee assistance programs–basic concepts, attributes and an evaluation. *Personnel Administrator, 27* (8), 55, 56, 58–61.

Hurst, M. R. (2006). Disaster and terrorism survival planning. *Journal of Employee Assistance, 36,* 12–13.

Kissin, B., & Begleiter, H. (Eds.) (1977). *Treatment and rehabilitation of the chronic alcoholic.* New York: Plenum Press.

Land, T. (1981). Global strategy: Confronting alcoholism at the workplace. *Alcoholism, 1* (6), 41–42.

Leach, B., & Norris, J. L. (1977). Factors in the development of Alcoholics Anonymous (AA). In B. Kissin & H. Begleiter (Eds.): *Treatment and rehabilitation of the chronic alcoholic.* New York: Plenum Press.

Leopold, R. S. (2004). Eight challenges facing the workplace. *Journal of Employee Assistance. 34,* 15–18.

Owen, D. (2005). Trends now shaping the future: technological, workplace, management, and institutional trends. *The Futurist* [Online]. Retrieved March 20, 2008. Available: http://www.allbusiness.com/technology/402608-1.html

Phillips, E. A. (1983). Employee assistance programs: A survey of selected firms in Pinellas County, unpublished survey.

Richard, M. A. (2005). Cyberspace: Issues and challenges

for EAP providers. *Employee Assistance Quarterly, 19,* 51–60.

Roman, P. M. (1981). From employee alcoholism to employee assistance. *Journal of Studies on Alcohol, 42* (3), 244–272.

Sonnenstuhl, W. J., & O'Donnell, J. E. (1980). EAP's: The why's and how's of planning them. *Personnel Administrator, 25* (11), 35–36.

Special Report: Employee Assistance Program Management Letter, (2007), 23 Key Trends Shaping Employee Assistance Programs Today [Online]. Retrieved March 20, 2008. Available: http://www.wellnessjunction.com/members/23trends.html

Sullivan, S., & Collins, K. (2004). Health and productivity management. *Journal of Employee Assistance, 34,* 28–30.

Thompson, C. A. (2005). Work-life: Organizations in denial. *Journal of Employee Assistance, 35,* 7–10.

Trice, H. M., & Schonbrunn, M. (1981). A history of job-based alcoholism programs: 1900–1955. *Journal of Drug Issues.*

第三章
EAP 的需求与基本原理

William S. Hutchison, Jr.
Susan Vickerstaff

当代 EAP 的起源可以追溯到 19 世纪 80 年代后期的美国企业界。19 世纪末，工业技术的发展使得工商业获得巨大发展，以至于在管理层与劳工之间形成了一条不断扩大的鸿沟。工人与管理者之间的人际交往减少，与此同时，劳工队伍中妇女和外来移民数量的增多，使得过去那种解决工作问题的独裁式方法显然不再奏效。那些以往循规蹈矩的员工开始通过转换工作、拒绝合作以及威胁成立工会等方式表达其对工作条件的不满。

很显然，这种氛围对于企业的成长能力构成了严重威胁。作为回应，管理方制订了一系列的程序，雇用一些人专门为管理方认为在生活上遇到问题的工人提供服务。这一体制就是后来众所周知的社会福利运动，它不仅要解决与工作相关的问题，显然还要处理更多私人化的事务（Popple，1981）。

管理方意识到工人中大量的移民、妇女和年轻人缺乏或者说完全没有经验，这些服务中的一项就是培训。企业创办并运作的学校为员工提供培养基本读写能力的教育，培训工人掌握特定工种所应具备的技能，帮助移民学习语言和文化。工厂的医疗诊所不仅为受工伤的工人提供治疗，还要处理那些会影响工人工作绩效的健康问题。为工人提供廉价的食物、住房和有形财产，以适合其收入水平。为帮助工人（尤其是女工）摆脱烦恼，还为他们提供“有益于身心健康的”休闲机会（Brandes，1970）。企业为员工提供的社会福利服务发展迅猛。根据美国劳动统计局的报告（1928），1926 年间，美国 1500 个最大企业中有大约 80% 的企业至少为员工提供一项服务，有 50% 的企业提供全面的综合服务。企业雇用被称作福利干事的人专门负责这方面的服务。

20 世纪二三十年代，美国的经济状况为这些社会福利服务创造了更多的需求。不幸的是，正当这些服务项目的数量在不断增加时，工人们对于这些服务的提供方式却越来越不满意。福利干事不再被信任，他们被看作是管理层控制工人的工具。这种负面的看法再加之大萧条期间的经济衰退，最终导致企业提供的这些服务项目的减少（Wyers & Kaulukukui，1984）。

有一种服务类型在 20 世纪二三十年代，甚至在整个第二次世界大战期间，都一直持续发展，这就是企业戒酒计划。到了 20 世纪 50 年代情况越发明显，许多工作方面出的问题都与酒精滥用或者酒精依赖有关。美国的许多大公司都不再雇用类似于福利干事那样的人员，而开始关注如何识别那些因酗酒而影响工作的工人。这些工人之后会被转介给像匿名戒酒者互助会这样的帮助机构去接受治疗。

企业戒酒计划的这种识别与转介模式就是当今 EAP 最具影响力的先驱。其关注点首先是对这些员工的识别，确认他们的问题是否与饮酒或者其他个人事务有关，这些问题是否导致工作绩效和生产能力的衰退；其二是为他们联系适宜的治疗和支持性服务机构（Hartwell，Steele，et al.，1996）。

员工对于预防和治疗服务的需求在整个 20 世纪都不断地扩展（Emener，1997）。休斯法案意识到了酗酒问题是需要医治的疾病，（由此推断）药物成瘾问题也是如此，都不应该被监禁和定罪（Dickman，1997）。

与此同时，医疗保健的费用也随着美国企业与海外的竞争加剧而激增，这迫使美国公司努力探索对于健康保险给付的成本控制，以保持经济效益和产品价格的竞争力。由此引发了管理型医疗保健制度的发展，其样板就是分类诊断医疗保险计划，即对所有身体和心理健康服务的给付设定金额限制（Segal & Brzuzy，1998）。

自动化与计算机技术登上经济舞台之后，引发了工作组织与生产力的剧烈变革。直至 2011 年，在诸多因素的影响下，经济发展速度减慢，并出现了衰退（Emener，2002）。然而，对于员工帮助和福利计划的需求却仍在扩大，以至于在 20 世纪 90 年代《财富》500 强的公司中有大约 90% 的企业实施 EAP。这种需求表明企业认可 EAP 的价值，这也包括承认这些计划可以帮助员工们应对工作环境的急剧变化。这些变化导致了一些问题的产生，其中既包括不断增长的对于照看孩子和老人的需求，也包括削减其他医疗保健费用的需要，如戒烟、减肥、健身和压力管理等方面（Hutchison，1997）。

最新的挑战出现在工作场所，包括凶杀（美国邮局枪击案和美国哥伦比亚中学枪击案）和恐怖主义活动（美国俄克拉荷马市的摩拉办公大楼爆炸案、纽约世贸中心双子座大厦被炸案和投放炭疽病毒的生物恐怖主义案）。所有那些（曾亲身经历过的）幸存者、（没有亲身经历的）他们的家庭和朋友以及我们这些从视频媒体上目睹了这些事件的人，都曾因与当事人的亲密关系、重大丧失、情感与心理上的脆弱而被深深地影响过。与个体服务一样，危机事件群体晤谈法也从中发展了起来，并向 EAP 从业者提出了挑战（DeGrando，2002）。

经济衰退、宗教影响的滥用和公司欺诈等事件都加剧了恐怖主义造成的创伤。失业、退休人员医疗福利的削减、经济全球化，伴随着对日益增长的文化交流和商业实践的需要，所有这些都扩大了对于 EAP 和身心健康计划的需求（Darling，2002）。针对这些不断增长的新要求，EAP 在开发新的服务方式方面正在发挥着十分重要的作用。这些内容包括翻译服务、文化适应能力培训、性骚扰防护能力训练、暴力识别与预防能力训练、退休生活培训和转职就业服务。

EAP 还被看作是控制医疗保健费用的一个基本解决方案，它是通过实施“早期干预”来帮助员工和他们的家庭找到早期应对的方法（例如，在 II 型糖尿病发生之前进行减肥）。同样，现场咨询也可以收到这样的效果（Darling，

2002）。例如，人们都知道倒班工作制可以造成生物钟节律紊乱，有可能导致严重的睡眠障碍。EAP 既可以教授员工睡眠调适技术；又可以与雇主共同商讨，考虑选择最佳的时间安排，以更好地实现生产目标。

因此，对于 EAP 服务的持续性需求，通过扩展服务方式和建立这种协商合作关系而得到了响应。

参考文献

Brandes, S. D. (1970). *American welfare capitalism: 1880–1940.* Chicago: University of Chicago Press.

Darling, H. (2002). Rising health care costs. *Exchange, 32* (2), March/April.

DeGrande, L. (2002). Creating a template for the future. *Exchange, 32* (4), July/August, 22–23.

Dickman, J. F. (1997). EAP's: A historical sketch. In Hutchison, Jr. & W.G. Emener (Eds.), *Employee assistance programs: A basic text* (2nd Edition). Springfield, IL: Charles C Thomas, Publisher, Ltd.

Emener, W. G., & Hutchison, Jr., W. S. (1997). Future perspectives–1997. In Hutchison, Jr. & W. G. Emener (Eds.), *Employee assistance programs: A basic text* (2nd Edition). Springfield, IL: Charles C Thomas, Publisher, Ltd.

Goin, M. K. (2002). Learning from adversity: Raising the profile of workplace mental health. *Exchange, 32* (4), July/August, 19.

Googins, B., & Godfrey, J. (1987). *Occupational social work.* Englewood Cliffs, NJ: Prentice-Hall.

Hartwell, T. D., & Steele, P. et al. (1986). Aiding troubled employees: The prevalence, cost, and characteristics of employee assistance programs in the United States. *American Journal of Public Health,* June.

Hutchison, W. (1997). Working with families through employee assistance programs and wellness programs. In Hutchison, Jr. & W. G. Emener (Eds.), *Employee assistance programs: A basic text* (2nd Edition). Springfield, IL: Charles C Thomas, Publisher, Ltd.

Popple, P. R. (1981). Social work practice in business and industry, 1875–1930. *Social Service Review* (June), 257–269.

United States Bureau of Labor Statistics. (1928). Health and recreation activities in industrial establishments, 1926. *Bulletin Number 458.* Washington, DC: U.S. Government Printing Office, 86.

Wyers, N. L., & Kaulukukui, M. (1984). Social services in the workplace: Rhetoric vs. reality. *Social Work, 29* (March–April), 167–172.

第二编

结构与组织

第四章
工作组织：对 EAP 至关重要的结构与组织动力

Carnot E. Nelson
William G. Emener

如何准确地界定和识别组织中的问题员工，是EAP工作的核心。在EAP的启动阶段、执行阶段、工作目标和对象的确定上，都需要首先明确问题员工。为了能够切实有效地为有问题的员工提供帮助，EAP专业人员必须对工作组织有所了解。重要的是，要对工作组织有所了解，就需要对组织结构和组织动力的变化有详尽的认识和判断。然而，工作组织并不是独立存在的，许多“外在的”组织和个人都会对其造成影响。例如，工会就是一个能对工作组织及其EAP工作产生重大影响的主要外界组织（Beyer，Trice & Hunt，1980；Dickman & Emener，1982；Emener & Dickman，1983；Mc Williams，1985）。总之，本章共有两个目标：①考察商业、工业和工会的组织结构；②描述并探讨产业组织中关键的组织动力。需要注意的是，本章中所谈论的工作组织、商业组织以及工业组织等术语，是可以相互替代使用的。

结构

组织的代表性定义是：通过劳动分工和职权体系，计划、协调两人或多人的活动，来实现某些共同的、明确的目标（Robbins，1983）。因此，尽管在许多方面（例如规模、目标、活动、所有者等）有所不同，通用汽车公司、某所大学或某个地方诊所，都可以被视为组织。重要的是，这三个工作组织都有一个共同特征——它们都具有一定的结构。

结构的概念意味着一种方式，而组织通过这种方式将其人力资源结合到一起，以完成其实现目标的活动。结构由三个基本维度构成：复杂性、规范化、集权化。**复杂性**是指组织内部分化的程度，分化的程度越高，其复杂性就越高。一个组织通常有三种分化形式：水平式、垂直式和空间式。水平分化是指根据任务划分的工作单位之间的差异，以及个体在这些工作单位中所需接受的教育和培训的差异；垂直分化是指组织内部行政管理系统中层级的数目（越复杂的组织倾向于有越多的层级）；当一个组织在很多不同的地域都有分公司和办事处时，这个组织就被认为是空间分化的。**规范化**是指组织中各项工作标准化的程度，或者是指在组织中工作的个体所具有的决断权的程度，即决定自己应该做什么，怎样做以及何时做的权限。**集权化**是指正式决策权集中于组织中某单一职位的程度。因此，在EAP的启动、发展、实施和评价过程中，专业人员要清楚地知道一个组织的复杂性（如它是如何分化的）、规范化程度（如各类员工所具有的自主职能的水平）和集权化程度（如决策权是授予哪里、授予什么人的），这一点非常重要。

组织结构有四个决定性的因素，分别是：组织规模、技术、环境、权力—控制。大的组织（如西屋电器公司）由于其本身较大的规模，结构更为复杂，大多具有三种分化形式。而且，大组织倾向于分权和规范化。前者主要是由于没有一个人能够记住所要制订的所有决定（更不用说为了做出那么多决定而必须记忆大量的信息）。大组织倾向于通过规范化进行控制，而规范化是利用专门的操作技术来实现的，如详细的工作说明、正式的规则和条例以及标准化的操作程序。

一个组织的技术是指它是如何运作的——它如何将"投入"转化为"产出"，如何将原材料制作成产品。在一个组织的内部，可以依据其程序化的程度，将技术分为多种水平。例如，那些基于装配线的工作任务就被认为是高度程序化的，而化学研究的工作任务则被认为是极度非程序化的。高程序化的工作大多是规范化的，而非程序化的工作则是典型的非规范化的。从 EAP 客户的角度讲，针对以装配线为主要生产方式的企业的 EAP 设计，显然不同于在化学研究公司所开展的 EAP 工作，因此不能一概而论。

一个组织的环境也会影响它的结构。组织为了生存，就必须要适应环境。例如，一个集权的、复杂的、规范化的组织在平和并且缺少变化的环境中更能够高效地运作。而另一方面，在快速变化的环境中，为了应对和适应快速变化的环境条件，则必须具有很高的灵活性，所以高度分权的结构则更为适合，如航空公司和银行业。了解这两个行业生存和发展的混乱环境，对航空公司和银行业的 EAP 至关重要。

虽然本章稍后将会详细讨论"权力"现象，但这里要注意的是，有关组织设计的权力—控制理论所关注的是组织内部的"政治"。个人和（或）部门都力图增进和扩张他们自己的利益，这是在组织内部频繁出现的现象。这一现象的核心是，组织中的那些执权者更偏爱那种能够在组织内部使其控制力达到最大化的组织结构。因此，一个管理者最可能做出的决定是，在最低限度满足和增进组织需要的同时，最大化其自身利益（如，控制的水平和范围）。从整体的角度来看，重要的是应记住商业企业的结构是自上而下的。

在操作上，权力被授予公司的所有者，然后委派给董事、行政总裁、经理和主管等。EAP 的专业人员除了对企业和组织的领导层有清晰的认识外，了解什么人是领导以及他们在公司中的位置也是至关重要的。

文化

施恩（Schein，1990）认为，组织文化是一个团队在学习解决外部适应问题和整合内部问题时所发明、发现或发展的一种基本的假设模式。如果这一假设模式运作良好，那么当新成员进入组织时，就会学习和接受它。一个组织的文化可以被认为是"我们在这里做事的方式"。每个组织都有其独特的文化。组织文化是一个社会建构的概念，它为组织成员提供了一种理解事件的方式。象征物、传奇和故事的使用，是组织文化的一个主要成分。

象征物是组织对员工进行管理的一个必不可少的元素。在任何一个社会系统中，象征物对管理和激励都是非常重要的。例如，在一些组织中，佩戴一种特别的胸针是一种成就的象征。甚至在以儿童为中心的团队中（如女童子军或男童子军），象征物也十分重要。在组织所选择的方向上，象征物为控制和指导行为提供了一种方式。

传奇和故事，通常是对组织的建立过程或组织中某些人的一些巨大成就的重复。故事通常与那些为企业或社会带来巨大贡献的个体的努力工作程度以及牺牲程度有关。在故事和传奇的传递过程中，很多故事都已经失真并被夸大了。故事、传奇与象征物一样，都可以被用来管理和激励员工。

施恩（Schein，1990）建议，组织和管理者应使用组织文化来管理和激励员工。同时，他也提醒，组织文化一经建立，若想改变就需要付出巨大努力。

工会

正如本章一开始所提到的，工会在EAP中起着关键的作用。例如，迪克曼和艾米纳（Dickman & Emener，1982）曾大胆地认为:“如果没有工会的支持，EAP将毫无意义”。要了解工作组织结构，重要的是要记住，企业的权力部门是“自上而下”运行的；而工会的权力形成则是“自下而上”的。在工会里，工会官员是会员的代表，因此，工会的目标和成就必须反映其成员的利益。在工会中，其领导人员由其会员选举产生，其合同的签署也需经其会员认可。

在美国，劳工运动有三个水平：①地方工会，②国家总工会，③劳工联盟。在讨论劳工组织的这三个水平之前，有必要先在横断面上对所有劳工组织做一个重要区分。总的来说，目前美国有两类工会联盟：手工业联盟和工业联盟。前者如木工工会，后者如汽车工人工会。

地方工会是一个正式组织，组织成员通过工会与其雇主进行日常交涉。通常情况下，“地方工会”代表某单一行业的工人或某单一地区的职业分类，而且通常是与某单一雇主交涉。只与一个雇主打交道的较小的地方工会，通常选举兼职工会官员来管理这一组织。而与多个雇主进行交涉的地方工会通常会聘请工会代表（这种情况常见于建筑工会），工会代表需保证其会员的合约权利不受侵犯，并为要求转介的工人寻找就业机会。在工业组织中，主要的工会官员就是工会的“管事”。他有责任确保管理层（尤其是生产一线的主管）遵守劳工合同。此外，当劳工们表达不满时，管事代表着员工；而且在大多数情况，工会代表是EAP专业人员在工作中接触最多的人。

国家或国际工会是拥有劳工运动基本权威的主体。有趣的是，多数地方工会都是由某个国家级总工会批准成立的，许多基层活动都受到国家（总）工会的约束、控制，并且（或者）必须由其国家（总）工会批准。例如，地方工会在取消或签订合同之前，通常需要获得其国家工会的许可。国家（总）工会的员工通常是全职的，他们努力在各种活动中为其地方工会提供帮助。因此，EAP从业人员必须与地方工会的官员（如管事和推选出的代表）建立密切的工作关系；与此同时，与其国家（总）工会的代表建立良好的关系也至关重要。

国家工会的结构取决于所涉及的产业的性质，因此差别很大。例如，美国汽车工人联合会有很多全国性的部门，每个部门都代表一个主要汽车制造商的员工。因为汽车行业非常集中，因此由国家工会来代表汽车工人。与此相对的是木工联盟，由于这个行业是分化的，因此通常是在地方或区域性的水平上进行交涉。

美国劳工联合会与产业劳工组织联合会（劳联—产联）是由99个国家级工会组成的联盟。尽管它有很多任务、目标和对象，但最重要的是推进劳工运动的总体方向，其最基本任务是为国家工会提供技术帮助。同时，还有一些隶属于地方工会的州以及地方的劳工组织，但是这些组织主要涉及的是政治和游说活动。

麦克威廉姆斯（McWilliams，1985）曾明确说明了工会与管理层联合的EAP所能带来的效益，令人印象深刻的是，“只有当工会和管理层相互合作时，EAP才最有效。此时，EAP既不是一个工会的计划，也不是一个管理层的计划；而是一个联合的‘人类’计划。”

EAP专业人员不仅要认识到这种管理层和工会合作关系的意义，同时还要致力于加强这种关系。EAP专业人员的博学程度、共情能力和理解力越强，他们为有困扰的员工提供的有意义的EAP就越有效、越高效。

组织动力

权力

理解一个组织如何运作的关键因素是权力。从组织运作方面来说，本章中作者所使用的权力的概念是指，一种人与人或者团队与团队之间的关系，在这种关系中，某个体或某团队有能力命令另一个个体或团队采取某一行动（Steers，1986）。显然，权力与权威同领导力的概念相近。权威包含寻求服从某人要求的正确性或合法性，而这是权力概念中所没有的。领导力是指在环境要求的基础上影响另一个人的能力。EAP专业人员有必要了解谁是领导；此外，清楚什么人或哪个团队具有什么样的权力，也至关重要。

弗兰奇和瑞文（French & Raven，1968）提出了五种基本的社会权利，这五种社会权利将为我们下面对组织权力的讨论提供基础。当个体A意识到自己控制着个体B的薪酬时，**奖赏权**就出现了。**强制权**是指，个体B意识到，如果自己没有遵照A的要求去做，A就会惩罚自己。

在组织中，权力的一个重要的来源是法定权。**法定权**是指，个体B意识到个体A有权行使权力，而B则有义务服从。当然，这也正是权威的含义。因为个体B尊敬或喜欢A，所以B服从A的命令，这就是**威望权**。第五种权力是指**专家权**，当B意识到A具有与自己相关的专业知识或技能时，专家权就产生了。对EAP专业人员而言，识别和理解权力的不同来源和类型是非常重要的。例如，某员工或员工群体与另一个员工或群体在工作领域中产生了问题，而且情况变得很糟糕，最好的办法是建议员工或员工群体针对这一问题与该情境的中心人物进行讨论。如果针对这一建议的反应类似于“我（或我们）不能，因为那个人的权力太大了”，那么了解员工所感知到的那个人权力的大小和类型则是非常有用的。根据弗兰奇和瑞文（French & Raven，1968）所给出的五种权力来源的基本差异，不同的情境需要不同的干预或补救措施。在某一权力情境中起作用的干预措施，在另一个权力情境中可能完全无效。

政治活动

政治活动与权力的概念密切相关。由于工作组织的政治活动和权力之间的联系与EAP密切相关，因此，政治活动的概念主要是指对稀少、宝贵资源的分配冲突中所出现的不同的决定偏好（Steers，1984）。很多组织、企业和工业在1987年左右都是高度的政治统一体，主要有两个原因：第一，资源稀缺；第二，快速变化的环境需要更多的非程序化的决策——新颖的、非结构化的决策。

此外，政治活动在以下情况更为普遍：①一个部门、单元或组织的目标含混不清时；②外部环境较为复杂时；③组织变革期间。EAP专业人员要能够清醒地意识到其所提供服务的工作组织的政治活动，是非常重要的。原因如下：专业人员能够更为准确地预测组织变革对其所服务的员工群体的影响；他们在帮助客户（员工）理解变革结果和影响时更具有洞察力；他们能够在更有利的位置上帮助组织了解什么样的方式和途径能够更好地为那些受到组织变革影响的员工提供帮助。

决策制订

决策制订在所有组织中都是一个关键元素。在本章中，决策制订是指在备选方案中进行选择的过程。例如，EAP专业人员有必要了解“在组织内部，是由谁制订了什么样的决策”以及“这些决策是如何制订的”。海勒（Heller，1973）指出：①如果一个决策对组织而言非常重要，那么则更可能采用非参与式的风格进行决策制订；②如果一个决策对组织中下属的工作而言是重要的，那么就更可能采用参与式的决策制订方法；③如果组织的决策者认为，组织中的下属对决策的制订或执行有所贡献，那就有更可能采用参与式的方法。关于决策制订的另外一种方法是考虑主题对组织的重要性（如“管理决策”），以及有关员工（下属）的决策（如“技术决策”）。

关于决策制订，有两种基本模型，即：“经济人模型”和“有限理性模型”。经济人模型假定，人是经济性和理性的（即他们希望能够以最小程度的付出获得最大限度的收获），他们以一种有序的、有系统的方式行动。该模型假定，人们识别问题的表现，界定需要解决的问题，制订评估备选方案的标准，系统考察所有的备选方案，评估每一备选方案，选择“最佳”方案，最后执行这一决策。从表面上看，这个模型非常合理，很有魅力；但它在描述现实的和（或）典型的决策制订行为时却存在着诸多不足。首先，该模型假定，个体或团队能够收集所有有用的相关信息以进行决策制订；其次，它假定，所有相关信息都是能够被储存和加工的。显然，这些假设并不正确，实际上，它们会误导EAP专业人员对企业、工业和工作组织的决策制订做出错误理解。

西蒙（Simon，1957）为EAP专业人员提出了一个更贴切、更合适的模型——“有限理性模型”。该模型假定，人对备选方案的考虑是有序的。在操作上，该模型假定，如果一个方案满足了一套最基本的标准，这个方案就被接受了；如果没有，则继续考察其他的方案。（值得注意的是，在这里，所寻找的并不是

“最佳”方案，而是寻找一个“满意”的方案。）模型假定决策制订者采用“启发式”策略来指导其在问题空间中进行搜索。例如，一个公司可能倾向于晋升在所选的绩效测量上得到某一分数的员工，因为根据以往的情况，得到这一分数的员工常常获得成功。

EAP 专业人员发现，他们关于决策制订问题的知识有助于他们理解其所服务的组织。此外，这些专业知识有助于 EAP 专业人员对他们自己的日常决策进行自我洞察。

沟通

沟通可以被看作是“组织的生命之源”。事实上，巴纳德（Barnard，1938）在 50 年前就假定，沟通是组织的基础；没有沟通，组织就无法运作。本章接下来的部分将会考察组织结构和沟通的关系、组织内部沟通的方向以及组织沟通中所存在的问题。

沟通网络描绘了组织结构对沟通的影响。此外，沟通网络还揭示了团队中个体间的沟通途径。以“链式”和“轮式”为例，我们来看一下这两种沟通网络的区别。在链式网络中，除了两端的成员，团队中的每个成员只能与另外的两个成员进行沟通。工作组织中“行政管理系统”式的沟通就很好地体现了这种沟通模式。在这种网络中，集权化的程度很高，但是团队成员的满意度较低。可以将沟通网络中的轮式想象成一个轮子——有轮毂和辐条。在这种模式中，所有的团队成员都只和同一个人进行沟通。这一模式在一般工作组织中比比皆是。在正规的工作团队中，所有的成员都只与他们的领导，例如领班或单位主管进行沟通。和链式一样，这种模型的集权化程度较高，而成员的满意度较低。与这两者不同的是，在一般的、完整的沟通中，团队中的每个成员可以与其他成员进行自由的沟通。例如，针对一线主管的个人发展或培训研讨会就是这种沟通类型。这种模式的集权化程度不高，成员间的满意度较高。组织这种研讨会的 EAP 专业人员有必要了解，主管在研讨会中所体验到的沟通模式（即一般模式）可能与他们在每个月与部门经理的例会中所体验到的沟通模式（即轮式）有很大的差别。随着结构的不同，沟通中的准确性也不同。例如，在链式沟通中，书面沟通的准确性较高，而言语沟通的准确性较低。

组织中的沟通有三种方式：水平的、上行的和下行的。**水平沟通**是指组织内处于同一级别水平的个体之间的沟通。水平沟通有两种类型：下属单位内的沟通和下属单位间的沟通。下属单位内的沟通是一种非正式沟通，其关注的是工作活动的协调。例如不同地区办事处的康复顾问和社会工作者，他们的工作可能在一个特殊的项目中联系紧密，而这个项目在下属单位内是要求高度协作的。下属单位间的沟通，无论是面对面的沟通，还是书面沟通（如地区办事处之间），尽管并没有被官僚化组织所认可，但却趋向于日益普遍。这种地区间的沟通被称为法约尔之桥（Fayol’s Bridge），如果没有这种地区间的沟通，沟通系统将会完全堵塞。例如，在政府机构这样的官僚组织中，要发展不同下属单位（如地区办事处）之间的直接沟通是困难的。因为在一个官僚层级体制的沟通中，在两下属单位（如区域办事处）之间建立联系之前，占优势的是行政管理系统中向上的沟通。所以说，下属单位间的沟通可以节省时间，加强合作，并且能够合理地解决复杂的问题和状况。但是，值得注意的是，这种沟通方式可能导致冲突。例如，不同的下属单位观察世界的方式可能是不一致的，他们有不同的观点。

在许多传统的工作组织中，**上行沟通**并不普遍，这种上行沟通是有限的。例如，下属在与他们的主管谈话时非常谨慎。员工向主管汇报的内容通常是主管想听的内容。此外，在上行沟通中，他们通常会强调那些积极的内容，而忽略或忽视负面的内容。在上行沟通的真实性和准确性中，信任起主要作用。通常，信任水平越高，上行沟通的真实性和准确性也就越高。

下行沟通有五个重要的元素（Katz & Kahn，1978）：一是工作说明，主要涉及员工应该做什么；二是任务的依据以及了解它适用于整个组织的什么地方；三是关于规章制度、政策、程序和惯例的信息；四是关于员工表现的反馈；五是将组织的目标和价值观灌输给员工。

正如许多有经验的EAP专业人员所了解的，组织沟通中存在着诸多问题和困难。但是，与他们的工作相关的主要有四个：遗漏、曲解、过载和不切实际的期望。**遗漏**通常在以下情况下发生：①传递者没有传递信息的某些内容；②接收者没有理解信息的某些内容；③传递信息的中间人没有准确地传递信息；④接收者没有完全理解信息的内容。**曲解**是指信息的含义在组织传递的过程中发生了改变。当个体为了达到准确理解并做出适当的反应而接受了过多的信息时，**过载**就发生了（必须注意的是，一个人记忆和理解的能力是有限的）。沟通的实质、类型和语调会通过情绪影响到接收者，这会导致沟通无效。在这种情况下，接收者会对沟通产生**不切实际的期望**，于是失望以及其他的情绪反应就出现了，接收者将注意力放在了沟通的要素上，而不是沟通的实质。例如，EAP咨询师可能会遇到某个情绪低落的员工，他说："我的经理是我多年的好友，但他总是用一本正经的、固执的、冷漠和命令的语气跟我交流。"此时，一个有经验的EAP咨询师能够帮助这个员工的经理理解恰当的、必要的沟通方式（站在他的角度，兼顾组织性质以及与其下属之间的友谊）。

劳资关系和劳资谈判

一个组织如何对待它的员工，这是组织动力的一个重要方面；同时也是EAP的一个应着重加以考虑的方面。在有联盟的组织中，管理层和联盟之间的联系是由**工会**承担的，而这一联系的关键因素是劳资谈判协议的发展与实施。**劳资谈判**是一种人类制度，在这种制度中，管理层与员工代表制订了雇用的条款和条件（Mills & McCormick，1985）。劳工和管理层通过劳资谈判的过程达成协议和解决争端。只要有可能，一个组织中EAP的代表都会在组织的劳资谈判协议的制订中发挥咨询作用，以确保企业管理层、劳工和EAP这三方在使命和目标上都能保持协调一致的关系（Dickman & Emener，1982；Emener & Dickman，1983）。

劳资谈判协议通常涵盖了广泛的内容。首先就是工资和福利问题。这里所包括的不仅仅是每个小时的工资，而且还包括各种福利（如健康和牙齿保险、假期、假日和退休金等）。由于医疗卫生保险的快速发展，文件记录手段的进步，福利的增长，员工帮助和健康计划的增值，还有各种各样文化现象（如休闲伦理）的涌现，使得员工比以往更关注于福利问题。非工资问题逐渐成为劳资谈判协议的构成部分。这些问题主要包括：工时、合同期限、管理层和工会的权力、员工的惩戒程序和执行程序、申诉及仲裁程序、年资和职业保障以及工作环境和安全。显然，劳资谈判协议的制订是一个复杂的过程，如果想取得一个双方可接受的合同并使得企业繁荣发展，双方在这一过程中就必须相互合作。为了确保合同与组织的EAP任务和目标相一致，EAP的专业人员在这一过程中发挥着指导作用。

资源分配

通过学习一个组织如何分配资源，可以了解关于该组织的许多宝贵信息。资源的分配过程使得一个组织的最终目标和优先权变得清晰和具体。通常情况下，一个组织的资源是有限的，如何分配组织资源以及通过什么方式进行分配是重要的管理职能。

在组织的众多资源中，有五种资源不仅对大多数组织而言弥足珍贵，同时与EAP专业人员的主动性和活动性密切相关。首先是**时间**，员工应该如何分配工作时间？很多工作都包含了一系列的工作任务——员工应该优先完成哪个任务？一个组织的**财政资源**是有限的——财政资源应该如何分配？例如，一个公司是应该增加员工的工资，给股东分红，购买新的设备，接管另一家公司；还是留着以备不时之需？**员工**是需要分配的又一资源。例如，一个被解雇的员工是否可以被替代，还是将其调往组织的另一个部门？

当“时机不好”，而生产力必须有所缩减时，解雇谁？**原料**也被组织认为是一种宝贵的资源。例如，是否应该为前台购置一套新的计算机系统，还是为其购置新的打字机，或是为所有的部门都购置新的打字机？这两种购买意向所带来的效果和影响有什么区别？最后，是**物理资源**。新的办公楼应该建造成哪种类型，或者现存的办公楼应该如何整修？同样，这样选择的理由是什么（例如，工作产出的预测效果，管理层的地位需要，在职员工的工作满意度水平等）？当需要做出资源分配的决定时，可以正式或非正式地请教EAP专员，那么所涉及的每个人都会从中获益良多。没有什么能够取代对这一决策的最终效果做出更为准确的预测，而“一盎司的预防胜过一磅的治疗”这一格言无疑证实了上述论断。

总结性评论

本章考察了工业和商业的关键结构部分，描述并讨论了企业组织中的主要考虑因素——组织动力，所有的这些都与EAP专员的工作有着密切而重要的关系。一个成功的EAP专业人员应该掌握的内容有很多。显然，一章的文字也就只能抓住这些问题的表面。EAP专员应该培养一种专业的生活方式，他们应该永远是在不断了解组织结构和组织动力的学生。这个世界不断快速变化，一个有效并且高效的EAP专业人员应该能熟练掌握工作组织的现状。

参考文献

Barnard, C. (1938). *The functions of the executive.* Cambridge, MA: Harvard University Press.

Beyer, L. M., Trice, H. M., & Hunt, R. (1980). Impact of federal sector unions on supervisor's use of personnel policies. *Industrial and Labor Relations Review, 33,* 212–231.

Corneil, W. (1982). Initiating a joint labor management EAP. *EAP Digest, 2* (5), 22–27.

Dickman, F., & Emener, W. G. (1982). Employee assistance programs: Basic concepts, attributes and an evaluation. *Personnel Administrator, 27* (8), 55–62.

Emener, W. G., & Dickman, F. (1983). Corporate caring: EAPs solve personnel problems for business benefits. *Management World, 12* (1), 36–38.

French, I. R. P., & Raven, B. (1968). The basis of social power. In D. Cartwright & A. Zanden (Eds.), *Group dynamics.* New York: Harper and Row.

Heller, F. A. (1973). Leadership decision making and contingency theory, Industrial *Relations, 12,* 183–199.

Katz, D., & Kahn, R. L. (1978). *The social psychology of organizations,* rev. ed. New York: John Wiley and Sons.

McWilliams, E. D. (1985). The values of a joint union-management program. In J. F. Dickman, W. G. Emener, & W. S. Hutchison, Jr. (Eds.), *Counseling the troubled person in industry.* Springfield, IL: Charles C Thomas, Publisher, Ltd.

Mills, D. A., & McCormick, J. (1985). *Industrial relations in transition: Cases and context.* New York: John Wiley and Sons.

Robbins, S. P. (1983). *Organizational behavior: Concepts, controversies and applications* (2nd ed.). Englewood Cliffs, NJ: Prentice-Hall.

Schein, E. N. (1990). Organizational Culture. *American Psychologist, 45,* 109–119.

Simon, H. A. (1957). *Administrative behavior* (2nd ed.). New York: The Free Press.

Steers, R. M. (1984). *Introduction to organizational behavior.* Glenview, IL: Scott, Foresman and Company.

第五章
一个高效的 EAP 所需要的关键要素

Fred Dickman

EAP 涉及面广，影响深远（美国酗酒与酒精滥用问题研究会，NIAAA）。此外，为了满足各种特定计划的需要，其目标、结构和人员类型的变化很大（Beyer & Trice，1978）。但是，作为一个高效的 EAP 来说，其所需要的基本成分是确定的（Dickman & Emener，1981；Dunkin，1982）。这些要素及其独特性，构成了本章的主要内容。

1. 管理者的支持

管理者最大程度的认可和积极支持，对 EAP 的顺利实施来说非常必要。在起步阶段，仅有中层管理者或工业相关部门的支持是不够的。高层管理者的支持和积极参与是一个 EAP 顺利进行的必要条件。这一点，无论是对通用汽车公司这样的大公司，还是对于小到只有 50 名员工的公司，都是一样的。

高层管理者的支持能够起到如下作用：

- 各级管理者都将为 EAP 专业人员的工作敞开大门；
- 在 EAP 的初期，健康指导、初步的管理培训以及初步诊断等环节都会得到充裕的经济支持；
- 高层管理者的倡议会使中层和基层管理者对 EAP 持热情支持态度；
- 一开始就要获得当地最高管理者的支持，这是尤为重要的。

在作者的经验中，无论怎样强调领导的支持都不为过。在基层水平上，所有的 EAP 都必须遵循第一条原则，即在 EAP 的开始阶段需获得高层管理者的支持。这意味着，他必须友好地接近基层的最高领导者，并被其所接受。从一开始以及过去 5 年的热情支持，是导致各基层组织完成 8% 的普及率并获得较高的员工、管理者以及工会满意度的主要原因（Dickman & Emener，1982）。

2. 工会的支持

EAP 得到了全国范围内有组织的工会的全力支持；同时，这一领域的专家也论证了工会与管理层之间的协作对实施一个有效计划的价值（Beyer，Trice，& Hunt，1980；McWilliams，1978）。在作者的经验中，如果实施 EAP 的企业存在有组织的工会，那么这种合作就显得尤为重要，这将会提高 EAP 的参与度。下面将对这点进行详细论述。

在作者所参与的众多 EAP 中，有两个坦帕湾地区公司存在有组织的工会。这两个有工会的公司，其 EAP 得到了全国性工会的支持，但是当地的企业管理者对此仍持谨慎和怀疑的态度。这种谨慎阻碍了这一“新理念”在该地区的发展。幸运的是，很快，有件事证明了 EAP 的价值。

一个工厂在 1979 年年底发生了两起酒精中毒事件。在第一起事件中，作者是在一个周六的中午接到求助的。一个工人（有着 7 年的资历）在其值大夜班期间发生了情绪崩溃。在与领班的争执中他失控了——将一个酒瓶扔向了领班（幸运的是并没有扔中，但是打碎了领班办公室窗户的玻璃）。联络员（隶属于 EAP 办公室）是一名工会的监管员，他立即问道，“能否和该工人见个面？”他在 1 小时后见到了这名工人，将其初步诊断为“急性戒断综合征”，并于当天将其转介到一家治疗中心。很明显，这名工人在其值班的大部分时间中处于昏迷状态。该员工被勒令进行治疗，并停职几个月（EAP 通常是惩罚的备选方案，而不是替代物）。在完成一个康复计划后，该员工重新回到了工作岗位；现在，他完全是一个头脑清醒、高效的员工。毫无疑问，如果没有工会监管员的迅速反应和 EAP 的存在，他将会失去他的工作、资历以及专业技能。

另外一个事件是关于一个技能熟练的老员工的，他被另一名监管员带到了 EAP 办公室。这名员工喝醉了，并试图在下班后自己开车回家。监管员劝他让别人送他回家，并将他直接带到了 EAP 办公室。在对其进行劝说后，当天便将他送到了治疗中心，现在他已经完全康复了。这是一名有着 20 年资历的员工，他甚至比以前的他更有能力了。在这两起案例中，这两名问题员工的家人和同事都发现了他们的问题，但是却不知道该怎么做，公司（和工会）提供的 EAP 服务帮助了他们和公司本身。

正如本文所写的，4 年后，这些问题被 EAP 重新界定，并为酗酒、吸毒和许多造成生产力下降的问题确定了适当的治疗方案。顺便提一下，基层工会的各级管理者是 EAP 的坚实后盾，提供了 20% ~ 25% 的转介。在有工会参与的 EAP 中，确保他们的支持是非常重要的。

3. 政策声明

每一个向员工提供 EAP 服务的企业都必须具备一个明确的关于 EAP 理念和目的的政策说明。政策说明要明确表明，员工不可避免地会存在问题；这些问题通常会影响到工作表现，但企业更倾向于以一种保密的、专业的方式向员工提供恰当的帮助来恢复其应有的能力，而非解雇那些有问题的员工。有效的政策声明应明确以下几点：

- 人都会出现问题，在工作场所也不能幸免；
- 企业更喜欢通过专业的方式尽快解决那些造成困扰的问题；
- EAP 处理问题时，会对问题进行保密，而且不会将其记入员工的人事档案；
- 酗酒和药物滥用等会被当作疾病来处理，而不会被看作是需要惩罚的行为；
- EAP 的存在是为了向员工和其家人提供帮助，而不是纪律条例和政策的替代物；
- 在任何情况下，都不会强迫员工接受 EAP 的服务。

作为企业声明的基本成分，这些基本原则是必须的，因为员工是企业最宝贵的资产。此外，制订这些原则是为了保护那些选择接受EAP服务的员工。

4. 保密

保密是EAP得以有效实施的基础。所有员工都有权为自己的问题寻求帮助，并了解他们的问题会否被严格保密。此外，当一名员工被其管理者推介给EAP后，他有权获知，在任何情况下，他的这一问题都不会被记录到官方档案中。而且，所有员工都应了解，任何人，包括其推介者都不会知道他问题的实质。只有在各个环节上都做到完全保密，EAP才能取得成功。这是因为，只有员工本人才有权力将自己的咨询信息公开，其他人（包括推介的管理者和工会监管员、经理等）都不具备这样的权力。当然，EAP的专业人员受职业道德规范的约束，也不能将员工的信息公开。但是，仅有这些重要的道德规范和原则是远远不够的；因为，在EAP实施的各个环节中，都有可能在无意间违反保密原则。

以下是EAP工作为避免无意泄密而需要注意的事项：

（1）**客户的隐私是如何泄露的**。同一公司客户的预约时间太近。通常，EAP的咨询室设立在远离企业的地方，这本身就是保密的一种方式。但是，如果同一公司的两个或更多的员工约见的时间离得太近，他们碰面的几率就会增大。即使他们彼此间并不介意别人知道自己使用EAP；但是这种偶遇一旦传到公司里，EAP的保密信用指数即便不被破坏，也会大大降低。无论如何，负责预约的EAP人员必须采取一切预防措施，以确保来自同一公司的员工不会碰面。

当一个EAP提供商同时为多家公司提供服务或者进行群体咨询时，这一问题就变得尤为突出。EAP协调员经常根据员工的具体问题，安排专家进行一对一的辅导，这就可能在同一段时间内，对同一家公司的数名员工同步进行治疗。这意味着，数名约见不同咨询师的员工可能在同一时间到达EAP中心，这增加了同一公司的员工在同一时间和同一地点碰面的可能性。应该设专门的工作人员进行协调，以确保这类事情不会发生。这一讨论将会继续，但有一点很明确——不要因为预约时间安排不当而破坏了保密制度。

（2）**严格限制咨询时间**。另外一个不利于保密的做法，就是将咨询时间限制在“朝九晚五”的工作时间。这意味着，员工不得不请假来咨询，这通常需要向某些人解释自己请假的原因。因为大多数（80%～85%）EAP的客户都是自愿参加的，因此他们就需要将咨询时间安排在下班之后。如果是24小时倒班制的话，这就变得更复杂了。因此，EAP办公室在夜间仍然开放就变得非常重要了。对现场咨询也是如此，已有固定咨询对象的咨询师，必须保持灵活的咨询时间。

（3）**将求助者随机分组**。多年来，作者一直领导着针对酗酒人员及其配偶的恢复性治疗和现场康复小组。他发现，这种与匿名戒酒者互助会（AA）相结合的形式非常适合正在进行的治疗，并规定这一计划就是针对酗酒的求助者的。

被动地静观其变也会泄露小组中（开放性小组）或新入组的员工的隐私。因此，当有同一公司的员工加入时，应告知求助者可能会遇到同事，并且告知是哪位同事。通常在戒酒领域，员工应意识到他们是“一起”的，才允许新来者加入，对新加入者来说也是如此。但是，如果存在任何异议，就应考虑其他可能的治疗方式。

（4）**在当地处理保险问题**。大多数公司或站点都配有一名员工专门处理保险事务。这有助于加速索赔和维护个人利益。但是，当 EAP 专业人员将求助者转介给治疗师，或者求助者在 EAP 办公室被其他人看到，则不利于保密。由一名保险公司的专门人员来处理所有 EAP 求助者的索赔，即可轻易地解决这一问题。作者发现，这是解决该问题的一个令人满意的方法，企业和保险公司也多采用这一方法；更重要的是，求助者对这一流程感到满意和轻松。

（5）**让医疗机构的员工确认员工的问题**。医院和治疗中心很乐意接受转介，但他们通常坚决要求打电话给当事人所在的组织以了解其问题。因为 EAP 的大多数转介都是转介到心理健康中心或酗酒及其他药物治疗中心，这就会使被转介的员工在面对电话转接员、相关人员和企业的管理者时感到难堪。与相关机构维持良好的关系，为员工清除一切障碍并消除这一问题，是 EAP 协调员最基本的任务。

（6）**对企业（站点）的回访**。EAP 协调员或顾问定期拜访需要服务的组织，是一个增加 EAP 业务的好方法。然而，如果遇到了现在或以前接受过帮助的员工，并与之打招呼，这一举动就会引起流言，使人们可能不敢再向 EAP 寻求帮助，或者令“酗酒者”被孤立。如果企业的监督人员或工会的监管员接受过培训，能够对此给予足够的关注，也就能最大限度避免此类事情的发生。而一旦嗜酒者在 EAP 帮助下进入恢复期，那么这个团队就是 EAP 最好的宣传者。以作者的经验，酗酒者一旦康复，他们不仅不介意分享他们的治疗经验以及在匿名戒酒者互助会的体验，反而会告知所有愿意倾听的人。当彼此见面时，这会是一个打招呼的好时机。以作者的经验，大多数员工是乐意见到 EAP 协调员的。但是，依然要注意保护求助者的匿名性。

（7）**在工作时间联系求助者**。有时，预约时间不得不进行变更，此时应告知求助者。一般的原则是，尽量在下班时间联系求助者。如果时间不允许这样，而必须在上班时间通知求助者的话，就一定要谨慎。最好是留一个名字，通常是秘书的，以及一个电话号码，而不是说“请转告他尽快给 EAP 办公室回电”。

（8）**向转介人员透漏不必要的信息**。在通常的流程中，根据 EAP 的书面规定，只能向转介者透漏以下三类信息：

a. 员工是否接受转介；

b. 他是否需要治疗（如果员工接受治疗，或将其转介到治疗中心，应告知管理者该员工离职的大概时间）；

c. 他是否接受推荐的治疗。

其他信息都应该被保密。事实上，泄露任何关于员工问题实质的信息都是不道德的，甚至可能是违法的。

对保密这一部分内容的介绍非常详细，甚至可能是冗长的。但是，要传达的信息很清楚。应尽全力为员工保密，使计划顺利进行。取得求助者的信任最为关键。

5. 管理者和工会监管员的培训

通常建议一年至少对管理者进行一次培训，而在计划的初步创立阶段，培训的次数更多。

此外，将工会监管员和管理者放在一组（最佳容量为 15 人）进行培训更有利于 EAP 的实施。这强调了一个事实，EAP 是管理者—工会的联合项目。同样，当最高领导者参与到计划中后，基层的工会行政人员也就参与到计划中了。

本节的内容主要包括以下几个方面：

（1）**对酗酒的认识**。公司中的政策明确表明，酗酒是一种疾病，是可以治疗的。应该详细讨论的其他概念包括：工作效率的影响因素、事故以及家庭等。

应该提醒主管，他们不需要对员工进行诊断，只需观察问题的迹象，如缺勤、行为不稳定、反应迟缓、易怒和工作效率下降。主管应该知道，员工在下班之后干了什么，则是他个人的事情。主管应该知道，工作效率的下降通常是问题的征兆。应该教会主管的只是如何敏锐地观察工作绩效，以此作为转介的基础。大量的 EAP 研究表明，这种方法所转介的酗酒者的康复率远高于其他方法（Phillips，Purvis & Older，1980）。

（2）**员工家属和其他问题**。人经常会遇到问题，并且影响工作效率。没有一个员工能够对此免疫。这通常是公司 EAP 的原则。再一次重申，主管不必对问题做出诊断，只要关注哪个员工的工作绩效受到了影响，而需要被转介给 EAP 就可以了。

（3）**药物滥用**。根据公司的政策，与酗酒问题一样，药物滥用也是一种疾病。主管应只根据员工的工作绩效采取相应措施，但有一点除外，酒是合法的，而药物不是。看到一个吸毒的员工和看到拎着酒瓶醉醺醺的员工是不一样的。主管必须报告此行为，然后再决定是否进行转介。

（4）**转介面临的问题**。员工经常会向主管倾诉，但是在主管尝试做一个好听众或尝试为其进行咨询时，反而会使问题变得更为棘手。因为这些主管没有经过专门的培训，也没有时间帮员工解决问题。应该鼓励有问题的员工向 EAP 寻求帮助，这正是它存在的理由。

（5）**不能忽视问题的严重性**。作者发现，很多员工认为，只有当他们处于危机之中时才需要联系 EAP。但是实际上，很多看似无足轻重的问题实则关系重大。主管和监管员还是应该（最终还是要让员工明白）懂得“亡羊补牢”的道理。同时，困扰着员工的问题对 EAP 从业人员来说也是十分重要的。

（6）**书面政策**。基本上，在有关 EAP 的培训中，都应涉及其书面政策的内容。如果书面政策比较全面系统，关于它的解释通常会贯穿于整个培训过程。

（7）**应该涉及的实际问题**。

a. 如何转介；
b. 下班之后的服务；
c. 24 小时紧急呼叫；
d. 项目的保密；
e. 管理者的花费；
f. 公司政策的保证；
g. 获得 EAP 服务的便利性；
h. 员工所期望的反馈信息。

（8）**滥用善意**。很多主管和监管员都来自基层，他们是员工的朋友。因此，他们经常会被员工的一些行为、谎言、辩解和外表所蒙蔽，从而忽略了他们的问题。与所有人一样，应该让他们明白，这不是帮助朋友的方法；这样的善意反而会害了员工。当他们理解了这一原则后，EAP 的执行就会更加顺利。

6. 财务方面的问题和承保范围

在作者参与过的大多数公司的 EAP 项目中，公司通常会为员工支付头 3 次的费用。作者努力控制成本，五年之内并没有增加咨询的费用；与公司共同努力冀望员工能更多地参与这一计划。和大多数人一样，员工也害怕心理咨询和心理治疗并担心心理治疗的费用。当员工知道，继续参与 EAP 虽然会付出一些代价，但是这一代价并不会对他们造成实质性的影响时，他们更倾向于接受转介或接受服务，也愿意让家属参与。

此外，保险有助于支付员工或员工家属所需的住院治疗或门诊治疗的费用。在作者所服务过的公司中，保险所覆盖的比例为 80 ∶ 20，这意味着，员工所需支付的治疗费用不足 20%。五年来，每一计划都有 8% ～ 10% 的普及率，这种保险的安排也被证明是有帮助的。初步评估表明，在一段很长的时间内，费用确实有节省，尤其是在对酗酒的治疗中。已经康复的酗酒员工更少地使用保险，更少发生事故，更少生病（与饮酒相关的疾病较少）（Asma，1975；Pell & D’Alonzo，1970）。这些观察结果可能同样适用于其他狭义的功能性疾病，但还没有被很好地验证。

另一个重要的因素是，EAP 协调员应该提供一个“可以支付”的清单，同时这一清单也能被保险公司所接受。就目前而言，保险通常只支付给心理治疗师和心理学家所提供的服务项目。然而事实上，有些问题由专业人员来治疗效果会更好。这些专业人员主要是指婚姻与家庭问题咨询师、戒酒咨询师、药物滥用治疗专家、性治疗专家、康复治疗师、社会工作者、营养师以及其他专业人员。EAP 协调员应该准备一份专家名单以进行转介，组织则应敦促保险公司将这些专家提供的服务包含在“可支付”的清单中。

最后也是最重要的，是酗酒治疗的第三方付款的问题。早在 1956 年，美国医学会就宣称，酗酒是一种主要的长期的、渐进的疾病。然而，很多保险公司忽视了这一问题，并将酗酒和其他的药物滥用问题排除在治疗之外，尤其是门诊治疗之外。但是，在一个良好的 EAP 中，待处理案件中的 40% 都是有关这一疾病的；10 个这类案件中，有 7 个案件可以在不占用或很少占用工作时间的条件下得到有效的治疗。

7. 专业的从业人员

EAP 协调员需具备有关以下康复领域的专业知识：

（1）**酗酒和酒精治疗**。应该指出，EAP 运动最初就是为了尽力使酗酒的员工恢复工作能力而产生的（Roman，1981）。这一运动取得巨大成功之后，就拓展到了其他问题方面。然而，职业戒酒计划（现在的 EAP）仍是针对酗酒治疗的最好的干预方案。如果失去了这种动力，不仅对全国范围的酗酒治疗是一个打击，同时也会削弱 EAP 的效用（Dickman & Phillips，in press）。

（2）**婚姻和家庭咨询**。情感问题在 EAP 所接案例中占第二位（McClellan，1982）。EAP 从业人员对这个领域必须非常熟悉，并能通过转介资源来解决这个问题。

（3）**一般情绪问题**。EAP 协调员必须掌握情绪症状，如抑郁、焦虑；以及压力反应越明显时，就越要时刻准备好及时将客户转介给相关的专家进行康复治疗。

（4）**其他典型问题**。包括经济、法律、与其他员工的矛盾等问题，但是只有很少的一部分问题会接受 EAP 的帮助。同样，应随时准备好所需的转介资源。

（5）**基本的面谈或咨询技能以及个案管理**。EAP 协调员经常要处理很多不同的业务，他们需要掌握与当事人面谈、诊断、咨询和转介的技能。显然，他们需要了解这个领域，知道怎样才能促进治疗，以及知道针对某一情况哪些专家是更适合的或更优秀的。

8. 广泛的服务项目

EAP 的存在必然是为了有效解决员工所出现的一系列问题（如酗酒、药物滥用、隐私、家庭、经济、悲伤、心理健康、医疗以及法律问题等）。企业咨询中“宽泛型”方法这一理念与职业戒酒计划（见本书第一篇关于历史的章节）的最初模式有显著不同。这种宽泛型方法的进步是显而易见的。更多有问题的员工获得了帮助，而且该方法确实对生产效率和员工的健康产生了影响（Dickman & Emener，1982）。

这一方法的一个明显的缺点是：在实施过程中，该方法也吸引了许多个体从业者，他们缺乏 EAP 的背景知识，通常也没有接受过关于酗酒和其他药物滥用康复的训练。有证据显示，缺乏这些技能的从业者，在摄入性谈话时，不能很好地诊断诸如酗酒或药物滥用的问题，对于改善求助者的酗酒问题也不会有什么帮助（Dahlhauser et al.，1983）。

9. 便利性

员工应该能够及时、方便、高效地使用 EAP。作者认为外部模式更有效，因为这种模式能够更好地保护求助者的隐私（本书中的第二编深入讨论了这一问题）。在保证便利性的同时，全天候 24 小时的服务也十分重要。

10. 对 EAP 的认识

EAP 需要不断的营销来保证其有效性。这可以通过以下途径进行：

（1）对主管进行培训；

（2）在轮班前谈话；

（3）给员工邮寄家庭邮件；

（4）对公司的回访；

（5）报告（例如在工会会议、部门会议以及动员大会上做报告）。

这些 EAP 营销策略的价值是不可估量的。根据作者的经验，每当使用上述方法（邮件、回访、管理者例会）中的任意一种时，服务的需求量都会增加。

11. 项目评估

本书的第四编涉及评估。在这里，很多内容无法详述，而评估对任何一个有效的计划都是十分重要的。公司和 EAP 办公室必须了解：计划是否起作用，以及计划的运作是否符合预期。下面是一些关于评估的问题：

（1）使用率；

（2）成本效益；

（3）求助者群体的性质；

（4）求助者的满意度；

（5）管理层和工会的满意度；

（6）医疗成本的节省率；

（7）生产收益。

总结性评论

这些都是EAP至关重要的关键要素，如果做到了这些，EAP就会是高效的；而且每个人都会从中获益，包括员工、员工家属、管理者、工会以及提供服务的从业人员。

评论与补充资料

Judith K. Schemm

EAP及其从业人员已经迎来了一个新纪元。他们除了要继续发挥其历史作用——帮助员工解决成瘾问题外，他们还挑战性地引入了基于问题解决的治疗方法、危机事件群体晤谈法、在线分析和长程咨询等。如今，EAP从业人员已不仅仅是过去那种解决物质滥用问题的咨询师，其角色已发展成为向员工和雇主提供服务，同时满足个人和企业双方的一系列需要。雇主也愈加意识到EAP干预所带来的益处，并要求EAP能够为企业做得更多。这种服务范围的扩大意味着当前的EAP正处于发展和转型时期。

传统的EAP与匿名戒酒者互助会联系紧密。EAP专业人员仍在为这一熟悉的领域提供服务，但已不仅仅局限于此。为了处理不断变化的各类成瘾问题，他们开发出了全新的、风格各异的12步法支持小组，以应对如性成瘾、食物成瘾、赌博以及网络成瘾等问题。对于这些新的成瘾问题，EAP专业人员具备了丰富的知识，并可以在工作场所针对每种问题进行处理。职场饮酒所造成的影响依然是EAP专业人员所要关注的主要问题，每年由酒精和药物滥用引起的缺勤和事故所造成的损失有数十亿美元。在EAP所提供的服务中，治疗仍占主导地位，但是预防工作也已遍布于工作场所。组织鼓励员工过健康的生活。压力管理、禁烟运动、免费体检以及反药物滥用宣传计划，这些以预防为目的的努力在工作场所随处可见。EAP咨询师已经成为这类预防工作的倡议者之一，他们依据员工所经历的各类压力因素，为其提供相应的转介和治疗工作坊。考虑到美国药品管制政策办公室监督着高于190亿美元的禁毒计划时，对于预防的强调就更加重要了。

近年来，小型企业也向EAP寻求帮助。EAP的工作已经不再局限于《财富》500强企业。EAP机构之间的竞争导致了服务价格的下降，这使得小型企业也有能力为其有问题的员工提供EAP服务。特别有意思的是，EAP在职场是被当作药物检测的后援而使用的。企业已经意识到，重新安置那些在药物检测中呈阳性的员工，其代价是昂贵而不可行的。因此，企业为这些员工提供第二次机会，将其转介给EAP，而不是解雇他们。这已经成为了更为普遍的应对方式。

自2001年“9·11”事件以来，工作场所的暴力行为已成为EAP专业人员重点关注的问题。为此，EAP专业人员接受了许多关于危机事件群体晤谈法和治疗创伤后应激障碍的培训。在暴力行动和灾难结束后，EAP专业人员将投身于最前线。办公室被投毒、员工被重要他人袭击、不满的工人杀害无辜的员工等，这些暴力事件对工作场所的安全感构成了威胁。工作场所已被恐怖事件和创伤侵袭。当今的EAP专业人员已为处理这些事件所造成的影响做好了准备。现在的EAP咨询师已经接受过关于如何对创伤做出合适反应的培训，他们有能力为员工进行相关的行为培训。这包括为受到暴力和创伤影响的员工提供必要的培训，帮助他们自我调节和接纳自己。对EAP的需要从来不曾这么迫切，其首要目标就是保证员工充分恢复身心健康。员工的压力、焦虑以及酗酒风险等亦是雇主所关注的问题。

EAP供应商所面临的另一个新挑战是多代劳动力的出现。员工之间的年龄差异不断增大的问题，也向EAP专业人员提出了新的挑战。据美国人口统计局报告，在超过65岁的人口中，有19%的男性和10%的女性仍在工作（Watkins，2002）。老龄员工所面临的问题包括：与年轻主管之间的冲突、高科技工作要求和自己有限的经验之间的冲突。这些冲突通常也是对EAP提供商的一个挑战。

与此相关的一个问题是，承担着多代看护任务的员工所面临的挑战。看护对个体而言是一项沉重的负担，如果他们还有工作，问题就更加严重了。由于家庭和工作的双重影响，许多员工，尤其是女性，对此越来越忧虑。由于看护会导致时间和财力的消耗，因此雇主的忧虑也与日俱增。在那些需要提供看护的员工中，有67%的人报告说明显影响了家庭生活，41%的人认为影响了他们的工作。根据美国退休人员协会在2001年8月的调查，在美国7600万生育高峰期出生的人口中，有44%的人既要照顾年迈的父母，又要照顾子女（O’Toole & Pannen，2002）。

越来越多的女性和少数民族群体加入了劳动大军，这使得职场的结构也在变化。据估计，到2050年，非白种人将占美国人口的50%。当女性或非白色人种的EAP专业人员面对这样的劳动大军时，他们必须具备多元文化的专业能力。针对这种能够预见到的人口统计学特征的变化，在多元文化背景下开展EAP工作的能力将显得更加重要。

免费咨询电话是一种新的途径，它使得员工不离开办公桌就可以寻求咨询。尽管它的有效性受到了质疑，但是越来越多的治疗活动和EAP服务正在或者即将通过电话会议和互联网的方式来提供。最为明显的是，越来越多的客户在接受网络平台教育的时候，通过电子通信方式与服务商保持联系。位于巴尔的摩的马里兰大学的一项近期研究表明，员工更愿意接受网上在线的、能将工作与生活整合的EAP服务，这样他们能够随时登录并及时获取自己所需的与个人问题或工作事务有关的信息。研究还发现，92%的人认为网络求助是有帮助的或者帮助很大，这其中有93%的人认为他们还会再次使用。使用这种服务的主要原因是为了获得有关问题的信息和评估（Watkins，2002）。处于信息化时代的EAP专业人员要不断提升自身的计算机应用技能。显然，EAP的专业人员和专业组织未来应将更多的注意力和思考放在与这些服务有关的伦理问题和规划性问题上。

传统观点认为，商界里开展EAP，采用内部模式的比率要低于外部模式，这主要是出于对保密性的考虑。这种传统的认识似乎并不正确。1999年的一项研究对比了内部模式和外部模式的使用率，结果表明，内部模式的使用率更高，平均使用率为7%～7.7%，而外部模式的平均使用率为4%～5%（Sharar & White，2001）。EAP的作用和提供服务的条件正在发生变化，但雇主对解决问题以及最终结果的期望是不变的。在这个转型时期，EAP的基本精神是不变的。它找到了自己的合适位置。EAP为员工与雇主之间的交流构筑了一个舒适的平台。在这样的背景下，EAP从业人员将继续在工作与生活之间搭建桥梁。事实上，EAP从业人员的作用及其增添的价值有望进一步扩展。

评论与补充资料：2003—2008

Michael A. Richard Judith K. Schemm

最初，EAP是为那些有物质滥用问题并因此而对其工作能力产生负面影响的员工提供帮助。后来，有效的EAP又为那些因其他各种问题而影响到工作绩效的员工提供帮助。EAP专业人员现在为那些生活在各个不同环境中并遭遇各种不同问题的员工提供帮助，如家庭问题、人际关系问题、经济问题以及身心健康问题等，这些问题都影响着员工的工作能力。EAP已经成为一项专业服务，它面向各种心理健康问题。然而，社会、经济、文化的巨大变革使EAP从业人员发现其自身也正处在一个重大转折期（Wellness Junction，2008）。

在当今的职场，有效的EAP应该具备专职的心理健康专业人员，他们随时准备处理发生在工作场所内外因突发的和无法预料的变化所造成的影响。这包括帮助年轻员工和老年员工处理同代人所特有的心理健康问题、跨年龄问题、经济问题、身心健康问题、危机干预以及成瘾问题（各种形式的成瘾，如物质成瘾、赌博成瘾和网络成瘾等）。有些人将这些范围广泛的EAP服务走向融合看作是未来EAP有效性的基石（Holbrook，2004）。与此相应，EAP工作的一个新领域——风险管理——正在成为有效的EAP必不可少的一个组成部分。这将在本报告中专门讨论。

从预防问题发生的角度来说，EAP被用以减少医疗保健、劳工赔偿和伤残管理等领域的费用。EAP专业人员通常要对“高危员工”作出评估，并将其转介给适宜的负责心理健康、物质滥用和身心康复的机构。通过降低问题员工的缺勤率、提高生产效率、减少事故发生率以及降低人员流动率，以达到增进员工工作绩效的目的。在这些领域的EAP研究都一致报告了索赔和人力资本费用的降低（Attridge，Amaral & Hyde，2003）。由于支出费用的节省已被证实，雇主们现在又向EAP寻求员工“风险管理”方面的帮助。

风险管理

人们希望EAP能够在传统的心理健康服务基础上扩大其服务范围。除了提供传统的心理健康服务外，EAP还应该参与风险管理并提供相应的服务，尤其是问题“预防”领域的咨询（Mulvihill，2003；Smith，2003）。

风险管理是一个运用策略，控制并降低风险的预防性干预过程。与企业的其他领域一样，人力资源或EAP的风险管理过程由两种广泛的形式构成：风险评估和风险控制。风险评估包括发现、调查和将潜在的危险按程度排序，通常由人力资源和EAP专业人员组成的一个广泛合作的管理团队来执行。风险控制包括诸多直接的EAP干预，例如，对员工进行调查并对调查结果进行解释、团队建设培训、危机管理以及对员工和管理者的教育。关于EAP实施的结果，雇主主要是观察员工以下能力的发展（Smith，2003）：

- 预见并识别变化的能力
- 应对快速多变的复杂事物的适应能力
- 在不断变化的企业环境中，充分抓住机会，以新颖、独特的方式做出反应的能力
- 根据前摄测量，对问题员工的行为进行预防

为了实现这些目标，EAP最常被用于群体水平的风险管理和预防活动。EAP在团队和组织水平上通常提供四种类型的活动：①教育计划与培训；②危机咨询服务；③管理咨询；④组织发展（Attridge，Amaral & Hyde，2003）。EAP所提供的这些服务能否被测量？能否在合作的背景下得到支持？它们如何成为实现企业主要目标的影响因素，它们的效用或效益如何？这些都是至关重要的问题（Sharar，Hertenstein & Burgess，2006）。

教育计划与培训

为了能够防患于未然，EAP专业人员需要提供专门的方案，为员工提供关于潜在问题的信息。这些方案通常是前摄预警式的、公司全员参与的。它们为雇主提供应对诸多职场问题的机会，以防止这些问题对员工的健康、工作能力、工作满意度和人员流动率产生不良影响（Mulvihill，2003）。EAP专业人员所提供的专门培训和教育计划包括：人才能力建构、管理教育、领导力训练、健康与保健研讨会；还有在有关职业道德、文化和环境变化的背景下，针对重点员工的态度所实施的干预（Smith，2003）。

危机咨询服务

EAP还被要求参与到危机管理计划和应对计划的开发之中。这包括帮助开发面临重大灾难的危机反应程序，危机一旦发生，可以率先做出反应。为了做好应对潜在危机的准备，EAP还对员工和雇主进行培训，使他们了解，如果危机在公司或社区内大范围发生时，他们应该如何做出恰当的反应（Jacobson，2006）。

此外，作为危机管理团队中的一员，EAP专业人员要能够促进识别“高危”员工这一过程。这主要是因为我们的社会变得日益崇尚诉讼，因此，雇主们越来越关注如何在工作场所出问题之前就能够发现潜在的问题员工，这也是可以理解的。例如，法院判给工作场所暴力受害者的赔偿金就常常高达数百万美元。因此，人们不断要求EAP工作能够促进识别高危员工的过程，识别那些具有潜在风险的、工作行为效率低下的或者有时会有肢体暴力行为的员工（Fisher，2003）。

一旦确定了具有潜在风险的员工，EAP专业人员就有责任将其转介给精神科医生，并监

督精神科医生对该员工做出评估。这种外包的评估包含两类：一种是岗位适宜性（fitness-for-duty，FFD）心理评估；一种是筛选问题员工的风险评估。FFD评估是考察个体处理其自身抑郁情绪和内在冲突等问题的能力；而风险评估是确定某人是否有伤人或自伤的风险。但是，这两种评估与EAP的心理健康评估是不同的，因为在外包评估中，精神科医生处于中立地位。医生的职责是确定个体是否具有会影响其工作能力的心理问题。EAP专业人员的责任是让精神科医生将那些特定的工作职责界定出来，这些职责是那些有严重心理健康问题的个体无法胜任的。评估者的责任是界定与工作相关联的活动，这些活动是诊断胜任与否的标准，而这项工作并非EAP专业人员的责任。EAP人员将在精神科医生评估的基础上，为人力资源部门提供行动方案（治疗或解雇等）。在这一过程中，EAP专业人员的主要任务是，确保医生所做的评估不会被认为是与EAP专业人员、公司或员工的利益相冲突的（Fisher，2003）。需再次强调的是，EAP提供商要能够拿出支持数据，以证实他们的介入确实为公司财务节约了费用，这一点非常重要（Sharar，Hertenstein & Burgess，2006）。

管理咨询

EAP被越来越多地用于管理咨询。这一过程最早始于一名经理或主管的求助，他就如何处理即将到来的那些影响整个职场运作的问题，或如何处理一个团队（如一个部门或单元）中的系统问题而向EAP求助。这些咨询通常是以EAP提供者与一名管理者进行讨论的方式开展的，他们讨论的问题涉及：①如何处理对建议的修改或确定团队的问题行为；②如何最大限度减少其负面影响。例如，EAP专业人员可能会建议运用一个新的软件系统来约束员工。EAP也可能会为那些士气低落和动机不足的部门的经理提供建议。EAP在这些咨询中的作用是，他们可以在完成组织目标的背景下提供临床专业指导（Beidel & Brennan，2003）。

组织发展

EAP越来越多地被用于组织发展领域。例如，一名EAP代表可能要与人力资源部门或其他部门就员工健康政策或裁员程序等问题进行协商。实质上，他们主要参与那些为尽量减少问题发生而制订政策蓝图的工作以及相关行动的实施。EAP的基本作用是促进那些能够改善生产效率或者工作满意度的变革，或者二者兼而有之。例如，EAP有助于组织变革和公司裁员过程的管理（Blair，2004）。尽管这种类型的咨询通常只占大多数EAP活动的一小部分；但有人相信，它会是一个主要的成长领域。EAP所面临的挑战是，必须保证在每一领域都具备适当的专业能力，如管理培训、战略规划，以及发展能够为其提供服务机会的关系。与管理者建立关系是至关重要的，因为许多组织都将EAP主要看作是解决员工问题的工具（Sharar，Hertenstein & Burgess，2006）。

为EAP业务扩展提出充分的理由

如果EAP要超越其传统的服务范围（为个别有问题的员工提供服务），而将其领域扩展到为组织提供服务，他们就需要在组织内部重新评估并销售他们的服务。无论是内部还是外部的服务商，都必须使自己置身于更大的组织之中。EAP 提供商同时应给自己一个预期——他们的投入是有必要的。为了实现这一目标，应该具备以下几点（Attridge，Amaral & Hyde，2003）：①一套全方位的组织服务；②了解如何实施这些组织服务；③一套测量这些服务使用状况的机制；④一套系统地收集结果数据的方法；⑤一个能够产生经济价值的现实设计；⑥与顾客有效地沟通，了解企业的价值观。

为了能够证实其有效性，EAP 对其服务要有充分的测评和报告，这是十分重要的。而且，EAP 提供商必须学习使用商业语言进行沟通，并展示其在为组织节约费用方面的价值。在当前经济增长缓慢的状况下，没有比这更为实在的方法了。

参考文献

Asma, E. F. (1975). Long-term experience with rehabilitation of alcoholic employees. In R. Williams & G. Moffat (Eds.) *Occupational Alcoholism Programs.* Springfield, IL: Charles C Thomas, Publisher, Ltd. (175–193).

Attridge, M., Amaral, T., & Hyde, M. (2003). Completing the business case for EAPs. *Journal of Employee Assistance, 33,* 23–25.

Beidel, B. E., & Brennan, K. N. (2003). Employee assistance: A workplace best practice. *The Journal of Employee Assistance* [Online]. Retrieved April 30, 2008. Available: http://findarticles.com/p/articles/mi_m0PLP/is_3_33/ai_n18616598

Beyer, J., & Trice, H. (1978). *Implementing change: Alcoholism policies in work organizations.* New York: Free Press.

Beyer, J. M., Trice, H. M., & Hunt, R. (1980). Impact of federal sector unions on supervisor's use of personnel policies. *Industrial and Labor Relations Review, 33,* 212–231.

Blair, B. (2004). EAP's in the world of work. *Journal of Employee Assistance, 34,* 33–35.

Dahlhauser, H. F., Dickman, F., Emener, W. G., & Yegidis-Lewis, B. (1982). Alcohol and drug abuse awareness: Implications for intake interviewing, submitted for publication.

Dickman, F., & Emener, W. G. (1982). Employee assistance programs: Basic concepts, critical attributes, and an evaluation. *Personnel Administrator, 27* (5), 55, 56, 58–62.

Dunkin, W. S. (1982). *The EAP Manual.* The National Council on Alcoholism, Inc.

Fisher, D.C. (2003). Psychological fitness for duty risk assessments. *The Journal of Employee Assistance* [Online]. Retrieved April 30, 2008. Available: http://findarticles.com/p/articles/mi_m0PLP/is_3_33/ai_n18616590

Holbrook, J. (2004). Integrating employee assistance, work life and wellness programs is the new trinity. *EAP Digest, 24,* 30–32.

Jacobson, J.M. (2006). Compassion fatigue, compassion satisfaction, and burnout: Reactions among employee assistance professionals providing workplace crisis intervention and disaster management services. *Journal of Workplace Behavioral Health, 21,* 133–152.

McClellan, K. (1982). An overview of occupational alcoholism issues for the 80s. *Journal of Drug Education, 12* (1).

Mulvihill, M. (2003). The definition and core practices of wellness. *The Journal of Employee Assistance* [Online]. Retrieved April 39, 2008. Available: http://64.233.167.104/search?q=cache:z9eqeMkyOAMJ:www.awlp.org/awlp/pub/nwfm_

Pell, S., & D'Alonzo, C. A. (1980). Sickness absenteeism of alcoholics. *Journal of Occupational Medicine, 12,* 198–210.

Phillips, D. A., Purvis, A. J., & Older, H. J. (1980). *Turning supervisors on (To employee counseling programs),* Hazelton Foundation, Inc.

Sharar, D.A., Hertenstein, E., & Burgess, K. (2006). Perspectives on commodity pricing in employee assistance programs. *World at Work Journal, 1,* 32–42.

Smith, B. (2003). Human resources risk management and EAP services. *The Journal of Employee Assistance, 33,* 21–23.

U.S. National Institute on Alcohol Abuse and Alcoholism. Alcohol and health: technical support document. Third special report to Congress. (DHEW Pub. No. ADM–79–832).

Wellness Junction: Weekly Newsletter. (2008). 23 Key Trends Shaping Employee Assistance Programs Today [Online]. Retrieved April 29, 2008. Available: http://www.wellnessjunction.com/members/23trends.htm

第六章

工会参与：EAP 取得成功的关键因素

Fred Dickman
William G. Emener

事实上，所有 EAP 的成功都需要管理层和工会代表的共同合作与参与，并且合作与参与要贯穿于整个过程——开始、计划、实施、评估、改进计划和继续实施。目前为止，大部分 EAP 都是由管理层发起、资助和管理的。尽管有一些 EAP 是由工会掌管，如邮政工人戒酒计划和东方航空公司机械师计划，但无论何种情况，我们的经验充分表明，工会与管理层的相互合作会令一个 EAP 取得最大程度的成功。早在 20 世纪 60 年代，有远见的工会领导人里奥 · 帕里斯（美国劳联 - 产联社区服务的主管）就曾指出：工会与管理层合作，其所接触到的工人远比二者单独运作所接触到的工人要多（McWilliams，1978）。关于工会与管理层的合作，这一领域的其他专家亦有论述："EAP 的理念已得到国家级劳工组织的全力支持，工会与管理层的合作在一个有效的 EAP 实施中具有重要价值（Beyer，Trice & Hunt，1980；McWilliams，1978）。"一些专家甚至认为，如果没有工会与管理层之间的合作，EAP 在公司或者商界将无立足之地（Dickman，1985）。

但是，这种"合作"并不仅仅意味着管理层提出一个计划，而工会认可这一计划。尽管管理层要做的工作比工会多，但是如果没有二者的合作，将不会产生任何结果。企业的工会和管理层必须在计划的初始阶段就参与进来，并在整个计划中相互支持。否则，这一计划无法被员工接受，个体的健康或者疾病问题得不到恰当的解决，其负面效果的产生将是不可避免的（Sadler & Horst，1972）。

EAP 工作要想取得成功，管理层和工会代表除了要参与到计划之中，他们之间可靠、真诚的信任也是必须的。在一个有关工会与管理层在 EAP 启动阶段的合作问题研讨上，康奈尔（Corneil，1982）说道：

> 相互信任和相对权力是 EAP 开始阶段的核心问题。如果信任水平低，也许是由于以往工会与管理层从未按照计划达成过良好的合作，那么怀疑并且猜测对方的动机就将会成为这一阶段的显著特征。

本章作者的重要观点是，只有工会代表和管理层共同参与和相互信任，才能够确保 EAP 的成功，并为参与者带来意想不到的收益。基于上述观点，本章将重点讨论以下内容：①工会的利益；②管理层的利益；③ EAP 从业者的利益；④员工的利益。本章将提出这样的概念作为结论，EAP 工作中有三个关键实体，他们所代表的各方利益交集的联结至关重要。这三个实体是：工会、管理方与 EAP 提供商、员工。

工会的利益

1. 与工会的使命一致

工会的主要目的就是帮助其员工（会员），而这也是 EAP 的主要目的。因此，当工会在支持 EAP 时，实质上也是在完成自身的主要任务——帮助员工（会员）。萨德勒和霍斯特（Sadler & Horst，1972）详细论证了这一观点："之所以合作，工会有一个重要原因：这一计划（EAP）是用来帮助员工的，而帮助员工正是工会存在的原因"。

2. 凝聚力建设

大多数情况下，工会的力量和权力来自于它的会员，它进而又取决于会员对工会"关爱"程度的感受，即工会关心其会员健康和幸福感的程度。工会参与到为员工（会员）带来帮助的成功的 EAP 之中，这是表达其对成员"关爱"的极佳方法，其意义深远。正如大多数工会所体会到的，这也是加强与会员沟通的一项重要的内容。

3. "真正的帮助"还是"同情"

协助 EAP 启动、计划、支持、实施、评估和改进，这是工会表达"我们希望支持每个员工得到专业帮助"的最好方式。麦克威廉姆斯（McWilliams，1985）在讨论 EAP 对物质滥用问题的处理时，曾谈到重要的不仅仅是同情："由于工会与其成员之间的关系，他们为员工提供帮助、咨询和治疗的同时，也表达了他们的理解和同情。但是，更多证据表明，酗酒者很少对同情做出反应。"几乎所有酗酒康复领域的专家均声称，EAP 使酗酒者停止酗酒行为，并且是在长期康复中得以保持效果的非常有效的干预手段，就是真正意义上的帮助。简单来说，当需要一件工具来修理仪器的某个特定零件时，你应雇用一名专业人员，如一名机械师。而当人遭遇失败或家庭破裂之后，你也应该聘用一名专业人员，如一名执业咨询师。

4. "帮助"还是"仲裁"：另外的一个选择

无论是对管理层还是工会而言，仲裁的代价都是昂贵的，通常会将业务经理、员工以及监管员全都牵涉进来。它往往以一种"非输即赢"的形式出现。而对员工而言，"输"或"赢"通常并不能够解决问题。这在酒精（药物）滥用的员工身上体现得尤为明显。他们需要的是"帮助"而不是"公正"，这同样适用于具有其他问题的员工。最近，麦克威廉姆斯（McWilliams，1985）在讨论工会和管理层对员工问题的处理时论述道："无论谁赢了，员工都是输家。工会若胜利，其后果是工会用善意害了它的成员；管理层若胜利，在缺乏 EAP 指导的情况下，可能会产生惩罚性的措施，而不是员工迫切需要的治疗。"

以上四点说明了工会为什么应该积极参与到 EAP 的全过程中。此外，一个健康的劳动力能够大大提升整个生产效率。大量证据表明，EAP 为公司节省了资金，从而增加了收入。工会考虑问题的底线是，与不盈利的公司相比，同一家盈利公司谈判，更容易获得较高的工资。

管理层的利益

工会和管理层共同参与EAP，并且在整个合作过程中都充满相互信任时，管理层同样可以获得很多利益。以下五点是管理层高度认可的：

1. 加强了合作

EAP引入了一个关键的人事培训，通常被称为“主管培训”。该培训主要集中于干预技术、转介程序、问题员工的征兆识别、对公司政策和规程的回顾和讨论等。重要的是，主管、管理层的代表、监管员以及工会代表通常是一起接受培训的，这些培训经历能够促进领导间的紧密合作，并且增进这些领导者之间的“归属感”，这对企业非常有利。

2. 提高了士气

在美国的商界版面上，经常会讨论“士气低落”的问题，因为士气低落与生产力的下降有显著的关联；其他相关因素还包括高旷工率、高人员流动率以及态度冷漠。但研究发现，当管理层与工会共同合作，通过向问题员工及其家人提供高效的EAP帮助时，员工士气就趋向于提高，态度更加积极（Dickman & Emener，1982）。对企业的管理层而言，这种附加结果似乎非常诱人。

3. 更多问题员工得到了帮助

企业想要帮助问题员工的原因有很多（既有理论方面的原因，也有实践的需求）。识别他们，说服他们接受帮助，然后帮助他们，这是知易行难的事情。但是，当管理层和工会共同参与到EAP之中后，就会出现较高的普及率，因而就能接触到更多的需要帮助的问题员工。

4. 提高了生产力

最终分析表明，帮助员工成为充分发挥潜能的个体，对生产力会产生积极的影响（Corneil，1982；Dickman & Emener，1982）。那些存在各种问题的员工以及其他高风险的员工肯定没有充分发挥其潜能，因而远远达不到其应有的生产力水平。另一方面，企业中那些“快乐无忧”的员工所表现出的高工作效率，也充分证明了这是企业提升生产力的主要因素。

5. 增加了解决问题的选择方案

本章作者（如Dickman & Emener，1982）所做的研究清楚地表明，那些高层管理者和工会领导同样也不喜欢惩戒的措施和规程。恰好，关于EAP满意度和认可度的研究一致表明，针对问题员工，EAP提供了一种比惩戒方案更好的选择。管理层意识到，那些需要惩戒或仲裁的员工，通常只是在某些方面存在问题。许多情况下，通过EAP为他们提供帮助比立即进行惩罚或仲裁更好、更有效，代价也更低。尽管EAP不是唯一的方案，但是如果使用恰当，“通过EAP为员工提供帮助”则是更为可取的方案。

以上五点虽不全面，但却提供了令人信服的理由说明了管理层应在EAP的启动、计划、实施、评估和改进过程中与工会紧密合作。实际上，管理方在这一过程中不会损失什么，而是将得到更多。

EAP从业者的利益

作为一个EAP项目的领导和开发者，在对其项目的实施、评估和改进过程中，不仅要使管理方和工会共同参与进来；而且要在所有的参与者之间建立一种合作和信任的关系，这一点至关重要。明晰、互惠、合作性的任务和活动，不仅对工会和管理层有益，对EAP本身也是有好处的。以下五点应当予以特别关注：

1. 提高了成功的可能性

如本章前面讨论过的，工会和管理层积极参与到EAP之中，彼此合作，可以提高EAP成功的可能性。毋庸置疑，这对EAP来说是非常重要的。例如，康奈尔（Corneil，1982）认为，一个工会与管理方共同合作的EAP有六个阶段，即承诺、政策、程序、沟通、培训和评估。他指出："如果主管经理、监管员以及基层工会的会员不愿支持EAP，也不愿积极参与，那么EAP成功的可能性就很有限度。"

2. 增加了转介者

一个运行良好的有效的EAP，将会有8%～10%的普及率（Dickman & Emener，1982）。这意味着，在能够接受服务的整个人群中（员工及其直系亲属），一个有效的EAP应为近8%～10%的人服务。在完全缺乏工会和管理层参与和合作的情况下，这一普及率是不可能达到的。EAP必须反映员工的需要；此外，它必须能够激发员工对它的需求（即员工对它的使用）。

3. 在工厂和工会会议厅的自由活动

本章的作者在EAP实施方面具备了与工会一起合作的丰富经验。在那些工会和管理方积极参与、相互支持、真诚合作的EAP中，一个很大的优势是，EAP承包商或经理人在工厂中能够自由活动，并且能参与工会的会议。这种自由的并可以随时访问的特权有助于EAP各方面工作的实施，如EAP的销售、跟进，员工对该计划的认知以及普及率。

4. 联合的培训课程

EAP所组织的培训课程，其参与者通常是工会和管理方的代表。这不仅符合工会和管理方代表的利益，为他们的合作互动提供了机会；同时也为EAP工作者带来了好处。他们可以通过以下机会帮助危机企业的领导认识到"如何使问题员工摆脱困境"。这些机会包括与管理方的主管和工会的监管员在一个没有争议和问题的环境中共同工作、针对员工的问题进行混合的团队干预培训、策划和销售EAP等。如果能够确定那些有严重问题的员工并为他们提供帮助，其所带来的价值是难以估量的。弗兰克尔（Frankel，1985）在讨论针对酗酒问题的半住院治疗或非住院治疗计划时，很好地论述了这一问题：

> 工会和管理方共同参与的EAP能够消除其他类型的干预中所存在的隐患。工会和管理方在处理酗酒问题时，所依据的规定与其他疾病的规定是一样的。也就是说，我们期望通过建立一个便于获得专业帮助和治疗的体系来帮助员工治疗这一疾病。它关注的是员工现实的、可观察的维度，如工作绩效和缺勤。它消除了掩饰，并将一个人的工作状况与其疾病的治疗联系起来。

5. 早期干预

迪克曼和艾米纳（Dickman & Emener，1982）进行了一项以顾客满意度为指标的EAP效果评估研究。结果表明，员工对EAP不仅具有高满意度，而且大多数参与者认为，如果没有EAP的帮助，他们不可能这么快地解决问题。这个 EAP 在计划的启动和实施过程中都得到了工会和管理方的大力支持，结果表明，这种参与和合作能够显著影响员工所报告的早期的干预体验。

工会和管理方的积极参与和彼此信任，能够带来诸多好处。以上五点只涉及表层。重要的是，EAP 的专业人员不仅要记住，促进管理方与工会的参与和互相信任能够带来诸多好处；而且还要知道，EAP 必须要取得工会和管理层的参与和彼此信任。

员工的利益

之前，我们花费大量笔墨讨论了工会和管理方的参与和合作所带来的利益（工会的、管理方的，以及 EAP 从业者的），其实，它的终极目标就是直接或间接地为员工谋利益。工会与管理方的参与和合作为员工带来了诸多好处，以下五点值得特别注意：

1. 运作良好的 EAP

首先，我们要记住，良好的 EAP 本身就是员工的福利，这一点非常重要。此外，那些有工会与管理方共同支持的 EAP 更有效、更高效，能为更多的寻求帮助的员工及其亲属提供帮助（Corneil，1982；Dickman & Emener，1982；Dickman & Emener，1983）。具备工会与管理方支持的 EAP 还能促进工作场所其他积极品质的出现（如提高士气），建立在这种坚实基础上的 EAP 必然能够走得更久、更远。工会与管理方能够亲密合作，并为公司的 EAP 提供支持，这是令人欣慰的。

2. 为个体的“求救”提供切实帮助

在大多数情况下，是由那些细心的、受过训练并且沟通能力强的从业人员来确认求助者的问题并提供帮助的。例如，许多研究酗酒问题的权威人士（Johnson，1980）认为，有酗酒或其他药物滥用问题的员工会陷入两难境地：一方面想将自己的问题掩盖起来不被发现；另一方面又希望自己被检测出来并获得援助。当工会与管理方参与到 EAP 中，并取得合作和信任时，第二种结果就更可能出现。特雷斯、亨特和拜尔（Trice，Hunt & Beyer，1977）详细讨论了这种情境的主要机制：

> 企业戒酒计划的真正目标是为酗酒者提供帮助，而在一个有组织的工作环境中对其进行处理时，必须要克服工会和管理方之间的那种传统的劝诫型关系。饮酒者通常会拒绝承认其饮酒问题，或为自己寻找理由。当饮酒者发现可以借助工会方反对管理方时，他们就会“分化瓦解”，从而严重损害面质的效果。

由以上论述可以看出，工会、管理方和 EAP 专业人员之间紧密合作的重要性再怎么强调都不为过。

3. 耻辱感的降低

当工会和管理层都认为“人都会有困扰”时，这就形成了一个更加信任的氛围，员工在寻求并接受帮助时就会觉得更自在。让员工及其亲属承认自己需要帮助，这是十分困难的。人们应该有能力独自解决自己的问题，这一文化烙印对有问题的员工产生了深远影响，使得他们不愿去寻求帮助。然而，当员工主管和工会的监管员都建议其向 EAP 寻求帮助时，就产生了一个不同的氛围；这种氛围最终对于员工是非常有利的。

4. 将员工当作人来关怀

没有人会主张溺爱，尤其是在工作场所。然而同时，员工也不喜欢那些别人把他们只当作“一个可有可无的工具”、“一个数字”或者是“机器临时需要的一个零件”。当他们具有这种感觉时，士气、工作满意度以及生产效率就会下降。不过，在工会、管理方和 EAP 从业者共同合作、彼此信任的环境中，员工更倾向于认为，他们（如企业的主管，工会的监管员）是将自己当作人来关心的。因此，这种态度氛围会提升士气、工作满意度和生产效率。

5. 有能力负担寻求帮助的代价

人们会尽早（如，在他们的问题失控以前）向 EAP 从业人员求助的一个主要原因是，他们有经济能力负担（Dickman & Emener，1982）。有效的 EAP 是资金充足的，至少员工不会因为经济原因而放弃寻求帮助。对有问题的员工来说，“有能力负担”还意味着，他们能够寻求帮助，而不用担心这可能会使他们丢了工作（或福利、晋升的机会等）。在一个理想的 EAP 环境中，问题员工不必考虑他们是否有能力寻求帮助，而是考虑为什么他们不去寻求帮助。结论是“我得到了很多，却没什么可失去的”。

如前所述，工会与管理方联合支持的 EAP 能为员工带来许多直接或间接的利益。以上五点只是其中的一小部分。

结论

从理论上说，EAP 是企业的第三只臂膀。如图 9.1 所示，工会、管理方和 EAP 从业者是相互衔接的。然而，在这个企业三臂膀概念中，员工是这三者的核心，这是最重要的一点。这一论断来自于——人（员工）是企业最宝贵、最有价值，也是最重要的资源这一观念。因此，工会、管理方和 EAP 从业者应互相合作，彼此信任，打造出一个最好的 EAP，这是保护企业最宝贵资源的最佳方法。在这种情况下，每个人都是赢家！艾米纳和迪克曼（Emener & Dickman，1983）极为信服这一宝贵的职场观念，他们引用了一位公司经理的话：

> 一位企业经理（有工会的企业）自身接受了 EAP 服务，同时又转介一些员工接受 EAP 的帮助。他说道：“EAP 不是某个企业或者某工会的工具，它是为了我们每个人的健康。让我们为自己以及家人而支持它吧。”这就是一种高效的管理，它充分证明了一个运行良好的 EAP 可以提振每名员工的士气。

如本章所建议的，当工会与管理方共同支持一个 EAP 时，每个人都成为了赢家。

参考文献

Beyer, J. M., Trice, H. M., & Hunt, R. (1980). Impact of federal sector unions on supervisor's use of personnel policies. *Industrial and Labor Relations Review, 33,* 212–231.

Corneil, W. (1982). Initiating a joint labor management EAP. *EAP Digest, 2* (5), 22–17.

Dickman, F. (1985). Ingredients of an effective EAP. In J. F. Dickman, W. G. Emener, & W. S. Hutchison, Jr. (Eds.), *Counseling the troubled person in industry.* Springfield, IL: Charles C Thomas, Publisher, Ltd.

Dickman, F., & Emener, W. G. (1982). Employee assistance programs: Basic concepts, attributes, and an evaluation. *Personnel Administrator, 27* (8), 55–62.

Emener, W. G., & Dickman, F. (1983). Corporate caring: EAPs solve personal problems for business benefits. *Management World, 12* (1), 36–38.

Frankel, G. (1985). Alcoholism treatment in the partial hospital or day program. In J. F. Dickman, W. G. Emener, & W. S. Hutchison, Jr. (Eds.), *Counseling the troubled person in industry.* Springfield, IL: Charles C Thomas, Publisher, Ltd.

Johnson, V. (1980). *I'll quit tomorrow.* San Francisco, CA: Harper & Row Publishers.

McWilliams, E. D. (1978). The values of a joint union-management program. *Labor-Management Alcoholism Journal, 8* (3).

McWilliams, E. D. (1985). The values of a joint union-management program. In J. F. Dickman, W. G. Emener, & W. S. Hutchison, Jr. (Eds.), *Counseling the troubled person in industry.* Springfield, IL: Charles C Thomas, Publisher, Ltd.

Sadler, M., & Horst, J. F. (1972). Company/union programs for alcoholics. *Harvard Business Review, 50* (5), 1–8.

Sutermeister, M. (1963). *People and productivity.* New York: McGraw-Hill.

Trice, H. M., Hunt, R. E., & Beyer, J. M. (1977). Alcoholism programs in unionized work settings: Problems and prospects in union-management cooperation. *Journal of Drug Issues, 7* (2), 103–115.

第七章

一个全国性的 EAP：思睿典公司的经验

思睿典公司（Ceridian）

在当今的全球化经济中，影响组织竞争力和生产力的最关键因素是什么呢？地理环境？可负担的资本？还是最先进的技术？毋庸置疑，上述这些都很重要。但是，对于组织生产力来说，最重要的因素还是人——组织的管理者和员工、合作伙伴及其供应商。在大多数企业中，工资和福利通常是最大的预算项目。

自 20 世纪 90 年代中期开始，美国经济以 2.5% 的速度增长，远高于过去 20 年的平均值 1.4%。而组织的竞争力则取决于生产力的这种增长趋势。“尽管私营企业已经减少了一万多个就业机会，但由于生产力的增长，他们仍然能够成功地生产出符合顾客期望并能够让人负担得起的产品。生产力水平的提高使得企业在减少劳动力的情况下仍然能够满足市场对产品的需求。但是，这种生产力的激增是一把双刃剑，并且已经对员工和雇主产生了深远的影响。

20 世纪 90 年代以来，一方面工人的工资和福利稳定增长；一方面他们的生产效率也持续增加。但同时，他们在工作上花费了更多的时间，与家人在一起的时间相应减少。由于组织的不断重组和裁员，他们对工作安全感产生了更多的不确定性和担心。但随着工资的不断增长，他们忍受了这种压力。然而，在 2002 年，3/4 的美国公司的工资增长达到了瓶颈，有些实际上还有所下降。当管理者无法增长员工工资，或必须削减员工的经济补贴时，他们必须考虑员工士气和生产力下降的问题。如果组织必须进行重组，管理者还应考虑工人是否容忍变革？他们能够承受到什么程度？他们是否具备积极地、创造性地应对这些问题的能力。

生产力持续增长往往意味着员工必须更长时间、更努力、更高效地工作，这对他们造成了严重的后果。目标明确、满意度高、身心健康的员工将更具生产能力。因此，有必要发展 EAP 和工作—生活计划（work-life programs，WLP），促进所谓“生产力士气”。EAP 和 WLP 已经成为与人力资源有关的一种工具，它有助于企业减少阻碍生产力发展的因素。在现代企业中，EAP 和 WLP 已经成为并将继续成为提高工作绩效、生产力和企业收益等竞争力水平的重要手段。

EAP 必须向它们所服务的企业证明自己的价值，以保持自己的重要作用。新兴的经济需要不断地变革。工作与生活的平衡，员工的身心健康，是这种平衡的重要组成部分。正如思睿典公司的经验所描述的，“一个公司的人力资源为绩效和生产力的改善提供了最大的机遇”。实施完整的EAP、工作—生活和健康计划，可能是实现这些机遇的最好途径。

阻碍生产力发展的因素

疲劳、过度工作的员工无法平衡工作与家庭的需求。被各种问题困扰的、心烦意乱的、处在压力之下的员工更容易出现不定期的旷工、更高的医疗费用、更多的索赔诉求、更多的事务，并导致更多的损耗。思睿典公司对许多雇主做了大量调查，发现了许多阻碍生产力发展的因素。例如：

- **重组和裁员**：自1985年以来，85%以上的《财富》500强企业经历了比较大的重组和裁员。合并和重组导致许多员工下岗，幸存的员工纷纷担心他们自己的工作安全性。尤纳姆人寿保险公司（UNUM）的调查和约翰霍普金斯大学的研究均清晰表明，企业合并、下岗与心理、神经疾病方面的保险索赔有很高的相关。事实上，在那些经历过公司重组的员工中，索赔率高达33%。同时，这种忧虑也会占据大量的工作时间。还有一个事实是，裁员后，剩下来的较少的员工却必须完成未裁员时所有员工的工作量。
- **照料子女**：在职场上，有40%的女性的子女不满18岁，生活在单亲家庭或双职工家庭的孩子的数量也正在不断增加。考虑到经济问题，照顾子女对许多有工作的父母来说是一个严峻的挑战。经济政策研究所（EPI）的一项研究表明，将一个孩子全天候地放在一个日托中心，每年的花费是4000至10000美元，而这个数目远远超过了许多低收入家庭甚至双职工家庭的平均年收入。研究报告表明：“在美国的49个州中，照料孩子的费用比公立大学的学费还要高。”即使他们能够找到负担得起的儿童看护，家长也会担心看护质量。据专家评估，大多数美国儿童所处的看护状态都很差，或者很一般。

  美国商业协会（American Business Collaboration，ABC）关于“质量取决于看护”的研究表明，那些帮助员工寻找好的儿童看护的雇主，能够获得生产力的提升。针对美国商业协会会员公司的员工调查表明，63%的员工认为，他们生产力的提升是因为雇主为他们提供的儿童看护计划。
- **照料老人**：人口结构的变化使得一个新的需要照顾的群体出现。1946 ~ 1964年，有7800万人出生于这个生育高峰期，如今他们也正在进入一个特殊时期：他们的父母由于疾病等原因，生活将会有诸多不便而需要人照顾。

  所谓的“三明治一代”，是指一个正在增长的群体，他们既要照顾年迈的父母，又要养家糊口。现在，有900多万美国人正处于这种状况，其中40%的人年龄在35 ~ 49岁。超过一半的人现在已经成为或即将成为家庭的看护者。但是，随着需要照顾的老年人数量的不断增加，到2050年，每个老年人的潜在看护者的数目将由11个逐渐减少到4个。对许多雇主而言，老年人的看护问题成为了一个极具普遍性并且亟待解决的问题。

根据人寿保险公司的研究，照顾一个老年人，通常每周需要花费8个小时，历时8年。随着中年员工人数的增加和他们父母寿命的延长，这一问题将变得更为严重。照顾一个生病的、年迈的和残疾的家庭成员，会导致员工旷工、经济困难、情绪抑郁和高流动率。一项对1500多名员工的调查表明，看护给美国企业每年所造成的损失大约在1140万～2900万美元。看护会占用员工的工作时间，使他们错过升职、提前退休甚至辞职。1/5的员工因为看护而辞职（18%的人低于65岁），另有42%的人减少了他们的工作时间。61%的高强度家庭看护者（那些每周花21小时或更多的时间照料家人的人）表现出抑郁的临床症状。

- **旷工**：不定期的旷工给企业和政府机构造成的损失是巨大的。一项由CCH商业调查公司和哈里斯互动调查公司开展的研究发现，在2001年，每个员工由于旷工所造成的损失平均为775美元。这意味着，小公司每年可能会因为员工旷工而损失1万美元，大公司的损失可能高于300万美元。

  雇主们的一个长期隐忧，就是如何处理那些导致员工因非健康原因而旷工的问题。其实，疾病仍然是员工旷工的最为普遍的原因（32%），但其他的非疾病原因却占了不定期旷工的2/3（68%），这其中包括：家庭问题（21%）、压力（19%）、个人需求（11%）、权益心态（9%）。另有8%的意外旷工是由于其他原因造成的，如糟糕的天气或交通问题等。

- **劳动力的老龄化**：人口结构的变化表明，未来数年将会出现劳动力的短缺。2006年以后的10年中，45～54岁的劳动力数目将会增长50%以上，而25～34岁的劳动力将会下降9%。美国人的寿命正在增加，55～65岁这一传统的退休年龄之后，人们还会在很长一段时间内拥有健康，充满活力。在未来数年中，中年劳动力的数量将会减少，而超过55岁的劳动者的数量将会增加。对雇用者而言，这一变化所带来的好处是，与年轻的劳动者相比，年长员工表现出更少的旷工、较低的流动率、更少的事故、较高的工作满意度、更积极的工作态度，并且更具有工作经验。

  在职场中，这种老龄化的趋势主要表现在四个方面：第一，必须承担照顾老人这一责任的员工数量将显著增加；第二，由于雇主试图保留老年工作者的经验和才能，而在生育高峰期出生的一代人又在重新定义退休的性质，所以，退休的政策及实施将会发生变化；第三，年老的员工将会权衡他们的选择，既要考虑经济收入，又要满足个人兴趣；第四，领导和激励具有不同价值观、不同工作态度和不同工作风格的两代劳动力，本身就是一个重大的挑战。EAP可以帮助雇主和员工解决许多影响劳动力老龄化的问题，如帮助看护老年人并提供支持资源，帮助中年人解决中年危机，建立退休生活规划等。

- **物质滥用和抑郁**：酒精在美国是最常被使用和滥用的药物。根据美国酗酒与酒精滥用问题研究会（NIAAA）的研究，近1400万美国人是酒精滥用者或酗酒者（每13个成年人中就有一人）。许多研究和报告都十分关注酒精滥用或酗酒给工作领域所造成的损失。研究表明，这一损失每年在3300万～6800万美元。饮酒是家庭、工作和交通伤害的一个主要因素。近一半的恶性交通事故都与饮酒有关。15%的工作事故的直接因素就是饮酒。在职场上，酗酒和酒精滥用的损失主要来自于旷工。据估计，饮酒者和酒精滥用者比普通员工更容易旷工，因此带来的损失也是普通员工的4～8倍。此外，家庭其他成员酗酒也会造成员工很高的旷工率。据美国国家事务局（Bureau of National Affairs）的统计，酗酒每年会造成5亿多个工作日的损失。

据估计，1280万的美国人口（6%的12岁及12岁以上的家庭人口）正在使用非法药物。在12岁以上的美国人口中，有1/3以上的人尝试过非法药物。在非法药物的使用者中，有71%的18岁及18岁以上的人（740万成年人）是有工作的，包括540万全职工作者和190万兼职工作者。毋庸置疑，药物使用者降低了职场的生产力。据美国健康研究所（National Institutes of Health，NIH）估计，在1992年，酒精和药物滥用所造成的损失为2460亿美元。

同物质滥用一样，抑郁所造成的损失也十分严重。据美国国家事务局的统计，抑郁每年会造成两亿个工作日的损失。在美国，有2000多万人患有抑郁症。麻省理工学院的一项研究表明，在美国，每年针对抑郁症的花费为440亿美元，同冠心病的花费一样多。每个抑郁症患者的花费大概在6000美元，而雇主最终要承担这些费用的70%。支付给治疗师、医生和购买药物的医疗费用为124亿美元（28%）。因自杀而失去劳动力所产生的额外费用为75亿美元（17%）。因抑郁而致工作能力下降所造成的损失为241亿美元（55%）。

- **医疗费用的增加**：美国有一个自助的、由雇主赞助的医疗保健系统，但现在，它正面临着巨大的压力。医疗费用的增加，劳动力的老龄化，使得医疗保险成为了一项最昂贵的员工福利。据估计，每个员工每年的医疗费用大约为5000美元，每个家庭每年的费用为7000美元。在2002年，平均的医疗费用已达到了收入的13%。许多专家预测，今后还会增长20%。未来的公共政策将会更多地支持雇主和员工共同承担医疗费用的策略，并且在医药费用上可以采用延迟纳税等方式。然而，雇主在控制医疗费用的同时也必须有其他的考量。

研究表明，抑郁的员工要多花费70%的医疗费用，高压力的员工要多花费46%。此外，每20个员工中，就有一个员工随时在与抑郁抗争，而1/4的员工会经常体验到工作压力。我们很容易看到心理健康问题的普遍程度及其所带来的高昂医疗费用。根据美国劳工部的调查，当前有许多雇主都向员工提供了 EAP 服务。前后对照研究表明，提供 EAP 服务的公司，它们在医疗、物质滥用、员工补偿金和伤残索赔诉讼的费用上有所减少，同时员工的流动率和旷工率也下降了。

- **职场暴力**：职场暴力是指对员工有害的各种行为，它营造了一种充满敌意的工作环境，并且会对员工的生理和心理产生消极影响。这些行为包括：各种形式的身体或言语攻击、威胁、强迫、恐吓和骚扰。根据平克顿（Pinkerton）咨询调查公司对《财富》1000 强企业的第九个年度的调查，职场暴力是美国企业所面临的头号安全问题。据美国职业安全与健康研究所（National Institute for Occupational Safety and Health，NIOSH）的职场报告，职场暴力所引发的凶杀案，是美国妇女在职场死亡的首要原因，是男性员工在职场死亡的第二大原因。

西北人寿保险公司发现，1/4 的全职工作者曾在职场遭受到骚扰、威胁或攻击，成为了愤怒、忧虑、压力或抑郁的受害者。同事是骚扰的主要来源，顾客是其他的攻击来源。美国司法部司法统计局于 1994 年进行的一项调查表明，发生在工作场所的攻击所造成的伤害，每年影响到近 50 万员工，平均每起案件会损失 3.5 个工作日。每年由这种误工所导致的经济损失为 5500 万美元，这其中还没有包括病假和年假所造成的损失。

职场问题研究所于 1995 进行的另一项研究发现，美国企业每年的花费超过 360 亿美元，主要包括生产力的损失、生命的丧失、工伤、咨询、诉讼费、法院仲裁的费用、管理者处理危机所占用的时间，以及因各种职场暴力因素所造成的企业经济损失。职场暴力的法律诉讼通常会涉及雇用过失、留任问题、管理方式问题以及安全措施不足等。雇主支付的庭外和解费用平均为 50 万美元，伤害赔偿的平均费用为 300 万美元，这使得企业意识到必须降低职场暴力发生的可能性，以避免诉讼的发生。

所有这些数据表明，员工正在受到伤害，其结果是员工赔偿的增加、事故增多、旷工率和流动率飙升、工作质量和生产力下降。这些问题每年将花费雇主数千亿美元。然而更为重要的是，当大量的资金和人力资源从生产活动中转移出来的同时，也丧失了重要的机遇和发展的可能性。

帮助员工保持一种健康的工作与生活之间的平衡，并能够应对变革的压力，这不仅具有实际的经济价值，也是企业成长和经济发展的主要途径。思睿典公司将 EAP 服务、平衡工作与生活的服务、卫生与健康服务加以整合，帮助雇主向员工提供服务和支持，使员工能够成功地解决其问题，享受健康的工作—生活平衡状态，使他们在工作中更为高效，并更具满意感。

当然，当企业与市场发展趋势保持一致时，企业就会繁荣发展，这在所有的行业都是一样的。EAP 需要注意当前以及未来职场的发展趋势，并据此制订战略性规划。随着日益激烈的竞争，企业在过去的数年间加快了步伐，这使得 EAP 需开发新的产品以满足雇主的需求。

这些职场的变化趋势为 EAP 提供了重要的机遇，使 EAP 能够为企业提供创新的服务以应对这些变化。例如，EAP 能够帮助组织认识到跨年代劳动力的问题和劳动力老龄化的问题，并为这方面的管理做好准备；提供退休规划的信息；帮助员工对养老院进行评估；提供包括道德热线在内的更多的预防性风险管理服务。

思睿典公司 EAP 业务的发展

思睿典公司的历史

思睿典公司通过向客户公司提供有关人力资源和员工效能的商业解决方案，来帮助客户公司优化其人力资源资本的生产力。思睿典公司为美国、加拿大和欧洲的企业与员工提供服务。

> “思睿典公司为雇主提供一种兼顾雇主和员工双方利益的解决方案。思睿典公司的关注点是通过为员工提供有效的服务和工具，消除影响生产力的所有阻碍，以提升员工的工作能力和构建高效组织。”

思睿典公司由数据控制公司（Control Data Corporation）发展而来，公司的资产来自于 IBM 公司，这两个公司乃是早期信息时代的先驱。1973 年，数据控制公司收购了 IBM 所拥有的全部的独立子公司，成立了公司服务机构，自此登上了人力资源服务的舞台。一年后，该公司建立了一个内部的 EAP，为数据控制公司的 5 万名员工服务。那时，物质滥用、人际关系问题以及工作环境都是影响许多员工工作绩效的因素。这一服务对数据控制公司一线员工的影响是显著的。该公司设计了美国首例 EAP，提供每周 7 天每天 24 小时的咨询服务。这一新的计划被称为员工咨询资源（Employee Advisory Resources，EAR）。起初，这一计划是员工和 EAR 咨询师在工作场所面对面的咨询。然而，这种面对面的咨询不利于员工使用这一服务。因此产生了电话咨询，这使得 EAR 成为了多途径的服务，使用率即刻上升。

20 世纪 80 年代是数据控制公司的人力资源服务事业的建设时期。自 1981 年起，公司开始对外销售 EAR。

1991 年底，思睿典公司收购了海瑟顿（Hazelden）咨询服务公司，这一举措使 EAR 成为了全国性的 EAP 提供商。收购还包括了海瑟顿的客户及其咨询师，这使得 EAR 的员工增加了 50%。收购所带来的其他重大利益还包括：①具有药物滥用经验的咨询师；②提供一种卓越的面对面的服务模式；③遍布全国的分支机构网络。

1992 年，数据控制公司分成了两个独立公司：数据控制系统公司和思睿典公司。数据控制系统公司负责数据控制公司的硬件业务。思睿典公司负责提供以人力资源为核心的服务，包括 EAR。从此，思睿典公司努力奋斗并持续至今，成为唯一的一家提供综合的、全方位的人力资源行政管理服务的机构。

在20世纪90年代后期，思睿典公司开展了一系列重大的收购活动，以加强其包括EAR在内的关于员工效能的服务。思睿典于1996年收购了合作集团（工作—生活平衡服务提供商）和EAA（一个EAP服务和培训公司），1998年收购了工作与家庭指导公司的工作—生活平衡服务分部。在1999年，思睿典公司又收购了杰恩伯格公司（一个EAP公司）。这些收购活动为员工的各种问题提供了解决方案，从员工的招聘、留任到提升生产力和组织承诺。由此，思睿典公司成为第一家为组织提供EAP、工作—生活平衡服务以及健康服务等全方位服务的公司。

思睿典公司的策略很简单：追踪市场和人口发展的趋势，关注各行业的独立研究和绩效理论。其中最重要的是听取客户（即雇主）的意见，这些雇主总是在寻求创新的方法以解决其职场的挑战。现在，思睿典公司的工作—生活平衡业务已经为2万多家客户公司、900多万员工的生活提供了支持。这些客户公司包括《职业妇女》杂志中所评选出的“最尊重职业妇女的100家公司”中的一半（并且涵盖了前10名）、40%以上的《财富》100强企业，以及20%以上的《财富》500强企业。

EAP产业的发展

根据南范登堡（Nan Van den Bergh）的《21世纪EAP发展新趋势》（*Emerging Trends for EAPs in the 21st Century*）一文，EAP可能是20世纪最重要的职场创新之一。在前些年，EAP通常被认为是职业戒酒计划，主要关注的是对酒精滥用的干预和康复，通过对酗酒者的早期干预，使其保持头脑清醒。1972年，美国有300个职业戒酒计划。大多数都是内部解决模式，如数据控制公司的计划，是咨询师和员工于正常工作时间在工作场所进行的面对面的咨询。

20世纪90年代中后期，出现了一场放弃内部模式的运动。外部模式更多考虑的是规模经济，这通常被认为是组织重组和精简的基本工具。据估计，截至1996年，近2万个EAP中有81%是外部模式。员工帮助计划协会（Employee Assistance Program Association，EAPA）1996年的调查表明，在《财富》500强企业中，有近80%的企业接受EAP服务。在员工人数超过1000人的美国公司中，有76%的企业设置了EAP。在人数超过50人的企业中，有33%的企业提供EAP服务。由这些数据可知，在美国，55%的劳动力可以寻求EAP服务。

随着EAP数量的增加，服务的范围和方法也发生了变化。EAP的关注点扩展到了员工的家庭和家庭成员，以及任何影响员工工作能力和企业生产力的因素。这一趋势始于20世纪80年代，到20世纪90年代更为迅猛。现在的EAP注重增强职场文化，以提高生产力，改善员工士气，并降低旷工率、事故率和人员流动率。EAP的服务范围不再局限于酗酒和物质滥用问题，其服务范围已扩展到：儿童、老人以及相关人员的看护服务；健康问题的预防和干预服务；中年和退休生活的支持与便利服务；危机事件干预和暴力预防服务；管理咨询；促进身心健康和幸福感的服务等。

随着服务范围的扩大，员工在使用EAP时不再带有偏见。早期的EAP关注的是员工的心理健康和物质滥用问题，而现在的EAP关注的是可能影响员工生产力和工作满意度的一系列挑战。凭借着高灵活性、高效率等特征，EAP逐渐被看作是能够增强员工团队凝聚力、工作动机、留任率等激励计划中的积极元素。

> “随着EAP的发展，EAP供应商在与雇主合作时，不仅能够明确对劳动力造成影响的未来趋势，而且能够开发出解决这些问题的服务方案。届时，EAP需要提供更多能够支持正面结果的数据来证明其存在的价值。在雇主看到未来劳动力的特征和需求后，就会发现这种资源共享无论是对当前，还是对未来的长期计划，都是颇有益处的。”

生产实践的发展

以往官僚主义的或者叫指挥控制型的管理方式发生了戏剧性的变化，他们从要求员工绝对服从，演变成给予员工更多的授权，要求他们创造性地并且“聪明”地工作。从20世纪初到今天，员工被赋予了越来越多的个人责任和酌情决定权。个体员工已成为改善生产力的基本单位。

将每个员工的全部潜能发挥出来，并向员工们灌输一种以责任为导向的文化，是和“少花钱多办事”这一商业氛围相匹配的最佳方式，这种观点在今天已被普遍接受。这种理念被称为“员工授权”。授权强调信息共享、工作团队的自我管理以及员工的自主创造。在这种主要强调个人主义的以生产力为导向的系统中，结合了工作—生活平衡计划、健康和幸福感计划的EAP能够帮助消除个体生活中影响生产力的障碍，使个体能够全身心地关注工作。

> “由于员工为其生产力和身心健康承担了更多的责任，教育和培训对员工和管理者来说将变得非常重要。对员工来说，如何理解不同时代的人并与之进行有效沟通，以及职业生涯规划等，这类的主题培训对他们至关重要。另一方面，也有大量的针对管理者的培训，这包括跨职能团队和项目的管理；被称为“新个人主义的”的“授权”员工的管理。管理者的传统角色已经发生了改变，他们应该采纳一种新的观点。EAP能够提供资源以协助管理者在支持新个人主义的新管理模式下开展工作。”

EAP的技术发展

科技的力量每18个月就会翻一番。今天一台价值900美元的笔记本电脑，与20世纪70年代中期价值1000万美元的大型计算机相比，其功能还要强大许多倍。因此，在家庭和工作场所普及计算机的速度比以往的任何技术都快。与过去相比，现在很多人都能够接触到计算机和互联网。在当今这个快节奏的世界里，加之互联网的发展，人们已经习惯了随时随地的即时服务和反应。

> “在新一代的大众媒介中，互联网是最先出现的，它堪称是历史上发展最快的新技术。哈里斯互动调查公司在2001年

4 月收集到的数据表明，有近 1 亿的成年人上网搜寻医疗信息（近 50% 的互联网使用者）。在这些有关“健康主题”的搜索中，41% 搜索的是行为健康（超过 4000 万使用者）。由于健康维护组织（Health Maintenance Organization，HMO）服务的局限性，无处不在的互联网使得自助服务在最近变得越来越有吸引力。去年，美国有 12000 个网站是关于心理健康的。据统计，在所有关于健康的查询中，有 40% 以上是关于心理健康的，抑郁是网络上探讨的首要疾病。”

互联网为 EAP 提供了机会，以减少人们对行为健康的轻视和疏忽。一个人可能并不介意让朋友或邻居推荐一名儿科医生，但对心理治疗师却可能十分介意。此外，在今天这个快节奏的社会环境中，互联网使其使用者能够得到及时满足，无论是在办公室、在家还是在旅途中，它可以全天候为使用者提供信息。

现在，思睿典公司通过“生活—工作在线”（LifeWork Online）为用户提供有效的、便捷的、保密的网络服务。员工可以通过“生活—工作在线”所提供的自我评估工具，对自己的问题进行初步的自我评估。可评估的问题包括压力、抑郁、焦虑、酒精滥用、债务、看护压力等。“生活—工作在线”所采用的这些基于网络的、人机对话式的工具可以对问题的可能性给出即时反馈，并根据评估结果给出有用的资源和实用信息。由于临床上的可靠性、易用性（使用这些工具只需 2～4 分钟）和对问题反馈的即时性，这些工具能够以独特的方式有效地帮助员工解决重大的心理健康和日常生活问题。

思睿典公司“生活—工作在线”所提供的服务

思睿典公司为员工提供综合性的、注重工作—生活平衡的、身心健康与幸福感相结合的 EAP。这些服务包括评估、转介、短程的问题解决；法律与财务问题建议；老人、儿童的看护资源与转介；在线自我评估工具、电子宣传栏、网上聊天室和研讨会；针对外派人员和面向国际的 EAP 服务；身心健康咨询与教育；礼宾与便利服务；咨询与培训。

目前，许多公司仍然从不同的服务机构那里获得 EAP、工作—生活平衡服务和身心健康服务。有些计划通常会因费用昂贵、费时和达不到项目管理者的预期目标而告终。通过提供一种真正整合的综合服务，思睿典公司确定了一个切入点，由一个客户主管负责协调全部的实施、推广和正在进行的项目管理；一个保证所有服务与所有地区有统一质量标准的一揽子品质计划；一个由统一活动与投资回报率构成的综合报告，由此构建一个生产力规划的全景蓝图。

使用思睿典公司生活—工作坊服务的主要原因包括：

- 生涯与职业关切问题
- 情绪问题（抑郁、焦虑、压力）
- 人际关系问题（夫妻关系与家庭关系）
- 法律问题（离婚与分居、儿童监护权、消费者权益保护）
- 养育和照料子女（资源与转介、家庭保姆）
- 经济问题（家庭预算、债务管理、购房、

租房）
- 工作和管理咨询（同事关系、强制转介）
- 便利服务（社区资源与活动、消费购物）
- 老年人的转介与资源（家庭保健与家庭护理、生活协助）
- 物质滥用（酒精、药物以及其他相关问题）

思睿典公司为上述问题及其他问题提供一年365天、每天24小时的免费电话服务。每一个个案都由有资质的咨询师来处理。专业的咨询师倾听员工的问题，提供评估，并依据该公司的员工福利计划和人力资源政策，与员工共同探讨行动计划。咨询师会不断接受在职培训并获取资格证书（例如一个州或国家的许可证，或者是海外的以及其他的专业资格证书），以便为每一位电话咨询者提供适当的帮助。服务语言有英语、西班牙语和法语，此外还可以翻译成140种语言和方言。如果电话求助者有听力障碍，思睿典公司还提供聋人用电报交流设备。其目的就是提供便捷服务。思睿典公司的咨询师采用整合的方法全方位解决个体的问题，而不是简单地假设每个问题是独立的并且是容易解决的。凭借着广泛而丰富的内部资源，思睿典公司能够满足个体在工作与生活各方面的需求。

思睿典公司"生活—工作在线"提供电话服务和面对面的服务，客户公司及其员工可以选择自己喜欢的服务方式。思睿典公司通过遍布美国、加拿大、波多黎各以及其他在海外拥有资格证书的EAP提供商，向客户公司员工提供现场EAP服务。大量的宣传册、贴士卡和录音以多种方式传递给员工。还有面向管理者和员工的午间研讨会和技能建设工作坊。此外，"生活—工作在线"可以为那些偏爱便捷、注重隐私的网上服务的员工提供即时信息和支持。还可以在线聊天和开网络研讨会。高水准的技术平台使得"生活—工作在线"能够与思睿典公司高度个性化的服务紧密地结合。思睿典公司的服务对象可以通过电话、面谈、网络、音频、视频等各种途径获得他们需要的帮助。

在提供全球服务时，随时随地以最适合员工的方式灵活地为他们提供支持就变得尤为重要。思睿典公司有能力高效地满足雇主的需求，令国内和国际的员工从中受益。一个外派专业团队建立于1998年，他们为美国员工及其家属提供综合的服务，而不管这些员工在什么地方。思睿典公司的国际EAP和驻外EAP服务通过它在伦敦的服务中心和全球100多个国家高素质的临床专家网络为员工提供全球范围的服务。

思睿典公司的"生活—工作在线"服务帮助雇主更好地管理他们的劳动力，使他们为此的花费更为有效。同时，账务管理、报告和推广资源使管理者的行政负担降至最低，使服务质量和对结果做出评估的能力增至最高。这意味着文字工作得以减少和更有效、更协调的计划。

思睿典公司的EAP服务是如何运作的

思睿典公司服务的核心理念是"获得帮助的便捷性"。因此，员工可以任意选择他们喜欢的方式——电话、网络和面对面服务。

鉴于当今繁忙的日程和快节奏的生活方

式，人们偏爱使用电话求助，因为这也是最简单、最自然的方式。思睿典公司将提供一年365天每天24小时的电话服务，并且所有的电话将由经验丰富并且受过培训的咨询师接听。对于讲西班牙语的员工，有专门的服务中心，其中的咨询师能够讲流利的西班牙语，且具有丰富的处理跨文化问题的经验。而思睿典公司在加拿大的服务中心则同时使用法语和英语提供服务。

EAP咨询师首先收集基本的人口统计学信息，然后确定来电原因，评估员工的状况，评估即时风险并做出相应处理，最后确定应该由哪位专家与来电者联系。

在员工披露任何信息之前，咨询师都会向员工解释所适用的保密制度和指导原则。咨询师需告知来电者，在没有来电者的书面许可时，有关来电者的身份、来电的原因以及来电内容等任何信息都不会被泄露。只有直接参与案件的咨询师或督导师能够获得来电者的求助信息。这些保密原则适用于本州法律和联邦法律的框架内，也同样适用于向客户公司汇报的全部过程中。但当遇到有诸如谋杀企图、自杀意向或怀疑有儿童、老人或残疾人遭受虐待时，则必须向有关机构报告。

无论员工向哪儿求助，经验丰富的咨询师在处理案件时都会按照以下步骤实施：从初步评估到回访，包括综合的评估、推介以及短程问题解决。例如，如果来电者需要老人看护或儿童看护，则会将他们推介给一名合适的专家。如果来电者需要寻求法律或经济建议，则将他们推介到一个法律团队，团队成员由律师、合格的经济规划师或顾问组成。思睿典公司的咨询师一般是在物质滥用、心理健康、管理咨询、危机干预和压力管理服务等领域拿到硕士学位的专业人员。

思睿典公司“生活—工作在线”的故事

需要注意的是，由于思睿典公司“生活—工作在线”服务的保密性，下面所举例子都是以大量的典型案例为基础改编的。

老年人的护理评估：无论何时，公司的典型工作之一是为慢性病患者、残疾人、老年人或者员工的家庭成员提供护理，而这项工作的比例占到公司工作的20%。

- **一个经理的故事**：史蒂夫，62岁，是一家工业公司的采购经理。自从父亲六年前去世后，他一直非常担忧母亲的健康。史蒂夫作为母亲仅有的孩子，离婚后一直单独生活，因此照顾母亲的责任就落到他一个人的肩上。但是照顾母亲的责任经常使他紧张不安，这种压力已经表现在他的工作中。有很多次他都不得不突然停下工作去处理家里发生的事件，包括母亲用药后呕吐、一次严重的摔伤和多次按错紧急呼救键。

  史蒂夫曾经向思睿典公司打电话咨询求助：“我想知道我还需要多长时间来处理我母亲目前的这种状况。”他还说道：“我住的地方离我母亲家很远，但我不得不经常去她那儿。而且，很多时候都不得不在工作时间跑过去。最糟糕的是，我母亲没有能力照顾自己的生活，她不能自己做饭和洗澡。我整天为她能否记得按时吃药和她会不会烧掉房屋等事情担心，即使在工作的时候也是这样。”

“当我们公司提供思睿典公司‘生活—工作在线’的老年人护理服务时，我觉得绑在自己身上的绳索终于解开了。这项助人的工作多么让人安心呀！我现在工作的时候感觉非常好，因为我知道我母亲得到了她所需要的照料。”

- **老年护理的需要**：史蒂夫的母亲伊迪丝今年85岁，独自在她的房子里住了49年。像许多她这个年纪的人一样，随着年纪相仿的人相继去世，她的社会活动圈子变得非常狭窄，身体越来越虚弱，精神需求也变得贫乏。除了她的儿子史蒂夫外，她一个月内几乎见不到什么人。史蒂夫说：“爸爸活着的时候，她缺少朋友看上去并不是个严重问题。但是爸爸去世后，我妈妈几乎一直是一个人在房子里。”

  史蒂夫说他母亲的生活条件迅速恶化，尽管过去他母亲是一个细心的家庭主妇，可现在她的房子里又脏又乱，她已经没有能力处理日常生活中的很多事情了。渐渐地，她的每一个需求都只能依赖史蒂夫了。但史蒂夫已经变得很疲惫，他正设法为他母亲寻找一个能照料她生活的人。

- **解决方案**：思睿典公司的“生活—工作在线”为老年人提供评估和护理计划。在评估过程中收集到有关伊迪丝的很多信息：她的兴趣、她喜欢的活动和生活风格；她的经济条件，主要包括保险金、退休金和存款计划；她的健康状况，包括她使用的药物和过去的疾病史；她料理家务和照顾自己生活的能力。从史蒂夫和他母亲两个角度收集相关的信息之后得出结论：伊迪丝目前的健康保险、经济状况和合理生活计划能够很好地满足她的需要。然而，生活功能调查结果显示：为了保证伊迪丝的安全和独立，她目前最需要获得的帮助是安排好她的日常生活。这份评估还推测出伊迪丝在晚上发生摔倒和出现记忆、推理问题的风险较高。

  解决所有问题的办法是雇用一个可以每日工作的看护者，直到伊迪丝最终能够搬到一个生活设施比较完备的环境里。这样的话，伊迪丝仍旧可以住在让她最感舒服和满意的家里；与此同时，她的儿子也能把更多的时间和精力放在他自己的生活和工作上。

整合的 EAP 与身心健康

为什么整合的EAP与身心健康项目会在今天的职场中变得如此大受欢迎？

- **一位高管的故事**：杰瑞，54岁，是一个大型财务服务公司的高级管理人员。杰瑞已经结婚多年，并且有两个孩子在上大学。他的职业生活是紧张的、快节奏的，并且大脑始终高速运转；而他也沉醉于其中。他说自己的工作很有趣，为了平衡工作和家庭生活的关系，自己已经挣扎了很多年。然而，将大量的时间投入到工作中必然会影响家庭生活。他把很多时间都花在开会上，这导致了妻子对他的不满。而最为重要的是他的健康出了问题，这是他生命中第一次出现这个问题。

- **EAP 与身心健康整合的必要性**：一天从公司食堂回来的路上，杰瑞第一次开始考虑该为他的健康做点什么了。他所在的公司已经安排思睿典公司“生活—工作在线”为公司的员工免费做现场的健康状况检测，目的是为员工做健康风险评估。“在健康状况检测现场，我看到走廊中众多标语中的一条很有意思。而我的下一场会议时间还没到，因此我决定看个究竟，我想真正地看个明白。”几天之后，他沮丧地知道自己不仅体重超了20公斤，且伴有高血压和高血脂问题。而在健康检测前几个月，杰瑞就知道自己得了疝气。

  杰瑞说：“生活工作坊的检测唤醒了我。一段时间过后，我意识到自己的健康状况在下滑，这使我在许多对我来说非常重要的事情上都面临风险，如婚姻、家庭和职业。”他决定打电话给“生活—工作在线”，寻求关于健康和婚姻问题方面的帮助。

- **解决方案**：杰瑞打电话给思睿典公司“生活—工作在线”的EAP工作人员。工作人员再次向他保证这是一项保密的工作，不会有任何人知道他曾经打过求助电话，即使是和他一起工作的人也是如此。杰瑞的咨询师认为，和一名健康教育者谈一谈将会对他非常有益。咨询师也给杰瑞提供了一家离他家很近的EAP提供商，因此他可以和妻子一起去咨询他们婚姻中的压力和紧张关系。咨询师还为他和一名健康教育者安排了电话咨询，以向杰瑞传授减肥技能，并帮他制订了一个日常锻炼的计划。随着杰瑞体重的减轻，他恢复了原来的体型，健康咨询员推荐他去做基础的身体护理，以治疗疝气并做持续的追踪。

  杰瑞通过外科手术治疗了疝气，并于不久后开始了减肥和健身。由于EAP咨询员的努力，杰瑞和他的妻子开始在繁忙的日程中花更多的时间改变他们的关系，并且在一起过得很愉快。杰瑞的上司和下属也注意到了他的变化。“我的上司告诉我，我在工作中投入的精力让他印象深刻。减去的6公斤使我走路更有劲了，我还要再减14公斤，我知道自己一定可以做得到。”

整合的EAP与工作—生活服务

美世人力资源管理公司（William M. Mercer Inc.）进行的一项有关工作—生活的调查发现，在420多名为员工提供整合的EAP和工作—生活计划的雇主中，有13%还提供“生命周期的资源与转介”服务。美世公司期望提供这一整合计划的雇主比例能够有所增加。在下面的案例中，可以看出这些EAP和工作—生活计划变得越来越受欢迎的原因。

- **一名员工的故事**：艾莎是一名29岁的行政助理，有一个1岁大的女儿。她与丈夫和新生的小女儿住在一栋两居室的公寓中。艾莎的丈夫白天很努力地工作，晚上在攻读一个学位。当艾莎生完女儿回到工作岗位后，孩子就由婆婆来照顾。但是，她的婆婆最近决定重回工作岗位，这样就无法照顾小孙女了。艾莎曾考虑过辞职，但是由于她的丈夫正在求学，经济情况不允许她辞职。艾莎需要寻找儿童看护。

- **EAP与工作—生活服务相结合：**儿童看护仅仅是艾莎所遇到的问题的一个方面。许多个晚上，艾莎都是独自一人与女儿待在家里的，她感到非常沮丧，觉得自己被困住了。为了应对自己的沮丧，她开始喝酒。艾莎同时开始旷工，她的主管很担忧她在公司的前途。她的丈夫因为她的酗酒而威胁说要离婚时，艾莎的问题严重升级，似乎要失控了。
- **解决方案：**据艾莎回忆，她是通过工作而接触到一个叫做思睿典公司和“生活—工作在线”计划的。她还回忆道，那个计划提供了一个网站，网站中有丰富的儿童看护信息以及她能想到的任何主题的信息。艾莎登录了“生活—工作在线”，发现她可以发邮件给咨询师请求儿童看护推介，或者使用儿童看护在线搜索引擎。因为考虑到孩子的乳糖不耐受症，艾莎选择了发邮件给咨询师请求儿童看护推介。艾莎在24小时内收到了回复信息，并立即为她女儿找到了儿童看护。

  令艾莎意外的是，她还发现了一个关于物质滥用的在线评估工具。她还很担心自己的婚姻，并为自己时常在宿醉的情况下去上班而感到羞愧。当她因为这一问题而请病假时，她还必须承担病假不支付工资的后果。因此，她接受了一个5分钟的测试，认识到她的饮酒可能会为她带来伤害。测试结果给了她一个关于酒精滥用和抑郁问题的链接。她发现她还应该再做一个5分钟的抑郁测试。她做了那个测试，认识到自己可能有抑郁症。当她完成了抑郁测试后，系统给了她一个EAP的免费电话号码。

  尽管已经晚上9：30了，她还是立即拨打了电话。接听电话的是一名有硕士学位的咨询师，并向她保证将为她的来电保密。她讲述了自己日益严重的孤独感、饮酒和抑郁问题。咨询师将她转介到一个专门针对酒精滥用的EAP提供商那里。这个EAP提供商的办公室位置正好处于艾莎家与工作单位之间。艾莎在EAP提供商处做了几次咨询后，EAP将她转介到匿名戒酒者互助会继续接受治疗。

  “因为我的问题获得了帮助，所以我的家庭到现在仍是完整的，而我也仍然保有我的工作。我的老板最近告诉我，我的工作做得很好，他将会为我升职”艾莎说道。

投资回报率

企业期望从员工效能服务上获得什么样的回报？当然，这个答案取决于所要解决问题的性质和严重程度。

由于物质滥用可能导致较高的旷工率、健

康问题、员工的赔偿要求、员工间的纠纷等，所以解决酒精和药物滥用问题可以带来很高的回报。EAP源于雇主对物质滥用问题的担忧，它是非常非常值得投入的。为解决物质滥用问题的EAP项目每投资一美元，雇主通常可获得5～16美元的回报。例如，一家石油公司通过EAP解决其员工物质滥用问题的投资回报率为14∶1。思睿典公司的EAP、“生活—工作在线”服务、身心健康综合服务所创造的综合性投资回报率高达8∶1，而每人每月的平均花费仅为2～4美元。

EAP的未来

综上所述，EAP在过去的30年间发生了很大变化。思睿典公司的EAP是一个很好的范例。20世纪70年代末被引进时，它主要关注诸如物质滥用、抑郁等与工作有关的问题。目前，它已经将其服务范围扩大到包括工作—生活平衡与身心健康的计划。

员工获取思睿典公司综合EAP服务的方式也进一步增多，包括电话、网络、视频、录音、研讨会以及面谈等。例如，思睿典公司的员工效能服务可以为全球的雇主提供帮助。思睿典公司的多语言服务中心，一年365天、一天24小时全天候对来电者和互联网使用者开放，能够在思睿典公司密集的服务提供商网络中，把求助者转介给合格的服务提供商。思睿典公司下一阶段的发展将是扩展自我评估的工具和网络服务。

不断地将员工的工作效能与员工的福利加以整合，一方面可以降低管理方的花费，另一方面也有利于员工福利计划的成本效益管理。

雇主通过优化对员工而言最有价值的“硬性”和“软性”报酬，以获得最大的补偿率。越来越多的证据表明，雇主开始使用非货币性的薪酬——尤其是综合的EAP——作为他们总的薪酬管理计划中的一部分。由于财务规划、法律援助以及其他的福利计划对于员工有吸引力，并且费用相对较低，雇主很有可能会通过这些福利奖励那些表现优异的员工，吸引并留下那些最顶尖的人才。

在未来10年，随着各种员工福利的增加，雇主和员工也要共同承担更多的费用和风险。员工也将会为他们自己的健康与福利、职业发展、工作表现承担更多的个人责任。

EAP要与未来的商业模式保持一致，其所面临的挑战是如何在竞争激烈的市场上保持核心技术的竞争力。员工的福利与那些员工最为关切的个人问题直接相关联，因此从某种形式上看，EAP将是高效的人力资源生产力系统的重要基石。

第三编

客户的特征与服务

第八章

专业EAP服务中的个案管理、个案组管理以及个案记录和档案

William G. Emener
Fred Dickman

随着EAP在现代工业社会中不断地成长和发展，EAP服务的专业性也得到了不断增强和丰富。这种发展形势的主要原因是越来越多经过专业教育和培训的公共服务专业人士投身到EAP队伍中来，如康复咨询师（Desmond，1985；Dickman & Emcner，1982）及社工（Hutchison & Renick，1985；Maiden & Hardcastle，1986），更重要的是这些人士的职业素养得到了极大提升，能够胜任EAP服务中的各种关键角色和职能（Dickman & Emener，1982；Emener，1986；Emener & Rubin，1980；Hutchison，1985）。本章探讨了EAP服务的三项核心内容：个案管理、个案组管理和个案档案整理。本章作者利用相关的专业文献资料（如Cassell & Mulkey，1981；Hcnke，Connolly & Cox，1975；Roesslcr & Rubin，1982；Third Institute on Rehabilitation Services，1965；Thompson，Kite & Bniyere，1977）及自身的EAP从业经验，做了以下三方面介绍：①简要介绍了EAP服务中个案管理、个案组管理和个案记录整理工作必备的职业素养；②分别说明和探讨了EAP服务中的个案管理、个案组管理和个案记录整理的工作职责和作用；③简要讨论了这三种工作内容之间的相互作用和关系。

"个案经理"的重要职业素养

在完成个案管理、个案组管理和个案记录整理的各项工作任务过程中，从业者必须具备并表现出特有的"职业"素养。本节主旨在于明确、讨论和说明这些重要的职业素养。本章后面专门详细讨论了个案管理与个案组管理的区别，但现在首先必须弄清它们之间的差异：**个案管理**指从业者帮助单个客户完成服务过程的管理活动；而**个案组管理**是指从业者对由其负责的小组中所有客户完成服务流程的责任。为方便理解，且考虑到下文是为了把专业内容介绍得通俗易懂，所以"EAP从业者"、"咨询师"、"社工"和"个案经理"等术语都可理解为相通的概念（即可以互相代替）。当然，专业EAP从业者应具备许多重要特质，但本章主要探讨如下四大方面：了解社区资源；临床评估；个案流程处理；职业行为。

1. 了解社区资源

合格的个案经理都非常了解其工作环境——内部环境和外部环境。内部环境是指EAP的服务对象——公司及其员工，个案经理应了解客户公司的各种正式和非正式制度。外

部环境是指客户公司周边的社区，即员工客户居住的社区。个案经理应了解可用的公共服务资源。众所周知，约 1/3 接受 EAP 服务的员工都有一定程度的酗酒或药物滥用问题（Dickman，Emener & Hutchison，1985）。此外，个案经理也知道每个人都需要个性化的援助和医疗保健服务。如果可用的服务中心、专业设施和专业人士越多，那么客户找到合适的治疗地点和治疗师的可能性就越高，个案经理应对客户所在的社区了如指掌。当遇到有酗酒或药物滥用问题的员工时，个案经理一般需要问自己这样几个问题：①对这位有特殊需求的特别客户，我到哪里能找到最佳的专业人士、救助中心或服务机构？②最适合该客户的住院机构或门诊、日托或夜托、个人或群体的匿名戒酒者互助会、匿名戒毒所在哪？③在这些地方进行治疗的费用分别是多少？具体位置在哪？有公共交通工具吗？由此可见，要找到“契合”客户需求的服务机构，个案经理必须了解其环境。更进一步说，按照全美调查数据，另外 1/3 的 EAP 咨询个案会涉及婚姻或家庭关系问题，其中有些既有酗酒或药物滥用问题，又有婚姻或家庭关系问题。这样的话，个案经理还应回答这个问题：他们的酗酒的配偶或孩子应在哪接受治疗？剩下的约 1/3 的 EAP 转介患者也有各种各样的问题和困难，但当客户需要法律服务、医疗救助或金融服务时，个案经理也同样需要回答上述问题。实际上，当员工寻求 EAP 帮助时，他在许多方面都是不清楚的，他也不知道到哪里以及如何获得帮助。作为个案经理必须确定的是：他们自己是健康的，而且是具备专业助人能力的。

2. 临床评估

为了帮客户在其社区找到并获得“最佳”服务，合格的个案经理不仅需要了解其所在社区，还要准确评估客户需求及客户获取帮助的意愿。员工一般都具有很强的抵触心理，非常害怕把自己的问题告诉他人。而且，他们一般不会说出自己需要寻求帮助。因此，个案经理作为 EAP 公司的代表，在对员工进行必要的详细评估时，都必须与员工建立坦诚的信任关系，这样①才能获得准确的信息，以便评估；②当个案经理给出治疗建议或推荐治疗中心时，客户才可能听从并坚持治疗。比如，一个有药物依赖的人来接受 EAP 服务时，一般不会说出其对药物的依赖——最初陈述的问题往往都与工作压力、婚姻家庭问题或经济问题有关。这个人或许在这些方面的确有问题，但有药物依赖的客户是非常不愿意讨论其药物依赖的——多数时候真正的问题被掩盖了。诸如此类原因，大多数 EAP 项目都会对客户作 3 ～ 4 次访谈，以便作出更为准确和全面的评估，提出更准确和有效的治疗策略。这个过程也可以强化关系（如加强坦诚和信任）。除对客户进行正式的临床评估外（如标准化个性测试），与其家人和上司等“重要他人”进行评估式访谈，对个案经理是非常有益的。但在这些评估环节中，由于客户有惧怕心理，会无意识地否定和隐瞒真相，所以个案经理必须表现出对客户的同情、关爱和尊重，触及但不质疑。非常关键的是，即使个案经理在第一个访谈环节就怀疑客户有药物依赖性，在后续的病史回顾、移情理解和进一步研讨客户所述情况等环节中，个案经理都不要质疑客户——因为这样很容易吓坏客户，增强其恐惧和戒备心理，甚至跑掉。建议采用高级专业的临床技巧和咨询技巧，真相自会水落石出；同时也不会失去客户的信任——他们将不仅愿意接受帮助，还会坚信这些帮助对他们有益。鉴于这些临床评估问题的重要性，下列基于笔者亲身经验的个案将有助于读者加强对其重要性的理解和认识。

一个案例：一对主动来访的年轻夫妇来见EAP咨询师，并要求一起接受治疗。丈夫30岁，妻子27岁，结婚前恋爱了四年，现在已经结婚七年半，有一个18个月大的儿子。丈夫是一名大学毕业生，在购买了EAP服务的某公司担任初级管理者；妻子是两年制专科毕业生，是一名医务秘书。当他们坐下来与咨询师交流的时候，两个人都显得非常紧张和不安。在建立了坦诚互信的气氛、明确了评估环节的用意后，直到第一次治疗快结束的时候，丈夫才主动坦白其有婚外恋，并且说到自己在婚外恋三个月后被发现时有一种释然感，但仍有很强的负罪感和责任感——这不仅造成了妻子的痛苦，还伤害了另一个女人。妻子解释说确实有很强的受到伤害和遭受背叛的感觉，同时令她非常气愤的是第三者居然是她同一个医疗机构的朋友和同事。

两天后，两人分别参加了持续1小时的单独治疗。妻子说在丈夫发生婚外恋前一段时间，自己一直感觉很低沉，陷在工作和育儿的双重压力下，不再像以前那么注重自己的形象。丈夫感觉自己不是一个合格的养家者，觉得自己应该在事业上更有成就，并时常感觉非常沮丧。同时他也说到自己从未与妻子分享这些感受（他认为这些都是自己的问题）。在这一点上，咨询师显然已经明白，如果他们没有其他问题的话，他们需要去见婚姻咨询师，学会与对方进行更有意义的沟通，分享彼此的失败感和压力感。需要注意的是，他们已经分开了一段时间，且丈夫曾经有一段三个月的婚外恋，咨询师很可能会做出“性冷淡”这样不成熟、不准确的诊断。果真如此，咨询师就会给出不恰当的治疗建议，那就非常糟糕了。然而幸运的是，咨询师做出了准确的评估与合理的推介，这对夫妇因此非常愿意接受治疗。

后来据了解（经由该夫妇签字同意披露后续故事），该夫妇接受了婚姻咨询师的治疗，改善了相互之间的沟通关系，在婚姻中重新获得了彼此想要的东西。而且，丈夫越来越能感觉到自己的能力，变得更愿意分享其需求。妻子意识到自己太不注意美容保养，也太不擅长表达自己的需求，便参加了一个不贵的美容保健项目；感觉自己不再那么消沉，而且更具吸引力；同时也学会了向丈夫倾诉需求和情感，得到了丈夫更多的关注；更重要的是，她变得自信和满足了。

上述案例是EAP咨询师可能碰到的婚姻方面的典型个案。如果来参加EAP服务的客户有非常严重的心理问题、精神健康问题或生理问题，那么对个案经理的专业评估和咨询能力更具挑战性的是：对其进行全面准确的评估，推介其求助于合适的社区医疗机构和医疗专业人员，并让其愿意接受帮助。

3. 个案流程处理

从客户出现在EAP评估现场到整个治疗结束，个案经理应非常了解其进展过程。个案经理的责任不是与其交谈几分钟、做出合理推介后就完成了；相反，个案经理对客户治疗的整个过程都负有责任。如上所述，全面准确的临床评估（包括关系建立）非常重要——这样才可能准确有效地关注客户的真正问题。另外两个与个案流程处理相关的重要专业技能就是推介与跟进。

向客户推介恰当的治疗师的过程可能是非常棘手的。想想下列情形：一名员工前来寻求EAP帮助，一般都是自己主动来的，有时也会是上司或工会推介的。他会非常谨慎、多疑、害怕、恐惧和紧张，实际上他希望见到的人是他能信任的人——一个真正关心他的人。在评估面谈中，如果咨询师非常真实、真诚和坦率，员工就会认为咨询师是值得信任的，他就会感受到切实的关心。

同时，当客户在做自我表露、与信任的人分享隐私时，实际上就会形成一种亲密的、协调的关系。当客户确实喜欢这位充满爱心、值得信任的咨询师时，咨询师才可以自然地向其推荐其他治疗师，这是对咨询师推介艺术的重大考验。如果处理得巧妙、得当，大部分客户都能理解推介的原因，尤其是在EAP项目中。但是，客户也有可能感到被抛弃和背叛，想到又要与另一个人重新经历一遍这个过程，就会感到很沮丧或有其他受伤的感觉。如果是这样，个案经理就需要对客户接访和推介的过程非常敏感，恰到好处地抚慰客户的感受。有时个案经理需要与被推介的治疗师跟进交流，确保推介过程没有形成需要解决的新问题。

个案经理的跟进工作是非常重要的，如果能系统性地实施就更好。个案经理向客户推介的大部分专业人士都非常忙，一般没有时间主动告知个案经理该客户的进展情况（或没有进展的情况）。总之，不管客户的问题是得到了成功解决还是拒绝治疗，是有所改善还是因各种原因而终止——了解客户的发展情况直到治疗结束是个案经理的责任。个案经理也会很忙，因此建议采用确保后期跟进的系统化方法。比如，将客户姓名和电话号码贴在“记事本”（如同日历）上，定期打电话（每一个月或两个月）。在这个过程中，建议让客户了解个案经理的跟进工作和电话号码，这样在客户接到电话时不至于感觉诧异或产生误解。同样，也可以告知被推介的治疗师，使其了解个案经理将履行的跟进责任。

4. 职业行为

无论何时，个案经理都应像一名真正的专业人士一样工作。但三言两语无法讲清如何将咨询师所有的行为变得更具专业性。其中有些职业行为是EAP个案经理尤其应注意的：**首先**，非常重要的是个案经理应保持与如下人士的紧密联系：①外部专业领域的专业人士；②客户公司内部环境中的主管、经理和行政人员；③工会领导；④ EAP项目中的同事。维护咨询师之间的职业关系，可使其能够愉快协作。提高自身的EAP职业素养，这需要技能、技巧，需要不断检视自身行为、明白别人如何看待自己的行为。**其次**，个案经理必须明确自己的多重职业角色和相应的职业行为准则。比如，在对客户进行评估时，个案经理主要是EAP项目的代表，客户的EAP记录是保密的。但如果个案经理将为客户介绍另一位咨询师进行单独治疗或咨询时，更多充当的是职业从业者，其笔记和文件都将在职业领域保密。在后者的多数情况下，个案经理都依据其职业领域（如康复咨询、社会工作、咨询心理学等）相关的职业道德来指导自身的职业行为。**最后**，个案经理必须清楚区分评估推介的角色和治疗师的角色。比如，笔者根据自身的工作经验强烈建议，当个案经理（一般为受过专业教育的专业从业者）对客户进行评估并给出了“推荐治疗计划”后，不要推荐自己。这样做的原因很多：①个案经理的专业性可能下意识地受到自我推介的影响；②这样的决定可能客观性不够强（也许存在利己动机）；③即使这个决策客观、合理，别人也会质疑治疗过程，导致最后个案经理的专业性遭到怀疑。

需要秉记的是客户永远第一，这是EAP咨询师职业道德中最基本的一点，必须用这个原则指导其所有行为。另外，当开展个案管理和个案组管理工作时，EAP专业人员就是在向所有人展示EAP服务最基本的职业素养。实际上，个案经理应时刻意识到：作为一名专业人士，就应该专业行事。

个案管理、个案组管理、个案档案整理工作的职责和职能

如本章所述，EAP专业服务实施的前提是服务提供者具备职业化特征、素质和行为。从客户进入评估环节开始，直到治疗结束，服务提供者（如EAP咨询师、社工和个案经理）都应对客户的发展情况负责。作为一名专业人士，了解客户的进展情况和所接受的治疗，说明咨询师能理解自身行为及行为的意义。更具体地说，专业人士必须明白：①（在所有治疗阶段和过程中）应做什么；②如何（以专业技能和知识）做该做的事；③为何做这些工作（即了解做与不做的影响）。对专业服务提供者而言，这是三个非常重要的指导性问题。从很大程度上说，一名职业从业者成功应对上述三大问题的前提是，必须具备个案管理、个案组管理和个案档案整理方面的高水平知识、技能和经验。个案管理与个案组管理是高度相关的。为清楚起见，下文将分别探讨这两个问题（其相互作用关系将在本章最后部分进行讨论）。

个案管理

个案管理是指EAP从业者帮助单个客户完成服务过程的管理活动。

作为客户治疗过程的“管理者”，社工、心理学家或EAP咨询师，应对每一环节工作高速、有效地完成而负有责任。在履行这种职责的过程中，个案经理一般会负责完成一些明确的工作任务和职责，归纳为如下10项管理职责：

（1）**个案发现**——让潜在客户了解EAP，并让其了解到可以寻求EAP帮助。

（2）**初诊受理**——经推介，与客户进行初诊咨询，帮助其初步接触EAP。

（3）**资格审核**——依据专业的流程设计，审核该客户是否为合格的EAP服务对象。

（4）**评估**——准确评估客户的困扰，建立“推荐治疗计划”，明确治疗资源，确定客户对“推荐治疗计划”的接受度。

（5）**咨询服务**——提供必要的咨询以及与此相应的评估和转介服务。

（6）**计划制订和实施**——与客户一起制订

治疗计划。

（7）**提供服务和监督**——合理地为客户提供服务，并协调、跟进和监督其他所有为客户提供的服务。

（8）**监控服务有效性**——通过系统化跟进工作，对提供给客户的服务效率及有效性进行监控。

（9）**结束治疗的决定**——通过与客户、提供服务的相关专业人员和其他相关人（如客户家人、主管等）的讨论，确定客户何时结束治疗以及治疗的最终结果（如成功解决、未完成——客户拒绝治疗等）。

（10）**服务后跟进**——在适当情况下对客户进行跟进，评估客户接受服务的有效性以及是否有必要提供新的服务等。

在履行上述个案管理职责的过程中，咨询师有时需要管理客户的相关治疗活动，而有时则需要管理客户的临床发展活动。下面将探讨个案经理这两大职责的区别：

客户的**相关治疗活动**包括一些有益于客户的活动，也就是基于治疗方案的设计，与解决客户问题直接或间接相关的活动。比如，除了接受其他治疗以外，有酗酒问题的客户可能同意参加匿名戒酒者互助会，有体重控制问题的客户同意每周去当地健身房 3 次。在为上述客户服务时，个案管理工作可能包括帮助该客户找到当地的匿名戒酒者互助会或合适的健身房，并保持与客户的联系，监督其是否按时参加匿名戒酒者互助会或坚持健身房的健身活动。不管要求客户参加怎样的相关治疗活动，个案经理都有义务“管理”这些活动。这种管理活动非常有益，因为咨询师在提醒客户这些活动的重要性，让客户认真对待。

客户的**临床发展活动**包括 EAP 咨询师为保证客户能按计划接受临床服务，而从事的各种各样的临床工作（或不作为）。比如，如果一位客户的目标是变得更为独立自主，那么该客户可能会向咨询师问这样的问题：“我该选择哪个健身房？”或者要求咨询师告诉其工作主管希望自己能更改工作内容。此时咨询师不应回答其问题（即不要为客户做决定），也不要与其主管交涉（即代替客户做其能做到的事情）。表面上看，回答这样的问题或与其主管交涉可能是有益的；但在上述情况下，如果咨询师真的这么做了，实际上是非常不利于客户解决问题的（即变得更为独立自主）。

而且，这可能是咨询师与客户讨论为何他总是不愿意自己出面解决问题的最佳机会。通过巧妙的心理干预，可以把这一话题变成一个较好地与客户一起攻克难关（如激励客户）的临床机会。

个案经理在个案管理工作中涉及各种各样的“管理”内容和职责，其中最重要的是不管个案经理“做什么”、“如何做”以及“为何做”，都应根据“最有利于客户”的设计和原则进行工作。

个案组管理

个案组管理是指从业者对其所主管的小组中所有客户的服务流程负责。很显然，个案管理与个案组管理之间的显著差别是：前者注重个案经理对个体客户的管理；而后者注重其所辖正在治疗的所有客户的管理。这两种“管理活动”的交叉和区别在卡塞尔和玛吉对个案组管理所下的职能定义中有所探讨（Cassell &

Mulkey，1981）：

- 分析、规划、监督和管理你所负责的所有客户，使其顺利接受康复服务的流程，这涉及协调其他专业人员和资源利用。
- 有效调整为个体客户成功康复所设计的服务计划体系，该体系通过评估、设定目标、执行、协调和保持公平公正的流程来让客户实现其个体的目标。
- 组织、协调和顺利实现个案服务流程、取得最佳服务效果的能力，将辖内所有个案客户恢复到独立自信的状态。

从上述职能定义，显然可以看出对EAP咨询师而言，有效的个案组管理就是尽一切可能为EAP的所有客户提供顺利、公平、高效且有效的服务。个案组管理的具体任务和职责太多了，三言两语无法说清。但笔者的经验反复证明了如下几项是最为重要、最值得探讨的：

1. 准确评估个案小组的服务需求

个案小组经理人准确评估其辖内全体客户和每位个体客户的服务需求（尤其是个案组的服务需求）至关重要。为有效规划、组织、协调和管理工作，每个咨询师都必须准确评估和预测“需要做什么”以及“需要花多长时间”完成需要做的工作。

2. 规划、组织和协调工作任务

有效的个案经理不能等火烧眉毛了才开始做需要做的事情，因为这样最终会导致最无效而又充满危机的工作状态。有效的个案经理会对其工作任务进行规划、组织和协调，比如：①对客户公司实地拜访和考察（拜访客户的主管、经理和工会领导）；②社区联系和拜访；③员工推介会和专业咨询；④书面工作；⑤安排与客户会谈和初诊评估工作的时间。正如一位EAP个案经理曾对笔者所言：“跟着感觉走，摸着石头过河是行不通的”。

3. 时间管理

个案经理的时间是其最珍贵的资源，十分有限。通过按每天、每周、每月和每年来规划、组织和协调管理自己的时间，个案经理能够获得有效使用时间所带来的最大收益。

对个案经理而言，在EAP工作中，准确评估个案小组服务需求，合理规划、组织和协调，快速有效地管理时间会有很多好处。比如，在客户需要时马上提供服务非常重要，稍有拖延则后患无穷。EAP服务涉及快速有效地利用资源，而个案经理是EAP最有价值的资源之一。而且，有效的个案组管理也会大大降低其他相关专业人士的工作压力和疲倦感（Emener，1979；Emener，Luck & Gohs，1982；Krucoff，1980；Maslach，1976），这也是为何个案组管理是EAP咨询师专业技能和知识最为重要的一部分。

4. 个案记录整理

从全局角度讲，个案记录整理涉及个案经理的三类职业活动：①保存客户记录；②必要时向EAP项目、客户公司、工会和提供服务的专业人士中的合适人员汇报客户的进展情况；③向负责治疗客户的专业人士提供总结报告，描述客户进展情况。个案经理在这三方面的具体工作任务非常多，但笔者的经验反复证明，在这些繁复的工作任务中，有三大工作值得在本章进行说明和探讨：记录和报告；个案文件编写和报告撰写；表格的使用。

（1）**记录和报告**。在专业个案经理的各种记录和报告工作中，以下 5 项工作是 EAP 中尤为重要的（以下信息已获签字同意公开）：

a. 填写评估表及评估总结报告，提交 EAP 客户主管审批（尤其在个案经理实习或试用期间）。

b. 记录与客户共同制订的“推荐治疗计划”实施步骤，提交 EAP 客户主管审批（尤其在个案经理实习或试用期间）。

c. 为合作的专业人士、机构编写有关客户的总结报告和信件。

d. 向治疗团队或专业小组口头或书面汇报客户进展情况。

e. 做个案记录，编写中期报告和总结报告（包括分析、论证和评价），以便其他人清楚理解客户的进展和经历。

在完成上述工作任务的过程中，个案经理需要具备高度的认知和思维组织能力，还需要具备完整、清晰、中肯的写作能力，用语详细且精确。

（2）**个案文件编写和报告撰写**。很多情况下个案经理都需要记录、撰写和汇报客户的具体情况。专业 EAP 项目一般会开发专用的表格，以便系统化地开展这些工作（本章其后一节将具体探讨表格的使用）。在与客户工作期间，在以下四种情况中，个案经理必须提供书面记录：①初诊咨询；②服务方案规划；③常规联系情况；④个案结束情况。在上述四种情况下，应提供如下具体内容（每位客户情况都不一样，因此所报告的具体内容也是不一样的，因客户具体情况而异）。

初诊咨询：

- 求助者身份信息、初诊咨询师姓名和日期
- 求助者寻求 EAP 的原因（以及推介类型：自己主动来访、主管推介等）
- 咨询师对求助者的印象（注意，这是咨询师的感受）
- 求助者的资产、负债、困扰、关注点、难点的描述和讨论
- 求助者的经历及其对自身问题看法的描述
- 说明求助者是否理解 EAP 内涵（EAP 指导原则、运行方式、服务内容等）
- 讨论求助者的现状（包括家庭情况）
- 说明求助者的背景，尤其教育背景、工作情况、与此次困扰相关的病史情况
- 求助者的社交或休闲方式
- 陈述受理（启动）该个案、为求助者提供服务（或拒绝提供服务）的理由
- 求助者的经济来源，是否有能力支付服务费（如需要的话）
- 列出确定求助者能力、不足和根据治疗需求必须做的评估种类
- 推荐治疗计划

服务方案规划：

- 客户身份信息、咨询师姓名和日期
- 核查客户的困扰
- 客户对服务和治疗的接受度
- 关于“推荐治疗计划”（包括有效性及资源）的论证、鉴别和讨论
- 客户参与规划过程的情况
- 确定为客户推介的专业人士、机构，陈

述理由

- 标注说明所有正式披露的信息和相关表格都已经由客户签字同意
- 记录客户对治疗成功的预测情况（接受“推荐治疗计划”后）

常规联系情况：

- 客户身份信息、咨询师姓名和日期
- 联系人的身份信息、机构的情况
- 说明联系的原因
- 详述联系的结果
- 推荐治疗计划

个案结束情况：

- 客户身份信息、咨询师姓名和日期
- 客户已接受的服务的详情（类别、资源、持续时间等）
- 有关客户困扰解决情况的行为和情绪反应（包括家人、主管等人提供的相关信息）
- 陈述结束个案的理由
- 推荐的未来跟进方案（及联系人）

个案经理所使用的报告撰写格式因具体EAP项目政策、程序以及个人风格而定。但在一些文件编写、记录和报告中，采用标准化表格对EAP项目的整体运行非常有益。

（3）**表格的使用**。如果EAP项目在具体服务工作中采用标准化表格，那么笔者强烈建议EAP所有成员都了解这些表格，不仅知道如何使用，也了解表格对成功实现EAP项目的重要性和相关性。下面讨论有效使用表格的三个好处：

a. 评估和规划。EAP服务提供的评估和规划在很大程度上取决于对客户数据信息的获取与处理。如果求助者在开始评估环节前填写了标准化信息表格（见图8.1）和健康状况声明（见图8.2），将有利于初诊评估的顺利进行和个案经理的时间有效利用。这些信息将保存在客户档案中，以备未来参考；个案经理也可利用这些表格信息对来访客户进行提问和引导。

b. 法律保护。联邦保密法规定：无个人同意，不得披露个人信息。如果客户的治疗计划需要披露信息，那么让求助者签署《信息披露授权书》（见图8.3）的最佳时机是初始评估环节（甚至更早）；还需获得求助者授权的包括签署《服务同意书》（见图8.4）。在大部分EAP项目中，客户一般都知道这些表格和书面披露的必要性，往往都愿意填写。

c. 项目评估和文件编写。因第二十六章讨论的各种原因，EAP需要编写文件并评估工作效率及有效性。准确、系统化的个案记录整理对EAP服务效果起关键性作用——这不仅是项目评估环节的关键依据，也有助于多方面提高EAP从业人员提供服务的效率及有效性。

但不幸的是，很多从业人员都认为个案记录整理“多此一举”。实际上，如果从业人员有效地进行个案记录整理，不仅能提高EAP项目的效率及有效性，而且能大大提高为客户提供临床治疗服务的质量和数量。

请花一点时间填写本信息表

客户姓名：______________________　　配偶姓名：______________________

地址：______________________　　配偶地址：______________________

邮编：______________________　　邮编：______________________

电话（住宅）：______________________　　出生日期：______________________

（公司）：______________________

所在公司：　客户：______________________

配偶：______________________

社会保险号：客户______________________　　配偶______________________

紧急联系人：姓名______________________　　电话______________________

家庭医生：

您是否有我们需要了解的体检结果？如果是，请说明：______________________

____

您目前是否在服用处方药？如果是，请列出：______________________

____

您是否参加过心理测试？如果是，请说明时间和地点：______________________

____

您有医疗保险吗？__________投保人：______________________

保险公司名称、地址和保险号：______________________

____

您是如何得知我们的？______________________

请注意：

上述信息及有关您的所有治疗信息都将严格保密。

____

未在预约后 24 小时内取消预约，可能需要支付一定费用。

______________________　　______________________

客户签名　　日期

图 8.1　标准化信息表范例

健康状况声明

姓名：________　出生日期：________　性别：________

	是	否	备注（如选“是”）
您是否曾申请或接受残疾津贴、疾病或伤残赔偿及抚恤金？	____	____	
您是否曾因身体或精神原因被拒绝、缓服兵役或获得豁免？	____	____	
据您所知，您是否患有如下疾病或曾因此接受治疗：			
a．癫痫、昏厥、神经或精神障碍？	____	____	
b. 肺结核、哮喘、肺炎？	____	____	
c. 心脏疾病或杂音，高血压或低血压？	____	____	
d. 胃或十二指肠溃疡、胆囊炎、肝炎、结肠炎？	____	____	
e. 肾脏或前列腺问题、蛋白尿或血尿？	____	____	
f. 糖尿病，尿糖？	____	____	
g. 风湿热、关节炎、痛风、骨骼或关节障碍？	____	____	
h. 癌症、肿瘤、息肉、甲状腺肿？	____	____	
i. 疝气、痔疮、静脉曲张、阑尾炎？	____	____	
j. 性病、血液病、皮肤病？	____	____	
据您所知：			
a. 您是否患有任何眼耳鼻喉疾病？	____	____	
b. 您是否曾感觉胸痛、气短、心悸？	____	____	
c. 您是否曾感觉背部劳损或受伤？	____	____	
d. 过去 5 年内您是否做过体检、X 光检查或心电图检查？	____	____	
e. 您现在有酗酒或药瘾问题或曾因此接受治疗吗？	____	____	
f. 您是否曾经历或曾被建议接受除上述问题以外的外科手术？	____	____	
g. 过去 5 年您曾患有任何需要治疗或住院的疾病或损伤吗？	____	____	
h. 您目前是否在服药？	____	____	
i. 您了解导致您健康状况不佳的身心障碍或其他任何原因吗？	____	____	
j. 过去一年您是否缺勤（辍学）？	____	____	
k. 你是否患有如下疾病：天花、白喉、猩红热、百日咳、伤寒、流感？	____	____	

本人保证上述陈述和回答完整、完备、真实，特此声明。

日期：________　签名：________

图 8.2　初诊受理时使用的健康状况表范例

个案管理、个案组管理和个案记录整理之间的相互关系

通常，职业 EAP 咨询师的工作节奏很快、很繁忙。他们的责任很多，需要承担大量重要的工作和职责，对于被各种问题、困难和忧虑困扰的员工和客户来说，咨询师的工作对他们的生活有着至关重要的影响。除了为客户提供咨询服务外，他们还要协调和“管理”其他各种为客户提供的专业服务。EAP 咨询师确保成功的关键是其控制事务的能力。他们需要了解各项工作的进展情况——为客户提供的各种治疗服务、与客户的关系、客户接受服务的经历和感受，以及咨询师自己的职业生活。而且，职业 EAP 咨询师必须能够影响各项工作的进展情况，明白自己该如何施加影响，并能预测和评估影响的效果。从宏观或整体的角度来讲，有效的 EAP 咨询师应能够理解并准确评估客户经历的临床服务及流程中的各种事件，以及因这些事件的累积而造成的整体影响。

所以，咨询师的个案管理、个案组管理、个案记录整理工作和职能都是相互作用与关联的。为了确保客户、EAP 项目、自身职业生活的最终利益，EAP 咨询师必须非常珍视自己的角色和职能，通过不断的自我评估和专业进修、培训，努力提升自己的专业能力。只有这样，EAP 咨询师才能证明和保持合格的“专业人士”身份。

信息披露授权书

本人在此签名授权________________（机构名），________________（机构地址）向________________（信息接收者姓名 / 机构名称）披露所有记录中的如下信息：

________治疗和出院总结　　________实验室报告

________心理测试与评估　　________学校成绩单和评级

________医疗病史和体检　　________其他（请说明）

披露上述信息的目的是：________________________________

____

在信息披露之前，本人可在任何时候取消此授权书。

本授权书终止时间：________________（说明终止的时间、事件或具体情况）

________________　　________________

客户签字　　日期

________________　　________________

法定监护人签字　　日期

________________　　________________

见证人签字　　日期

信息接收者请注意：向您披露的该信息来自受美国联邦法律保护的保密记录。根据美国联邦法规（42 CFR 第 2 部分），若无本信息相关人书面同意或法规允许，您不得对本信息做进一步披露，有关医疗或其他信息披露的常规授权无权让您对本信息做进一步披露。

图 8.3 信息披露授权书范例（初诊受理时填写）

服务同意书

本同意书必须在提供服务前签署。

本人，______________（客户姓名），特此授权并同意________________（EAP 服务提供方名称）提供家庭治疗服务。该服务可能包括评估、咨询、个体或群体治疗，以及其他________________（EAP 项目）认为必要且经本人同意的服务。

本人同意按照___________________（EAP 项目）资费结构支付服务费用。本人知晓如未在预约后 24 小时内取消预约，可能需要支付一定费用。

如果本人现场生病或受伤，本人授权_______________（EAP 项目）提供急救或帮助寻求急救服务（例如，叫救护车）。

____________________ 见证人	____________________ 客户签字
____________________ 日期	____________________ 父母 / 监护人签字
____________________ 关系	____________________ 日期
____________________ 见证人签字	

图 8.4 服务同意书范例（初诊受理时填写）

参考文献

Cassell, J. L., & Mulkey, S. W. (1981). *Rehabilitation caseload management: Concepts and practice.* Austin: PRO-ED.

Desmond, R. .E. (1985). Careers in employee assistance programs. *Journal of Applied Rehabilitation Counseling, 16* (2), 26–30.

Dickman, F., & Emener, W. G. (1982). Employee assistance programs: An emerging vista for rehabilitation counseling. *Journal of Applied Rehabilitation Counseling, 13* (3), 18–20.

Emener, W. G. (1979). Professional burnout: Rehabilitation's hidden handicap. *Journal of Rehabilitation, 45* (1), 55–58.

Emener, W. G., Luck, R. S., & Gohs, F. X. (1982). A theoretical investigation of the construct burnout. *Journal of Rehabilitation Administration, 6* (4), 188–196.

Emener, W. G., & Rubin, S. E. (1980). Rehabilitation counselor roles and functions and sources, of role strain. *Journal of Applied Rehabilitation Counseling, 11* (2), 57–69.

Hastings, M.A. (1984). Employee assistance programs: A place for rehabilitation counselors? *Journal of Applied Rehabilitation Counseling, 15* (4), 29–30, 56.

Henke, R. O., Connolly, S. G., & Cox, J. G. (1975). Caseload management: The key to effectiveness. *Journal of Applied Rehabilitation Counseling, 6,* 217–227.

Hutchison, Jr., W. S. (1985). Personal and family problems in living: Implications for EAP service delivery. In J. F. Dickman, W. G. Emener & W. S. Hutchison, Jr. (Eds.), *Counseling the troubled person in industry.* Springfield, IL: Charles C Thomas, Publisher, Ltd.

Hutchison, Jr., W. S., & Renick, J. C. (1985). Social work in an industrial setting: An idea whose time has finally come. In J .F. Dickman, W. G. Emener & W. S. Hutchison, Jr. (Eds.), *Counseling the troubled person in industry.* Springfield, IL: Charles C Thomas, Publisher, Ltd.

Kaplan, H. I., & Sadock, B. J. (1981). *Modern synopsis of comprehensive textbooks of psychiatry III* (3rd ed). Baltimore: Williams & Wilkins.

Krucoff, C. (1980). Careers: Confronting on-the-job burnout. *Washington Post,* August 5, B–5.

Maiden, R. P., & Hardcastle, D. A. (1986). Social work education: Professionalizing EAPs. *EAP Digest,* November/December, 63–66.

Maslach, C. (1976). Burn-out. *Human Behavior, 5,* 16–22.

Roessler, R. T., & Rubin, S. E. (1982). *Case management and rehabilitation counseling: Procedures and techniques.* Baltimore: University Park Press.

Third Institute on Rehabilitation Services. (1965). Training Guides in Caseload Management for Vocational Rehabilitation. Vocational Rehabilitation Administration, DHEW, Washington, DC.

Thompson, J. K., Kite, J. L., & Bruyere, S. M. (1977). Caseload management: Content and training perspective. Paper presented at the American Personnel and Guidance Association.

第九章

酗酒问题与 EAP：评估与治疗

Fred Dickman

酗酒、酒精相关问题（相互依存）和酒精与药物滥用问题（多种药物成瘾）被归纳为一类问题，占参与 EAP 评估、帮助和跟进个案总数的 30% ～ 40%。因此，EAP 协调员、负责人员和测评员必须有能力识别酗酒者，分析酗酒相关问题并实施治疗。本章是对酗酒问题的概述，包括其普遍性、定义、作为疾病的特征、征兆和症状、干预原则、治疗方案以及对 EAP 从业人员的意义等。

在美国，酗酒已被公认为至少是第三大健康问题和致病因素（National Center for Alcohol Education，1978；U.S. Department of Health，Education，and Welfare，1981）。除此之外，酗酒还影响和加剧其他致病因素——包括第一和第二大致死因素：心脏病和癌症（American Medical Association，1973；U.S. Department of Health，Education，and Welfare，1981）。

EAP 中常见的酒精滥用和酗酒造成的影响情况有：

普遍性

（1）**精神病**。据估计，有 40% 被诊断为精神病的人同时也有酗酒问题（Bachrach，1976；Cotton，1979；Leiber，1982）。

（2）**心脏病**。研究者认为酒精会对心肌产生有害影响，并与心肌病理存在显著的相关性（Hamby，1970；Schwartz，Sample & Wegle，1975）。医生都建议心脏病患者不要再饮酒，即使一点红酒也不要喝（Schneider，1980）。

（3）**癌症**。当前的研究尚未确定癌症的所有致病原因，但事实表明，酗酒、酒精滥用和饮酒与癌症存在较高的风险相关性（Williams & Horn，1977；Wynder，1978；Wynder，Bross，& Feldman，1957）。

（4）**外伤和截肢**。据报道，40% ～ 60% 的事故与饮酒有关（U.S. Department of Health，Education，and Welfare，1981），对截肢一个可推知的假设是酗酒可能妨碍受害者的康复进程。

（5）**先天缺陷**。对胎儿酒精综合征有很多新的研究，胎儿酒精综合征是先天缺陷的第三大致病原因，使得精神发育迟滞患者的数量大增（Clarren & Smith，1978；Streissguth，I ittle，Herman，& Woodell，1979）。

（6）**其他障碍症状**。酒精滥用和酗酒者的典型障碍症状包括肠胃失调（Leiber，1982）、泌尿系统失调（Fort，1973）、肝脏问题和疾病（Leiber，1982）、糖尿病（Kissin & Begleiter，1977）和中枢神经系统问题（Parsons & Farr，1981；Smith，1977）。

上述疾病是公共康复机构的常见疾病

（Wright，1980），而私人康复机构侧重员工的赔偿案例（Rasch，出版中）。与上述情况相关的很多工业事故都是由饮酒引起的（Manello & Seaman，1979；Wolkenberg，Gold，& Tichauer，1975）。交通事故和在家摔伤等在保险范围内的事故（Habcrman & Baden，1978）更是与饮酒高度相关。

在处理其他康复性问题和患者时，如离婚、虐待配偶、虐待儿童、离家出走、辍学、自杀和危害公共安全等（Emerson，1979；Hindman，1977；Julian & Mohr，1980；Kempe & Heller，1972），人们注意到了这些问题与酗酒的关系，意识到了问题的严重性。这些还只是与酒精相关而已。当考虑到那些已经确诊为酗酒的患者时，康复问题就更加艰巨了。很显然，康复咨询师需要诊断工具（早期和晚期诊断）和一流的治疗方法（Dickman & Phillips，1985）。

关于酗酒的定义

对酗酒的定义，治疗专家和学者的观点大同小异。马凯特大学的 E. M. 耶利内克（Elvin M. Jellinek，1960）将酗酒定义为任何使用酒精饮料导致个体自身伤害、社会伤害或两者皆有的行为。

世界卫生组织酗酒问题分委会（1952）将酗酒定义为饮酒量超过传统习惯或社交饮酒习惯用量的任何一种饮酒行为，无论导致这种行为的病因为何，也不管这些病因对遗传、体质或后天形成的病理生理问题以及新陈代谢影响如何。

下述定义来自美国医学协会（American Medical Association，AMA，1973）：

> 酗酒一般是具有如下特征的疾病：沉迷酒精，无法控制饮酒量，一旦开始饮酒就会醉酒；慢性；渐进性；易于复发。一般与长期过量饮酒直接导致的身体残疾、情绪困扰、职业或社会适应能力受损有关。

美国反酗酒委员会（NCA）将酗酒定义为一种慢性渐进式发展的、可能致命的疾病，常见症状是耐受性与身体依赖性、器官病变或两者兼有，这些都是直接因酗酒引起的结果。

最后，美国反酗酒委员会创始人马蒂·曼恩女士将酗酒者定义为“一个病情严重的人，一种不知不觉加重的、往往容易致命的病患。酗酒者是可识别、可诊断、可成功治愈的”（Mann，1958）。

根据美国精神卫生学会（American Psychiatric Association，APA，1980）发布的酒精滥用诊断标准，具体可以从如下方面对酒精滥用进行诊断：

> a. 病理性饮酒模式；
> b. 因使用酒精导致的社会或职业功能受损；
> c. 症状至少持续一个月。

美国精神卫生学会发布的酒精滥用诊断标准（1980）为：

> a. 呈现病理性饮酒模式或导致社会与职业功能受损；
> b. 具耐受性或戒断性症状。

上述定义仅为酗酒相关文献中的几个典型定义，具有一定共性，本文作者对这些定义进行了整理，将酗酒定义为具有三种特征的现象：

a. 一种饮酒形式；
b. 因该饮酒形式而无法自控；
c. 严重影响到饮酒者生活中的一个或多个重要领域，即婚姻与家庭、职业、法律、财务、身体或医疗、社会交往和精神状况。

酗酒——疾病概念

对酗酒的定义出现了越来越多的共识，除此之外，迅速发展的酗酒治疗界也越来越认同酗酒是一种疾病的概念（AMA，1973；Blum & Blum，1972；Forrest，1978；Gitlovv，1973；Hunter，1982；Jellenik，1959；Johnson，1980；King，Bissell，& O'Brien，1979）。

与此概念相一致的理念有：

（1）**慢性**。一旦酗酒，就有可能持续终生，直到死亡（Martin，1972）。这种理念认为酗酒是无法治愈的。这种不可治愈性引起很多研究者的反对（Armor，Polich，& Stambul，1976；Sobell & Sobell，1978），并提出了与之相反的观点。有意思的是，迄今为止，没人能证明任何不以完全戒除为目标的治疗能将酗酒治愈（Fewell & Bissell，1978；Gitlow，1973；Johnson，1980；Milam & Ketcliam，1981）。

（2）**渐进性**。与其他任何疾病相同，酗酒被认为有一定的发展“过程”，并在发展过程中有明显的具体症状（Forrest，1978；Jellinek，1960；Johnson，1980）。这种观点对康复咨询师非常重要，因为及早确诊对成功干预至关重要（Catanzaro，1974；Johnson，1980；Kinney & Leaton，1978）。

（3）**可预见性**。酗酒的结果是可预见的，酒瘾是逐渐增长的，酗酒者从开始酗酒就会显得有异于常人（Catanzaro，1974；Jellinek，1960；Johnson，1980）。

（4）**原发性**。酗酒本身就是一种疾病，而不是其他障碍的症状。换言之，酗酒导致症状的出现，而症状并不导致酗酒问题（AMA，1973；APA，1980；Estes，Smith-Dejulio & Heinemann，1980；Forrest，1978；Johnson，1980；Milam & Ketcham，1981；Murphy，1980）。

（5）**致命性**。据预测，如果不对酗酒进行诊断和治疗，将导致酗酒者的平均寿命缩短 12 ～ 15 年（American Medical Association，1973；Kissin & Begleiter，1972）。

（6）**可治愈性**。酗酒是具有两面性的：一方面，酗酒是最具破坏性、普遍性、代价最昂贵、最易使人衰弱的疾病；另一方面又具有最大的可治愈性。酗酒如果不加治疗，具有致命性；如果加以治疗，则是所有疾病中恢复最为彻底的疾病（Forrest，1978；Glatt，1971；Goldenson，Dunham，& Dunham，1978；Milam & Ketcham，1981）。

颇具讽刺意味的是，康复咨询师、社工和其他医疗专家却把酗酒者看作是最没意思、最不愿接待的客户（Fewell & Bissell，1978；Milam & Ketcham，1981；Wechsler & Rohman，1982）。

酗酒模型：诊断、干预和治疗

图 9.1 显示了酗酒者酒瘾的发展过程及其可预见的结果、干预过程和恢复迹象。该模型为咨询师提供了关于酗酒及其症状的最新知识，展现了酗酒从早期发展到晚期的症状，便

成瘾阶段

阶段Ⅰ

1. 开始出现耐受性
2. 药物，而非饮料
3. 慰藉性饮酒
4. 偶尔过度饮酒
5. 学会自我辩护

阶段Ⅱ

1. 短暂失忆
2. 偷偷饮酒
3. 耐受性增加
4. 阶段式戒酒
5. 出现变化：饮酒、朋友、工作
6. 迫不及待或诸多借口
7. 负罪感（价值观与行为不一）
8. 心理依赖性

阶段Ⅲ

1. 失控
2. 耐受性达到最高
3. 戒断性症状
4. 严重失忆
5. 社会生活或婚姻问题
6. 工作或法律问题
7. 情绪多变
8. 失望或自杀行为
9. 与社会脱节
10. 脱离实际的判断

阶段Ⅳ

1. 身体痛苦
2. 社会关系恶化
3. 精神世界恶化
4. 失业、失去配偶等
5. 精神错乱
6. 道德堕落
7. 几乎难以控制（做什么、何时、何地、与谁）
8. 思维能力受损
9. 定向障碍（对地点、时间或个人身份的暂时或永久的迷惑状态）

恢复阶段

干预

1）动机
2）戒酒瘾
3）强化治疗
4）匿名戒酒者互助会、酗酒者子女互助会

恢复

A. 年数 0～2 年
B. 持续性治疗
自我认同感
诚实（对自我和他人）
自我表露
坦诚
高度的自我评价
独立自主
灵活性
发现人与人之间的亲近

寻求帮助
学习并接受疾病理念
承诺戒断
成瘾后果

随着不断恢复，慢慢向积极方面发展（见左列）

恢复

随着疾病恶化，成瘾的后果会是：
1）抑郁
2）焦虑
3）孤立
4）性功能障碍
5）被动
6）自我形象差
7）不成熟或不负责任
8）戒备性：找借口、否认、掩饰、自我分裂
9）行为古怪
10）社会关系恶化，包括婚姻、家庭、工作关系

图 9.1　关于成瘾和康复的沙漏理论

于咨询师制订干预和康复计划。如同其他疾病一样，如果及早识别、及早治疗，酗酒是可以治愈的。

早期识别时需注意的症状

本章并不会对图 9.1 所有症状进行全面讨论，而以下为 EAP 测评师或咨询师对酗酒发展阶段进行判断时通常采用的方法：

（1）**耐受性是否增加？**耐受性一般被用作衡量成瘾度的主要标准（APA，1980；Forrest，1978；Jellenik，I960；Kinney & Leaton，1978）。酗酒早期，耐受性有所提高，酒量增大，在发展到严重酗酒状态的过程中，酒量通常是酗酒者自我夸耀的本钱。耐受性增强，意味着酒量增加，刚刚染上酗酒习惯的人只有喝下更多的酒，才能获得同样的快感，这代表耐受性增加。比如，在反酒后驾车的研究中将血液中酒精浓度高作为判断早期酗酒者的主要依据。

（2）**是否有被捕记录？**尤其是酒后驾车或醉酒驾车的罚款记录？美国交通部的研究显示（1974），在有一次被逮捕记录的人中，60% 的人处于酗酒状态；在有两次及以上被逮捕记录的人中，90% 的人是酗酒者。

（3）**是否有忘事或短暂失忆（不是在睡觉中，而是在饮酒中）的经历？** 短暂失忆经常出现在许多酗酒者的生活中，程度不一，但都是因酒精摄入引起的神经障碍（Fort，1973；Kissin & Begleiter，1972；Milam & Ketdiam，1981）。

（4）**戒断后是否出现过不同成瘾阶段的身体不适症状？**神经质发抖、颤抖、失眠、易怒，都是某个阶段酒精戒断时出现的症状，从不太严重的症状到震颤性谵妄、抽搐、幻觉等严重症状（Fort，1973）。

（5）**问到客户饮酒情况时，是否表现出一定的戒备性？**治疗人士都认为酗酒者会构建一道自我防线，保护自己的饮酒行为。他们往往会为自己的饮酒行为找借口、否认、掩饰和抑制饮酒产生的症状，以维护自认为正在下降的自我形象（Fewell & Bissell，1978；Forrest，1978；Johnson，1980；Murphy，1980）。

（6）**客户病历中哪些与酗酒有关？**肝功能、肠胃系统、胰腺系统（尤其是成人糖尿病）和心肌症受酒精滥用影响最大（Estes，et al.，1980；Hamby，1980；Schneider，1980）。

（7）**客户婚姻家庭史和现状中哪些可能与酗酒有关？**是否有虐待孩子或配偶的行为？历史上是否存在酗酒情况？是否曾多次离婚？这些都与酒精滥用和酗酒紧密相关（Emerson，1979；Filstead，1977；Hindman，1977；Krimmcl，1973）。

（8）**是否有失控的饮酒迹象？**不断恶化的酗酒者无法预测他们到底能喝多少、会在什么情况下喝、会与谁一起喝、喝酒时他们会有什么样的行为。有时，他们能预测到这种不知不觉加剧的现象，但很多时候都是无法预测的。这一点增强了他们的恐惧感，导致他们的防护心理更强（Forrest，1978；Jellinek，1960；Johnson，1980；Kissin & Begleiter，1977）。

（9）**是否经常为自己的行为找借口，而不是对自己的行为负责？**不断恶化的酗酒者很快学会将他们的问题归因于外界，以保护他们不断弱化的自我（Fewell & Bissell，1978）。一般经验丰富的康复咨询师在首次面谈时就能看出这一点。

（10）**咨询师发现的任何问题是否伴有饮酒或其他药物使用情况？**一个敏锐的、头脑清晰的受理咨询师通过恰当地询问客户本人或重要相关人士有关客户表现出来的问题，如家庭冲突、亲子冲突、婚姻问题、与雇主之间的问题等，就可以对客户存在的饮酒问题做出判断（Dahlhauser，Dickman，Emener，& Lewis，1982）。

干预策略

人们对酗酒者的认识存在一种误区：认为酗酒者都是“不到黄河心不死”，只有情况恶化到极致才会寻求帮助或乐意接受治疗。实际上，很多时候是因为他们做不到，他们的自尊心太强了，在感知到治疗的需求之前必须迫使他们认识到这一点（Catanzaro，1974；Fewell & Bissell，1978；Forrest，1978；Johnson，1980）。干预策略的关键是：①酗酒者的重要他人；②充满关爱的面质；③治疗方案。

重要的他人

与戒备心强的酗酒者关系最近的人能打破他们的戒备系统，让他们意识到治疗的必要性。研究显示，经验丰富的面质者说服客户参与治疗的成功率比一般人高15%～70%（Dickman & Emcner，1982b；Emener & Dickman，1983；Johnson，1980）。同时，研究也显示，最佳的面质者按有效性排序是：雇主、配偶、其他家庭成员和朋友（Johnson，1980）。

在此过程中，咨询师的作用不可估量，他们可以对干预者进行培训，让他们在坚持原则的基础上保证面质的成功。

充满关爱的面质

在面质中一般推荐采用如下原则以确保酗酒者感觉到被充分关爱：

（1）旨在让酗酒者参加治疗，走出康复的第一步；而不是让他们马上看到疾病的所有不利因素。

（2）务必请酗酒者的重要他人参与进来。只有那些能看清问题严重性、最了解酗酒者状况的人才有用。

（3）必须培训酗酒者的重要他人：

a. 陈述他们已经看到和感受到的事实；
b. 客观、不带感情色彩地陈述事实；
c. 尽量具体地陈述事实；
d. 只提与饮酒相关的资料；
e. 让他们为自己将要做的事感到心安理得，他们是为了帮助而非谴责上瘾之人；
f. 明白他们也会参与到康复项目中，即成瘾问题互助会、酗酒者成年子女互助会，加强家庭、雇主、员工之间的交流；
g. 商定合适的治疗方式。

（4）向酗酒者介绍可能的、合适的可选方案（Johnson，1980）。

治疗计划

采取何种治疗取决于客户的上瘾程度。如果客户已经发展到阶段Ⅲ或Ⅳ（参见图9.1），可能需要就医治疗，应推介客户进行集中的住院治疗（一般为期28天）。为此，EAP测评员或咨询师应该有可推介的专家资源和治疗机构通讯录。如果客户答应接受治疗，建议EAP测评员或咨询师做以下工作：

a. 拜访客户，确保充满关爱的咨询关系；
b. 安排门诊跟进；
c. 住院治疗结束后安排匿名戒酒者互助会成员与客户会谈，保证项目的持续性；
d. 每周为客户与家人安排一次与酗酒治疗专家的跟进咨询；
e. 定期持续跟进，检查客户的恢复情况；
f. 提供必要的家庭治疗；
g. 联系酗酒者成年子女互助会的专业咨询师，为客户家人（包括孩子）安排一次面谈。

如果客户的干预及时，可能不必住院治疗。比如，有研究显示，一个运行较好的EAP项目，且干预及时，那么10个酗酒员工中有7个不需要住院治疗即可康复（Dickman & Emener，1982a）。如果事实确实如此，除上述建议外，还应做如下工作：

a. 立即进行体检；
b. 服用戒酒硫（如医学上可行的话）；
c. 开展集中式门诊治疗，包括个人咨询、小组咨询和家庭咨询。

康复迹象

与疾病发展过程相应，康复咨询师也可以看到酗酒者在康复过程中具有的预见性迹象。尽管戒断对康复至关重要（Gitlow，1973；Milam & Ketchain，1981），但这仅是康复道路上的第一步，康复过程中还有其他情感和行为方面的特征表现。实际上，为了获得清醒，酗酒者不可以饮酒；而为了保持清醒，酗酒者需要改变他们的生活。康复的过程与成瘾的后果相反（参见图9.1）。

以下为酗酒者恢复过程中应注意观察并提供适时咨询的迹象：

（1）**希望取代了绝望**。客户相信一切会得到改变吗？相信他们的生活会变得越来越有意义吗？他们愿意为此努力吗？

（2）**接受酗酒的事实**。客户不再因饮酒行为而抱怨他人了吗？能否理解并不是外在环境或他人导致其喝酒？客户开始接受他们的酗酒症状，并将其视为自我形象的一部分。

（3）**参加匿名戒酒者互助会（AA）的活动**。客户定期并乐意去参加AA活动吗？这对康复至关重要，参加AA活动的人成功康复的几率高达75%（Gellman，1964）。客户是否定期去参加某个AA群体活动？是否找到了保证人？

（4）**整体外观**。咨询师可能很早就会注意到酗酒客户在康复过程中表现出来的光彩照人，即个人形象的改善。客户开始在意自己的外表，开始喜欢早晨镜子中的自己。比如，康复咨询师会注意到客户更大胆的眼神交流和更开放的身体语言。

（5）**负责任**。客户开始对生活的方方面面负责任了吗？会正常上班、按时回家吗？是否开始履行对家人和朋友的承诺？

（6）**沟通**。客户开始与生活中的重要他人，如老板、家人、咨询师，进行更自由的沟通了吗？客户更愿意与他人分享情感、更愿意进行自我表露了吗？在这点上，康复咨询师会注意到客户越来越能做到言行一致和举止得体。

（7）**新的兴趣**。为充实过去用于饮酒的时间，客户会对休闲活动产生兴趣，即运动、业余爱好和不饮酒的社交活动，越来越不惧怕新的体验。客户在参加社区的社交活动或正在融入社区吗？

（8）**注重现在**。客户是否更看重现在，而不是过去或将来？随着自我价值感的增强和对自我的接受，康复中的酗酒客户会越来越真切地体会到"活在当下"的快乐。

（9）**目标明确**。客户的生活变得有目标了吗？客户是否具有现实的长短期目标？随着自我价值感的增强，客户会更为自由地释放自我，为实现自我潜力而努力。

（10）**精神力量**。在不断康复的过程中，酗酒者会慢慢获得认同感，感觉自己有归属感，而不是隔离感。隔离感和孤独感被归属感和生活意义所取代，客户开始接受和相信有比自己更为强大的力量。信念取代了恐惧，信任感加强，认为一切虽不会万事如意，但都会顺其自然。

（11）**家庭的发展**。

（12）**孩子的成长**。

康复过程会持续一生，从戒断开始，在支持系统的支持下不断进行。在这个支持系统中，匿名戒酒者互助会能起到关键作用，EAP测评员或咨询师也是其中一员。

跟进与再治疗

要通过电话、工作单位拜访、定期的咨询访谈等形式来跟进客户。正在康复中的客户是否在积极参加匿名戒酒者互助会或匿名戒毒所治疗中心的跟进小组活动？是否参加其他小组咨询和为继续康复安排的单独咨询？工作情况如何？主管是否了解他重新开始治疗的问题？如果主管发现客户缺勤去接受治疗了（住院），是否愿意参与干预？他们如何帮助客户重新开始治疗？家庭成员是否参加了酗酒者亲友互助会、酒精与药物戒除群体、酗酒者成年子女互助会、酗酒者未成年子女互助会以及其他形式的康复治疗？这是负责整体个案管理的测评员、协调员或咨询师所必须回答的重要问题（参见第八章）。

总结、结论和建议

结论和建议如下：

（1）酗酒是隐藏在许多患有其他疾病的人背后的严重问题，如果不能及时发现，很容易破坏康复过程。

（2）酗酒是康复类疾病中最具可治愈性的疾病之一。

（3）对酗酒者的歧视仍是酗酒者及其家人寻求治疗和康复的主要障碍。康复咨询师也需要多了解酗酒的知识，确保价值中立，不批判酗酒者。有关酗酒的教育和意识，有助于保持价值中立。

（4）酗酒是一种疾病，酗酒者是否重新开始饮酒是一个重要的研究课题。一流的治疗方案可保证康复项目的成功，帮助客户停止饮酒，并完全康复。

（5）在酗酒咨询与治疗中，家庭的参与至

关重要。

（6）对咨询师的教育项目需要充实更多酗酒咨询方面的课程与培训。

（7）咨询师培训的重点应放在家庭治疗理论和实践上，或至少应该帮助测评员或咨询师了解社区有哪些可资利用的服务。

（8）酗酒者一旦完全康复，就会成为生产效率最高的员工（Dickman & Emener，1982b）。

毋庸置疑，酗酒是主要的致病因素，并且严重影响其他疾病的康复过程。因此，咨询专业和 EAP 应认真考虑酗酒和相关疾病带来的广泛影响。

评论与补充资料：2003—2008

Shelley D. Wright Paula M. Richard

数据显示大部分酗酒和使用非法药物的美国人都是全职员工（SAMHSA，2007）。EAP 可以采用多种方法评估问题的严重性，以确定一名员工是否存在物质滥用问题，包括员工完整的生理、心理和社会历史背景调查、纸笔测验、《精神疾病诊断与统计手册》（Diagnostic and Statistical Manual of Mental Disorders，DSM- Ⅳ -TR）、快速药物测试、随机尿检等。

测试

测评工具包括物质滥用敏感性测试量表 - Ⅲ（Substance Abuse Subtle Screening Inventory- Ⅲ，SASSI- Ⅲ）、成瘾严重性指数表（Addiction Severity Index，ASI）和密歇根酗酒筛查测试（Michigan Alcoholism Screening Test，MAST）等自行测试手段。

（1）物质滥用敏感性测试量表 - Ⅲ（SASSI- Ⅲ）用于收集和整理信息，确定某人是否存在物质依赖障碍。这种综合性评估要求对物质滥用相关的障碍进行临床诊断，其中九项“标准”中如有一项分数较高，就有必要诊断该个体的依赖性。另外，该个体必须满足精神健康专业人士手册《精神疾病诊断与统计手册》（Thomas，2003）七项标准中的三项。尽管 SASSI- Ⅲ的准确率高达 94%，但它仅是物质滥用临床测评和治疗的工具，不得用于求职筛查（Society for Human Rescource Management，2007）。

（2）成瘾严重性指数表（ASI）是对酒精和药物使用的历史、频率、后果以及药物使用相关的五方面进行评估的结构性访谈，这五方面是：①医疗；②法律；③就业；④社会与家庭；⑤心理功能。如果 ASI 中任一方面分数较高，就意味着需要对此进行治疗。ASI 分数也用于描述客户的问题和制订有效的治疗计划（Gustafson & Holloway，2005）。

（3）密歇根酗酒筛查测试（MAST）是迄今为止历史最悠久、最精确的酗酒筛查测试之一，准确率高达 98%。MAST 对与大量饮酒密切相关的社会、职业和家庭问题进行个人自评。但 MAST 的缺点之一是注重个人生活中已经碰到的问题，而不是当前的问题，这意味着 MAST 无法于早期发现酗酒问题（National Council on Alcoholism and Drug Dependence of the San Fernando Valley，Inc.，2007）。

药物测试

现在很多地方都可以做瞬时尿液药物测试，所需花费价格不等。而且不同的测试可检出不同的药物使用情况。这种测试包括综合唾液测试、酒精测试、掺伪测试，也有不同的模式，杯测、点测或暗盒检测，可查出 12 种不同的药物。

一般的实验室尿检是测试尿液中的乙基葡糖苷酸（EtG）——一种饮酒后体内产生的酒精代谢物。新的测试方法在饮酒几天后仍能测出这种代谢物（Miller，Cluver & Anton，2007）。

一般的实验室血检是检验缺糖铁蛋白（俗称“CDT”），用于检验是否大量饮酒。如果某人在两周内某日饮用了不少于 5 杯的酒，就可以检测出来（Miller，Cluver & Anton，2007）。

测试、药检或两者的结果出来后，咨询师可利用 DSM-Ⅳ-TR 对物质滥用产生依赖性的问题进行诊断。在 DSM-Ⅳ-TR 中列出了具体的标准，可以判断是否存在滥用或依赖问题。针对物质滥用和依赖问题的诊断标准如下：

（1）滥用。如果某人被诊断为物质滥用，必须满足下面四个条件中的一个，并且曾在同一年内出现过这些现象：

a. 导致无法完成本职工作的反复物质滥用；
b. 曾导致身体危险状况的反复物质滥用；
c. 反复性物质滥用涉及法律问题；
d. 即使使用该物质已导致或加剧长期或频繁的人际关系问题，仍持续使用。

（2）依赖。如果某人被诊断为具有物质依赖障碍，必须至少满足以下七个条件中的三条，并且曾在同一年内出现过这些现象：

a. 耐受性增加，物质的使用量明显增加或物质的效用降低；
b. 戒断时仍需服用该物质或类似物质以避免出现戒断性症状；
c. 服用物质的量和时间超过原计划；
d. 长期渴望但未能成功减少或控制物质的使用；
e. 花费大量时间获取、使用物质或从物质的效用中恢复过来；
f. 因物质的使用而放弃或减少重要的社会、职业或娱乐活动；
g. 即使知道该物质使用会带来或加剧长期或反复发作的身心问题，仍继续使用该物质（APA，2000）

治疗

1999 年，美国药物滥用问题研究所（National Institute on Drug Abuse，NIDA）发布了《药物成瘾治疗原则：基于研究的指南》（*Principles of Drug Addiction Treatment : A Research-Based Guide*），它指出治疗中需要遵循的首要原则，就是“没有适用于所有人的唯一治疗方法”。1997 年，国家治疗中心发布的一份报告指出，在受调查的 400 个私人住院和门诊治疗项目中，93% 采用了 12 步治疗法，其中 83% 是在当地开展的匿名戒酒者互助活动。这些发现表明，基于研究的实践和现行的治疗方法之间是存在差异的（Salter & Stahl，2007）。

如果某人被确诊为物质滥用，下一步就是将他推介到合适的机构接受治疗。客户的治疗方案取决于物质滥用的严重程度。通常使用的有三级治疗方案：Ⅰ级治疗是门诊治疗，包括（但不限于）小组、家庭和个人治疗；Ⅱ级治疗一般指集中门诊治疗，是一种长期的门诊治疗；Ⅲ级治疗是一种过渡治疗，将客户安排在控制性环境中进行治疗。在每种治疗环境中，治疗者都可以使用大量的治疗工具，比如12步治疗法、认知行为小组会谈、动机面询和求助者中心疗法。

尽管以上补充的测评、推介、治疗实践及程序稍有不同，但无论如何，EAP专业人士都应了解和掌握这些程序。准确地判断员工问题、并充满同情地让他们多参加这种活动，这有助于强化他们的参与度，并最终可能决定治疗的成败。

酗酒康复咨询师可用的信息资源

匿名戒酒者互助会（AA）
P.O. Box 459，Grand Central Station
New York，NY 10017
（212）686-1100

匿名戒酒者亲友互助会家庭小组（Al-Anon Family Groups）
P.O. Box 182，Dept. G
Madison Square Garden Station
New York，NY 10010
（212）475-6110

美国反酗酒委员会（NCA）
733 Third Avenue
New York，NY 10017

美国酗酒与酒精滥用问题研究会（NIAAA）
Division of Resource Development
5600 Fishers Lane
Rockville，MD 20857
（301）443-2570

美国酒精信息交流中心（National Clearinghouse for Alcohol Information）
P.O. Box 2345
Rockville，MD 20852
（301）948-4450

参考文献

American Medical Association. Manual on Alcoholism (Rev.). Chicago: Author, 1973.

American Psychiatric Association. *Diagnostic and statistical manual of mental disorders* (3rd ed.). Author, 1980.

Armor, D. J., Polich, J .M., & Stambul, H. B. (1976). *Alcoholism and treatment.* Report R-1739-NIAAA, Santa Monica, CA: Rand Corporation.

Bacharach, L. Characteristics of diagnosed and missed

alcoholic male admissions to State and County mental hospitals in 1972. *Mental Health Statistical Note No. 124.* National Institute of Mental Health, 1976.

Blum, E., & Blum, R. (1972). *Alcoholism: Modem psychological approaches to treatment.* San Francisco: Jossey-Bass Publishers.

Catanzaro, R. J. (1974). The disease: Alcoholism. In R. J. Catanzaro (Ed.), *Alcoholism: The total treatment approach* (3rd printing). Springfield, IL: Charles C Thomas.

Clarren, S. K., & Smith, D. W. (1978). The fetal alcohol syndrome. *New England Journal of Medicine, 298,* 1063–1067.

Cotton, N. S. (1979). The familial incidence of alcoholism: A review. *Journal of Studies on Alcohol, 40* (1), 89–116.

Dahlhauser, H. F., Dickman, F., Emener, W. G., & Lewis, G. Y. (1982). *Alcohol and drug abuse awareness: Implications for intake interviewing.* Manuscript submitted for publication.

Diagnostic and statistical manual of mental disorders (4th ed.) Arlington, VA: American Psychiatric Association.

Dickman, F., & Emener, W. G. (1982). Employee assistance programs: An emerging vista for rehabilitation counseling. *Journal of Applied Rehabilitation, 13* (3), 18–20.

Dickman, F., & Phillips, I. A. Alcoholism: A pervasive rehabilitation counseling issue. *Journal of Applied Rehabilitation Counseling,* 1985.

Emener, W. G., & Dickman, F. (1983). Corporate caring. *Management World, 12* (1), 36–38.

Emerson, C. D. (1979). Family violence: A study by the Los Angeles County Sheriffs Department. *Police Chief, 46,* 48–50.

Estes, N. J., Smith-Dejulio, J., & Heinemann, M. E. (1980). *Nursing diagnosis of the alcoholic person.* St. Louis: C. V. Mosby.

Fewell, C. H., & Bissell, L. (1978). The alcoholic denial syndrome: An alcohol-focused approach. *Social Casework, 59* (1), 6–13.

Filstead, W. (1977). The family, alcohol misuse and alcoholism: Priorities and proposals for intervention. *Journal of Studies on Alcohol, 38,* 1447–1454.

Forrest, G. C. (1978). *The diagnosis and treatment of alcoholism* (2nd ed.). Springfield, IL: Charles C Thomas, Publisher, Ltd.

Fort, J. (1973). *Alcohol: Our biggest drug problem.* New York: McGraw-Hill.

Gellman, I. P. (1964). *The sober alcoholic: An organizational analysis of Alcoholics Anonymous.* New Haven: College and University Press.

Gitlow, S. E. (1973). Alcoholism: A disease. In P. G. Bourne & R. Fox (Eds.). *Alcoholism progress in research and treatment.* New York: Academic Press.

Glatt, M. M. (1978). *A guide to addiction and its treatment.* New York: John Wiley & Sons, 1974.

Goldenson, R. M., Dunham, J. R., & Dunham, C. S. (Eds.). *Disability and rehabilitation handbook.* New York: McGraw-Hill.

Gustafson, D., & Holloway, D. (2005). *Addiction severity index.* Connexions [Online]. Retrieved May 15, 2008. Available: http://cnx.org/content/m12681/1.1/

Haberman, P. W., & Baden, M. M. (1978). *Alcohol, other drugs, and violent death.* New York: Oxford University Press.

Hamby, R. I. (1970). Primary myocardial disease. *Medicine, 49,* 55–78.

Hindman, M. (1977). Child abuse and neglect: The alcohol connection. *Alcohol Health and Research World,* 2–7.

Hunter, C. W., Jr. (1982). Freestanding alcohol treatment centers–a new approach to an old problem. *Psychiatric Annals, 12* (4), 396–408.

Jellinek, E. M. (1959). Recent trends in alcoholism and in alcohol consumption. *Quarterly Journal Studies on Alcoholism, 20,* 261–269.

Jellinek, E. M. (1960). *The disease concept of alcoholism.* New Haven, CT: Hill House Press.

Johnson, V. W. (1980). *I'll quit tomorrow* (Rev. Ed.). San Francisco: Harper & Row.

Julian, V., & Mohr, C. Father-daughter incest–profile of the offender. *Denver National Study on Child Neglect and Abuse Reporting,* 1980.

Kempe, H., & Heller, R. E. (1972). *Helping the battered child and his family.* New York: Lippincott.

King, B. K., Bissell, L., & O'Brien, P. (1974). AA, alcoholism counseling and social work treatment. *Health and Social Work, 4* (4), 181–198.

Kinney, J., & Leaton, G. (1978). *Loosening the grip: A handbook of alcohol information.* St. Louis: C. V. Mosby.

Kissin, B., & Begleiter, H. (1972). *The biology of alcoholism.* New York: Plenum Press.

Krimmel, H. E. (1973). The alcoholic and his family. In P. G. Bourne & R. Fox (Eds.), *Alcoholism progress in research and treatment.* New York: Academic Press.

Leiber, C. S. (1982). Medical issues: The disease of alcoholism. In E. L. Gomberg, H. R. White, & J. A. Carpenter (Eds.), Alcohol science, and society revisited. New Brunswick: Rutgers Center of Alcohol Studies, and Ann Arbor, MI: University Press of Michigan.

Manello, T. A., & Seaman, F. J. (1979). *Prevalence, costs, and handling of drinking problems on seven railroads.* U.S. Department of Transportation Federal Railroad Administration. Washington, D.C.: University Research Corporation.

Mann, M. (1958). *New primer on alcoholism: how people drink, how to recognize alcoholics, and what to do about them.* New York: Holt, Rinehart & Winston.

Martin, J. Chalk talk on alcoholism. National Audiovisual Center. Washington, D.C.: General Services Administration, 1972.

Milam, J. R., & Ketcham, K. (1981). *Under the influence.* Seattle: Madrona Publishers.

Miller, P. Cluver, J., & Anton, R. (2007). A useful test for monitoring alcohol use. *Addiction Professional, 5,* 50–51.

Murphy, H. B. M. (1980). Hidden barriers to the diagnosis and treatment of alcoholism and other alcohol misuse. *Journal of Studies on Alcohol, 40* (5).

National Center for Alcohol Education. *The community health nurse and alcohol-related problems.* Rockville, MD: National Institute on Alcohol Abuse and Alcoholism, 1978.

National Council on Alcoholism and Drug Dependence of the San Fernando Valley Inc. (2007). *Michigan alcohol screening test (MAST).* Retrieved May 12, 2008. Available: http://www.ncadd-sfv.org/symptoms/mast_test.html

Parsons, O. A., & Farr, S. P. (1981). The neuropsychology of alcohol and drug use. In S. B. Filskov & T. J. Boll (Eds.), *Handbook of clinical neuropsychology.* New York: John Wiley & Sons.

Rasch, J. D. (1985). *Rehabilitation of workers' compensation and other insurance claimants: Case management, forensic and business aspects.* Springfield, IL: Charles C Thomas, Publisher, Ltd.

Salter, J., & Stahl, J. (2007). One size does not fit all–matching individuals with appropriate substance abuse treatment. *Counselor: The Magazine for Addiction Professionals, 8,* 54–59.

Schneider, M.A. Some medical aspects of alcohol and other drugs of abuse. (Film narrative), Rev. 1980.

Schwartz, L., Sample, K. A., & Wegle, E. D. (1975). Severe alcoholic cardiomyopathy reversed with abstention from alcohol. *American Journal of Cardiology, 36* (12), 963–966.

Smith, J. W. (1977). Neurological disorders in alcoholism. In N.J. Estes, & M. E. Heinemann (Eds.), *Alcoholism.* St. Louis: C.V. Mosby.

Sobell, M. B., & Sobell, L. C. (1978). *Behavioral treatment of alcohol problems: Individualized therapy and controlled drinking.* New York: Plenum Press.

Society for Human Resource Management (2007). *Substance abuse subtle screening inventory-III* [Online]. Retrieved May 15, 2008. Available: http://www.shrm.org/testing/products/sassi/sassi_adult.asp

Streissguth, A. P., Little, R. E., Herman, C. S., & Woodell, S. (1979). IQ in children of recovered alcoholic mothers compared to matched controls. *Alcoholism: Clinical and Experimental Research, 3* (2), 197.

Substance Abuse and Mental Health Services Administration (SAMHSA) News (September/October, 2007). *Making Workplaces Drug-Free, 16.* Retrieved May 14, 2008. Available: http://www.samhsa.gov/SAMHSA_news/VolumeXVI_2/article12.htm

Thomas, J. (2003). Substance abuse subtle screening inventory. *The Gale Encyclopedia of Mental Disorders.* Detroit, MI: The Gale Group Inc.

U.S. Department of Health, Education, & Welfare. *Fourth special report to the US. Congress on alcohol and health from the Secretary of Health and Human Services.* January 1981. National Institute on Alcohol Abuse and Alcoholism. Washington, D.C.: U.S. Government Printing Office, 1981.

U.S. Department of Transportation. *Alcohol safety action projects: Evaluation of 1972 operations.* Vol. 1 NHTSA Technical Report. Washington, DC: The Department: 1974.

Wechsler, H., & Rohman, M. (1982). Future caregivers' views on alcoholism treatment–a poor prognosis. *Journal of Studies on Alcohol, 43* (9), 939–955.

Williams, R. R., & Horn, J. W. (1977). Association of cancer sites with tobacco and alcohol consumption and socioeconomic status of patients; interview study from the Third National Cancer Survey. *Journal of National Cancer Institute, 58* (3), 525–547.

Wolkenberg, R. C., Gold, C., & Tichauer, E. R. (1975). Delayed effects of acute alcoholic intoxication of performance with reference to work safety. *Journal of Safety Research, 7,* 104.

World Health Organization, Expert Committee on Mental Health (1952). *Alcohol Subcommittee Second report.* WHO. Technical Report Series, No. 48.

Wright, G. N. (1980). *Total rehabilitation.* Boston: Little, Brown.

Wynder, E L. (1978). Epidemiology of cancers of the upper alimentary and upper respiratory tracts. *Laryngoscope, 88* (1), 50–51.

Wynder, E. L., Bross, I. J., & Feldman, R. M. (1957). A study of the etiological factors in cancer of the mouth. *Cancer, 10,* 1300–1323.

第十章

家庭形式的演变：EAP与保健计划纲要

Naima Prince
William S. Hutchison
William G. Emener

本章主要从概念和实践操作两个层面探讨EAP与家庭有关的工作，①探讨了当代的家庭形式；②讨论了家庭经常表现出来的问题和治疗需求；③描述了可用来预防和解决家庭问题及需求的EAP与保健服务；④为EAP专业人员、临床医疗者、人力资源管理者和职业规划专业的学员提供有用的家庭工作指导。

个体的交往对象主要是内部家庭成员和外部社会环境，后者包括学校、邻居、教堂和职场。工作是个体生活中最为重要的部分（Strong，DeVaul，& Ohen，2008）。由工作所带来的社会地位、自尊、收入、薪酬、失业福利、退休福利、健康保险、EAP与保健服务等因素，使得工作成为了对于家庭来说最为重要的系统。如果有了这些资源，家庭就可能更幸福；如果缺乏上述中任何一项或者全部缺乏，就会给家庭带来压力，增加家庭不和的风险（Yen & Frank，2002）。根据上述观点，家庭与工作的交互作用可能是协同性的——会促进健康发展；也可能是非协同性的——会增加压力、导致疾病（Fannin，1987）。

收养家庭

收养孩子的员工数量呈不断增长的趋势（Lansford，2001），大约40%的美国人曾考虑过收养孩子（Kreider，2003）。因在美国收养孩子所需等待的时间往往比其他国家长，所以很多美国人到国外去收养孩子。在这个充满压力的过程中，EAP专业人员可以为这些家庭提供法律建议和帮助。

在社会上，人们往往更尊重亲生父母而不是养父母，所以养父母经常会遭到鄙视或歧视（Lansford et al.，2000）。而且，收养孩子的员工往往会对父母的角色缺乏安全感，导致完成相关工作时缺乏信心。EAP可为收养孩子的父母提供相应的家长咨询服务。

需要照看老人的家庭

大部分（80%）美国老人的长期看护是由家庭成员提供的，其中一半的家庭成员既需要在家照顾老人，又必须外出上班。照顾老人对员工的情绪、经济、身体和社会福利都有影响（Fredriksen & Scharlach，1999）。因多重责任带来的压力，这些员工经常不得不请假，他们时常感觉疲惫、压力大、担忧经济状况。在生育高峰期出生的这代人退休后，需要依靠孩子养老。EAP 专业人员应鼓励更多员工使用家庭看护咨询服务、财务咨询服务、老年人看护推介服务和临时看护服务。

同居者

据报道，同居者的关系质量往往不如婚姻关系（Amato，2005）。这不足为奇，并且同居者关系破裂的比例也非常高。实际上，大部分同居者都在 5 年之内结束关系，不管在此期间他们是否结婚（Seltzer，2000）。随着职场同居者数量的上升，EAP 可以为那些关系较好的同居者提供关系咨询，同时帮助那些正经历分手的员工度过痛苦阶段。

同居者也得不到与结婚夫妇同等的社会支持，因为人们大多对年轻人同居持否定态度，尤其是保守家庭。因此可以理解，同居的年轻员工往往与父母或其他亲戚关系紧张（Seltzer，2000）。这种状况对员工工作绩效不利，EAP 专业人员可以为这些员工提供个人咨询和家庭咨询服务。

一些同居者希望通过正式合同将他们的权利和义务正规化，这涉及的问题包括孩子、财产、继承关系和第三方等（Seltzer，2000）。EAP 可提供相应的法律建议和服务，帮助同居员工减轻压力。

有子女的离婚员工

据报道，约 20% 的美国人至少有一次离婚的经历（Kreider，2005）。与家庭完整的子女相比，父母离婚的子女往往更容易出现学习成绩问题、行为问题、抑郁、自卑和同伴关系不良问题（Amato，2005）。因此需要照顾孩子，需要处理这些问题的员工压力更大。为缓解有子女离婚员工的压力，EAP 可提供家庭咨询、青少年咨询、课程辅导、作业辅导等帮助。

有子女的双职工家庭

在美国，64.1% 的孩子生活在父母都工作的双职工家庭（U.S. Bureau of the Census，2000）。随着家庭妇女和全职母亲数量的减少，夫妻双方都工作的双职工家庭数量将持续处于上升态势。与单职工家庭相比，这种双职工家庭的员工用于帮助配偶发展事业的时间往往较少（Schneer & Reitman，1993）。如果没有来自家人的帮助、鼓励、讨论和建议，这些员工可能感觉不到家人对其事业的支持。EAP 专业人员可以为他们提供职业咨询和规划服务。

同性家庭

与异性夫妻一样，同性恋者通过长期的一对一关系来表达他们的爱，40% ～ 60% 的男同性恋者和 40% ～ 85% 的女同性恋者维持着长期的同性生活关系（Patterson，2000）。因禁止同性别结婚，美国的同性恋者多数选择同居。据报道，过去的 12 个月内，就有 44% 女性同性恋者和 28% 男性同性恋者过着同居生活（Black，2000）。EAP 专业人员应为这些同居员工提供同性恋咨询，为那些希望了解在“民事结合关系”和“家庭伙伴关系”中的权利的员工提供法律帮助。

同性伴侣一般也会经历与异性夫妇一样的问题，如经济、情感、性和家务方面的冲突。但对同性伴侣而言最特别的一个问题是，如何向他人披露其同性关系（Patterson，2000）。由于人们对同性恋的歧视，同性恋者一般不希望公开他们的关系。EAP 应为面临这些问题的员工提供解决策略和技巧。鉴于 22% 的女同性恋和 33% 的男同性恋家庭都至少有一个孩子（Chcrlin，2005），而且越来越多的同性伴侣选择通过代孕协议或收养来拥有自己的孩子（Patterson，2000），EAP 专业人员可以为他们提供了解其合法权益的资源，帮助孩子理解父母的性取向。

异性婚姻

异性婚姻是最为普遍的家庭形式，占所有家庭的 53%（U.S. Census，1999）。但这种结构的家庭正在减少（Steil，2001；Teachman，Tedrow & Crowder，2000）。EAP 专业人员应该寻求婚姻家庭服务方式的多元化，以满足其他家庭形式的需求。

独居者

25% 的美国人为独居者——单独生活的个人，这包括未婚的单身男女、离婚者、丧偶者。与已婚的个体相比，独居者的健康状况和经济状况较差，更容易感到孤独，抑郁感更强，药物滥用的问题发生率更高（Benokraitis，2008）。EAP 专业人员应该为独居者提供促进健康的措施、财务规划、精神健康咨询和药物滥用咨询服务。另外，应该为离婚者和丧偶者提供哀伤管理服务。

为人父母

为人父母者需要努力平衡工作与家庭之间的关系，所以往往压力都很大。这些员工比尚未做父母的员工更容易感到崩溃和疲惫（Arendell，2000）。实际上，感到工作家庭压力过大的员工更容易出现婚姻问题和亲子关系问题（Perry-Jenkins，Repeth & Crouter，2000）。EAP 专业人员应帮助为人父母的员工寻求工作与家庭的平衡，提供婚姻咨询以稳定婚姻关系，同时提供家庭咨询以帮助父母处理与子女之间的关系问题。

再婚

在美国，二婚、三婚、四婚的人数日益增长。具体而言，在占美国半数的婚姻中，夫妻双方至少有一位是再婚。与初婚生活相比，那些重视一夫一妻制的人在再婚生活中的紧张感更高、冲突更多。再婚夫妻常常为家庭资源分配、孩子教育和家庭规则而争吵（Coleman，Ganong & Fine，2000）。可以想象处在这种婚姻关系中的员工往往会向 EAP 专业人员寻求婚姻和家庭咨询帮助。

再婚关系没有初婚关系稳定，二婚、三婚和四婚的员工更容易离婚。EAP 专业人员应准备为他们个人及其家庭提供婚姻咨询、离婚调解和法律服务。

单亲家庭

在美国，单亲家庭是增长速度最快的家庭形式（Steil，2001）。大部分单亲家庭是母亲带着小孩（Cooksey & Fondell，1996），这样的家庭往往会有经济问题（Amato，2005）。尽管大部分单亲父母（59%）有权利从无监护权的父母处获取孩子的抚养费，但实际上 2001 年只有 38% 的单亲父母真正获得了抚养费（Thomas & Sawhill，2005）。支付日常开销、购买与其社会地位相符的商品、支付孩子教育费用的压力使得单亲家庭的员工更需要EAP为他们提供财务咨询和住房规划帮助。

27%的美国孩子生活在单亲家庭中（Sandberg & Hofferth，2001；Thomas & Sawhill，2005）。这些孩子的单亲父母陪伴他们的时间往往没有双亲父母多（Sandberg & Hofferth，2001）。没有时间陪伴孩子的父母往往会有负罪感和抑郁感。如果EAP能为他们提供资源和相关活动，让他们有更多的时间陪伴孩子（包括工作现场的日托服务），他们会受益更多。

单亲父母窘迫的经济状况使他们难以花更多时间陪伴孩子、监督孩子、支持孩子参与更多有益的活动。因缺乏父母陪伴、缺乏监督、无聊，单亲家庭的孩子比双亲家庭的孩子更易陷入酒精和药物滥用（Hoffman & Johnson，1998）。随着单亲家庭数量的持续增长，EAP可为单亲员工的孩子提供药物滥用的预防和咨询服务。

继父母家庭

大部分离婚父母最终会选择再婚，许多离婚后至少带一个孩子的女性会在其生命的某个阶段选择再婚（Amato，2005）。与带有子女的人结婚、组成继父或继母家庭（或混合型家庭）的人在适应继父或继母角色的过程中会经历更大压力。实际上，他们即将加入的家庭有既定的日常习惯、角色分配和共同生活经历（Cooksey & Fondell，1996）。EAP专业人员可提供家庭咨询，帮助那些建立继父母家庭或混合家庭的员工度过这个过渡期。另外，因美国法律对继父母的职责没有严格界定（Coleman et al.，2000），所以很多员工也需要法律帮助，弄清楚他们新的权利和责任。

混合家庭中经常碰到的问题包括孩子教育问题、哀伤问题（因死亡或离婚所导致的失去父母或配偶带来的悲伤）、经济和法律问题（Prince，2008）。混合家庭中一个常见的子女教育问题是“谁管教孩子”。处于青春期的孩子在被非亲生父母管教的时候，往往显得非常愤怒，并把怒气发泄到生活中（如发脾气、成绩糟糕、吸毒、性活动、抑郁和暴力）。孩子们往往会感觉有人想取代他们已失去的父母的位置，而非亲生父母则感到自己的权威没有被尊重。双方都感到被排斥，因而受到情感伤害。解决该问题较好的方式是让新父母先同意由亲生父母负责管教孩子，非亲生父母则充当一个朋友的身份，并明确告诉孩子自己不是孩子亲生父母的替身。当然，也有很多不适用这种方法的其他情况，比如孩子较小（如学龄前儿童）、养父母单独与孩子住在一起、必须为孩子提供作为长辈的指导，或非亲生子女希望并需要与养父母形成父母关系（Carter & McGoldrick，2004）。

生活在继父母家庭的孩子问题很多。孩子作为继父母家庭中的一员，往往难以接受新的生活方式，通常包括需要搬家、适应新的人群、学习遵循新规则、争取赢得继父母的欢心、感觉背叛了不同住的父母、放弃亲生父母能破镜重圆的幻想（Amato，2005）。EAP专业人员必须考虑他们对青年和青少年咨询服务的需求。

家庭保健计划

研究证明，对EAP客户最为直接有效的服务是准确的评估、合理的推介、跟进和必要时的短期咨询（Cope Online，2008）。EAP评估一般注重评估客户、家庭和职场的需求和问题（Emener & Dickman，2003）。下文说明了如何推动客户完成评估过程：

（1）**建立融洽关系**。对问题和需求的评估开始时，EAP临床人员会简单解释评估过程，比如会说："今天我们会讨论您来此的原因，包括您的家庭、工作、健康、经济或任何其他您所关心的问题。您告诉我们的信息将会严格保密，除非我们另行商定。我们需要（XX次数）的面谈，以确定解决或缓解问题所需采取的措施。这可能通过我们的咨询就能做到，也可能需要与您进一步商议并通过其他最适合您具体情况的专业服务来解决。在此，我愿向您做出承诺，让我们共同为您的困难制订计划，解决您的困扰。"

（2）**澄清问题**。接着EAP临床人员请客户讨论其关心的问题，建立友善气氛，澄清客户的具体问题和需求。这种过程本身是一种咨询形式，客户总是慢慢理清思绪，感觉不再失控（Woods & Hollis，2000）。

（3）**提供解决方案**。问题澄清后，临床人员和客户可以研究可选的解决方案，选出对客户最有帮助的方案。大部分选择方案可按照解决程序进行分类，如需要通过澄清问题而加以解决的问题；需要通过短期EAP咨询（2～6次）解决的问题；需要通过法律、财务、精神健康专家解决的问题；需通过健康、婚姻和家庭咨询解决的问题（Emener & Dickman，2003）。

（4）**响应需求－保健计划**。一个运行良好的EAP项目会对客户个人的问题和需求种类进行收集。每隔一段时间（如每三、六、九或十二个月），EAP会同人力资源管理者对这些问题和需求种类进行审查，确定是否有必要通过保健计划解决具体的需求。比如，如果大量员工都关心老年父母问题，就可以为员工的老年父母制订老人照料计划。

在EAP要解决的员工其他相关问题与困难中，还有员工支付抵押房贷困难的问题。可以对此制订一个与房贷和住房财务、法律问题相关的方案。最后是员工抑郁症发生率较高的问题，为员工开发一份有关抑郁征兆、症状、预防和治疗的方案就可能会对其有所帮助。

对EAP直接提供服务的那些问题来说，上述保健计划的方法非常有效。而对于那些不使用EAP服务的员工和家庭，可采用的方法是两种方法的结合——分类法与基于上述家庭形式采取的方法。一般而言，首先公司可以采用本章前面谈到的12种家庭形式对员工家庭进行分类：① 收养家庭；② 需要照料老人的家庭；③ 同居者；④ 有子女的离婚员工；⑤ 有子女的双职工家庭；⑥ 同性家庭；⑦ 异性婚姻；⑧ 独居者；⑨ 为人父母；⑩ 再婚；⑪ 单亲家庭；⑫ 继父母家庭。然后公司要求员工在五分制的保健计划需求表上进行匿名打分（1表示需求度最低，5表示需求度最高）。在分数为4或5的领域，要求员工提出需探讨的具体问题。一旦使用了需求测评工具并打分后，公司就可以确定最需要的具体领域的专家（公司内部推介、EAP或外包给专业机构开发提供解决方案）。解决方案应满足组织和员工的需求，可以包括① 面对面工作坊；② 工作手册；③ 有文字或视频资料的网站。

在工作坊活动上可以介绍保健计划的概况、常见问题的发生频率，并对常见问题进行举例，这对员工非常有益。而且在介绍过程中可以设置互动环节，请参与者提出他们关心的问题，由相关人员作答。当然，这种介绍最好集中于员工问题的原因，以及有利于提高解决各种问题的技能。同时，建议在活动结束时，设置提问环节，并提供可利用的资源（包括EAP、网站、社区服务机构和专业服务机构）、分发相关资料。最后，请参与者对介绍者、所讲内容以及有用性等做出匿名评价，并对后续方案提出建议和要求，这是非常有用的。

在介绍过程中，介绍者可以引导参与者对推荐的解决方法及其他已被证明是成功的方法进行讨论。

结论

总而言之，工作与家庭是相互关联、相互影响的。兼顾工作与家庭、并根据各种家庭形式制订的EAP和保健计划往往能产生积极的影响。这些积极影响包括：①提高工作效率；②改善工作绩效；③减少现场事故；④降低旷工率；⑤改善健康状况，降低医疗成本。而且，员工的整个家庭将表现出更好的健康状况、人际交往能力和幸福感（Yen & Frank，2002），进而对上述五大方面产生积极影响，形成良性循环——基于此，EAP和保健计划就更有理由接受和采用多元化的方法。

参考文献

Amato, P. (2005). The impact of family formation change on the cognitive, social, and emotional well-being of the next generation. *The Future of Children, 15,* 75–96.

Arendell, T. (2000). Conceiving and investigating motherhood: The decade's scholarship. *Journal of Marriage and the Family, 62,* 1192–1207.

Benokraitis, N. (2008). *Marriages & families: Changes, choices & constraints.* Upper Saddle River, NJ: Pearson Prentice Hall.

Black, D. (2000). Demographics of the gay and lesbian population in the United States: Evidence from available systematic data. *Demography, 37,* 139–54.

Carter, B., & McGoldrick, M. (eds.) (2004). *The expanded family life cycle: Individual, family & social perspectives.* Edinborough Gate: Addison-Wesley.

Ceridian (2003). A national employee assistance program: The Ceridian experience. In W. S. Hutchison, W. G. Emener, & M. A. Richard (Eds.). *Employee assistance programs: Wellness/enhancement programming.* Springfield, IL: Charles C Thomas, Publishers.

Cherlin, A. (2005). American marriage in the early twenty-first century. *The Future of Children, 15,* 33–55.

Coleman, M., Ganong, L., & Fine, M. (2000). Reinvestigating remarriage: Another decade of progress. *Journal of Marriage and the Family, 62,* 1288–1307.

Cooksey, E., & Fondell, M. (1996). Spending time with his kids: Effects of family structure on fathers' and children's lives. *Journal of Marriage and the Family, 58,* 693–707.

Cope Online (2008). Available: http://ohp.nasa.gov'/cope2/process.html

Emener, W. G., & Dickman, F. (2003). Case management, caseload management and case recording and documentation in professional employee assistance program delivery. In W. S. Hutchison, W. G. Emener, & M. A. Richard (Eds.). *Employee assistance programs: Wellness/enhancement programming.* Springfield, IL: Charles C Thomas, Publishers.

Fannin, R. A. (1987). Family wellness: an ecological perspective. Paper presented at Annual National Symposium on Building Family Strength, Lincoln, NE.

Fredriksen, K., & Scharlach, E. (1999). Employee family care responsibilities. *Family Relations, 48,* 189–196.

Hoffmann, P., & Johnson, A. (1998). A national portrait of family structure and adolescent drug use. *Journal of Marriage and the Family, 60,* 633–645.

Kreider, R. (2003). Adopted Children and Stepchildren:

2000. U.S. Census Bureau, Census 2000 Special Report [Online]. Retrieved December 31, 2007. Available: www.census.gov

Kreider, R. (2005). Number, timing and duration of marriages and divorces: 2001. U.S. Census Bureau, Current Population Reports, 70–97 [Online]. Retrieved December 31, 2007. Available: www.census.gov

Lansford, J., Ceballo, R., Abbey, A., & Stewart, A. (2001). Does family structure matter? A comparison of adoptive, two-parent biological, single-mother, stepfather, and stepmother households. *Journal of Marriage and the Family, 63,* 840–851.

Patterson, C. (2000). Family relationships of lesbians and gay men. *Journal of Marriage and the Family, 62,* 1052–1069.

Perry-Jenkins, M., Repetti, R., & Crouter, A. (2000). Work and family in the 1990s. *Journal of Marriage and the Family, 62,* 981–998.

Sandberg, J., & Hofferth, S. (2001). Changes in children's time with parents: United States, 1981–1997. *Demography, 38,* 423–436.

Schneer, J., & Reitman F. (1993). Effects of alternate family structures on managerial career paths. *The Academy of Management Journal, 36,* 830–843.

Seltzer, J. (2000). Families formed outside of marriage. *Journal of Marriage and the Family, 62,* 1247–1268.

Steil, J. (2001). Family forms and member well-being: A research agenda for the decade of behavior. *Psychology of Women Quarterly, 25,* 344–363.

Strong, B., DeVault, C., & Cohen, T. (2008). *The marriage and family experience* (10th ed.). Belmont, CA: Thomson-Wadsworth.

Teachman, J., Tedrow, L., & Crowder, K. (2000). The changing demography of America's families. *Journal of Marriage and the Family, 62,* 1234–1246.

Thomas, A., & Sawhill, I. (2005). For love and money? The impact of family structure on family income. *The Future of Children, 15,* 57–74.

U.S. Bureau of the Census (1999). *Statistical Abstract of the United States: 1998* (Table 1419). Washington, DC: U.S. Government Printing Office.

U.S. Bureau of the Census. *(2000). Statistical Abstract of the United States: 2000* (Tables 653, 655). Washington, DC: U.S. Government Printing Office.

Woods, M., & Hollis, F. (2000). *Casework: A psychosocial therapy.* Ethica, NY: McGraw-Hill.

Yen, I., & Frank, J. (2002). *Improving the health of working families: Research connections between work and health.* Washington, DC: National Policy Associates.

第十一章
EAP之精神健康问题

William S. Hutchison，Jr.
Keely Spruill

EAP中关于精神健康的部分已成为社会、雇主、员工直接关注的主要领域（Goins，2002）。从社会的角度来看，据估计，每年用于治疗精神障碍的费用高达5000亿美元，其中包括直接治疗费、伤残抚恤金、失业救济金和其他救济项目的费用（Sederer，2001）。雇主需承担旷工、减产、健康保险金增加、长期病假与长期残障赔偿带来的花费。2001年，雇主为有精神抑郁症状的员工支付的费用估计有500亿美元。此外，2001年，因物质滥用导致残障的员工花费了公司约1500亿美元。与此同时，每年因员工精神障碍支出的费用估计为1500亿美元（Sederer，2002）。

如果我们从儿童的立场来审视精神障碍，那么学龄前儿童和学龄儿童是我们强调精神健康和EAP重要性的另一个原因。如今，人们已经意识到：有时员工旷工是因为他们的孩子有精神障碍，他们要照顾这样的孩子，为他们治疗，提供教育上的帮助。针对公立学校系统从幼儿园到12年级教育的学生帮助计划（Student Assisance Program，SAP）最近又有新的举措。SAP认为，学校的环境对儿童而言就像工作环境之于成年人一样重要。同样，若是儿童在学习上出现问题，就应立即采取措施进行干预，以免情况恶化，或是出现障碍（Alexander，1999）。

同时，从人力成本的角度看，精神障碍给成年员工造成的影响、给他们的家庭、主要社会关系和在校儿童造成的影响是巨大的。有的家庭因失去亲人导致其他成员走上自杀之路；有的家庭因精神障碍（表现为自责、无法表达情感、自我关怀减少）而引起隔阂，继而离婚；有的儿童自尊心遭到严重伤害，继而引起学习成绩退步——通常很多人会退学，这就会影响他们的前途。以上都是一些典型例子。

由于预防和治疗精神障碍的需要日益增长，EAP和精神健康工作面临着挑战与发展并存的局面。其中最具挑战意义的是将EAP与精神卫生保健管理整合起来。管理式精神健康治疗方案强调简单快捷、控制成本，但这有时会与患者病情的严重性和实际治疗需要不符（Goins，2002）。建议EAP专家查询精神病学纲要（Kaplan & Sadock，2002），对照其中关于精神障碍的阐述，寻求最佳治疗方案。这样他们就能告知援助对象预估的情况，并指导他们对病情进行控制。乐观地说，这对成功治疗精神障碍有着尤为重要的推动作用。从生物学的角度来看，现在开发的一些尖端药物能恢复大脑特定神经递质的正常功能，从治疗由物质滥用障碍引发的情绪不稳、焦虑、注意力缺陷多动症、强迫症、妥瑞氏综合征（即抽动-秽语综合征）等来看，这些药物已大幅度提高了治疗效果。同时，由于管理式治疗注重对治疗方法的实证性检验，由此产生了一系列新的有效治疗手段：眼动脱敏再加工疗法、神经语言程序学疗法、短程疗法、认知行为疗法、焦点解决疗法。此外，通过研究将药物、治疗方法、家庭心理教育以及其他干预手段结合起来，可制订出精细的解决方案。如对于有数学和阅读障碍的儿童采用多重感官教学法，治疗效果大有提高（Sadock & Kaplan）。

本章将分三部分进行论述。第一部分阐述了各种障碍的症状以及针对儿童或青少年患者的疗法，这包括家庭与学校的介入，采取相关手段培养良好的心理适应力，预防障碍的发生。第二部分与第一部分相对应，阐述了成年人常见障碍的相关症状、治疗方法、家庭与工作环境的介入，并总结出要通过强调健康与压力管理来预防障碍的产生。第三部分，即最后一部分，对本章进行了总结，指出了未来的发展方向。参考文献等网站部分对本文观点与论据来源做了全面而详尽的列举，其中包括一些网站，可以通过它们找到本文所述疗法的其他研究信息和为各种障碍提供的服务及帮助。

儿童与青少年

精神障碍

儿童与青少年精神障碍的诊断非常具有挑战性。尽管所有的精神疾病诊断人员在诊断任何年龄段的患者时都必须考虑患者的哪些行为是恰当的，但碰到儿童与青少年，就是一个棘手的问题。还有一些因素也会使得对于患有精神障碍的儿童与青少年的病情诊断和治疗变得复杂。患者通常认为他们并不需要治疗，并可能不认为他们的行为存在异常或不恰当。和年龄较大的患者比较，儿童语言能力有限，治疗专家可能需要从其他人那里获知患儿的行为情况，这样一来，评估结果就缺乏可靠性。而且，通常情况下，儿童与青少年对他们周围环境的控制力是有限的。

《精神疾病诊断与统计手册》（DSM-Ⅳ-TR，2000）以独立章节指出，精神障碍通常最先在婴儿期、儿童期或青少年期被诊断出来。作者两次提醒读者：本章所述的障碍有可能当时并不能诊断，日后才能得到诊断。在DSM-Ⅳ-TR其他部分所述的障碍也可能在儿童期和青少年期被诊断出来。DSM-Ⅳ-TR关于可在儿童期和青少年期诊断的典型障碍的单独叙述对论述本章观点颇有帮助，因而下文对DSM-Ⅳ-TR中有关各类障碍通常采用的治疗方法做了概述。根据该书的观点，这些障碍一般最先可以在婴儿期、儿童期或青少年期被诊断出来。

1. 精神发育迟滞

若认知能力低于平均水平，并伴有适应行为缺陷，即可诊断为精神发育迟滞（又称弱智）。根据患者的智力水平可分为四个类型：轻度、中度、严重、极严重。治疗干预手段包括课堂、专业、适应技巧的训练和行为干预，以减少其他障碍行为。学龄儿童患者通常能够接受学校提供的特殊教育，本章后文将对此进行阐释。

2. 学习障碍

学习障碍表现为学习成绩明显低于患者的智力水平、年龄及与受教育程度相应的水平。学习障碍可分为阅读障碍、数学障碍和书写障碍。

对学习障碍的儿童患者来说，治疗手段包括针对所缺技能进行学习上的训练，采用认知策略教学，帮助患儿提高信息处理效率的能力（Torgesen，1980）。此外，学习障碍患儿通常表现出意志消沉，并缺乏社交技巧（DSM- Ⅳ -TR）。家长和教师的教育以及针对患儿的直接疗法可能对克服此类困难有所帮助。

3. 动作技能障碍

若患儿的运动协调发展明显存在缺陷，即可诊断其患有发展性协调障碍。根据病情的轻重情况，可采用作业疗法或物理疗法（理疗）来治疗运动协调方面的缺陷。

4. 沟通障碍

沟通障碍可分为两类：一类表现为影响患儿理解语言的能力（接收语言），另一类表现为影响患儿用语言表达思想的能力（表达语言）。这两种类型都会影响患儿的发音。前者又包括表达语言障碍和接收 - 表达语言混合型障碍。后者为音韵障碍，在这种情况下，患儿不能发出其年龄段可发出的某些语音，说话口吃，表现为说话不流利，断断续续，有停顿。可根据障碍程度采取相应的治疗方法，但通常都是采用言语和语音疗法。可用咨询的方法解决患儿自尊心受损的问题，家长与教师的教育也可以培养患儿的理解力，向患儿传授一些方法，帮助他们提高沟通能力。

5. 广泛性发育障碍

患有广泛性发育障碍的儿童主要表现为正常社会交往、沟通、活动与兴趣的发展存在严重缺陷。自闭症儿童有社会交往和语言沟通缺陷，有些行为刻板重复。这一障碍范畴内的其他障碍有着极其相似的特点，但也有不尽相同之处：如亚斯伯格症患者语言能力较好；雷特症患者均为女性，出生后短期内（5 ～ 8 个月）表现正常；儿童期崩解症患者出生后前两年表现正常，两岁之后突然出现社会交往、语言和运动技能方面的丧失。

治疗这类障碍可服用神经安定药物控制患儿攻击他人的行为和自我伤害行为，服用抗焦虑药物加强患儿与他人的社会交往并丰富行为模式，如积极强化、轻微惩罚、课堂训练、自我关怀训练、社会化训练、职业培训、家长训练与支持（Schopler & Mesibov，1986；Schopler，Reichler & Lansing，1980）。

6. 注意力缺陷和分裂性行为障碍

本节主要阐述注意力缺陷多动症、品行障碍和对立违抗性障碍这三种障碍。注意力缺陷多动症主要表现为分心、多动和冲动任性，有时仅表现为分心，或是多动和冲动。注意力缺陷多动症通常采用兴奋类药物，在学校和家庭采用教师与家长实施的教育和训练、行为管理法；如伴发有焦虑和抑郁症状，可采用激励机制和休止法、自我监控法、心理疗法。患有对立违抗性障碍的儿童会表现出消极、对抗、挑衅，当然这些也可能是品行障碍的前兆。治疗对立违抗性障碍，首先从控制行为过程着手，要坚持不懈地进行巩固，并采用休止法和反应代价法。家长与教师的训练对连贯的行为干预至关重要。品行障碍与对立违抗性障碍两者的症状相似，但它还表现出违反社会准则、侵犯他人基本利益的行为。从采用行为疗法和家长、教师训练法的角度来看，治疗品行障碍的方法与注意力缺陷多动症和对立违抗性障碍的治疗方法相似。同时，也可采用愤怒控制干预法来治疗品行障碍。

7. 婴儿期或儿童期喂养及进食障碍

本节所探讨的此类障碍包括异食癖、反刍障碍、婴儿期或儿童早期的喂养障碍。虽然这三种障碍都表现为进食紊乱，但它们在症候学和治疗方法上有明显区别。异食癖的特点是摄取没有营养的东西。治疗异食癖通常采用行为干预法，如轻微惩罚、过度矫正、区分强化。相对而言，反刍障碍主要表现为将食物反复反刍咀嚼。患儿一般在出生不久到一岁间发病，因而治疗方法通常采用家长教育法、培养健康情感法。婴儿期或儿童早期喂养障碍患者表现的症状有饮食不足或体重不增。根据营养不良状况的严重程度，治疗的第一步可采用药物干预法，以确保患儿身体健康。若因父母患有精神疾病或对患儿照顾不周而引发此障碍，则应加强对父母的教育，这一点至关重要。治疗该障碍时，也可对儿童进行直接的行为干预。

除以上障碍之外，神经性厌食和神经性贪食也属于进食障碍，青少年中常见发病。本章将对此另加讨论。

8. 抽动障碍

DSM-Ⅳ将抽动定义为“突发的、快速的、反复的、无节奏的、刻板的运动或发声”，并在后文进一步阐述道：尽管患者认为抽动不受意志控制，其实抽动可在短时间内得到抑制。抽动障碍包括妥瑞氏症（抽动-秽语综合征）、慢性运动或发声抽动障碍、短暂性抽动障碍、未分类抽动障碍。妥瑞氏症患者表现为运动与发声抽动同时存在，此与慢性运动或发声抽动障碍不同，后者只表现出其中一种症状。短暂性抽动障碍患者在运动和发声抽动发作时，持续时间较妥瑞氏症患者发病持续时间要短。

可在病情严重时给抽动障碍患者服用神经安定药物，找到引发抽动的学校教育和社会方面的原因。教育患者生活环境中的人（包括教师、同伴和家人）要宽容地对待他们，这也是治疗的重要组成部分，它能减轻抽动对患儿自尊心造成的不良影响。治疗过程中也可考虑患者是否有其他的共病障碍，如心境障碍、强迫症、焦虑症、学习障碍、注意力缺陷多动症。

9. 排泄障碍

排泄障碍包括大便失禁、大便时不能正常如厕、遗尿或小便失禁。诊断此类障碍时，并不考虑引发此类障碍的原因是无意识的还是有意的。治疗大便失禁并控制粪便的排泄，可采用药物干预的方法，首先治疗粪便嵌塞，同时改变患者饮食。治疗干预手段还包括行为疗法，并对家长进行教育，减少使用惩罚手段。遗尿通常在夜间患儿睡觉后发生，可用药物治疗，如服用丙咪嗪或盐酸丙咪嗪。针对夜间遗尿的行为干预，还包括使用仪器设备，如在床上铺上湿度敏感垫，孩子排尿时便会响铃提醒。对于日间遗尿的患者，可采用尿留置控制训练法。

10. 婴儿期、儿童期和青少年期的其他障碍

本节最后探讨的是除上文以外的其他障碍，包括分离焦虑症、选择性缄默症、反应性童年依赖症和刻板性运动障碍。分离焦虑症是指患儿与亲人分离时表现出极度的焦虑，通常对患儿及其家人采用认知行为疗法进行治疗。儿童患有选择性缄默症时，在某些交际场合拒绝说话，但在其他场合则表现自然，能正常主动地说话。治疗过程中，除其他方法外，有时也可使用选择性血清素再回收抑制剂（SSRIs）。另外，行为疗法，如阳性强化法、刺激消退法、自我示范法等也具疗效（Sadock & Kaplan）。反应性童年依赖症较为罕见，患儿表现为社交不良。人们通常认为这不足以引起疾患，因而治疗手段一般为家长教育法，可能的话，也可介入社会福利服务。刻板性运动障碍患者表现出反复、无意义的行为方式，患有孤独症和其他广泛性发育障碍的儿童表现得尤为突出；但这些障碍的诊断标准中尚未发现有与刻板性运动障碍相同的其他症状。尽管目前有关此障碍的资料非常有限，但刻板性运动障碍患儿应考虑接受药理治疗，尤其是当患儿有自残行为时。

与学校、家庭的协作

如前文所述，由于青少年儿童控制周围环境的能力有限，甚至没有控制力，对他们进行精神健康干预是一项复杂的工作。此外，较之个体心理治疗，行为干预效果通常更好，尤其当患者是儿童时，效果更明显（Weitz et al., 1999）。鉴于上述因素，治疗青少年儿童患者时，与患者的教师和看护人员的协作与会诊尤为重要。

1. 会诊

在会诊过程中，治疗师直接与教师和看护人员沟通，鉴定患儿在哪些方面存在困难，制订有针对性的干预策略。之后，会诊中的教师或护理人员可以立即实施干预策略，并与会诊医生保持联系，需要时可立即调整策略。譬如，在向教师了解患儿行为时，精神健康专业人士可先尝试与教师交流一下，让教师诉诉苦，然后再将其谈话引入 1 ～ 3 个“目标行为”的内容。教师和会诊医生对此类行为和专业术语一一澄清并达成共识之后，会诊便可客观地实施。接下来，会诊医生和教师一道对患儿进行行为干预，并要求教师特别针对商定的目标行为实施干预方案。

2. 特殊教育

根据 DSM- Ⅳ诊断出患有某一障碍的许多儿童（尽管不是全部患儿），可以接受学校提供的特殊教育。根据障碍的类型、障碍损害就读能力的程度，残障儿童有权享有美国《残疾人教育法》（Individuals with Disabilities Education Act，IDEA）或《康复法案》（1973）第 504 条规定的服务。

由于此已超出本章论述范围，在此不对 IDEA 和第 504 条的差异进行深层探讨。简而言之，IDEA 属于美国联邦法规，要求接受美国联邦财政资助的每个州要为在一个或多个方面出现残障的学龄儿童提供充足并且合适的教育服务。第 504 条为民法法规，它规定每所接受美国联邦财政资助的学校有义务为残障学龄儿童提供教育服务。IDEA 规定项下的所有可享受服务的学生同样受第 504 条的保护。但第 504 条规定项下的受保护学生许多并不符合 IDEA 的标准，无权享受 IDEA 提供的服务。

IDEA 和第 504 条均要求成立一个了解儿童的专家团队，鉴定该儿童是否有资格享受法律规定的服务，如患儿符合免费接受合适的公共教育的相关规定，需为该患儿撰写一个计划。该专家团队由各学科领域的人员组成，他们的会议是医生向学校工作人员和家长咨询患者情况的绝佳机会。

早期预防方法

1. 风险与适应力

戈麦兹（Garmezy，1982）将适应力定义为在重大并且持久的生活压力中成功应对并适应良好。有关风险和适应力的研究试图找到如下差异的原因：一些个体在环境恶劣的状况下能成功适应；而在同样的环境下，大部分个体却产生了不良结果。针对儿童面临风险时如何有效适应的研究表明，预防干预是非常有效的（Masten，1989）。在一篇相关研究的评论中，戈麦兹（Garmezy，1985）提出三类保护性因素：儿童自身的特质；家庭凝聚力、温暖、安全；家庭以外的援助。

2. 早期预防方案

对尚未诱发精神障碍或其他困难的健康或高危人群，精神健康的早期预防属于早期干预方式之一。这些干预措施是面向群体的。诸如在校实施的抵制毒品滥用教育计划（Drug Abuse Resistance Education，DARE），试图通过帮助年龄小于13岁的学生产生正确的认识，并对其实施教育，达到预防滥用酒精和毒品的目的。除帮助青少年儿童培养正确认识的项目外，早期预防方案还包括提高家长和教师能力的方案、改善环境和制度的方案、鉴别高危个体的方案（Reinherz，1979）。针对青年人的早期预防方案涉及多种障碍和多种困难，如进食障碍、参加帮派、自杀、情绪障碍等（Esbensen，2000；Sandoval et al.，1987）。

其他障碍

DSM-Ⅳ-TR注明，为了方便起见，根据发病年龄对障碍加以区分。以年龄为依据的另一个原因是，有些障碍只在某个年龄段发作。因此，“临床医务人员”应熟知整个分类情况（DSM-Ⅳ-TR）。

1. 认知障碍

此类障碍有着共同的基本症状，即记忆力损伤。阿尔兹海默类痴呆、多发梗塞性痴呆、健忘症、一般医学疾病引发的痴呆和物质滥用引发的痴呆均属认知障碍。治疗时要以潜伏病因的准确诊断为依据，并有全面的医学鉴定。绝大部分情况都需要采用药物治疗，同时要监管患者日常生活中的各项活动，并确保患者睡眠充足、营养均衡、有一定的体育锻炼和社会交际活动。对患者采用认知行为疗法，并对家人和社区护理人员进行心理教育辅导。经验证明，这两种干预的结合行之有效，大大提高了治疗效果。

精神分裂症与其他精神障碍

这类障碍突出表现为患者出现精神病性症状（妄想或幻觉）。具体可分成五种：①精神分裂症；②分裂样精神病；③妄想症；④短期精神失常；⑤共有型精神障碍。不同症状的诊断需要有医学鉴定，用以确定是不是潜伏疾病诱发了精神病性症状（如铅中毒）。治疗时，通常都使用精神安定药物。支持性和结构性的心理治疗方法关注患者的日常生活情况，确保满足患者身体的基本需求。病情严重时，心理治疗和住院治疗不可或缺。在病情缓和阶段，护理人员采用结构化的生活管理，并采用心理社会疗法持续关注患者日常生活情况，同时对患者进行药物监控，这是较为理想的治疗组合。

家庭治疗工作尤为重要，应告知家庭成员

已知的病因、服用的药物、如何与患者沟通、代偿失调的征兆和可能的资金方面的援助，包括健康保险、医疗护理、残疾人保障、生活补助金，还有住房援助。

情感障碍

此类型的五种障碍都表现出了情绪抑郁。但双相障碍以及躁狂抑郁症患者则表现出了躁狂和轻度躁狂情绪。重度抑郁症和心境恶劣是另外两种心境障碍。对于所有障碍来说，潜伏的疾病可能诱发障碍。医生要对患者进行检查，进而确定上述情况是否存在。治疗时，首先考虑服用抗抑郁药物，同时采用认知行为疗法。该行为疗法注重合乎逻辑的自我交谈，为患者制订日常生活规则，并规定患者的体育和社交活动与其体能和心智相符。

取得家人协助时，首先要让家人把他们自己的感受表达出来（患者通常并不在场，但已征得患者同意）。由于患者的病情没有明显好转，通常家人会觉得沮丧。从药物可能导致心理失衡的角度为其家人解释此类疾病的性质，并证实家人目前的感受是正常反应。这样的话，患者和家人之间的交流通常能更富于建设性。同样，让每个人都加入治疗队伍（在患者同意的前提下），从而加强其治疗的依从性（愿意接受预定的疗程）。

焦虑症

焦虑为八大障碍的共同症状。这八大障碍分别是：①不伴有广场恐怖症的惊恐障碍；②伴有广场恐怖症的惊恐障碍；③特定性畏惧症；④社交恐惧症；⑤强迫症；⑥创伤后应激障碍；⑦急性应激障碍；⑧广泛性焦虑症。一旦确定诱因并非诸如甲状腺功能亢进和心血管疾病等潜伏疾病，就可服用抗焦虑药物（阿普唑呛、安定等），或服用抗焦虑效果更好的药（帕罗西汀、舍曲林等），同时结合采用认知行为疗法（Sadock & Kaplan，1998）。思维阻断法、理智的自我交谈、内隐脱敏法、眼动脱敏再加工疗法、神经语言程序学疗法、系统脱敏法，再加上针对障碍的心理教育疗法，往往能取得很好的治疗效果。家庭治疗工作包括对家人进行心理教育，对患者及其家人就该障碍和治疗方案进行沟通，从而建立一个相互支持的系统。

躯体形式障碍

这类障碍的共同症状表现为无任何生理病因（如疾病或物质诱因）的躯体不适。躯体形式障碍包括：①躯体化障碍；②未分化的躯体形式障碍；③转化性障碍；④疼痛障碍；⑤疑病症；⑥躯体变形障碍。诊断此类障碍首先要排除生理病因（治疗此类障碍时，减轻或消除躯体不适症状唯一有效的途径为服用药物。生物反馈疗法、催眠法、身心放松训练、精神动力取向心理治疗也被证实为有用的治疗方法）。事实证明，不考虑躯体症状，而将其说成“心理方面的”或“全是自己想象的”，其实对治疗没有任何帮助。值得庆幸的是，此类障碍的绝大部分患者自我防御能力强大，足以抵制这些拙劣方法的影响。家庭的重新建构能帮助患者康复，继发性获益也有助于患者复原。

解离性障碍

意识、记忆、身份识别或感知出现解离的症状，表现在以下四种障碍中：①解离性失忆症；②解离性迷游症；③解离性认同障碍；④人格解体障碍。若确诊患有前三种症状的任意一种，则要与患者就采用领悟取向的心理治疗一事进行讨论，包括催眠疗法、阿米妥面谈，最终将解离性精神创伤整合为患者自我概念中可接受的一部分。建立这一联合疗法至关重要，当患者正视痛苦的回忆时，他能感知一切均在掌控之中，通过勇敢地面对过去，他感到被赋予能量（Nichols & Schwartz，1998）。其中，安全治疗协议和家庭教育必不可少。曾经带给患者心灵创伤的家庭成员不应加入配合治疗的队伍。若患者为儿童，则可能需要受虐情况的报告，并帮助已成年个体决定是否愿与施虐者见面以及如何见面。

性与性别认同障碍

此类障碍有三个亚群：①性功能障碍；②恋物癖，并造成自身重要社会功能的困扰或缺陷，常导致违法行为（如恋童癖、恋尸癖、露阴癖等）；③性别认同障碍，表现为有强烈的跨性别认同感，并对自身生理性别表示不满。对三个亚群障碍的治疗各不相同。诊断性功能障碍时要排除患者自身身体是否存在病因。治疗手段包括心理教育、性治疗法（若可能，可以采用夫妻疗法），并且应由具备行医资格并获得行医许可的性治疗专家实施治疗。治疗该障碍的依据主要是马斯特斯（Masters）和约翰逊（Johnson）以及他们的同事在过去25年里所做的广泛研究（Sadock & Kaplan）。对恋童癖的治疗则采用行为疗法、群体援助治疗和12步治疗法。对于这样的患者，常常会有法律手段介入。最后，性别认同障碍患者会寻求采用手术和激素疗法改变上天赋予的性别。鉴于改变性别属于非常特别的法律与医疗问题，同时又属于心理问题，此类患者的治疗只能由有执业资格的性治疗师实施（Sadock & Kaplan）。

进食障碍

神经性厌食症和神经性贪食症为这一类障碍的两大病症。饮食异常则为其共同症状。厌食症患者拒绝体重增加（其体重为与之年龄和身高相应的平均体重的85%，一般可参见儿童成长体格对照表或大都会人寿保险体格参照表）。厌食症的许多症状，如催吐之后暴食、使用泻药和利尿剂、禁食或过度运动等，也可见于贪食症。治疗首先要确保患者的医疗安全，然后将营养结构和营养平衡系统结合起来。个体认知行为疗法和长期支持关系法亦可使用。

若进食障碍经常伴随焦虑和抑郁时，则必须服用药物。重构继发性获益的家庭治疗是一种有特殊意义的方法，因为它在一定程度上有助于追求教育或事业的成功，但它终究也是一种障碍。

睡眠障碍

睡眠出现异常继而影响患者的社交功能，这就是睡眠障碍四个亚群的共同症状。人们认为睡眠—觉醒机制的内源性失常会导致原发性睡眠障碍。其他精神障碍引发睡眠障碍的原因是该精神障碍扰乱了患者的生理机能，治疗时要与原发性睡眠障碍区别对待。第三种睡眠障碍的病因为躯体疾病，如整形、癌症等引起的剧痛。最后一个亚群为物质诱发型睡眠障碍。该障碍发病原因为使用某些物质后停用，如使用可卡因、戒酒等。

睡眠疾病诊疗所是睡眠障碍绝佳的专业诊

断和治疗资源。医学治疗是首选，治疗手段因病情而异。医学治疗的方式很多，如使用呼吸氧气机治疗睡眠窒息症，服用助眠药物，还可采用生物反馈技术。此外，采用认知行为疗法也是有用的，包括系统睡眠方案、身心放松训练、催眠术和神经语言程序学疗法。由于患者的睡眠障碍会影响其家庭成员（尤其是配偶）的睡眠、导致患者疲倦乏力、功能减弱甚至失去工作，因此针对家庭的心理教育同样重要。职业康复法在帮助患者全面恢复功能方面屡屡见效。

冲动控制障碍

不能抵抗冲动以及实施对自己或他人有害的行为，是这类障碍的共同症状。拔毛癖患者拔除毛发以获得满足或放松，导致毛发明显缺少。病理性赌博会给患者造成经济上、社交上的损害，有时甚至是身体上的伤害。纵火癖患者的症状表现为通过放火获得满足或减缓压力，而偷窃癖的症状则是窃取个人不需要或无价值的物品。无法抗拒的严重伤人和破坏财物的攻击冲动是间歇爆发性障碍的症状。上述障碍的治疗方法均不相同，萨多克和卡普兰（Sadock & Kaplan，1998）为此类障碍的治疗进行了全面总结，读者可参阅相关文献。

适应障碍

适应障碍可分为五种，共同症状为在应激事件出现的 1 ～ 3 个月内表现出情感与行为异常。这类障碍不符合其他任何精神障碍的诊断标准，并表现出适应障碍，具体为：①抑郁；②焦虑；③抑郁和焦虑混合症状；④行为障碍；⑤情绪和行为障碍。治疗手段包括认知行为疗法，这是通过采用理性自我交谈法、去除压力的放松训练法（例如，若应激事件为失业，则找份新工作）、哀伤辅导和力量支持法等手段以减轻症状。而家庭方面的工作则需要实施心理教育，使家人了解个体面对应激事件时的反应特征，并运用问题解决法来寻找解决方案。

人格障碍

人格障碍共有 10 种，患者的人格特征与行为严重偏离社会文化准则。此类障碍患者常常意识不到他们的偏离行为给他人造成的不良影响，通常不会主动治疗，往往迫于压力（法律的、配偶的、父母的、失去工作的威胁或压力）才会寻求治疗。10 种人格障碍分别是：①偏执型人格障碍；②分裂样人格障碍；③分裂型人格障碍；④反社会型人格障碍；⑤边缘型人格障碍；⑥表演型人格障碍；⑦自恋型人格障碍；⑨依赖型人格障碍；⑩强迫型人格障碍。上述类型人格障碍的治疗方法各不相同，可参阅萨多克和卡普兰（Sadock & Kaplan，1998）的相关文献或本文参考资料部分的内容，了解相关疗法。在此有必要强调，上述类型障碍的主要特征是患者否定自己患有人格障碍（无意识自我防御），因而临床医务人员与社会政策均认为这些疾病是不可治愈的。但是，现在有一点变得更为清晰了，即耐心的临床医务人员擅于发现隐藏在患者潜意识之中的内在动机（患者的自我理想——希望自己是什么样的人，或仅仅为了避免非遵从行为所带来的负面影响）。家庭方面的工作包括心理教育和对沟通问题的解决（Nichols & Schwartz，1998）。

家庭与工作场所

人们认为家庭与家庭成员的工作场所是

一种双重互动关系（Hutchison，1997）。因此，每个环境的正负变量都会被带入另一个环境。例如，员工获得加薪后，可能会带他的家人聚餐，分享这份快乐。同样，若员工的孩子上了光荣榜，该员工就会向同事微笑致意、互相问候。我们也听到过相反的事例。譬如，一员工遭到主管的批评后，对家人的态度大打折扣；一员工与家人大吵后去上班，工作时闷闷不乐、沉默不语。这些都是应激事件影响个体的例子，并且此后12个月内应激事件的类型和数量也会增多。因此产生的压力综合征便会导致身体或精神出现病变，或身心均出现病变（Sadock & Kaplan）。

EAP针对上述情况提供初级预防和二级预防帮助，具体方式如下：

a. 教育
b. 传授沟通技巧
c. 为员工提供工作场所的政策与程序制订方面的咨询服务

通过简报、网站、录像和其他媒介，在工作场所宣传有关压力综合征、精神障碍和躯体障碍的先兆与症状的知识（Hutchison，1997）。在教育过程中要强调采用合适的沟通技巧（包括如何评估问题、制订方案、执行计划），这一点尤为重要（OPTUM，2002）。

工作场所的政策和程序必须能够发现绩效问题，并判断工作场所是否是问题的诱因。若是，则制订政策，改善这种环境；若不是，则应鼓励员工（包括在某些授权的情况下）寻求EAP援助。

早期预防

许多研究是在精神障碍遗传学基础上开展的（Dobberfuhl，2002）。EAP专家通过网络和专业读物获悉相关研究信息，从而为员工和机构提供教育服务。早期干预采用的身心疗法通过EAP的健康促进计划传递给员工。这些方法涉及压力管理、营养咨询、睡眠训练、健身项目、戒烟、心灵启示（使之明确人生意义）、药物治疗、身心放松训练、财务规划、育儿技巧、夫妻沟通以及成功应对变化等（Hutchison，2002）。

结论

上文概述了EAP专家必须掌握的精神健康方面的基本知识，以帮助他们提供相关服务。本文也对儿童期和成年期精神障碍的症状进行了简要阐述，并介绍了与家庭、学校和工作场所等大家庭合作的方法。本文还引用并列举了预防精神疾病的方法。其后的参考资料涉及众多网站和机构，为精神健康领域的专家提供了更多的信息支持。

评论与补充资料：2003—2008

Angela Dobberfuhl　Keeley Spruill　William S. Hutchison，JR

有关精神障碍的起因、预防和治疗方面的知识持续不断地得到丰富（Kaplan & Sadock，2007）。本节的“评论与补充资料”将介绍如下领域的相关信息：①精神障碍的遗传学和神经系统科学因素，包括在家庭治疗计划和心理教育辅导中如何应用这些信息；②主流精神药物治疗；③针对儿童的学校介入治疗和针对成年人的心理疗法前景展望概述。

遗传学与神经系统科学

当前的假说认为大多数复杂性遗传障碍既受到多个基因影响，又受到环境因素影响。构成病因的可能因素包括（但不限于）：多基因遗传疾病、由转录前（表观遗传）和转录后（miRNAs 和 siRNAs）引起的基因表达变异、线粒体基因组突变、内源性（跳跃基因）和外源性（溶原性病毒）基因插入（Kato，2001；Rogaev & Small，2005；Singh，McDonald，Murphy，& O’Reilly，2004）。

导致复杂性疾病的通常不止一个基因。这就是多基因遗传疾病。人们通常用多基因遗传疾病来解释复杂性疾病的遗传学原因。然而，在人类基因组计划完成后，人们的研究兴趣转向了基因调控。转录组学（一门研究基因何时以及如何表达的学科）的最新研究表明，许多复杂性疾病（至少有一部分）是因为基因调控出现了问题，而非基因内部的结构性问题。DNA 复制到 mRNA 的过程称为转录，mRNA 转变成蛋白质的过程称为翻译。这些过程是如何调控的？是在表观调控过程的转录前，还是在 miRNA 和 siRNA 调控过程的转录后？人们对此知之甚少。但是，双胞胎染色体组的表观变化（DNA 甲基化模式变化，指引哪些基因产生功能、哪些不产生功能）或许能够解释双胞胎心理特征的缺陷关联，如双相障碍、精神分裂症（Kato，2007；Rogaev & Small，2005）。

对人类基因组的研究通常只考虑存在于细胞核的 DNA，但其实人类的线粒体中也携带有 DNA。这种 DNA 通过母体遗传给下一代，虽然人们认为它会导致精神分裂症和双相障碍，但它常常还可能携带与代谢障碍相关的突变体（Kato，2001）。

基因组中转移位置的 DNA 被称为转座子或反转录转座子，若其插入某个基因中，破坏了基因的功能，就会引发疾病。这种插入会导致多种癌症，引发从血友病到亨廷顿舞蹈症的一系列障碍，还可能导致控制大脑功能的基因出现功能障碍（Kato，2007）。

预防与治疗

虽然目前我们对基因的作用了解并不全面，但根据现有的遗传学资料，许多障碍的诊断变得容易一些了。不过，建立在这些信息基础上的治疗手段仍处于初级阶段。随着人们掌握的信息增多，需要一个更有力的遗传学方法供人们了解和咨询。根据对双胞胎的研究，人们发现某些障碍由已知的遗传因素引发，诊断这些障碍时，家族史便有着重要作用。高危人群极可能出现遗传学疾病引发的障碍，如在成年期显露出来的或是由罕见遗传学疾病引发的心理障碍。向他们提供咨询服务是 EAP 顾问重点考虑的事，但从传统来看，产检和肿瘤诊所的遗传学咨询早已关注这一点了（Finn & Smoller，2006）。这类咨询的难点在于缺少明确的诊断（可能是多个基因和环境的作用），导致缺少遗传学方面的检验（Finn & Smoller，2006）。尽管如此，对研究工作来说，这是一个崭新的、令人兴奋的领域。如今，有关遗传学疾病的资料、目前可实施的检测手段、如何利用这些检测手段、检测结果的含义等，都可以在网络上找到。

尽管有许多假设，但人们至今并不知晓传统或药理治疗方法究竟是如何对大脑的分子神经生理产生作用的。接受治疗后，大脑产生变化，大脑成像技术能在大脑中对此进行分离定位（Mundo，2006）。细胞之间则通过各种各样的途径进行交流，包括神经递质、身体冲动和其他化学信号。这最终导致信号接收细胞发生改变，产生一系列的化学反应，即信号转换（Campbell & Reece，2004）。

精神药理学

根据医疗网和克利夫兰诊疗网提供的信息，现有“许多种治疗精神障碍的药物”可以使用（WebMD & The Cleveland Clinic，2008）。其中有抗抑郁剂、抗焦虑药、精神安定药物、兴奋类药物。选择性血清再吸收抑制剂（SSRIs）也是其中之一，它还包括百忧解（Prozac ™）、舍曲林（Zoloft ™）、帕罗西汀（Paxil ™）。若患者被诊断患有两种障碍，需要时可采用联合用药的方法，如服用抗抑郁剂，结合服用情绪稳定剂，如碳酸锂（抗躁狂药）或抗焦虑药。

抗焦虑药有安定（Valium ™）、阿普唑仑（Xanax ™）、氯羟安定（At Ⅳ an ™）。这些药物短期疗效显著，长期用药则有药物依赖的风险，因而并非长期治疗可取的药物。SSRIs 也可用于治疗焦虑症。

抗精神病药物有氯丙嗪（Thorazine ™）、再普乐（Zyprexa ™）、盐酸氟西汀胶囊（Symbax ™）、氯氮平片剂（Clozaril ™）、卓乐定（Geodon ™）。这些药能有效减缓精神病症状，如幻觉和妄想。由于药物存在潜在副作用（如迟发性运动障碍），因此要严格监控用药（Kaplan & Sadock，2007）。

兴奋类药物一般专门用来治疗注意力缺陷多动症。这类药物有专思达（Concerta ™）、匹莫林（Cylert ™）、右旋苯丙胺（Dexedrine ™）、利他林（Ritalin ™）、托莫西汀胶囊（Statera ™）。这些药物通常都能有效减缓症状，如延长注意力集中时间、减少行为失控。但是，由于药物存在副作用（如导致发声性抽动和运动性抽动），因此要严格监控用药。

尽管 EAP 和保健专家能有效地与精神疾病患者打交道，但还是应该由具专业处方权的精神科医生和内科医生负责诊断病情、开处方和监控用药。除药物治疗外，在了解患者人格和知识水平的基础上，还有许多心理治疗方法可供采用。例如，有针对儿童患者的治疗方法；成人患者也有相应的针对性治疗手段。

儿童与成年人的治疗

迄今为止，学校长期配合采用问题解决法对有学习和行为困难的学生进行干预，已超过 25 年。跨学科援助队的成员，通常包括患儿的教师、学校的咨询辅导教师、学校的心理学专家、其他教师和患儿家长，这些成员共同对某学生是否符合《康复法案》第504条和《残疾人教育法》（IDEA，2004）的规定做出评估。

如今，许多州都在使用干预反应模式（Response To Intervention，RTI）计划，在全校范围内进行筛选，为有行为和学习困难的学生提供额外的援助和干预。功能性行为评估是鉴定行为问题的最有效方法之一（Scott & Carón，2005），可以用它测定行为功能（集中注意力、回避任务、增强控制力等）。一旦功能得以测定，学校教职员工就能辨别哪些行为更适合作为替代行为，然后进行干预，强化新的行为。

通过采用干预反应模式减轻行为障碍所取得的最初成果令人鼓舞。然而，该模式的长期效果还有待评估。评估的依据包括行为矫正、辍学率、学习成绩、转诊到其他机构寻求治疗服务的比率。

治疗成年人精神障碍的有效方法有：治疗创伤后应激障碍的眼动脱敏再加工疗法；治疗边缘型人格障碍的辩证行为疗法。

眼动脱敏再加工疗法曾试用于治疗患有创伤后应激障碍的退伍老兵（Shapiro，1995），治疗效果令人激动，60%～70%患者的主要症状均有所减轻。后来的研究反复证明了这个结果（Maxfield，Shapiro & Kaslow，2007）。辩证行为疗法提高了边缘型人格障碍患者的日常社会功能，明显减少了他们的破坏性行为，如割腕、危险性行为、物质滥用和自杀，取得了非常好的效果（Linehan & Dimeff，2001）。

结论

综上所述，通过遗传与心理教育方面的咨询辅导，患者可以知道如何预防和治疗相关障碍。遗传学与神经系统科学领域的知识对患者了解他们的障碍大有益处。随着研究的深入，人们对这方面的了解会更多，有望找到更有效的干预手段。精神药理学治疗方式的改进也提供了治疗某些精神障碍的有效方法。对儿童进行早期行为干预和教育干预能防止行为障碍的恶化，减弱已有障碍的严重程度。事实证明，眼动脱敏再加工疗法和辩证行为疗法能有效治疗创伤后应激障碍和边缘型人格障碍。随着多种治疗方法的出现，治疗效果不断提高，精神障碍有望得到完全预防和彻底治愈。

参考文献

Alexander, W. (1999). Personal communication regarding student assistance programs. (SAP).

American Psychiatric Association. (1998). *DSM-IV-TR* (4th Edition).

Campbell, N., & Reece, J. (2004). *Biology*. San Francisco, CA: Benjamin Cummings.

Darling, H. (2002). Rising health care cost in *EAP Digest*, 32.2.

Dobberfuhl, A. M. (2002). Personal communication regarding the genetics of mental health.

Esbensen, F., & Osgood, D. W. (1999). Grand resistance education and training: Results from the national evaluation. *Journal of Research in Crime and Delinquency, 36* (2), 194–225.

Finn , C. T., & Smoller, J. W. (2006). Genetic counseling in psychiatry. *Harvard Review of Psychiatry, March/April.*

Goins, M. (2002). Raising the profile of workplace mental health in *EAP Digest,* 32, 4.

Garmezy, N. (1982). Foreword in E. E. Werner & R. S. Smith, *Vulnerable but invincible: A study of resilient children.* (pp. xiii–xix). New York: McGraw-Hill.

Garmezy, N. (1985). Stress Resistant Children: The Search for Protective Factors. In J.E. Stevenson (Ed.), *Recent research in developmental psychopathology* (pp. 313–233). Oxford Pergamon Press.

Hutchison, W. (1997). Family Wellness in Employee Assistance Programs. In W.S. Hutchison & W.G. Emener (Eds.). *Employee assistance programs: A basic text* (2nd Edition) Springfield, IL: Charles C. Thomas, Publisher, Ltd.

Individuals with Disabilities Education Improvement Act of 2004. Pub L. No. 108-446.

Kaplan, H., & Sadock, B. (1998). *Synopsis of psychiatry* (8th Edition). John Wiley and Sons.

Kaplan, B., & Sadock, B. (2007). *Synopsis of psychiatry.* Glendale, CA: Lippincott.

Kato, T. (2001). The other, forgotten genome: mitochondrial DNA and mental disorders. *Molecular Psychiatry, 6,* 625–633.

Kato, T. (2007). Mitochondrial dysfunction as the molecular basis of bipolar disorder: Therapeutic implications. *CNS Drugs, 21,* 1–11.

Linehan, M., & Dimeff, L. (2001). Dialectical behavior therapy in a nutshell. *The California Psychologist, 34,* 10–13.

Masten, A. S. (1989). Resilience in development. Implications of the successful adaptation for developmental psychopathology. In Cicchetti (ed.), Rochester Symposium on Developmental Psy-chopathology. Hillsdale, NJ: Erlbaum.

Maxfield, L., Shapiro, F., & Kaslow, F. (2007). *Handbook of EMDR and family therapy processes.* New York: Wiley.

Mundo, E. (2006). Neurobiology of dynamic psychotherapy: Is integration possible? *Journal of the American Academy of Psychoanalysis and Dynamic Psychiatry, 34,* 679–691.

Nichols, M., & Schwartz, R. (1998). *Family therapy: Concepts and methods* (5th Edition). Allyn and Bacon.

OPTUM (2002). Optum Trainer Performance Expectations, Golden Valley, MN.

Reinherz, H. Z. (1979). Primary prevention of emotional disorders of children: Mirage or reality. (ERIC Documentation Reproduction Services No. Edl70969).

Rogaev, E., & Small, I. (2005). RNAs in Human Brain Development and Disorders. *Biochemistry* (Moscow), *70,* 1404–1407.

Sederer, L. (2001). The business case for quality mental health services: Why employees should care about the mental health and well being of their employees. *Journal of Occupational and Environmental Medicine.*

Schopler, E., Reichler, R. J., & Lansing, M. (1980). *Individualized assessment and treatment for developmentally disabled children.* Austin, TX: Pro-Ed.

Schopler, E., & Mesbov, G. B. (1986). *Social behavior in autism.* New York: Plenum Press.

Scott, T. M., & Caron, D. B.(2005) Conceptualizing functional behavior assessment as prevention practice within positive behavior support systems. *Preventing School Failure, 50,* 13–14.

Segal, E., & Brzuzy, S. (1998). *Social welfare policy. Program practice.* Ithasca, IL: F.E. Peacock.

Singh, S.M., McDonald, P., Murphy, B., & OíReilly, R. (2004). Incidental neurodevelopmental episodes in the etiology of schizophrenia: An expanded model involving epigenetics and development. *Clinical Genetics, 65,* 435–440.

Torgesen, J. K. I. (1980). Conceptual and educational implications of the use of efficient task strategies by learning disabled children. *Journal of Learning Disabilities, l3* (7), 364, 371

WebMD & The Cleveland Clinic (2008) Mental health: Medications used to treat mental disorder [Online]. Available: Webmd.com/mental-health/medications

Weiss, B., & Weosz, K. R. (1995) Relative effectiveness of behavioral versus non-behavioral child psychotherapy. *Journal of Consulting and Clinical Psychology, 63* (2), 317–320.

网站

AD/HD and Disruptive Behavior Disorders
http://www.chadd.org
http://www.conductdisorders.com

Anxiety Disorders
http://www.adaa.org

Communication Disorders
http://www.asha.org

Dissociative Disorders
http://www.issd.org

Eating Disorders
http://www.anred.com
http://www.nationaleatingdisorders.org

Educational materials about genetics, pharmacogenomics, microarray technology, and so on. Available: http://www.ncbi.nlm.nih.gov/About/primer/index.html

General Mental Health Resources

http://www.mentalhelp.net

http://www.mentalheath.com

http://www.nimh.nih.gov

http://www.psycho.org/public info

Gene Tests: Reviews of genetic information for human diseases and directories for laboratories conducting genetic testing. Available: http://www.genetests.org/

Genetics Tools: Overviews how genetic testing works, how to interpret results and when testing is necessary. Available: http://www.genetests.org/servlet/access?id=INSERTID&key=INSERTKEY&fcn=y&filename=/tools/index.html

Learning Disorders

http://www.allkindsofminds.org

http://www.Idonline.org

Mental Retardation

http://www.aamr.org

http://www.thearc.org

Mood Disorders

http://www.ndmda.org

http://www.depression.org

National Center for Biotechnology Information, Human Genome information, and educational materials on genetic research. Available: http://www.ncbi.nlm.nih.gov/

Online Mendelian Inheritance in Man that provides review of genetic research on human diseases. A wonderful resource for determining what genes have been linked to a disease. Available: http://www.ncbi.nlm.nih.gov/sites/entrez?db=OMIM

Pervasive Developmental Disorders

http://www.teacch.com

http://www.asperger.org

Special Education

http://www.ideapractices.org

http://www.cec.sped.org

Schizophrenia/Psychotic Disorders

http://www.schizophrenia.com

Tic Disorders

http://www.tourette-syndrome.com

第十二章

消费者信贷咨询和法律服务

Dorothy Bagwell Durband

过去几十年中，家庭借贷和储蓄方式发生了很大变化。比如，与个人收入相比，家庭债务水平上升了，而个人储蓄率下降了（Dynan & Kohn，2007）。这种家庭情况的变化显示出员工债务偿还的能力；同时也引起人们对员工存钱以备养老的能力的担心——也就是说，有必要为员工推荐财务咨询服务。但对很多人而言，钱是非常敏感的话题，应谨慎对待。大部分家庭都不会公开谈钱，只有不到 1/3 以下的家庭会频繁讨论钱的问题——个人经济问题是人们讨论最少的话题之一（Schwab-Pomerantz & Schwab，2002）。因此可以理解，对员工而言，主动寻求财务或法律帮助不是一件容易的事；寻找并求助于信贷咨询师或律师也不是一件光彩的事，这种需求本身会造成一定的压力。下文给处于经济困境中的员工介绍了一些可用的资源信息，如非营利性组织的信贷咨询和法律服务等。

消费者信贷服务在过去几年得到了长足发展（Dynan & Kohn，2007），为经济困难的消费者提供帮助已经发展成一个新兴产业（Staten，Elliehausen & Lundquist，2002）。有鉴于此，更多员工开始向雇主和公司 EAP 部门寻求服务，以帮助他们处理自己的经济问题。面对各个信贷公司五花八门的广告，消费者只有了解这些服务产品的区别，才能确定能否从中受益。

员工与个人财务

尽管员工的经济问题主要是个人问题，但这会影响员工其他方面的表现。有关工作与家庭问题关系的研究显示，家庭问题会影响工作绩效，工作绩效问题也会影响家庭生活（Forthofer，Markman，Cox，Stanley & Kessler，1996）。个人经济压力是导致心理压力的最主要因素之一，很多日常活动都与个人经济资源及管理有关（Peirce，Frone，Russell & Cooper，1996）。经济问题也预示着员工的其他问题。婚姻问题、法律纠纷、疾病、照顾老人、赌博、花销问题等，都会对员工的职场行为产生巨大影响，而且这些问题往往会增加员工个人的经济压力和整体压力（Joo & Grable，2004）。有经济困难的员工不可能在工作中发挥全部潜力，并有可能会利用工作时间处理个人问题。研究显示，个人经济状况与员工生产效率是具相关性的（Joo，1998；Kratzer，Brunson，Garman，Kim & Joo，1998；Williams，Haldeman & Cramer，1996）。据预测，10% ～ 15% 的员工会因个人经济问题而出现生产效率的下降（Gannan，Leech &

Grable，1996）。

员工发生经济困难的表现不一，可能会是工作效率和个人习惯的明显变化；或者是工作时，债主及收债人打电话要求从其工资中扣除欠款；或者是员工不断要求预支工资；也有可能是员工提出从退休金中借款或申请困难补助等。

这些迹象可能表示员工正经历严重的经济问题，但并非所有员工都会表现出这些迹象。如果这些事件同时发生或不断发生，往往说明员工遇上了较大的经济问题。

员工个人经济问题和相关压力不仅影响员工本人，而且会因其生产效率的下降影响企业利益。尽管历史文献对这种问题造成的成本预测有一定论述，但很多企业可能都没有意识到员工个人经济问题和困难压力给企业经济利益带来的不利影响。如果员工把这种压力带到工作中，将导致旷工率上升、工作拖拉、无法全心全意地工作、不断被债权人或索债人的电话干扰、生产效率下降，等等。而且，经济困难的员工可能因无法承担退休后的生活而不得不继续工作，而非按时退休。这样也影响企业的整体经济效益（Garman，2001）。

员工可用的财务服务资源

对于员工个人经济困难，公司可求助的首选是当地社区的资源。很多大学、信用社、城市住房管理机构、军事基地和美国合作推广服务署的分支机构都提供免费或低价的非营利性财务咨询服务项目（FTC Facts for Consumers，2005）。美国全国范围内也有很多其他非营利性和营利性机构提供类似服务。

可以把经济困难员工的求助资源列入员工手册之中，也可以推荐给主动求助于雇主的员工。另外，公司主管应该基本了解相关财务和法律问题以及可求助的机构，以便需要时向员工推荐现有的EAP部门或企业外部机构。

消费者信贷咨询

对可能正经历经济问题和相关压力的员工来说，非营利性消费者信贷咨询是最有用的资源。最早的消费者信贷咨询组织出现于20世纪50年代早期，之后涌现出了很多新的组织。消费者信贷咨询师通过遍布全国的办事处、电话或互联网提供咨询服务，有些机构提供全天24小时的服务。

咨询师会与消费者个人或夫妻一起分析他们的经济状况，为他们提供财务管理建议和应对当前经济问题的解决方案，并制订防止未来经济困难的计划（National Foundation for Credit Counseling，NFCC，2008）。信贷咨询机构处理的主要问题包括抵押贷款止赎或租地收回、税务扣押权、拖欠债务账户等。消费者信贷咨询机构一般为消费者提供以下四种服务：①预算与财务管理咨询；②债务管理计划；③消费者财务知识培训；④其他支持性组织的推介服务（Hunt，2005）。

消费者信贷咨询机构让一些消费者可通过一个名为“债务管理计划”的方案来偿还他们的无担保债务（Hunt，2005）。但需要注意的是，这种方案并非适用于所有欠债人。如果消费者一直坚持还款，也有能力履行还款义务，一般不推荐使用这种债务管理方案。如果因债务过高造成经济问题或无力还债，这种方案不失为一种选择（FTC Facts for Consumers，2005）。如果信贷咨询机构发现该方案适用于消费者，该机构会联系消费者的债权人，商讨还债的时间安排。这种方案采用将所有无担保债务（如信用卡、医疗费用单）整合成一个每月应付款项的方式来偿还债务。汽车贷款等有担保的债务一般不列入该还款计划。同时，正在使用债务管理计划的客户会被要求不得再申请或使用新的信贷。

通过债务管理计划，消费者信贷咨询机构可以与客户债权人协商，为客户制订更可行的还款计划。月还款额中的大部分资金将用于偿还消费者的债务本金。有些债权人可能会同意接受在债务管理计划中，将每月还款额降低、调整财务费用或其他费用；而有些债权人可能不会如此，这都取决于债权人个人的决定。

非营利性消费者信贷咨询机构的帮助不仅有利于债务人，也有利于债权人。债务管理计划既可系统地帮助债务人偿还债务，也可帮助债权人收回欠款。参与债务管理计划的个人一般能在 36 或 60 个月内还清债务（FTC Facts for Consumers，2005；NFCC，2008）。业务结束前，很多信贷咨询机构会帮助客户重新建立信用。

有些消费者信贷咨询机构也提供免费的预算咨询方法，其他机构会收取按月减少的少量费用或按比例计算的费用。他们的收入来自拨款和客户自愿捐款。大部分机构的资金来自债权人提供的收益分成，按照债权人所得资金的一定百分比计算（National Consumer Law Center，NCLC，2006）。

两大具代表性的非营利消费者信贷咨询机构是成立于 1951 年的国家信贷咨询基金会（www.nfcc.org）和成立于 1993 年的消费者独立信贷咨询机构协会（Association of Independent Consumer Credit Counseling Agencies，AICCCA，wwvv.aiccca.org）。两个组织都要求所属成员机构标准化，并获得认证委员会或国际标准化组织（ISO）的认证。如要成为 AICCCA 或 NFCC 组织的成员，该信贷机构必须获得任一组织的资质认证。这两个组织都要求咨询师获得一定资质，并设有独立的董事会，对财务资源和费用进行披露。有些机构获得美国住房与城市发展部同意后可提供住房咨询服务，住房咨询师可提供的服务包括买房、租房、违约、抵押贷款止赎、反向抵押贷款和信贷问题（U.S. Dependent of Housing and urban Development，2008）。

过去几年，一些新成立的消费者信贷咨询组织的质量问题引起广泛关注。评论家注意到，消费者很难分清非营利性咨询机构和营利性债务管理公司的差异，营利性公司一般提供很少的咨询服务，却收取高额费用（Federal Reserve Bank of Dallas，2007）。对此，最近有了两种解决方法，消费者可以利用这两种方法找到声誉良好的机构。第一，美国国税局（Internal Revenue Service，IRS）的信贷咨询合规项目会对免税的信贷咨询组织展开调查。消费者可以登陆 IRS 网站（http://apps.irs.gov/app/pub78）搜索非营利性组织。第二，2005 年的《防止滥用破产和消费者保护法》要求消费者信贷咨询机构都必须参与认证（Federal Reserve Bank of Dallas，2007）。已获认证的机构可在美国司法部官网查到（www.usdoj.gov/ust/eo/bapcpa/ccde/index.htm）。

债务清理公司

人们往往把债务管理方案与债务清理公司

或破产申请相混淆，实际上它们有许多区别。消费者在与债务清理公司达成协议之前，应认真研究可选方案。债务清理公司一般按月向客户收取费用，并且该费用一般需要预先支付，所以不管他们是否提供服务都能赚到钱，通常他们还会让客户停止向债权人付款（Loonin，2005），而向债务清理公司付款。债务清理公司开始并不会把钱打给债权人，而是留着作为讨价还价的工具，与债权人协商一次性还款（Berner & Silver-Greenberg，2008）。

这些公司收取的费用一般很高，通常为总债务的 30%（Loonin，2005）。有时消费者的境况会落得比联系债务清理公司前更糟。据报道，最后消费者面临的结果就是不断的收债要求、复利、滞纳金和不良信用报告；而此时，消费者却还在静候债务清理公司代表他们的利益来帮助其解决问题（Berner & Silver-Greenberg，2008）。

债务管理方案也可能会与破产申请混淆。在债务管理方案中，无担保债务通过还款计划偿还。根据《破产滥用预防与消费者保护法》第十三章规定，部分债务可通过工资计划偿还，或通过法院判决指定部分债务不用偿还而得到免除（FTC Facts，2005）。申请破产是最后关头不得已而采用的方法，因为这对个人或家庭来说都有长期影响。

建议消费者在选择任何提供经济困难解决方案的机构之前，都先通过各州首席检察官或美国消费者权益保护机构商业服务监督局办事处查询公司的投诉记录，明确该公司是否有在消费者所在州营业的执照。如果消费者想获取消费者信贷咨询机构的服务，必须确保该机构为 AICCCA 或 NFCC 的成员，这可以登录网站查询。

法律服务

2005 年《破产滥用预防与消费者保护法》通过后，消费者破产法发生了很大的变化。该法律通过的背景是日益增多的破产申请、权力滥用现象和债权人遭受损失。该法律通过后，破产申请数量立刻大幅下降（Elias，2007）。本文仅提供有关破产的基本背景信息，如需更多详细信息，应咨询消费者破产律师。

破产

《破产滥用预防与消费者保护法》规定了两种形式的个人破产，分别在第七章和第十三章予以规定。第七章也被称为“清算计划”。一个人的资产将由法院指定的信托公司进行清查，看是否可以变卖以偿债。有些财产可免于清查，债务人可保留。根据《破产滥用预防与消费者保护法》，希望据第七章的规定而申请破产的个人必须接受“收入情况调查”，对其财务状况进行更严格的审查，看其是否有能力偿债。如果发现他们具有偿债能力，他们就不得申请此类破产。这种调查使有部分偿债能力的个人必须通过第十三章规定的破产方式进行偿债。

第十三章针对有固定收入的个人提供“重组”计划。根据规定，个人须提交一份 3 ～ 5 年内还清全部或部分债务的计划（NCLC，2006）。同时个人可申请逾期支付房贷或汽车贷款。

除了收入情况调查外，《破产滥用预防与消费者保护法》还有其他规定。如要申请破产，消费者必须提供证据证明他们已接受一家受美国信托局认可的信贷咨询机构的咨询服务，并且必须在提交破产申请后180天内实施（Elias，2007），服务方式可以是面对面的，也可以通过电话或者网络进行。信贷咨询机构的资质可以在美国信托局网站（http://www.usdoj.gov/ust/）上查到。这种服务的费用一般为50美元，具体数额取决于客户所在地的具体情况（FTC Facts，2006），咨询时间一般为一小时。如果消费者无力支付，可以向该组织申请免除费用，该组织必须提供免费服务。完成咨询后，消费者就可以获得一份证书。

这种新的法律规定使债务人更难逃避债务，更多债务人会偿还部分债务。消费者提交破产申请后，会有相关机构为债务人提供培训，包括预算、财务管理以及合理使用信用。债务人培训一般约为两小时，费用在50～100美元（FTC Facts，2006），其形式可为面对面，也可以通过电话或网络。

破产记录将会在消费者信用报告上保留10年。申请破产可以带来的好处是申请破产后没有人再来催债，有些债务可得以免除，有些财产或资产可得以保留；具体情况取决于各州的法律（NCLC，2006）。但可能带来的坏处是不良信用报告和对个人重新建立信用的影响。而且，有些债务并不能以任何破产形式获得免除，比如拖欠的学生贷款、税款、子女抚养费、赡养费等。对申请破产的个人和家庭而言，这个过程可能非常难堪，因为他们的财务记录和部分信用报告将被公开，有时破产信息会在10年期限过后被披露。

法律服务资源

各州所提供的法律服务不一样，这可以从美国律师协会推介目录（www.findlegalhelp.org）上查询。在这个网站上，消费者可以点击所在州查询当地的服务机构信息，也可以找到各城市或县城的律师推荐服务，还可以获得不同方面律师的免费推荐。如果找不到免费推荐的律师，也可以通过各州律师协会获得律师推荐服务。 另外，该网站也有法律援助和公益法律服务的信息。对某些寻找专业方面律师的消费者，美国律师协会将提供面向全国律师的专业认证项目（如消费者破产领域）的目录。

大学也是较好的求助资源，很多法学院设有法律事务所，高年级法律专业学生会在导师指导下为低收入者提供免费或低成本的服务。对需要税务帮助的个人，美国国税局可提供低收入纳税人服务机构名单，帮助纳税人审计、回复国税局的通知、更正账户问题、协助审计、上诉和解决收债争端（IRS，2008）。

最后的考量

在员工的职业生涯和个人生活中，他们总会遇到经济问题，如何处理这些问题对企业也是有影响的，尤其是当个人问题影响到工作时。因此，企业与EAP一起让员工意识到自己潜在的财务管理错误，这对企业是有利的，因为这些错误会直接影响工作。建议企业了解可用的资源，供必要时使用。

参考文献

American Association of Independent Credit Counseling Agencies. (2007). *Code of Practice. Addendum to the ISO 9001:2000 standard for consumer credit counseling agencies* [Online]. Retrieved March 20, 2008. Available: www.aiccca.org/images/AICCCA%20Code%20of%20Practice.pdf

Berner R., & Silver-Greenberg, J. (2008, March 6). Look out for that lifeline. Business Week [Online]. Retrieved March 29, 2008. Available: www.businessweek.com/magazine/content/08_11/b4075034436069.htm

Dynan, K. E., & Kohn, D. L. (2007, August 8). The rise in U.S. household indebtedness: Causes and consequences [Online]. *Federal Reserve Board Finance and Economics Discussion Series: 2007-3.* Washington, D.C. Retrieved March 20, 2008. Available: http://www.federalreserve.gov/pubs/feds/2007/200737

FTC Facts for Consumers (2005, December). *Fiscal fitness: Choosing a credit counselor* [Online]. Retrieved March 20, 2008. Available: http://www.ftc.gov/bcp/conline/pubs/credit/fiscal.pdf

FTC Facts for Consumers (2006, May). *Before you file for personal bankruptcy: information about credit counseling and debtor education* [Online]. Retrieved March 20, 2008. Available: http://www.usdoj.gov/ust/eo/bapcpa/ ccde/docs/FTC_Consumer_AlertCC.pdf

Federal Reserve Bank of Dallas (2007). New scrutiny for consumer credit counseling industry [Online]. *e-Perspectives,* 7. Available: http://www.dallasfed.org/ca/epersp/2007/3_2.cfm

Elias, S. (2007). *The new bankruptcy: Will it work for you?* (2nd ed.). Berkeley, CA: Nolo.

Forthofer, M. S., Markman, H. J., Cox, M., Stanley, S., & Kessler, R. C. (1996). Associations between marital distress and work loss in a national sample. *Journal of Marriage and the Family, 58,* 597–605.

Garman, E. T., Leech, I. E., & Grable, J. E. (1996). The negative impact of employee poor personal financial behaviors on employers. *Financial Counseling and Planning, 7,* 157–168.

Garman, E. T. (2001, January/February). Employee money and credit problems: EAPs must become involved. *EAPA Exchange,* 21–23.

Hunt, R. (2005). Whither consumer credit counseling? *Business Review* [Online]. Retrieved March 4, 2008. Available: www.philadelphiafed.org/files/br/Q4_05_ConsumerCounsel.pdf

Internal Revenue Service (2008). Low income taxpayer clinic list [Online]. Retrieved March 30, 2008. Available: http://www.irs.gov/pub/irs-pdf/p4134.pdf

Joo, S., & Grable, J. E. (2004). An exploratory framework of the determinants of financial satisfaction. *Journal of Family and Economic Issues, 25,* 25–50.

Kratzer, C. Y., Brunson, B. H., Garman, E. T., Kim, J., & Joo, S. (1998). Workplace financial education improves personal financial wellness. *Financial Counseling and Planning, 10,* 79–88.

Loonin, D. (2005). *An investigation of debt settlement companies: An unsettling business for consumers* [Online]. National Consumer Law Center Report. Retrieved March 27, 2008. Available: www.consumerlaw.org/issues/credit_counseling/content/DebtSettleFINALREPORT.pdf

National Consumer Law Center (2006). *Guide to surviving debt.* Boston, MA: Author.

National Foundation for Credit Counseling (2008). *Consumer debt advice* [Online]. Retrieved March 14, 2008. Available: http://www.nfcc.org/

Peirce, R. S., Frone, M. R., Russell, M., & Cooper, M. L. (1996). Financial stress, social support, and alcohol involvement: A longitudinal test of the buffering hypothesis in a general population survey. *Health Psychology, 15,* 38–47.

Schwab-Pomerantz, C., & Schwab, C. (2002). *It pays to talk: How to have the essential conversations with your family about money and investing.* New York: Crown Business.

Staten, M., Elliehausen, G., & Lundquist, C. (2002). The impact of credit counseling on subsequent borrower credit usage and payment behavior. *Credit Research Center, Monograph #36.* Washington, DC: Georgetown University.

U.S. Department of Housing and Urban Development. (2008, March). *HUD approved housing counseling agencies* [Online]. Available: http://www.hud.gov/offices/hsg/sfh/hcc/hcs.cfm

Williams, F. L., Haldeman, V., & Cramer, S. (1996). Effect of financial concerns upon workplace behavior and productivity. *Financial Counseling and Planning, 7,* 147–155.

第十三章

EAP与劳动力老龄化

Michael A. Richard

随着EAP迈入21世纪的第二个十年，劳动力老龄化问题也带来了无数挑战：一方面，年轻员工减少而无法取代退休员工；另一方面是不断变化的工作环境需求。社保金偿付能力的不确定性和私人退休账户的不安全性（有些人根本就没有私人退休账户）等社会问题加剧了员工老龄化带来的挑战。人均寿命的延长、老龄人口的增长、长期的看护需求和年龄歧视等问题都意味着员工老龄化面临着诸多的不确定性。有关美国人老龄化的研究文献大多关注于"生育高峰一代"的退休问题，尤其是他们的退休对①劳动力市场和②企业用工需求的影响。除上述问题外，老龄员工还面临着医疗保健和未来可能失去保障的经济问题（AARP Segmentation Analysis，1999；Dixon，Richard & Rollins，2003；Thomas，1990；Wellner，1999）。

劳动力发展趋势、人口统计状况和需求

劳动力市场研究显示，年轻员工将会越来越少，可参加工作的适龄人口数量将放缓并呈下降趋势。而且，可以肯定的是，越来越多的工作将由按现行标准应退休的人员承担。不仅员工的平均年龄会增长，受教育程度也会提高，女性与少数族裔的数量也将不断加大。比如，55岁以上的员工比例从2002年的34.5%提高到了2003年的35.7%。劳工统计署的预测也显示：到2012年，55岁以上的员工将达到39.7%。另外，一些分析家预测，因企业缺乏劳动力，继续留任工作的老龄员工比例将很快超过上述数据（Rix，2004；Robson，2001）。

有关人口发展变化的预测还显示，85岁及以上的老人将成为美国人口中增长速度最快的群体，到2030年可能将是现在的两倍（Administration on Aging，2000），到2050年少数族裔老人数量将增长为现在的5倍（Dixon，Richard & Rollins，2003；Scharlach，Fuller-Thomson & Kramer，1999）。自20世纪60年代大量女性进入职场以来美国劳动力已基本呈现性别均衡的情况，越来越多的女性加入劳动力大军的结果将是越来越多已经过了传统退休年龄的老龄女性继续留任工作（Dixon，Richard & Rollins，2003；Moen，1998）。

公共政策与老龄员工

很多人力资源专家认为，企业和公共政策制订者对劳动力市场发展所面临的挑战都始料未及，他们还认为当前的员工培训、留任考核制度以及在青年高失业率时期制订的公共政

策都已不适应当前的状况。当初用以满足失业青年需求的政策现在已无法满足员工老龄化的需求（Rix，2004；Robson，2001）。

人力资源和EAP研究者认为，在不久的将来，因为劳动力的缺乏，企业将不得不调整诸如聘用、劳资合同、工作时间、培训与薪酬、工作分配、工作现场组织、员工问题处理等内容，既有的公共政策和商业政策都将无法满足老龄员工迫切而独特的需求。公共政策制订者必须加大力度修改和制订公共和私人养老金政策与社会保障计划，以应对未来劳动力人口的发展（Coy & Trent，2005；Wellncr，1999）。

人力资源与EAP专家关注的另一大问题是企业对老龄员工需求的增长。20世纪90年代，就业岗位达到高峰，失业率创下历史新低。随后可用劳动力的减少使得企业难以聘用或留用更多员工。这一高峰实际上预示着人力资源与EAP人员将面临员工聘用和留用的难题，因为可用劳动力年龄过大（Robson，2001；Thomas，1999）。

尽管劳动力日益老龄化，还有随之而来的老龄员工即将退休、接替其位置的年轻劳动力日益减少、未来劳动力匮乏等问题，员工老龄化却并未引起公共政策制订者的高度重视。越来越多的老龄员工将继续留任岗位，公众民意调查显示，人们对退休返聘的意愿日益增强。问题是如何延长这些老龄员工的职业生涯以满足这种需求。毋庸置疑，我们需要对公共政策进行更多修订。除了提高退休年龄以外（这是社会保障体系改革中争议很大的一个问题），公共政策的修改将影响到EAP人员如何处理已过传统退休年龄却仍然希望或需要继续留任的员工问题（Timmermann，2002；West，1997）。

退休前景展望

在考虑有关退休问题时，必须考虑老龄人口的不同性质。生育高峰期一代包括两类人：在人权运动前受歧视的受害者群体和受益于歧视政策的群体。所以，这两类人面临的退休问题将会大不相同。生育高峰期一代都出生在20世纪30年代末至1955年前后。他们在年轻时经历了冷战，中年时目睹了冷战的结束，还经历了20世纪60年代的社会动荡、民权运动和女性解放运动。这个群体中很多非裔美国人和女性在民权运动与女性解放运动之前一段时间里，经受了各种或明或暗的歧视，这意味着他们得不到同时代白人所得到的教育和就业机会带来的经济安全（Administration on Aging，2000；Dixon，Richard & Rollins，2003；Smith 1995）。

EAP服务人员必须了解52～68岁这一代人可能有两种截然不同的生活经历和工作经历。这些人都经历了废止入学和就业中种族歧视的斗争；也看到了反种族隔离制度的实施。但对他们而言，意义是完全不同的——一个群体是变革的受益者，另一个群体是变革的对象（Dixon，Richard & Rollins，2003；Silverstone，1996）。

老龄少数族裔和女性的问题

大量老龄美国人，尤其是女性和少数族裔，往往因为经济问题而不得不继续工作或重新寻找工作。研究显示，很多老龄美国人都没有做好退休准备（Administration on Aging，2000；Simon Rusinowitz，1998；Stansky，1997）。这些人继续工作的原因有很多。比如，他们中的很多人频繁更换工作或长时间没有工作，或两种情况都有，因而无法得到充足的退休金（即他们主要依靠社保金生存）。尽管生育高峰期的一代中许多人都有自己的退休金计划，但其中很多人不得不面对退休后入不敷出的现实（Rubin，White-Means & Daniel，2000；Thorson，2000）。

少数族裔老人的贫困比例与白人相差巨大。1990 年人口普查显示，老年白人有 10.1% 生活在贫困中，而老年非裔美国人和拉美裔美国人的贫困比例却分别高达 33.8% 和 22.5%（Chen，1991）。社会保障部的报告显示：在退休收入中，社会保障金占到 90% 的白人是 29%，而非裔美国人和拉美裔美国人却高达 45% 和 44%。33% 的少数族裔老人完全依靠社会保障金生活，而白人只占 16%（Hendley & Billimoria，1999；Smith，1995；West，1997）。

造成这种现象的主要原因是职业生涯的差异，很多人尤其是女性和少数族裔的职业生涯不能为他们的退休生活做好充分准备，往往因陷入经济困境而无法承受退休生活（Darity，Guilkey & Winfrey，1996；Rappaport，1998；Silverstone，1996；West，1997）。对他们中的很多人而言，祖祖辈辈经受的歧视局限了他们的受教育机会、就业机会和职业发展前景（Marsella & Leong，1995；Rappaport，1998；West，1997）。直到现在，女性和少数族裔一般都在从事报酬低廉、非技术性或技术含量不高的工作；与男性白人相比，经济收入要少得多。他们只能将社会保障金作为他们退休后主要或唯一的收入来源，而社会保障金往往是不够的（Darity，Guilkey & Winfre，1996；Rappaport，1998；Thorson，2000）。

而且，社会保障金的多少取决于其职业生涯中的平均年收入。通常，女性和少数族裔会有很长时间没有任何收入，甚至在退休年龄到来之际还处于失业状态，以致其月保障金非常少（Hendley & Bilimora，1999）。很多少数族裔老人从事的工作（如体力劳动、家政工作、临时或兼职工作）根本没有退休金或社会保障金。这些工作不提供退休金，工资低，根本无法留下结余。这些工作还是劳动力市场中最不稳定的部分，可以想象从事这些工作的员工更容易失业。诸多现实让这些员工无法为退休留下任何存款（Hendley & Biliniora，1999；West，1997）。因此，许多老龄女性和少数族裔为了生存不得不继续工作，没有任何其他选择（Dennis & Migliaccio，1997；Rappaport，1998；Thorson，2000）。这些现实往往引发更多的抑郁、激愤和无助感（Silverstone，1996），EAP 专业人员必须做好准备处理这些现实带来的工作难题。

选择继续工作的老龄员工问题

美国退休人员协会 2004 年开展的一项调查显示，79% 的生育高峰一代有退休后继续工作的意向，那些本来准备退休的人也开始考虑继续留任工作。这种决定主要基于几个原因，比如，对 1960 年及其后出生的人而言，到 67 岁才有资格获得全额社会保障退休金。退休福利计划也在发生变化，企业不再实施固定收益的养老金计划（在规定退休年龄支付）；而是实施定额交款养老金计划，即工作时间越长，获得的退休金越多（Coy & Trent，2005）。通常美国老人的健康状况较好，很少仅仅因为到了 65 岁或 67 岁就考虑退休。之所以很多老龄员工选择继续工作，是因为他们有能力工作（Kerka，1995）。

为应对这种情况，组织必须不断创新，找到新方法以满足不同年龄员工的需求，商业和工业机构都在考虑如何吸引和留住老龄员工。这些老龄员工的精神和身体健康需求也就成为EAP专业人员必须面对的新问题（Dixon，Richard & Rollins，2003；Silverstone，1996）。

老龄员工面临的职场经济和健康问题

老龄员工的身体、精神和社会问题与年轻一代大不相同，这往往与他们经历的社会变革紧密相关。身体问题是那些从事体力强度大、报酬低廉的老龄员工的主要问题，包括各种健康方面的风险，从冠心病等严重疾病到因年龄增大而日益减弱的体力问题等。老龄员工的耐力或体力往往明显下降，或两者都有。其他由于对环境中的生化因素抵抗力下降引起的生理疾病也可能导致工作能力下降，老龄员工也往往因视力、听力下降更容易发生工伤事故（Imel，1996；Wegman & McGee，2004）。

随着工作能力明显下降，老龄员工的生产绩效可能落后于年轻员工，这些问题可能日显严重。因身体能力下降而不得不进行调整的老龄员工可能主动或被动寻求EAP的帮助（Wegman & McGee，2004）。

经济全球化和技术变革要求员工不断获取新技能，因此需要不断进行培训和再培训（Coates，Jarratt & Mahaffie，1991；Evans-Klock，Kelly & Richards，1999）。但这种培训机会往往只给年轻员工，而不给老龄员工（Imel，1996）。巴斯、迈克诺特与利兹（Barth，McNaught & Rizzi，1993）的调查报告显示，34%的经理表示公司几乎不会花钱培训老龄员工，而只有21%的经理表示几乎不会花钱培训35岁以下的员工。尽管老龄员工的旷工率和离职率低，工作态度、工作动机、工作技能和忠诚度都是一流的，但企业还是不会为他们提供培训（Barth et al.，1993；Yeatts，Folts & Knapp，1999），这可能源于企业对其医疗成本的考虑，他们认为老龄员工缺乏适应新任务的灵活性，不适合进行“再培训”。上述原因导致企业不大会考虑对老龄员工进行再培训（Dixon，Richard & Rollins，2003；Taylor & Walker，1998）。

很多老龄员工还必须面对职场中令人烦恼的管理层级年龄倒挂现象。随着员工老龄化，经理、主管和招聘面试官却越来越年轻化。老龄员工不得不面对年龄情况颠倒过来的主管结构，以及截然不同的交流方式、社交行为和现已被接受的“个性化工作习惯”。由于对这些做派的否定态度，老龄员工往往容易对年轻管理者形成敌意（Thorson，2000；Yeatts，Folts & Knapp，1999）。泰勒与沃克（Taylor，Walker，1998）的报告显示，老龄员工往往被视为工作效率低、适应能力差；年轻管理者认为他们是负担，只想着退休。正是因为这些偏见的存在，管理层对老龄员工工作能力（如学习新技能、接受新技术的能力）的评价往往低于平均水平（Imel，1996；Lagana，1995；Taylor & Walker，1998）。

另一个严重问题是，很多企业考虑制订减少老龄员工数量的聘用考核制度——即使在年轻员工数量下降的时期。生育高峰一代通常无法接受这种“年龄歧视”，这方面的抱怨会增加（Stansky，1997；Silverstone，1996）。EAP专业人员往往是应对这种投诉的一线人员。

老龄员工面临的精神健康和社会问题

长期照顾

尽管现在美国人的寿命越来越长，人也越来越健康；但随着年龄增大，人不可避免地会出现各种疾病和伤痛。老龄化行政管理部的《美国老年人状况》（*Profile of Older Americans*，2000）报告显示，在65岁以上的人群中，53%的人至少有一种疾病；33%的人有严重疾病。据报道，大约730万的老人需要日常生活方面的帮助。因此，长期看护问题成为很多美国老人不得不面对的问题（Administration on Aging，2000）。

但是，能够由亲属照顾的老人越来越少，这意味着老人要么住进养老院，要么在可能的情况下依靠健康的配偶来照顾。完全依靠联邦政府医疗保险或州政府医疗补助等福利计划的老人可能无力支付长期照顾自己或配偶的成本，因此得不到必要的照顾（Hendley & Bilimora，1999；Rappaport，1998）。那些必须继续工作的老人受到的影响最大，很可能成为EAP人员必须帮助的对象。

隔代养育

专业文献和媒体资料显示，成为孙辈主要照顾者的美国老人数量日益增长。当这种趋势涉及老龄员工时，EAP人员就必须引起重视（Brown，Monye，Robinson-Brown & Brandon-Moye，1995；Chalfie，1995；Dixon，Richard & Rollins，2003）。造成这种情况的原因主要是未成年人怀孕、年轻人药物滥用、应对家庭暴力以及一些年轻父母根本不愿意照顾自己的孩子等。老人要么是自己选择承担，要么是不想看到孙子女被送进看护所。研究显示，大约10%的祖父母至少曾经看护孙子女6个月以上，其中很多人至少照顾孙子女3年以上（Sand & Golberg-Glen，1996）。在这些负责照顾孩子的祖父母中，有41%的人接近或处于贫困线以下，所以很多人在照顾孩子的同时还必须工作（Chalfie，1995；Thorson，2000）。

对许多美国老人而言，照看孙辈带来的情绪困扰较大，有的甚至不堪重负。老人的困扰可能源于两方面：对孙辈的关心和对孩子父母的失望。与此同时，老人的经济压力变大，因为孩子父母往往提供极少或不提供任何经济补偿。当这些老人试图获取公共帮助时，压力会加剧，他们为了办这些手续可能不得不请假，为不知如何填写相关表格而深感焦虑。同时，如果老人被迫旷工照看生病的孩子以及孩子放假或休假时，往往会引发工作方面的问题（如经济问题、主管评估问题等）（Brown et al.，1995；Chalfie，1995）。

因照看孩子而体力不支，可能影响老龄员工的健康。大一点的孙辈可能还需要祖父母参与课后活动，这更加剧了老人的体力和精神压力。这种额外的照顾责任和经济负担使他们不得不延迟退休，并减少或无法参加重要的社交活动。这些是照看孙辈的老龄员工所面临的众多问题中的一小部分，但都可能成为EAP专业人员需要处理的问题（Kluger & Aprea，1999；Sand，Goldberg-Glen & Widener，1996）。

精神疾病与老人

EAP服务人员应该认识到，员工年龄的增长往往伴随着身体状况的恶化，并可能加大其精神压力。随着身体状况的恶化，老龄员工一方面需要处理照看孩子、丧偶以及朋友或同事去世带来的压力；另一方面还需要处理自身的精神压力。这些生活变故会引发长期的抑郁，影响老龄员工的工作效率。生理机能下降可能影响员工的工作能力，使主要依靠体力完成工作的员工陷入痛苦。然而，即便这些老龄员工面对如此严重的问题，他们往往也不愿意寻求咨询服务，不愿接受推介服务，EAP服务人员应该理解这一点（Lagana，1995；Thorson，2000）。

老年女性员工的问题可能更大，她们的寿命往往比男性长，更容易寡居。官方统计显示，在65岁及以上的女性中，有57%的人为单身（男性为23%），其中45%为寡居。而且，自1990年以来，离婚人数持续增长，老年离异者中女性占多数（Administration on Aging，2000）。与男性相比，老年女性更容易陷入贫困，她们的固定收入不足，参加社会活动的机会较少。这些因素导致很多女性陷入孤独和抑郁之中（Burnette & Mui，1996；Riker & Meyers，1995；Thorson，2000）。

受害和遭虐待

老人面对的另一个现实困扰是日益严重的受害和遭虐待问题，EAP专业人员必须了解这些问题。每年有多达100万的老人反映自己曾经遭受某种虐待。虐待形式不一，可能是身体上的，也可能是精神上的。虐待者往往是不得不照顾年老父母的家庭成员，具体虐待种类包括忽视、遗弃和子女啃老（Dyer，Pavlik，Murphy & Hyman，2000；Hoban & Kearney，2000）。而且，大部分受害者为女性（Hoban & Kearney，2000；Marshall，Benton & Brazier，2000），这些虐待往往会加剧其他问题。戴尔等人（Dyer et al.，2000）的报告显示，遭受虐待的老人与未受虐待的老人相比，患痴呆症和抑郁症的比例要高出很多，患痴呆症的比例为51%：39%，而患抑郁症的比例为62%：12%。EAP服务人员必须学会处理这些员工的问题；帮助他们解决经济和法律问题、处理子女啃老和虐待等问题。

对EAP专业人员的启示

未来，美国老龄员工必须面对更多的问题，如更长的工作年限、培训与再培训、长期看护或赡养、照看孙辈的压力、体力能力减弱、丧失亲友的伤痛等。随着老龄员工人口的多元化，EAP专业人员必须特别关注女性和少数族裔员工的问题。EAP人员处理老龄员工问题时，需要理解两种老人的不同需求：因现实所迫不得不工作的老人和自己选择继续工作的老人（Dixon，Richard & Rollins，2003；Moen，1998）。

EAP专业人员需要发展与老年医学和康复咨询相关的技能，所需具备的专业知识包括如何做出恰当推介以及如何提供下述领域的相关信息：独立生活、身体辅助、看护、调适咨询、就业、财务、休闲、家庭、哀伤处理、同辈关系咨询和医疗个案管理，并在许多情况下做好宣传（Riker & Meyers，1995）。另外，咨询师应具备开展多元化工作的能力，以便有效处理多样化的员工老龄化问题。

参考文献

Administration on Aging (2000). AoA announces the availability of "A profile of older Americans, 2000." [Online]. Available: http://www.aoa.dhhd.gov/

Barth, M. C., McNaught, W., & Rizzi, P. H. (1993). Corporations and the aging workforce. In P. Mirvis (Ed.) *Building the competitive workforce: Investing in human capital for corporate success.* American Association of Retired Persons.

Brown, D. R., Monye, D. B., Robinson-Brown, D., & Brandon-Moye, D. (1995). *Midlife and older African Americans as intergenerational caregivers of school aged children.* American Association of Retired Persons.

Burnette, D., & Mui, A. C. (1996). *Psychological well being among three successive cohorts of older American women who live alone.* American Association of Retired Persons.

Chalfie, D. (1995). *Going it alone: A closer look at grandparents parenting grandchildren* [Online]. American Association of Retired Persons. Retrieved November 9, 2001. Available: Ageline Database.

Coates, J. F., Jarratt, J., & Mahaffie, J. B. (1991). Future work. *Futurist, 25,* 9–19.

Coy, P., & Trent, B. (2005, June). Old. Smart. Productive. *Business Week, 3939,* 78–84.

Darity, W. A., Guilkey, D. K., & Winfrey, W. (1996). Explaining differences in economic performance among racial and ethnic groups in the USA: The data examined. *The American Journal of Economics and Sociology, 55,* 411–425.

Dennis, H., & Migliaccio, J. (1997). Redefining retirement: The baby boomer challenge. *Generations, 21,* 45–50.

Dixon, C. G., Richard, M. A., & Rollins, C. (2003). Contemporary issues facing aging Americans: Implications for rehabilitation and mental health counseling. *The Journal of Rehabilitation, 69,* 5–13.

Dyer, C. B., Pavlik, V. N., Murphy, K. P., & Hyman, D. J. (2000). The high prevalence of depression and dementia in elder abuse or neglect. *Journal of the American Geriatrics Society, 48,* 205–208.

Evans-Klock, C., Kelly, P., & Richards, P. (1999). Worker retrenchment: Preventive and remedial measures. *International Labor Review, 138,* 47–66.

Hendley, A. A., & Bilimora, N. F. (1999). Minorities and social security: An analysis of racial and ethnic differences in the current program. *Social Security Bulletin, 62,* 59–64.

Hoban, S., & Kearney, K. (2000). Elder abuse and neglect. *American Journal of Nursing, 100,* 49–55.

Imel, S. (1996). *Myths and realities: Older workers. ERIC Clearinghouse on Adult, Career, and Vocational Education.* Columbus, OH: Center on Education and Training for Employment.

Kerka, S. (1995). *Adult career counseling in a new age. ERIC Clearinghouse on Adult, Career, and Vocational Education.* Columbus, OH: Center on Education and Training for Employment.

Kluger, M. P., & Aprea, D. M. (1999). *Grandparents raising grandchildren: A description of the families and a special pilot program.* American Association of Retired Persons.

Lagana, L. (1995). *Older adults' expectations about mental health counseling: A multivariate and discriminate analysis.* American Association of Retired Persons.

Marsella, A. J., & Leong, F. T. L. (1995). Cross-cultural issues in personality and career assessment. *Journal of Career Assessment, 3,* 202–218.

Marshall, C. E., Benton, D., & Brazier, J. M. (2000). Elder abuse: Using clinical tools to identify clues of mistreatment. *Geriatrics, 55,* 42–44, 47–50.

Moen, P. (1998). Recasting careers: Changing reference groups, risks and realities. *Generations, 22,* 40–45.

Rappaport, A. M. (1998). Retirement security for women needs work. *National Underwriter* (Life and Health/Financial Services Edition), *102,* 39.

Rix, S.E. (2004, June). Update on the older worker: 2003. *PPI Data Digest, 97,* 1–4.

Robson, W.B.P. (2001), *Aging populations and the workforce: Challenges for employers* [Online]. Available: http://www.cdhowe.org/pdf/BNAC_Ageing_Populations.pdf

Roper Starch Worldwide Inc. (1999). *Baby boomers envision their retirement: An AARP segmentation analysis* [Online]. Available: http://www.research.aarp.org/econ/boomer_seg.pdf.

Riker, H. C., & Meyers, J. E. (1995). Older persons. In N. A. Vace, S. B. Devaney, & J. Wittmer (Eds.), *Experiencing and counseling multicultural and diverse populations* (pp. 91–115). Bristol, PA: Accelerated Development.

Rubin, R. M., White-Means, S. I., & Daniel, L. M. (2000). Income distribution of older Americans. *Monthly Labor Review, 123,* 19–30.

Sand, R. G., & Golberg-Glen, R. S. (1996). *Impact of surrogate parenting on grandparentś stress, well-being, and life satisfaction.* American Association of Retired Persons.

Scharlach, A. E., Fuller-Thomson, E., & Kramer, J. B. (1999). *Curriculum module on aging and ethnicity* [Online]. Available: http://socrates.berkeley.edu/˜aging/Module Minority1.html

Silverstone, B. (1996). Older people of tomorrow: A psychological profile. *The Gerontologist, 36,* 27–32.

Simon-Rusinowitz, L. (1998). *Future work and retirement needs: Policy experts and baby boomers express their views.*

(The baby boom at mid-life and beyond.) American Society on Aging [Online]. Available: http://iac.fcla.edu/

Smith, J. P. (1995). Racial and ethnic differences wealth in the health retirement study. *The Journal of Human Resources, 30,* 158–183.

Stansky, L. (1997). New age woes. *American Bar Association (ABA) Journal,* 66–69.

Taylor, P., & Walker, A. (1998). Employers and older workers: Attitudes and employment. *Aging and Society, 18,* 641–658.

Thomas, T. (1999). *Boomers retirement will profoundly impact U.S.* National Underwriter Property & Causality/ Risk & Benefits Management Edition. *103,* 51.

Thorson, J. A. (2000). *Aging in a changing society* (2nd ed.). Philadelphia, PA: Brunner/Mazel, Inc.

Timmermann, S. (2002). Baby boomers: Assessing their retirement risk in trying times. *Journal of Financial Service Professionals, 56,* 31–33.

Wegman, D. H. & McGee, J. P. (2004). *Health and saftey needs of older workers* (pp 95–122), The National Academies Press. Washington, D.C.

Wellner, A. S. (1999). Workplace 2018: Retirement boom or bust. *Training, 35,* 54–59.

West, D. (1997). Study cities lower minority participation in pension plans. *National Underwriter, 101.*

Yeatts, D. E., Folts, W. E., & Knapp, J. (1999). Older workers adaptation to a changing workplace: Employment issues for the 21st century. *Educational Gerontology, 4,* 331–347.

第十四章

EAP 在应对自然灾害与传染病的挑战中的作用

Robin L. Ersing

本章重点是企业内部不断增长的危机管理需求，以便在发生自然灾害和流行病的情况下，减轻可能损害员工健康与福祉的情绪和行为方面的影响。本章还介绍了在危机防范、应对和创伤管理方面的最佳方法，以支持 EAP 有效地减少员工的痛苦并尽快恢复工作场所的正常状态。本章也讨论了康复的原则，以促进员工在灾后恢复健康，支持组织恢复正常并获得发展。

2003 年 1 月至 2006 年 8 月期间，美国联邦应急管理署（Federal Energency Management Agency，FEMA）至少处理了来自 47 个州的 210 例自然灾难申明文件（FEMA，2008）。这些灾难包括洪水泛滥、暴雪、林野火灾、龙卷风和地震。这种级别的灾害对个人和家庭的生命财产造成了巨大损失，给社会结构带来了巨大影响。在此过程中，那些训练有素的急救人员发挥了很大作用，他们在灾后第一时间为灾民提供帮助，为满足人们的基本需求提供各种服务，并联系相关资源帮助个人进行恢复。EAP 的一个重要而常被忽略的功能是帮助员工应对危机带来的影响。而 EAP 管理者个人也可能面临一些困境，如灾难所导致的一些企业临时或永久关闭，其因此丧失收入或工作保障。此外，许多员工会在灾后寻求 EAP 服务，治疗他们自己和家人所遭受的创伤。这就提高了对 EAP 的需求，需要 EAP 制订相应的预防干预措施，减轻自然灾害或流行病的威胁和影响，加强对员工的保护并促使其尽快恢复正常。

自然灾害对工作场所的影响

自然灾害持续占领新闻头版，所造成的生命和财产损失无法估量。在过去的 25 年里（1980—2005），因自然灾害和恶劣天气相关事件造成的损失超过 5000 亿美元。据估计，单是卡特里娜飓风就造成亚拉巴马州、路易斯安那州和密西西比州的 13.1 万个商业组织所在地区变成了联邦政府宣布的灾区（Jarmin & Miranda，2006）。除了造成巨大经济损失，自然灾害也对企业的社会关系造成破坏（例如：失去家园、学校和社会支持），带来心理问题（例如，提高压力和抑郁水平）（Picou & Martin，2006）。自然灾害破坏社区基础设施（主要是供电、通讯和运输系统），影响社区正常运转（Mileti，1999）。灾难对员工个人和家庭造成的压力和创伤可能进一步蔓延到工作场所，具体表现为员工生产效率和士气的下降，缺勤率的提高，身心疾病的增加，药物滥用（酗酒）等不良行为的产生（Jacobson，Paul & Blum，2005）。

EAP与应对自然灾害

在工作场所，EAP为遭遇创伤性事件的员工提供最初的干预。虽然媒体往往关注工作场所的暴力事件，特别是涉及企业内部纠纷或心怀不满的员工的攻击情况；但更为重要的是制订灾后行为健康策略的需求。由于2004—2005年频繁的飓风，EAP管理人员在应对突发灾害时的角色变得越来越重要（Banks，Richards & Shah，2006；Enos & Edwards，2006；Paul & Thompson，2006；Ursano，Fullerton，Vineburgh，Stuart & Stecklein，2006）。曾经，企业期望EAP从业人员把工作重点放在满足员工的个人需求上。随着时间的推移，EAP的作用不断扩大，并且越来越多地参与处理职场的压力事件。反过来，这帮助EAP从为个别员工提供服务的传统模式转变到更积极且在更大层面上同时为员工和企业考虑的更全面的模式（Biedel，2005；Derr，2006）。新模式强调同时提高个人和企业应对创伤事件的能力，减轻负面影响，促进个人和企业恢复正常。

根据保罗与汤普森（Paul & Thompson，2006）的理论，“危机预防和应对措施为EAP及其服务的企业赋予了新的意义”。这方面的研究表明，危机干预计划需要持续的资源准备和投入，以减轻企业的损失，保持业务的连续性（Banks，Richards & Shah，2006；Enos & Edwards，2006；Paul & Thompson，2006）。过去10年美国和全球灾难性事件频发且强度很大，人们逐渐意识到EAP保护企业人力资源的独特功能。在这种新环境下提供服务就产生了“融合”的概念，也就是指联合企业内部和外部的风险管理与行为管理专家，更好地为企业提供服务（Derr，2006）。企业内部和社区资源的交汇与融合可用于如下两个方面：第一是帮助企业承受突发事件带来的压力，并在压力下维持经营，提高适应能力；第二是提高员工的相关知识和意识，促进其应对各种压力事件并提高其恢复能力（Derr，2006）。正如迪尔（Derr）所言，“EAP需要在融合的过程中变得更加积极”。因此，EAP工作人员能加强组织内部的沟通渠道，确保信息流通，保证所有员工都关心备灾和救灾工作。提高应对突发事件的意识有助于改变员工面对灾难时的感知能力（Ursano et al.，2006）。EAP融合外部资源的能力（例如：宗教团体、大众保健服务机构），对于满足员工及其家人的紧急需求非常重要。EAP工作人员在“保持工作和生活平衡”方面是训练有素的。这在卡特里娜飓风发生之后表现得尤为明显，这次飓风所造成的巨大灾难超越了政府层面的营救能力（Ursano et al.，2006）。有记录显示，EAP工作人员被召集起来，帮助员工寻找食物和避难所，寻找撤离时失散的家人，保护儿童，帮助申请救灾援助和保险索赔等事宜（Derr，2006，Eidt，2006；Vern，2006）。

EAP应对灾难的最佳方案

随着自然灾害和流行病越来越普遍，企业领导人要求EAP专家在危机预防和干预计划中发挥更大的作用（Beidel，2005）。历史事件如2004—2005年的佛罗里达州飓风季节，伴随着诸如卡特里娜飓风和丽塔飓风带来的灾难性暴风雨，极大地提高了危机管理领域对基于实证的干预策略的需求。文献研究表明了灾难管理工作与EAP密切相关的几个原则。企业在何种程度上提供EAP危机干预实践，取决于企业的业务规模、种类以及员工组成的复杂程度。一般情况下，EAP专业人士已熟练掌握危机干预计划的系列发展流程：工作场所灾难预防和应急预案、危机风险评估、危急事件培训、适应性培训、灾后长期追踪服务的发展（例如：转介、评估），并通过灾后行动回顾对危机干预计划进行更新和修改（Everly，Sherman，Stapleton，Barnett，Hiremath & Links，2006）。这些流程可帮助EAP从业者与企业领导人一起合作，建立预防灾难的企业文化。

贝德尔（Beidel，2005）指出，灾难发生后，EAP总能贴近员工，成为企业领导人对员工进行指导和沟通的主要渠道。因此，随着对EAP在危机干预中重要作用的进一步认识，越来越多的研究支持在危机管理服务的计划和实践中，使用那些基于实证的干预策略。例如，雅各布森、保罗以及布鲁姆（Jacobson，Paul & Blum，2005）在2004年发现，在所调查的曾经在工作场所应对过危机事件的EAP协会成员中，84%的人接受过危机事件应激管理机构（CISM）的正规训练。事实上，危机事件应激管理机构一直是很多EAP从业者在危机干预方面的主要培训机构（Beidel，2005）。这套方法的中心目标是帮助受训者掌握预测、计划并满足应对灾难阶段和灾后恢复阶段中企业与员工需求的能力。

尤萨诺等人（Ursano et al.，2006）提倡一种旨在结合风险管理和行为健康等领域的知识和专长的最佳实践模式。他们的“综合方案”吸纳了人力资源、安全方面的人员，还有EAP专业人士的参与，旨在制订全面、协调的工作场所危机管理预防和干预机制。运用这种方法，EAP从业者可以开展一些专业工作，包括帮助员工恢复对企业使命的认识能力，适时向员工及其家庭提供延伸服务，运用身体及心理健康普查以评估后续风险，在灾后持续提供教育以促进恢复。

另一个危机管理的最佳实践方案则是从2001年世贸中心袭击事件中发展而来。“危机事件持续服务模式”（Jacobson，Paul & Blum，2005）旨在为企业和员工提供涵盖创伤事件所有五个阶段的系列服务：创伤前、创伤时、创伤后、后续跟进和回顾修订。通过这个方法，EAP专家们可以①评估工作场所的风险，（在事件发生前）与外部资源取得联系；②（在事件发生时）在企业运营过程中协调服务和应对危机事件；③（在事件发生后）持续评估员工当下的需求并帮助联系提供延伸服务的机构。在后续工作中，EAP经理与企业领导人可就工作场所的恢复过程进行磋商，包括员工考勤指标、生产效率以及任何未满足的或长期的需要。持续服务的最后一个阶段包括回顾和修订现有的危机管理计划。EAP从业人员借此将他们的知识和实践技能反馈到这个回顾和修订过程中，提高了EAP在危机管理中的预见性和有效性，有助于进一步保障员工的健康和福利。

危机事件使得EAP在危机管理中的几个角色获得了公认。另外，上述模型还提醒我们，工作场所的危机干预工作并不是线性的，而是循环进行的。这个建议同样给EAP从业者提供了更多机会，使之在与客户洽谈时能够争取到更多具有时效性的资源和支持。这种持续性进一步证明了这个道理：“以终为始”。换句话说：一个EAP从业者在危机发生之前就知道自己要提供什么样的帮助，将更有助于灾后恢复工作（评估指标是员工健康功能的恢复）。

随着对EAP危机管理需求的不断增加，对EAP服务类型多样性的需求也在增加，以便更好地满足员工的需要。后者被称为“礼宾式服务”（VandePol，Gist，Braverman & Labardee，2006）。EAP在运用合适的外部资源以满足个人需求方面变得更加熟练。当然，这需要EAP从业者对社区资源有广泛的认识和充分的了解，社区资源包括由公共、私人以及宗教团体或机构提供的项目和服务。

与此同时，“专业合作伙伴”这个概念也应运而生，目的是确保基于实证的经验能够得到运用，大幅度提升EAP有效预防和应对重大突发事件的能力，使之更好地满足由灾难所引发的员工的各种不断增加的需求。这种合作关系的核心是一种维持组织持续运行的需要，以便能够在大规模灾害发生后，为工作场所激增的各种需求提供服务。因此，范登堡和他的同事们（VanderPol et al.，2006）提出：通过对工作场所危机事件的处理，可以看出一个公司如何看待和回应其员工的个人需求。因此，一些EAP项目会与从事企业危机管理的专业机构进行合作，以确保必要时能启用包括风险评估、制订计划和干预方案等现行的最佳实施策略。

建设具有抗灾能力的工作场所

简单来说，心理弹性（resiliency）概念是指从负性事件中反弹或是恢复过来（Luthans，2002）。对心理弹性的研究表明，它指的不仅仅是从危机事件中恢复过来，也包括个人和专业人士从危机中获得学习和成长的能力（Holman & Silver，1998；Klein，Nicholls & Thomalla，2003；Paton，Smith & Violanti，2000）。企业重视“心理弹性”，因为它有助于员工适应不利的、有压力的和创伤性事件。

作为促进员工健康与福利的组织活动的一部分，许多EAP项目已经在危机管理方案中融入了心理弹性的概念。实际上，工作场所适应性和心理弹性的培训是最佳实施策略的一部分，该策略有助于企业在面临自然灾害或流行病威胁时维持运行（EAPA，2002；Jacobson，2006；Vineburgh，Ursano，Gifford，Benedek & Fullerton，2006）。抗灾预案强调调动资源、传播信息、进行教育和宣传活动，以及开放组织内部的沟通渠道，这一切都有助于个人建立自我效能感（VandePol et al.，2006）。由于此时工作场所中正在努力克服危机，范登堡及其同事建议EAP专业人士在构建员工的“恢复期待”的时候要考虑以下五个要素：

- 获取满足基本需求的资源（例如食物、避难所和医护设施）
- 联系那些提供社会支持的非正式组织（例如宗教团体、社区机构）
- 通过常规的工作和时间表重建秩序和结构
- 把资源导向相关的并且能够完成的任务，以提高效率
- 肯定成就，提高能力，成为积极的行动者

与抗灾工作相关的最后一个方面就是帮助那些实施帮助的人。组织的领导者应确保EAP包含了旨在减轻“同情心疲乏”后果的计划。根据菲格里（Figley，2005）的观点，“同情心疲乏”是施助者面临的一种困境，感觉紧张不安、被那些受助者的遭遇搞得身心疲惫，并达

到创伤的程度。EAP从业者应接受适当的培训，使他们能够觉察“同情心疲乏”的早期症状，并能及时寻求干预措施，保持自己的工作能力（Jacobson，2006）。尽管对自我关照领域的研究有限，但业界已经认识到，自我关照是EAP专业人士的一项重要技能，可帮助他们在危机管理工作中处理个人情感和应对工作压力（Bishop，McCullough，Thompson & Vasi，2006；Paul & Blum，2005）。同样，社交网络和结伴系统（负责彼此安全的两人结伴制度）都有减轻压力的作用。雅各布森（Jacobson，2006）描述了一个全国性的社会支持计划，该计划是在2001年美国世贸中心遭袭击后为EAP从业者创立的，在卡特里娜飓风灾害时再次启用。这个计划把来自EAP项目的志愿者联系起来，为他们提供互助活动和同伴支持，以应对工作中的情绪情感问题。

结论

诸如卡特里娜飓风和丽塔飓风这样的灾难事件以及其他自然灾害和流行病，都提升了EAP的风险。如今，EAP专业人员已使用危机管理技能帮助企业制订预防和应对危机事件的政策。那些基于实证检验的实践活动帮助员工适应灾难事件带来的社会、心理和经济影响，为确保这些实践经验得到应用，有必要进行持续的研究。EAP的积极努力非常重要；因为这有助于充分评估人力资源，有助于利用组织和员工的力量为建立有抗灾能力的工作场所奠定基础。

参考文献

Banks, L. L., Richards, M. E., & Shah, M. B. (2006, December). *An assessment of the personal and emotional barriers to effective disaster response on the part of healthcare professionals* (Quick Response Report No. 188). Boulder, CO: Natural Hazards Center.

Beidel, B. E. (2005). Disaster preparedness: A multifaceted EAP approach. *Journal of Employee Assistance, 35,* 37–38.

Bishop, S., McCullough, B., Thompson, C., & Vasi, N. (2006). Resiliency in the aftermath of repetitious violence in the workplace. *Journal of Workplace Behavioral Health, 21,* 101–118.

Derr, W. D. (2006, September). A wider role for EAPs: “On demandî services no longer meet organizations” risk-management needs. *Behavior Healthcare* [Online]. Retrieved April 29, 2008. Available: www.behavioral.net

Eidt, W. D. (2006). Coping with stress during disaster response: Anecdotal evidence from EA professionals who helped victims of Hurricane Katrina suggests that paying more attention to job satisfaction may help reduce the impact of burnout and stress. *Journal of Employee Assistance, 36,* 7–9.

Employee Assistance Professionals Association (EAPA) (2002). *Critical incident management for EAPA and EAPs.* Report of the Employee Assistance Professionals Association Disaster Assistance Task Force. Arlington, VA: Author.

Enos, G. A., & Edwards, D. J. (2006, January). Planning for disasters after Katrina and Rita. *Behavior Healthcare* [Online]. Retrieved April 29, 2008. Available: www.behavioral.net

Everly, G. S., Sherman, M. F., Stapleton, A., Barnett, D. J., Hiremath, G. S., & Links, J. M. (2006). Workplace crisis intervention: A systematic review of effect sizes. *Journal of Workplace Behavioral Health, 21,* 153–170.

Federal Emergency Management Agency (FEMA). (2008). *Declared disasters by year or state* [Online].

Retrieved April 29, 2008. Available: http://www.fema.gov/news/disaster_totals_annual.fema

Figley, C. (2005). Compassion fatigue: An expert interview. *Medscape Psychiatry & Mental Health, 8* [Online]. Retrieved April 29, 2008. Available http://www.medscape.com/viewarticle/513615

Holman, E. A., & Silver, R. C. (1998). Getting ìstuckî in the past: Temporal orientation and coping with trauma. *Journal of Personality and Social Psychology, 74,* 1146–1163.

Jacobson, J. M. (2006). Compassion fatigue, compassion satisfaction, and burnout: Reactions among employee assistance professionals providing workplace crisis intervention and disaster management services. *Journal of Workplace Behavioral Health, 21,* 133–152.

Jacobson, J. M., Paul, J., & Blum, D. (2005). The EAP critical incident continuum. *Journal of Employee Assistance, 35,* 28–30.

Jarmin, R., & Miranda, J. (2006). *The impact of Hurricanes Katrina, Rita, and Wilma on business establishments: A GIS approach* (Center for Economic Studies. No. CES 06-23). Washington, DC: Bureau of the Census.

Klein, R., Nicholls, R., & Thomalla, F. (2003). Resilience to natural hazards: How useful is this concept? *Environmental Hazards, 5,* 35–45.

Lott, N., & Ross, T. (n.d.). *Tracking and evaluating U.S. billion dollar weather disasters, 1980–2005* [Online]. Retrieved April 29, 2008. Available: http://www.ncdc.noaa.gov/oa/reports/billionz.html

Luthans, F. (2002). The need for and meaning of positive organizational behavior. *Journal of Organizational Behavior, 23,* 695–706.

Mileti, D. (1999). *Disasters by design: A reassessment of natural hazards in the United States.* Washington, DC: Joseph Henry Press.

Paton, D., Smith, L., & Violanti, J. (2000). Disaster response: Risk, vulnerability and resilience. *Disaster Prevention and Management, 9,* 173–179.

Paul, J., & Blum, D. (2005). Workplace disaster preparedness and response: The employee assistance program continuum of services. *International Journal of Emergency Mental Health, 73,* 169–178.

Paul, R., & Thompson, C. (2006). Employee assistance program responses to large scale traumatic events: Lessons learned and future opportunities. *Journal of Workplace Behavioral Health, 21,* 1–19.

Picou, J. S., & Martin, C. G. (2006, November). *Community impacts of Hurricane Ivan: A case study of Orange Beach, Alabama* (Quick Response Report No. 190). Boulder, CO: Natural Hazards Center.

Ursano, R. J., Fullerton, C. S., Vineburgh, N. T., Stuart, J., & Stecklein, J. (2006). A leadership document to inform planning, response and policy for workplace preparedness and behavioral risk management of disaster and terrorism. Bethesda, MD: Uniformed Services University of the Health Sciences, Center for the Study of Traumatic Stress.

VandePol, B., Gist, R., Braverman, M., & Labardee, L. (2006). Strategic specialty partnerships: Enabling the EAP for evidence informed best practices in workplace crisis response. *Journal of Workplace Behavioral Health, 21,* 119–131.

Vern, J. (2006). The key role of EAPs after a crisis. Risk Management, 53–, 48–49.

Vineburgh, N. T., Ursano, R. J., Gifford, R. K., Benedek, D. M., & Fullerton, C. S. (2006). Disaster preparedness in the 21st century. *Journal of Employee Assistance, 36,* 14–16.

第十五章
工作场所暴力的评估与预防

Stephen Albrecht

工作场所暴力和校园暴力并非新问题，只要存在人与人的冲突、爱人反目或金钱纠纷，就会出现暴力问题。如果我们将公司或校园内出现的致命暴力事件看作新现象，就没有理解美国或全世界历史上一些走上歧途的年轻人或成年人将暴力视为问题解决工具的现象。

我们对工作场所受伤或致死事件的理解往往受媒体报道的误导。这些媒体报道也许是善意的，但往往建立在错误假设的基础上。任何熟悉美国刑事审判系统的人都知道，美国正日益变成充满危险和暴力的地方。在过去的25年里，这一结论不知不觉已经走进我们的工作场所和校园。不管这一结论是否正确，公众或企业对工作场所暴力的印象都只涉及杀人事件。换言之，都似乎是相同的描述："被解聘员工为泄愤持枪杀害两人"。

实际上，报纸没有报道的暴力事件比比皆是：码头互殴；主管接到的匿名恐吓电话；妻子看到前夫出现在客厅；受到威胁；充满恐惧地站在停车场迟迟不敢走进办公大楼或校园；怕见施虐者的受害员工或学生。

正是"职场暴力仅与杀人犯有关"的错误观念误导了人们对此问题的认识。工作场所或校园暴力与恐惧有关。这些案件也反映了我们社会的暴力问题。EAP专业人员现在已成为解决这些问题的一线人员。

有关预测未来暴力事件的谬论

在发生任何引起受伤或死亡的职场暴力事件后，人们（尤其是平民大众）除了问"他为什么这么做"以外，就是"能预见此次袭击的警报迹象是什么？"就好像发现一系列异常行为和阻止暴力行为的发生是一件非常容易的事。推论性的疑问还有：企业或学校本来应该怎样做？该员工、前员工、学生或顾客是不是受到了不公正待遇？是否有任何到位的安保措施、设施或制度？他们是否被忽略、被挫败或失踪？警察花了多长时间赶到？如果警察当时在现场的话可以做些什么？警察是否曾与涉案者有过接触？如果曾接触过，他们错过或忽略的危险迹象是什么？这是一个与职场无关的问题吗（如离婚、经济问题或家庭问题）？是不是一个三角恋问题？被抛弃或伤心的一方枪杀了前女友或男友及其新欢？是不是因为精神病？嫌疑犯是否有抑郁症、自杀倾向、愤怒、出现幻觉、妄想、狂怒或精神病以至于任何人都无法阻止其暴力行为？

出现工作场所或校园暴力事件后总会涌现这些疑问，这些问题并不容易回答，因为这需要探索涉案方的精神世界，甚至弄清事件始末。

这么多的人追问“为什么”，但不得不承认的是，答案只有一个人知道：施暴者。在很多致命对抗中，施暴者往往以自己的生命作威胁，有时逼迫、挑衅警察射杀他们来达到自杀的目的，以此逃避社会、法院、媒体、警察或精神科医师的审查。

除了对这些事件不满之外，我们无法了解真正的原因——为何这些人会携带武器到工作场所或学校，打伤或杀害一个或几个同事、顾客、售货员、学生、老师或其他旁观者？以下两个“暴力等式”也许在一定程度上有助于解开这个谜团。

工作场所暴力等式一

长期以来人们一直利用一个等式来解释恐怖主义、普通暴力事件和工作场所暴力事件，该等式源于多个领域的研究，包括政府部门、司法部门、安全行业、军事和情报部门。因其起源涉及诸多领域，所以很难说清是谁在什么时间创建了该等式。除去各种误解，我们可以界定“暴力等式一”包括三大部分：

动机 + 机会 = 暴力行为发生的可能性

让我们倒过来解释。

1. 暴力行为发生的可能性

这包括施暴者造成伤害的能力，从威胁并导致伤害的非致命行为，导致一人或多人乃至施暴者自己死亡的致命事件；也包括作案者对武器、地点和作案方式的选择。

2. 动机

这是一个残酷的现实：我们不可能总能弄清嫌疑犯的动机，也无法改变其动机。但我们却想知道：为什么 19 个人要登上不同的飞机、挟持飞机撞向纽约最引人注目的塔楼或宾夕法尼亚州的林中空地呢？为什么科罗拉多高中那两名叛逆的、缺乏关爱的、愤世嫉俗的中学生会打死打伤那么多同学呢？为什么一名学生会闯进弗吉尼亚一座大学工程大楼，枪杀如此多的学生呢？为什么被解聘的员工会枪杀自己的同事和解聘他的人事经理或警官呢？为什么一个男人会找到自己口口声声说自己深爱的女人，并在公司杀害她呢？

在美国，我们无法理解这些动机。而在以色列，当一名巴勒斯坦自杀式袭击者身缠自制炸药，在一家挤满了人的咖啡店将自己引爆时，人们会无一例外地充满疲倦和伤心地说出其动机：“他们恨我们，他们疯了。”他们清理完现场后（以色列犯罪现场管理约为 4 小时），就会试着回归正常生活。

在美国，发生一件异常可怕的暴力事件后，电视媒体、专家、大众就会没日没夜地谈论、思考、猜测原因。沉迷于探讨动机最终一无所获，却浪费了时间和精力；所以我们更需要做的是集中精力，思考如何避免这些暴力的发生。因此，对工作场所和校园暴力，我们最需要做的是减少暴力发生的可能性。

3. 机会

美国国家安全局认为，施暴者都会经历从“动机”到“行动”的过程。在袭击一个机构或员工或学生之前，施暴者都会有某种形式的试探或监视。比如，想枪杀老板的被解聘员工可能会告诉他人（向第三方发出威胁），在主管住处周围驾车巡视，或问那些未被解聘的员工“老板何时度假回来”等。试图报复的前夫或前男友可能会坐在停车场，跟踪与新男友共进午餐的前妻或前女友；或不停地发送信件或电子邮件；或打无数个匿名电话或骚扰电话。认为自己是受害者、受到不公平对待的学生会跟踪同学，制订袭击计划，收集武器，向几个朋友透露计划后开始袭击。

在犯罪案例中，大多数罪犯都会考察现场，在正式行动前几天或几小时都会多次进入试图抢劫的地方。如果他们发现安保制度健全，被阻止、被抓获或被击毙的可能性比较大，他们就会转向其他地方。许多安保措施健全的零售店、银行或珠宝店无意间粉碎了抢劫犯的计划，而自己却不知情。

在许多情况下，罪犯的计划之所以没有得逞，主要归功于合格的安保人员、健全的人力资源和安全制度、常备不懈的警惕性；或者因员工乐意与他人分享信息，学生把不良预感告诉了教师，组织的管理者针对可疑迹象采取了行动。凡此种种都起到了防患于未然的作用。

工作场所暴力等式二

工作场所暴力等式二包括如下要素：

经济压力＋精神疾病＋报复需求 ＝
自发犯罪行为

（即因生理、社会和心理的所谓理由，嫌犯有实施工作场所暴力的需求）

1. 经济压力

多年来，杀人的原因不外乎谋财害命，或更准确地说因为缺钱而害命。从荷兰人开始卖郁金香开始，“没钱”就成了犯罪、实施暴力和自杀的原因。就此而言，对前雇主施暴看似不合情理，但实际上也是有一定逻辑关系的。当人们突然发现自己失去了工作而根本没有任何存款维持生计时，就会变得狂躁、暴力和险恶，可能就会变得非常危险。

对新解聘的危险员工，我们可以想象三种情景：①如果他们带着武器回到企业准备摊牌，说明他们异常愤怒。②如果他们五六个月后又回来了，说明他们非常恼怒，可能已经没钱了（没有存款、失业津贴或亲友的资助）。③如果人性化地处理他们的解聘事务，尊重他们，为他们提供一些帮助（如工作证明信、就业推荐服务、马上结算工资、继续提供 EAP 服务等），最后的结果可能会好很多。他们可能会离开，再也不会联系或回到公司。

2. 精神疾病

不管施暴者是否被诊断有某种形式的精神疾病，精神疾病与暴力之间的关系是很明显的。精神健康医师马上会指出并非所有精神病人都是危险的，所以我们说的是“某种形式的精神疾病”。被诊断为患有反社会人格障碍、妄想型精神分裂症、偏执性精神病、严重抑郁症和伴有命令式幻觉的精神分裂症患者，大多与伤人害己的暴力行为有关。有爆发性狂躁问题、高度偏执狂（通常因饮酒或使用刺激性药物所致）或无法控制愤怒的人，尤其是当他处在巨大生活压力下时，可能会无法控制自己的暴力情绪，如突然失业（变得一文不名）或恋爱关系破裂等。

3. 报复需求

俗话说，“骄兵必败”。一旦感觉自我受到伤害、自尊受损，有人就会不可自拔地陷入狂暴的情绪之中。美国文化崇尚“人若犯我，我必犯人”的思维方式，这种权利意识导致其把本应由自己负责的行为（或幸福），却诿过于他人。

对于那些受到处分或被解聘的员工，特别是那些充满愤怒的、有一定身份的、内心充满恐惧的员工，保护他们脆弱的自尊至关重要。要让他们相对满意地离开，永远不再回来或携带武器回公司闹事。

威胁评估的定义

戴维·贝扎（David Batza）是一家位于加利福尼亚州圣塔克瑞塔的叫做戴维·贝扎调查与律师援助（私营）事务所的法人，他在高风险威胁评估方面有着丰富的专业经验。1990年，他将威胁评估界定为："威胁评估就是一个调查过程，最后形成对情况严重性的判断"。

注意这些词的含义。"调查过程"意味着希望通过一系列步骤，提出诸多问题，对有关过去或现在的既有信息做仔细的审查。"形成判断"则是说有关未来危险性或未来暴力事件的预测只是一种"猜测"，是高度科学的猜测，但也仅仅是猜测。

而且，危险性评估并非即刻就能做出绝对判断。由于危险程度不一，不能单纯得出结论认为某人是否存在危险或是暴力倾向。比如，我们可能判断某人对其前妻构成威胁，但对他人并不存在危险。被解聘员工与前任老板交流时可能有危险，但并没有对同事生气或存在暴力意图。只有施暴者自己知道他们会做什么、什么能够阻止他们、什么不能阻止他们。

最后，"情况的严重程度"可以狭义理解，也可广义理解。广义上指面临的情况可能存在多个方面，会导致出现多种情形，因而需要多种干预或解决方案。狭义上指对该潜在施暴者而言，只是执著地归咎于某一个人、某一件事或某一问题，换句话说就是紧盯着他的袭击目标。他们或遭解聘、逮捕；或受到人身保护令限制；或发现自己被解聘，变得身无分文，无家可归，可能入狱；或者感觉自己的世界坍塌了，就像个人生活即将走向尽头。

对于威胁评估概念的理解，有人认为应该研究危险性预测相关的统计数据，或勾画工作场所潜在施暴者的特征。但简单来说，我们无法管理数据，但我们能控制对人们的威胁。数据是客观的，我们的重点应该放在这些问题的人为因素方面，而不是数字上；毕竟能开枪的不是统计数据，而是人。

如果过分重视人物特征的描述，容易将我们的重点放在标识性语言上，而不是行为性语言上。为了找到可能的施暴者，并让他们在没有犯罪前暴露出来，我的第一木有关该问题的书《定时炸弹：消除职场暴力》（*Ticking Bombs : Defusing Violence in the Workplace*）详细列出了工作场所可能存在的自杀式施暴者的20多种特征，包括人口统计学特征和心理特征，如年龄、种族、工作更换历史、对武器的着迷程度、物质滥用史等。尽管职场施暴者生活中确实有这样一些特征，但并不一定具备所有这些特征。评估者利用特征描述来框定可能的施暴者，很容易令我们犯对号入座的错误。自从14年前我的书发行后，我们又学到了许多新的经验教训。无论是美国安全局特工还是大多数威胁评估专家，在管理案件时都不能仅仅依靠特征描述。我们的重点是分析潜在施暴者及其交往的受害者的背景行为。

将我们的重点放在行为而不是统计数据或特征描述上非常重要：对威胁的评估仅仅是阶

段性的，我们今天对一个人所做的预测到明天可能完全改变，因为明天我们又会得到新的信息。今天他看起来很正常，但如果第二天他妻子离开了他，我们今天对他所做的暴力倾向评估可能就会完全不同。

威胁评估不仅仅是评估警告性迹象或威胁而已，威胁评估是对一定背景下不断发生变化的相关行为的独特和全面的评估。此人的行为是否合乎情理？被批评后袭击老板肯定不合情理，因前女友拒绝与你同行而烧毁她的汽车，肯定也是不正常的社会行为。威胁评估团队应时刻问自己："这个人的什么行为属于整体背景环境中的正常行为？什么是不正常的？"

美国国家安全局、联邦调查局和美国联邦执法署的研究认为，识别和解决威胁的关键，是尽早发现"袭击相关行为"。暴力犯罪分子在袭击前往往会有相关的行为，这些行为有的明显，有的不明显：他们会思考、策划、筹备、向其头目透露，有时会将计划从想法变成现实，付诸实践。

美国国家安全局认为，威胁评估方法不会仅仅将"直接表达威胁"作为主要标准进行风险评估、保护性干预或采取矫正性措施。听到威胁的很可能是第三方（同事、朋友、合作者和家人），而不是被攻击对象。

威胁评估的目标旨在根据我们收集的信息对嫌疑人或攻击目标或两者同时进行风险评估。EAP专业人员可以采用积极的威胁评估方法，认识到暴力本身有一个发展过程，尽早识别"攻击相关"行为，使用威胁评估团队（Threat Assessment Team，TAT）的工作程序，从潜在的受害者、袭击者、组织的角度，以及与上述三方都有某种相关者的立场，设身处地地看待每个问题，以更好地理解"有针对性的暴力"这一概念。

"警告责任"问题

在讨论EAP人员在威胁评估团队（TAT）中的作用之前，应先了解他们在实际工作中的限制性问题。作为危险评估团队中提供干预或咨询服务的EAP服务人员，绝对不可违反保密原则。你应将自己视为顾问或咨询人员，也应向他人这样描述自己的职责，这意味着你所提供的帮助和支持不能破坏你们之间的治疗关系。当然，如果有例外情况，需遵循你所在州的有关"当客户声明将伤害他人或自己时，咨询师是否有责任发出警告"的法律规定。

比如，在加利福尼亚州，EAP专业人员和精神健康相关临床人员都需遵循1976年塔拉索夫（Tarasoff）案件的原则，州最高法院将以是否破坏治疗师与患者之间的保密协议作为首要的裁决依据，即当患者发出伤害自己或他人的威胁时，咨询师即可打破保密性规则。作为EAP专业人员，需要了解并遵守所在州的法律要求。可以毫不夸张地说，在1976年加利福尼亚案件发生之后到现在，这个问题仍是精神卫生界的敏感话题。假如临床医生向客户的潜在攻击对象透露消息的话，那么应该怎样坚守自己的职业道德和责任呢？

如果EAP人员和其他临床医师坚持谨慎行事，那会不会破坏医患之间的治疗关系，或者是践踏了对未来客户的保密承诺？

最后，俗话说："宁可小心求安全，不可冒险而后悔"，究竟如何选择，当然只能是视具体情况而定夺了。就像我们会对不可能发生的危险做出过度反应一样，我们也可能会错失对那些试图保护自己安全的人施以援手的机会。根据你自己的知识、经验和所受的培训及教育，聆听你自己的心灵，运用你的头脑，跟随你的直觉，是你最好的选择。

威胁评估团队的概念

解决潜在的或实际的职场暴力的一个好方法，是利用组织内部和外部资源建立专项团队。威胁评估团队（或威胁管理团队、危机反应团队或“重大事故应急团队”）已经开始出现在企业和学校中。

专业人士同心协力，聚集在会议室或通过电话会议一起商议，可以凝聚大家的智慧，在最短时间内快速找到有效的解决方案。运用威胁评估团队，将员工或学生遇到威胁时从“我该如何做”变成“我们该如何做”。这种会议有助于创造一种解决问题的氛围，让人们交流想法、经验，向他人表露自己的恐惧和担心。

威胁评估团队的方法通常有五大功能：

a. 收集信息。我们对发出威胁者和受威胁者了解多少？

b. 面谈。无论从个人角度还是专业角度，我们从潜在施暴者、施暴目标以及相关各方那里，可以了解到什么？

c. 评估。就威胁者对个人或组织所发出的暴力威胁而言，所有这些信息有什么含义？

d. 决策。我们现在和近期需要做什么？谁负责管理潜在施暴者的行为或行动（人力资源部、保安部、警察、EAP 人员，还是公司外部的专家？）

e. 后续跟踪。如果情况稳定下来了，我们如何继续监控相关人士及其行为以避免情况重新恶化或升级？

威胁评估团队的成员

在有威胁评估团队的私营和公共组织中，威胁评估团队通常包括如下成员（或代表）：

基本成员（有实际工作经验、现场参与、可做决策）

（1）**人力资源主管**。负责员工调解或解聘程序、组织制度和程序、福利条件和所有人力资源相关问题（与公司或学校的法律顾问共同开展工作）。

（2）**司法或保安主管**。警察可以处理报警、逮捕或起诉问题，加强巡逻，进行犯罪情况网上搜索以及加强安全防范措施。保安部门可以帮助处理门禁进出问题、安全保卫、实施紧急或安全相关制度和程序（如一级防范禁闭训练、人群疏散等）。

（3）**法律顾问**。律师可以就有关劳动法、尽职调查和工会合同等方面的问题提供建议，更为重要的是，这也许会使威胁评估团队会议形成律师与客户之间的部分特殊工作成果。这意味着威胁评估团队在工作过程中所产生的信息，在未来有可能发生的诉讼中可以受到更好的保护。

（4）**EAP 人员或心理服务人员**。临床医师可以针对潜在施暴者和受害者的心理状况给出建议，也可以建议是否需要住院治疗、危机治疗或求助于警方等。但如果与潜在施暴者或施暴目标存在治疗关系，这些人员就需要知道应该何时从小组讨论中退出。

（5）**威胁评估和威胁管理咨询师**。这些专业人士一般在威胁评估案件方面经验非常丰富，不仅可以帮助制订解决方案，还可以帮助管理小组讨论结果、目标和结论。

（6）**员工主管**。在这里，员工主管对整个会议的内容和时间长度不应有任何个人观点，而只是负责回答有关施暴者行为或任何潜在目标的问题，抑或给出建议。

次级成员（不一定在现场，但可以提供信息或授权）

（1）**高层管理人员**。尽管他们可能想或者不想参加威胁评估团队会议，但他们可以帮助精简程序，做出战略决策，花钱聘用专家或提供解聘津贴等。

（2）**风险管理和安全经理**。可以提供有关厂区保护方面的建议，一般与安全主管、信息技术主管（如果威胁到组织的网络安全的话）一起参加会议。

（3）**劳资关系部门人员**。可帮助小组理解组织与工会之间的任何现有合同或理解备忘录。

（4）**工会代表**。与一般想法相反，大多数工会代表都不希望组织出现任何危险员工，即使这些潜在施暴者是工会成员。工会代表可以为威胁评估团队提供有关潜在施暴者和施暴目标的信息，给出有关工作小组、团队或环境方面的反馈。

（5）**工厂或车间经理**。可以帮助处理厂区门禁进出控制、安全和安保问题或其他潜在问题（隐秘地带、上锁橱柜、危险材料等）。

（6）**员工领导**。作为潜在施暴者或施暴目标的主管，不会被要求参加整个会议，只会参加部分会议，为小组提供有关可用于制止施暴者行动的解决方案的信息和意见（如果知道潜在施暴者身份的话）。

（7）**立法机构**。民选官员可以通过制订新的法律来弥补现有法律的漏洞，以此对企业或学校所在的州、市、县提供间接的帮助。比如在加利福尼亚州，通过的新法律允许组织申请用于保护自己的“禁止工作场所骚扰令”，以禁止具有威胁性的员工或其他外人接触（类似于一种员工可以用来对抗威胁者的限制令）。另外两部法规要求加州的公司要“合理解决”那些遭受家庭暴力的员工的问题。

学校威胁评估团队成员

假如你是某校区或某校园的EAP专业人员，威胁评估团队的成员可能包括以上所列的专业人员，也可能会有所不同。当涉及学校的问题或事故时，你们能聚在一起讨论某学生、某家长、某前学生或者校外的罪犯（比如帮派成员、恋童癖者）的骚扰性或威胁性行为，还有教师、顾问、行政人员的威胁性或潜在的危险行为，或者任何涉及上述人员的家庭暴力行为。

可能列入学校威胁评估团队的成员

（1）**校长和副校长**。作为学校的CEO，他们能马上做出决策，很好地跟学区教育官员（教育督导和他们指派的代表等）沟通。

（2）**校警和学校资源主管**。这些人可以提供武力保护；执行逮捕和起诉；提供机密信息以及处理先前类似问题的经验；搜查更衣室；升级安全设备（比如金属探测器、恐怖袭击或盗窃报警器、摄像头等）；帮助提高危机应对能力，包括联络互助组织，比如消防部门、医护人员、警察系统和相邻警局。

（3）**学校保安**。他们能支持警方的行动，收集信息，控制流言，提供个人或群体的信息、有关先前问题、事件或者事故的信息。通常来说，与校警相比，他们更年轻、与学生更亲近。

（4）**学区顾问和驻校顾问**。这些特殊的专业人员可以在针对学生或员工问题时提出独到且有益的见解（尽管他们必须对一些特定信息保密，因为他们会面对一些道德伦理的问题，就像其他咨询专业人员一样）。

（5）**学年主任**。这些指导教师能提供关于课堂表现、安全顾虑、谣言、小道消息、威胁、父母教育问题以及男女学生间感情问题等特殊信息。

（6）**学区律师**。他们能对潜在的困境提供法律上的支持和意见，比如家庭教育权益，隐私法和美国健康保险的流动与责任法案（Health Insurance Portability and Accountability Act，HIPPA），还有涉及区域内员工联盟的问题。

（7）**特选的教师**。能帮助威胁评估团队讨论某种课堂问题行为和某学生所表现出的潜在危险行为，尤其是在特定情况下。

（8）**校园护士**。尽管这些医疗专业人员披露某就医学生信息的权限受到诸多限制（见上文提到的 HIPPA 法案），但他们可以提供一些一般的信息，比如风气、文化、目前校园潜在的健康或行为问题。

（9）**设施或维修主管**。他们能控制各种设施的安全性，带领人员撤离，为警察和消防人员的行动提供帮助。

（10）**校外顾问**。有很多威胁评估顾问专长于学校威胁的案子。他们可能有教学、学校心理辅导、校园安保、校警、学校或学区行政人员的经验和背景。

（11）**特选的家长与学生**。与前面所谈到的关于邀请督学或者职工参加威胁评估团队会议一样，对这些人也有限制。他们可以在被问及某一学生的问题行为时发表他们的认识与见解，但他们不能参加整个威胁评估会议。

威胁评估团队的讨论问题

下面的问题可以作为威胁评估团队成员的最初讨论话题（如果你不是处理某个员工、前员工或校外威胁者，那么把下面许多问题中的“员工”替换成“学生”后，可适用于评估学生问题）：

（1）这个人是惹了麻烦还是被麻烦惹上身？

（2）这是我们第一次见到这种行为还是以前就有？

（3）如果这种行为涉及一名员工，我们应该留用还是解雇这名员工？

（4）在第一次评估时，这个员工是情绪化的威胁者还是非情绪化的威胁者？［弗雷德里克·卡尔霍恩（Frederick Calhoun）博士在他的《捕食者与嚎叫者》（*Hunters and Howlers*）一书中提到，第一种类型的人叫做“嚎叫者”，第二种叫做“捕食者”。他认为“嚎叫者不捕食，捕食者不嚎叫”，就是说那种表现安静的人最有可能发动攻击。］

（5）这个人是否有精神健康问题、药物滥用问题、使用武器或者犯罪史？

（6）这个人以往的工作表现和军队服役情况如何？

（7）这个人的家庭、朋友和社交情况如何？

（8）这个人是否有家庭暴力史或相关情况？如果是，这种情况是否涉及他们现在生活中的人（比如家庭成员、配偶、男女朋友或员工）？

（9）是否有针对此人的限制令？是否有他们针对别人的限制令？他们是否牵扯到任何民事诉讼？

（10）他们是否绝望？或者表现出生气、愤怒、绝望和压力的征兆？

（11）其他人是否关注这个人的行为？

（12）在空间上和心理上，这个人离其目标有多远？

（13）什么情况可能改变这个人的生活，增加或减少暴力危险？

（14）什么情况可能改变潜在受害者的形势，增加或减少暴力威胁？

（15）这个人想要什么？我们能解决他的问题吗？他是提出了要求或威胁？还是为了揭示原因？在有些情况下，这完全取决于他的动机，有可能这些都没有，有可能以上三个都有。

（16）我们能否看到这个人从思想到付诸行动的证据？

（17）这个人有杀人倾向还是自杀倾向？是愤怒还是压抑？

（18）我们能否看到威胁或暴力重复或升级的证据，或者是打了"擦边球"？当一个人以多种方式多次接触某人、某地的时候，就要引起重视了。

（19）是否有危险事件发生？这个人的行为是否变得不稳定，是保持在一定情绪水平上还是升级恶化？这种恶化是很急剧的（几天或者几个小时之内），还是缓慢发生的（延续几周、几月还是几年）？

（20）他们有能力组织、计划和策划暴力吗？

（21）如果我们把嫌犯的名字写在纸上，然后画出同心圆圈，我们能把哪些潜在受害人的名字写在这些圆圈里呢？配偶、子女还是其他家庭成员？主管或是同事？安全警卫或是调查人员？为他提供民事文件的律师？最近联系这个人的警官或是侦探？

（22）我们是否看到或听到施暴目标的选择、施暴计划、武器的获取、其他精神疾病征兆，与一个或多个潜在受害者的敌意沟通，是否有合理化的动机？

（23）是否有一个或多个关键生活因素变故导致了这个人的愤怒？

（24）暴力行动可能针对施暴目标实行吗？哪些具体信息和推导可以证明这一结论？

（25）按照我们今天的理解，这是一个人力资源问题、司法问题、安全问题还是精神健康问题？哪些人应该参与进来共同处理？

评估严重威胁的风险因素

如果存在如下高风险因素，威胁评估团队就应该高度关注发出威胁者对自己或他人构成威胁的危险性。

- 诊断或怀疑患有精神病、精神分裂症、双相障碍、偏执性人格障碍的人
- 有物质滥用，尤其是酒精、止痛药或刺激性药物滥用的历史
- 曾经采用暴力或使用武器作为解决问题的方式

- 不停地抱怨和指责他人
- 有严重抑郁史
- 曾经或一直存在高度反社会行为（被警局拘留、破坏社会秩序、袭击工作场所或校园）
- 受害者与嫌疑者之间曾经有亲密的性关系
- 不珍惜自己或他人的生命

成功案例

使用威胁评估工具、策略和反应机制真的能够降低暴力发生率吗？换言之，我们的个案管理策略真的能够奏效，可以使我们能在潜在施暴者不知情的情况下制止其行动吗？

最后无法回答的一点是：我们如何证明他没有施暴的可能性？如果你给自己的汽车轮子上了把锁，第二天醒来发现汽车还在，是否就可以证明什么了呢？仍然无法证明！偷车贼可能走到你的汽车旁，看见了你的锁，于是选择了另一辆没有上锁的车；也许一开始他们就没有看见你的车。那我们为何还要给车轮上锁呢？因为我们无法准确预测小偷是否会来以及何时会来。换句话说，对潜在的工作场所暴力，成功警戒的方式就是保持沉默，让坏人回家、走开或觉得无论他们做什么都不值得冒这个险。

现实是，没有人真正知道为何有人选择使用暴力以及为何没有实施。在1999年8月，新纳粹分子布福德·弗罗（Buford Furrow）枪杀了一名菲律宾邮递员（“只因为他不是白人”），然后闯进洛杉矶地区的一个犹太人社区中心，用乌兹冲锋枪开了70多枪，打伤三个成人和三个儿童。被捕后，他说自己本来计划袭击洛杉矶的西蒙·维森塔尔宽容博物馆；但发现安保措施比较到位，所以没有在那里发动袭击。

那么我们如何证明我们的理念、建议、讨论、计划、行动方案和实施情况的有效性呢？安宁就是成功。

每一个没有选择使用威胁、恐吓或暴力的正常员工或学生都有权利获得一个安全的工作场所或校园，并且不受在同一公司上班的同事或在同一校园上学的同学或其他外人的攻击。总而言之，作为一名EAP人员，你的职责就是管理工作场所的恐惧。

第四编

项目规划与评估

第十六章

EAP 规划与评估：理由、类型和使用率

Jan Ligon
Bonnie L. Yegidis

据报道，从 20 世纪 90 年代早期开始，员工人数在 250 人以上的组织中约有 80% 提供了 EAP 服务（White，McDuff，Schwartz，Tiegel & Judge，1996），这其中有 45% 的全职员工可以使用这些服务（French，Zarkin & Bray，1995）。如今，EAP 提供的服务有了极大的扩展，从 20 世纪 50 年代对酗酒的关注，扩展到就经济问题、卫生保健计划以及压力管理等问题提供服务（White et al.，1996）。

与此同时，各组织愈来愈多地转向管理型医疗模式，以控制和减少它们在行为医学服务上的支出。在一些项目中，EAP 在其他针对精神健康和物质滥用问题的服务上起到了筛选的作用（White et al.，1996）。如今，大型的美国全国性服务提供商在销售 EAP 的同时，也推销管理型医疗保健产品（Winegar，1993）。当今虽然可以从其他渠道获得管理型行为医学服务的更多信息（Corcoran & Vandiver，1996；Hoyt，1995），但是对实践操作（Corcoran & Vandiver，1996）以及项目计划（Winegar，1993）进行评估的呼声也日益增高。

研究的主要目的在于检验假设和发展新知识，但是计划评估的目的却有很大的不同。计划评估的目的是通过评价该计划能否有效实现“既定的行动、流程或者产品”，以确定其价值（Issac & Michael，1982）。评估力求确定是否服务了目标人群、计划是否有效，以及成本支出如何（Rossi & Freeman，1993）。

评估 EAP 的理由

（1）**证明**。能够证明 EAP 价值的数据越来越重要。证明该计划存在的理由是继续实施计划所不可或缺的。

（2）**营销**。随着 EAP 服务的持续扩展，能以具有说服力的方式推销扩大服务的需求具有重要意义。

（3）**验证**。EAP 不能仅仅依靠“服务是有益的”这一信念生存。相反，各组织正在“寻求客观、确凿的数据”（Landers，1993）作为支撑 EAP 扩展资源的需求。

（4）**改进**。“人们对待 EAP 的态度一直在变”（Rossi & Freeman，1993），因此务必要了解 EAP 在一定时期内的优势与不足。计划评估为持续改进服务提供了有益信息。

（5）**理解**。评估有助于更好地理解执行计划的方式和理由，这些信息对 EAP 适应变化具有宝贵意义。

（6）**问责**。除计划负责人致力于追求卓越

成就之外，出资方对计划所产生的效果也负有责任。评估可以为这种问责提供依据。

EAP 的规划步骤

EAP 规划和计划制订应从需求评估入手，“在实际制订和执行计划之前首先要确定劳动力的需要”（Csiernik，1995）。希尔尼克（Csiernik，1995）推荐了几个信息来源，包括个人面询、调查和焦点小组。理想情况下，除非组织内部有这样的专业知识，否则应有评估顾问参与这个过程。为了对需求做出全面评价，务必要对组织的所有层级和职能部门进行评价。

接下来，需要撰写全面的使命陈述，阐明制订或继续执行 EAP 的目的和理由，然后形成“详细、明确的所有计划目标和目的陈述（专门强调）”，以“了解要评估的现象的特征”（Albert，Smythe & Brook，1985）。再根据使命拟定与 EAP 活动相关的目标或行动陈述，确定具体如何实现目标。计划目的应当具体、确定、有时间限制，并且能够实现。每个目的务必做到能够观察和衡量，并且有具体的期限。

最后，要明确 EAP 的费用和成效这两个变量。弗兰奇、扎尔金和布雷（French，Zarkin，Bray，1995）指出，为了确定 EAP 计划的真实成本，必须把直接费用（人力、供给品、承包商收费和办公费用）与间接费用（办公空间和共用设施或设备）都包括在内。尽管各种 EAP 计划差别极大，这些作者还是指出了经常采用的成效变量，包括缺勤、医疗费用、工作场所事故、工作表现和申诉的数目。山谷（Yamatani，1993）强调还应当把无形的收益考虑在内，比如员工在工作和家庭生活中的态度及人际关系的变化。在实施 EAP 之前，务必确保所需数据的来源可靠，并且要获取数据提供者的支持。

EAP 评估类型

由于 EAP 的评估与计划本身同样存在多样性，评估者和计划主管可以选用两种以上的评估方法（Csiernik，1995；French et al.，1995；Yamatani，1993）。以下的例子虽然没有列出所有情形，但阐明了几种做法，同时指出了潜在的障碍。这有助于在制订评估计划时避免所提到的那些问题。

（1）**投入评估**。希尔尼克（Csiernik，1995）称之为内部方法，“对于详细勾画出 EAP 的发展计划有重要价值”。它主要是做简单的审核，“清查 EAP 打算采用的资源清单，并把这份清单与计划的实际组成部分做比较”。这种方法有助于及早提供信息，但没有指出障碍。

（2）**使用率评估**。这为计划提供关于服务使用者及其使用程度的数据。例如，怀特等人（White，1996）发现，在增加人员、外联活动和外围活动地点后，他们的 EAP 使用率在两年内从 5% 提高到了 12%。这些数据也有助于确定服务是否惠及目标人群，评估 EAP 不同方面的使用率是过高或过低。潜在的障碍是由于为员工保密而缺乏数据获取的渠道；不过，通过对数据进行编码消除身份信息，就可以轻易克服这个障碍。

（3）**满意度评估**。这不仅能够确定哪些服务得到了使用，还可以用于确定员工对该项服务的满意程度。求助者满意度问卷（Larsen，Atkisson，Hargreaves & Nguyen，1979）是一个简明、成熟的工具，常被用来衡量员工对

EAP 服务的满意度（Ligon，1996）。同样，其他相关的简明评审工具也可以用于衡量客户的满意度。潜在的障碍是难以保证问卷的质量。不过可以通过消除个人身份信息、提供安全可靠的收集方法（如提供寄往单位外地址的回复信封）确保填答的匿名性，以克服该障碍。

（4）**成效评估**。意即评价 EAP 对计划开始时确定的成效变量的影响程度，比如旷工率、申诉数目和工作场所事故的数目。成效评估面临的主要障碍是难以获得经常涉及诸多组织机构的数据，以及从外部资源（如医疗保险提供者）获取数据。

（5）**成本—收益评估**。这是出版文献中研究最多的 EAP 评估方法（Csiernik，1995；French，Zarkin & Bary，1995；Yamatani，1993），它要求按照所有的成效衡量标准汇总该计划的成本，并确定为组织节省的费用，然后计算体现该计划“性价比”的成本 / 收益比率（Chartier，1995）。成本—收益分析的障碍包括难以确定费用和节省的金额。此外，这些研究往往涵盖较短的时间范围，而像医疗费用之类的节省效果，可能需要较长时间才能明显体现出来。

评估结果的运用

计划评估的益处

如本章前文所述，获取和传播评估结果，对于 EAP 规划师和管理人员来说至关重要。取得的数据能够作为实证性证据，表明该计划对不同的利益相关者做了什么（验证），产生了什么成效，支出了什么费用（问责）。评估结果提供的重要信息，可用于调整计划活动以完善和加强 EAP。再者，规划师与管理人员可以通过评估数据证明，继续提供或增加对计划的资助是合理的选择。

EAP 评估的政治背景

评估者和管理者都必须认识到 EAP 评估面临的政治现实。EAP 涉及组织内部的诸多利益相关者（行政、财务、人力资源、EAP 职员、员工等），在议程上经常会发生冲突。希尔尼克（Csiernik，1995）认为，“EAP 的确为公司省下了一些性质不确定的金钱”，而弗兰奇等人（French et al.，1995）则指出“许多 EAP 评估往往意在内部营销”。

艾伯特等人（Albert et al.，1985）提出了几条建议，可能有助于在复杂的政治和组织影响之下规划和评估 EAP。首先，“EAP 活动可能触及所有不同的利益群体”都应当参与确定该计划的成效。其次，在规划和执行阶段，目标和目的必须做到明确、具体和务实。最后，评估应当通过所有利益相关群体组成的团队完成，以确保“采用所有相关的视角”。

结论

组织之所以实施 EAP，是因为关心其员工和他们的生活质量。雇主必须确信它们的 EAP 是最好的，而评估对于做出这项认定极其重要。随着 EAP 服务范围的继续扩展，各组织对于计划评估的可靠性的要求无疑将继续提高。

EAP 的未来看起来充满光明，但如果没有对该计划做出不间断的评估、调整和改进，其可持续的价值并不能获得可靠的保证。

参考文献

Albert, W. C., Smythe, P.C., & Brook, R. C. (1985). An evaluator's perspective on employee assistance programs. *Evaluation and Program Planning, 8,* 175–182.

Chartier, B. (1995). EAP 2000: Leaders look at factors influencing EAPs in the year 2000 and beyond. *EAP Digest, 16* (1), 16–21.

Corcoran, K., & Vandiver, V. (1996). *Maneuvering the maze of managed care.* New York: Free Press.

Csiernik, R. (1995). A review of research methods used to examine employee assistance program delivery options. *Evaluation and Program Planning, 18,* 25–36.

French, M. T., Zarkin, G. A., & Bray, J. W. (1995). A methodology for evaluating the costs and benefits of employee assistance programs. *Journal of Drug Issues, 25,* 451–470.

Hoyt, M. F. (1995). *Brief therapy and managed care.* San Francisco: Jossey-Bass.

Isaac, S., & Michael, M. B. (1982). *Handbook in research and evaluation.* San Diego: Edits.

Landers, S. (1994). Managed care's challenge: 'Show me!' *NASW News,* September, 1994. Washington, DC: National Association of Social Workers.

Larsen, D .L., Atkisson, C. C., Hargreaves, W. A., & Nguyen, T .D. (1979). Assessment of client/patient satisfaction: Development of a general scale. *Evaluation and Program Planning, 6,* 211–236.

Ligon, J. (1996). Client satisfaction with brief therapy. *EAP Digest, 16* (5), 30–31.

Rossi, P. H., & Freeman, H. E. (1993). *Evaluation: A systematic approach* (5th ed.). Newbury Park, CA: Sage.

White, R. K., McDuff, D. R., Schwartz, R. P., Tiegel, S. A., & Judge, C .P. (1996). New developments in employee assistance programs. *Psychiatric Services, 47,* 387–391.

Winegar, N. (1993). Managed mental health care: Implications for administrators and managers of community-based agencies. *Families in Society, 74,* 171–177.

Yamatani, H. (1993). Suggested top ten evaluations for employee assistance programs: An overview. *Employee Assistance Quarterly, 9,* 65–82.

第十七章

EAP：基本理念、属性与评价

Fred Dickman
William G. Emener

解决员工问题及其对行业的影响

过去10年间，EAP的数量和重要性在美国的主要行业中显著提高，例如兰德（Land，1981）最近声称，“美国现有4000多个EAP项目”。美国规模最大的500个企业中有半数以上开展EAP服务，EAP服务遍及美国5500多个企业，劳工、经营管理者与戒酒者顾问协会现有2200多个会员（Roman，1981a）。由此看来，似乎美国各行各业都在积极关注其员工的问题以及这些问题对企业所造成的影响。

EAP概念正在从职场戒酒计划迅速扩展为员工援助的概念，它包含了针对员工其他方面问题的服务，这些问题既有心理方面的困扰，也有生理方面的障碍；它们既会阻碍整个生产能力的发挥，又会影响人类的幸福安康。如今的EAP大多提供多样化的服务，致力于解决从婚姻方面到经济方面的各种问题。当前EAP工作的核心及其日常工作的最大部分内容，都集中于对问题的识别、干预、治疗和恢复。

EAP处理的具体问题包括抑郁、物质滥用、焦虑、家庭创伤、经济问题、精神疾病和医疗问题。EAP不仅要考虑这些问题给公司造成的经济损失，还要加上“人力成本因素”（失业、自尊、家庭和价值感）。如此一来，便不难理解企业界为什么普遍采纳EAP的理念，奉行这样的宗旨：及早发现并纠正问题，让员工、家人和公司都从中受益。

关键要素

EAP的关键属性对体现其纲领性理念来说极为重要，布施（Busch，1981）曾清晰地表达了这种理念：“员工的个人问题属于其私人问题，除非这些问题导致了工作绩效的下降和恶化。如果出现了这种情况，个人问题就会变成公司所关心的问题。训练有素的员工是公司的宝贵财富，需要尽力予以保护。”

近期描述EAP的文献指出了EAP成功的关键要素。例如，“1979年，75%以上的项目所体现出的最具普遍性的要素是，确保为员工保密、形成书面政策和书面程序，以及为嗜酒员工的住院治疗与门诊治疗购买医疗保险。第二级的要素体现于约60%的项目：管理层取向、主管培训、员工教育以及至少一名全职工作人员。（Roman，1981b）”

通用汽车公司的一项研究认为，至少应当有一名全职的专业人员。有专业人员的项目

“与仅有兼职人员的项目相比，求助者较多，所涉问题更具多样性，多数能够自己解决，与该项目签订相关合同的多。”根据对相关文献的回顾与笔者的经验，EAP取得成功必不可少的10个特性包括：

- 管理层支持：没有最高层的支持，关键要素和总体效果会受到严重制约。
- 工会支持：如果得不到员工所属工会的支持，EAP无法取得有意义的效果。
- 保密：要让员工使用EAP，匿名性和信任至关重要。
- 便利：最大程度地使用，最大程度地受益。
- 主管培训：员工在接受服务期间能够得到理解和支持这一点极其重要。
- 工会代表培训。
- 保险介入：有时提供的某种服务费用较高，必须提供保险支持。
- 服务内容范围：提供针对许多种问题的帮助（如酗酒、家庭、个人、经济、哀伤、医疗等问题）。
- 专业人员领衔：由技术全面、专业性强的EAP人员牵头。在员工眼里，此人必须值得信任。
- 跟进与评估：测算项目的效果和总体改进情况。

笔者在美国佛罗里达州坦帕市的安海斯-布施公司（Anheuser-Busch）开展和实施EAP期间，曾亲自体验和实践过这10个关键特性，其作用特别重要。

实践中的EAP

1979年3月，安海斯-布施公司与坦帕湾神经精神病学会（当时的南佛罗里达精神健康学会）签约，协调和实施其在佛罗里达州坦帕市的EAP服务。服务面向坦帕市酒业公司（约350名员工）的所有员工、布施公园（Busch Gardens）的全职员工（约350名员工）和他们的家人。

在坦帕市的EAP办公室里，没有安海斯-布施公司的员工，EAP办公室是独立于公司管理层和工会的。此外，专门指定有EAP协调员和医疗主管，负责促进与EAP、公司和工会官员之间的沟通。设在圣露易斯的公司的EAP办公室通过新泽西州纽瓦克的安海斯-布施公司的EAP，对坦帕市EAP办公室实行管理监督。实质上，是安海斯-布施公司任用公司的EAP专业人员和签约的非公司EAP专业人员管理和监督整个企业的EAP工作（在52个地点）。

坦帕市的EAP办公室由各种不同的专业人员组成：5名精神科医生，2名临床心理学家，2名咨询心理学家，2名临床社会工作者，3名康复咨询师，2名精神科护士和辅助人员。此外，它的酒精依赖治疗小组拥有20个床位，并配有具备资质的人员。这些受过训练的专业人员既有男性也有女性。他们当中有早就获得康复的原嗜酒者、有全科医生，还有为戒酒、婚姻与家庭咨询、疼痛康复、少年儿童治疗等不同方面提供服务的专科人员。由于安海斯-布施公司的EAP服务是“宽泛型”的，这些专业人员能够提供大量的转介资源。因此，协调员可以选择是在坦帕市的EAP办公室辖内转介，还是向外转介。

除负责咨询与康复外，坦帕市的EAP协调员还与经理、主管、劳工当局和工会代表商谈。他参与主管培训，可以自由出入公司各场所，与员工接触，向其宣讲EAP。他得到了公司领导、基层主管以及工会领导的热情支持。他会在整个工作场所宣传EAP，并向员工家里邮寄宣传资料。管理方、工会与EAP办公室之间的三方合作，似乎可以确保人们的充分参与，同时又能做到绝对保密。

公司为鼓励员工的参与而提供大量的财务支持。前三次的诊断与评估费由公司付账，接下来公司的医疗保险承保全部门诊费用的80%和大部分的住院开支。单独的彩色保险单直接寄至保险公司，因此当地保险公司的职员也不知道谁接受了EAP服务，从而保障了员工的隐私权。

总而言之，安海斯-布施公司的EAP在全公司上下大力倡导那些对于EAP的成功至关重要的所有原则。其肩负着这项总体使命，实施了以下评估。

计划评价

这是一项针对坦帕市的安海斯-布施公司的EAP参与者所做的事后满意度调查，这些参与者曾经接受了26个月的EAP服务（从1979年3月到1981年5月）。该调查得到了公司和EAP工作人员的认可。1981年8月，在26个月内参加过该计划的每一名参与者都收到了一封邀请他们协助调查的保密信函：这是一份特别设计的EAP追踪问卷，邮资已付，并附有一个写明地址的信封。在寄出的148封信中，有13封因“地址不明”被退回。其余的135位收信者发回了45封有效回信，回复率为33.3%。该问卷得出的频率、百分比和集中趋势见图17.1所示。

第一部分：人口统计学资料

1. 年龄：R = 11 – 57；x = 38.48；sd = 12.34

2. 最高学历：	f	%
（1）小学	1	2
（2）初中	–	–
（3）读过高中	4	9
（4）高中毕业	14	31
（5）读过大学	15	33
（6）大学毕业	8	18
（7）研究生	2	4
缺失信息	1	2
合计	45	99

图17.1 EAP参与者的评价（N=45）

3. 性别：

	f	%
（1）男	17	38
（2）女	28	62
合计	45	100

4. 向 EAP 求助时，您在工作吗？

	f	%
（1）是	39	87
（2）否	6	13
合计	45	100

5. 如果是，您的职业是：________________

6. 您向 EAP 求助的原因是什么，也就是说，您有什么问题或困难？

	f	%
（1）个人问题（如抑郁、神经紧张）	20	35
（2）嗜酒（如过量饮酒）	6	11
（3）家庭或婚姻问题	24	43
（4）其他	6	11
合计	56	100

* 有 7 人回复了一个以上答案，指出多种原因……

7. 用您自己的语言描述您的问题或困难？

8. 您的问题或困难是否影响工作（您的工作能力）？

	1 否	2 也许不是	3 可能是可能不是不确定	4 很可能是	5 是	缺失信息	合计
f	11	5	7	9	11	2	45
%	24%	11%	16%	20%	24%	4%	99%

9. 您从 EAP 得到了哪些服务？

	f	%
（1）医学评估	3	4
（2）医学治疗	4	5
（3）心理学评估（测试）	16	21
（4）个别咨询	38	50
（5）群体咨询	9	12
（6）转介到其他计划或服务	–	–
（7）其他（请说明）	1	1
合计	76	99

* 有 17 人回复了一个以上答案，指出多种原因……

图 17.1　续

第二部分：评估

用于项目 10—13 的量表：

	1	2	3	4	5	缺失信息	合计
	否	也许不是	可能是可能不是不确定	很可能是	是		

10. 您认为您见到的人（医生、心理学家）对您是否有帮助？

	1	2	3	4	5	缺失信息	合计
f	1	2	3	8	31		45
%	2%	4%	7%	18%	69%		100%

11. 在保密方面，您感觉您见到的人是否可以信任？

	1	2	3	4	5	缺失信息	合计
f	1	-	2	4	37	1	45
%	2%	-	4%	9%	62%	2%	99%

12. 如果没有您公司这样的 EAP，您是否会自己寻求帮助？

	1	2	3	4	5	缺失信息	合计
f	7	14	12	5	7		45
%	15%	31%	27%	11%	15%		99%

13. 如果您知道其他人（如同事）有问题或困难，您是否建议他们向 EAP 寻求帮助？

	1	2	3	4	5	缺失信息	合计
f	1	-	-	6	38		45
%	2%	-	-	13%	84%		99%

图 17.1　续

结果：从图 17.1 可以看出，对回复者的人口统计学数据分析显示：①他们的年龄范围是 11 岁到 57 岁；② 31% 的人为高中毕业，33% 的人读过大学，18% 的人最终大学毕业；③女性（62%）多于男性（38%）；④寻求 EAP 帮助时，87% 的人正在工作；⑤他们大多因为家庭婚姻（43%）或个人（35%）问题寻求帮助；⑥ 44% 的人表示他们的问题或困难影响到工作；并且⑦他们得到了个别咨询（50%）、心理学评估（21%）或团体咨询（12%）。

对参与者的调查显示：87% 的人认为他们见到的人（医生、心理学家）是有帮助的；91% 的人感到他们可以信任见到的人；如果公司没有 EAP 服务，将近一半（46%）的人不会或很可能不会自己寻求帮助；如果他们知道同事有问题或困难，84% 的人会或者很可能会（13%）建议他们向 EAP 寻求帮助。

有 4 位直接参与和支持坦帕市安海斯 - 布施公司 EAP 的人接受了我们的满意度评估访谈。在回答 “您对 EAP 有何评价”这个问题时，他们的陈述如下：

- 弗兰克·R. 洛根（Frank R. Logan），布施公园的人事总监："我认为EAP为员工提供了新的选择，使他们能够解决工作问题和影响工作的个人问题。在今天的职场，环境压力比以往任何时候都更加普遍。EAP帮助我们解决了员工的一些问题，而这些问题的产生与我们雇主有关。"
- 威廉·C. 班尼特（William C. Bennett），劳资关系副经理、工厂人事主管、工厂安全总监："我亲眼看到，有些参加了EAP的员工在工作绩效上有了明显的进步。我看到许多接受EAP服务的人在性格和工作表现上都有所改变。我认为它（EAP）使员工和公司获益不浅。"
- 弗雷德·J. 塔扎（Fred J. Tarza），安海斯-布施公司所属酒业公司的工厂经理："EAP是处理涉及工作表现个案的很有价值的选择方案。我曾听员工说，这是公司提供的最有价值的福利。"
- 吉米·邓拉普（Jimmy Dunlap），工会代表、卡车司机，当地啤酒厂第338号员工："一开始我们的会员有些谨慎，不过现在工会完全支持这项计划。我们当中的许多人和他们的家人得到了帮助。"

总体上的成功

从参与者对问卷的回复来看，他们对得到的帮助感到满意。我们曾希望有更高的回复比例。尚不清楚回复者给出的满意度指数在多大程度上能代表没有回复的人。不过，回复者的评价支持了EAP的关键要素：

a. 保密。回复者对EAP的这个要素表示满意。除非参与者个人及其家人的隐私得到保护，否则EAP就没有价值。

b. 转介。参与者愿意转介需要帮助的同事，这对于EAP至关重要。员工的同事是EAP最好的代言人。

c. 尽早干预。参与者的评价验证了这样一个假说：工业环境最适于对员工的心理、社交、情绪和物质滥用等问题的干预。

d. 对工作绩效的影响。参与者的回复清楚地表明，员工了解个人及社交问题对他们工作绩效将产生什么样的影响。因此，EAP的理念在此得以充分体现——企业帮助员工解决他们的"个人问题"时，最终是在帮助企业自己。

e. 解决问题。令人振奋的是，看到前面所讨论的那些关键属性在本次EAP的设计和实施过程中都得到了体现，并且切实帮助这些参与者解决了他们的问题。

满意度指数表明，如果EAP设计和实施适当，管理方（公司高管）与工会（工会领导人）就会共同意识到彼此都将从中受益。公司与工会的支持就显得尤为重要。

建议

根据本项目所取得的成效，建议通过以下各项内容的不断完善，推动美国各行业EAP的继续发展：

a. 继续评估各要素，如本项目的各个领域（满意度衡量标准等）。

b. 扩展研究方法，这包括前测与后测，还有其他评价其效果的指标（例如主管打分、旷工率、安全记录、生产能力等）。

c. 对 EAP 关键特性进行差别评价，进一步证明它们的重要性。

总之，这项研究证明了 EAP 的重要性、价值和实际效果。它表明所有人都是赢家——员工、公司和工会。威廉 · H. 勃林格（William H. Bohlinger），佛罗里达州莱克兰市的欧文斯 - 伊利诺伊股份有限公司玻璃容器事业部的劳资关系总监，他的评价抓住了这个结论的要旨："EAP 让我们能够更灵活地处理那些以往企业界总试图去掩盖的问题。业内人士和所有其他人一样，都会遇到问题，这个新的选择很受欢迎。"

参考文献

1. Land, T. (1981). Global strategy: Confronting alcoholism at the workplace. *Alcoholism, 1* (6), 41–42.
2. Roman, P. M. (1981a). From employee alcoholism to employee assistance. *Journal of Studies on Alcohol, 42* (3), 244–272.
3. Land's (1981) estimation that there are over 4,000 Employee Assistance Programs and Roman's (1981a) estimation that over 5,500 American industries currently have an EAP, is accountable by the fact that some EAP's serve more than one industry.
4. Busch, E. J. (1981). Developing an employee assistance program. *Personnel Journal, 60* (9), 708–711.
5. Roman, P. M. (1981b). Corporate pacesetters making EAP progress. *Alcoholism, 1* (4), 37–41.

第十八章
EAP 的应用评估：一个优秀的管理工具

William G. Emener

在第十二章、第十三章和第十四章中，我们非常清楚地阐述和证明了 EAP 计划评估的基本原理、重要性以及应用情况。此外，在过去几年中，计划评估①一直被认为是当今任何有价值的 EAP 的一个核心成分（Beard，2000；Elliott，1999）；②客户的满意度继续被作为关注的重点（Haines，Petit & Lefrancois，1999；Shumway，Dersch，Harris & Arredondo，2001）；③事实上，对于 EAP 来说，计划评估也是营销策略的核心（eg. Beidel，1999）。这些现象实质上都是当代企业的时代精神所激发出来的产物，正如阿玛罗（Amaral，1999）的贴切表述："全方位的质量管理，持续不断的质量改进，以及其他提升质量的创造性举措，已经成为美国商业和企业的一道靓丽的风景"。

萨耶佳等人（Sciegaj，Garnick，Horgan，Merrick，Golden，Urato & Hodgkin，2001）于 1997 年对 EAP 的现状做了调查。名列《财富》500 强企业中的 336 家公司代表填写了有关 EAP 服务和程序的调查问卷。结果显示，"92% 的公司在 1997 年提供了 EAP 服务。在这些开展 EAP 服务的公司中，有 90% 的公司的 EAP 提供了有关心理健康和物质滥用问题的服务，而这并没有对员工健康医疗保险的给付造成不利影响……该研究建议，应将 EAP 的使用再推向一个历史的新高"。在这里，作为质量创新之举的最主要内容，"标杆管理"的理念开始凸显出来了。

此外，标杆管理"要有用于评价特殊功能的不同的关键指标，并且将自己的实践活动与其他组织的实践相比较，从中发现之所以能使其在某种企业功能上成为引领者或创新者的关键因素（Amaral，1999）。在对各类 EAP 进行评估的过程中，阿玛罗（Amaral，1999）展示了 EAP "如何在工作中把握核心活动，如何方便地做出测算，如何处理数据并从中导出便于大多数 EAP 随时可用的、易于标准化的、适用于各种不同类型组织和项目的评价指标"。商业和产业不仅关心品质，而且也关心成本。因此有一点非常重要，例如，有一项全国范围的调查，在比较了内部 EAP 模式与外部模式的费用的情况后，弗兰奇等人（French，Iarkin，Bray & Hartwell，1999）得出结论，通常内部 EAP 模式要比外部 EAP 模式的成本高。

范登堡（Van Den Bergh，2000）在探讨 EAP 领域内不断变化的实践活动时总结说："一个基于实力的、关注问题解决的、经过各方授权的生态化模式，更有助于解决员工的各种不同需求"。一个成功的、具有极高价值的 EAP 被看作是具有强大的促进作用的，即它对于员工的要求总是积极地（而非被动地）做出回应。在最近发表的一篇题为《促进型的EAP》的文章中，扎尔金等人（Zarkin，Bray，Karantzos & Demiralp，2001）报告了对计划评估的研究结果："本研究表明，由于费用适中，促进型的EAP干预可以成功地提高全体员工（特别是妇女和少数族裔员工）对于EAP的使用率"。

雇主会经常问到两个相关的问题：①我们的员工有多少人正在使用EAP？②他们如何使用EAP（是在厂内还是在厂外）？其实，这些问题就是要了解EAP的使用率。下面内容的主要目的就是介绍笔者如何用长达两年的月账单数据来证明EAP的使用率。

背景介绍

伊通股份有限公司（Eva-Tone，Inc.），是一个家族式的制造型企业，1925年成立于美国伊利诺伊州的迪尔费尔德。1979年，公司搬迁至佛罗里达州的克里尔沃特，公司将近80%的员工都随公司一起迁至那里。不难理解，许多人会经历巨大的适应困难。恰好，附近的一家叫做"职业心理服务"的公司为伊通公司提供了EAP服务。1996年，威廉·G. 艾米纳博士，一位在"职业心理服务"公司做兼职的执业心理学家，依据服务合同接手并负责伊通公司的EAP。2000年4月，当"职业心理服务"公司被另一家医疗保健公司收购之后，艾米纳博士开办了自己的私人公司，并且被允许参加该EAP的竞标。于是，艾米纳博士在为伊通公司做了6年的EAP之后，从2000年4月起又以私人开业的身份继续与伊通公司合作。

数据资源

根据合同规定，艾米纳博士需要按月向公司人力资源副主管提交一份分类账单。这些月账单包括其各种工作的小时数，包括：①**"巡查"**：艾米纳博士每周都会安排一天去厂里与那些有预约的员工做咨询；并且在厂里巡查，与那些希望与之交谈的主管和员工谈话；②**员工评估**：每当他与那些自荐的或者由主管推荐的员工第一次会面（咨询）时，他都会先做一个评估；③**主管培训**：正式预约的现场主管培训（基于各种原因，包括诸多题目，例如，如何推荐员工到EAP？主管的人际沟通技巧）；④**非现场咨询与心理治疗**：在他的办公室给员工及其直系亲属诊疗的工作小时；⑤**管理咨询**：在第一年，为公司的行政管理团队开设了16小时的场外团队建设工作坊，为23名员工举办了两次为时1小时的晤谈会，帮助他们处理因一位广受大家喜爱的员工死于癌症而产生的悲伤过程。在第二年，开办了一个1小时的压力管理工作坊（参加者为来自于公司某部门的14名员工），以及一个4小时的下午活动，它包括两个哀伤处理工作坊以及一些个体咨询，因为一位人缘很好的员工在穿过工厂附近街道时突然遇难，一些员工为此需要咨询；⑥**其他**：在两年间，艾米纳博士要为每期的伊通公司季刊《伊通热线》的"健康"专栏写一篇文章。

对数据的讨论

表18.1显示的是根据24个月的账单编制的为期两年的分类数据。

分类观测

表 18.1. 两年间 EAP 使用率（小时）的回顾：2000 年 4 月 1 日—2002 年 3 月 31 日

类别：	巡查	员工评估	主管培训	非现场咨询与心理治疗	管理咨询	其他服务	总时间
			2000 年 4 月 1 日—2001 年 3 月 31 日				
月份：							
4 月	20	3		3		1	27
5 月	21	3		2	2		28
6 月	21	2		3			25
7 月	24	4		3		1	32
8 月	20	4		4			28
9 月	22	2		1			25
10 月	21	3	8	3		1	36
11 月	24	4	4	1			33
12 月	20	3	4	1			28
1 月	19	2		2		1	24
2 月	20	3					23
3 月	24	1		2			27
总计：	256	33	16	25	2	4	336
			2001 年 4 月 1 日—2002 年 3 月 31 日				
月份：							
4 月	20	2		2		1	25
5 月	23	3		9			35
6 月	19	3		4			26
7 月	24	4		5		1	34
8 月	20	2		4			26
9 月	20	3		2			25
10 月	20	2		1		1	24
11 月	25	3					28
12 月	19	1		2	1		23
1 月	25	1		4		1	31
2 月	19	1		1			21
3 月	20	3		1	4		28
总计：	254	28		35	5	4	326
平均：	255	30.5	8	30	3.5	4	331

分类观测

为期两年的数据观测包括：

（1）**月份**：在一些月份内，有5个巡查周。但是每周的平均小时是相对一致的（每月19～24小时）。

（2）**巡查**：共计平均255个小时的巡查时间，每星期平均4.9小时。

（3）**员工评估**：在为期104周的时间里，员工评估平均时间为30.5小时，因此平均每周0.5小时（或者每数周一次）。

（4）**主管培训**：第一年，为公司执行委员会开办了16小时的团队建设工作坊（2000年10—12月）。第二年，设有为主管开设的培训班。

（5）**非现场咨询和心理治疗**：两年间共有每年平均30小时的非现场咨询和心理治疗，平均每周0.57小时（或者每两周一次座谈会）。此外，对艾米纳博士每月发票的审核表明，第一年共有13名员工参与（每人1～3小时），第二年共17名员工参与(每人仍是1～3小时)。

（6）**管理咨询辅导**：这些时间花在了与之前讨论过的一些活动（见“数据资源”一节）相关的任务上。

（7）**其他**：两年间，为每期的公司季刊《伊通热线》的“健康”专栏写一篇文章，平均每年花费四个小时。

覆盖率

有两种覆盖率，每一种都是根据每周巡查时间及与预约员工座谈和会面的接触测算的。

员工覆盖率是由伊通公司人力资源部所提供的员工调查数据分析得来的，反映了以下两年中在每一年的时间范围内的员工覆盖率：

2000年4月1日—2001年3月31日：
范围：433—454
平均：445.33

2001年4月1日—2002年3月31日：
范围：400—456
平均：430.50

两年的平均：
范围：400—454
平均：437.90

1. 接触新员工

全国范围的“新员工覆盖率”是5%～7%。两年期间，每一年与新员工的接触情况如下：

2000年4月1日—2001年3月31日
总计：33
覆盖率：7.41%

2001年4月1日—2002年3月31日
总计：28
覆盖率：6.50%
两年平均：30.5
覆盖率：6.96%

因此，“新员工的覆盖率”：①首先，一年内的覆盖率超过了全国的平均值；②其次，一年内的覆盖率处在全国的平均值；③两年内的总覆盖率处在全国平均值的上限。

2. 总覆盖率

全国范围的总员工覆盖率是8%～10%。在第一年中，在开始计算评估日期的当天（2000年4月1日）就正式有12名员工接触到

EAP。在52周内，共有45名员工正式参加了座谈或会面，其中有新员工33名。在第二年，计算评估日期的当天（2001年4月1日）就正式有14名员工接受EAP到服务。在52周内，共有42名员工正式参加了座谈或会面，其中有新员工28名。根据这两个为期一年的时间表，与员工接触的总的情况如下：

2000年4月1日—2001年3月31日
总计：45
覆盖率：10.10%
2001年4月1日—2002年3月31日
总计：42
覆盖率：9.75%
两年的平均值：43.5
覆盖率：9.93%

因此，“总的员工覆盖率”：①首先，一年时间范围的覆盖率稍微超过了全国的平均值；②其次，一年时间范围的覆盖率达到了全国平均值的上限；③两年总的覆盖率的平均值达到了全国平均值的上限。

管理评估与计划

每年的4月中旬，公司的EAP协调员艾米纳博士会同人力资源部副主管蒂姆·克劳奇（Tim Crouch）联合审核EAP利用状况的年报数据（见表18.1）。他们能够从中鉴定EAP为公司带来的总体影响的指标，共同讨论和规划对来年工作方案的修改。例如，他们在对2002年4月中旬的数据审核过程中（见表18.1），共同讨论了2002—2003年可以为公司执委会举办的另一个团队建设工作坊和另外一系列主管培训活动。2002年期间，在对2000—2002年间的数据进行审核时（见表18.1），克劳奇表示：“我过去在一个以善待员工而著称的大型家族式公司从事人力资源工作，主要负责管理薪酬、政策与执行程序和福利。因此，与以往那种典型的个人亲历亲为地承担全部职能的做法相比，我现在更善于分析和量化。我发现这种数据分析对于我以及组织中其他倾向于分析与量化的管理人员都非常有帮助”（Personal Pommunication，May，28，2001）。

总结性评论

如前所述，作为EAP来说，能够成为公司内部一个功能广泛并且强大的实体是十分重要的。而对于EAP协调员来说，与公司的人力资源部门合作，定期地对EAP的工作做出评估和改进，也是非常重要的。我曾请克劳奇审查了本章的初稿，他除了为我提供了极有助益的书面建议外，还对一个EAP协调员的总体作用与功能给予了极高的评价：“虽然这些数据很有帮助，但EAP成功的关键是拥有一个了解我们的EAP协调员，他了解我们的文化、我们的员工和我们的目标。艾米纳博士也非常享受这些曾受益于他的人和管理团队对他的尊敬与信任”（Personal Communication，June.7，2002）。

伊通公司的经验，包括在此所呈现的资料，都有效地展示了对EAP使用情况年度数据汇总、审核报告以及讨论所产生的具体与综合的管理效益。正如同范登堡的准确表述那样：“EAP 需要从多个方面参与组织的工作文化。”

参考文献

Amaral, T. M. (1999). Benchmarks and performance measures for employee assistance programs. In Oher, James M. (Ed), *The employee assistance handbook.* (pp. 161–178). New York, NY: John Wiley & Sons, Inc.

Beard, M. (2000). Organizational development: An EAP approach. *Employee Assistance Quarterly, 16* (1–2), 117–140.

Beidel, B. E. (1999). Internal marketing strategies to maximize EAP visibility and effectiveness. In Oher, James M. (Ed), *The employee assistance handbook.* (pp. 91–115). New York, NY: John Wiley & Sons, Inc.

Elliott, T. J. (1999). EAPs and the future of work. In Oher, James M. (Ed). (1999). *The employee assistance handbook.* (pp. 267–288). New York, NY: John Wiley & Sons, Inc.

French, M. T, Zarkin, G. A, Bray, J. W., & Hartwell, T. D. (1999). Cost of employee assistance programs: Comparison of national estimates from 1993 and 1995. *Journal of Behavioral Health Services & Research, 26* (1), 95–103.

Haines, Victor, Y., Petit, A., & Lefrancois, S. (1999). Explaining client satisfaction with an employee assistance program. *Employee Assistance Quarterly, 14* (4), 65–78.

Sciegaj, M. G., Garnick, D. W., Horgan, C. M., Merrick, E. L., Goldin, D., Urato, M., & Hodgkin, D. (2001). Employee assistance programs among Fortune 500 firms. *Employee Assistance Quarterly, 16* (3), 25–35.

Shumway, S. T., Dersch, C. A., Harris, S. M., & Arredondo, R. (2001). Two outcome measures of EAP satisfaction: A factor analysis. *Employee Assistance Quarterly, 16* (4), 71–79.

Van Den Bergh, N. (2000). Where have we been? . . . Where are we going?: Employee assistance practice in the 21st century. *Employee Assistance Quarterly, 16* (1–2), 1–13.

Zarkin, G. A., Bray, J. W., Karuntzos, G. T., & Demiralp, B. (2001). The effect of an enhanced employee assistance program (EAP) intervention on EAP utilization. *Journal of Studies on Alcohol, 62* (3), 351–358.

第十九章

运用信息技术的 EAP 计划评估

Michael J. Holosko
Chelse R. Maccaughelty

本章将结束对前述三个与 EAP 计划、评估有关的问题的讨论。它将计划与评估融为一体，主张作为一个负责任的 EAP 评估需要制订出周密的计划。而这种计划首先要知道在对 EAP 评估时必须加以考虑的先决条件，并且在计划过程中采纳一些信息技术。社会工作已经将信息技术纳入到各种不同的实践领域（Dunlop & Holosko，2006），但却很少被用于评估活动。

计划评估一直被看作是一个包括社会工作在内的多学科精诚合作的领域。克伦巴赫（Cronbach）和他的同事们在 1980 年指出，在过去的 30 年间，评估已经成为美国所有社会科学领域中最具活力的前沿学科。该领域一经形成，便产生了显著的收益，至今依然是充满活力。这些收益包括以下方面：①更多颇具创造力的设计（Durning，Hemmer & Pangaro，2007；Weersing，2005）；②兼收并蓄的研究方法（Bullet，2006；Hubball & Bert，2007）；③比以往更多的资金投入（Phillips，Gregory & Nelson，2003）；④评估费用如今被纳入了联邦与州政府有关新服务措施的预算（Kaufman et al.，2006；Thomas，Smith & Wright-DeAguero，2006）；⑤模型与理论构建成为评估方法的重要组成部分（http://www.cdc.gov/steps/evaluation；http://www.wkkf.org）；⑥实践评估成为比以往任何时候都更加切实可行的研究方法（Powell，2006；Wade & Neuman，2007）；⑦评估的实践应用越来越系统化（Cramer，Robert & Liyan，2007；Reedy，Luna，Rocio，Olivas & Sujeer，2005）；⑧较以往相比，更注重将客户与消费者的意见纳入评估内容（Chambers & Connor，2002；Hasenfield，Hill & Weaver，2003）；⑨信息技术（IT）开始被计划评估领域所采纳（Hardy，2007；Reardon & Hartley，2007）。

对于后者来说，信息技术已经被用于测评、记录、在线咨询和治疗、在线群体活动以及方法论等领域（Rafferty & Waldman，2006）。在 EAP 领域，信息技术已经被用于①建立后续跟进服务的专门网站，为那些从物质滥用问题中康复的个体提供服务，无需面对面互动便可履职；②采用电子测量工具代替纸质评估表格，节省临床评估时间；③通过网上程序为个体提供匿名、保密、安全的服务；④扩展了 EAP 与工作生活的综合在线服务，每周 7 天每天 24 小时，员工可以随时登录（Derr，2005；Orbach，

2001；Sola，2003；Stein，2002）。尽管信息技术已经融入社会工作领域和基于实证的实践领域，（Dunlop & Holosko，2006），但用于计划评估的信息技术方法尚未引起重视。本章将尝试从文献的角度填补这一明显的空白。

实施计划评估的前提

在设计 EAP 评估时，明确的先决条件是两个主要假设：①如果投入更多的时间和精力，EAP 评估活动将会更有意义地发展、实施与推广。②在设计 EAP 评估时，主办方、人事部门和评估人员会从中学会相互配合与协作。这一分析的出发点是信息技术可以被有效地运用于设计过程。

随着信息技术时代的到来，计算机与信息系统的使用在过去的几十年里迅猛发展，在工作效率与效果上都有了显著的提升。具体表现为① 1970 年代的设计与编程；②将计算机运用于临床决策（Gibbs & Johnson，1986；Pardek，1986）；③ 1980 年代，成为将企业管理者、EAP 执业者和研究者的需要整合为一体的一种机制（Caputo，1986；Mutschler & Hasenfeld，1986）。随后，在公众服务、网站实效性、电子广告、在线时事通讯、评估信息交流网络等领域里，计算机技术的应用通过各种专业期刊的传播，向我们进一步展示了其在社会服务领域中的重要价值（Hick & McNutt，2002；McNutt，2002；Menon，2002；Moses，Weaver，Furman & Lindsey，2003）。

数据库程序与信息系统已经从过去那种只关注个案数目的投入、追踪信息与产出信息的第一代系统，发展成为可以即时地监督投入、流通、产出、成本以及追踪的第三代系统（Lehoux，Sicotte & Denis，1999；McCarty & Clancy，2002；McCready，Pierce，Rahn & Were，1996；Menon，2000；Reedy，Luiselli & Thibadeau，2001；Schoech，Finch，MacFadden & Schkade，2001）。

遗憾的是，尽管大多数组织都已经建立了某种形式的计算机信息系统；但是，他们并没有对这些技术的使用给予充分的思考与设计。这些技术可以提供基本的和必要的结果信息；对于评价服务的真实效果来讲，这些信息的作用远远超过那种粗浅的猜测。目前所面临的困难并不是信息技术本身，而是组织在对实施过程与结果指标做出评估时，未能对所需要的基本前提给予充分的关注（Rosen，2003；Southon，1999）。

在对任何一个计划实施评估之前，首先必须具备某些前提条件（Rosen，2003；Southon，1999），它们构成了一个成功的评估所不可或缺的基本因素；所有这些必须在评估过程之初就在一定程度上给予系统地解决。另一方面，假如其中有的没有解决好，后续的评估工作将会付诸东流（Holosko，1988）。这些前提条件包括：

a. 组织的真诚承诺与实施和保障该评估的计划；
b. 回答为什么评估、何时评估、如何实施评估；
c. 评估计划的目标或者是被评估的组成部分，需要以可测量的方式加以描述；
d. 实施评估所需要的信息应该具有可检索性。

尽管这些前提条件看起来显而易见，但他们需要详细阐述，因为大多数组织与计划提供方在实施过程中并未对此加以考虑，而这无一例外地被证明是不会成功的。每一个前提条件都要被简要地讨论，在适当的情况下运用信息技术，其作用会因此而凸显，评估的主办方、人事部门与评估人员之间的关系也会获得极大的改善。在此所提供的所有建议，本章第一作者及其同事都曾在小型、中型、大型的卫生与公共服务组织（包括许多 EAP）的计划评估中，成功地进行过“实地测试”（Leslie，Holosko & Dunlop，2006）。

组织承诺与 EAP 承诺

任何一个从事评估工作的 EAP，如果没有获得所在组织和项目的管理者、经理或其他重要决策者的支持，那将是严重的缺憾。无论评估的原动力是来自于组织的外部环境（社区、其他组织、资金提供方等），还是内部环境（生产线上的员工、工会、人事部门、主管、管理者、董事会等），都不重要。无论哪种情况，对于评估的发展与实施来说，组织的承诺才是最关键的。

有来自客户方和组织高级管理层的行政支持、有 EAP 协调员的积极支持，这是获得组织或 EAP 项目的其他各级人员支持的关键影响因素；因而是首先应该解决的问题。这与“多米诺骨牌理论”相一致，企业组织与计划提供方中的各级人员对待 EAP 评估的动机可能与其他人大不相同（如主管、生产线上的工人），但也会积极追随其行政领导而大力支持。因此，获得对评估的支持是 EAP 评估的重要环节，在该环节上（无论是内部评估还是外部评估），需要客户组织管理方、工会官员、计划管理者、EAP 评估员之间的相互学习和密切协作。例如，管理者或者关键决策者可以学习向评估及其他活动提供信息，帮助评估者改进工作方式。EAP 评估者可以从中学习如何调整他们的评估工作，以满足不同组织与计划提供方的独特需求（Holosko & Dunlop，1992）。在这个首要环节上的支持可以固化评估的目标，由此方能使后续的假设、设计、实施以及最终的推广环节与目标保持一致。

在计划评估设计的早期阶段，就应该考虑到运用信息技术，它可以成为促进该过程的重要工具。显然，项目开发与规划团队必须拥有或者通过外部咨询来获取评估与信息系统设计方面的专业知识。项目的性质、实施方法、服务以及预期的效益等是确保计划发展的中心任务。而围绕这个中心任务将评估与信息系统的专业知识结合起来，可以保证组织能够及时获得有效监控、调整和论证该过程的所需信息。这不只是为了满足组织计划的需要；还要满足权责清晰划分的需要，此涉及 EAP 最终的生存问题。

对于 EAP 计划和管理团队来说，互联网时代的到来，为项目规划的最初阶段提供了范围广泛的帮助空间。网上浏览可以迅速找到有用的网址，从中获取与评估咨询有关的信息。还可以进入数据交换中心，下载经过检测和验证的有用工具。在浏览这些资料和在网上与人交换信息时所花费的时间是值得的，它可以增进知识和对于开发第三代信息系统的认识，这正是当前的评估工作所需要的。这一过程必然会建立一种合作关系，通过提供可供比较的项目数据、信息资源，可以从他人类似尝试的经验中获得启发；无论是对于 EAP 的实施还是评估，都具有重要的提升作用。

在计划的早期阶段，信息技术在其他方面的用途也是需要考虑的。与特定计划目标相关的文献可以在网上检索，而且不仅可以在全世界范围内检索传统的正式出版物，还可以阅读范围广泛的非出版物或者是有限范围内的出版物。同样，电子邮件也可以用来发布规划讨论、实施报告和会议记录等方面的信息，它可以在会议召开前后以及举办期间为大家提供发布资讯和交换意见的平台。运用这样的方法，还有助于从外部资源中获得某专业领域的专业人员的支持。在条件适当时，该系统还可以被用来在更大范围内传播信息，并且向其他类似项目的组织和领域里的人员征求建议。最后，使用计算机摄像头与麦克风进行视频、音频的交流，可以扩展非现场的咨询活动。计算机可以同步支持摄像与电话功能，以虚拟的面对面互动形式即时地交流有关项目规划评估的信息，不失为一种快速、方便、性价比更高的沟通手段。

需要警惕的是，这种信息交流系统不能被视为或者被用做取代传统面对面信息交流的替代物，它只是增强其作用的一个工具。它有能力接收和采纳那些无法参加例行会议的个体所提供的各种观点与信息，还可以向他们提供解释与说明。在规划过程中，这种能力不仅可以提高决策的质量，还可以在极短的时间内就计划评估的设计、实施以及开始阶段所需要的资源等问题达成共识。在一个需要协作的计划过程中，它从技术的角度为促进与激励这一共同的努力设定了基调。

在实施评估之前必须回答：为什么、何时以及如何进行评估？

这三个问题看起来似乎并没什么，但如果在实施 EAP 评估之前不能够获得满意的答复，一个真正的潘多拉魔盒可能就此打开。最好是按照顺序来回答这些问题，“为什么”的问题必须先于“何时”与“如何”回答。而回答后两个是否依照顺序则问题不大，因为它们通常都会同时被提及。对前一个问题的回答，就会影响到对后一个问题的答案，反之亦然。因此，“为什么”的问题必须首先回答。

如果有关“为什么”的答案听起来有些轻描淡写，或者就像一些标准反应那样显而易见，作为评估人员来说不必过于在意。所谓的标准答案包括下面这些内容：①受人委托（如经费提供方）；②被推荐（如某人，某客户组织，某工会）；③该计划可能遇到一些困难，我们想弄清为什么；④其他项目实施的评估对该组织与计划提供方产生了影响，因而也打算进行评估；⑤此时实施 EAP 评估也许是出于“政治上的精明考量”（如为了程序上的正当性）；⑥当时看起来是个好主意。无论什么原因，也许是其中的任何一种（或者全部原因都有）。而问题的关键在于，在 EAP 评估的起始阶段，客户组织与计划协调员之间必须以坦诚的方式就“为什么”实施评估的问题达成一致；与之相应，对这个问题的回答又会直接影响“何时”与“如何”的问题。

“何时”实施评估，这也是一个计划协调员与评估员需要慎重对待的重要问题。通常的选择是越早越好，因为规划时有可能会将事后评估的因素预先设计到整体计划与运作框架之中，以提前规避某种干扰。这类事例包括，明确保密问题；在一些关键点上建立可供未来比较的基线数据；记录可供未来修正或者加以详细说明的信息；将记录、文档或者表格按格式编排，以供事后检索；着手推进组织或计划与各方协作关系的建立，以确保评估程序能够实现预定目的。

颇具讽刺意味的是，最不希望发生的往往又是最难以避免的，那就是在计划运行一段时间之后所做的“事后”评估。这一类评估必须面对一系列无法回避的问题，如要应对员工流动、缺席、流失和安置不当之类的问题，或者是随着时间的流逝而不可避免地发生一些信息被遗忘的问题。如果在计划实施的一开始就着手设计评估过程，这些困难就很可能得以避免（Holosko，1988；Holosko & Dunlop，1992）。

如前面所讨论的，互联网作为收集和交流信息的手段，对于理解和解答“为什么”、“何时”和“如何”这三个问题来说，是一件非常重要的工具。而这正是本文所要探询的重点，这可以使得协作活动在内容与来源上都更加明确。根据我们的评估实践经验，EAP 评估者应在适当的时候建立一个仅面向组织成员的网站。该网站可以充当一个中介平台，以鼓励人们对会议讨论的观点与涉及的问题提供反馈意见，它还可以接纳人们所表达的关切、焦虑以及批评。根据我们的经验，这个多少有些不够个性化的中介平台，可以促进组织各个不同层次的成员坦诚地发表质询意见；否则，人们就有可能保持沉默。这种个人的反馈随后可以由 EAP 评估员与客户方管理人员将其纳入正在实施的计划过程。无论何种评估，建立信任、信心以及在所有参与者之间形成工作关系，都是其重要的组成部分，其重要性不应当被低估（Chambers & Wedel，2005；Lehoux et al.，1999；Patton，2002）。此外，作为征集反馈意见的另一种方式，网站还可以提供聊天室，促进评估员与组织成员以及组织成员内部之间提供反馈和交流意见。如果要做到保密，聊天室就需要保证沟通过程中的匿名性，这就会进一步推动人们坦诚地质询，并会引发有关“为什么”、“何时”和“如何”评估的那些问题。反过来，这种交流会不断地评估正确的发展势头及其适当的影响力。

任何评估活动的最终成功都要仰仗评估员、管理人员、服务提供者以及信息技术设计者协同工作的能力。这种协作提供了一个表达的平台，并根据实际项目的使命与实施过程制订出评估的标准和结果指标。

最后，如何实施评估，这是最应该由评估实施者来回答的问题。更具体地说，该问题的答案究竟有多么清楚，也许超出了与评估直接相关的问题范围（如资源的利用、研究方法、所需成本等），因此应该将这些问题留给在这方面训练有素的人员，即那些计划评估人员。所以，高层管理者、部门经理以及 EAP 协调员对如此专业性的问题不要急于做出判断，而应该与 EAP 评估员（或评估团队）共同工作，以保证评估工作不至于消耗掉整个计划的运作部分，这样会反过来影响到服务的质量。这一模式所推荐的是一种协作式的方法，即让评估员去做他们最为擅长的工作，以确保他们在计划与实施评估时对客户组织与计划提供方负责（Holosko & Feit，1988）。

目标需求详述

评估员常常会被评估目标的问题所困扰，这本无可非议，因为没有目标他们就无法做出评估。目标在实际评估过程中也会成为效率与效果的评价标准，所以它是一切评估的根本。实际上，评估研究与基础社会科学或者应用社会科学的研究是有区别的，它总是在对计划过程、效率或者效果，抑或是这些内容的组合进行评估（Holosko，1996）。

对于计划评估的设计来说，确定目标需要①详细描述；②对于它们的具体内容需要取得共识；③用可测量的指标使其可操作化。这一确定目标的过程实质上既是演绎，又是归纳。简单说来，这是一个从总目标到具体目标的过程，在这一过程中，将计划拆分成局部，每个局部都有其不同的（或者说更小的）目标。

从逻辑上说，实施这一过程应从EAP的操作手册、政策指南和计划文件入手，因为这些标准大都被纳入了授权书、建议书、操作手册、指导方针或者需求分析的内容。因此，这些标准构成了第一级的目标或是任务陈述，它指导着该计划或者其中某些部分的实施。虽然，在今天这个资源稀缺又强调问责的时代，这看起来有些不可思议；但必须要说明的是，在某些情况下，许多资助机构毫不在意这些计划对其提供的服务效果应承担什么样的责任。进一步说，有些计划就是依据非正规的、不严谨的或者是不明确的标准运作的。对于这样的组织与计划提供方，EAP评估者通过确定目标的过程，有可能在无意间得以帮助该计划明确其与客户组织及其服务对象之间的关系（Holosko & Dunlop，1992；Holosko & Feit，1988；Holosko & Leslie，1998）。

在目标确定问题上的双方共识，其操作性的表述就是双方同意。当然，在某种情况下，一线工人、主管、经理、EAP协调员以及董事会成员对于指导计划的目标也许会有着不同的认识。因此，这一过程可能会有助于向所有这些不同的人群进一步明确阐述这些目标。同时，向各类不同的组织成员征询对目标的意见，让他们直接或者间接地参与评估，通过交流而取得共识，这可能会被证明是非常有意义的人际关系实践。通过评估员、组织成员以及EAP工作人员之间经常性的开放式对话，有关目标问题的共识通常更容易达成。

先前讨论过的网站机制，在传播有关评估目标的信息、从不同层级的员工那里寻求解答与意见方面，不失为一个有效的载体。经常性的聊天交流可以培养员工与EAP评估员之间就当前的现实问题进行深入讨论。电子邮件也是互联网上一个高技术的有用工具，它可以高效率地发送通知，评估员可以用其与员工之间交流信息。最后，借助计算机设施进行视频与电话通信，超越了今天国家与国际的界限，增进了人们的共识，使得全世界范围的员工可以就某一共同目标问题展开讨论。同样，通过提供交流工具，信息技术可以帮助人们在认识上达成一致，以可测量的方式明确评估的目标。

要确保所选目标能够反映计划制订人员对于任务陈述的解释以及他们力图实现的内容，这是十分必要的。EAP评估员可以据此设计或者选择工具，或者选择数据源，以对这些目标的可操作化程度进行测量。但是这一过程对于计划制订人员来说，取决于他们对此如何理解和解释，这一点也十分重要

（Conboy，Auerbach，Beckerman，Schnall & Laporte，2000；Lehoux et al.，1999；Moses et al.，2003；Reedy et al.，2001；Schoech et al.，2001）。

最后，以可测量的方式对目标做出详细说明，这又是一项最好留给 EAP 评估员去完成的任务。它包括给这些概念下操作性定义，使之能够被测量，并且可以具体实现。操作性定义通常要具有如下特征：①具有时间范围（如出现或者将要出现的具体时间段）；②可以量化（通常都是根据提供服务的可量化单位以及服务所产生的结果）。最近以来，在计划评估领域的文献中，人们普遍关注的是从微观实践（Bloom，Fischer & Orme，2003；Conboyet al.，2000；Drumm，McCoy & Lemon，2003；Moses et al.，003）与宏观实践（Thyer，2001；Usher & Wildfire，2003）两个层面上对目标加以测量的最佳方式。

信息检索能力

在以规划、评估以及决策为目的而选择信息时，组织与计划提供方之间有一种特殊的关系。这种关系之所以特殊，是有许多原因的。第一，大多数组织在获取用于计划评估的信息时，凡涉及有用并且可以被检索到的信息，都会存在“信息短缺”的问题；而他们自己却认为是信息超载。第二，大多数计划提供方所掌握的客户信息在内容上是很不对称的。比如，虽然掌握大量关于客户背景的信息，而对于客户到底得到了多少服务却所知甚少。第三，大多数计划提供方是依据错误的理由收集信息的。举例来说，常见的三个标准理由是：①因为他们不得不收集（这是基于要求）；②因为他们一直就是这样收集信息的；③他们可以借此更好地进行内部管理，或者是上述理由都有。最后一个原因，这是使其看似更像一种基本法则，并可应用于计划评估的唯一做法。

对任何 EAP 的评估，所用信息必须具有易得性和可检索性。鉴于数据对于评估过程的重要意义，精明的评估员通常会在实施评估之前首先鉴定数据的“工艺水平”。此外，在计划设计和发展的早期阶段，及早着手 EAP 的评估工作是十分重要的。这至少可以将数据以可以检索的格式加以编制，以备今后以某种方式使用。关于信息的可检索性，最后要说明的一点是，多数的评估在实际的实施过程中，必然会将信息加以组织和系统化，因而有助于后续的评估、计划设计以及改善服务的质量。例如，对文档或个案的规范管理、建立数据库、为后续的数据采集开发程序，这些都是任何综合评估工作必不可少的组成部分，应该将其作为计划评估的附加效益加以构建（Holosko，1997；Holosko & Dunlop，1992）。作为结果，EAP 的评估过程将会使后续的各项工作从中受益。

为使数据具有可检索性，EAP 工作人员、EAP 评估员和计算机专家之间要形成密切的合作关系。所选数据的性质与格式要能为所有人所理解，这一点很重要。EAP 评估员需要保证所选的数据能够同时为总结性评估和形成性评估提供清晰、充分的信息。还需要说明的是，对数据的分析在性质上既可以是定量的，也可以是定性的，但是它们都需要具备如下特征：①预先确定；②容易记录；③容易登录；④可检索。大量计算机数据分析软件的出现使得这一切成为可能，组织与评估员可将广泛的变量与各不相同的方法加以结合与匹配，却并不显著增加研究成本与人员投入。

此外，为了使所有人都能够理解所选数据的性质与格式，有必要认识与掌握当前数据存储与数据备份的种类。对这些概念的介绍可以向组织范围传播，确保信息的可检索性，并推动综合性的评估工作。闪存盘、内置硬盘、组织服务器、软件程序以及评估网站上的个体存储空间，都能够使数据和统计分析得到保存，还有利于检索。另外，这些技术设备可以让组织成员与 EAP 评估员方便地调用和检索信息，最终还是有助于 EAP 的评估、规划与服务。

对于那些将要参与数据收集或者录入的各类员工要加强指导与培训。还有，在这一过程中，没有什么方法能够代替面对面交流，但他们可以通过网上的在线指南与补充资料获得进一步的辅导。同样，提供当前所获结果的报告可以使员工承担起监督评估过程的角色；可以更加快速地识别任何困难领域。这一在线过程可以大大增强评估能力，使得评估工作更具适应性、更灵活，且更能够反映该计划的真实情况及其效果。

结论

了解评估工作所必需的那些先决条件，有助于计划评估员、EAP 协调员、企业行政人员与公司经理共同设计优质的 EAP 评估，这些先决条件将会在第二十三章介绍。它们可以说是规划过程中的指南，应该在实施任何计划评估之前加以充分考虑。然而，本章的主要内容是，应将更多的时间与精力投入到对 EAP 评估的精心规划上。在许多情况下，好心的评估员或者协调员在着手 EAP 评估时做不到这么严谨的规划，常常导致所有努力最终付诸东流。

在评估中采用信息技术，甚至需要更加周密、更加协同的过程。信息系统的开发可以真正追踪客户的人口统计学资料、员工的投入、管理过程、运行成本以及客户的效益，但这在时间上、精力上以及最初规划过程中的资源使用上都需要一个大量投入。然而总的来说，高水平的计划对于 EAP 的回报也是巨大的。

当然，有效地实施信息系统这样一个投入，无疑将在该过程中激发起一种集体所有制式的感觉。伴随着使用技术的提高、协作关系的建立，这种感觉本身就可能产生在更广泛基础上分享与传播 EAP 成果的意愿。最终，这会形成一个更大的信息库，为计划提供方的规划过程提供可用的比较数据。

但必须要牢记的是，无论是评估还是计算机化，都不能包治百病。任何评估过程与信息系统，其成功的关键是该计划从业者的能力，即能够准确地理解与体现该计划的任务与实施，并能对计划实施系统所产生的效益做出准确的预测。若成功地做到这一点，也许可以给那些从事类似计划的人员提出一些特殊问题。把评估与信息技术作为组织的工具，有助于计划的设计，也为那些投资者以及其他重要的利益相关者提供了更多信息（Drumm et al.，2003；McCready et al.，1996；Menon，2000；Moses et al.，2003；Rosen，2003；Southon，1999）。组织的责任依然是确保这些评估信息能够服务于完成组织的任务，最终能够带来效益。

本章所讨论的对评估程序的成功运用肯定会令评估员的作用更加复杂，同时也更加重要。本章所描述的这一过程需要在计划设计方面具有相当专业的知识，但是一旦建立了评估机制，就很容易根据自己的实际状况轻松运作了。这最终会将评估员的作用转变为对过程的监控。此外，借助于系统随时随地、方便快捷的分析数据的能力，精明的EAP管理者和从业人员可以及时察觉可能出现的困难，或者确认发生问题的领域，并能够对计划做出相应的调整。这将有助于为评估结果建立基准信息，设定明确的时间期限。

另一方面，研究表明，以往计划评估的一个突出困难是不能将评估的结果运用于计划的设计和对目标的调整（Holosko，1997；Southon，1999）。EAP评估员未来面对的一项可能的任务是，测量组织在计划、实施过程中或者对确认的困难做出反应时利用评估结果与信息系统的程度（Holosko & Fei，1988）。因此，运用本章所介绍的这些技术还可以提供一个透明的流程。透过该流程，评估者的评估能力也可以像EAP评估的全过程一样被轻松地加以评判。但愿这些技术的运用可以给整个EAP评估过程带来更高的可信度与实际效用；而且运用得越早，EAP评估就越容易体现出其自身的价值。

有助于EAP计划评估的网站

http://www.connectionseap.com/

Connection有限公司作为客观的传播者为那些使用EAP评估与设计的客户提供服务。同时也提供有关EAP的效益及基本原理的信息。

http://www.eapassn.org/public/pages/index.cfm?pageid=1

EAP从业者协会的官方网站。提供有关EAP应用、统计、标准、规划与评估方面的信息，向公众开放。

http://www.eapc.org/index.html

EAP与咨询师协会网站，讨论EAP发展的优势与基本原理，还包括一个有效的EAP的界定及其组成部分。

有关计划评估及相关问题的网站

http://www.mamagementhelp.org/evaluatn/fnl_eval.htm

“计划评估基本指南”网页提供对评估计划与实施的见解。一些子网页包括：为什么评估是有用的、评估的基本要素、评估的种类、数据收集方法、分析方法、结果报告等，信息十分丰富。

http://www.the-aps.org/education/prompote/promote.html

本网页探讨计划一个有效评估的重要性。访问者可以参加一个评估探索的短期课程，该课程是为使人们了解评估基础与规划策略而设计的。全部课程免费，并提供大量的资料。

http://www.ojp.usdoj.gov/BJA/evaluation/guide/gs8.htm

美国司法援助局开设的计划评估中心网站，探讨与评估有关的问题，以及针对这些问题的可能做法。可以由此链接至其他与评估有关的网站。

参考文献

Bloom, M., Fischer, J., & Orme, L. (2003). *Evaluating practice: Guidelines for an accountable professional* (4th ed.). Boston, MA: Allyn & Bacon.

Bullet, S. S. (2006). Evaluating the senior companion program: A mixed-method approach. *Journal of Gerontological Social Work, 47,* 45–70.

Caputo, R. K. (1986). The role of information systems in evaluation research. *Administration in Social Work, 10,* 67–77.

Centers for Disease Control and Prevention (2007). Evaluation of the steps program. Available: http://www.cdc.gov/steps/evaluation

Chambers, D. E., & Wedel, K. R. (2005). *Evaluating social programs.* Needham Heights, MA: Allyn & Bacon.

Chambers, M., & Connor, S. L. (2002). User-friendly technology to help family carers cope. *Journal of Advanced Nursing, 40,* 568–577.

Conboy, A., Auerbach, C., Beckerman, A., Schnall, D., & LaPorte, H. H. (2000). MSW student satisfaction with using single system design computer software to evaluate social work practice. *Research on Social Work Practice, 10,* 127–138.

Cramer, A., Roberts, S., & Liyan, X. (2007). Evaluating community-based programs for eliminating second hand smoke using evidence-based research for best practices. *Family and Community Health, 30,* 129–143.

Cronbach, L. J. et al. (1980). *Towards reform of program evaluation.* San Francisco, CA: Jossey-Bass.

Derr, W. D. (2005, March/April). Envisioning EAP's future by reflecting on its past. *Behavioral Health Management,* 13–18.

Drumm, R. D., McCoy, H. V., & Lemon, A. (2003). Technology trauma: Barriers to increasing technology utilization. *Journal of Social Work in Health Care, 37,* 39–56.

Dunlop, J. M., & Holosko, M. J. (2005). The story behind the story of collaborative networks: Relationships Do Matter! *Journal of Health and Social Policy, 19,* 1–17.

Dunlop, J., & Holosko, M. J. (Eds.) (2006). *Information technology and evidence-based social work practice.* Binghampton, NY: The Haworth Press.

Durning, S. J., Hemmer, P., & Pangaro, L. N. (2007). The structure of program evaluation: An approach for evaluating a course, clerkship, or components of a residency or fellowship training program. *Teaching and Learning in Medicine, 19,* 308–318.

Gibbs, L. E., & Johnson, D. J. (1986). Computer assisted clinical decision-making. *Journal of Social Service Research, 6,* 119–132.

Hardy, J. (2007). Technology and program evaluation. *American School Board Journal, 25,* 29–31.

Hasenfield, Y. Z., Hill, K., & Weaver, D. (2003). *A participatory model for evaluating social programs.* San Francisco, CA: The James Irvine Foundation.

Hick, S., & McNutt, J. G. (Eds.) (2002). *Advocacy, activism and the Internet: Community organization and social policy.* Chicago, IL: Lyceum Books.

Holosko, M. J. (1988). Prerequisites for EAP evaluations: a case for more thoughtful planning. In M. J. Holosko and M. D. Feit (Eds.) *Evaluation of Employee Assistance Programs* (pp. 59–69), Binghampton, NY: The Haworth Press.

Holosko, M. J. (1996). Obstacles to conducting program evaluations: Implications for public health evaluators. *Journal of Health and Social Policy, 8,* 91–101.

Holosko, M. J. (1997). Service user input: Fact or fiction? The evaluation of the Trauma Program, Department of Rehabilitation, Sault Ste. Marie, Ontario. *The Canadian Journal of Program Evaluation, 11,* 111–126.

Holosko, M. J., & Dunlop, J. M. (1992). Evaluating interorganizational approaches to service delivery: A case example of the Family Violence Service project in Kent County, Ontario. *The Canadian Journal of Program Evaluation, 7,* 115–129.

Holosko, M. J., & Feit, M. (Eds.) (1988). *Evaluation of employee assistance programs.* Binghampton, NY: The Haworth Press.

Holosko, M. J., & Leslie, D. R. (1998). Obstacles to conducting empirically based practice. In J. Wodarski & B. Thyer (Eds.), *Handbook of empirical social work practice* (pp. 433–451). New York, NY: John Wiley & Sons, Inc.

Hubball, H., & Bert, H. (2007). Learning outcomes and program-level evaluation in a four-year undergraduate pharmacy curriculum. *American Journal of Pharmaceutical Education, 71,* 1–8.

Kaufman, J. S., Crusto, C. A., Quan, M., Ross, E., Friedman, S., O'Reilly, K., & Call, S. (2006). Utilizing program evaluation as a strategy to promote community change: Evaluation of comprehensive, community-based, family-violence initiative. *American Journal of Community Psychology, 38,* 191–200.

Lehoux, P., Sicotte, C., & Denis, J. L. (1999). Assessment of a computerized medical record system: Disclosing scripts of use. *Evaluation and Program Planning, 22,* 439–453.

Leslie, D., Holosko, M. J., & Dunlop, J. (2006). Using information technology in planning program evaluation. In J. Dunlop & M. J. Holosko (Eds.) *Information technology and evidence-based social work practice.* Binghampton, New York: The Haworth Press.

McCarty, D., & Clancy, C. (2002). Telehealth: Implications for social work practice. *Social Work, 47,* 153–161.

McCready, D. J., Pierce, S., Rahn, S., & Were, K. (1996). Third generation information systems: Integrating costs and outcomes. (Tools for professional development and program evaluation). *Administration in Social Work, 20,* 1–15.

McNutt, J. G. (2000). Coming perspectives in the development of electronic advocacy for social policy practice. *Critical Social Work, 1.*

Menon, G. M. (2000). The 79-cent campaign: The use of on-line mailing lists for electronic advocacy. *Journal of Community Practice, 8,* 73–81.

Moses, T., Weaver, D., Furman, W., & Lindsey, D. (2003). Computerization and job attitudes in child welfare. *Administration in Social Work, 27,* 47–67.

Mutschler, E., & Hasenfeld, Y. (1986). Integrated information systems for social work practice. *Social Work, 31,* 345–349.

Orbach, N. F. (2001, July/August). EAPs as a risk management tool. Behavioral Health Management, 44–47.

Pardek, J. T. (1986). Microcomputers in clinical social work practice: Current and future uses. *Family Therapy, 8,* 15–21.

Patton, M. Q. (2002). *Qualitative research and evaluation methods.* Thousand Oaks, CA: Sage Publications.

Phillips, R., Gregory, P., & Nelson, M. (2003). Moving toward collaboration: Using funding streams to advance partnerships in child welfare practice. *Journal of Human Behavior in the Social Environment, 7,* 115–124.

Powell, R. R. (2006). Program evaluation: An overview. *Library Trends, 55,* 102-120.

Rafferty, J., & Waldman, J. (2006). Fit for virtual social work practice. *Journal of Technology in Human Sciences, 24,* 1–22.

Reardon, R. C., & Hartley, S. L. (2007). Program evaluation of e-portfolios. *New Direction for Student Services, 119,* 83–97.

Reedy, A., Luna, M., Rocio, G., Olivas, G. S., & Sujeer, A. (2005). Local public health performance measurement: Implementation strategies and lessons learned from aligning program evaluation indicators with the 10 essential public health services. *Journal of Public Health Management and Practice, 11,* 317–325.

Reedy, P., Luiselli, J. K., & Thibadeau, S. (2001). Improving staff performance in a residential child-care setting using computer assisted feedback. *Child & Family Behavior Therapy, 23,* 43–51.

Rosen, A. (2003). Evidence-based social work practice: Challenges and promise. *Social Work Research, 27,* 197–208.

Schoech, D., Finch, D., MacFadden, R., & Schkade, L. L. (2001). From data to intelligence: Introducing the intelligent organization. *Administration in Social Work, 26,* 1–21.

Sola, M. (2003, September/October). Learning to appreciate IT. *Behavioral Health Management,* 37–38.

Southon, G. (1999). IT, change and evaluation: An overview of the role of evaluation in health services. *International Journal of Medical Informatics, 56,* 125–133.

Stein, S. A. (2002, September/October). Why work/life and EAP should be integrated. *Behavioral Health Management,* 33–41.

Thomas, C. W., Smith, B. D., & Wright-DeAguero, L. (2006). The program evaluation and monitoring system: A key source of data for monitoring evidence-based HIV prevention program processes and outcomes. *AIDS Education and Prevention, 18,* 74–80.

Thyer, B. (2001). *The handbook of social work research methods.* Thousand Oaks, CA: Sage Publications.

Usher, C. L., & Wildfire, J. B. (2003). Evidence-based practice in community-based child welfare systems. *Child Welfare, 82,* 597–614.

Wade, K., & Neuman, K. (2007). Practice-based research: Changing the professional culture and language of social work. *Social Work in Health Care, 44,* 49–64.

Weersing, V. R. (2005). Benchmarking the effectiveness of psychotherapy: Program evaluation as a component of evidence-based practice. *American Academy of Child and Adolescent Psychiatry, 44,* 1058–1062.

W. K. Kellogg Foundation (no date). Evaluation toolkit. Available: http://www.wkkf.org/default.aspx?tabid=75&CID=281&NID=61&LanguageID=0

第五编

专业训练与发展

第二十章

人力资源：EAP专业人员应当了解的基本定义和理念

Fred Dickman

本章旨在向EAP专业人员阐释基本的人力资源定义和概念。笔者不打算阐述有关人力资源复杂性的大量知识。因为事实上，它本身就不是一章所能够涵盖的内容。无论人事方面的复杂性问题有多么值得去了解，本章都无意向EAP专业人员详述这一问题。不过，各个层级的EAP人员确实都需要了解人事问题的基本模式和概念。例如，有的客户的确参与了就业机会平等运动和反歧视行动。EAP评估师或咨询师需要熟悉政府机构或公司内部的那些职位和工作。另外，他还将面对一些正处于康复阶段的员工的赔偿问题。这究竟涉及哪些工作？需采用什么流程？这还会涉及《员工退休收入保障法》（Employee Retirement Income Security Act，ERISA）、《综合预算调节法》（Comprehensive Omnibus Budget Reconciliation Act，COBRA）或《职业安全与健康法》（Occupational Safety and Health Act，OSHA）。公司会在公平待遇问题上采取何种政策？如果有员工提出性骚扰指控，公司又应采取哪些行动步骤？

毫无疑问，一个在某公司从事EAP服务的专业人员需要与公司的人力资源部门有着诸多的合作。笔者只是希望，对重要的人事问题的理念与界定做一个简要介绍会有帮助。

人口统计学资料

大多数组织的劳动力的人口统计学特征（组成）都是多层面的。在对新计划做出评估时需要考虑的因素是年龄、性别、种族、目前的收入水平以及社会经济背景。汇总这些因素并绘出图表后，就能够根据计划实施方法做出明智的决策。

绩效评估体系

绩效评估体系虽然有多种名称，但都旨在实现一个目标。即告知员工他们的表现与公司目标之间的关系。这些评估可以是非正式的，例如主管和下属之间就取得的成绩和不足而进行的定期谈话。评估也可以是复杂的，比如填写多个系数的评估表、召开长时间的反馈会议或者进行最终的绩效评级。许多公司会根据这种评级调整薪酬，也有的公司会严格地将此用作一种沟通工具。不论采用哪种方法，绩效评估的目的都是指引员工成为该组织中更具效率和生产能力的成员。

就业机会平等与反歧视行动

员工超过15人的公司以及（或者）与联邦、州或地方政府机构有业务往来的公司必须遵守联邦有关聘用、晋升和解雇员工的指导规范。这些指导规范会考虑到种族、性别、年龄、宗教、残疾状况和退伍军人身份。

大型企业雇主必须建立并遵守反歧视行动方案，该方案还应包括保证劳动力待遇符合社会要求的具体目标和时间表。

大多数企业组织已经认识到这是一项公民责任，那些漠视反歧视行动的公司可能会因此丢掉合同并且面临费用高昂的诉讼。

工伤赔偿与康复

所有的州政府都通过它们的劳工局执行一项保险计划，它旨在保护工作期间或履行工作相关责任时负伤的工人。其所覆盖的内容已在各州制订的法规中有专门的规定，各州在支付误工损失费、看医生与住院费用、终身残疾的补偿金额方面有所不同。这些保险都是免费向员工提供的。公司，除非是自行投保，都需要向州政府支付保险费，计费依据是以往的索赔金额以及特定工作的“风险水平”。因伤不能重返原来或类似岗位的工人，经常会被送去进行康复训练，以便让他们掌握赖以谋生的新技能。在大多数州，这些培训费用由工伤赔偿保险计划支付。

《员工退休收入保障法》与《综合预算调节法》

《员工退休收入保障法》一个由联邦机构监管，由养老基金、利润共享计划及其他缴费型和非缴费型的公司赞助的储蓄方案。

该机构成立于1974年，旨在防止使用员工养老基金进行高风险甚至是一些不道德的投资。

《员工退休收入保障法》要求定期向所有参与方详细说明这些不同方案的运作状态。一旦方案符合《员工退休收入保障法》的要求，若没有获得额外的批准，便不得再做变更。

《综合预算调节法》

1986年，《综合预算调节法》在里根政府期间拟定并获得通过，它旨在削减社会服务费用。该法案要求为员工提供医疗保险的雇主为辞职员工提供额外18个月的保险，为被解雇员工提供额外36个月的保险。

而员工必须承担全部的保费，而不只是分摊的缴费额，另外还应向公司支付2%的管理费。

《职业安全与健康法》

颁布于1970年的《职业安全与健康法》是一部联邦法案，旨在为那些私营企业制订安全标准，为私营企业的员工们提供安全的工作环境。

企业需要向该机构提交年度报告，其中包括事故的数量、严重程度以及因员工事故所造成的时间损失的统计信息。《职业安全与健康法》规定了私营企业必须遵守的标准和细则，公司需要对工作场所进行定期检查。

违反《职业安全与健康法》可能被处以罚金或停业。

监督

实现组织目标的关键人员是一线主管。这个环节的人员连接着组织管理层和实际从事具体工作的员工。毋庸置疑，任何新计划或政策的成功完全依赖这些主管的支持。

工会与非工会运作

私营部门的工作人员要么是有工会代表的，要么是没有工会代表的。

这一部分无意讨论这种区别的利弊问题，而只是阐述它们各自如何运作。

有工会的工作场所

在这种情况下的员工适用劳资合作协议，通常称作合同。该合同一般规定工资、应当完成的工作类型、工作时间以及申诉程序。

员工由工会代表（工会的官员）来代表员工就提高工资和改善工作条件方面的问题与管理层进行谈判。适用该合同的员工通常按月支付会费，用作工会的行政经费。

劳资合作协议的一个重要方面是申诉程序。虽然该程序依合同规定而各不相同，但其意图是基本相同的。中诉程序规定了用来解决员工投诉的每一步流程。投诉情况各不相同，但多与那些没有正式地位的员工或非工会成员有关，他们对惩戒措施持有异议。

一般情况下，由工会委员代表该员工与管理层接洽，通常最先是一线主管受理投诉，然后是总领班，最后是工厂或基层经理一级的管理层。

如果还不能顺利解决投诉，可由联邦仲裁员做出最终裁定。联邦仲裁员是根据他们处理劳资关系的经验而任命的，他们对投诉做出的裁定是最终的，具有约束力。

无工会的工作场所

如果公司坚持以不设工会为目的，就必须以和工会组织相似的方式实施管理。在这种情况下，主管也是传达组织理念的关键。主管必须公平、公正地实施公司的规章条例。

组建工会的活动一般与两个主要问题相关：工作稳定性和员工的一致待遇。为了解决这两个问题，就必须建立上诉程序，让那些认为自己受到错误对待的员工能够和管理层进行讨论。非工会环境下采用的另一个工具是定期的绩效评估。员工通过这种方式可以了解管理层对他的工作的看法。

一般情况下，主管对员工以往的工作表现进行评价，可以强化其积极的表现，指导其改进不足的方法。通常这样的评估方案都是根据可衡量的目标来制订的。

采用绩效评估有时能够指出潜在的问题领域，从而帮助员工避免纪律处分。但是，如果必须进行纪律惩戒，就应当做到客观、专业以及有针对性。应当清楚地向员工说明规则，以利于他们理解。惩戒措施最重要的方面是对所有员工一视同仁。

员工福利

由于它的价值并不体现在工资当中，所以一般认为员工福利是非金钱性的报酬。但是，这些福利是有成本的，管理层在拟定或调整报酬方案时会考虑这些费用。福利的范围因组织的不同而不同。

“附加福利”一般包括：

a. 医疗保险，有时包括牙科和眼科保险。可能免费向员工提供这些福利，或者从工资中扣除保费。

b. 休假。通常以其在公司的工作年数确定休假的时长。

c. 节日。在节日里发放工资，但员工通常不工作。

有些组织向员工提供的其他福利有：报销学费、免费工作餐、免费工作服、购股方案、养老金和利润共享方案。

培训和职业发展

基本指导和“在职”培训通常是人事部门的一项分管工作。视组织的复杂性，这些培训计划可能很系统，也可能比较随意。

成功的培训计划会赋予个人履行具体职能的技巧。这些计划的成效是可以衡量的，如果没有实现目标，可以做出调整。

为帮助员工实现其在组织中的目标，应拟定较为复杂的计划。应当注意的是需要进行诚实的评价，并向所定目标不切实际的员工做出说明。这种做法有时可能让人不舒服，但有助于避免员工体验挫折和长时间的不愉快。

安全与保障

虽然这两个概念乍一看并不相同，但它们之间的关联非常密切。任何组织都必须做到安全。不同类型的组织有不同的安全需要。一个所有层级都充分参与的积极方案能够对公司的利润率产生重大影响，更不用说会影响到人们对公司的看法了。另一方面，也可以对保障做同样的理解。有力的安全和保障计划能够保持员工的健康水平，有利于实现组织的目标。通过运用安全和保障方法，可以在各个工作阶段为员工提供保护。

医疗卫生保健

医疗诊所也许能够体现“做到最好”这一理念。一个人要做到最好，就必须保持精神和身体健康。这可以通过营养和锻炼计划实现。

事实证明，这类计划能够节省保险费用，减少由于疾病损失的工作时间，提高生产率。（另请参见关于健康的第三章和第五章。）

结论

EAP 专业人员经常与人力资源部门打交道。实际上，大多数“内部”计划（参见第七章与第十章）都是由这些部门组织的。尽管这一目标的主要推动力是 EAP 的“独立性，”但与人力资源部门的合作是绝对需要的。

评论与补充资料：从人力资源从业者的视角看人力资源与 EAP

Mark W. Evans

弗雷德·迪克曼（Fred Dickman）撰写的《人力资源：EAP 专业人员应当了解的基本定义

和理念》这一章，抓住了人力资源职能的演变过程以及这些重大变化如何影响着EAP在组织中的作用。迪克曼博士对于人力资源职能的论述，以及对人力资源各不同角色之间相互关系的论述，不仅适用于现在，也适用于将来的任何时候。自这一章成文以来，在文化和法律方面都已发生了诸多变化，这些变化给人力资源和EAP专业人员带来了重大挑战。在以这篇“评论与补充资料”探讨这些变化之际，人力资源和EAP专业人员所处的世界近年来也变得愈加复杂，但他们也因此有机会对所服务的客户组织产生比以往任何时候都更加重要、更加积极的影响。

工会影响力下降

虽然在一些行业中，工会对员工的影响日趋下降，但各公司依然要继续处理与工会有关的事宜，员工不得不依靠公司来填补工会领导人曾一度发挥的作用。在过去，公司被描绘成“敌人”，不被信任。那么，员工在现实生活中遇到问题后向谁诉说？能否相信公司会秉持同情、尊重和尊严来处理他们的问题？这种两难困境为具有前瞻思维的组织提供了切实的机遇——提供专业的EAP人员的协助，通过保密和尊重个人原则，帮助其建立和保持对公司的信任。

工伤赔偿与康复

大多数公司通过工伤赔偿保险保障受伤的员工，许多情况下则是通过公司资助的某种形式的医疗保险和残障收入保护福利提供支持。尽管员工在这些情况下通常会得到某种形式的经济保障，但是如果在较长时间里因为受伤而不能为公司做出贡献，他们会强烈地感到自我价值的丧失。受伤员工怎样才能够“重新回到习惯的工作状态，”而不是“没有什么用处”？要习惯于每天不去上班而呆在家中休养，这可能需要几周或几个月的时间。在种情况下，公司和员工之间可能会由于受伤的性质和原因等问题而出现关系紧张。这时，可以有效运用EAP帮助康复中的员工，让他们怀着自信与健康的预期为重返工作做好准备，而不是担心和忧虑。

1990年的《美国残疾人法》

该法意在避免人们由于残障状况而受到歧视。员工人数25人以上的雇主必须遵照该法采取非歧视的雇用方式，并为有残障状况者提供“合理的调整”，以便他们在从事受雇工作时能够履行他们的“基本职能”。

对于何种情况才构成“残障”，必须采取哪些做法以及保存记录的方法才符合《美国残疾人法》（Americans with Disabilities Act,ADA），该法都做出了严格的规定。例如，在聘用过程中，雇主不得提出旨在查出或确认实际的或感知到的残障程度的问题。只有签订了聘用合同后，公司才可以针对该员工的岗位适宜性进行体检，以确定员工是否适合该工作职位。通过员工自己披露或公司采取其他方式了解到残障状况的证据后，公司必须考查在此情况下哪些“合理调整”是适当的。

若无证据表明由于“业务要求”或者该残障“严重危及他人的健康或安全”导致该员工无法被聘用，雇主不得撤销聘用合同。和许多其他就业法律一样，如果提出异议，举证责任完全由公司承担。对违反该法或有歧视行为的处罚非常严厉，作为原告的员工有权要求由陪审团审理案件。这部法律需要很多年才能逐步明确、完善，这无疑会催生大量的法律诉讼。

残障员工受到法律保护，这保障了他们能在不受雇主公司歧视的情况下成为具有生产能力的社会成员。有残障状况的员工如何处理其在工厂所面临的现实情况？无论这些残疾员工是真的不同于还是看似不同于其他员工，法律都无法就其他员工怎么看待他们而作出规定。有身体、精神或情绪问题的员工，可能会受到许多不同情或不理解他们困境的人的不同对待。在这种情况下，EAP 咨询师可以在发现问题后进行干预，帮助员工和公司理解他们行为的道德和法律意义。EAP 可以向因残障而在工作场所受到影响的员工提供咨询，以此帮助公司在一定程度上增进他们对其的理解和宽容。

在大多数公司里，人力资源部门负责确保公司遵守《美国残疾人法》和类似法律。为此，他们要向员工和管理层提供培训与教育，使之了解在该法律框架下各自依法享有的权利和应该承担的责任。与人力资源部门的工作联系紧密的 EAP 咨询师，不仅亦应通过教育向员工提供这方面的知识，还要使他们了解他们所处的公司文化也非常有助于解决工作场所发生的涉及《美国残疾人法》的问题。

1993 年的《家庭与医疗休假法》

员工和管理层都称该法是劳工关系领域影响最深远却又最难以理解的法律。对大多数公司而言，它是最为复杂又最难以执行和遵守的法律之一。在有些情况下，公司仍然在学习如何全面遵守它的要求。

《家庭与医疗休假法》（Family and Medical Leave Act，FMLA）的基本目标很简单——经历某些生活事件和可能需要（或者选择）在一定时间内不工作的员工，可以请求无薪休假。如果请求符合《家庭与医疗休假法》的标准，公司必须准予休假，而且必须保留员工的工作、工资和福利状态，直到假期结束后员工返回工作岗位。根据《家庭与医疗休假法》的规则和政策，员工可在 12 个月期间申请不超过 12 周的无薪休假。

在过去，怀孕和生孩子的女性员工被视为“临时残障”，可获准休假进行分娩和产后恢复身体（经常发放一定数额的薪水），以便能够重新工作。如果她在情感上没有做好把新生儿交给他人的准备怎么办？如果没人能随时并且愿意照看孩子怎么办？许多公司有时不赞同延长离岗时间怎么办？她要么重返工作，要么就可能面临丢掉工作的危险。

如果男性员工（父亲）希望或者需要离岗一段时间照料妻子、婴儿或其他家人怎么办？员工必须离岗照料重病的孩子或者重病的父母怎么办？许多公司对于员工多请几天假而不面临将来可能失业的危险持模糊态度。但并不是说公司对待自己的员工缺乏同情态度。在有着最后期限、生产限额和客户需要的现实世界，公司被迫做出艰难的决定以完成它们的使命。能工作时却不工作的员工可能阻碍公司履行其义务。

《家庭与医疗休假法案》对所有这些潜在的情况做出规定，规定公司和员工必须如何处理出现的这些情况。这些规则有详细的表格、规程等，希望以此防止员工或公司滥用或扭曲这些待遇。

人力资源专业人员明白，尽管这部法律可

能被看作是限制性法律，但现实中似乎很少有员工不合理地利用该法律。当遇到某些事情而需要离岗的时候，他们将该法律视为他自己的“安全网”。他们知道，他们不会因为需要照料家庭或者在有严重医学状况的情况下被不加区分地“炒鱿鱼”。在大多数情况下，员工在经济上没有能力每年休 12 周的无薪假。而且情况很可能是这样的，他们也许根本就不需要每年都休这么长时间的假。

虽然人们可以为《家庭与医疗休假法》的施行能否解决各方担心的所有问题而争辩，但这部法律给予了 EAP 咨询师一件有力的工具，如果运用恰当，就能够保护和平衡员工的家庭与工作生活。一旦有需要时，敏锐的 EAP 专业人员便能够进行干预，帮助员工解决这样的问题，建议他们在适当的时候申请《家庭与医疗休假法》规定的休假。

医疗卫生保健

许多大公司已接受这样的理念：生活方式越健康的员工寿命越长，生产效率越高，因缺勤、福利消耗和虚弱的伤病给雇主造成的花费就越低。这些公司往往率先执行“保健”计划，鼓励通过改变生活方式保持更好的健康状态，有些情况下还为此提供奖励。有大量文献记载了公司通过采用这些计划降低成本和改善业绩的故事。

但是资源有限的小公司如何参与其中呢？小公司能够取得和大型实体同样的积极成效和潜在的成本节约，不过短期的实施费用可能会大于收益。为此 EAP 专业人员可以提供哪些帮助呢？

从事人力资源工作的人大都明白，有高血压、身体超重、锻炼不足、抽烟或者物质滥用问题的员工会使公司面临重大的财务风险，更不用提他们自己的健康风险。如果他们相信自己能够通过高性价比的努力来做出积极的改变，许多人会有兴趣并努力去说服高层管理者相信这种计划的效用，以寻求其对该计划的支持。这是 EAP 咨询师能够为企业未来的成功做出重大、长久贡献的领域。

EAP 咨询师掌握关于健康生活方式的大量文献和教育资料。除直接帮助个人生活方式有问题的员工外，成本较低的做法是在工作期间或下班之后的“保健会”上与员工群体分享这些信息。有些公司会在正常的午餐休息时间安排这种活动。

可以有效利用的另一工具是“健康风险评估”，它让员工回答一系列的生活方式问题，根据他们对生活方式问题的回答测量他们的“健康风险”。掌握这些工具并且了解组织文化的 EAP 专业人员，能够提出建议，采用多种方法有效传递保健信息。尽管短期成效难以衡量，但是没有人会否认做出积极改变对个人健康和生活的长远益处。

工作场所暴力

有人认为，新闻媒体已经让我们对当今的暴力事件具有了某种免疫力，我们中的许多人不会感到在生活或工作场所没有安全感。而近期发生的工作场所暴力事件却让员工、人力资源工作者和各级管理者感到恐惧。想到有人试图在工作场所通过暴力手段解决争议，轻则让人不安，重则令人极度恐慌。如何保护自己免遭暴力侵害？我们对于保护员工避免潜在危险、能够专心致志地工作负有多大的责任？如果他们选择求助的话，那些有先进意识的公司可以从 EAP 专业人员那里获取援助资源。

潜在的暴力人员有什么特点？大多数人力资源从业者、公司经理、主管和员工都不知道答案。即使他们知道如何辨认，也不知道面临这种情形时该如何应对。许多公司正针对这种情况制订解决问题的政策。政策的效果完全取决于如何执行。必须进行人员培训，让他们知道在此种情况下何时以及如何采取行动。EAP 专业人员能帮助公司管理者了解潜在暴力人员的特征和哪些因素会驱使他们达到这种程度。咨询师可以就其掌握的资源提出建议，协助公司提供此类培训。组织应当充分利用它给员工提供的信息，使他们能够采取有效行动，保护自己和同事免遭这种暴力行为可能造成的伤害。

结论

从事人力资源工作的人大都明白，更好地平衡员工的个人生活与工作会使公司直接受益。他们了解，表面看起来与工作有关的问题可能是工作以外的其他问题的征兆，后者可能更为严重。他们也清楚，经过 EAP 及其专业人员的积极干预，这些员工能够恢复正常。

就行为相关问题实施“管理层培训”，是 EAP 咨询师的重要职责之一。EAP 咨询师必须与人力资源工作者密切协作，通过显露的外在行为（也可能不太明显）识别可能“失衡”的员工。他们必须共同有效地运用现行法律和其他工具，以便让员工学会使生活重新恢复平衡。认识到人力资源专业人员与 EAP 专业人员之间必须保持的法律、道德和伦理的界限，他们越是在较早阶段共同解决这些问题，就越容易取得效果。在商界，效用是成功的衡量标准之一。

第二十一章

EAP 中的人力资源发展：概述

William G. Emener

普拉瑟（Prather，1970）对人力资源发展理念做过重要而犀利的评论："当我成长得与我的姓名、事实和理论不再相称时，或者说现实把它们抛在后面时，如果我不改用新的角度看待事物，我就会死掉。"斯蒂芬斯和克奈普（Stephens & Kneipp，1981）的论述与这一观点不谋而合，他们指出："我们只能有意识地管理我们能够认识到的问题。如果我们对世界的认识受到限制，那么我们选择不同思考方式和行为的能力会受到更大的限制"。人们一致认为世界和人类都是在不断变化的，有趣的是，人们观察到过去10年间最引人注目的变化就是不断加快的变化速度。人，特别是从事EAP工作的人，必须认识到世界不断变化的特性以及与此相应的经验不断变化的特性。人们不断地完善他们的认知，并对他们的经验做出新的解释（Hultman，1979）。对从事EAP工作的个体而言，对于可能性的认知能力、超越以往所预期的、所接受的或所偏爱的某事物的能力，与其个人的知识、情绪和机能发展的空间直接相关。EAP的一个主要目标就是帮助个体（员工）最大限度地扩展其能力——使之成为他们在潜质上可以成为的人。做出这样的假设似乎并无不当：助人者帮助他人发展的能力与其自身的发展程度有关。果真如此的话，以下假设也同样合理：通过系统地扩展我们对世界的认知，充实我们的全部知识、技巧与能力（作为我们生活方式的机能），就能够实现我们为改进他人生活做出重大贡献的潜能，我们所从事的工作（计划）就能够实现其价值。这就是把"人力资源发展理念"作为重要的基本原理先入为主地内置于EAP基础结构的根本依据。与此相应，本章将①讨论教育、培训和发展的理念；②具体阐述EAP中人力资源部分的重要作用；最后③以EAP工作者的持续发展为主线，就EAP的总体发展提出前瞻性的拓展建议。

教育、培训和发展

了解"人力资源发展理念"对EAP的人员教育、培训和发展的意义，与理解这一理念如何成为EAP的完整组成部分同样重要。例如，"我们需要受过培训的人员"和"我们的人员需要在职培训"，这样的说法经常暗示对培训的传统理解。"培训"的字面意思是通过指导、正式惩戒或训练进行引导或塑造行为的过程。正式惩戒和训练暗含的意思是受训者扮演消极角色，施训者扮演积极角色；"培训师"培训"学员"。但是，人的发展变化是渐进式的。此外，他们如何看待自己和如何看待这种变化，对于他们的最终学习和潜在的变化具有不可或缺的作用。我们知道，由于诸多可以理解的原因，人们甚至对培训持抵触态度。人们一般不希望被当作“学员”来对待。一名接受在职培训的学员向笔者指出：“你知道，我不是一头海豹或狮子。只是因为老板让我来，我才来这里，这不表示计划对我有什么好处！”显然，这位老板对于培训和员工发展的态度，直接影响到该员工从这项计划中所获得的总体收益（或者无收益）。

纳德勒（Nadler，1979）提出的“人力资源发展”是在特定期间内进行的一系列有组织的活动。重要的是，它旨在改变行为。但是必须有两个关键要素：①个人必须感受到其打算从事的活动和总体结果对自身有利（并且这些活动和结果也确实以客户受益为目的）；②必须根据预先确定的具体流程和结果目标安排活动。如果人力资源发展计划没有具体的结果目标，或者没有预期的行为变化，就有理由首先质疑人力资源发展计划的存在意义。务必记住，在为EAP工作者规划人力资源发展的活动时，最终目标是使人的潜能得到释放和最大化，应当从行为变化的角度考虑结果目标。

我们将讨论以下三种人力资源发展活动的主要形式，以阐明“人力资源发展理念”的影响，并阐述它们与EAP领域的人力资源发展的关系。

（1）**教育**。是旨在提高和增强个人总体学习能力以及人的潜能的学习活动。例如，在设计上，EAP专业人员的岗前教育计划应当让学生准备好从事EAP职业，而不只是从事具体的工作。这种入职培训是教育性人力资源发展计划的重要特征。培训一般以雇主、计划或公司的需要为重点，教育则以学习者的需要为重点。教育较少关注规定的遵守、统一性和相同性的最大化，其关注的是个性、多样性和将来自主行事的能力。教育更注重一般知识、技巧和能力，从而也让个体学会应付各种不同的情境和环境状况，并加以适应和调整。从人力资源发展角度看，从事EAP工作的咨询师修读大学开设的商业管理课程是继续教育的好例子。这样的课程会适当涉及理论（一般指导），课程对个体的技能发展将会是以未来职业为导向的（如，该个体现在是一名咨询师，考虑将来晋升计划管理者或计划主管的机会是可以理解的）。

（2）**培训**。涉及的活动一般旨在帮助个人完善一项具体的工作任务或一组工作任务。例如，EAP雇用的文秘或接待员可以参加簿记和文件建档方面的在职培训计划。这清楚地表明，希望通过这样的计划加强该员工的簿记和文件建档工作能力。培训还隐含着令职员之间的差异最小化、增强其一致性的意义。从事EAP工作的咨询师以不同的方式对待求助者，从临床的角度看这很正常，但是文秘人员以高度相似的方式做好簿记和文件建档工作却非常重要。很多时候，为了保证计划的总体效率，这些计划的维护职能与责任职能必须做到统一。不过，应当在员工参加这类培训计划之前向他们解释该计划的特点，以使其个人的感受（如需要把他们视为独特的个体而产生的感受）不致受损，或者说不至于减少他们从培训计划中所获得的总体收益。

（3）**发展**。通常指向未来，可能包括教育或培训。“发展”的一个关键要素是组织、公司或计划可能面临的风险因素。在设计上，发展活动是为了推动组织和雇主面向未来，面向新的方向和前沿，面向可能制订的新计划和活动。风险因素源自这样的认识：这种未来的可能性会伴随着大多数人的经验而发生变化，这种变化可能会令人产生惊慌。不过，对于EAP而言，最明智的做法是确保“发展”是他们实施计划的持续组成部分。纳德勒（Nadler，1979）深刻地描述了发展对于组织的重要性：

“由于个人寻求工作上的发展，他们需要合理、可用的成长和发展机制。如果组织不提供这种机制，他们要么把创造性和潜能用在工作之外，要么就离职。”

与本章开始讨论的人力资源发展的基础相一致，这里的假设是，人类不仅欣赏、承认一个人的成长和发展的价值；如果在他们的环境中不能实现，他们就会向其他地方寻求机会。

总结性评论

蒂斯（This，1980）撰写的一篇非常优秀的文章阐述了20世纪80年代的管理者面临的八个关键问题。其中有三个问题都明确指出了必须确保“发展”作为EAP的基本架构和总体工作环境组成部分的重要意义。第一，所有关于员工价值观与动机不断发生变化的问题，对于高度集约化的工作环境来说至关重要。EAP本质上是倾向于为高度集约化企业提供服务的，因此对于向EAP求助的员工（求助者）而言，他们本身就处在高度集约化的工作环境中，这是常见现象。随着我们周围世界的变化，向我们寻求帮助的人也在不断变化。对于我们来说，唯一适当的做法便是体验变化，发展自我，不断寻找促进EAP的新途径，使其最大限度地适应这些变化。第二，过去10年间，质量界定、质量保证和质量控制对于人性化服务方案来说越来越重要。除此之外，还有很多很好的理由。不过，如果EAP人员从“成长和发展”的角度认识他们的组织，他们更有可能减少对变化的抵触，更加倾向于了解组织成长和发展的需要及其潜力。一位EAP总监曾对笔者讲，“对于我们计划的成长、发展和完善，我唯一关心的是能够支持我不断从工作人员那里取得有助于改善的所有好的设想。他们似乎始终在寻找改进我们组织的途径！”（这样的关心很好！）第三，EAP的工作经常不得不超出它们的时间范围和人员配备条件，这不足为奇。增加计划所需的资源，通常说起来容易做起来难。在资源不变的模式下，计划的效率与效用的确会受到制约。如果计划人员对潜在的成长和扩展途径保持敏感性，他们通常对于如何高效利用现有计划的构成要素与可用资源也会保持高度敏感性。处在以成长和发展为导向的环境中的人们，受尊重现实的风气熏陶，他们会创造性地找到利用现有资源做更多、更好工作的方法（并且思考如果拥有更多资源，还能够做哪些其他工作）。

诺尔斯（Knowles，1980）指出，我们已不再从传统的角度考虑员工发展，即让员工以外的人决定员工需要什么，聘请培训师训导员工需要知道和学会什么，然后期待员工消极地参与并从中学习、成长、受益和获得乐趣。作为EAP的管理者、主管和人力资源的开发专家，我们的任务是：①确保从事计划工作的员工有充分发展和成长的内在期望；②当他们意识到有完善自身和超越目前状况的途径时，帮助他们建立自信；以及③为他们提供实现自己最大潜能的机会。艾米纳（Emener，1986）在讨论康复咨询师的成长和发展时写道：

“对于专业培训师和专业教育人员，要鼓励他们在评估、规划、开发、执行和评价他们的计划中，最大限度地实现他们的潜能。对于专业康复咨询师，则要提醒他们，康复咨询师本人对于康复咨询师的继续教育和发展负有最终的责任！”

因此，笔者建议我们在面向EAP人员的人力资源发展方案中，例如岗前、在职和继续教育，把这个“人力资源发展理念”作为组织的基本架构和系统的一部分，以使我们最宝贵的商品——我们的人力资源（即我们的员工）——真正关心他们自己的成长和发展。与此相应，我们的EAP也将因此而获得成长和发展，我们的计划将为向我们寻求帮助的人提供更好、更优质并且不断成长与发展的服务。

评论与补充资料

Michael R. Telven

随着人力资源职业进入21世纪，它发现自身就是社会变迁中的一个特例。人力资源正努力回答这样的问题：“人力资源为何存在？”“它对组织有何贡献？”“人力资源在未来的角色是什么？”在回答这些问题的同时，这种变迁在过去的10年一直在持续，并将持续到下一个10年。这对注定要频繁接触人力资源部门的大多数EAP专业人员来说具有重要的意义。特别是对于“内部”计划而言，人力资源部门的职能在不断变化。

一直以来，人力资源最关心的是组织在行政和员工关系方面的职能。高级管理层对人力资源的审核越来越多，不断要求它通过与行政部门建立战略合作关系来创造新的价值，制订出应对发展变化的重要策略以满足环境的要求。与此同时，人力资源还被要求改造其自身，以便设计更高效的流程，并把福利管理及员工招聘等传统职能外包给外部提供商。

为代替其传统职能，人力资源正被要求做出更高水平的贡献，做出更有意义的反应，提供多种职能的服务。与人力资源职能相关的EAP专业人员所面临的重要问题是，“如何通过熟悉他们的内外部压力而与人力资源部门进行合作？”

我们不妨在此背景下重新考察当前以及发展中的人力资源基本理念。我们可以从三个视角理解这些理念：①行政职能；②员工关系的挑战；以及③战略实施改变事件。

行政职能

一直以来，人力资源的责任是处理组织内部许多而且不断增加的人事管理职能。EAP专业人员可能会发现他们的求助者参与了其中的某些事务。以下是这些职能的概述。

就业机会平等和反歧视行动

一般而言，人力资源在公司内部有权确保公司遵守保障就业机会平等的法规、受理员工投诉并进行调查。有至少15名员工的公司或者与政府机构订有商业合同的公司，必须遵守联邦关于就业的指导规范。

这些法规有：1964年的《民权法案》第7条，禁止基于种族、肤色、宗教、性别或民族出身的歧视；1963年的《同工同酬法》（EPA），保护在同一机构从事实质上相同的工作的男女不受基于性别的工资歧视；1967年的《就业年龄歧视法》（ADEA），保护40岁以上的个人；1990年的《美国残疾人法》第1条和第4条，禁止私人部门及州和地方政府针对符合资质要求的残障人员的就业歧视；1973年的《康复法》第501条和第505条，禁止针对在联邦政府工作的符合资质要求的残障人员的歧视；以及1991年的《民权法》，向故意实施就业歧视的案件中的受害人提供金钱赔偿等援助。美国保障就业机会平等委员会（EEOC）负责执行所有这些法律。美国保障就业机会平等委员会还监督和协调所有联邦涉及就业机会平等的法规和政策的执行。

另外，与政府签署合同的大部分雇主必须制订明确的行动计划，以确保劳工能够通过这些行动计划和时间表反映其构成的社会多样性。

工伤赔偿

工伤赔偿法是旨在保护因工负伤的员工的保险计划。各州对法令的解释和适用情况各不相同。公司根据其以往的“风险”情况向州缴付保险费。如果工人因伤不能从事原来的工作，也可通过工伤赔偿从州政府获得新技能培训的机会。基本上说，工伤赔偿法旨在确保因工负伤或残障的员工能够得到固定的金钱赔偿，无需进行诉讼。州工伤赔偿法确立了这种适用于大多数就业情形的法律框架。有些法律为了保护雇主利益，也会对因工受伤的员工从雇主处获得的赔偿金额有所限制。

《员工退休收入保障法》

《员工退休收入保障法案》旨在确保员工得到雇主承诺的养老金和其他福利。《员工退休收入保障法案》和劳资关系理事会的许多规定意在确保享受税收优惠的养老金计划不会因提供福利而使高薪酬员工得到比普通员工更多的好处。为实现这些目的，《员工退休收入保障法案》有一系列复杂的规则，涵盖养老金、利润共享股票奖励和大多数“福利方案”，如医疗和人寿保险。《员工退休收入保障法案》几乎取代了影响员工福利方案的所有州法，从而形成单一的员工福利联邦标准。

《综合预算调节法案》

1985年的《综合预算调节法案》要求多数有团体医疗计划的雇主为员工提供机会（支付全部月度保险费和少量的管理费），在他们的保险由于解除劳动关系、裁员或就业状态因其他变化被终止的情况下，继续根据雇主的计划临时享受团体医疗保险。

《职业安全与健康法》

根据1970年的《职业安全与健康法》，设立了被称为OSHA的专门机构，其使命是防止与工作相关的受伤、生病和死亡。自该机构于1971年成立以来，因职业而死亡的人数已减少一半，受伤人数下降40%。

员工福利

福利因公司的不同而不同。一般而言，大多数公司提供医疗保险，但各公司保险的全面性和每名员工需要承担的每月保费则各不相同。为了控制迅速攀升的医疗费用，现行方案采用富有创意的方法，如称作保健组织、首选提供者组织、服务点和有管理赔偿等方案。当今很少有公司为员工医疗提供免费的医疗保险。

同样，由于费用飙升，大多数公司已不再提供公司资助的养老金计划，而是设立并鼓励使用401k类型的计划。401k计划允许参保人员向他们的退休基金缴费，雇主相应地为之缴纳部分费用。作为回报，参保人员可以享受税收优惠，对他们的基金和投资选择有更大的控制权。

公司可能提供的其他福利包括休假、节日、学费报销、购股、子女照看、资金计划、保健计划和EAP服务。

薪酬

人力资源部门管理的薪酬计划包括薪酬标准、外部薪酬调查、工作价值比较系统、加薪、晋职加薪、资金、优异奖、绩效工资、股票期权和直接影响酬劳的其他措施。

薪酬计划的主要目标之一是建立有吸引力的薪酬方案，以吸引最有资格的申请者。另一目标是制订调动员工积极性的方案，使他们为了得到合适的薪酬而争取更好的业绩。同样重要的一个目标是确立内部公正，在整个组织保持基于能力和贡献的公平意识。

员工关系的挑战

人力资源工作正在经受考验：在需求增加、资源减少、雇用合同从保障型转向灵活型、职位等级的扁平化趋势使得晋升机会降低等大背景下，客户却要求人力资源从业者能够采取更多的措施增强员工对企业的忠诚度和提高工作绩效。人力资源面临的挑战是以创造性的方法提升工作的意义；使员工在工作过程中感受乐趣，促进团队协作；在组织框架内为个体提供个人成长和职业发展的机会。人力资源职业当前面临的挑战与传统的注重保障与稳定的家长制式组织架构有着很大的差距。

面对员工关系的挑战，传统的人力资源计划是绩效评估、惩戒程序、申诉程序、惩戒惯例和激励计划。这些计划的有效性取决于组织文化是如何鼓励对环境的控制或者支持的。

绩效评估

经过多年的研究与实践，绩效评估方案已经变得很成熟了。然而，在实践中依然还会有人从基本特质的角度依据个人特征对个体进行评估，也有人运用高度复杂精细的工具来对人们的行为和胜任特征进行评估。总体而言，不依靠推断而能够测量个体直接贡献的评估工具被证明是更为有效的。有些最好的方案是把评估重点放在工作绩效未来的发展方面，还有的是侧重于领导与下属之间的沟通方面。与每年只进行一次绩效反馈相比，频率较高的反馈，比如每个季度或每半年进行一次，效果更佳。

大多数绩效评估方案仍然与预算流程紧

密相连，因为它们与加薪相关，并且按年度实施。其不利因素是，由于对精确性和时机性的顾虑、由于涉及对他人的评判，以及把个人贡献与团队贡献分离开来，绩效评估体系可能会影响到激励员工士气的重要因素——公平感。

申诉政策

人力资源工作面临的挑战之一是在事情演变成为严重问题之前发现它们，让员工确信他们关心的事情会得到考虑。大多数公司会制订政策，确保员工能够向团队负责人反映问题；如果不可行，则向组织内的某个人反映。政策包括分步骤的程序，用以逐级监督审查问题，并做出评判。还有其他一些不是十分正式的政策，包括任命内部调解员以确保问题得到解决。任何一种做法的目标都是为了通过正当程序来确保所涉员工的公平感。

惩戒程序

人力资源部门一般负责监督本组织的惩戒措施，以确保公平以及主管对正当程序的遵守。自工会盛行年代起，企业便开始采用被称作累加惩戒的三步惩戒程序，开始对违规行为提出口头警告，接下来是书面警告，继而是最后警告。如果问题员工没有做出足够的改进，便会被解聘。该程序的问题是，它更像是法律导向，而非行为导向；它是在工会环境下发展起来的，通常是强调保护而非改进行为。“积极惩戒”等行为导向的计划则更多地把员工当作成人对待，所涉员工必须选择做出自己的改进。它们注重以具体问题面对个人，给他们时间考虑他们是否想进行调整，然后利用所需的资源制订改正问题的方案。如果个人认为环境不适合他们的兴趣和风格，他们也有机会辞职。

激励方案

激励方案极具多样性，既包括发放少量礼品和奖品，也包括调动人们参加重要的计划和决定。人力资源必须评估他们的组织文化，确定适当的绩效改进方案。方案可以是金钱驱动型的，也可以是机会驱动型的。最终，赞赏与鼓励、简单地表示谢意和积极强化似乎都能带来奇迹。

当下的商业环境和国际环境要求人力资源部门在需求与竞争增多、文化期待不断变化以及机会不断减少的时代，寻找途径促进员工绩效、提高员工的胜任力和对企业的忠诚度。

战略合作伙伴

尽管人力资源工作者面临着比以往更大的考验，要求其工作程序更有成效，对来自员工的挑战更能做出积极的应对，但最大的压力还是来自这样的期待：人力资源工作将成为管理者的战略合作伙伴，帮助其实施关键战略和变革举措。这种期待是希望人力资源对企业的成功做出有价值的贡献。为此，高层管理者会让人力资源降低自身的费用；同时还要为组织的核心业务做出更全面和多方位的贡献。许多举措都要求人力资源工作者要学会与日常业务驱动因素有关的新技能，同时还要保留他们在人力资源方面的专业性。

与该需求相关联的是将战略转化为行动的能力，这是成为变革专家的必要条件。人力资源专业人员会被要求了解变革过程中的所有不同的角色，从推进者到调解人，再到拥护者或赞助者；还要了解这些角色在整个多级变革过程中是如何互动的。

EAP专业人员与人力资源专业人员

EAP和人力资源这两种职业有许多共有但差异明显的利益。尽管需要与人力资源保持专业上的“区分性”，但人力资源部门和EAP可以在许多方面进行协作配合。希望读者读过本章后，能够总体了解EAP客户将会与人力资源发生联系的某些方面，以及EAP可能与人力资源合作的某些领域。

参考文献

Emener, W. G. (1986). *Rehabilitation counselor preparation and development: Selected critical issues.* Springfield, IL: Charles C Thomas, Publisher, Ltd.

Hultman, K. E. (1979). The path of least resistance. Austin, TX: Learning Concepts. Knowles, M.S. (1980). Malcolm Knowles on the challenge of the '80's. *Training and Development Journal, 34* (1), 42–44.

Nadler, L. (1979). *Developing human resources* (2nd Ed.). Austin, TX: Learning Concepts.

Prather, H. (1970). *Notes to myself.* Moab, UT: Real People Press.

Stephens, J. E., & Kneipp, S. (1981). Managing human resource development in rehabilitation. In W. G. Emener, R. L. Luck, & S. J. Smits (Eds.), *Rehabilitation administration and supervision.* Balti-more, MD: University Park Press.

This, L .E. (1980). Critical issues confronting managers in the '80's. *Training and Development Journal, 34* (1), 14–17.

第二十二章
对酒精和药物滥用的认识：摄入性面谈的应用

Helen Frye Dahlhauser
Fred Dickman
William G.Emener
Bonnie L.Yegidis

随着美国公民对于心理卫生保健的需求日益增多，有关咨询项目也逐渐增多、发展并且丰富起来。社区的咨询中心通常是为了回应和帮助个人的有关问题，例如，心理健康问题、虐待配偶问题、婚姻和家庭问题、性功能障碍和强奸危机等。这些咨询中心提供高服务水平的专业咨询师，无异于一个特别的医生。咨询医生以独特的方式和作用来影响他人的行为（Galvin & Ivey，1981），然而我们必须记住：心理咨询与治疗的影响可能是好的，也可能是坏的，所以心理咨询和治疗有可能帮助到求助者，也可能会伤害求助者（Hadley & Strupp，1976）。有帮助的咨询往往需要经过很多次才会有效果，而所有这些咨询都会受到最初摄入性面谈的影响。

泰勒（Tyler，1969）曾说："在很多情况下，第一次面谈是最难的"。他还指出首次面谈的三个主要目的："建立并维持咨询师与求助者之间的关系；根据求助者的情况让其展露所有的心理现实；将求助者的情况结构化"。沃伯格（Wolberg，1954）阐述了一些其他目标，包括收集有关信息以初步了解求助者的动态变化，并做出初步诊断等。霍利斯和伍兹（Hollis & Woods，1981）指出，应该在初次面谈中确定四个问题：①机构提供的帮助是求助者所需要的吗？②治疗需要多长时间？③具体问题是什么？④求助者是个什么样的人？作者认为，大多数初次面谈的目标和宗旨都是为了摄入性咨询这个共同目的。摄入性咨询是基于社区的咨询项目中的重要组成部分，这需要专门的知识和经验。如果求助者将摄入咨询师看作是专家，这将会使咨询更加有效。求助者会相信咨询师理解并能够很好地解释这些信息，从而认为咨询师能准确评估并有效处理他们的问题（Strong & Dixon，1971）。摄入咨询师的专业性非常关键，它对准确共情的理解以及影响求助者对咨询的态度都是重要的。基弗（Keefe，1976）认为，共情为求助者的转变提供了动力。奥尔特曼（Altmann，1973）说道：

> "在最初的面谈之后，求助者会决定是终止还是继续咨询，这就说明了准确共情所起的重要作用……第一次面谈后，共情是唯一与决定终止还是继续咨询有关的

因素。”“共情训练、初次面谈以及摄入性咨询，都是咨询准备方案中的重要组成部分（Gilmore，1973；Ivey & Authier，1978）。”

摄入咨询在社区咨询的咨询方案中非常重要，而共情和专业性在摄入咨询中具有很重要的作用。本章的目的是：①社区咨询在帮助酒精和药物滥用问题中的重要性；②介绍酒精与药物滥用认知同社区摄入咨询的相关性的一项实验观察；③为咨询师提供岗前与在职教育和培训的建议，并提出进一步研究与论证所需要的建议。

酒精或药物滥用的相关因素

已有大量文献记录了酒精或药物滥用与个人和家庭问题之间的关系。人们经常陈述的个人和家庭问题，也是基于社区咨询中心的摄入咨询师通常遇到的问题。

离婚

舒基特和莫里斯（Shuckit & Morrissey，1976）总结了以往的研究，认为那些有酒精滥用问题的家庭，其离婚率显著高于一般人群（美国离婚群体证实了美国社会的离婚率在过去10年间在不断上升）。

家庭暴力

酒精或其他药物使用与家庭暴力之间似乎存在着正相关关系。例如，艾默森（Emerson，1979）对洛杉矶警察部门5年内所处理的家庭暴力的所有个案进行调查，发现超过一半的个案与酒精和药物使用有关。

虐待配偶

尽管虐待配偶和酒精使用没有直接关系，但酗酒和其他药物使用却与虐待配偶有关。例如，对密歇根州安娜堡寻求紧急救助的妇女的一项调查表明，超过半数的虐待妻子的丈夫都是过度饮酒者，并且有66%的事件涉及酗酒（Congressional Record，1978）。兰利和莱维（Langley & Levy，1977）回顾了酗酒与身体虐待之间关系的一些研究，估计有40%～90%的虐待配偶行为与酒精滥用有直接关系。其他一些研究表明，夫妻双方可能都存在着酗酒和虐待配偶的问题（Carder，1978；Hindman，1979）。

虐待儿童

和虐待配偶一样，过度饮酒和使用其他药物与虐待儿童有关。一些研究试图在临床医疗门诊的早期家庭史检查中，发现酒精滥用与虐待儿童之间的关系（Bekling，1978）。该研究还发现虐待儿童和虐待配偶有相关。肯佩和黑弗（Kempe & Heifer，1972）的一个研究总结曾报告说，大约1/3的虐待儿童个案与酗酒有关。酒精还涉及儿童的性虐待问题。其他几项研究表明，酒精是家庭乱伦的一个原因（Epstein，Cameron，& Room，1977；Julian & Mohr，1980；National Center on child Abuse and Neglelt，1981）。

性功能障碍

酒精滥用或酗酒与男性荷尔蒙激素水平较低有显著相关（DeLucca，1981），弗雷斯特（Forrest，1976）的临床研究结果已经证实，酗酒的男女出现性功能障碍的比例高于正常人。

人际交往

里奇（Ritchey，1979）调查了饮酒和非饮酒的夫妻，发现饮酒后，夫妻双方的负面情感反应增加。并由此得出结论，摄入酒精后的夫妇可能会使导致消极情感反应的互动有所增加。这种负面影响的增加对饮酒的夫妇非常显著，而对于那些非饮酒的夫妇而言则不太显著。（如果这些夫妇寻求沟通技巧方面的咨询，也许只有在不饮酒的时候或者至少在意识清醒的时候，沟通技巧才能真正得到提高。）

基于社区的咨询中心

以上列出的复杂问题就是社区咨询中心的常见问题。在这里，记录下了个人问题、婚姻家庭问题与酒精和其他药物之间的典型关系，这意味着摄入咨询师可以对酒精和药物问题有更多的了解，从而能更好地理解求助者的问题。例如，一个问题家庭主动将饮酒问题看作是一个影响因素，仅这一点就非同寻常，因为除非酗酒问题已经发展到了一个非常严重的阶段，否则酗酒者往往都会否认。专家们认识到，这是一种普遍的防御机制（Delucca，1981；Hirsch，1967；Kissin & Begleiter，1977）。我们需要注意饮酒与这些问题之间的关系。如果饮酒和药物使用关系到虐待配偶、虐待儿童、性功能障碍或者其他方面的问题；那么也许这些问题的解决，至少需要饮酒者和使用药物者参与，并通过减少或戒除酒精和药物的使用来部分解决问题。康复咨询师将帮助酒精和药物使用者解决就业问题（Dickman & Emener，1982），其中的关键是要进行专业准备，以了解酒精和药物滥用与求助者问题之间存在有意义的潜在关系。佩特罗普洛斯（Petropoulos，1978）在她的一篇关于酗酒的摄入咨询和转介的文章中，认为准确的评估和转介对于求助者的成功康复至关重要。在摄入咨询过程中，清楚了解酒精和药物滥用情况、准确共情、职业形象和专业水平对于整体效果都是必不可少的。笔者进行了一项试验观察来探索这种对酒精和药物滥用认知的重要性。

一项试验观察

这项调查的目的是探讨摄入咨询师在何种程度上能够确定酒精和药物滥用与求助者问题的关联。这项调查是将从事酒精和药物滥用问题的“未经训练”的摄入咨询师与“受过训练”的摄入咨询师的咨询进行比较；所有的摄入性咨询均在社区咨询中心进行（佛罗里达州克利尔沃特附近的一所家庭服务机构）。

“未经专业训练的”摄入咨询师（女）有学士学位，并在一个强奸危机救助中心有几年的志愿者经验。据她所称：①几乎所有的会谈都是通过电话进行的；②会谈目的是确定求助者当前的情绪状态并搜集与问题相关的信息；③了解求助者的来访动机以及对服务的期望。在每次访谈结束后，她将决定是否将求助者有转介到其他机构或为求助者在可接受结构中指定一名咨询师。如果她决定将求助者转介某家特定的机构，她需要记录下这家机构要求记录的特定信息，例如：姓名、性别、出生日期、每个家庭成员的年龄、家庭地址和电话号码、工作电话号码、婚姻状况、求助者由谁转介而来、先前的咨询。如果合适，就预约并将信息记录在机构的表格中，然后介绍给指定的咨询师。

“受过专业训练”的摄入咨询师（女）有学士学位，并获得了康复咨询硕士学位。她学习了酒精和药物滥用方面的理论入门课程。与“未经专业训练”的咨询师类似，“受过专业训练”的咨询师的工作特点包括：①大多数会谈都是通过电话进行的；②记录必要的信息。在电话交谈的开始，“受过专业训练”的摄入咨询师会根据求助者的不同需要询问，并保证所有的信息将得到保密。她同时还专门检查了酒精和药物滥用与其问题之间逻辑关系。经常在摄入会谈中问到的一些问题包括：①“这对你的生活方式或者你的家庭成员有影响吗？”②“你和你的家庭成员如何处理压力？”在适当的时候，她直接问饮酒或使用药物后是否伴发某些行为。例如，对于一名因为数次打女朋友而寻求帮助的人，当被问到他是否喝酒时，对方回答说：“很少喝。”但当问到他是否在每一次喝酒的情况下都打女朋友时，他回答说：“是的。”另外一个与毒品有关的问题的例子是，有警方转介至机构的一名6岁的强奸受害者，当摄入咨询师问及罪犯是否曾经使用过药物与酒精时，得到的回答是那个罪犯因为饮入太多的酒精而昏迷在自家的前院，所以没被强奸。另一个例子是关于一名因婚姻问题打电话来寻求帮助的妇女，当具体问及她和她丈夫如何应对压力时，她说她丈夫把自己锁在房间里大量饮酒，直到喝醉导致入睡。

观察结果

“未受过专业训练”的咨询师6个月内接待了343个案例，发现其中有21个（6.1%）案例和酒精与药物相关。而“受过专门训练”的咨询师两个月接待了138个案例，其中有84个（60.8%）被报告与酒精和药物滥用有关。

结论、启示和建议

个人问题、婚姻问题、家庭问题与酒精、药物的使用和滥用密切相关，但是摄入咨询师和治疗师并没有认识到它们之间的联系，或者对酒精和药物的影响给予较少的重视。缺乏这样的认识将使得咨询师仅侧重于大量的相关症状，而不是去解决问题的主要方面。社区咨询中心正逐步将摄入咨询纳入整个服务并使之成为其中的一部分，这对于实现摄入咨询师与求助者最先接触的目标至关重要（Altmann，1973；Hollis & Woods，1981；Strong & Dixon，1971；Tyler，1969；Wolberg，1954）。因此，我们认为，那些经常前来社区咨询中心的求助者，其问题大多和酒精与药物有关，这清楚地说明了摄入咨询师需要具有高度专业水平的酒精和药物滥用意识。

摄入咨询师对于这个问题的认识可以为进一步咨询提供建议，比如：

（1）咨询师的职前、在职以及继续教育项目应该包括酒精和药物滥用识别方面的内容（如区分饮酒或药物的使用和滥用；区分问题性饮酒与酗酒；饮酒和药物使用模式和滥用模式的区别和联系）。同时，摄入性咨询方面的特定技能拓展也应该被循序纳入。

（2）研究和示范项目应该对上述试验观察

中的结果和建议进行实证验证。

（3）了解酒精或药物滥用与个人、婚姻和家庭问题之间的关系在哪里，研究和示范项目可以对此加以探索。中断药物和酒精滥用与求助者问题之间的联系。如果中断，求助者的问题（如，配偶或儿童虐待、性功能障碍、人际沟通问题）会不会减少，最小化，或者得到矫正。

还有，这样的研究和示范性调查将会对资质鉴定和认证事务产生直接和间接的影响。

美国的社会承诺给困难中的公民提供高效、切实和及时的服务。这在1981年秋季第12卷第3期的应用康复咨询杂志上有明确描述，其中有个专栏包含5篇特约文章，侧重于介绍康复咨询师在哪些情形下提供帮助，康复咨询师在各种环境下（包括社区咨询中心）如何帮助有需求的公民。尽管这些意见、建议和推荐在本质上是专家自己进行研究并向外推广的，但无论何时，不能忽视求助者的问题与利益，因此摄入康复咨询师必须具有“酒精和药物滥用”方面的专业准备。

参考文献

Altmann, H. A. (1973). Effects of empathy, warmth, and genuineness in the initial counseling interview. *Counselor Education and Supervision, 12* (3), 225–228.

Bekling, D. W. Comprehensive care clinic: Findings relative to domestic violence and alcohol abuse. Paper presented at National Council on Alcoholism Meeting, St. Louis, 1978.

Carder, J .H. Families in trouble. Paper presented at 24th International Institute on Prevention and Treatment of Alcoholism, Zurich, 1978.

Congressional Record. Hearings on domestic violence prevention and services act. *Congressional Record,* 1978.

DeLucca, J. R. *Alcohol and health.* Fourth Special Report to the U.S. Congress, Washington, D.C.: U.S. Department of Health and Human Services, January 1981.

Dickman, F., & Emener, W. G. (1982). Employee assistance programs: An emerging vista for rehabilitation counseling. *Journal of Applied Rehabilitation Counseling, 13* (3), 18–20, 24.

Emerson, C. D. (1979). Family violence: A study by the Los Angeles County Sheriffs Department. *Police Chief, 46* (6), 48–50.

Epstein, T., Cameron, T., & Room, R. Alcohol and family abuse. In Aarens, M., Cameron, T., Roizen, J., Roizen, R., Room, R., Schneberk, D., & Wingard, D. *Alcohol, Casualties and Crime.* Special report prepared for the National Institute on Alcohol Abuse and Alcoholism under Contract No. (ADM) 281–76–0027. Berkeley, Calif.: Social Research Group, University of California, 1977.

Forrest, G. G. (1976). The diagnosis and treatment of alcoholism. Springfield, IL: Charles C Thomas, Publisher, Ltd.

Galvin, M., & Ivey, A. E. (1981). Researching one's own interviewing style: Does your theory of choice match your actual practice? *Personnel and Guidance Journal, 59* (8), 536–539.

Gilmore, S. K. (1973). *The-counselor-in-training.* New York: Meredith Corporation.

Hadley, S., & Strupp, H. (1976). Contemporary views of negative effects in psychotherapy. *Archives of General Psychiatry, 33,* 1291–1302.

Hindman, M. (1979). Family violence: An overview. *Alcohol Health Research World, 4* (1), 2–11.

Hirsch, J. (1967). *Opportunities and limitations in the treatment of alcoholics.* Springfield, IL: Charles C Thomas, Publisher, Ltd.

Hollis, F., & Woods, M. E. (1981). *Casework: A psychosocial therapy.* New York: Random House.

Ivey, A. E., & Authier, J. (1978). *Microcounseling: Innovations in interviewing, counseling, psychotherapy, and psychoeducation* (2nd ed.). Springfield, IL: Charles C Thomas, Publisher, Ltd.

Julian, V., & Mohr, C. Father-daughter incest–profile of the offender. Denver: National Study on Child Neglect and Abuse Reporting, 1980.

Keefe, T. (1976). Empathy: The critical skill. *Social Work, 21,* 10–14.

Kempe, H., & Helfer, R. E. (1972). *Helping the battered child and his family.* New York: Lippincott.

Kissin, J., & Begleiter, L. (1977). *The biology of alcoholism:*

Treatment and rehabilitation of the chronic alcoholic (Vol. 5). New York: Plenum Press.

Langley, R., & Levy, R. (1977). *Wife-beating: The silent crisis.* New York: Dutton.

National Center on Child Abuse and Neglect. *Study of the incidence and severity of child abuse and neglect.* 1981, in press.

Petropoulos, A. W. (1978). Intake and referral in an alcoholism agency. *Social Casework, 59,* 21–26.

Ritchey, D. Marital interaction of alcoholic couples: Changes in affective communication during experimental drinking. Doctoral dissertation, University of Pittsburgh, 1979. (University Microfilms No. 7924738).

Shuckit, M. A., & Morrissey, E. R. (1976). Alcoholism in women: Some clinical and social perspectives with an emphasis on possible subtypes. In Greenblatt, M., & Shuckit, M. A. (Eds.), *Alcoholism problems in women and children.* New York: Grune & Stratton.

Strong, S. R., & Dixon, D. N. (1971). Expertness, attractiveness, and influence in counseling. *Journal of Counseling Psychology, 18,* 562–570.

Tyler, L. E. (1969). *The work of the counselor.* New York: Appleton-Century-Crofts, Inc.

Wolberg, L. (1954). *The techniques of psychotherapy.* New York: Grune & Stratton.

第二十三章
EAP 从业人员的准备与发展

William G. Emener

EAP 教育和发展计划的最大优势就在于其多样性和差异性。

EAP 已遍布全美国，尤其在过去的 30 年中，其增长速率呈几何级数发展（Dickman，Emener & Hutchisom，1985）。人们也相应地更加关注与 EAP 提升和持续发展有关的专业及其人员准备情况。例如，梅丹与哈德卡斯特（Maiden & Hardcastle，1986）最近指出：

> “目前在美国的各类组织中，有超过 8000 个 EAP 项目，包括 80% 的《财富》500 强企业也在开展 EAP 项目。鉴于这样的增长，EAP 的标准化与专业化问题正受到越来越多的重视。”

当前，越来越多的人力资源从业人员到私营企业的人力服务领域寻求就业机会。（Consult Dickman & Emener，1982；Emener，1986；Lynch & Martin，1982；and McMahon，Matkm，Growick，Mahaffey & Gianforte，I983）。近来对康复咨询教育计划（e.g.，Janes & Emener，1985）和社会工作教育计划（e.g.Maiden & Hardcastle，1986）的调查指出：目前在于 EAP 领域求职及就业的人群中，学习康复咨询和社会工作的毕业生占很高的比例。从临床提供服务的角度，当前 EAP 的典型特征可以理解为，以帮助或康复为取向，协助个人解决问题。无论是与工作有关或是与工作无关的事件或情境造成了这些问题，都将进一步影响个人、组织以及个人的工作环境。

除了建立帮助或康复的职业取向外，职业准备计划还应该对其“发展”任务的重要性有所认识（在本书的第二十八章讨论）。艾米纳（Emener，1986）的新书侧重于介绍康复咨询师的专业准备和发展，他详细阐述了自己有关职业取向的态度：“它们（康复咨询教育计划）应该不仅仅只考虑到学生获得一份康复咨询师的工作，而且还应该考虑到学生们在康复领域中的终身职业发展”。因此，对于职业准备计划来说，重要的不仅是帮助毕业生寻求和获得 EAP 工作岗位；而且要使学生认识到这种职业准备不只是为获得一个特定的 EAP 工作，还要为未来职业生涯中终将担任的众多 EAP 工作岗位做好准备。

随着 EAP 专业人士的职前、职中和继续教育计划的不断发展，最近出版的教科书、杂志、期刊以及其他各种形式的信息传播媒体，都更加重视关于 EAP 项目的数据、知识和信息。如戴斯蒙德（Desmond，1982）最近指出：

> “密歇根州特洛伊城的绩效资源出版社因出版《EAP文摘》（*EAP Digest*）而确立了它在EAP培训资料领域的领先地位，堪称该领域的资源中心。其他值得推荐的期刊杂志有阿尔科姆公司出版《酗酒：国家杂志》（*Alcholism:The National Magazine*）和国家酗酒与酒精滥用问题研究会出版的《饮酒健康及研究领域》（*Alcohol Health and Research World*）。”

有关康复、社会工作、心理学、医学等国家专业协会的专业期刊，也见证了EAP方面文章与报告数量日渐增多的景况。其重要性表现在EAP领域的知识不断增长，并不断被充实到该领域的信息库里，供今后的专业教育与计划开发查阅并加以利用。

本章将要做的是：①讨论与EAP相关的教育规划发展的关键方面；②提出并讨论重要的教育结构和内容领域；③回顾并讨论可供选择的学习模块、前提条件和发展顺序；④当前课程研究领域的重要问题；⑤给未来的EAP从业人员提供职业准备计划的建议。

EAP从业人员教育计划的重要方面

关于职业教育与发展规划的专业文献遍布于教科书、期刊文章以及和职业教育发展规划有关的指南中。以下讨论的目的不是为了对所有现有的材料进行重复、复制或者回顾，而是为了探讨那些有关EAP从业人员的职业准备与发展规划的特点和重要方面。

学生实习问题

在职业准备计划问题上，与学生有关的诸多关键性问题之一，是关于学生的招收与选拔问题。从事该计划工作的全体教师应当经常意识到这些进入该计划学习的学生们的突出特点。此外，全体教师应当善于发现和激励那些潜在的EAP从业人员(例如可以通过个体访问，向高校学生团体做介绍，向参加各种会议的专业团体做介绍，给潜在的生源邮寄招生信息和材料)。选拔学生是教师们的重要职能。一般来说，要有入学的标准和条件，它可以取代那些个别方案（例如，对于修习研究生课程来说，通常需要有最低平均成绩和毕业考试记录标准)。这些标准可以由该计划的国内机构设立(例如，专业学院或综合性大学)，或者由与该计划有关的国家的和各个学科相关的专业认证机构设置（例如：康复咨询计划可以由康复教育委员会设立，社会服务计划由社会服务委员会制订，心理学方面由美国心理学会制订等)。除了上述入学标准外，教师还应该考虑与EAP专业实践相关的入学条件。就这一点而言，一些方案要求所有的申请人都要接受该计划招生委员会成员的专门面试。EAP的咨询师、社会工作者或者管理者都可以对申请人进行面试，并向从事该计划的教师们提供非常有用的反馈信息。这也是一个非常有用的招生措施，可以使申请人很容易看到这项培训计划的价值，以及那些一线专业人员所从事工作的价值。

EAP从业者职业教育计划的另外一个重要方面是，该计划在学生的“职业定向”方面操作化程度如何。根据EAP专业教育课程所提供的“发展理念”（本书第二十八章讨论），学生，无论是将来还是现在，都要意识到职业生涯对于自身发展的重要性，而不仅仅是找一份工作。与此相应，招生材料与情况介绍、有关EAP发展趋势的研讨会和相关课程，以及从事该计划的教职员工的整体态度，都应该反映这一理念。而且，在这类活动中，应该鼓励申请人和学生去参加有关EAP职业生涯的实际检验。例如，对于一个申请人或学生来说，得知EAP从业人员的底薪在2万元左右，而EAP的主管每年除去开销可赚10万元，这的确是一件令人兴奋的事情。设想着豪华的办公室、公司配的崭新汽车、高档的服装，再配一位私人秘书，这种绚丽迷人的畅想该是多么令人神往。然而，正如戴斯蒙德（Desmond，1985）所指出的，EAP工作者还有另外一些必须要面对的现实：

> "一个有抱负的EAP咨询师也会遇到EAP工作的其他方面，而这与更为传统的康复机构里的工作情况是不同的。一个EAP的咨询师可能需要到处旅行。设在某公司总部的EAP项目也需要给远在外地的分支机构提供服务。在总部的EAP工作人员可以开展卫星式EAP服务，或者直接向这些分支机构的员工提供服务，或者训练这些分支机构的人员，使他们能够开展服务工作。在后一种情况下，EAP卫星式分支机构的工作人员必须接受培训、监控和监督。企业也会要求EAP咨询师帮助某些员工"尽快好起来"。因此，与公共非营利机构或私人非盈利机构里的咨询师相比，EAP咨询师常被寄望于能尽快产生所要求的改进效果。在大多数情况下，EAP的工作不是朝九晚五式的。咨询师有可能需要处理危机事件，并被要求尽快取得成效。在严重的情况下，还可能需要夜以继日地工作。最后，EAP工作者还必须具备良好的写作技巧。工作报告必须认真完成，因为报告副本要送交医疗主管、计划经理以及其他管理人员。"

的确，从事EAP工作会有大量的内在与外在的奖励回报。确保申请人和学生真正了解专业EAP的工作性质以及其必须承担的任务是非常重要的，这应该是构成一个专业教育与发展计划基础结构的基本要素。

还应当鼓励学生去探索自己职业生涯方向的细节。了解职业身份的多样性，并且能够觉察到这些多样性可能引发的角色混淆与角色偏差，这对于EAP专业人员来说都是非常重要的。例如，一个人的职业自我概念经常与其对这类问题的回答方式有关，是说"我是一名正在某EAP项目中工作的专业康复咨询师（或社会工作者、心理学家等）"，还是说"我是一名正在康复咨询（或社会工作、心理学等）教育计划中接受教育和培训的职业EAP咨询师"。对这类问题的回答，将直接影响到当事人今后将会选择哪一类的职业协会、订阅和阅读哪一类的书刊以及将会参加哪一类的专业会议或工作坊。

教育规划问题

EAP职业教育和发展有许多非常重要和关键的问题，在书中只能对部分内容进行讨论。但是经验告诉我们，这其中有些问题值得特别关注。在有关康复咨询师教育的关键结构与内容的讨论中，艾米纳（Emener，1986）认为，教育工作者所面临的两个核心问题是：

a. 康复咨询师教育计划中应该包含怎样的结构和内容？

b. 应该如何确定该内容与结构？

通常，EAP 教育发展方案对这两个问题的回答，反映了培训学院、科系或某内部计划的基础学科的性质。例如，如果该计划设在教育学院，或者设在一所艺术和科学学院，或者说如果设在一所要求有康复学位的部门，那么该计划在学科专业认证标准上将会因此而有着不同的要求。

这就是当前的现实，谈不上消极或者不佳。这些专业学科应该属于学院或者大学里“系”一级或者被认可的“项目”一级的教育计划（在这样的配置下，他们还享有不同认证机构提供的保障），基于这一设想，“EAP”被看作是容纳各种专业人员工作的就业机构，而其本身不是一门专业学科。准确地说，EAP 教育与发展计划通常是康复咨询、社会工作、指导与咨询服务、心理学等（仅以这几项为例）学位教育中的选修课、专业课或者分轨制班组课程。当教师们要在院系或者学位项目内开设一个“EAP 专业”（分轨制班组课程、选修课等），首先要做的事情就是明确作为一名 EAP 从业者成功就业所必须的专业知识、技能和技术。这些信息可以从文献中查到，例如，可以使用辛克与波特（Sink & Porter，1978）划定的“关键胜任特征领域”，还可以使用黑斯廷斯（Hastings，1984）开发的一个包含 60 项与 EAP 专业任务相关的技能陈述问卷。这九个关键胜任特征领域分别是：①确定需要服务的人员；②确定其适宜性；③利用各种社会资源；④协助客户制订康复计划；⑤确保社区服务；⑥确定所需的诊断程序；⑦向客户解释数据；⑧建立和维护咨询关系；⑨采用适当的技术来影响客户的就业安置与工作留任。为了从 EAP 工作人员那里了解康复咨询技术在 EAP 领域的应用程度，黑斯廷斯（Hastings，1984）向 50 个有 EAP 项目的公司发放了问卷，要求受访者回答：①所列出的每一项个人技能对于所在公司的 EAP 工作是否重要；②所列出的每一项个人技能对于 EAP 领域是否重要。根据调查结果，黑斯廷斯（Hastings，1984）提出：

> “受访者认为下述胜任特征既适用与所在公司的 EAP 工作，也适用于整个 EAP 领域：确定需要服务的人员；确定适宜性；利用各种社会资源；确保服务的连续性；建立和维护咨询关系。与 EAP 领域相关的专业技能陈述（回答频率相当高）包括：能够运用不同的策略有效地将客户转介给相关的专家；有效地运用个案管理与记录技术；在对客户的咨询中能运用系统的问题解决方法；能够对各种不同的客户都表现出共情、真诚、热情、务实和尊重；能够与客户相互协商制订目标；对保密的伦理要求给予重视和理解。”

因此，如上所述，EAP 教育与发展计划的第一个步骤就是明确对结果的预期。

同样，确定课程、教师、学生能够方便快捷地获得的可用资源（如校园内所提供的），对于 EAP 教育与发展计划的成功至关重要。这些资源可能包括：

a. 充足的图书馆馆藏，教科书、专业期刊、影片、录音带和录像带、缩微胶片等。起码，该计划必须有一个最新知识储备库。
b. 咨询和学习实验室——咨询实验室装有双面镜和用于个人和群体会议的设施（适当的音频和视频设备对于研究指导教学来说非常有用），学习实验室应配备计算机设备和多媒体设备。学习环境对于EAP教育与发展计划非常重要。
c. 机构内的其他相关教育计划（如心理学系、社会工作系、康复咨询系、指导与咨询服务系、商学院与继续教育学院）可以为学生提供选修课程；也可以为教师提供跨学科咨询和邀请做专业报告的资源。这样该计划便可以获得本专业所不具备的整体专业基础。

实质上，对于EAP教育与发展计划来说，最为理想的条件莫过于位于一个能够提供支持、促进和挑战的环境。

周边的社区对于EAP教育与发展计划而言是另一个重要的环境。例如，EAP在当地工商业界成功地获得了推广，就会给该计划提供大量的机会：①有大量的EAP专业人士可供选择，招聘其来校担任客座讲师、客座主持人和兼职教师；②为学生提供参观、实践和实习的场地，使其通过实地学习获得切实有用的实践经验；③为教师和学生提供从事基础研究和应用研究的机构和人群。当周围的社区有EAP时，对于教师而言，最好能够邀请附近执业的EAP专业人士，担任该计划顾问委员会、课程委员会、招生委员会以及其他各类组织的委员，参与该计划的组织与运作工作，在计划的设计、实施和评估方面为EAP教育与发展计划提供帮助。同样，附近社区的EAP人员也会邀请教师与学生协助他们设计、实施和评估其内部员工的发展与继续教育计划，这也是常有的事。这样的安排意在共享信息、教育与培训资料，以及设备等。

人们普遍认为，教育与发展计划中最为重要的资源就是教师。也有人指出，从组织的角度上说，计划的成功没有比领导效能更为重要的了（Emener，Luck & Smits，1981）。恰当地说，依靠集体的智慧来规划、设计、实施EAP的教育与发展计划（例如，发挥咨询、招生与课程委员会的作用）是十分明智之举，但如果由一位致力于专业EAP建设的教师来“主管”该计划，将会更加有益。一般来说，该计划需要有一个计划总监或者协调员。其他教师对于EAP事业的赞赏并致力于实现该计划的任务与目标，也十分重要。学生通常会参加许多教师的课程，所有教师对待EAP的集体态度及其个人态度都会对学生的职业发展产生极为关键的影响。

如前面所讨论的，有些EAP教育与发展计划在一些学院、大学或者其他机构内是一个单独的计划，（大多数）被设置于具有传统的专业学科基础的某院系或者某项目之内（如康复咨询和社会工作等）。尽管如此，还是建议EAP教育与发展计划实行一种多学科的方法。例如，该计划在组织结构上可以包括来自各类同源部门和学科的（如心理学和商业等）专业人士（即教师）。学校应鼓励学生到其他院系选修有其他学科背景的教师的课程。在此，“发展理念”的价值再一次得到重视，任何时候都要警惕和反对学科小圈子问题，它会使每个人倾向于以相似的方式看待事物。就学生的全面与长远“发展”来看，接触各种不同的方法、不同的认识以及不同的风格，是非常有价值的。

课程与内容

EAP 教育者与人力资源发展专家都认为，大约在 1987 年，许多学院、大学、继续教育计划开始为 EAP 专业人员设立课程和职业培训。找一所图书馆，或者大学，或者某个继续教育计划，然后简单地完成它们提供的“罐头食品”式的课程，这看起来十分诱人。然而，从长远的角度来看，我们强烈认为这是一种质量极差的方法。人们通常很难将自己以及自己的精力投入到“其他人的项目”中。从组织发展的角度看，对于 EAP 教育和发展计划的领导和教师来说，研究别人已经做了什么是很有用的，没必要白费力气地重复相同的工作。同时，作为领导和教师，“建立自己的计划”也同等重要。例如，艾米纳（Emener，1986）建议，要保证该计划有一个良好开端，教师需要共同合作来回应两个问题：①该计划应该包括什么内容与结构？②应该如何确定这些内容与结构？当一个计划的领导与教师共同合作，为了他们的学生以及所在社区的工作开发该计划时，他们全身心投入该计划的可能性就会大大增加。在计划的实施过程中，教师们投入的精力将会更多，因为他们愿意这样做，而不仅仅因为这是他们的工作。

课程设计与发展问题

在 EAP 教育与发展计划的设计和发展过程中，需要考虑许多重要问题。其中三个最重要的问题是：确定和采用合适的学习方法；了解合适的学习模块领域；制订具体的课程。

学习方法。有两种影响学生学习结果的不同的学习方法值得教师注意和考虑。首先需要考虑可供选择的教育“模式”。例如，这里有艺术与科学模式和专业学校模式。艾米纳和麦克法兰（Emener & McFarlane，1985）讨论了这两种模式的独特性：

> “除了其他结构，艺术与科学模式鼓励设置传统的、基础学科性质的课程（如社会学、心理学、人文学科）；专业学术模式往往鼓励设置应用性的、特定专业学科领域内的课程（如社会工作、康复咨询），同时强调有督导的临床实践（实践与见习）。艺术与科学模式更具有基础性和通用性，而专业学校模式则更具针对性和应用性，并具有很强的‘实践’部分。”

对于教师而言，讨论这两种模式的利弊以及它们与整个计划、课程设置、个别课程之间的关联是很重要的。在大多数 EAP 教育与发展计划中都可以看到这两种模式的组合。课程可以是在教室里正规的教学形式（如教师讲授，学生听课、提问并做笔记），也可以是实验性地在现场边学边做的形式（如在教师监督下的实习；学生通过做咨询来学习咨询）。大部分的 EAP 教育与发展方案都是这两种模式的结合。总之，就这些不同的学习模式和方法而言，教师们选择它们的最重要理由是，作为该领域的专业人士，他们知道自己在做什么，以及他们为什么这样做。

学习模块领域。正如本章前面已经强调的，开发教育与发展计划的第一个步骤是确定学生在完成该计划、从事实际工作时所必需的知识、技能和专业技术。

例如，东得克萨斯州立大学的教师开发的第一个跨学科咨询和人力资源管理博士课程计划有五个步骤，其中第一步是：

> “1. 设计闭卷考试是工商业人力资源培训与发展专家的角色与职责。相关研究参见平托与沃克（Pinto & Walker，1978）的研究以及美国培训与发展协会的研究（Smith, Piercy & Lutz, 1982），极有帮助。”

同样，从事康复咨询教育计划发展工作可以参考艾米纳与拉什（Emener & Rasch，1984）开发的12个康复咨询师胜任特征领域；社会工作者教育发展工作可以参考由梅丹与哈德卡斯特（Maiden & Hardcastle，1986）确定的6个社会工作者胜任特征领域；EAP工作者发展工作应该参考黑斯廷斯（Hasting，1985）关于EAP从业者必须具备的10种不同胜任特征的研究。有兴趣的专业人士还可以从其他资源查找有关EAP从业者重要胜任特征以及这些胜任特征与课程开发之间关系的资料。查阅这方面资料的一个非常优秀的资源是1986年7月和8月的《EAP文摘》以及1985年10月和11月的《戒酒问题的劳工、经营管理者与顾问协会白皮书》（ALMACAN）。值得注意的是，白皮书为EAP从业人员的职业发展提出了课程建议。为此，该白皮书在所建议的课程中确定了三个学习模块领域：①了解工作场所：作为EAP客户的工作组织；②了解作为EAP客户的员工；③ EAP课程。

通过对有关EAP职业胜任特征研究出版物的研读（如白皮书和黑斯廷斯1985年的研究），通过对（白皮书）推荐的这些课程的分析，本章作者作为人类服务的从业者、教育者、教育计划开发者和管理者，根据自己多年从事这些工作的经验，将这些信息加以整理后，最终确定了四个学习模块，以作为EAP教育与发展培训课程以及课程内容推荐给读者。以下列举出这四个模块，并从两个方面进行讨论：①课程的性质以及对各领域的课程至关重要的基本要素；②在学院或者大学里可以用于EAP教育与发展计划的（既有的、或适用的、或可改进的）课程资源。

1. 模块1——工作、就业与企业

性质要素：职业心理学或职业社会学；职业指导与生涯发展基础；工业与组织心理学；企业关系；工作的结构、流程以及工作场所；工作在社会中的作用；企业的商业化部分。

资源：课程内容可以从指导与咨询系、心理学系（工业与组织心理学）、社会学系、康复咨询系、职业教育系以及商学院下属各系获取。

2. 模块2——人员条件：员工和客户。

性质或要素：人格心理学；变态心理；成瘾与物质依赖；人际关系问题和心理健康；职业压力；人际关系；残障者心理社会方面的问题；人的发展。

资源：课程内容可以从心理学系、康复咨询系、综合健康系、护理系、社会工作系、教育心理学系、家庭和家庭生活系、老年学系，以及教育学院、综合健康学院、社会与行为科学院下属各系获取。

3. 模块 3——EAP 服务的提供。

性质或要素：培训的原则和程序；评定与评估技术；咨询技巧与技术；个案管理；EAP 咨询与发展；社区分析与干预；企业咨询；组织发展；职业指导；群体咨询；公共服务的企业化方面；EAP 服务的商业化方面。

资源：这些课程的内容与技能发展可以从人力资源发展系、心理咨询系、社会工作系、职业指导系、工业与组织心理学系，以及商学院下属各系获取。

4. 模块 4——组织、行政与管理。

性质或要素：工商业人力资源管理；人力资源行为原理；创新与变革；政策分析与制订；管理与监督；管理与市场营销原理。

资源：这些课程的内容和技能发展可以从行政管理系、管理系、工业与组织心理学系、公共管理系、心理咨询系、社会工作系，以及综合健康计划所属各部门获取。

EAP 教育与发展计划实际需要的具体课程已经超出了本章的范围。例如，以上四个模块的学习领域远未包括全部的课程建议。而且，还有许多很重要的课程内容也超越了这些模块领域与具体课程，例如对伦理与法律问题的研究。此外，如前所述，对于 EAP 教育与发展计划中的教师和指导者来说，与各自相应的咨询小组和委员会共同工作，为自己计划开发属于自己特有的培训课程，这一点尤为重要。该计划究竟应该教授自己的课程，还是在本计划所属学院或大学的其他科系寻找现成的适当课程，对于这类重要问题的决策，最终应该由具体执行该计划的最高责任人来制订。

课程实施问题

一旦领导者和教师确定了计划的培训课程、必要的政策和程序（如入学标准），该计划就可以付诸实施。（对于教师来说，这可能是考察既有的 EAP 教育与发展计划或者“解决一些细小错误与完善细节”的大好时机）。在开始和实施阶段，还必须做出另外一些决定。例如：

- 谁将承担什么课程？对于某类课程来说，教师与指导人员应该具备哪些特点、知识、技能和能力？
- 对于任何课程来说，有无最大招生限额？每门课程有什么具体限制条件吗？学生所选的课程应该以何种方式排序？
- 学生应该在什么时候以什么方式去实习？实习场地如何确定、批准与使用？
- 学生的毕业条件是什么？如：必须通过综合考试吗？学生应被授予何种类型的证书、文凭以及学位？

这些问题对于 EAP 教育与发展计划的整体针对性与完整性来说非常重要。同时还应意识到，这些问题永远不应该有限定的答案，而是值得计划主管与教师们不断地思考和解决。迈向卓越的代价就是不断地保持敏感性与质疑的能力。

对未来 EAP 从业人员教育与发展计划的建议

迪克曼与菲利普斯（Dickman & Phillips，

1985）在对 EAP 未来发展的预测中讨论到，应该增加对压力问题的关注，并扩展对“健康”计划的开发。与此同时，他们还预测应该增加有针对性的服务以及一些特别的项目，比如：沟通技巧训练、自信心训练、家庭教养方式、退休准备、性行为与性别角色转变、丧失与死亡、受害者援助以及日托等。此外，迪克曼和菲利普斯（Dickman & Phillips，1985）所设想的未来 EAP，不仅注重矫正与恢复，而且还要与日益高涨的“健康运动”相呼应，强调重在预防。

对于 EAP 从业人员教育与发展计划的开发、设计和实施来说，让学生了解“外面的世界究竟是怎样的”显然至关重要。尽管如此，正如本章开始所讨论的，这个世界是以几何级数的速度变化的。恰当地说，该计划必须准备好改变其自身：①以满足当前不断变化的需求；②培养未来的 EAP 从业人员；③所培养的 EAP 从业人员不仅要成为未来变化的一部分，而且还要在未来发生变化的时候能够发挥重大而积极的作用。显然，选择合适的知识（内容）与技能，将其纳入今天的 EAP 从业人员教育与发展计划，使学生毕业后能够将其应用于未来的工作，这一点非常重要——“明天的世界将不同于今天”。

参考文献

Desmond, R. E. (1985). Careers in employee assistance programs. *Journal of Applied Rehabilitation Counseling, 16* (2), 26–30.

Dickman, F., & Emener, W. G. (1982). Employee assistance programs: Basic concepts, attributes and an evaluation. *Personnel Administrator, 27* (8), 56–62.

Dickman, F., & Phillips, E. A. (1985). Employee assistance programs: Future perspectives. In J. F. Dickman, W. G. Emener, & W. S. Hutchison (Eds.), *Counseling the Troubled Person in Industry: A Guide to the Organization, Implementation and Evaluation of Employee Assistance Programs* (pp. 262–267). Springfield, IL: Charles C Thomas, Publisher.

Emener, W. G. (Ed.) (1986). *Rehabilitation counselor preparation and development: Selected critical issues.* Springfield, IL: Charles C Thomas, Publisher, Ltd.

Emener, W. G., Luck, R. S., & Smits, S. J. (Eds.) (1981). *Rehabilitation administration and supervision.* Baltimore: University Park Press.

Emener, W. G., & McFarlane, F. R. (1985). A futuristic model of rehabilitation education. *Journal of Applied Rehabilitation Counseling, 16* (4), 5–9.

Emener, W. G., & Rasch, J. D. (1984). Actual and preferred instructional areas in rehabilitation education. *Rehabilitation Counseling Bulletin, 27* (5), 269–280.

Hastings, M. A. (1984). Employee assistance programs: A place for rehabilitation counselors? *Journal of Applied Rehabilitation Counseling, 15* (4), 29–30, 56.

Janes, M. W., & Emener, W. G. (1985). Rehabilitation counselor education graduates' perceptions of their employment and career satisfaction. *Rehabilitation Counseling Bulletin, 29* (3), 182–189.

Lynch, R. K., & Martin, T. (1982). Rehabilitation counseling in the private sector: A training needs survey. *Journal of Rehabilitation, 48* (3), 51–53, 73.

Maiden, R. P., & Hardcastle, D. A. (1986). Social work education: Professionalizing EAPs. *EAP Digest,* November/December, 63–66.

McMahon, B., Matkin, R., Growick, B., Mahaffey, D., & Gianforte, G. (1983). Recent trends in private sector rehabilitation. *Rehabilitation Counseling Bulletin, 27* (1), 32–47.

Sink, J. M., & Porter, T. L. (1978). Convergence and divergence in rehabilitation counseling and vocational evaluation. *Journal of Applied Rehabilitation Counseling, 9* (1), 5–20.

Smith, R. L., Piercy, F. P., & Lutz, P. (1982). Training counselors for human resource development positions in business and industry. *Counselor Education and Supervision, 22* (2), 107–112.

第二十四章

企业的健康状况：敬业度与隐性缺勤的测评

Mark Attridge
Joel B.Bennett
Mark C. Frame
James Campbell Quick

许多学者对员工在工作中所表现出的不同能力多有研究（Quick & Tetrick，2003）。“敬业度”（engagement）常被用来表述员工对所担负工作的参与、承诺、热情甚至狂热的程度（Macey & Schneider，2008）。但遗憾的是，这种高效率和令人满意的状态并不是普遍现象。研究人员使用不同的术语来描述缺乏敬业度，包括沉沦、冷漠、疏离、心理退缩以及明显的工作效率下降等。近来，“隐性缺勤”（presenteeism）一词被用来描述员工的健康状况对于工作效率产生不利影响的程度（Chapman，2005）。本章从EAP的视角提供一些看法，即如何测量、管理员工的敬业度和隐性缺勤问题。

企业的成功与员工敬业度、隐性缺勤

对问题的认识

在现实情况下，越来越多的企业开始认可员工的生产能力与其健康状况有关联。近期的管理杂志上有关敬业度与隐性缺勤的研究文章帮助人们提升了对该问题的认识。人力资源专家对此开始关注，超过1/3的人认为组织需要考虑员工的隐性缺勤问题（CCH，2007）。

必要的测评

一些具有开创精神的公司已经在全公司范围内使用健康与工作生产力因素测评工具（参见与美国航空公司、陶氏化学公司、杜邦公司、IBM公司、必能宝公司以及其他公司合作的“职场心理健康顾问”网站）。但是，使用这类测量工具的并不普遍。据最近的一项调查（Hansen，2007）表明，一个可能的原因是，许多首席执行官认为，对员工敬业度的测量是个软指标，不具科学性。这也反映了人们对该领域的最新研究进展缺乏认识。

敬业度有利于企业

员工的敬业度和隐性缺勤问题同组织的财政状况密切相关。在布鲁德与图莫洛（Burud & Tumolo，2004）合著的《撬动新的人力资本：适应性策略、成效与转型的故事》（*Leveraging the New Human Capital:Adaptive*

Strategies, Results Achieved, and Stories of Transformation）一书中，讨论了许多有关员工敬业度与公司经济成就之关系的研究。一项有关“最适合工作的公司之特征”的调查发现，具有高质量工作环境的公司（如生涯发展机会和文化支持）比低质量工作环境的公司有更高的利润（Lau & May，1998）。盖洛普公司做过许多组织内部工作单位之间的比较研究和跨不同公司之间的比较研究，发现能够促进员工敬业度的工作环境，与员工的低离职率、客户的高满意度、员工的高生产效率以及公司的高利润之间有高度的一致性联系（Harter，Schmidt & Keyes，2003）。

什么是敬业度和隐性缺勤?

文献表明，敬业度对于企业领导十分重要，是公司全面成功的关键。那么，为什么只有这么少的公司对于员工的敬业度或者生产效率实施测评与管理呢？其中一个原因可能是由于这两个相互关联概念的结构性质所致。因此，就让我们来研究一下员工敬业度与隐性缺勤这两个概念。

员工敬业度

关于敬业度的定义，目前还没有明确的共识，但人们一般都希望员工具有高敬业度，这样的员工会使组织获益。有趣的是，敬业度究竟是一个单维结构还是多维结构（例如：状态、特质、行为），一直存在着争论；但这已经超出了本章讨论的范围（欲全面探讨敬业度的问题，请参见《工业与组织心理学：科学与实践的观点》，2008 年第一期第一卷的第一个问题）。至于本章，我们采用尼尔森与西蒙斯（Nelson & Simmons，2003）提供的定义：敬业度是一组工作态度，这些态度使得员工对自己的工作产生积极的情绪，能够发现工作对于自己的意义，认为自己可以驾驭自己的工作负荷，并对自己的职业前途充满希望。

盖洛普公司就敬业度问题曾做过一项极具影响力的敬业度研究（Harter，Schmidt & Keyes，2003）。在过去的 30 年中，他们对员工敬业度的各个方面进行了调查，从中确定了 12 个因素，其中一些因素包括：①知道在工作中期待什么；②工作出色会受到认可或者表扬；③在工作中有一个激励员工发展的人；④工作中有一个“最好的朋友”。另一种测量员工敬业度的重要方法是一个由 17 个项目组成的量表，叫做乌特勒支敬业度量表（Utreeht Work Engagement Scale，UWES，Schaufeli，Taris & Van Rhenen，2008）。该量表与自我报告的健康、幸福感以及社会关系之间呈显著正相关，而与自我评估的工作狂和工作倦怠行为呈显著负相关。但是研究表明，敬业度是个多层面的概念。目前争论的焦点是在于敬业度的结构和维度，这很容易令人们将焦点指向它的对立面——隐性缺勤。

员工隐性缺勤

企业发展虽然可能受诸多因素影响，但是工作生产力是员工最基本的贡献之一。员工缺乏敬业精神会导致工作中的不投入或者隐性缺勤，这与逃避工作或者反生产行为是不同的。后者是员工致力于故意破坏组织目标的行为。就本章而言，当员工的健康、情绪、工作生活或者个人问题影响了员工的正常工作而导致生产力水平下降时，就被认为是隐性缺勤问题。

隐性缺勤的流行

有多少员工低效率地工作并有隐性缺勤症状呢？美国的生产效率审计（The American Productivity Audit）作为一项研究，发现超过28000名员工因为个人或者家庭的健康问题而影响了工作出勤率，并且降低了工作绩效（Stewart，Ricci，Chee，Hahn & Morganstein，2003）。该研究评估隐性缺勤的方式是询问员工（在之前的两个星期内）多久会经历一次以下现象：注意力不集中、重复地工作、工作比平时慢、工作中感到疲劳、工作中什么都不想做、到达工作场所后开始工作所花费的平均时间在增加。该研究结果发现，健康问题导致工作时间的减少。就所有员工而言，平均每人每周由于缺勤减少0.5小时工作时间，而每人每周由于生产效率的降低会减少1.3小时工作时间。就当前来看，大多数员工的生产效率都处在一个可以接受的水平。与此相反，少数的员工在工作绩效上存在问题。这意味着雇主的成本将受到明显影响，这些员工可能需要EAP的帮助。

隐性缺勤与心理健康

有心理健康问题的员工可能会表现为注意力不集中、记忆力衰退、犹豫不决、易疲劳、冷漠和缺乏自信等，所有这些因素都会影响工作效率。有抑郁症状的员工很少能将精力集中在工作任务上，而导致生产效率低下（Wang et al.，2007）。在与生产效率有关的各种心理健康问题中，抑郁症是花费资金最多的心理问题之一（Wang et al.，2007）。有研究表明，有心理健康问题的员工往往也有严重的隐性缺勤问题。情绪问题与心理健康问题是寻求EAP服务的常见原因（Selvik，Stephenson，Plaza & Sugden，2004），而隐性缺勤问题其实也可以由EAP来加以解决。

隐性缺勤与EAP服务

当心理健康问题发生时，雇主有可能会联系或者将员工转介至EAP以寻求帮助。由此引出了一个问题：EAP客户中存在的隐性缺勤问题属于哪个层面的问题？有些研究对此进行了分析。例如，在针对大学员工求助EAP情况的两项研究中发现，61%和65%的员工报告说他们是因担心影响自己的工作绩效而求助于EAP的（Phillips，2004）。平均来看，58%的EAP个案（超过11000例）都涉及工作能力的降低。当他们第一次求助于EAP时，使用一个1～10分的评分量表来对他们工作效率进行评估，平均得分只有4.8分（Attridge，2003）。另一项全国性的EAP调查显示，有39%的员工（8000人）在求助于EAP之前的30天内曾有过半天或者更多的工作额削减，即工作效率降低（Baker，2007）。这些研究都显示出，在选择求助于EAP的员工中，隐性缺勤是一个普遍现象。

敬业度与隐性缺勤的测量

大多数的隐性缺勤测评都是针对个体员工层面的，尽管也有对组织层面或者工作环境层面的测评，但终归是很少。

个体层面隐性缺勤的测量

虽然人们一度认为隐性缺勤很难测量，但有几个免费的测量隐性缺勤的自陈式调查工具被认为具有不错的信度与效度。查普曼（Chapman，2005）确定了14个不同的评估工具，并建议在日常测量中要完善一些题目。目前，一个被广泛应用的测量工具是由世界卫生组织资助的包含6个题目的隐性缺勤量表，它是健康与工作绩效问卷（HPQ）中的分量表（Kessler et al.，2003）。其他经常被研究人员采用的测量工具包括含有6个题目的斯坦福大学隐性缺勤量表（Koopman et al.，2002）以及包含25个题目的工作能力受限问卷（Lerner et al.，2001）。还有许多健康风险评估工具也包括了测量缺勤频率和工作效率问题的题目。

EAP不倾向于使用这些用于研究的测量工具，而是自主开发简单的测量工具，以评估客户的工作绩效的变化。有一个包含3个项目的测量工具可用于评估与同事关系的改善、工作中精力集中情况以及整体工作绩效（Dersch，Shumway，Harris & Arredondo，2002）。美国政府部门员工的EAP机构（名为“联邦职业健康”）采用了2个项目的测量工具，评估情绪问题与身体健康问题对工作生产率的影响（Selvik et al.，2004）。有些以大学为背景的EAP致力于研究能够促进工作绩效的单一题目（Phillips，2004）。与此相似，一个全国性的EAP服务商使用只有一个题目的评估工具对超过11000件的案例进行评估（Attridge，2003）。其题目是：“以下问题有关你的工作效率。评分从1到10分，1分是你有史以来工作效率的最低状态，10分是你有史以来工作效率的最高水平。你如何评价在过去四周时间里你的整体工作表现？”这个题目就是来自《健康与工作绩效问卷》中的隐性缺勤量表（Attridge，2004）。

组织层面敬业度的测量

一直以来，人们更关注个体层面敬业度的测评。但对于影响敬业度与工作效率的组织因素的测量，目前也有了显著的进展。例如，有关工作压力与心血管疾病的研究发现，工作压力与付出—回报失衡之间的联结就属于组织层面的职能（Schnall，Belkic，Landsbergis & Baker，2000）。这些研究抓住了能够影响员工敬业度的工作因素，超越了个体层面。

为了厘清个体层面与组织层面的区别，我们引用一个与EAP相关的例子。一项研究发现，“工作中的心理退缩”是测量员工物质滥用的最好指标（Lehman & Simpson，1992）。该测量的样本题目请看图24.1。对EAP工作来说这是显而易见的，有任何不同程度饮酒问题的员工（工作中宿醉、酗酒以及酒精依赖）都更有可能在工作中出现疏忽。然而，如果只是关注个体层面的不敬业，就会忽略同样在起作用的组织因素。

除了这些有关退缩行为的题目，我们还从健康与工作效率氛围指数量表（Bennett & Yandrick，2005）中选取了一些有关工作氛围的题目，主要是出勤与敬业度分量表。我们的测评依据如下研究结果编制：①工作场所的疏离是酗酒问题的指标；②工作环境会因从“疏离”到“与社会融合”这一连续变化而发生改变。本研究表明，工作中员工敬业度的氛围可以预测隐性缺勤和心理退缩的水平。EAP专家对工作氛围和个体敬业度之间相互影响的机制很感兴趣。归根结底，既然咨询服务可以帮助个体防止心理退缩，敬业度与工作效率的不断提升当然就会在集体的层面上产生效益。

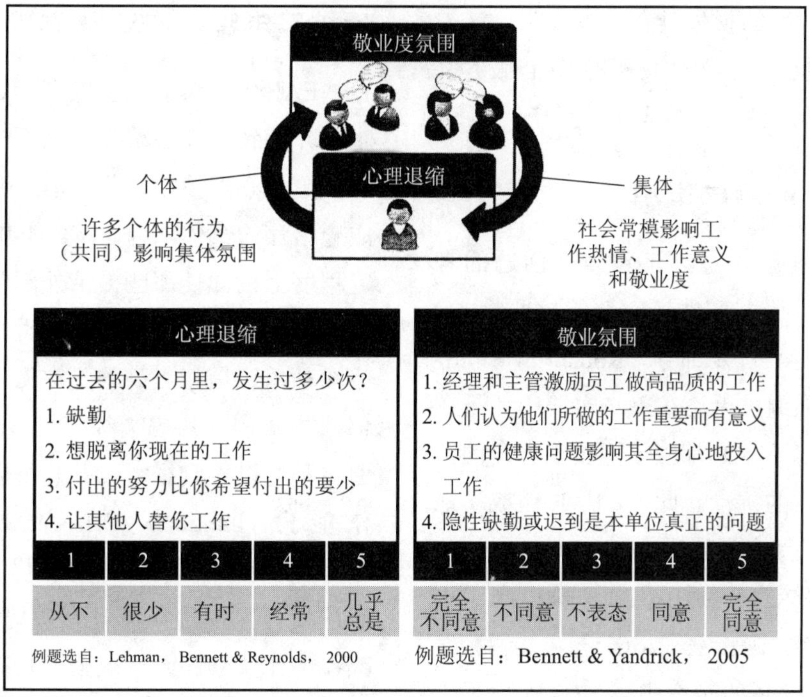

图 24.1　个体与集体（组织）敬业度测量的区分：选自心理退缩与敬业度氛围测验的例题

敬业度与隐性缺勤的影响

由高敬业度带来的高工作效率是工作取得成就的重要因素。同样，工作效率低下将使企业损失巨大。根据美国生产效率审计的研究（Stewart et al.，2003），2002 年度，由于员工个人及家庭成员的健康问题所导致的缺勤与工作效率降低，给美国企业造成的损失约为 2250 亿美元，或者说平均每个员工每年造成 1685 美元的损失。不同于那些慢性疾病（心血管疾病、糖尿病、癌症等）通常花费大量的员工医疗保健开支，某些急性的或间歇性的健康问题（疼痛、偏头痛、关节炎、过敏症、感冒和流感、消化问题、焦虑和忧郁等）多数造成的是生产时间的损失。美国生产效率审计研究还揭示了这样一个事实，大多数的与健康相关的工作绩效下降是源于低下的生产效率（71%），而非工作缺勤（29%）。其他研究也发现了类似的结果（Wang et al.，2007）。一项治疗抑郁症的研究发现，抑郁造成的生产效率损失是医疗和药物治疗造成的生产效率损失的 4 倍（Loeppke et al.，2007）。由于雇主最为关心医疗开支问题，所以这些与健康相关的生产效率成本方面的研究对于推广 EAP 服务大有帮助。实际上，从控制企业医疗开支的角度看，该研究认为，帮助员工解决心理健康问题，促进员工的敬业精神，比致力于对缺勤的管理更为有效。

隐性缺勤的治疗

到目前为止，研究显示，在求助于 EAP 的员工中约有 1/3 曾经有过隐性缺勤的经历。隐性缺勤可以通过多种方法进行测量。隐性缺勤会给雇主带来巨大的开支，并且常常远高于预期。我们的讨论也表明，心理健康问题和情绪问题对于生产效率的损失具有重大影响。这类问题通常可以通过基于工作场所的 EAP 服务以及门诊心理健康服务而获得成功的治疗。

EAP 对隐性缺勤的作用

EAP 是企业解决员工工作效率问题的有效工具。EAP 的服务实践（EAP 的核心技术）指导原则中的两个首要部分（Roman & Blum，1985）都直接强调，无论在工作实践中还是在对结果的评估中，EAP 都应该把员工客户的工作绩效作为关注的重点。此外，EAP 还成功地降低了员工的缺勤率。科克（Kirk,2006）发现，在使用内部 EAP 的个案中，有 50% 提高了出勤率和工作效率。阿特兹（Attridge，2003）发现，使用外部 EAP 的个案中有 57% 提升了工作效率。菲利普斯（Phillips，2004）报告，在以大学为技术支持的 EAP 中，有将近 60% 的个案提升了工作效率。贝克（Baker，2007）发现，在一个外部 EAP 项目中，那些与工作问题相关的个案，过去一个月的平均工作缺勤天数为 8 天，自接受 EAP 服务后则减少到 3.4 天。还有一项包含超过 59000 个 EAP 个案的研究发现，接受 EAP 服务后，在过去 4 周内“感觉自己无法从事日常工作”或者“感到日常工作有些困难”的员工从 15% 降至 5%（Selvik et al.，2004）。上述研究结果表明，只要管理恰当，EAP 服务通常可以提升员工的生产效率，并且改善其他相关问题，包括员工的缺勤、离职、总体医疗开支、伤残索赔和工作赔偿问题等（Csiernik，2004；McLeod & McLeod，2001；Yandrick，1992）。

精神卫生治疗对于隐性缺勤的作用

EAP 中有价值的实践之一是将某些个案适时地介绍到外部的精神卫生机构，尤其是那些需要更多心理治疗、药物治疗或者酒精和药物成瘾治疗的个体。因此，EAP 的整体作用在一定程度上也仰仗那些提供外部服务的机构或个人。所幸的是，常见心理障碍在门诊治疗的临床成功率还是相当高的。常见的抑郁、躁狂抑郁双相障碍、焦虑、社交恐惧和惊恐障碍等，通常都可以得到缓解，并且可以有效地恢复工作能力（Langlieb，Druss & Rosenheck，2003 年）。最近有一项使用 HPQ 测量所做的研究显示，精神卫生治疗可以有效地降低临床症状，改善工作缺勤和隐性缺勤的状况（Wang et al.，2007 年）。

激励敬业精神与防止隐性缺勤

员工个人的隐性缺勤问题可以通过求助于 EAP 或者心理健康机构而得到有效解决。这对于拥有这些服务条件的员工来讲当然很好，但是社会偏见以及其他一些因素可能会阻止那些需要心理健康服务的人去寻求帮助。研究显示，大多数有心理健康问题的人寻求帮助的第一站往往是保健医生；但是这些医生在诊断与治疗上普遍缺乏心理健康方面的专业性，在求助者需要心理治疗时往往仅为之使用药物施治（Stuart，2004）。因此，尽管 EAP 服务和精神卫生服务确实有帮助，但对于改变公司劳动力的整体健康水平与功能却还是不够的。

所以，公司还应当推进对 EAP 与精神卫生服务的使用率，努力防止那些可能导致员工敬业度缺乏以及隐性缺勤之类问题的发生。预防这些问题的做法有很多，而提高组织的职业保健是关键（Macik-Frey，Quick & Nelson，2007）。下面我们将探索如何改善工作设计、企业文化、领导方式，还有EAP的整合问题。

工作设计

优良的工作设计可以提高员工的敬业度。通过更好的工作设计，通过更合理地分配员工，即根据其能力分配合适岗位——也就是所谓的人与环境的匹配，可以使工作本身发生改变（Quick & Tetrick，2003）。研究表明，具有高工作压力特征的职业，比如那些需要大量心理投入的工作，那些缺少决策机会或不能发挥个人能力的工作，通常会导致工作效率低下。低水平的工作效率还和主管与同事的低支持度有关。对组织支持度的过低预期会增加员工的职业压力症状，如疲劳、焦虑和头痛（Rhoades & Eisenberger，2002）。

创建一个健康的工作环境通常包括改善工作任务与技术操作的特征；功效学、日程安排和工作负荷的转变；促进角色意识和社会关系（Semmer，2003）。沃尔（Warr，2005）构建了一个能够促进员工心理健康的职业与工作条件的基本框架。该框架包括十个特征，当组织积极解决这十方面的问题时，就可以提高员工的敬业度，并减少隐性缺勤。沃尔模型的主要特点包括个人的控制机会、技能与任务的多样性、人身安全与支持性的监管等。

企业文化

一个组织的文化可以被改变，以识别并且减少那些可能导致工作压力和隐性缺勤的组织条件。预防性干预可以去除工作中那些导致员工压力和负性心理反应的惯例与行为（Brun，Biron，Martel & Ivers，2003）。美国心理学会每年都为积极创建心理健康环境的组织颁发年度健康工作环境奖。颁奖的标准是依据研究文献确定的反映健康环境特点的五个因素：工作—生活平衡；员工成长与发展；健康与安全；认可度；员工参与度或敬业度（Grawitch，Gottschalk & Munz，2006）。

领导方式

对于创建一个有利于心理健康的工作环境来说，最重要的促进因素或许要算是处在组织最高层的人物。有关工作环境的研究揭示，领导风格对于提高员工敬业度和预防隐性缺勤具有关键作用。“转换型领导”风格被认为在这方面更有效（Barling，2007）。这种领导风格包括理想化的影响力、对动机的激励、智慧的启发以及个性化关怀。古斯比领导模式又加入了领导的可信任度和情绪胜任力，从而扩展了转换型领导风格的模型（Quick，Macik-Frey & Cooper，2007）。这种领导风格常使得员工对于其领导者及其管理更加信任，并且更具自我效能感；此都是与幸福感和生产效率紧密相连的重要因素。

EAP的整合

为了向组织提供综合性的健康服务，服务的提供者之间需要进行更广泛的合作，这其中有很多概念性和实证性的原理（Bennett，Cook & Pelletier，2003）。EAP可以和其他相关服务机构合作，共同有效地提升员工健康、预防疾病。有很多例子证实，EAP能够不断地将其提供的服务进行更大范围的整合，与其他从事协调工作、生活和促进工作场所健康的服务机构开展更广泛的合作（Attridge，Herlihy & Maiden，2005）。近来的元分析研究证明，工作场所健康领域的干预工作（Parks & Steelman，2008）和职场压力管理工作（Richardson & Rothstein，2008 ）对于提升员工的健康与工作效率总体上说是成功的。

同样重要的是，在一项对于200个EAP服务提供者和经理的调查研究表明，他们中的多数人都把预防看作是自己职业认同的核心成分，并且向员工和组织推广预防为主的服务理念（Bennett & Attridge，2008）。最常见的预防性服务是饮酒问题管理与团队建设。超过30%的受访者报告说至少每个季度都会提供这项服务，许多受访者感到，预防性服务（77%）与促进健康型企业文化的组织策略（69%）应该被纳入EAP的核心技术。

总的来说，对这些研究的回顾表明，相对于仅为个体员工提供服务的“个体层面”的次级干预策略来说，结构优化的“组织层面”方法是在创建能够促进员工敬业度和防止隐性缺勤的工作环境，通常这会产生更为重要和持久的效果。

结论

本章考察了员工敬业度和隐性缺勤的概念，并探讨了如何对它们进行测量；工作场所的EAP服务与这些问题有何关联；EAP和心理健康服务如何有效地解决员工的这些问题；如何在组织层面改变工作场所以解决这类问题等。这些研究发现还表明，如果采用工具对敬业度和隐性缺勤进行测量，并能在预防和治疗层面上提供更为综合性的服务，EAP确实能够发挥有效的作用。EAP之所以普遍采纳这些做法，证明这些努力的结果使得公司更加受益、更加成功。

参考文献

Attridge, M. (2003, March). EAP impact on work, stress and health: National data 1999–2002. Presented at the Work, Stress and Health Conference–American Psychological Association/National Institutes of Occupational Safety and Health, Toronto, ON, Canada.

Attridge, M. (2004, November). Measuring employee productivity, presenteeism and absenteeism: Implications for EAP outcomes research. Presented at the Employee Assistance Professionals Association Annual Conference, San Francisco, CA.

Attridge, M., Herlihy, P., & Maiden, P. (Eds.). (2005). The integration of employee assistance, work/life and wellness services. Binghamton, NY: Haworth Press.

Baker, E. (2007, October). Measuring the impact of EAP on absenteeism and presenteeism. Presented at the Employee Assistance Professionals Association Annual Conference, San Diego, CA.

Barling, J. (2007, May). Ten Key Factors in Building a Psychologically Healthy Workplace. Presentation at the 2nd Canadian Congress on Research on Mental Health and Addiction in the Workplace, Vancouver, BC, Canada.

Bennett, J., & Attridge, M. (2008, March). Prevention is an EAP core technology: Results of an EAP survey. Online presentation for Employee Assistance Professionals Association's Webinar Learning Series.

Bennett, J. B., Cook, R. F., & Pelletier, K. R. (2003).

Toward an integrated framework for comprehensive organizational wellness: Concepts, practices, and research in workplace health promotion. In J. C. Quick & L. E. Tetrick (Eds.), *Handbook of Occupational Health Psychology* (pp. 69–95). Washington, DC: American Psychological Association.

Bennett, J. B., & Yandrick, R. (2005). *Development of the Health & Productivity Climate Index™*. Technical Document from Organizational Wellness & Learning Systems, Inc. (Fort Worth, TX; visit www.intelliprev.com).

Brun, J-P., Biron, C., Martel, J., & Ivers. H. (2003). *Analysis of Workplace Mental Health Programs in Organizations: IRSST Report A-342.* Montreal, Quebec: Institut de Recherche Robert-Sauvé en Santé et en Sécurité du Travail.

Burud, S., & Tumolo, M. (2004). *Leveraging the new human capital: Adaptive strategies, results achieved, and stories of transformation.* Palo Alto, CA: Davies-Black.

CCH (2007). *2007 CCH Unscheduled Absence Survey* [Online]. Available: http://onlinestore.cch.com.

Chapman, L. (2005). Presenteeism and its role in worksite health promotion. *American Journal of Health Promotion, 19,* suppl. 1–8.

Csiernik, R. (2004). A review of EAP evaluation in the 1990s. *Employee Assistance Quarterly, 19,* 21–37.

Dersch, C. A., Shumway, S. T., Harris, S. M., & Arredondo, R. (2002). A new comprehensive measure of EAP satisfaction: A factor analysis. *Employee Assistance Quarterly, 17,* 55–60.

Grawitch, M. J., Gottschalk, M., & Munz, D. C. (2006). The path to a healthy workplace: A critical review linking healthy workplace practices, employee well-being, and organizational improvements. *Consulting Psychology Journal: Practice and Research, 58,* 129–147.

Hansen, F. (2007). Companies are still in the dark about their overall health. *Currents in Compensation and Benefits, 39,* 10–12.

Harter, J. K., Schmidt, F. L., & Keyes, C. L. M. (2003). Well-being in the workplace and its relationship to business outcomes: A review of the Gallup studies. In C. L. M. Keyes & J. Haidt (Eds.), *Flourishing: Positive psychology and the life well-lived* (pp. 205–224). Washington, DC: American Psychological Association.

Kessler, R. C., Barber, C., Beck. A., Berglund, P., Cleary, P. D., McKenas, D., et al. (2003). The World Health Organization Health and Work Performance Questionnaire (HPQ). *Journal of Occupational and Environmental Medicine, 45,* 156–174.

Kirk, C. H. (2006). The effectiveness of a problem resolution and brief counseling EAP intervention. *Journal of Workplace Behavioral Health, 22,* 1–12.

Koopman, C., Pelletier, K. R., Murray, J. F., Sharda, C. E., Berger, M. L., Turpin, R. S., Hackleman, P., Gibson, P., Holmes, D. M., & Bendel, T. (2002). Stanford Presenteeism Scale: Health status and employee productivity. *Journal of Occupational and Environmental Medicine, 44,* 14–20.

Langlieb, A. M., Druss, B. G,, & Rosenheck, R. (2003). Cost-effectiveness, cost containment, and worker productivity. In J. P. Kahn, & A. M. Langlieb (Eds.), *Mental health and productivity in the workplace: A handbook for organizations and clinicians* (pp. 48–59). San Francisco, CA: Wiley & Sons.

Lau, R. S. M., & May, B. E. (1998). A win-win paradigm for quality of work life and business performance. *Human Resource Development Quarterly, 9,* 211–226.

Lehman, W. E. K., & Simpson, D. D. (1992). Employee substance abuse and on-the-job behaviors. *Journal of Applied Psychology, 77,* 309–321.

Lerner, D., Amick, B. C. III, Rogers, W. H., Malspeis, S., Bungay, K., & Cynn, D. (2001). The Work Limitations Questionnaire. *Medical Care, 39,* 72–85.

Loeppke, R., Taitel, M., Richling, D., Parry, T., Kessler, R. C., Hymel, P., & Konicki, D. (2007). Health and productivity as a business strategy. *Journal of Occupational and Environmental Medicine, 49,* 712–721.

Macey, W., & Schneider, B. (2008). The meaning of employee engagement. *Industrial and Organizational Psychology: Perspectives on Science and Practice, 1,* 3–30.

Macik-Frey, M., Quick, J. C., & Nelson, D. L. (2007). Advances in occupational health: From a stressful beginning to a positive future. *Journal of Management, 33,* 189–205.

McLeod, J., & McLeod, J. (2001). How effective is workplace counseling? A review of the research literature. *Counseling Psychotherapy Research, 1,* 184–191.

Nelson, D. L., & Simmons, B. L. (2003). Health psychology and work stress: A more positive approach. In J. C. Quick & L. E. Tetrick (Eds.), *Handbook of occupational health psychology* (pp. 97–119). Washington, DC: American Psychological Association.

Parks, K. M., & Steelman, L. A. (2008). Organizational wellness programs: A meta-analysis. *Journal of Occupational Health Psychology, 13,* 58–68.

Phillips, S. B. (2004). Client satisfaction with university employee assistance program. *Journal of Workplace Behavioral Health, 19,* 59–70.

Quick, J. C., Macik-Frey, M., & Cooper, C. L. (2007). Managerial dimensions of organizational health: The healthy leader at work. *Journal of Management Studies, 44,* 189–205.

Quick, J. C., & Tetrick, L. E. (Eds.). (2003). *Handbook of occupational health psychology.* Washington, DC: American Psychological Association.

Rhoades, L., & Eisenberger, R. (2002). Perceived organizational support: A review of the literature. *Journal of Applied Psychology, 87,* 698–714.

Richardson, K. M., & Rothstein, H. R. (2008). Effects of

occupational stress management intervention programs: A meta-analysis. *Journal of Occupational Health Psychology, 13,* 58–68.

Roman, P. M., & Blum, T. C. (1985). The core technology of employee assistance programs. *The ALMACAN, 15,* 8–9, 16–19.

Schaufeli, W. B., Taris, T. W., & Van Rhenen, W. (2008). Workaholism, burnout and engagement: Three of a kind or three different kinds of employee well-being? *Applied Psychology: An International Review, 57,* 173–203.

Schnall, P. L., Belkic, K., Landsbergis, P., & Baker, D. (2000, January-March). The workplace and cardiovascular disease. *Occupational Medicine: State of the Art Reviews, 15.* Philadelphia: Hanley & Belfus, Inc.

Selvik, R., Stephenson, D., Plaza, C., & Sugden, B. (2004). EAP impact on work, relationship, and health outcomes. *Journal of Employee Assistance, 34,* 18–22.

Semmer, N. K. (2003). Job stress interventions and the organization of work. In J. C. Quick & L. E. Tetrick (Eds.), *Handbook of occupational health psychology* (pp. 325–353). Washington, DC: American Psychological Association.

Stewart, W. F., Ricci, J. A., Chee, E., Hahn, S. R., & Morganstein, D. (2003). Cost of lost productive work time among US workers with depression. *Journal of the American Medical Association, 289,* 3135–3144.

Stuart, H. (2004). Stigma and work. *HealthcarePapers, 5,* 100–111.

Wang, P. S., Simon, G. E., Avorn, J., Azocar, F., Ludman, E. J., McCulloch, J., Petukhova, M. Z., & Kessler, R. C. (2007). Telephone screening, outreach, and management for depressed workers and impact on clinical and work productivity outcomes. *Journal of the American Medical Association, 298,* 1401–1411.

Warr, P. (2005). Work, well-being, and mental health. In J. Barling, E. K. Kelloway & M. R. Frone (Eds.), *The handbook of work stress* (pp. 547–573). Newbury Park, CA: Sage.

Yandrick, R. M. (1992, July). Taking inventory: Process and outcome studies. *EAPA Exchange,* 22–35.

第六编

特殊问题

第二十五章
EAP 的专业性、伦理标准与计划发展

William G. Emener
William S. Hutchison, Jr

信誉是任何公共服务行业或保障系统的生命。20 世纪 90 年代，随着问责制和管理型医疗保健模式的实施和普及，不仅对于 EAP 而言，许多公司和行业都以保证质量、追究责任和承担责任为诚信的基石。提升专业技能、遵守职业道德和提高计划标准无疑会大大提升 EAP 在企业内部、行业内部和公众心目中的信誉度。本章节主要内容如下：

（1）探究“专业性”对于 EAP 的重要性；

（2）EAP 执业人员如何坚持职业的“伦理标准”；

（3）根据 EAP 的行业特点，阐述 EAP 如何努力遵守行业标准。

专业化

在提供服务时，职业技能评定有三种形式：①执业许可证；②专业认证；③合格鉴定。如果执业者拥有执业许可证和专业认证，服务对象就会相信执业人员具有提供专业服务所必需的知识、技能和资格。执业许可证和专业认证是一种能够使服务对象相信执业人员能胜任工作的证明形式；经认证的计划可使接受计划服务的个体相信该计划按照现行标准设计、规划和实施；鉴定合格表示人们相信被认证的计划项目会按照规定执行。

专业服务的提供和职业道德规范

大多数（并非全部）EAP 都聘用专业执业人士（如康复咨询师或专业社会福利工作者）。由国家认证机构（如康复咨询师认证委员会）向相关专业人士颁发能证明其专业资格、知识、技能和专业领域的专业资格证书；由州执业许可证发放委员会（隶属于州的职业监管部）向执业者颁发能证明其专业资格、知识、技能和专业领域、允许执业者独立执业的执业许可证。

EAP 职业资格认证工作伴随着 EAP 运动的发展走向了整合与统一标准：EAP 从业者资格认证（Certified Employee Assistance，CEAP）。1995 年秋，EAP 认证委员会（Employee Assistance Certification Commission，EACC）制订了《注册 EAP 从业者认证考试资格要求修订条例》，宣布提高注册 EAP 从业人员资格考试的要求：

国际注册 EAP 从业者考试资格要求修订条例（1997）

自 1997 年起，国际注册 EAP 从业者考试将制订实施新的考试要求。基于考生是否拥有专业学位，特制订并实施以下两种考试资格要求。

- ●考生拥有相关专业学位（经 EAP 认证委员会认可）或在美国境外获得同等学位；
- ●在 2 ~ 7 年工作年限内，考生在 EAP 机构从事有督导的工作时间（必须经 EAP 认证委员会认可）累计超过 2000 小时。
- ●在参加考试前，获得 15 小时的专业发展时数（Professional Development Hours, PDHs）。自 1997 年起分别在 5 个年份内，分 5 个阶段获得，每年获得 5 个 PDHs（即 1997 年参加考试的考生获得 5 个 PDHs，1998 年累计获得 10 个 PDHs，1999 年累计获得 15 个 PDHs，以此类推）。
- ●拥有心理咨询、社会工作、康复治疗职业资格证书或拥有所在国家现行专业标准规定的相关领域的学习经历。

或者

- ●在 2 ~ 7 年工作年限内，考生在 EAP 机构从事有督导的工作时间（必须经 EAP 认证委员会认可）累计超过 3000 小时。
- ●在参加考试前，获得 60 个 PDHs。自 1997 年起，以每年获得 20 个 PDHs 的方式累计获得（即，1997 年参加考试的考生获得 20 个 PDHs，1998 年累计获得 40 个 PDHs，1999 年累计获得 60 个 PDHs，依此类推）。

EAP 认证委员会将继续界定督导程序、专业发展时数及可接受学位术语的定义。更多详情待进一步确定。

我们鼓励正在执业和未来将会从事 EAP 专业的人员阅读《国际注册 EAP 从业者认证考试资格修订条例》的更新动态并与 EAP 认证委员会保持联系，以便能够及时了解国际注册 EAP 从业者考试资格要求的变更情况、考试的日期与考试地点。

大多数的 EAP 从业者是 EAP 协会（EAP Association,EAPA）的会员。在 EAP 协会的众多专业发展活动中，大力提倡并要求会员遵守职业道德准则（Emener & Cottone，1989）。遵守职业道德准则事关从业人员的职业声誉，因而十分重要。“希波克拉底誓言为当代服务行业职业道德准则提供了哲学基础。（Davis & Yasak，1996）”希波克拉底原则为公共服务行业从业人员与患者和客户之间的关系提供了指导，这其中包括：

a. 自主原则：尊重客户自由选择的权力；
b. 不伤害原则：禁止伤害他人；
c. 慈善原则：助人与行善；
d. 公正原则：履行资源平等分配的义务；
e. 守信原则：履行义务。

（Beauchamp & Childress，1983；Emener & Cottone，1989）

下面将以 EAP 协会理事会于 1988 年 4 月 10 日颁布的正式文件为例，探讨 EAP 从业人员如何遵守职业道德标准的问题。

EAP 协会职业道德准则修订版

本文件草案最终于 1987 年 12 月完成，并于 1988 年 4 月 10 日经 EAP 协会批准并生效。

序言

EAP 协会职业道德准则是 EAP 协会会员应遵循的职业行为准则。通过与企业的员工和管理层合作，EAP 协会会员主要致力于为那些遭受情绪问题、行为问题、酒精和药物侵害的个人和家庭提供最有效的员工帮助。以下原则是 EAP 协会会员的主要目标，同时作为国家和地方伦理委员会对 EAP 协会会员实施职业行为教育的培训指南。EAP 协会会员以填写入会申请表和续会注册的方式表示同意接受和遵守 EAP 协会职业道德准则。

职业责任

EAP 协会会员致力于帮助员工、管理层和社区防止因实施 EAP、直接治疗和咨询服务的个体或组织的违反职业道德的行为而遭受侵害。如果 EAP 协会会员了解到其他会员确实存在违反职业道德的行为，那么该 EAP 协会会员有责任提醒其他会员对此类受指控行为引起重视；如果双方就违反职业道德行为一事的解决未能达成一致，那么应在联邦伦理委员会正式受理该会员的投诉之前向同事和（或）当地协会的伦理委员会做进一步非正式咨询。

对会员行为的审理程序

准则第六章第三节

EAP 协会会员应遵守法规与职业道德准则。所有违反法规和职业道德的行为将受到 EAP 协会理事会的处罚。

a. 来自任何来源的针对某会员的投诉，都应以书面形式提交 EAP 协会主席。EAP 协会主席将委派相应的调查委员会调查该事宜。如果调查委员会认为有必要举行听证会，那么委员会将准备提出正式指控并要求安排听证会。指控应清楚地陈述所指控对象的违反法律和职业道德的行为以及其所违反的法律和职业道德准则的具体内容。

b. 正式的指控文书应通过专人或挂号信的形式送达至被指控的 EAP 协会会员处。被指控的 EAP 协会会员应至少提前 30 天接到以挂号信形式发出的有关听证会的地点和时间的通知。非公开听证会由被指控的 EAP 协会会员区域代表和联邦地方法规或伦理委员会主席（视情况而定）负责举行。EAP 协会会员有权参加听证会以及随后的相关听证会；还可在听证会上以口头或书面的形式出示证据。声誉良好、有表决权的 EAP 协会会员可代表受到指控的EAP协会会员出席非公开的听证会。在案件总结的书面材料里，可以不提供证据处理中所使用的技术情况。

c. 举行听证会后，调查委员会主席和区域代表将召开秘密会议，裁定该EAP协会会员是否违反地方法律和职业道德准则，并向地方法规和伦理委员会以书面形式提交关于裁定结果的书面保密报告。在收到报告后的30天内，地方法规和伦理委员会可以做出驳回诉讼、提交相关机构进行评估和处理（如果合适）、要求被指控EAP协会会员呈递辞职信、谴责、停止、开除会员资格等裁决，或者以上几种方式相结合的处理。

d. 委员会将会在举办第二次听证会之前，按照报告中的裁决以及地方法规和伦理委员会的建议做出裁决，并将以挂号信的形式尽快将委员会的裁决通知被指控的EAP协会会员。

e. 区域代表和理事会主席对争论案件的裁决将是最终裁决。EAP协会会员还可以向理事会就案件的解释和拟议处罚事宜提出上诉。EAP协会会员可要求理事会复审该案件，如果获准，该EAP协会会员将由一名拥有表决权的会员陪伴（如果需要）接受审查、自我辩护。理事会有权合理限制辩护时间。理事会的最终裁决将尽快以挂号信的形式寄达被指控的EAP协会会员处。

保密权

EAP协会会员应对客户信息进行保密。EAP协会会员应充分告知客户其对于评估、转介或治疗过程中所交流的信息拥有的保密权限。如果没有得到客户的允许，EAP协会会员不得对外泄露客户信息（除非继续保密有可能对客户本人或他人造成直接、严重的人身伤害）。

专业能力

作为EAP服务提供者的EAP协会会员，应该掌握关于工作组织、人力资源管理、EAP政策和管理以及EAP直接服务方面的知识。此外，所有EAP协会会员还应该具有在化学药物依赖、成瘾和情绪障碍方面的知识，并愿意坚持亲身实践，不断接受继续教育和培训，以保持和提高专业水平。成为EAP协会会员并不代表就拥有了专业能力，获得注册EAP从业人员资格认证才能证明该会员已达到EAP执业所必需的知识标准。

消费者权益保护

EAP协会会员不能因种族、宗教、国籍、残疾、性别与性取向等原因歧视客户。在从事研究活动时要尊重和保护该研究被试的健康与幸福。EAP协会会员应向员工详细介绍帮助计划的作用和目的以及所推荐的治疗专家或者治疗计划。将员工转介给特定的治疗专家或者治疗计划时不得有金钱上的交易行为；不得与客户发生性关系；不得有任何损害职业关系的行为。

评估与转介

EAP协会会员仅在专业能力范围内作出评估与转介决定，并根据临床症状寻求同行会诊或者督导。为了避免利益冲突，负责最初评估的EAP协会会员应该将客户转介至与原EAP或服务提供方无关的个人或机构。除非能向客户和签约组织表明该转介符合他们的经济利益，并能使客户的利益最大化；否则不能将其转介给最初的评估者或者相关组织。

社会责任与职业关系

EAP协会会员愿与所有执业人员（包括那些没有学位的康复者和其他专业人员）就提供员工帮助服务建立合作关系。

会员的责任：对新人的职业发展提供教育与培训；向公众宣传EAP协会，为大众提供有关EAP协会的真实信息；在专业群体内开展合作。在专业群体内不得为了自身利益而诋毁其他从业者，或进行虚假、误导性的广告宣传，并要向公众提供准确、真实的职业资质介绍。

会员应帮助那些因饮酒、药物滥用和（或）精神疾病而导致职业能力受损的EAP协会会员求医。

f. 所有放弃会员资格、被暂停会员资格或被取消会员资格的EAP协会会员，只能依据理事会具体规定的条件（如果有）重新申请会员资格。

g. 为了节省EAP协会的审理成本，理事会主席同意接受会员退会，以作为取代该审理程序的另一选择方案。

由此可见，EAP运动自开展以来（尤其是近几年来），一直在大力倡导并且努力推动EAP服务不断地走向专业化。

EAP的“计划标准”

EAP至今尚未有统一的行业标准。但根据当前人们所认可的EAP计划标准进行设计、组织与实施，是最为可行的。以下所介绍的“计划标准”为高效率和高效益的EAP服务提供了基本精神、目的与指导。

简介

目的

制订EAP标准的目的是：

- 界定EAP职业的领域；
- 描述EAP的服务范围；
- 向社会各界介绍EAP服务；
- 明确EAP标准、指导方针和定义的应用；
- 满足EAP协会会员的需求。

历史和背景

1981年，由代表以下组织的联合委员会起草了员工职业戒酒帮助计划：

- 戒酒问题的劳工、经营管理者与顾问协会（ALMACA）
- 美国反酗酒委员会（NCA）
- 职业规划咨询协会（Occupational Program Consultants Association，OPCA）
- 美国酗酒与酒精滥用问题研究会（NIAAA）
- 美国劳联 - 产联（AFL-CIO）

当时，EAP 协会大约有 2800 位会员，全国约有 8000 个 EAP 项目在运作。到了 1990 年，全国 EAP 项目已经增加到了 20000 个，而 EAP 协会的会员也超过了 6000 人。

1988 年，EAP 协会意识到需要设定更为详细的标准以适应 EAP 行业的发展。EAP 协会指定了一个项目标准委员会负责和修订行业标准，该标准共分两部分。

第一部分为 EAP 具体标准的说明，每个标准都附带内容陈述。这些标准明确了 EAP 的核心要素以及具体实施的专业标准，包括六个基本领域：

- 设计
- 实施
- 经营管理
- 直接服务
- 合作关系
- 评估

第二部分为消费者指南，包括将这些标准运用于 EAP 领域的各项建议。这些建议为各类组织和 EAP 服务商提供了根据专业计划标准制订的实用操作指南，以帮助他们制订、实施、维护与评估 EAP 项目。

希望这两部分内容能够鼓励和帮助管理层与工会领导人在开展 EAP 时以协会的计划标准为参考。

EAP 协会在此向美国药物滥用问题研究所表示感谢，感谢他们所提供的联邦机构内有关 EAP 的文件。

定义

标准

EAP 是一项基于工作场所的帮助计划，旨在帮助企业识别并解决有关生产力方面的问题，而这些问题与员工个人所遭遇的困境有关，其中包括（不仅限于）健康、婚姻、家庭、经济、酗酒、药物滥用、法律、情绪、压力或其他可能会给员工的工作绩效带来不利影响的个人问题。

EAP 的核心技术包括①通过对那些有需要的人员提供专家咨询与培训，帮助其识别并解决以上所提到的那些影响工作绩效的问题；②提供保密、恰当与及时的问题评估服务，为员工推荐合适的诊断、治疗与帮助，在工作场所与社区资源之间建立合作关系，为员工提供所需的服务，为使用上述服务的员工提供后续服务。

（注：该定义于 1988 年经 EAP 协会理事会批准通过，现已被写入一些州的法律法规之中。）

重要性与用途

EAP 的目的在于：

- 向组织、员工及其员工家庭提供综合性的系统服务，帮助员工解决有可能影响其工作绩效的个人问题；
- 当员工的个人问题影响到其工作绩效时，为管理层和工会的干预工作提供咨询服务；
- 为员工的心理健康问题、酗酒以及其他药物滥用等问题提供高效率、高效益、和专业化的评估、转介和后续服务。

本文件制订了一系列政策、程序、服务和咨询活动，以确保有效地实现上述目标。遵守专业标准和政策可确保 EAP 的有效实施，从而赢得雇主与员工的尊重和支持。行之有效的 EAP 足以帮助员工解决内容广泛的个人问题，无论这些问题是由员工提出的还是由工会或者管理层反映给 EAP 的。

小型组织通常都通过参加社区联盟而为员工提供 EAP 服务。无论 EAP 以什么样的结构运作，在计划设计、实施、提供服务和评估过程的任一环节，都必须将职业伦理的准则考虑进去。

EAP 设计

顾问委员会

标准

组织应设立代表企业内部各方的顾问委员会，以发挥高层次的咨询职能。

目的

EAP 能否被广泛接受和全面实施，直接取决于最高管理层的支持以及员工、主管、管理层和工会的参与。为了使 EAP 发挥最大的效用，应尽早成立代表全体员工和管理层的顾问委员会。同时，为了确保 EAP 能获得各个部门的支持并尽可能体现组织整体的最高利益，委员会委员的组成应包括：高层领导、工会或员工协会负责人和不同部门的代表（医务部门、人事或人力资源部门、福利部门、安全与职业健康部门、财务部门、法律事务部、培训发展部门以及 EAP 实施部门）。顾问委员会负责制订政策声明、EAP 的具体实施策略和程序以及对该计划实施效果的评估标准。

需求评估

标准

EAP 设计应基于对组织和员工需求的评估，因为这事关对 EAP 的使用。EAP 设计至少应将以下背景信息和组织资料纳入考虑：

- 组织概况
- 对员工需求的评估

- 对主管与工会代表的调查
- 对服务提供模式的审核

目的

在设计与制订 EAP 方案时，永远都要对全体员工以及其所在工作组织的需求做出评估，该评估将有助于顾问委员会制订出最为合适的 EAP 服务方案。

服务提供系统

标准

EAP 服务需要有一个全面的、规范的服务提供系统。

目的

EAP 专业人员和（或）顾问委员会负责制订符合组织与员工需求的 EAP 服务提供方案。EAP 全国协会、地方分会或 EAP 专业咨询顾问可为其提供专业指导。EAP 服务的提供模式有许多，其中包括：

- 内部模式，通过组织雇用的 EAP 专业人士提供服务；
- 外部模式（即“服务中心”模式），通过与组织签订服务合同的 EAP 专业人士提供服务；
- 混合模式，以组织雇用的 EAP 专业人员为核心人员，与组织签约的外包服务提供者提供某些特定的服务；
- 小型组织组成联合体与某独立 EAP 提供方签订服务合同，为员工提供服务。

实施

政策声明

标准

政策声明界定了 EAP 和组织的关系，并将 EAP 定义为组织与员工的保密资源。此外，政策声明还规定 EAP 的服务范围和服务限制。政策声明应至少包括以下理念：

- 向员工提供 EAP 服务的组织认识到员工的身心健康是组织的资产，合适的 EAP 服务会使员工与管理者双方受益。
- 酒精及其他药物滥用、情感、婚姻、家庭或其他相关问题会影响工作绩效、员工的健康与生活质量；而这些问题是可以治疗的，理当引起雇主的关注。遭受这些问题困扰的员工在工作中有可能会导致生产效率、效能和安全性的降低。
- 员工可以自愿寻求 EAP 的帮助，也可以通过结构化的干预被转介到其他机构寻求帮助。除了法律限制的特殊情况外，寻求或使用 EAP 服务不会威胁到其工作的稳定性。并且，员工使用 EAP 应被看做是为了达到组织工作绩效的要求。

- EAP客户的所有记录都是保密的，不会被记录在任何组织档案或者员工的人事档案中。只有在获得员工的书面同意或者符合组织的EAP政策或者是执行法庭或其他法律命令（如传票）的情况下，才能公开与EAP有关的客户信息。

目的

在实施EAP之前应首先制订政策声明，以明确传达组织实施EAP的基本依据。不能将政策声明与EAP实施程序或者同外部EAP提供方签署的合同协议相混淆。实施程序会因不断产生的新需求而做出调整，所以不应被列入一般很难做出修改的政策声明。

EAP的实施计划

标准

建立一个充分有效的EAP需要哪些具体的行动，实施计划应该对所有这些行动做出一个概略描述，并说明完成各项行动的时间期限。实施计划还应将EAP定位为组织内的一项特殊服务。

该实施计划涵盖：

（1）政策、程序与目标

（2）服务提供的保障：

- 地点
- 人员配置

（3）操作计划，包括：

- EAP推广，与员工沟通、情况介绍与教育
- 主管与工会代表的培训
- 审查身心健康福利的覆盖范围以及重新设计福利的可能性
- 明确社区资源
- 计划整合策略

（4）管理计划，包括：

- 预算制订
- 档案管理
- 报告程序
- 质量保证
- 责任保险

（5）评估系统，包括：

- 可测量的目标
- 适宜性
- 有效性
- 进程
- 结果

目的

实施计划应明确组织与EAP专业人员的职责。还应当包括现实的目标与评估的标准；如有必要，还应包括计划的修改程序。EAP的成功实施会促进全体员工的“主人翁”意识。对于那些在地理位置上远离总部的工作场所，需要为其制订特别的规定。

计划的经营管理

政策与实施程序

标准

为提供统一、有效的服务，应根据计划的目标与组织的需求制订出管理实施该计划的标准化政策与实施程序。

目的

本标准的目的在于明确规定管理政策与实施程序，以确保EAP顺利、有效地实施。为计划的经营管理制订标准化的制度，明确界定该计划的工作范围，有助于具体描述该计划的各项活动，并指导对全部资源的合理分配。明确的计划更易被接受和采用。标准化的程序更方便监控，并易于根据需求的不断变化而作出调整，还可以防止计划实施人员的活动超越职权范围。

人员编制

标准

若要实现EAP所承诺的计划目标，需要有充足的专业人员配置。选择与EAP服务签约的组织至少应安排一名联络人员，专职负责协调服务的提供，并监督合同的履行。

目的

EAP人员的编制以及专业人员的数量需根据计划的类型以及所提供的服务范围而定。无论该服务是采用内部模式，还是由外部签约机构提供，EAP专业人员的数量与资质都必须符合计划的要求。

工作人员的资质

标准

任何EAP机构都必须保证其从业人员具有履行其职责的专业资质。衡量其专业资格的标准包括：掌握有关酗酒和药物滥用问题的专业知识，并具备CEPA的认证资格。EAP从业人员须遵守与其执业活动有关的政府法规。

目的

专业能力对计划的成功起着至关重要的作用。由于所提供的服务类型不同，从业者可能需要有不同层次的实践经验、不同的受教育水平、不同的资格认证和不同的执业许可证。

EAP专业人员有责任认识自身的能力范围，确保所做的所有工作都在自己的能力范围内开展。那些未经充分培训并缺乏实践经验的人员，在提供服务时应接受该领域有资质人士的督导。向专家求教与转介，也是对执业人员能力的补充。

社区网络

标准

EAP应对社区资源进行确认、培育、创建、使用和评估，以最合理的成本提供优质服务。

目的

为员工的个体需求提供优质服务，EAP应该开发和维护一个由当地治疗资源、卫生组织以及自助团体所组成的有效的社区网络。这一工作需要持续进行。

保密

标准

EAP专业人员应了解并执行与所有专业标准和伦理原则相一致的保密政策，在使用涉及EAP工作的信息时，要遵守所有相关的规定。应向EAP用户详细介绍政府的指导方针和EAP的工作原则，公开交流信息的特例情况。还应通过书面文件向EAP用户详细说明保密政策的限度。

目的

EAP的成功和信誉在很大程度上倚赖于为员工提供的保密承诺，即EAP从业者尊重个人隐私权，严格遵守保密要求与程序。

责任

标准

所有EAP从业人员都必须承担相应的专业责任及其他相关责任。

目的

EAP从业人员需要有足够的资源来应对服务过程中所产生的法律问题，组织应该证明其有能力在诉讼期间和结束后为之提供经济支持。

伦理

标准

EAP从业人员应该遵守其专业组织以及相关认证机构所奉行的职业道德准则。要避免EAP从业人员和服务提供商内部任何实际的或被公众认为的利益冲突，有关利益冲突的陈述必要时要记录在案。

目的

目的在于规范职业行为和保护消费者的权益。EAP从业人员要为其行为后果承担责任。

当EAP提供的辅助性服务超过核心服务内容时，就可能产生利益冲突。应在协议和（或）EAP内部工作原则上加以明确表述。

直接服务

注：EAP为三个目标群体提供高质量的综合性服务：员工及其所涉家庭成员；员工主管和工会人员；整个组织。

危机干预

标准

EAP应及时向处于危机中的员工及其所涉及的员工家庭成员（或者是组织）提供危机干预服务。

目的

EAP必须随时准备应对突发事件与紧急状况，依据组织制订的指导方针及时处理危机。及时的干预可以防止或者降低危机事件所造成的长期负面影响。

评估与转介

标准

EAP专业人员或与组织签约的评估服务机构，应该①对员工或员工家庭成员的问题进行评估与明确；②制订出工作计划；③为其推荐或将其转介到合适的服务资源以帮助其解决问题。

目的

目的是为了使所提供的服务与员工的问题相匹配。准确的评估与适宜的转介有利于提高工作绩效和员工的身心健康水平。在评估和转介过程中，EAP专业人员可提供短程服务，以确保及时、有效地帮助其解决问题。

短程问题解决

标准

EAP从业人员应确定何时适宜提供短程问题解决服务，何时要做出向社区资源转介的决定。长期持续的治疗方式不适合EAP模式。

目的

根据EAP的工作原则，由EAP专业人员提供短程问题解决服务，有时会比向外部资源转介效率更高，效果更好。除非EAP在设计上允许或者合同中另有规定，EAP专业人员严禁提供超出其专业能力或执业许可范围之外的服务，否则需承担经济赔偿责任。

进程监控

标准

EAP应该审查和监控转介的进程。其中包括帮助那些因为接受治疗而离岗的员工重新融入工作环境。

目的

EAP在对转介的进程进行审查和监控时具有独特的地位，这还包括确保服务质量，为治疗专家、员工主管和员工提供持续的支持，帮助因接受治疗而离岗的员工重新融入工作环境。进程监控与重返岗位的过程视员工的个体需要而各不相同。

跟进服务

标准

EAP向员工、相关家庭成员、主管、工会人员以及组织提供跟进服务，以监控对个体问题的解决，帮助提高工作绩效。

目的

跟进服务的有效性可以提高 EAP 的信誉，确保对问题的及时解决。通过提供持续的跟进服务，充分体现 EAP 对员工身心健康与组织健康的承诺。

培训

标准

EAP 应对员工主管、管理层和工会人员进行培训，使其知晓 EAP 的工作目标、了解对那些受问题困扰而影响工作的员工实施转介的程序，充分认识 EAP 对于组织的影响。

培训应涵盖以下内容：

1. 了解 EAP

- 员工身心健康对工作绩效的影响
- 管理被问题困扰的员工

2. 咨询服务

- 识别员工的求助需求
- 向 EAP 转介的方法

3. EAP 的实施

- EAP 与员工行为的关系
- 保密
- 重新融入工作环境
- 符合规定的药物检测与培训的关系

EAP 要求参加培训的人员在课程结束后以书面形式提供对培训的反馈信息。

目的

定期的、有计划的培训课程有助于受训人员在问题的早期识别、干预措施以及适当的转介方面形成正确认识。

针对员工主管与工会人员的咨询

标准

EAP 专业人士应向员工主管和工会代表提供个人咨询服务，咨询内容涉及如何管理那些存在工作绩效下降问题和其他行为或医疗问题的员工，以及如何适时、恰当地将这些员工转介至 EAP 接受服务。

目的

咨询的目的是为了确保 EAP 专业人员能够向负责监管工作绩效的主管提供技术支持和策略性建议，针对问题员工的具体情况采取适宜的措施。

针对组织的咨询

标准

当组织的发展以及一些重大事件影响到员工的身心健康时，EAP 既要做到未雨绸缪，又要有积极应对的方案；并在其专业能力范围内为组织提供咨询服务。

目的

确保 EAP 工作在组织发展中具有不可替代的作用。当组织面临来自内外部的发展与变革时，EAP 专业人员可为组织团队提供有价值的认知视角。

计划推广

标准

EAP 应广泛使用宣传材料和举办宣传活动，鼓励员工主管、工会代表、同行、员工以及相关的家庭成员使用 EAP。

目的

EAP 必须为员工所充分认识，要从积极的角度鼓励组织成员充分利用 EAP 的服务。应大力推广 EAP 工作，并将其推广到组织的所有层面。

教育

标准

有关 EAP 及其服务内容的信息应是新员工岗前培训和员工持续教育的重要内容。

目标

员工教育是 EAP 工作的基本内容，重点是基础预防和自我保健。常规的教育内容应包括如何增进或提高员工对于影响个人身心健康和工作绩效等因素的认知能力。

部门联动

内部组织活动

标准

EAP 应在组织层面上开展工作，只有与各职能部门的联手才能够产生最佳效果。EAP 要与组织内部的各部门和委员会之间建立工作关系，这包括：

- 人力资源（人事部门）
- 福利部门
- 安监部门
- 就业机会平等保障部门
- 医疗部门
- 安保部门
- 风险管理部门
- 法律部门
- 培训部门
- 组织发展部门
- 员工关系部门
- 工会

目的

EAP 只有在与组织内部的各项活动充分结合时，才能发挥其最大作用。各部门的积极参与、密切协作，能够促进员工对 EAP 的认知度，提升 EAP 的影响力。组织内部的各部门联动可以使 EAP 的效果最大化，并可减少潜在的责任不清的风险。在应对组织动力的变化方面，适应性十分重要。

外部社区组织与资源

标准

EAP应该与外部的卫生保健系统以及其他社区资源建立并保持合作关系，并借助这些资源提供与EAP相关的服务。

目的

充分了解所在社区的转介和保障资源，并与之保持良好的工作关系，将会使EAP的作用发挥至最大。

专业组织

标准

EAP从业者可以通过加入某个或多个像EAP协会这样的EAP专业组织、参加培训和（或）继续教育项目、与其他EAP专业人士保持经常联系等方式，更新自己的专业知识。

目的

提升EAP从业者的知识与技能，并确保其了解EAP服务领域的新发展与新技术。

评估

标准

EAP应对其内部运作的适宜性、实际效果和效率进行评估。无论是对实施过程的评估还是对实际效果的评估，都应该明确提出可加以测量的具体目标。

目的

要对EAP做出有意义的评估，就必须首先制订出可测量的计划目标和数据采集方案，这些工作应当在项目规划的初期就着手开展。

可测量的目标不仅能够指导EAP的具体操作，还可以帮助组织对计划的进展与有效性加以判定，从而明确是否需要对计划做出修改。应定期检查各目标的完成步骤，以确保目标的实现。

应定期采集和分析用以衡量EAP有效性的数据，以评估每个具体目标的完成进度。用于评估的数据应包括以下要素：

- 设计的有效性
- 实施情况
- 经营与管理
- 计划完成情况
- 直接服务
- 部门联动

对于EAP日常运作情况的审查不必考虑其对组织的整体影响，其实际效果如何将会根据组织的需要再做评估。

不难看出，这些标准相当具体与严格，这种设计显然是为了对其特定的基本客户群提供最为优质的服务。

总结性评论

可以预见，未来的几十年内，EAP 仍将会以行之有效的服务方式在工商业领域中发挥着不可或缺的人文关怀作用。EAP 之所以能够继续发挥其积极作用，是因为① EAP 从业者的专业化水平不断提升，② EAP 的规划与操作标准不断完善。EAP 的这些运作方式，将会产生一个共赢的局面，工会、管理层，特别是企业员工，都将成为最后的赢家。

参考文献

Beauchamp, T. L., & Childress, J. F. (1983). *Principles of biomedical ethics.* Oxford: Oxford University Press.

Davis, A., & Yasak, D. (1996). Supporting a colleague in ethical conflict: Resolving problems of common sense. *Journal of Applied Rehabilitation Counseling, 27* (3), 11–16.

Emener, W. G., & Cottone, R. R. (1989). Professionalization, deprofessionalization, and reprofessionalization of rehabilitation counseling according to criteria of professions. *Journal of Counseling and Development, 67,* 576–581.

第二十六章

EAP 涉及的关键法律问题

Randy K Otto
John Petrila

无论以何种方式提供服务，从事医疗保健工作的专业人员都要遵守相关的法律、职业伦理以及行业标准。本章将简要探讨那些与从事EAP 工作的医疗保健专业人员最为相关的法律问题与伦理问题。与行业标准和职业伦理不同，不同司法管辖区的法规各不相同，本章在此不能一一尽述美国各州与 EAP 相关的所有法律。我们要强调的是，EAP 从业者应该充分了解其所在司法管辖区的相关法规。本章首先简要讨论 EAP 从业者担任的角色问题，而 EAP 从业者的角色问题是导致他们遭遇法律问题和伦理问题的关键因素。本章还将探讨 EAP 从业者有可能面临的一系列现实问题，其中包括知情同意、保密、药物检测、治疗失当和执业行为投诉等问题。本章还将在结尾处对 EAP 工作遇到的新问题做一个简要讨论，这涉及药物检测、基因检测和《美国残疾人法》。由于篇幅所限，这些讨论只能尽可能简明，但目的却是要引起 EAP 从业者对这些基本法律问题和伦理问题的关注。有意对这些问题进行更深了解和探讨的 EAP 从业者可查阅相关的参考文献。此外，那些在执业过程中遇到具体法律问题或伦理问题的 EAP 从业者也可以去咨询该领域的专业律师或相应的资格认证委员会。

角色的界定

在为企业员工和雇主提供服务时，EAP 从业者应明确并把握好自己的角色，这一点的重要性是怎样强调都不过分的。这是因为 EAP 从业者与劳资双方之间的相互关系决定着各方应该履行的法律义务和伦理责任。如果不了解在为劳资双方提供服务时应扮演什么角色和承担什么责任，EAP 从业者就将很难履行其法律义务和伦理义务，而且还会导致 EAP 从业者与接受服务的各方产生沟通上的混乱。尽早明确各自的角色，并就此与各方达成共识，将为后续的交流与服务工作奠定基础。若对自身角色的认识不清或承担着多重角色，EAP 从业者就会面对复杂的局面，各种问题都可能出现。

担任员工治疗者的 EAP 从业者

在 EAP 从业者为员工提供的服务中，心理治疗占了大多数，这也是员工的一项工作福利[1]。在这种服务中，EAP 从业者扮演的是员工的治疗者。由于这种工作关系的主要目的在于改善员工的情绪、行为（或身体健康）以及适应能力，使员工最终能够适应工作岗位和提高工作效率；因此，传统的咨访关系中的所有法律与伦理职责都可应用于这种关系。一旦EAP从业者与员工建立了这种治疗关系，像知情同意、保密权和保密特权这类的法律和（或）伦理规则都将适用于这种关系；尽管在某些特定情况下，保密原则的落实可能会存在一定问题——这些内容将留待后面详细讨论。治疗服务作为员工的一项福利，是由雇主授权的，是应雇主的要求作为雇用员工的条件而提供的；或者说是由雇主支付费用的，但这并不影响EAP从业者对员工客户所承担的义务，并对其充分负责。

担任雇主咨询顾问和评估专家的EAP从业者

EAP从业者有时从事的工作并不是为员工提供治疗，而是担任公司的咨询顾问。在这种情况下，雇主通常会要求EAP专业人员对员工的行为、情绪和（或）生理状况进行评估，并说明这种状况对员工的工作能力有何影响。此时的评估工作就是为了将有关员工状况的信息提供给雇主，而这些评估信息将关乎雇主对员工的雇用。在从事这项工作时，EAP专业人员的评估可能会涉及员工补偿金、短期或长期伤残、岗位适应能力等问题（关于这部分的综述与讨论详见Oher，1999）。此时的EAP从业者与员工之间就不是咨访关系，诸多涉及咨访关系的伦理和（或）法律责任（如保密权和保密特权）在此并不适用，或者只需承担有限的责任。由于评估工作是根据雇主的要求而实施的，从评估中获取的任何信息都将被提供给雇主，以帮助其制订涉及员工的决策。在这种服务关系中，真正的客户是雇主，而不是员工。特别需要指出的是，由于许多人总是理所当然地认为EAP的医疗保健人员所提供的服务都应该是涉及保密和专有权利的治疗服务，所以在开展这类工作时，重要的是让员工们清楚，这种非治疗关系在本质上不同于人们所熟悉的那种传统意义上的治疗关系。

多重角色、混合角色与角色混淆

EAP从业者在为员工提供治疗服务的同时又担任着雇主的咨询顾问或评估专家（同时担任或先后担任），这时候最容易发生问题，或者说他们很难厘清这两种不同角色的界限（Greenberg & Shuman，1997）[2]。当雇主与员工对于EAP从业者的期望相互冲突，而EAP从业者又必须根据其不同的角色履行不同的义务和责任时，麻烦就产生了。

有些EAP从业者会应雇主的要求，既为员工提供治疗服务，同时又要对员工的岗位适应能力、工伤补偿、短期或长期的伤残状况实施评估，以帮助雇主做出雇用员工的决策。EAP从业者在从事其中任何一种服务时，若针对的是不同的员工，则不会构成什么问题。假如只担任一种角色（治疗者或者咨询顾问和评估专家），并且对自己的角色有明确的认识，一般也不会遇到什么困难。对那些既为员工提供治疗，同时又担任雇主的咨询顾问或评估专家的EAP从业者而言，最为重要的是，要让雇主和所有员工了解自己在提供不同服务时有不同的角色职责。EAP从业者在提供不同服务时会采取不同的工作方式，雇主有时未必十分清楚这种角色上的差异，有可能会简单地将这种差异理解为EAP工作者行为的前后不一致，或者认为是其出于某些原因而不愿意提供帮助。因此，严格遵守有关多重角色的伦理准则，对

EAP 从业者来说显得尤为重要。

知情同意

知情同意是一种源于自主原则的伦理与法律规则，是为了确保个体在知情的前提下对是否接受评估和治疗做出决定（Appelbaum，Lidz & Meisel，1987；Melton，Petrila，Poythress & Slobogin，1997）。知情同意必须基于知情、有决定能力和自愿的原则。在开始实施任何评估或治疗之前，EAP 从业者务必确保个体已了解此项干预活动的性质与目的，其中包括可能的获益与潜在的风险。因此，EAP 从业者必须向员工提供有关评估或者治疗的必要信息，包括所有可供选择的备选方案、可能的获益与潜在的风险以及采取其他方案将产生的后果等。员工接受评估或者治疗必须基于自愿，而不能被强迫。因此，必须是自由地选择参与评估或者接受治疗。从知情同意的目的来看，假定雇主出于善意的理由和用意要求员工接受评估或者治疗，并以此作为雇用的条件，这种做法并不会被看做是违背了自愿原则。此外，员工必须有能力对是否接受评估或者治疗做出决定。也就是说员工必须有能力对各种不同的选择加以考量，对各种选择的相关信息加以权衡和比较（更为详细的讨论见 Grisso & Appelbaum，1999）。这就要求 EAP 从业者必须充分考虑员工是否具有做决定和理解相关信息的能力。不应该对那些选择能力严重受损的员工实施评估或者治疗。在过去的几年里，针对知情同意能力的研究，特别是针对（但不仅限于）精神疾病与选择能力之间关系的研究大量涌现（见 Grisso & Appelbaum，1998；Berg，Appelbaum，Lidz &Parker，2001；Stiles，Poythress，Hall，Falkenbach & Williams，2001）。

隐私权、保密权和保密特权

美国人对于隐私权的重视反映在规范卫生保健工作的法规之中，全美各州都制订了以不同方式保护医疗保健记录隐私权的法规。几乎在所有的州，有关医疗保健记录隐私权的立法主要都是针对服务提供商、各类机构以及一些特定情况（如 HIV 和其他传染疾病，还有精神障碍）。然而，这一立法过程往往是零敲碎打和无条理的，有时甚至缺乏内在的一致性。自 1999 年起，仅有两个州就医疗保健记录隐私权问题制订了完整详细的法规（Pritts，Goldman，Hudson，Berenson & Hadley，1999）。此外，不仅各州之间的法律互不相同，甚至与联邦的法律也不一致（Petrila，2000）。下面所要讨论的隐私权问题就与 EAP 从业者提供的服务有关，其中包括美国国会制订的《美国健康保险流通与责任法案》（Health Insurance Accountability and Portability Act,HIPAA），该法案明确了保护医疗保健信息的国家最低标准。

保密权

保密权被视为医疗保健专业人员的伦理与法律义务，是指要保护在与客户交流过程中所涉及的隐私与秘密。所有规范医疗保健服务的法律以及与此相关的伦理原则，都要求对治疗过程中与客户交流的信息保守秘密（某些情况除外）。因此，与员工存在治疗关系的 EAP 从业者应履行对员工提供的所有信息保密的义务。某些情况除外，随后将对此进行讨论（见瓦迪曼起诉福特汽车公司案，1997；罗杰斯起诉 CHM2 HILL 案，1998）。相反，应雇主的要求负责对员工补偿、伤残情况或岗位适应能力进行评估的EAP从业者，对于评估过程中所获得的信息不必履行保密义务，至少可以向雇主提供这些信息。当然，EAP从业者依然有义务尊重员工的隐私权，不得向雇主以外的其他人提供这些信息。此外，无论从事治疗服务还是担任雇主的咨询顾问，EAP从业者都必须向员工说明保密义务的适用范围。

医疗保健人员必须同时遵守所在州有关保密权的法规和联邦法规。如前所述，各州法律关于保密权的界定以及责任范围各不相同，EAP从业者必须遵守其执业所在州的保密法规。隶属不同司法管辖区的所有EAP从业者都必须遵守联邦法律中关于医疗保健记录保密权的相关规定。

1. 各州关于医疗保健记录保密的法律

对于保密权的保护责任以及在法律上的认识并不是绝对的。伦理准则或法律为保密权提供的基本保障在特定情况下就有可能或者说必须破例。最为常见的特例就是客户明确地放弃保密权、指示从业人员向第三方提供涉密信息。严格说来，在这种情况下，就不应该被视为“违反”保密规定，因为这是应客户的要求并且被客户所允许的。

各州的法律都要求医疗保健人员如遇到对儿童实施虐待、疏于照顾或遗弃等可疑行为时，可以为了举报而不遵守保密法规（Gostin，1995；Kalichmaii，1999）。有些州还扩大了破例的范围，把这种破例举报的范围扩展到了其他的群体，如遇对成年残疾人和老年人等弱势群体实施上述侵害者，也可以破例举报（见美国佛罗里达州法规415.102和39.201）。

当医疗保健人员在怀疑其客户或患者有伤害第三方的危险时是否需要违反保密法规，各司法管辖区对此有着不同的规定。有些州就允许医疗保健人员违反保密法规，以保护第三方不受伤害（例如在美国加利福尼亚州，见塔拉索夫诉加利福尼亚大学董事会案，1976），而有些州虽然允许，但禁止心理健康从业者这样做（如美国佛罗里达州，见Petrila & Otto，待出版）。因此，为员工提供治疗服务的EAP从业者必须了解所在司法管辖区的“保护职责”，这包括当地法律是要求或者允许采取特殊行动（如发出警告或通知可能受伤害的人），还是只能采取更为一般的行动（如采取措施保护可能的受害者，而不是向可能的受害者发出警告）。

2. 联邦关于医疗保健记录保密的法律

1996年，美国国会颁布了《美国健康保险流通与责任法案》（美国联邦法规第45章中的第160节和第164节），该法案制订了保护医疗保健信息隐私权的国家标准。但是，相比于各州的法律，它并无多大价值，因为各州的法律都比它更具有保护性。对于各州来说，州的法律始终是占主导地位的。换句话说，《美国健康保险流通与责任法案》只是制订了保护医疗保健信息隐私权的最低标准，而各州有权自主制订更为严格的标准。

《美国健康保险流通与责任法案》要求医疗保健人员告知患者所享有的隐私权、采取有效措施保护医疗保健记录的私密性、培训员工了解并能够运用保护隐私权的具体程序、指定一名员工专门负责监督记录内容的保密问题，确保患者信息记录的隐私权得到切实保护。该法案不禁止出于治疗目的并经客户授权或经其他法规授权或要求，向另外的医疗保健人员披露信息。该法案有关隐私权的规定于 2001 年 4 月生效，但直至 2003 年 4 月，大多数医疗保健服务提供方才开始被强制执行。尽管有人对该法案有关隐私权的规定持批评态度，但它仍被许多人视为保护患者信息隐私权的一项重要立法（Scott，2000）。

早在《美国健康保险流通与责任法案》颁布之前，美国国会就已经制订了联邦法规，用以保护在“联邦戒酒戒毒救助计划”中接受治疗的个人的隐私权（美国联邦法规第 42 章中的第 2.1 节和第 2.67 节）。那些接受戒酒、戒毒治疗人员的医疗保健记录应如何保密，这些法规明确了该保密权的性质和适用范围，并推行至美国所有各州和联邦司法管辖区内的所有医疗保健从业者。此外，该联邦法案还规定，那些接受戒酒和（或）戒毒治疗的个体的治疗记录属于个人隐私，只在非常有限的情况下才能被披露。这种特殊情况包括：患者出具书面的知情同意书；在需进行医疗急救的情况下向医护人员提供相关信息；出于研究和项目评估的目的（所提供的信息不能暴露患者身份）；当法院履行了规定的程序后而发出合法指令；或者是为了举报虐待儿童的案件。该法规还要求提供治疗服务者向患者出具一份有关保密权利的简要说明。

保密特权

保密特权是指司法诉讼过程中对于个人隐私保密的法定权利，即受保护的资料不得在诉讼程序中被作为证据披露。虽然享有保密特权的交流信息在法律诉讼程序中受到保护、不得被披露，但不享有该特权的交流信息在法律诉讼中则不受保护。在美国的许多州，医疗保健人员与客户或患者之间的交流信息都享有保密特权（Shuman，2000；Shuman & Wiener，1982）。一些保密特权的内容十分具体（如“内科医生－患者”保密特权），而有些则更为宽泛（如“心理医生－患者”保密特权）。例如，匹茨等人（Pitts et al.，1999）在针对隐私法的一项调查中报告说，有 37 个州的法律规定了某种形式的心理医生－患者保密特权，33 个州规定了某种“医生－患者”保密特权，14 个州规定了“社会福利工作者－患者”保密特权，此外还有 8 个州规定了“受害者及性侵害咨询师－患者”保密特权。

即使都制订了保密特权法，各州对保密特权的界定也各不相同。例如，在有些司法管辖区内，关于保密特权的例外情况就包括客户放弃保密特权、在诉讼过程中提出精神障碍问题、对治疗人员提出执业资质投诉或法律诉讼，或者客户就是该诉讼程序的主体等。因此，EAP 从业者熟悉所在司法管辖区的保密特权法规是十分重要的。

在杰夫起诉雷德蒙德的案例中（1996），美国最高法院裁定，根据《联邦证据法规》第 501 条，联邦法院承认旨在保护心理咨询师与患者之间交流信息的“心理医生－患者”保密特权。特别令人感兴趣的是，本案例涉及了社会福利工作者通过 EAP 提供临床服务（Beyer，2000）。虽然最高法院承认了联邦保密特权，却未专门规定保密特权适用于 EAP，而是由法院裁定心理医生享有保密特权。长期以来，美国联邦最高法院都将对保密特权的确切解释权限留给了法院，包括例外情况的裁决（Svetanics，1997；Klein，1998；有关联邦案例法对最高法院关于杰夫案裁决的解释与实践综述，包括对保密特权的运用及例外情况的讨论请见 Nielsen，1997，Poulin，1998；Nelken，2000；Aronson，2001；）。

在杰夫案例之后，一些相关案例为法院如何解释涉及 EAP 的“心理医生－患者”保密特权提供了新的视角。在奥莱斯克起诉州赔偿保险基金案例中（2001），美国第九巡回上诉法院将杰夫案例中所阐明的“心理医生－患者”保密特权扩展至没有执照的 EAP 咨询师。在格利特起诉扎戈洛奇的案例中（1996），某联邦地区法院允许将“心理医生－患者”保密特权扩展至警察局的 EAP，而该局的服务提供者是没有接受过专业培训的警察同行。

隐私权、保密权、保密特权和知情同意权

根据前面对知情同意问题的讨论我们了解到，EAP 从业者在与员工建立任何专业服务关系之前，都应向员工告知关于保密和保密特权的性质、内容以及适用范围，这是知情同意规则的一个组成部分。此外，联邦法规也要求医疗保健人员告知客户所享有的隐私权和保密权（见关于《美国健康保险流通与责任法案》的讨论及前面提到的《联邦法规》第 42 章中的第 2.1 节和第 2.67 节）。当然，因为 EAP 从业者所在的司法管辖区具体规定不同，适用于 EAP 从业者的伦理原则不同，EAP 从业者与员工的关系性质不同（如 EAP 从业者是担任治疗师还是企业咨询和评估顾问）；所以对保密权限的界定也就不同。

责任与职业惩处

未能按照职业标准履职的 EAP 从业者将会受到以下三类中的一类制裁：因渎职而受到民事法庭的指控；被负责监督 EAP 从业者执业行为的专业董事会施以纪律处罚；EAP 从业者所隶属的任一专业组织采取任何诉讼程序对其行为实施惩处。

渎职

渎职属于民事侵权行为，即医疗保健人员因行为违背了某一特定职业的行为标准，或因疏忽而对他人造成人身伤害，当事人（诉讼原告）对此提出索赔（Petrila & Otto，待出版）。原告可以要求被指控的专业人员因渎职而对其造成的损失进行赔偿。从事医疗保健工作的 EAP 从业者在任何情况下都应履行其对客户的义务与职责，这些职责的内容依具体的专业要求不同而不同，同时也取决于从业者与客户之间服务关系的性质以及程度。在此需要指出的是，只有极少数与 EAP 从业者有关的责任事故被报告。这反映出一个事实，即多数涉及心理健康和医疗保健专业人员的渎职诉讼案件都发生在 EAP 以外的其他服务机构。

在瑞奇起诉普莱斯和南方贝尔电话电报公司的案例中（1993），美国北卡罗莱纳州上诉法庭维持初审法院对被告的即决判决（即未经过法庭全面审判的裁决）。在此案中，被告普莱斯负责实施由原告雇主购买的 EAP 服务，但却未取得医疗保健服务的执业资格。原告指控称，她曾在普莱斯处寻求咨询，后被转介给一位精神科医生，在此期间原告酗酒、吸毒，并和普莱斯发生了性关系。由于被告的职业性质

不明确，上诉法庭维持初审法庭对被告所做出的即决判决，裁定原告针对被告“职业渎职”的指控不成立。

EAP从业者有可能成为有关渎职诉讼中的被告，也有可能会作为原告或者被告的鉴定证人而向法庭提供咨询意见和证据。作为鉴定证人，EAP从业者有可能会为以下几种情况举证：①确认某一案例的医护标准；②鉴别作为原告的医疗保健人员是遵守或是违反了护理标准；③鉴定原告受伤害的性质和程度（如果受到伤害的话）；④评价被告的职业行为与原告所受伤害之间的关联性，以及针对被告所受伤害需采取的治疗方式。

通常，精神科医生和非医学背景的心理健康专家因渎职而被起诉的几率远远低于内科医生（Simon，2001）。一份关于各州和联邦上诉法院的案件汇总分析表明，EAP从业者所涉的诉讼案件很少，但如前所述，EAP专业人员理应严格恪守其行业或职业的工作标准。为避免出现与渎职有关的医疗纠纷，读者应该了解这类纠纷的各种构成要素。

医疗纠纷的构成要素。原告对渎职行为提出起诉时，必须要证明：①由于职业关系，从业者对原告需履行医护职责；②从业者不能坚持履行现行职业标准，因而未能尽到医护职责；③从业者的不当行为导致原告遭受伤害；④从业者的行为是导致原告受伤害的直接原因。

原告必须提供强有力的证据来证明被告未能执行现行的医护标准，而这种失职行为是导致被告受伤害的直接原因。一个医疗保健工作者应遵守什么样的医护职业标准，应该与其从事的医护任务、技能要求、治疗方式及其特定的工作环境相一致，这必须由与被告职业相同的专业人员加以审慎确认，并为同行所认可。仅就伤害本身而言，并不能就此推断或者假设是由医疗保健人员的失职造成的。

专家举证。尽管在审理渎职案时通常都要求对该渎职行为进行举证，但法庭在能够对违反医护标准行为作出常识性或基本判断时，一般不需要专家举证。

执业违规投诉

EAP客户以及其他人等均可以向负责监管EAP从业者（如提供心理、医疗、社会福利和护理服务）的各州委员会投诉其不合格的执业行为。虽然各专业委员会在性质、机构组成和运作等方面因司法管辖区的不同而各不相同，但他们都有责任和义务保护公众免受EAP从业者违规行为的伤害。

有时执业违规行为和渎职行为可能会被同时起诉，但向资格认证委员会提出执业违规投诉的程序与起诉渎职行为的程序在许多重要方面有着本质的不同。执业违规投诉的程序易于操作，投诉者不需要法律协助和代理。相反，几乎所有的渎职诉讼都需要原告的律师代理出庭。与渎职诉讼不同，执业违规案的投诉方不需要证明客户因这种违规行为遭受的伤害；只需证明从业者没有执行恰当的医护标准，或者是以其他方式违反了依据该行业法规制订的标准。法官或陪审团负责确定该从业者的行为是否符合渎职行为的各个构成要素，而执业违规行为的投诉则由相关的专业委员会做出裁决，当然，这一裁决最终也可以上诉至法院。在确认该从业者未能执行规定的职业标准时，专业委员会可采取一系列的制裁措施，包括发送劝告函或谴责函、处以罚金、要求接受补习培训或教育，或限制从业，多数违规严重者将会被吊销执业资格证书。

专业组织实施处罚

EAP 专业人员所隶属的专业组织也可以对未遵守该组织颁布的专业标准或伦理原则的成员实施处罚。不同的组织在投诉与审查程序上各不相同，其处罚形式也有限（如通报批评、发送劝告函或取消会员资格等）。但是该类处罚可能会与执业资格或渎职诉讼有关联，并会对其产生影响。

新问题：检测与《美国残疾人法》

EAP 从业者至少会或多或少地接触到职场检测问题，特别是药物检测。美国越来越多的州允许在工作场所内实施药物检测，除了少数随机抽检的个别情况外，法院一直以来也青睐药物检测（Wefing，2000）。美国各州通过立法使这类检测合法化，并设定了一些实施检测的条件。例如，美国阿拉斯加州的立法（参照犹他州和亚利桑那州等地的做法）就要求雇主制订并向员工发放书面介绍：至少在实施药检的前 30 天向员工说明该检测的用途；描述可能被检测的员工的情况；确定药检时间；说明药检的内容；介绍拟采用的药检方法；阐明拒绝参加药检的后果；告知根据检测结果可能采取的于其不利的人事处罚；向员工解释对检测结果享有的权利；明确员工对阳性测试结果享有的解释权和保密权；申明雇主关于保密权的规定（Zarou，1999）。如果雇主遵守了相关规程，就会受到广泛的保护，使其免受因药物检测所引发的诉讼之扰。而该类法规对隐私权的日益重视也使得员工从中获益匪浅，同时还可以在无毒品的工作环境中更加安全、健康地工作。

基因检测是人们日益关注的另一焦点。与药物检测所产生的积极的公众反应相反，人们对基因检测多持怀疑和不信任的态度。近几年来，越来越多的雇主开始使用遗传信息技术。一份最近的研究摘要指出，雇主已经开始使用筛查方法来检查员工对于各种疾病的遗传倾向，以规避各类健康风险，这包括与吸烟有关的各类疾病、生殖障碍、艾滋病，吸毒以及某些生物学特质（Draper，1999）。尽管这类检测会引发一些严重问题，包括科学、伦理和法律方面的问题，但愿意尝试运用遗传信息技术来做职场人事决策的人似乎越来越多，而非有所减少（Draper，1999）。

EAP 从业者可以通过几种方式涉入检测问题。第一，EAP 从业者可以建议在得到授权批准的情况下进行药物检测；第二，EAP 从业者可以呼吁针对药物检测的结果提供治疗服务。所以，EAP 从业者有责任了解其所在司法管辖区关于在工作场所实施药物检测的法规。在实施药物检测时，EAP 从业者还要了解，自己所承担的是面向员工的治疗师角色？还是为雇主提供咨询建议的专家角色。并且要向他们说明自己所承担角色的职责范围，这一点至关重要。使用遗传信息技术也许会在未来引发一些问题，对于许多从事 EAP 工作的人来说，随着这些问题的快速产生，掌握与此相关的知识就会变得日益重要。

如今，大多数 EAP 从业者都对《美国残疾人法》非常熟悉。《美国残疾人法》于 1992 年生效，该法在各个领域（包括就业）都禁止歧视残疾人。《美国残疾人法》还要求雇主向残疾员工提供“适当的工作环境”，使其能够从事在一般工作场所无法完成的工作。

EAP从业者也可能会以各种方式处理残疾人问题。例如，雇主有可能会要求EAP从业者鉴定某员工是否患有法律意义上的残疾；为残疾员工提供治疗服务；或者为雇主提供咨询，例如在某一案例中，明确什么样的工作场所算是“适当的工作环境”。

近几年来，在《美国残疾人法》实施方面最为重要的变化，就是美国最高法院不断缩小其适用范围的趋势。法院所做的不仅仅是缩小了“残疾”的界定范围。例如，在最近发生的丰田汽车制造公司起诉威廉姆斯的案例中（2002），法院在裁定是否构成伤残时（在本案中为腕管神经综合征），裁决者不是根据该伤残对个体工作能力的影响，而是根据伤残对其日常生活能力的影响作出裁定的，如个体的卫生情况、家务劳动及其他类似活动。本案的裁决以及最近其他一些案件的判决，使得员工在诉讼过程中要证明自己的伤残变得更加困难（Petrila，2002）。EAP从业者要了解这一趋势，并对《美国残疾人法》在为残疾人提供治疗和评估方面可能产生的影响有一个基本认识。

总结

综上所述，EAP从业者应解决的关键问题是其在某案例中所承担的角色。如果是担任员工的治疗专家，那么其基本职责就是要对员工负责，要充分履行一个医疗保健专业人士对于员工应尽的义务。如果是担任雇主的咨询顾问，EAP从业者所要遵守的规则将会非常不同，特别是涉及为从员工那里获得的信息保密的问题。在以上两种情况下，EAP从业者从一开始就应该向员工说明自己所担任的角色，以及该角色所应履行的职责。

EAP从业者的职业特点要求从业者的活动必须受到本行业执业规则的约束。尽管EAP机构及其工作人员因渎职而被提起诉讼的很少，但行业资格认证委员会的监管还是颇具影响力的。

EAP从业者可能会遇到的各种法律问题和伦理问题，本章所讨论的只是一部分；但在我们看来这些问题却是执业实践的核心问题。如果EAP从业者都能够依据现行的职业标准开展工作，行为符合常识，并对潜在的角色冲突保持敏感，就会相对地远离诉讼之扰。与此同时，EAP从业者至少应对规范其执业行为的相关法律和伦理原则有着基本的了解，这一点至关重要。若想对某些专题进行深入详细的探讨，后面参考文献中所列的资料是极有助益的。

注释

1. 为了方便讨论，EAP从业者将员工转介给第三方治疗，也应该被看做是EAP从业者提供的服务，因而仍符合“治疗者 - 员工”关系，其目的都是为了促进治疗。

2. 我们承认，EAP从业者在为员工和雇主提供服务时所承担的角色是多样的（例如，有时还可以担任教育者），本章并未对这些角色逐一尽述。但我们相信这里所阐明并加以讨论的都是最基本的角色，也是最容易在履行职责中出现问题的角色。

参考文献

Aaronson, R. H. (2001). The mental health provider privilege in the wake of *Jaffe v. Redmond. Oklahoma Law Review, 54,* 591–621.

Appelbaum, P., Lidz, C., & Meisel, A. (1987). *Informed consent: legal theory and clinical practice.* New York: Oxford Press.

Berg, J. W., Appelbaum, P., Lidz, C. W., & Parker, L. S. (2001). *Informed consent: Legal theory and clinical practice* (second edition). New York: Oxford Press.

Beyer, K. (2000). First person: *Jaffe v. Redmond* therapist speaks. *The American Psychoanalyst, 34* (3), 1–4.

Draper, E. (1999). The screening of America: The social and legal framework of employers' use of genetic information. *Berkeley Journal of Employment & Labor Law, 20,* 286–324.

Florida Statutes, 14 Fla. Stat. Ann. S. 415.102(1)(West 2002).

Florida Statutes, 14 Fla. Stat. Ann. S. 39.201(1) (West 2002).

Gostin, L. (1995). Health information privacy. *Cornell Law Review, 80,* 451–528.

Greenberg, S. A., & Shuman, D. W. (1997). Irreconcilable role conflict between therapeutic and forensic roles. *Professional Psychology: Research and Practice, 28,* 50–57.

Greet v. Zagrocki (1996 U.S. Dist LEXIS 18635, U.S. District Court for the Eastern District of PA).

Grisso, T., & Appelbaum, P. S. (1998). *Assessing competence to consent to treatment: A guide for physicians and other health professionals.* New York: Oxford.

Jaffe v. Redmond, 518 US 1, 116 S. Ct. 1923, (1996).

Kalichman, S. (1999). *Mandated reporting of suspected child abuse: Ethics, law and policy* (2nd edition). Washington, DC: American Psychological Association.

Klein, J. S. (1998). Note: "I'm your therapist, you can tell me anything": The Supreme Court confirms the psychotherapist-patient privilege in *Jaffe v. Redmond. Depaul Law Review, 47,* 701–726.

Melton, G. B., Petrila, J., Poythress, N., & Slobogin, C. (1997). *Psychological evaluations for the courts: A handbook for mental health professionals and lawyers.* New York: Guilford.

Nelken, M. L. (2000). The limits of privilege: The developing score of federal psychotherapist-patient privilege law. *Review of Litigation, 20,* 1–27.

Nielsen, W. J. (1997). Note: Privileged communications–The psychotherapist-patient privilege as adopted in the federal courts includes not only communications to licensed psychiatrists and psychologist, but also all communications to licensed social workers in the course of psychotherapy–*Jaffe v. Redmond. Seton Hall Law review, 27,* 1123–1141.

Oher, J. M. (Ed.) (1999). *The employee assistance handbook.* New York: Wiley.

Oleszko v. State Compensation Insurance Fund, 243 F.3d 1154 (9th Cir. 2001).

Petrila, J. (2000). Legal and ethical issues in protecting the privacy of behavioral healthcare information. In Gates, J. & Arons, B. (2000). *Privacy and confidentiality in mental health care.* Baltimore: Brookes.

Petrila, J. (2002). The U.S. Supreme Court narrows the definition of disability under the Americans with Disabilities Act. *Psychiatric Services, 53,* 797–798, 801.

Petrila, J., & Otto, R. K. (In press). *Law and mental health professionals: Florida* (2nd edition). Washington, DC: American Psychological Association.

Pitts, J., Goldman, J., Hudson, Z., Berenson, A., & Hadley, E. (1999). *The state of health privacy: An uneven terrain. A comprehensive survey of state health privacy statutes.* Washington, DC: Health Privacy Project, Institute for Health Care Research and Policy, Georgetown University. Available at www.healthprivacy.org/resources.

Poulin, A. B. (1998). The psychotherapist-patient privilege after *Jaffe v. Redmond:* Where do we go from here? *Washington University Law Quarterly, 76,* 1341–1382.

Reich v. Price and Southern Bell Telephone and Telegraph Company, 429 S.E.2d 372 (1993, NC App).

Rogers v. CH2M Hill, 18 F.Supp.2d 1328 (1998, Middle District of Alabama, Northern Division).

Scott, C. (2000). Is too much privacy bad for your health? An introduction to the law, ethics, and HIPAA rule on medical privacy. *Georgia State University Law Review, 17,* 481–505.

Shuman, D. (2000). *Psychiatric and psychological evidence* (2nd edition). Minneapolis, MN: West Group.

Shuman, D., & Weiner, B. (1982). The privilege study: An empirical examination of the psychotherapist-patient privilege. *North Carolina Law Review, 60,* 893–915.

Simon, R. I. (2001). *Concise guide to psychiatry and law for clinicians.* Washington, DC: American Psychiatric Press.

Stiles, P., Poythress, N., Hall, A., Falkenbach, D., & Williams, R. (2001). Improving understanding of research consent disclosures among persons with mental illness. *Psychiatric Services, 52,* 780–785.

Svetanics, M. L. (1997). Note: Beyond "reason and experience": The Supreme Court adopts a broad psychotherapist-patient privilege in *Jaffe v. Redmond. St. Louis University Law Journal, 41,* 719–739.

Tarasoff v. Regents of the University of California, 529 P.2d 533 (vacated) 551 P.2d 334 (1976).

Toyota Motor Manufacturing, Kentucky v. Williams, 122 S. Ct.

681 (2002).
Vardiman v. Ford Motor Company, 981 F.Supp. 1279 (1997, Eastern District of Missouri).
Wefing, J. (2000). Employer drug testing: Disparate judicial and legislative responses. *Albany Law Review, 63,* 799–832.
Zarou, M. (1999). The good, the bad, and the ugly: Drug testing by employers in Alaska. *Alaska Law Review, 16,* 297–327.

第二十七章

药物和酒精检测：当今EAP的困境

Alisse C. Camazine

物质滥用问题给工作场所带来的负面影响，越来越为雇主们所关切。不断增加的事故、旷工、工人的赔偿诉讼以及其他类似问题，使得雇主们意识到物质滥用问题很可能就存在于他们的工作场所。为此，许多公司纷纷采取措施以解决这个日益严重的问题。许多《财富》500强企业和一些较小的类似公司已经选择建立药物筛查程序，试图遏止物质滥用问题。将有物质滥用问题的员工调离工作场所，从而减少伤害的风险，也为其他员工提供一个安全的工作环境。

药物政策的基本指导原则

如果你所在的公司正计划制订一个药物筛查程序，那么该政策必须既能实现公司的既定目标，又能符合相关的法律要求。此外，政策制订过程中，应该与工会代表、人事主管、管理者、负责安全与法律的顾问等共同商讨，以避免公司内部发生任何有关政策程序方面的冲突。

政策应该以书面的形式明确表达，并清晰地传递给员工，按统一标准执行。每一名员工都应该收到一份政策的副本。颁布该政策的公司手册和公告栏应该及时更新。所有涉及药物筛查的政策声明都应该包括以下条款：

（1）公司应该使员工意识到工作场所中药物滥用问题的严重性，以此来证明药物筛查政策的必要性。还应向员工表明公司对员工的健康与安全问题的关切，并提出与物质滥用有关的安全、生产力以及安保问题的建议。

（2）公司必须向所有员工提供清晰、明确的政策通报。该政策应该向员工明确指出公司关于使用非法药物、酒精以及处方药物的规定，无论是工作时间，还是非工作时间。员工还应该知晓，在特定的情况下他们将会经受药物检测，这些特定的情况应该在政策中说明。政策还应说明拒绝接受检测的后果。

（3）还应该说明违反政策后要采取的处罚措施。员工应该意识到，根据药物检测的结果，可能会被调离工作，也可能被解雇，或者被停职。

（4）政策应该明确说明哪些员工将会接受检测以及在什么样的情况下检测。

（5）必须向员工说明阳性检测结果。在采取任何处罚行动前，应该为员工提供针对该结果进行辩驳的机会。在最终决定之前，应该有听证会。听证会的程序应该在政策中明确说明。

（6）公司应该向员工说明，公司的目的是帮助问题员工克服药物、酒精依赖以及其他可能影响工作绩效的问题。为了实现这一目标，对于药物或酒精筛查呈阳性者，公司会为之介绍EAP服务。在形成更为严重的问题之前，公司会鼓励员工在自愿的基础上向EAP寻求帮助。

（7）如果要使政策变得有效，同时为了避免民事责任，必须建立保护员工隐私的措施。检测的结果必须保密，只能对有限的人披露。这些政策还应该包括信息对谁开放以及信息开放后将会发生什么。直到第二次检测确认是阳性结果后，才能将结果公布。

谁应该被检测？

公司必须从一开始就决定哪些员工要接受检测。在对不同的员工群体进行检测时，会涉及潜在的法律问题，这将帮助公司决定谁应接受检测。

许多公司选择只在雇用员工之前进行筛查。这些公司希望这种方法能够使得药物使用者自动放弃来此寻求工作。这样一来，就会较少发生与雇用前的药物和酒精检测有关的法律问题。

雇主有权利要求员工不得使用药物，并以此作为雇用的条件，尤其是当这些酒精和药物滥用的个体可能会给同事造成危害时。

所有的求职者都要接受检测，而不是随机抽查。这些应聘者会被告知，作为雇用程序的一部分，他们将会接受药物检测。雇主需要得到每一位应聘者的知情同意书，即应聘者了解并同意接受测试。

当有员工发生事故或者无法工作时，其行为可能会令人怀疑是药物使用，一些公司会选择对这部分员工进行检测。为了使检测“合理”，怀疑必须以该员工受酒精或药物影响的具体事实为基础。这些合理的原因包括（但不局限于）：工作绩效衰退、过度散漫、旷工、工作事故或者可疑行为。文件必须用事实证明雇主或主管对该员工使用药物的怀疑理由，以支持检测的“合理性”。

从最近的一些案例来看，很显然，“合理”的检测已经遇到了宪法的挑战。在麦克奇尼诉达根的案例中（1986），警察局有合理的根据怀疑这名警官的行为是处在醉酒状态或者受酒精的影响，那么对其实施检测就是合法的。在该案中，该警官的朋友使用他的枪支实施了犯罪。此外，在相当长时间内，该警官工作表现恶劣。与此相似，在考利克诉劳沃瑞案中（1970），对那些有醉酒迹象和有酒精气味的消防队员实施检测也是合理的。如果要求检测的理由合理，但员工仍拒绝接受检测，则可以将其辞退。金诉麦克米肯斯案便是如此（1986）。

在公交工会诉芝加哥交通管理局的案例中（1976），公交工会投诉美国芝加哥交通管理局颁布的一项规则违宪。该规则规定，凡被怀疑受酒精或药物影响的员工，在工作期间可能需要采取血液和尿样检测。美国上诉法庭认为，国家应将保护公众利益置于首位，因此必须保证公交车司机能够正常工作。法院平衡了司机的隐私权和公众的安全利益。法院还进一步阐明，只有当员工涉及事故或者被怀疑正处在酒精或药物的影响之下，才能够实施检测。最终，法院认定可以根据芝加哥交通管理局颁布的规定实施检测。

在美国警察同业共济会诉纽瓦克市的案例中（1986），法院支持了警察局的要求，即毒品调查科所有成员必须接受强制性筛查。法院要求警察局采取一些措施确保检测的准确性，同时还要保护警官们的隐私。与此相似，在希灵诉麦克米肯斯的案例中（1986），州法院支持对驾驶监狱囚车的警官的尿样实施检测，因为其工作性质在安全性方面更为敏感。

许多公司已在药物筛查方面采取了更进一步的措施，建立了随机抽查和不事先通知的药物检测制度。考虑到那些有物质滥用问题或者是工作岗位关乎他人安全的员工会对其他员工构成潜在威胁，这些公司已经将这些筛查工作合法化。关于随机抽检是否合法的问题，近来已经有许多在这方面相互冲突的案例。例如，在舒梅克诉亨德尔的案例中（1985），法院认为新泽西州有合法的权利对赛马骑师实施药物和酒精检测，目的是为了减少比赛中事故和死亡的发生概率。这项决定的依据是，赛马运动是一项有着严格规范的行业，在传统上一直受到严格的监督与管控。此外，他们也有具体防范措施来保护个人的隐私。检测结果是保密的，如果结果呈阳性，也仅限于新泽西赛马委员会的委员、执行董事或者由其所指定的人员知晓，除非发生争议。赛马委员会还表明，不会与任何涉及刑事起诉的州机构共享相关信息。

在美国佐治亚州的玛丽埃塔水电公司管委会的员工被要求接受随机的药物检测。之所以这样做，是因为公司经理接到报告说有员工使用违禁药物。公司认为，滥用药物可能会对员工造成许多伤害。因为员工所从事的工作性质极其危险，经理认为这种行为会对员工和公众的安全构成威胁。随机检测的结果显示，每个受测员工都呈现了吸食大麻的阳性结果。虽然该检测也受到质疑，但却获得了法院的支持，认为该措施属于政府对从事危险工作的员工是否使用药物而进行合法调查的一部分。最终，法院裁定该检测合理（1985）。

在琼斯诉麦肯齐的案例中（1986），法院认为，在没有合理根据的前提下，要求校车服务员接受检测侵犯了当事人所享有的第四修正案的权利。在本案中，没有证据表明有问题的个体在工作期间或工作以外曾经使用过药物，或者受到药物的影响。即使在第二次确认性的检测中，雇主也没有得到阳性结果。然而，法院认为，这些规定对于校车司机或者维修工应该有所不同，因为他们对于校车的运行和维护负有直接的责任，因此即使在没有任何怀疑理由的情况下，他们也有可能被要求接受尿样检测，这是合理的。

近来又有其他若干案例认为，从事公共服务的人员，甚至身居公共安全岗位的人员，在没有理由怀疑该员工正在使用药物或者酒精时，不应该要求其接受尿样检测。在卡普亚诉普兰菲尔德市一案中（1986），普兰菲尔德市雇用的消防队员突然被要求接受尿样检测。在本案中，没有预先告知，没有与工会集体交涉，一旦查出阳性结果即刻解职；在尿样收集过程中没有监管，也没有适当的理由和怀疑根据，更没有对个人隐私的保护措施。最终结果，法院裁定该检测违反宪法。

在考沃索诉沃德一案中（1986），法院裁定纽约市一所警察局要求实施随机药物检测的规定无效。而该警察局辩称警察是对于安全问题高度敏感的职业。然而，法院却认定，要对某警员进行尿样检测，必须拥有合理的怀疑根据。在近来几起涉及其他警察和消防队员的案例中，法官都做出了类似的裁决（还可参见

Turner v. Fraternal Order of Police，1985）。

从近来针对随机药物检测的法院判决来看，十分明显，对这些案子的裁定都是具体问题具体分析。我们很难预测，美国最高法院最终将对这类问题做出什么裁决。在法院对此类问题做出更为明确的指导之前，这类检测应该仅限于雇用前的筛选和“有理由”的检测，而不是采用随机检测。对于这种检测方法，应该在责任与诉讼程序上有所限制。

工作之外的药物滥用

如果员工在工作之外滥用药物或者从事其他犯罪行为，许多雇主就会采取惩罚性措施。一般说来，依据判例法，员工在属于他自己的时间内，或者说在工作时间之外所做的事情，是不应该受工作场所的纪律约束的。然而，如果员工的行为可能会损害公司的商业声誉、致使员工无法工作，或者影响到了整体的士气，那么采取纪律手段也是允许的。

在东南旅途巴士公司的案例中（1983），一名员工承认自己闯入前妻家中并试图谋杀其前妻，他因此罪被判缓刑。作为缓刑的一部分，他必须参加戒酒康复计划和匿名戒酒者互助会。此外，他还不被允许购买任何含酒精的饮料。当地报纸的一则新闻报道了该案，并确认其为东南旅途巴士公司的一名客车司机。其他报纸也都确认了他的巴士司机身份，同时还披露了其他一些被指控的细节，包括他曾经携带枪支的事实。仲裁员裁定，鉴于公众对于本案的关注以及该员工的身份，公司有合法理由将其解雇（还可参见 City of wilkes Barre，1980）。

与此相似，在马丁—玛丽埃塔航空航天公司的案例中（1983），仲裁员支持公司对一名员工的解雇决定，该员工因贩卖可卡因而被判有罪。仲裁员认为，虽然该员工的犯罪行为发生在公司以外，但雇主有理由认定他在工作场所也可能会尝试向其他同事贩卖毒品。

在另一个相反的案例中，一名员工在下班后被发现其车里有大麻烟，仲裁员认为雇主没有权利迫使该员工进行药物测试。尽管本案中的员工在被发现拥有大麻时确实隶属于该公司，但是这与他的工作无关（还可参见 Texas Utilities Generating Co.，1983）。该案例表明，对于员工滥用药物的界定并不包括工作之外的用药行为，除非雇主能够证明此行为已经导致该员工无法工作，并因此损害了公司的声誉，或者对其他同事构成了威胁。

有关宪法权利的问题

一般说来，州与联邦的宪法并不适用于私人雇主所采取的措施，因为这里不需要“政府行为”。因此，大部分针对药物检测的质疑都是由在公共部门任职的个体提出的。对私人企业药物检测提出的质疑理由通常也不同于对公共部门的质疑。然而，如果私人公司受到政府的高度监管，那么这些公司就应该意识到他们的行为可能会受到宪法的制约。以下讨论的是最常见的来自宪法权利的挑战。

隐私权

那些反对药物检测的人提出的首个法律问题，就是药物检测对个体隐私权的侵犯。虽然这项权利在宪法中并没有专门列出，但法院发现在《人权法案》中有具体的保障条款，而隐私权就是其中一项。

在财政部员工诉冯·拉布一案中（1986），联邦法院提出了一项禁止令，以阻止美国海关总署进一步将尿液采集作为药物检测计划的一部分。该计划要求那些申请晋升到一定位置的海关人员必须接受药物检测，并以此作为获取该职位的条件。在员工排尿过程中，尿样采集员会守在卫生间里。检测代表在尿样上做好标记，然后送至一个隔离区。法院认为："这项检测贬损了该计划所涉及的每一位海关员工的尊严，并侵犯了美国宪法所赋予这些员工的隐私权利。"

"排泄身体废物，通常是在私密状态下的一个非常个人化的生理行为，无论是针对其排泄过程还是排泄物，其隐私权理应受到尊重。海关总署的要求违宪，"侵犯了海关员工的隐私权。"需要特别注意的是，在本案中，并没有任何证据表明员工中存在着滥用药物问题，也没有任何正当理由怀疑员工在工作场合服用或者贩卖违禁药物（还可参见 McDonnel v. Hunter，1985）。

不合理的搜查与没收

接下来关于违宪问题的质疑则是药物检验违反了《第四修正案》赋予的权利，即公民有权利不接受无理由的搜查和没收，必须记住，《第四修正案》保护个体免受政府的搜查和没收，是保护个体合法的隐私权，还是执行政府的合法指令？法院要作出权衡，以避免侵权。

在麦克唐纳诉亨特的案例中，3 名管教所的员工质疑艾奥瓦州管教政策局的规定违宪，因为管教局要求搜查员工的车辆和员工的身体，并且要求员工接受尿样和血液检测。法院认为该检测缺乏合法的理由，因为没有任何具体的事实依据可以怀疑员工受到了酒精的影响，或者被药物作用所控制。

同样，一所法院还禁止当地一所学校董事会对一位申请终身教职的教师实施药物检测，因为没有任何理由怀疑其滥用药物（1985）。

在特纳诉警察同业共济会的案例中（1985），警察局的命令受到了违宪的质疑。根据该警局的命令，一旦怀疑有人滥用药物，部门长官就可以命令该部门所有成员接受尿样检测。法庭认为，该部门可能会基于怀疑而强迫其成员接受检测。法院在这种情况下要从两个方面考虑：警官保护隐私的要求是否合理，警局的命令是否侵权。法庭进一步说明，警察局的最重要职责是保护公众利益。由于这些警官所从事的工作性质特殊，在履行其职责时需保持高度警觉，法庭认为警察使用违禁药物会对公众安全造成严重后果。因为该命令要求检测要基于对药物滥用的怀疑，因此法院判定该命令合法。

程序权

药物检测的反对者们认为该检测侵犯了个体的程序权利。他们宣称，药物检测并不准确，而且不足以证明它与工作绩效相关。他们还对是否应预先告知员工在什么环境下进行检测，员工是否有权对检测结果提出异议等问题提出了质疑，根据合法的程序，在没有对检测结果进行再次确认检测之前，不能采取任何对员工不利的行动。

许多药物检测政策都被质疑在程序上违宪。这些质疑是基于这样一个事实：这些检测结果并没有也不能够说明工作绩效因此而受损。然而，许多法院还是认可这样的观点：任何能够检测出的药物滥用都可能会损害工作绩效，尤其是涉及安全问题的敏感岗位（见上述特纳诉警察同业共济会案例）。在火车司机兄弟会诉伯灵顿北方公司的案例中（1984），由于雇主事先没有与工会商讨，法院最终支持了工会的要求，制止了雇主要求员工接受管控药物检测的新政策。因此，只要有工会的存在，有关药物筛查与搜检的做法都有必要先与工会代表商讨，雇主不得单方面对工作场所的规定做出更改。

法院也意识到了药物检测会侵犯程序权利，因为药物测试计划并不是一个绝对可靠的系统，其中可能会有误报的风险（详见上述财政部员工诉拉布案）。如果员工在被解雇之前没有得到听证会申辩的机会，那么这也是对程序权利的侵犯。

这些案例都强调了正确推进药物检测计划的重要性。通过咨询法律顾问并依靠宪法提供的保障来保护员工的基本权利，就可以避免许多法律问题。

仲裁员的观点

对于那些只实施药物检测却又不为员工提供EAP康复服务的公司，仲裁员会持有不良看法。例如，在阿里甘尼·兰德鲁姆钢铁公司案例中（1985），仲裁员认为，即使员工的失职与饮酒有关，既然公司有EAP，就要允许员工首先寻求EAP的帮助。在作出解雇员工的决定之前，无论是公司还是工会，对于员工的问题都可能缺乏了解。仲裁员判定，由于公司对有关EAP的信息宣传不充分，因而未能给员工提供寻求EAP帮助的机会。

仲裁员也会考虑到在处理员工问题上的一致性。在印第安纳波利斯橡胶公司的案例中（1983），仲裁员发现，雇主曾经让成功完成康复计划的被解雇员工恢复原职，从而认定现在公司拒绝重新安置另外一名同样成功完成康复计划的员工的行为属于歧视。

这些仲裁决定表明，仲裁员会考虑的因素有：是否采用渐进式惩处措施、雇用时间的长短、员工工作经历、工作类型、员工的行为对公众或者他人会否构成危险等。任何措施的通知要求都必须符合仲裁的基本原则，涉及药物检测则必须与工会进行协商。在宝石城化学公司的案例中（1986），一名员工在体检时拒绝接受尿样检测。仲裁员判定，因为该检测要求并没有合理的理由，该员工不应被解雇。此外，该检测既未与工会协商，也没有与工会组织达成任何一致协议，并且雇主在事前也没有提供任何通知，因此该检测不合法。

仲裁员总是希望由信誉好、准确率高的实验室来实施检测。只有再次检测确认了阳性结果，才可以进行处罚。在华盛顿大都会区运输管理局的案例中（1983），仲裁员支持公司解雇一名公交车司机，该司机在发生事故后被检测到曾使用违禁药物，并且对样本的两次检验都确认为阳性结果。在一起联邦法院起诉的案例中，法院推翻了对药检呈阳性的航空交通管制员的处罚，因为其检测样本在第三方独立验证时未获同样结果（1982）。

显然，仲裁员将会仔细审查药物检测的程序。雇主应该了解仲裁员所持的原则。仲裁员更希望在解雇员工之前，首先通过EAP对其进行帮助。但是如果该员工的问题并没有改观，或者放弃了与雇主商定的“最后机会”，那么仲裁员通常也不会袒护该员工。仲裁员要求处罚的标准应该统一，并且考虑是否采用渐进式处罚。如果要解雇员工，那么必须是在宪法的保障之下。

EAP 涉及的检测问题

EAP 本身并不应被要求从事药物检测，因为 EAP 的基本目的是帮助员工康复，而不是对其实施处罚，这两者之间会产生冲突。EAP 应该参与为员工提供“最后的机会”，它包括并且注重治疗计划以及继续雇用的要求。应该告知员工，提供 EAP 服务意味着“最后的机会”，而不是继续雇用的保证。此外，求助 EAP 也不能保证免于处罚。如果工作绩效得不到改善，或者经治疗之后仍继续使用违禁药物，员工照样会被解雇。

计划应该以书面形式呈现并由员工签署。计划中应说明，当事人将收到后续通知，告知其工作绩效有无改善、问题是否获得解决，如果信息需要披露，将不会侵犯员工的保密权利。

计划应该具体、明确地形成文字，以保证今后不会产生争议。

结论

总之，目前在药物和酒精检测的合法性问题上显然还存在诸多争议。希望在不久的将来，美国最高法院能够提供这方面的指导。届时，某公司若打算设立药物检测的政策，就必须保障宪法赋予公民的权利。没有这些保障，该计划的正当性将不可能得到保证。

如果在招聘员工时实施检测，那么所有的应聘者都应该提前被告知。到目前为止，基于合理的怀疑而实施的检测，如果检测措施与宪法保障公民权利的要求相一致，就都是合法的。与此相对，随机检测的正当性如今备受质疑，即使是对安全性有较高要求的敏感职业亦是如此。近年来对这类案件的审判结果缺乏一致性，表明法院未来可能会判定这些计划无效。为了回答未来是否允许实施随机检测，就有必要对这些判决做进一步的澄清。

评论与补充资料

Judith K. Schemm

在美国，大规模的药物检测始于 1986 年里根总统“无药物工作场所”的号召（1986），各州及地方政府则积极响应。截至 1996 年，81% 的私有企业都报告称检测出药检呈阳性的员工（American Management Association，1998）。

“无药物工作场所”这个词也引发了 EAP 从业者的关注、担忧和质疑。许多人将它看做是良好 EAP 实践的对立面。一些人将其等同于药物检测，从而被认为是惩罚性的，而 EAP 则被视为康复性的。但事实并非如此，越来越多的公司在为检测结果呈阳性的员工提供第二次检测机会。在这个过程中，EAP 从业者可以为雇主提供了一个治疗计划，帮助处理那些尚未解决的问题，确立治疗目标，并为员工设置一个实现目标的时间表。这为雇主提供了一个合理的预期，如果没有达到目标，雇主仍然可以采取其他的行动，如暂时将之调离岗位或者解雇。

许多州都鼓励雇主实施无药物工作场所方案。其中只有华盛顿州的方案要求为每一名检测结果呈阳性的员工提供第二次检测机会，而且整个过程由EAP监督。华盛顿州的无药物工作场所方案中有一项关于EAP与无药物工作场所方案的调查，并列举了该方案的重要目的：

（1）员工康复不是宽容的雇主赐予的福利，而是一个好的商业决策。要改变“与药物做斗争”的心态，不要将使用药物的员工视为问题，而要将员工康复看做是一种选择。员工可以选择接受EAP的建议，也可以选择离开公司（在华盛顿州，大约40%的员工选择离开）。那些选择留下来的员工既帮助了他们自己，也帮助了雇主。最终有助于提高士气和改善员工与雇主之间的关系。

（2）EAP对于有效的“无药物工作场所”方案来说是一项必不可少的策略。没有EAP，该方案只能是部分成功。单靠药物检测是不够的。需要对员工加以指导，帮助其转变为有贡献的成员。EAP干预可以保证员工继续其工作，并在保护隐私的前提下帮助他们解决酒精或者药物依赖问题。

（3）EAP与药物检测在一个有效的无药物工作场所方案中是一项互补的策略。药物检测的支持者认为它有助于识别有物质滥用问题的员工。一经确认，企业可以主动帮助其寻求EAP治疗，最终能够重返工作岗位。1996年，里根总统的“无药物工作场所”的号召就包括强制性转介检验结果呈阳性的员工到联邦政府签约的EAP接受治疗。

雇用前的药物检测仍然是创建无药物工作场所方案中最有价值的部分。尽管随机药物检测仍存在问题，但它依旧是当前遏制员工滥用药物的最有效方法（Govert，2001）。

然而，药物测试中的隐私权问题始终是EAP工作的难题。如何限制雇主侵犯员工个人权利的问题仍未解决。针对雇主在建立工作场所准则方面的特权，侵犯个人隐私权的索赔诉讼也日渐增多。在国有企业雇用问题上，药物检测也是备受争议。国企雇主要创建无药物工作场所，员工的个人隐私又必须得到保护，二者之间需要达成妥协。那些反对药物检测的人提出的首个法律挑战就是药物检测侵犯了受人权法案保障的个人隐私权。但是，在雇用前的检测和雇用后的随机测试仍然是一个可行的选择。多数涉及隐私与药物检验的案例都对无药物工作场所持赞同立场；除非个体能够证实对其实施的搜检措施缺乏依据，而且没有正当的怀疑理由。在斯金纳诉铁路劳工管理者协会的案例中（1989），法院对于涉及工作的隐私权问题采用了一个相对宽松的标准。法院裁定，为防止有问题的铁路工人可能造成的危害，对其隐私的侵犯是可以接受的。在权衡双方利益时，法院更看重药物检测对于危险因素的潜在威慑作用（Brunet，2002）。

10年前，《美国残疾人法》的诞生引发了由美国政府主导的一些最具深远意义的变革。该法明确规定要保证残疾人在工作场所不得受到任何歧视，其中也包括药物成瘾的员工。虽然《美国残疾人法》并不保护那些正在使用药物的员工，或者是受到药物影响的员工，但该法的规定适用于长期药物成瘾的员工。如果员工存在药物成瘾问题，而公司也提供EAP服务，那么雇主就有义务送该员工接受治疗。治疗结束后，必须为其提供回原岗位工作的机会，或者安排同等性质的工作。雇主必须提供一次治疗，如果该员工不能恢复正常状态，那么雇主可以将其解雇（Watts，2001）。

在斯金纳诉铁路劳工管理者协会案及其他类似案例中，联邦法院日渐趋向于授权政府可以合理地行使药物检测。法院的判定原则如下：①如果药物检测只针对少部分员工，而他们对药物的滥用对同事、公众或某个部门构成威胁时，那么该检测就是合法的；②如果在特定的工作岗位上对所有员工实施随机检测，目的旨在遏制员工今后的药物滥用行为，这种检测也将被看做是合法的（Brunet，2001）。

从上述调查结果来看，药物和酒精检测仍将是当今工作场所的一项重要工作。药物检测与EAP的作用是无法相互替代的。要认识到这两种方法的价值以及它们的局限性。药物检测并不总能确认有问题的员工。EAP仍需要使用其他的手段去识别那些有问题的员工，如行为表现的改变和经常性缺勤等。EAP从业者正以日渐成熟的态度对待药物检测，同时将继续根据雇主和雇员的需求提供康复性支持。

评论与补充资料：2003—2008

Judith K.Schemm

如今在工作场所实施药物检测已成为可能，并且越来越普遍。此外，由于对物质滥用的检测已成趋势，新的检测方法也不断产生。药物和酒精检测已不再局限于对尿样的筛查，因为尿样收集过程本身就存在问题。如今，在尿样检测结果受到质疑时，还可以通过个体的头发或者汗液进行检验（Hipsley，2004；Leonard，2007）。

在实施药物筛查的过程中存在着诸多的风险，如对员工隐私权的保护以及满足雇主营造安全工作环境的需要。因此，EAP从业者应该准备采取所有可行的安全保障来确保药物和酒精检测是准确、有效和客观的。此外，EAP从业者应该准备好应对一般工作场所最常遇到的问题，并熟悉酒精和药物检测的方法（Hipsley，2004）。

尿样检测会遇到诸多问题。首先，这些检测一向只能够查出近期的药物使用或者某种药物的使用。相反，某些药物从最后一次使用后的三个月内都可以从头发中检测出。使用头发检测方法，使得那些习惯性用药或者用药成瘾的员工越来越难以蒙混过关。由于使用药物而被查出的风险越来越大，这对于那些未来有可能使用药物的员工形成了威慑作用，使其因害怕被抽检而不敢轻易尝试。这也有助于EAP从业者和雇主确认那些正在使用药物的员工和需要帮助的员工，对于那些已经成瘾的员工或许需要安排其离岗（Hipsley，2004）。

运用有效并且标准化的方式实施药物检测时，遇到的最为棘手的一些问题通常都与样本采集场所有关。2007年，美国政府审计署报告，在美国交通部药物检测方案的草案中，有关样本采集场所的内容上存在着一些瑕疵。审计署所报告的一般问题包括：

- 交通部的方案无法充分保障准确识别接受尿检或者提供尿样的个体。这将会导致在尿检过程中，其他“清白”的个体可以很容易代替问题员工接受检测。
- 其他的检测场所无法保障用来稀释尿液样本的清洁水的来源。
- 在有些场所，对受检员工的搜查不够彻底。这增加了尿样在检测场所被替换或者掺假的可能性，因为这类物品可以藏在员工的衣服里。例如，许多检测场所甚至都没有要求清空受检个体的衣袋（Enos，2008；Leonard，2007）。

在采集尿样时，采集场所一直是最为薄弱的环节。这在某种程度上是出于对隐私权的顾虑，但却可能使样本采集的可靠性打折扣。许多案例报告都表明，这类作弊战术无疑是存在的。如今，如果专业人员确实有充分的理由怀疑先前的药检样本不可靠，就可以采用新的检验方法，如用棉签提取唾液或者对头发进行检测。重要的是，这些新的检验方法消除了在尿检过程中作弊的可能性，如找人替代或者将样本调包等（Enos，2008）。

采用这些新技术，面对面的现场检测便会在几分钟内得出结果。这些结果随后便可以被迅速地提供给所有相关各方，如员工主管或者人力资源部门。而且，从业者可以及时获得准确并且安全的信息，帮助雇主做出决策，从而降低因工作失误所引发的伤害或生产效率受损的风险（Enos，2008；Leonard，2007）。

然而，当某个员工认为另一员工有物质滥用问题且又不能确定时，具有保密性的在线筛查工具就值得推荐了。可以为员工介绍像AlcoholScreening.org这类的网站，他们可以从中获得有关物质滥用方面的信息。这些网站一方面可以提供筛查工具，同时还可以提供涉及饮酒的健康知识和健康消费的指导信息，指导人们如何减少习惯性饮酒以及当身边的亲人过度饮酒时应该怎么做。这些网站的价值在于，员工们能够以匿名的方式获取信息，从而帮助他们为自己或者为他们的亲人做出明智的选择（Belanger，2005）。

参考文献

American Management Association. (1998). *1998 AMA survey on workplace testing and monitoring.* New York.

Belanger, M. (2005). Online screening for alcohol use. *Journal of Employee Assistance, 35,* 12–14.

Brunet, J. R. (2002) Employee drug testing as social control. *Review of PublicPersonnel Administration, 22* (3) 193–215.

Enos, G. (2008). A Warning signal about tests integrity. *Addictions Professional, 6,* 40–41.

Govert, H. (2001)) Drug-free workplace programs *CEAP, EAPA Exchange, 31* (1), 8–9.

Hipsley, S. (2004). Opinions differ on impact of new SAMHSA drug testing guidelines. *EAP Digest,* 35.

Leonard, S. (2007). Technical options for testing are expanding. *Addictions Professional, 5,* 54.

Watts, C. (2001). Ten years after: Working with the ADA. *EAP Digest, 21* (4) 34–36.

第二十八章

危机事件应激：原则、实践和方案

Michael G. Rank
J. Eric Gentry

对压力情境和不幸事件作出的极端的情绪和心理反应，这是人类经验中的一个自然组成部分。在人的一生中，不经历任何潜在的创伤性事件或情境几乎是不可能的。对于个体来说，这些极端的情绪和心理反应是独特的，通常并不遵循什么逻辑规律或者可预测的过程。大多数经历过创伤性事件或情境的个体会以一种理性的方式来看待和理解这类事件，不难回归到自己正常的生活中去。但是，有些个体却很难回到正常的生活状态，并有发展成为创伤后应激障碍、其他焦虑障碍、人格障碍或者抑郁等风险，而这些只是各种适应不良后果的一小部分。想要根据事件的性质来准确预测某个体是否会发展为创伤后应激障碍，这几乎是不可能的。据美国精神卫生学会的研究（American Psychiatric Association，2000），美国的成年人中有 8% 的人已发展成为创伤后应激障碍，在经历过危机的人群中（经历过强奸、战争、因政治原因而被拘押以及种族大屠杀的幸存者）有大约 35% ～ 50% 的人最终会成为创伤后应激障碍患者。

美国精神卫生学会认为（American Psychiatric Association，2000），创伤事件发生后，症状持续 4 周以上才能诊断为创伤后应激障碍。这里为心理卫生专业工作者的介入留下了一个空间：在不超过 30 天的时间内去帮助经历危机的个体，解决他们的创伤应激症状，并防止创伤后应激障碍的发生。如果创伤事件发生的两天后，症状仍然持续强烈，那么个体就有形成急性应激障碍（Acute Stress Disorder，ASD）的风险。急性应激障碍的诊断标准与创伤后应激障碍的诊断标准几乎相同（American Psychiatric Association，2000）。根据诊断，如果症状持续超过 4 周以上，那么急性应激障碍就已发展为创伤后应激障碍。因此，心理卫生专业人员敏感、及时地实施有效干预则至为关键。

危机事件（Critical Incident，CI）是指有可能带来危机反应的现实事件，有时人们会将行为反应（对危机事件的反应）与事件相混淆（Mitchell & Everly，2000）。危机事件应激（Critical Incident Stress，CIS），危机事件群体晤谈（Critical Incident Stress Debriefing，CISD），危机事件应激管理（Critical Incident Stress Management，CISM），这些术语最初都是由米歇尔和艾维利提出的（Mitchell，1983；Everly & Mitchell，1999；Mitchell & Everly，2001）。危机事件应激原意是用来描述第一反应者对创伤性事件或情境（火灾、救援、灾难、执法）的情绪反应和心理反应。危机事件群体晤谈原意是指为帮助当事人减轻由创伤性事件引发的痛苦而实施的专业性干预技术。它是用来缓解由创伤性事件导致的急性痛苦症状的一种群体危机干预技术（Everly & Boyle，2001），但它并不是群体治疗。危机事件应激管理已经发展成一个由 10 个部分构成的综合性危机干预系统，而危机事件群体晤谈只是其中的一个部分（Everly & Mitchell，1999；Mitchell & Everly，2001）。

目前，危机事件应激这一概念已可以用于任何经历过创伤性事件或情境的个体（Spitzer，2002），而危机事件群体晤谈方案也已经适用于不同的幸存者人群。此外，危机事件群体晤谈技术也被看做是心理晤谈技术（Bisson，McFarlane，& Rose，2000；Raphael & Wilson，2000）。

本章的焦点在于经历了创伤性事件后如何预防急性应激障碍和创伤后应激障碍的发生，以及如何解决其他影响适应正常生活的相关问题。这一章将会探讨危机事件应激的处置原则、解决危机事件应激的相关实践以及减轻危机事件应激的各种方案。

文献回顾

大多数涉及危机事件应激、危机事件群体晤谈、危机事件应激管理的文献，都是意在减缓第一反应者（如警察、消防队员和其他紧急救援人员）的不良应激反应。国际危机事件应激基金会（International Critical Incident Stress Foundation，ICISF）专门针对这些人群制订了相应的方案（ICISF，2002）。本章作者将危机事件应激和危机事件应激干预的概念进一步扩展至社区和工作场所内任何类型的创伤性事件的幸存者。

危机事件应激是指个体在经历或目睹了极不寻常或暴力事件时所表现出的一种独特状态（Rank，1997）。人们对这类非常事件的直接反应叫做危机事件反应（Critical Incident Response，CIR，Family Enterprise Inc., 1993）。这些反应包括：在麻木状态与过度警觉之间游移，对事件的感受与回忆受到了阻碍，并伴有各类生理症状。每个个体对于应激源的反应都是极为独特的，这取决于个体对此一事件的认知、应对方式和支持系统（Rank，1997）。创伤性应激的反应会因个体、社区、文化和民族的差异而各不相同。

对于经历过创伤性事件的个体或社区人员，通常会使用危机事件群体晤谈或者心理晤谈（Psychological Debriefing，PD）这类的专业性干预技术。晤谈的模式有许多种类（ARC，1991；Everly & Mitchell，1997；REMA，2002；ICISF，2002；Mitchell，1983；Mitchell & Everly，1996；Rank，1997；Young，Ford，Ruzek，Friedman，& Gusman，1998）。所有的晤谈方案都参照并建立于米歇尔的模型之上（Mitchell，1983），只是有些方案根据特定人群的不同需求添加和删除了部分内容。

对于危机事件群体晤谈技术有效性的研究得出的结果并不一致（Bisson，Jenkins，Alexander，& Bannister，1997；Deahl，Gillham，Thomas，Eearle，& Srinivason，1994，Dyregrov，1989，1998；Rapheal，1986；Rapheal & Wilson，2000；Shalev，1994）。许多报告都记录了干预的成功。但也有一些研究者质疑危机事件群体晤谈技术的有效性，认为这种干预会造成潜在的伤害，参与者对事件情境的回忆、表达和陈述，有引发其他症状的风险。跟据罗斯、毕森和威斯利的研究（Rose，Bisson & Wesseley，2002），当前并没有证据表明创伤事件发生后心理晤谈治疗可以有效地防止创伤后应激障碍的发生。

基于多年从事危机事件群体晤谈治疗的经验，本章作者认为，如果正确实施，该干预将是一个最为有效的工具，可以用于直接处理急性应激障碍，防止其发展为创伤后应激障碍，并帮助幸存者迅速恢复发病前的功能。参加危机事件群体晤谈并不能保证参与者今后不会出现与应激相关的障碍；但在一个群体环境中、在训练有素的专业人员的指导下，表达自己对创伤事件的认识和体验，有可能显著减少导致形成急性应激障碍和创伤后应激障碍的创伤症状（Everly & Mitchell，1997；Mitchell，1983；Mitchell & Everly，1996；Rank，1997；Young，Ford，Ruzek，Friedman，& Gusman，1998）。联邦应急事务管理局（Federal Emergncy Management Agency，FEMA）和美国红十字会都使用了危机事件群体晤谈技术（FEMA，2002；ARC，1991，2002）。此外，当地的、地区性的以及在全州范围的救援团队都接受了危机事件群体晤谈技术的使用培训，特别是那些从事应急服务的人员。尽管各地区都在不同水平上有了自己的干预方案，但迄今为止，仍然缺乏针对社区和工作场所危机事件反应的有组织的全国性干预网络。

史密斯、克里斯蒂安森、文森特和汉恩对事件发生后卫生保健服务的提供状况、危机事件群体晤谈以及其他干预措施的有效性进行了检验（Smith，Christiansen，Vincent & Hann，1998）。他们的研究发现，在工作场所中发生创伤性事件后，员工自身如何体验创伤性事件会影响到员工的身体健康；在参与危机事件群体晤谈的员工中，有78%的人评价这种干预是有效的。

毕森、麦克法兰和罗斯对现有关于心理晤谈和危机事件群体晤谈的实证研究做了一项评估（Bisson，McFarlane，& Rose，2000），他们认为，总体来说该方法是受参与者欢迎的。他们得出结论，心理晤谈和危机事件群体晤谈有助于筛查处于危机状态的个体、传播信息并实施教育、提供后续转介、提振士气，是有效的干预手段。艾维利和波伊尔对那些评估危机事件群体晤谈的有效性的实证研究做了一项元分析（Everly & Boyle，2001），他们认为，危机事件群体晤谈从来就不是作为“一次性”干预措施而加以使用的；但是，出于迫不得已的原因以及时间的限制，它往往就是单次性方案。艾维利和波伊尔通过对5项研究所做的元分析评估（Everly & Boyle，2001），从中得出结论：

> “通过对危机事件群体晤谈干预效果的综合分析，结果的确令人振奋。危机事件群体晤谈干预方法在减轻心理应激症状的作用上被证明效果显著。无论是不同类型的被试群体，还是不同种类的创伤性事件，或者是由此造成的不同后果；其效果都是显而易见的。”

原则、实践与方案

这部分内容旨在帮助EAP专业人员了解并掌握必要的技术，从而为工作场所危机事件的幸存者提供迅捷、有效的干预服务。本章的作者都是国际创伤学研究所（International Traumatology Institute，ITI）的负责人，该研究所提供一个跨国培训项目，主要训练专业人员和准专业人员有效地服务于创伤性事件的幸存者。国际创伤学研究所从1997年开始提供培训课程。该机构至今已经培训了数以万计的人员，使之成为处理危机事件的快速反应者和医治创伤后应激反应的临床医生。国际创伤学研究所开设的现场创伤学课程整合了当前创伤和危机事件应激领域里的研究成果（本章先前已对此作了讨论），以及那些通过救助各种天灾人祸的幸存者而获得的实践经验和智慧。这些灾祸包括1995年摩拉联邦大厦爆炸案，2001年9月11日恐怖分子对美国的袭击事件。综合当前的研究成果，并听取了幸存者们对其重大丧失、深切痛苦和惨痛经历的讲述，我们提出了后面将要详细介绍的干预救助原则、实践和方案，以帮助EAP从业者更好地服务于那些经历过巨大灾难的幸存者。

非常重要的是，读者不要试图以阅读本章的材料来替代在危机事件应激干预领域的训练和实践经验。根据我们的经验，当你坐在舒适的家中或者办公室里阅读本章时，这些材料看起来可能简单易懂，但是当你真正去救助那些刚刚经历过危机事件而遭受创伤的个体、家庭和社区时，面对他们所呈现出的各种焦虑情绪，情况就会变得十分复杂和困难。因此，要真正掌握危机事件应激干预技术，系统的训练和专家督导是不可或缺的。

原则与实践

1. 无焦虑状态

对于那些经历了创伤性事件的个体而言，重要的是在创伤事件发生后尽快重建安全感和稳定感。创伤经历以及随后所产生的创伤后应激症状常常使得个体丧失了主观上的安全感和控制感。在干预的最初阶段，我们需要尽其所能地去帮助幸存者重建这种安全感和控制感。这种安全与稳定的目标可以说是所有危机事件干预的基础。

我们发现，为了有效地帮助有创伤经历的幸存者重新获得安全感与稳定感，并将可能发生的症状最小化，最为重要和关键的因素是“助人者”在救助幸存者的所有阶段所表现出并能够始终保持的那种无焦虑状态。这种无焦虑状态是国际创伤学研究所开展的所有训练以及我们在对干预团队进行督导时的工作基石。处于无焦虑状态的助人者可以持续不断地运用其所接受的训练和认知能力，以细雨润物般的方式为幸存者提供多方位的服务和干预，满足幸存者的需求。我们看到，一旦助人者变得愈加焦虑，再好的临床医生提供的服务和干预也会打折扣；有时还会变得更加绝望、紧张，甚至用强迫性的方式实施服务和干预。如果助人者任由自己的焦虑超出了自我控制能力（将焦虑保持在最低水平的能力），其所做的工作就可能被视为具有危险性，而助人者也将会为了应对自身的焦虑而不得不对（或者为）幸存者“做点儿什么”。基于这种焦虑状态，助人者的认知能力与运动机能都会有所下降（Sapolsky，1998；van der Kolk，1998；Scaer，2001）。我们认为，助人者以这种焦虑状态为幸存者提供的救助服务，不是过度，就是不足，并且可能随自身焦虑水平的增加而给幸存者造成更大的伤害。鲍温（Kerr & Bowen，1998）在其极具开创性的教科书中探讨了家庭中的焦虑问题，他认为在帮助家庭成员减少焦虑并使家庭功能恢复最佳状态的过程中，最为重要的因素是，临床医生在充满焦虑感的家庭中仍能保持自身无焦虑状态的能力。我们相信在帮助灾难幸存者时也是同样的道理：助人者自控能力越强，焦虑表现越少，其干预的效果也就越好。此外同样重要的是，我们坚信，那些能够保持无焦虑状态的助人者，将较少受到因帮助灾难幸存者而导致的不良后果的影响，如同情心疲劳、二次创伤应激和工作倦怠等（Gentry，2002）。

真实的无焦虑状态与保持外在的平静感完全不同，尽管我们中的许多人在这方面都是训练有素的。真实的无焦虑表现是指诱导副交感神经系统的活动超过交感神经系统活动的能力（Sapolsky，1998），或者更为简单地说，即使在感知到威胁和危险的情况下，也仍然能够维持放松反应，保持肌肉的松弛状态。如果助人者在帮助灾难幸存者时可以保持腹部肌肉和骨盆底肌肉（软盆底）的放松，并且能够充分运用个体的认知和运动能力，这便是无焦虑状态。我们相信，这种能力是在国际创伤学研究所接受过创伤干预训练后成为成熟救助者的标志；这也是我们的学员要学习其他所有干预原则和技术的必不可少的基础能力。

2. 人际交往能力

除了形成和保持无焦虑状态，创伤救助者需要掌握的另一项重要技能就是热情、坦诚地与经历创伤事件的幸存者建立良好关系的能力。这是危机事件干预技术与临床治疗技术之间体现出重大区别的地方。在临床条件下，我们通常都是静待求助者主动寻求帮助并要求继续治疗，求助者主动找到我们的专业人员帮助其处理和解决自己的不适感并且（或者）获得自己所渴望的状态。在这样的背景下，医生在两者关系的权力结构中占据主导地位，求助者渴望得到医生的服务，并且向医生支付费用。而在危机事件的处理中，与幸存者建立联系、形成良好关系和实施干预的责任，完全是系于救助者，这种权力关系是倒过来的。可以理解，在危机事件发生期间以及之后的日子里，幸存者对于与陌生人的接触和交谈并不热情。因此在最初的接触中，助人者需要表现出热情与亲和力。我们从许多经验丰富的临床医生身上看到，他们都在为掌握这些完全不同的技术而努力。在与幸存者的最初接触中，我们经常看到幸存者很难或者拒绝交流有关该事件的想法和感受，甚至对救助者公开表示对抗或者敌意。因此，在与幸存者接触的整个过程中，最为重要的是救助者要准备接受来自幸存者的各种可能的反应，并能够始终保持热情、接纳和亲和的态度。

3. 游离（SCHWOOP）：认知—情感—认知

杰弗里·米歇尔（Jeffrey Mitchell，1983）在他关于危机事件应激的标志性和开创性文章中，详细描述了危机事件干预的程序以及危机事件发生后应如何将其运用到对幸存者的救助上。该程序被称为“米歇尔模式”（Mitchell Model）、“米歇尔介入法”（Mitchell Dip）和“危机事件群体晤谈模式”（CISD Model,Mitchell，1983；Everly & Mitchell，1995，Rank，1997），并且被描述为幸存者通过对危机事件的晤谈而获得成长的过程。该程序看起来似乎是个自然的过程：救助者支持幸存者对创伤性事件进行叙述，充分还原这段过程。在该过程的开始和结束阶段，客观的认知与客观的信息会使幸存者产生远离危机事件的安全感；而干预的中间环节，会为幸存者提供机会以探索和表达与创伤相关的更为主观的认识和感受。这一过程已成为所有危机事件干预策略的基本蓝本。所有的危机事件干预都应该从安全评估开始，而这种评估都是在“思考”与“此时此刻”的领域里进行。随着干预的推进，幸存者与救助者之间建立了和谐的关系，此时方可进入回忆和感受创伤事件的阶段，即“情感”与“过去”的领域。当干预接近尾声时，幸存者应该对当前具有了掌控感，并能够应对未来的问题。

这些干预工作可以在医生的办公室里一对一地进行，也可以在危机事件发生后立即在现场展开（待幸存者具有了安全感和稳定感之后）；可以在事件发生后马上实施，也可以在数天、数周、数月甚至数年后开展；干预可以在医生的办公室进行，也可以利用一些中性场所。

国际创伤学研究所的一个治疗小组曾经参与过大量危机事件的救助，帮助过成千上万的幸存者，其中包括对摩拉联邦大厦爆炸案的创伤干预，还在 2001 年“9·11 事件”发生后为纽约市提供了持续数月的有效服务（Figley，Figley，& Norman，2002）。正是他们将这个“认知 - 情感 - 认知”的过程命名为“游离”（了解此内容，联系 J.Norman，1999；Gentry，2002）。我们发现，从语言上理解幸存者的症状及其经历过程的“含义”，是危机事件救助人员的一种非常重要的能力，它对于减轻创伤事件给幸存者造成的消极作用有着极大的帮助，这一点不难理解。创伤事件发生后，幸存者常常无法体验到“此时此地”的认知性感受，而总是体验到“当时当地”的那种情感性状态。对这种自然过程做出解释，并且告诉幸存者，“你现在正处在游离状态”，然后帮助他们成功地从“游离”状态返回到理性、客观的掌控状态，这对于我们所要救助的大多数幸存者来说具有无可估量的价值。运用“游离”式的语言帮助幸存者将其创伤经历正常化，同时帮助他们明确方向，引导他们走出与创伤有关的想象、感觉和情感的丛林，这是对这一观念的最有价值的运用。此外，如果救助者处理过足够多的危机事件，就会发现幸存者中一些特有的反应模式。幸存者表现出的一个有趣现象是，当他们回忆与最近发生的创伤事件有关的视觉内容时，他们的眼神很容易无意识地、不由自主地发生固着，我们称之为“游离状态”。当幸存者回顾那些视觉材料时，他们最常体验到的也是与事件相关的不适感。记录下幸存者“游离”状态发生的频率、持续时间和强度，有助于救助者对幸存者进行分类评估。一个正经历着强烈的情感冲击和视觉侵入（“游离”）的幸存者很可能需要个体或者群体晤谈形式的紧急心理救助，以防止未来出现创伤后应激障碍症状。

当某个体固着于最近发生的创伤事件的情感和视觉侵入时，另一个调节“schwoop”的有效方法是，干预专家可以运用“游离”的结构，①向幸存者指明这一点（如：“你现在在看什么？”）②帮助幸存者摆脱无法抗拒的情绪反应，并回到认知控制状态。通过解释“游离”的“头脑 - 直觉 - 头脑”（head-gut-head）过程，干预者既要帮助幸存者将危机事件发生后的感受正常化，还要帮助其预见到今后将要经历的反应。有了这样的认识，幸存者开始形成有效的自我救助和自我调整的策略，得以迅速摆脱游离状态，有效地恢复各种功能。

4. 情感表达

救助创伤事件幸存者的另一个重要原则是，救助者应该能够包容幸存者在情感表达上的各种不同表现，有的幸存者甚至无法表达情感。当前的研究并不能最终确定，宣泄和情绪释放对于创伤后应激症状的缓解和康复是否有效和必要（Bisson，Jenkins，Alexander，& Bannister，1997；Deahl，Gillham，Thomas，Searle，& Srinivason，1994；Dyregrov，1989，1998；Rapheal，1986；Rapheal & Wilson，2000；Shalev，1994）。在对幸存者的救助过程中，我们一直在运用“针对当前表现做工作”的原则。我们看到有的干预者由于不能够终止幸存者在创伤问题上持续的情绪状态而给其造成伤害。我们也看到有些救助者会因为幸存者强烈的情感表达而感到不舒服，从而规定幸存者要不带感情色彩地“承受其所见”，试图去除和阻止幸存者的情感表达。有时我们还看到一些善意的助人者，他们坚信在解决问题之前情感必须先要表达出来，他们尝试着激发和逼迫幸存者表达其痛苦、愤怒、恐惧或者悲伤，但幸存者却因为这种干预本身而再受创伤。这不是一次好的危机事件应激干预。在培训中，我们建议学员们在与幸存者接触时，要首先放弃他们自己有关什么“应该”发生的信念、理论和偏见，而要针对什么“正在”发生去做工作。我们告诉救助者，他们并不能控制干预的结果。对于某一个体来说，要解决其问题并从创伤事件中恢复过来，究竟需要做什么，多数情况下连救助者也不知道。在与幸存者交流和对其实施干预期间，无论幸存者是否表达情感，我们都告诫助人者要培养自己的宽容精神，并能够应对幸存者各种不同的情感表达方式。有鉴于此，救助者能够灵活地满足幸存者在特定情况下产生的不同需求，是十分重要的。我们在本章内容里提供了一些通用的方法，这些方法在大多数危机事件情境及其干预方案中都是常用的。某特定幸存者的具体要求应如何满足，这只能由训练有素并且经验丰富的危机事件救助人员来处理。这些重要的因素都是无法替代的。

5. 反应与症状的正常化

凡在国际危机干预基金会（ICISF）接受过危机事件应激管理培训的人，或者是曾参加过危机事件应激管理团队的人，都经常会听到这样一句“咒语”：“你是一个对异常事件做出正常反应的正常人。”这句话抓住了危机事件应激干预的本质，它帮助幸存者开始理解：其所体验到的症状都是由创伤性事件引起的，而不代表这是其自身的软弱或者病态。我们见到过许多受到惊吓和情绪过度激烈的幸存者，当他们得知大多数经历过创伤事件的个体都会在很少的干预或治疗下得以充分康复时，往往就会明显地好转起来。向幸存者简明地介绍与创伤后应激症状有关的大脑机制和记忆系统的工作原理很有益处（Sapolsky，1998）。此外，还要向他们解释，创伤症状可以通过身体天然的自愈机制加以解决和康复。如果救助者能够向他们说明，干预过程中所使用的程序并不是什么“治疗”或者“处理”，而是为了促进和加速这些自然痊愈和恢复过程，幸存者参加危机事件干预活动的阻抗就可能降低。

6. 为应对可能的症状而融入社会

随着时间的推移，幸存者可能会体验到各种症状（如噩梦、食欲亢进或不振、入睡困难、易怒和注意力难以集中等），将这些可能发生的症状以文字的形式介绍给幸存者，可以帮助他们为应对未来可能的旷日持久的恢复过程做好心理准备。这一介绍工作以及任何对于症状的解释工作都应该附带提供一些擅长创伤应激治疗的精神卫生专家的信息，以便于其联系或者接受转介。在对危机事件幸存者实施干预期间，这些介绍和讨论还应该包括一份自我保健技巧的清单（如：身体锻炼，良好的饮食习惯、有利于身心的休闲活动、与亲爱的人共度时光、灵修或宗教活动等），这些技巧可以使得症状的强度、频率和持续时间得以降至最低水平。

7. 建立支持系统

在救助创伤事件幸存者的重要原则和实践中，还包括帮助其与固有的和正在接触的支持系统建立联系。在危机事件发生期间甚至以后，支持系统被认为是从创伤事件中迅速、彻底恢复的关键部分（Mitchell & Everly，2011）。帮助幸存者确认其家庭成员、朋友、神职人员、同事或者其他可以提供必要支持的个体和群体，并与之保持联系，这是危机事件救助人员不应忽视或者轻视的重要工作。

8. 团队协作

危机干预工作中日渐被广泛认可的一种工作方式就是以团队模式，或者说至少也要成对进行。我们强烈警告读者千万不要单独尝试实施危机干预工作。运用团队模式的原因有几点：首先，这项工作困难、复杂，即使是经验丰富的人在工作的某些阶段也常常需要帮助；第二，由创伤事件所带来的工作量和压力可以在团队成员中间得到分担，任何救助者都不会感到不堪重负。与此相关的是，团队成员可以相互关注，做到“旁观者清”。一旦同事表现出同情心疲劳症状，可以立即做出客观评估，及早发出警示，或者为其提供晤谈帮助；第三，运用团队的力量意味着在实施干预时会根据情况的不同提供更具多样化和创造性的服务；最后，危机后的晤谈可以帮助将同情心疲劳的风险降至最低，并能够进一步更新、完善服务计划和方案。

方案

在这一部分，我们将简要介绍危机事件应激管理团队与个体救助者为减缓创伤性事件对幸存者的影响而最常使用的方案。虽然这些方案和干预措施对于幸存者具有很强的治疗效果，但它们并不是治疗或者处理手段。它们只是用来减轻创伤事件的伤害、促进幸存者迅速康复的干预措施。除了个体减压方案外，没有接受过深入培训和督导者，不能单独实施这类干预。本章在最后会为读者提供危机事件干预的培训资源。

1. 个体减压

在救助危机事件的幸存者时，最为重要的工作也许就是高度熟练地运用这一干预技术。个体减压方案（Individual Defusing Protocol）是通过一种简短的对话来帮助幸存者的过程。就这种简洁的干预技术而言，最为重要的因素是与幸存者接触并与之建立温暖的关系。通过与幸存者的这种关系，干预专家能够开展评估、分类、制订服务计划和实施帮助等。后续干预工作的效果以及创伤后症状的减缓程度，在很大程度上都取决于最初这项基本工作的完成质量和彻底程度。有资深的心理创伤学家委婉地将该减压过程称之为“情理学”（slychology），表示这一系列的干预与评估措施都是救助者以一种谦逊的态度，通过与幸存者交谈的方式而开展的。

根据长期从事灾难研究的专家戴安娜·梅耶斯（Dianne Meyers，1987）先前所做的工作，国家创伤后应激障碍教育与临床实验中心开发了六步减压指导法（Young et al.，1998）。该减压方案一直被用于现场救助工作，并且已成为国际创伤学研究所开设实地创伤救助培训内容的主要部分。六步减压指导法的具体内容如下：

（1）**建立联系**。减压开始于热情、友好的介绍和非正式交往。救助者应该注意以名（而非姓）来介绍自己，并与对方握手。除非被问及，一般不介绍自己的专业地位和学历（例如：你好，我叫XXX，我今天在这里是向您提供帮助的。你叫什么名字？）。这种接触可能还需要为幸存者提供一些水或食物。在与之建立起和谐融洽的关系之前，应该着重关注如何令幸存者感到不再受到威胁和搅扰。犹为应该注意，不要向幸存者询问事件发生的详情。

（2）**评估**。幸存者所报告的任何医疗急救请求、身体疼痛或者感觉不适等情况都应该立即报告给专职医疗急救人员（emergency medical professional，EMS）。按理说，专职医疗急救人员作为危机事件应激干预成员之一，已经为幸存者提供了所需要的分诊和医治服务。然而，经常会有幸存者错过了被诊治的机会，所以救助者仍然要对其身体状况保持警觉（如呼吸急促、头晕、胸部疼痛、心跳不规则、大量出汗等）。有过创伤性经历后很可能会出现常见的后遗症，这仍然需要专职医疗急救人员的关注和处理。当确认幸存者的身体状况稳定之后，就可以对幸存者的机能水平做出评估。该幸存者能否接纳救助者？是否有能力处理和控制与创伤事件有关的强烈情感？其对时间、地点、人物的认知怎样？是否只能够关注最近发生的事件？开放式问题是一个很好的评估工具，例如“当你在等待的时候，我们应该如何帮助你”这类问题不仅可以收集信息，了解救助者应该如何有效地工作，还可以对幸存者组织思想和言语的能力做出评估。如果幸存者不能够回答救助者的问题，并且（或者）难于管控自己，那么下一步恰当的救助措施就很有可能是将其转介到精神卫生急救服务机构。在同幸存者交谈的过程中，救助者应该注意幸存者任何反常的言语、情感、活动或者行为，以便于在后续的减压环节为其提供恰当的服务。

（3）**收集事实**。通过向幸存者询问有关创伤的事实，救助者可以对创伤进行等级评估，并可以用一种具体化的方法与之讨论该创伤性事件。这也使得救助者在继续对幸存者进行评估的同时，也从幸存者那里搜集到重要的风险信息，如面对威胁生命的情境、死亡、丧失，或者其他可能会导致未来创伤后应激症状的创伤性刺激。对于幸存者来说，此时讨论其所经历的事实似乎比较容易，而探讨对该事件的想法和感受这样一些针对个人的问题，则更具威胁感。

有帮助的问题：

- “当它最初发生的时候，你在哪里？”
- “你首先做的是什么？……接下来又做了什么？”
- “你的家人在哪里？”（Young et al.，1998）

（4）**询问想法**。根据在上一个环节中幸存者的回答，救助者可以有选择地向其提问，以了解幸存者在事件发生时的想法。通过将事件发生期间的有关事实转化为幸存者关于事件的想法，救助者帮助幸存者慢慢地从讨论客观事实转变到叙述并还原创伤事件中的当事人的部分。

有帮助的问题：

- “事件发生时，你首先想到的是什么？”
- “事件发生期间，你的头脑中始终贯穿的是什么想法？”
- “事件过去后，什么想法仍一直伴随着你？”

（5）**询问感受**。如果幸存者在上一个“想法阶段”能够成功地叙述，那么救助者就可以从中了解事件发生以来乃至事件发生期间幸存者的一些情感反应。杨等人（Young et al.，1998）就这一阶段的减压工作给予了以下告诫：

“记住，减压是一种简短的干预，它并不做深入的探究和持续的支持。因此，对于任何有关情感问题的提问都必须小心谨慎。重要的是避免强化幸存者的脆弱性，防止其产生过度焦虑。显然，在如此有限的时间内很难对其管理焦虑的能力作出评估，因此还是谨慎行事为好。也就是说，在讨论他们的情感期间，要不断地监控幸存者的反应，反复评价是否需要重新确认幸存者对当前的关注，以及其能否运用行动导向的步骤来解决问题。如果幸存者可以接受对自己情感的讨论，那就要寻找机会来验证常见的情绪反应与忧虑。对幸存者的反应做“去病态化”处理，也就是告知他们这只是对“异常”事件所作出的正常反应，以使他们恢复信心。

（6）**提供支持，消除疑虑，提供信息**。虽然这是最后的步骤，但是这些活动应该渗透到危机事件干预的所有阶段。救助者通过保持热情和无焦虑状态为幸存者提供支持，并成为幸存者与其他人重新建立联系的桥梁，这本身就有助于减缓和解决创伤性事件造成的影响。救助者应该高度注意，在创伤性事件发生后，幸存者应该尽快地与社会支持系统重新建立联系。应该为幸存者提供有关食物、住所、交通和其他重新开始稳定生活所必需的重要信息。当幸存者需要了解事件的具体信息时（如，失踪的亲人、造成破坏的程度等），救助者应帮助或者陪伴幸存者从官方的公开渠道获取信息。在减压活动结束时，助人者至少应该为幸存者提供一页以上的纸质信息清单，其中应包括常见的应激反应和症状的信息、如何最大限度地减少创伤性应激所造成的影响、本地医疗与精神卫生从业者的联系电话等。如有可能，还应包括其他附加服务的日程安排以及使用方法等（例如群体晤谈、家庭团体治疗、按摩治疗等）。

2. 复原

复原（Demobilization，Mitchell & Everly，2001）最初是为那些从事急救服务的人员设计的（如警察、消防队员、专职医疗急救人员）。当他们从一个需要动用上百名救助者的重大危机事件中撤出后，要为他们提供快速休息和分享信息的机会。当危机事件影响到工作场所的职员时，该方法也同样适用。这是一项仅需30分钟的短期干预过程，EAP专业人员首先做一个简短的信息介绍（10～15分钟），然后休息20到60分钟，休息期间提供食物。在休息阶段为大家提供一个同事之间彼此交流的机会，以从中获得相互支持，EAP专业人员则利用这一时间为那些有困扰的员工实施个体减压方案。复原的目标包括：①评估事件发生后员工的健康状况；②缓解事件造成的影响；③为员工提供压力管理知识；④在返回日常工作前提供食物和休息条件；⑤评估晤谈以及其他服务的需要，并向所有参与者分发有关危机事件应激的资料以及其他信息，例如需要进一步转介的专业人士的信息等。

3. 危机管理信息通报

这是一项为大型群体、机构、公司或者社团提供的干预技术（Crisis Management Briefing，Mitchell & Everly，2001）它适用于300人以上的群体，可广泛应用于刚刚经历了创伤性事件后的民众、经历了工作场所危机的员工以及其他波及大多数人的危机事件。它还可以应用于涉及恐怖袭击、大规模灾害、社区暴力、校园危机、工作场所危机以及军事冲突等危机事件。典型的危机管理信息通报通常持续45～75分钟，其目标是：①提供信息；②控制谣言与猜测；③稳定混乱中的局面；④提供应对资源；⑤确定和促进后续的关注；⑥增强群体凝聚力与士气；⑦评估群体的进一步需求；⑧恢复人员的自适应机制。它有四个步骤：将参与者组织起来；提供有关危机事件的事实真相；讨论类似事件发生后常见的行为和心理反应，使幸存者认识到这是正常的自然反应；讨论个体与组织的应激管理措施，并指导参与者获取更多的资源。危机管理信息通报通常属于公司或者团体内部EAP从业者工作职责的一部分。

4. 群体减压

群体减压（Group Defusing，Mitchell & Everly，2001）是危机事件群体晤谈（随后将介绍）的缩减版，它是作为一项临时措施而向经历了危机事件的群体提供的及时援助（0～8小时以内），以替代危机事件群体晤谈。虽然这项干预措施先前针对的都是提供应急服务的专业人士的小群体，但是EAP专业人员可以很容易地将其应用到工作场所之中。群体减压可以用于组织内部的同质性小群体（如销售部门和管理部门等），针对同一事件也可能会做若干次群体减压。群体减压的目标是：①缓解事件造成的影响；②促进恢复过程；③评估其他服务的需要；④减少创伤后应激症状。为了实施群体减压，EAP专业人员应该：①营造一个有安全感的中性环境；②允许压力感受的快速释放；③促进不同层级之间的信息交流；④还原对事件的理性认知；⑤提供应对压力经验的有效信息；⑥肯定全体人员的适应能力；⑦建立社会支持与服务的联系网络；⑧建立对未来的预期。

5. 危机事件群体晤谈

危机事件群体晤谈（Critical Incident Stress Debriefing，CISD；Mitchell，1983；Mitchell & Everly，2001）是所有危机事件干预技术的核心与支柱。危机事件群体晤谈起先是由美国陆军开发的，用以缓解因军事事故、演习和作战经历而造成的影响（Mitchell & Everly，2001）。1983年，国际危机事件应激基金会的创始人和主席杰弗里·米歇尔认为可以将该模式应用于提供急救服务的人员。从那时起，危机事件群体晤谈技术在全世界范围内被广泛地应用于不同事件中的各类群体。正如本章先前回顾的那项研究所表明的，危机事件群体晤谈技术对于缓解创伤性事件给幸存者所造成的应激影响来说，是一项有效的干预方法。然而，危机事件群体晤谈技术的效果是否具有实证效度，这个问题也一直存在着纠缠不清的激烈争论。我们可以让成百上千的急救服务人员和参加过危机事件群体晤谈的公民来证明该措施确实有效，但是其实际效果究竟如何，这还有待确凿的实证性证据来支持。如前所述，危机事件群体晤谈不应该只被看做是一项独立的危机事件干预程序，它应该是综合性危机事件应激管理方案中的一部分，包括本章所讨论的所有原则、实践和方案。米歇尔和艾维利（Mitchell & Everly，2001）对危机事件群体晤谈的定义是：

> “危机事件群体晤谈和减压过程可以定义为关于创伤性事件或系列创伤性事件的群体会议或者研讨会。危机事件群体晤谈和减压过程以坚实的危机干预理论为基础。其目的是缓解创伤性事件造成的心理影响，防止创伤后应激症状的发生，并可在早期识别因创伤性事件而需要提供精神卫生服务的个体。

危机事件群体晤谈一般在危机事件发生后的12～72小时内进行，通常持续1.5～3小时。它一般采用以下行动机制来达到目标：①提供早期干预的机会；②提供宣泄的机会；③提供口头叙述创伤经历的机会；④将混乱的创伤事件结构化；⑤提供群体支持；⑥提供同伴支持；⑦提供应对应激经历的信息；⑧为后续的服务提供机会和便利条件（Michell & Everly，2001）。

危机事件群体晤谈通常分为以下几个阶段：

- **第一阶段：介绍阶段**。在这一阶段介绍危机事件干预团队的成员，解释危机事件群体晤谈的过程，建立预期，设定重要的基本规则。
- **第二阶段：事实阶段**。在这一阶段，当事人做自我介绍，描述其在事件中的角色，识别围绕其所经历事件的事实。
- **第三阶段：认知阶段**。这是“想法阶段”，要求当事人确定其有关创伤性事件的认知经验。在该阶段经常会问幸存者这样的问题：“在事件发生期间及结束之后，始终伴随着你的想法是什么？”想法阶段的结束预示着当事人从对事件的认知处理过渡到了情感处理。
- **第四阶段：反应阶段**。在“反应阶段”，邀请当事人与大家分享他们在事件发生期间以及之后的情绪反应。该阶段会有大量的情感过程发生。在此期间很少需要来自团队的互动和干预。团队和所有参与者要用目光接触和静默的“见证”来褒奖当事人的分享过程。在这一阶段有助于引出反应的问题是：“该事件对你最糟糕的影响是什么？”或者“该事件至今留给你的印象是什么？”接下来的问题就可能是：“那些记忆中的经历对你现在有何影响？”
- **第五阶段：症状阶段**。在这一阶段，团队领导引导当事人认识到该危机事件对其产生负面影响的方式。如果当事人难于确定该事件给其社会功能造成的任何改变，为其提供一个有关潜在应激症状的简要介绍可能会有所帮助。症状阶段标志着从对事件的情感处理又返回到了认知处理。
- **第六阶段：教育阶段**。在这一阶段，团队领导通常为当事人提供信息资料，包括可能的应激症状和应对技术，帮助当事人“理解”前一阶段确认的症状，并将对其做正常化解释。

- **第七阶段：回归阶段**。在这个阶段要澄清任何模糊的认识，准备结束这一过程，引导善后收尾工作，协助当事人回归正常的生活状态。如有必要，还要为其安排后续的或者其他的服务。

建议在危机事件群体晤谈结束的时候为大家提供食物和茶点，让全体参与者能借此机会充分交流。如果需要的话，这一社会交往的阶段也是EAP专业人员提供转介信息和持续支持的极佳时机。

6. 个体晤谈

危机事件群体晤谈中的很多内容对于个体来说是不充分或者不适用的。在这些情况下，EAP专业人员需要运用个体晤谈方案。最常见的个体晤谈法都是将危机事件群体晤谈法加以改造后再应用于个体。其实就是把危机事件群体晤谈的所有步骤和阶段简单地运用到个体身上。此外，也有许多将危机事件群体晤谈法加以改造后运用于受创伤的家庭之中的报告。

个体晤谈可以在现场开展，也可以在EAP专业人员的办公室或者其他中性场所进行。个体晤谈必须在对个体实施了充分的减压、完成了所有必要的评估、分类和稳定化工作之后才可以进行。

7. 眼动脱敏再加工

与创伤事件减除法（Traumatic Incident Reduction French & Harris,1999）一样，眼动脱敏再加工（Eye Movement Desensitization and Reprocessing，EMDR，Shapiro，1995）也是解决与最近创伤性事件相关的创伤应激症状的一项方案。需要提醒的是，若要使用上述两种方法，救助者在之前必须接受专门的培训、资格认证，并获得许可执照。近年来，在全世界范围内危机事件发生的频率和严重程度都在上升。与此同时，人们对该领域专业培训和学术研究的兴趣也在不断提高，我们相信，在不久的将来，还会有越来越多的群体（个体）晤谈与减压的方案产生。

8. 同情心疲劳

不讨论危机事件干预工作潜在的风险，就不可能真正完成这项工作。人们已经确认，救助创伤经历幸存者的工作将会对救助者产生有害影响（Deutch，1984；Figley，1995；McCann & Pearlman，1990；Follette et al.，1994；Schaubern & Frazier，1995；Cerney，1995；Salaston，2000；Gentry，2002）。二次创伤应激、替代性心理创伤、工作倦怠以及同情心疲劳等都是用来描述这些影响的标志性语言，这似乎是幸存者的症状在救助者和临床医生身上的折射。没有综合性的自我护理计划，救助者是不能对有创伤经历的幸存者开展工作的，而这种自我护理计划就是为了尽量降低该项工作的有害影响，同时充分增强救助者的心理弹性。该计划的一些构成要素应该如下：

- 有规律的锻炼；
- 良好的营养；
- 焦虑管理策略；
- 支持性的个体和群体；
- 用以降低二次创伤应激的个体晤谈和群体晤谈；
- 能够帮助从业者放松、娱乐和保持活力

感的各类休闲活动；

- 持续的专业督导；
- 与擅长创伤应激的精神卫生专家建立并保持联系，以备出现症状时求助；
- 持续的专业发展培训，特别是有关危机事件干预和创伤应激处理的培训。

危机事件处理培训资源

国际危机事件应激基金会（International Critical Incident Stress Foundation）

10176 Baltimore National Pike，Unit 201

Ellicott City，MD 21042

（410）750-9600

www.icisf.org

国际创伤学研究所（International Traumatology Institute）

University of South Florida

4202 E. Fowler Ave. MHH116

Tampa，FL 33620

（813）974-1191

www.outreach.usf.edu/trauma

创伤后应激障碍美国国家研究中心（The National Center for Posttraumatic Stress Disorder）

VA Palo Alto Health Care System

Menlo Park，CA 94025

Executive Division

VA Medical & Regional Office Center

White River Junction，VT 05009

www.ncptsd.org

参考文献

American Red Cross (1991). Disaster Services Regulations and Procedures. *Disaster Mental Health Services.* (ARC 3050M) American National Red Cross.

American Red Cross (2002). http://www.redcross.org/sys/search/advsearch.asp

American Psychiatric Association (2000). *Diagnostic and statistic manual of mental disorders.* Fourth edition. Text revision. Washington, DC: APA.

Bisson, J., Jenkins, P., Alexander, J., & Bannister, C. (1997). A randomized controlled trail of psychological debriefing for victims of acute burn trauma. *British Journal of Psychiatry, 171,* 78–81.

Bisson, J. I., McFarlane, A. C., & Rose, S. (2000). Psychological Debriefing. In E. B. Foa, T. M. Keane, & Friedman, M. J. (Eds.). *Effective Treatments for PTSD.* New York: The Guilford Press. pp. 39–59.

Cerney, M. S. (1995). Treating the "heroic treaters." In C. R. Figley (Ed.). *Compassion fatigue: Coping with secondary traumatic stress disorder in those who treat the traumatized* (pp. 131–148). New York: Brunner/ Mazel.

Deahl, M., Gilliam, A., Thomas, J., Searle, M., & Srinivisan, M. (1994). Psychological sequelae following the Gulf War: Factors associated with subsequent morbidity and the effectiveness of psychological debriefing. *British Journal of Psychiatry, 165,* 60–65.

Deutsch, C. J. (1984). Self-reported sources of stress among psychotherapists. *Professional Psychology: Research & Practice, 15,* 833–845.

Dyregrov, A. (1989). Caring for helpers in disaster situations. Psychological debriefing. *Disaster Management, 2,* 25–30.

Dyregrov, A. (1998). Psychological debriefing–an effective method? *Traumatology, 4* (2).

Everly, G. S., & Boyle, S. H. (2001). Critical Incident Stress Debriefing (CISD): A Meta Analysis. In J. T. Mitchell & G. S. Everly, *The basic critical incident stress management course: Basic group crisis intervention* (3rd Edition). Ellicott City, MD: International Critical Incident Stress Foundation, Inc. pp. 119–123.

Everly, G. S., & Mitchell, J. T. (1995). *Critical incident stress debriefing (CISD): An operations manual for the prevention of traumatic stress among emergency services workers and disaster personnel.* 2nd Edition, Revised. Ellicott City, MD: Chevron Publishing Company.

Everly, G. S., & Mitchell, J. T. (1997). *Critical incident stress management (CISM): A new era and standard of care in crisis intervention.* Ellicott City, MD: Chevron Publishing Corporation.

Everly, G. S., & Mitchell, J. T. (1999). *Critical incident stress management (CISM): A new era and standard of care in crisis intervention* (2nd edition). Ellicott City, MD: Chevron Publishing Corporation.

Family Enterprises Incorporated (1993). Posttraumatic intervention institute. *Training manual.* Milwaukee, Wisconsin: Author.

Federal Emergency Management Association (FEMA) (2002). http://femaweb4.fema.gov/cgi-shl/web_evaluate.exe

Figley, C. R. (1995). *Compassion fatigue: Coping with secondary traumatic stress disorder in those who treat the traumatized.* New York: Bruner/Mazel.

Figley, C. R., Figley, K. R., & Norman, J. (2002) Tuesday morning September 11, 2001: The Green Cross Projects' role as a case study in community-based traumatology services. *Journal of Trauma Practice, 1,* 3 (4).

French, G., & Harris, C. (1999). *Traumatic incident reduction (TIR).* Boca Raton, Florida: CRC Press.

Folette, V. M., Polusny, M. M., & Milbeck, K. (1994). Mental health and law enforcement professionals: Trauma history, psychological symptoms, and impact of providing services to sexual abuse survivors. *Professional Psychology: Research and Practice, 25* (3), 275–282.

Gentry, J. E. (2002) Compassion fatigue: A crucible of transformation. *Journal of Trauma Practice, 1,* 3 (4).

International Critical Incident Stress Foundation (ICISF) (2002). Website: http://www.redcross.org/sys/search/advsearch.asp

Kerr, M. E., & Bowen, M. (1988). *Family evaluation.* New York: W.W. Norton & Company.

McCann, I. L., & Pearlman, L. A. (1990). Vicarious traumatization: A framework for understanding the psychological effects of working with victims. *Journal of Traumatic Stress, 3,* (1), 131–149.

Meyers, D. (1987). *Prevention and control of stress among emergency workers: A pamphlet for team managers.* DHHS Publication No. (ADM) 90–1496.

Mitchell, J. (1983, January). When disaster strikes: The critical incident stress debriefing process. *Journal of Emergency Medical Services,* pp. 36–39.

Mitchell, J. T., & Everly, G. S. (1996). *Critical incident stress debriefing: An operations manual.* Ellicott City, MD: Chevron Publishing Corporation.

Mitchell, J. T., & Everly, G. S. (2001). *The basic critical incident stress Management course: Basic group crisis intervention* (3rd Edition). Ellicott City, MD: International Critical Incident Stress Foundation, Inc.

Rank, M. (1997). Critical incident stress debriefing. In W. Hutchinson & W. Emener (Eds). *Employee assistance programs: A basic text.* Second Edition. Springfield, IL: Charles C. Thomas, Publisher, Ltd. p. 315–329.

Raphael, B. (1986). *When disaster strikes: A handbook for caring professions.* London: Hutchinson.

Raphael, B., & Wilson, J. (Eds.). (2000). Psychological debriefing: Theory, practice, and evidence. Cambridge: Cambridge University Press.

Rose S., Bisson J., & Wessely S. (2002). Psychological debriefing for preventing posttraumatic stress disorder (PTSD) (Cochrane Review). In: The Cochrane Library, Issue 3 2002. (http://www.update-software.com/abstracts/ab000560.htm)

Salston, M. D. (2000). *Compassion fatigue: Implications for mental health professionals and trainees.* A defended dissertation at Florida State University.

Sapolsky, R. M. (1998). *Why zebras don't get ulcers: An updated guide to stress, stress-related diseases, and coping.* New York: W.H. Freeman and Company.

Scaer, R. C. (2001). *The body bears the burden: Trauma, dissociation, and disease.* New York: The Haworth Medical Press.

Schauben, L. J., & Frazier, P. A., (1995). Vicarious trauma: the effects on female counselors of working with sexual violence survivors. *Psychology of Women Quarterly, 19,* 49–64.

Shalev, A. Y. (1994). Debriefing following traumatic exposure. In R. Ursano, B. McCaughey, & C. Fullerston (Eds.) *Individual and community responses to trauma and disaster: The structure of human chaos.* Chap. 9, pp. 201–219. Cambridge University Press.

Shapiro, F. (1995). *Eye movement desensitization and reprocessing: Basic principles, protocols, and procedures.* New York: Guilford Press.

Smith, D., Christiansen, E., Vincent, R., & Hann, N. (1998). Post event health and the effectiveness of critical incident stress debriefing. *Biostatistics and Epidemiology,* University of Oklahoma College of Public Health, University of Oklahoma Press.

Spitzer, W. J. (2002). Critical incident stress management. In R. R. Roberts & G. J. Greene, (Eds.) (2002). *Social workers' desk reference.* Oxford: Oxford University Press, pp. 447–451.

van der Kolk, B. (1996). The black hole of trauma. In B.A. van der Kolk, & A. C. McFarlane, (Eds) *Traumatic stress: The effects of overwhelming experience on mind, body, and society.* New York: The Guilford Press. 3–23.

Young, B. H., Ford, J. D., Ruzek, J. I., Friedman, M. J., Gusman, T. D. (1998). *Disaster mental health services: A guidebook for clinicians and administrators.* National Center for Posttraumatic Stress Disorder. (www.ncptsd.org)

第二十九章
网络空间：EAP的新领域

Michael A. Richard

大多数企业都在管理中使用计算机技术以提高员工的生产力和工作效率。我们看到，计算机技术能够帮助员工以更少的时间和精力来完成更多的工作任务。计算机以及像互联网这样与之相关的信息技术（Information Technology,IT）为员工和雇主提供了能以前所未有的方式组织和处理信息的工具。并且从商业的角度看，员工掌握互联网技术可以直接为企业带来商业效益和企业竞争力。在大多数成功的企业里，计算机已经与电话、复印机一样成为公司最基本的办公设施。

然而就商业而言，有得必有失。网络空间已经悄然成为员工们的游乐场所，他们用大量“空闲时间”悄悄地发送电子邮件，购买光盘，下载音乐，浏览体育新闻等。这些至少看起来还属于“无伤大雅”的娱乐活动；更有甚者，有的员工在工作时间发送恶意信息，向同事发送骚扰邮件，频繁浏览色情网站。为此，企业要求E A P从业者帮助那些因滥用或者不当使用计算机技术而影响工作的员工，他们这些行为甚至可能会产生法律问题。就算以其最无害的用途来说，也会消耗员工的时间和精力，从而影响工作效率。在对这些问题展开讨论之前，我们首先必须要了解与信息技术相关联的网络空间（Hines，1994）。

信息技术主要是由计算机技术、电信技术和互联网技术所构成。它还包括专家系统、成像技术、自动化技术、机器人技术、传感技术及机电一体化（微处理器嵌入产品、系统以及设备）。这些相互关联的专门技术使得越来越多的员工可以脱离“办公室”工作，既可以足不出户地在家办公，也可以在旅行途中办公。工作时间也不再仅限于朝九晚五。事实上，信息技术如今要求更具弹性的工作时间和更具多样性的工作环境。信息技术仍在发展，并将使我们在农场、工厂、医院、心理咨询室或学校教室等工作场所的工作方式不断地改变面貌。预计至2010年，信息技术还会给企业带来翻天覆地的变化，为员工创造出更具挑战性和自主性的工作环境，但同时也会导致员工的工作更加非人性化而令人生厌（Hines，1994）。网络空间为那些有被剥夺感或者对工作感到厌倦的员工提供许多与工作无关的选择，用来消磨时光和发泄敌意。当然，这些选项中有许多都属于不当行为、超越了规范的底线，并发展成为社会越轨行为（Bellm，1998；Greenfield & Davis，2002）。

从积极的方面说，互联网提供的独特平台使得员工得以结识远在大洋彼岸、从未谋面的同行，并相互交流信息。这种在线的交往可以使员工获取可靠的最新信息，提高其工作能力。但与此同时，互联网也为员工在工作期间从事不正当的娱乐活动（如登陆色情网站或赌博网站等）提供了最为便捷的渠道（Greengard，2000）。目前，这些看似无害的网上信息查询或网上"冲浪"行为已经引起越来越多的关注。网上的"冲浪"行为看起来似乎无害，但雇主们发现员工们经常利用工作时间"在线"收集信息。他们担忧的是这已经成为一种"磨洋工"的形式，就如同过去在上班期间看报纸一样（Sunoo，1996）。

盖肯巴赫（Gackenbach，1998）曾将互联网用户归为两类人群：搜寻信息者和信息提供者。在认识和解决任何具体问题之前，重要的是充分了解员工上网的根本原因（主要是提供信息还是获取信息）。根据这种两分法的划分理念，其实任何类型的活动都可能与工作有关：

- 利用私人聊天室与志趣相同的朋友探讨如何解决工作方面的问题；
- 利用私人邮件与其他个体交流，征集信息，建立业务关系；
- 以"用户"群的身份向"专家"的邮箱发送邮件咨询问题；
- 发布通知和张贴营销信息；
- 利用新闻网络向锁定的客户做非正式"调查"，并尽快公布结果；
- 用于公司、企业和非盈利组织等机构发布公告（如任务、程序或相关声明等）；
- 建立公司内部各部门之间的联系。
- 可同时联系大量分散于不同地点、为同一项目而工作的员工；
- 为解决问题而组建各种讨论小组。

以上这些功能都是互联网有助于员工做好本职工作的方面。但对于超出了上述内容而严重滥用互联网的行为，则需要EAP的介入。这类严重滥用互联网的"问题"是本章关注的重点。

首先需要强调的是，有关互联网使用方面的问题并不都属于极端问题。一般来说，员工使用互联网所造成的损害都是非常有限的。这种无伤大雅的不当上网行为包括：

- 发送私人邮件；
- 因私人原因查询信息，如音乐会信息和体育赛事信息；
- 处理私人约会；
- 支付账单；
- 购买个人用品，如CD唱片和书籍等。

也有许多员工因上网而受到一些消极影响，但尚处在可以掌控的程度，给他们带来负面作用的这些上网方式包括：

- 对解决某现实问题抱不切实际的希望；
- 仅仅因为有人发布，就盲目接受不可靠信息；
- 浪费时间，耽误工作；
- 引起莫名的负疚、恐惧或愤怒；
- 由于不断查询信息而延误做决定；
- 由于无聊而在网上寻找各种消遣方式，因此而疏远或者逃避组织。

以上问题会对许多网络使用者造成一定的

负面影响，但大多数员工都能够依靠自己或稍微借助外界的指导加以解决。在此列举这些常见的上网失当问题，是为了帮助读者将正常范围内的不良上网行为与问题行为加以区分。事实上，公司需要一个统一的标准来区分可接受的上网行为与不容许的上网行为，这也是所有咨询师都必须要掌握的标准。制订这样的公司政策已是势在必行，据此EAP提供方才能够将这二者加以区分。对于表现极端的不良上网者，必须将其排查出来。这项工作会涉及众多员工，有些人确属不当上网行为，但EAP从业者必须能够识别那些最需要帮助的员工。为此，必须根据员工上网的频率以及所受到的影响来确定其上网行为是否失当。为了充分理解这些问题，我们必须首先探讨网络空间环境这一主题（Griffiths，1995）。

网络环境

面对面（FtF）交流是一种动力性的相互作用，交谈的流向和流量在交谈者之间往返地变化，谈话者在交流过程中也不断变换着信息发送者和信息接收者的角色。互联网也是一种交互作用的沟通形式，其信息流动方式与面对面交流相似，但从事这种交流的环境条件却并不相同（Barnes，2001，1998）。

与五官并用的面对面交流相比，在线交流基于这样的背景：“我只是我告诉你的样子。”这主要是因为网络用户能够向他人展现其经过编辑的形象。此外，网络用户还可以隐藏其地址和真实身份，这样可以使得一些网络用户感到在与人交流的过程中不受拘束。这种不受约束的“在线”状态可以使人逃避主流社会结构的限制。处于“在线”状态的网络用户，由于其所在地、社会等级、性别、年龄和种族都是含糊不清的，因此无法受到有效约束。网络互动中的这种匿名状态有利于交往的双方不必顾虑性别差异和社会成见等方面的阻碍，除非双方自愿决定曝露各自的身份。有些人指出，在线交流可以使人得以探索、介绍和展现自我的多个不同侧面，而这一功能常常被网络用户视为一种自我解放的体验（Wood，1995）。此外，在线交流还能使人们与遍布世界各地的其他在线用户沟通，与来自于其他文化和社会背景的人们发展关系（Barnes，2001）。

另一方面，网络社区的负面影响则是为个体提供了一个呈现自我分裂形象的投射环境。这种自由的空间也会使个体趋向于顽固、僵化，拒绝任何需要妥协与合作的社会行为。在需要团队协作和集团企业之间合作时，在线交流有可能会导致职场合作的失败。例如，交流各方看不到对方的身体语言，无法判断对方的语音语调，这通常是交流者所意识不到的挑战（Barnes，2001）。

那些能够成功遨游于互联网的人一直被认为拥有较强的适应能力。适应能力被看做是通过调整自我以适应环境的能力，以及在面临新环境时能够找到新的应对方式，同时还能够使自身人格的多样性保持一致的能力。适应能力表现为情感丰富，能够改变看法，培养自己的信念，使自身的成长伴随着文化的发展而与时俱进（Reid，1998）。

无论是对普通人而言，还是对企业的员工而言，以上所描述的网络人格的畸形发展都会对个体的成长和健康构成极大威胁（Reid，1998）。物质化的互联网为那些适应能力差的个体提供了机会、时间与空间，使其得以逃避一个社会所必须具有的限制。但是互联网也如同毒品、性和权力一样，只是一个幻想的天堂（Reid，1998）。

网络人格问题

攻击性。由于实行匿名制，人身安全受到保障，因此网络上的行为往往缺乏约束，人们身处虚拟环境中的经历常常会致使其以不当的方式表达自己，如攻击行为和辱骂行为。网上攻击行为被叫做“点火”，是一种充满火药味儿的沟通形式，表现为针对他人或群体放肆地表达其愤怒或者敌意。实施攻击或者辱骂的上网者十分清楚这里不会遭遇那种在面对面交流时才会发生的社会处罚。这种放肆也许不仅是因为交流者之间的空间距离，甚至中等熟练水平的上网者都能够通过掩饰自己的身份和地址来保护自己。瑞德（Reid，1998）曾经报告过一个令人气愤的案例，一名满口污言秽语的上网者进入了一个为遭受强奸的受害者提供援助的聊天室。这名闯入者使用下流的语言和图片向该聊天室的所有用户描述强奸的情节。结果，就连那些只受到轻微伤害的人也不得不放弃使用该聊天室，而那些受伤害严重的当事人则报告说他们的创伤后应激症状更加恶化，该事件加剧了他们已有的创伤。

在职场上，在线观看体育栏目主持人的谈话节目也会激起员工的负面反应，由员工自我描述的所谓“无名火”所引发的事故同样会给工作造成损失。从一些极端的、出问题的实例中可以看出，这类行为还会导致公共关系问题、民事后果和经济损失。例如，雪佛龙公司和微软公司就曾被当地法院判处各自支付220万美元的罚金，因为法院认为其所发送的具有“性别歧视”的电子邮件是在营造充满敌意的工作环境。由于网络用户可以隐瞒真实的性别和年龄等，许多人成为了不法行为的受害者。他们对网络失去了信任感，从而认为网络上的一切都是谎言，没有人会在网上披露自己的真实身份（Reid，1998）。

1. 自我的多面性

上网者可以掩盖真实的自我，甚至重塑自我形象，这就使得人们可以用前所未有的方式对其“私下的”自我进行探索。对于一部分上网者来说，这可以成为一种情感解放的体验，而对另一部分人来说，却可以从中找到支持其极端越轨行为的勇气。例如，聊天室可以帮助一些人寻求有关某种疾病或机能障碍的信息。这些信息很容易以匿名的方式获得，而此前他们绝不会在面对面的条件下讨论这类问题。但聊天室也可以成为有些人探讨如何制造炸弹、如何猥亵儿童以及其他邪恶行为的平台。正是因为人们在网上能够隐瞒其真实身份，才会助长一些人探究和表达这些邪恶的人格侧面（Johnson，1998）。这导致一些人在现实中因失去了约束而心态失衡，并为其在这类场合表达邪恶思想找到了支撑（Reid，1998）。

2. 人格分裂

无约束地表达自我的多面性与人格的分裂具有潜在的相关。妥协精神、对变化的开放性态度以及共情能力等品质，都是维持和增进人际关系所必不可少的人格特征。而有些上网者却偏执、武断、缺乏同情心，通过“点火”行为来表达自己。进一步说，这类上网者在选择交流对象时，只限于与想法相同的人交流。于是造成了这样一种现状，像妥协、开放和共情能力这样一些正常的交往品质在此都不需要。一方面，上网者有能力表达其偏执和邪恶的观点，同时又能够限制或者拒绝与之不同的观点，这最终导致他们以不受“真实世界”交流限制的方式探索和扩散其敌意、愤怒和邪恶思想。这种不受谴责的随意表达还会削弱对其社会互动方式的改进。上网者会脱离面对面的沟通而日渐沉溺于网络文化。由此更促使其人格边缘化，使之成为人格破裂、离群索居并且难以被改变的人，不再容易接受社会的矫正（Johnson，1998）。

3. 社会疏离

互联网的使用以及工作环境的改变，二者共同引发的问题之一就是疏离感。由于越来越多的人群可以在家工作，办公文化正在发生改变。对有些人来说，可以更加投入地以匿名的方式探索自我的多面性，使得人格更加破碎。这将会减少面对面形式的人际交往。计算机视频和电子邮件的互动特征可以将空寂的网络空间改变成为一个虚假的亲密交往空间（Barnes，2001）。

网络成瘾

如前所述，很显然，网络空间能够并且确实为这些社会病态行为提供了途径和支持。进一步说，对这些途径的利用会导致沉迷和失控行为。即使互联网被用于正当用途，过度的使用也仍然会影响其生活的方方面面。这一问题已经引发了许多社会科学家纷纷对网络成瘾现象展开探讨（Ajayi，1995；Griffiths，1998）。

此外，公司所关注的是网络使用者的“成瘾”问题，而并不一定是“不当使用”。根据报告来看，网络成瘾问题都与使用的频繁程度相关。办公室工作人员会因为过度地上网“查询”或者“浏览”信息而导致工作效率明显下降。进一步说，在家里工作的员工有可能会与同事和家人越来越疏远、隔离（Armstrong，Phillips，& Sailing，2000；Griffiths，1995）。

对技术成瘾的现象，其操作性定义为人机互动的非化学成瘾，或者说是行为成瘾。又可以分为被动性成瘾（如看电视）和主动性成瘾（如上网）。而且，它们通常都具有诱导性和强化性的特征，这些特征会促进成瘾倾 向（Armstrong，Phillips，& Sailing，2000；Griffiths，1995）。

为了使读者对此印象深刻，这里将成瘾状态核心特征中最为突出的表现列举如下：情绪改变、容忍性降低、戒除阶段有戒断症状、易发生人际冲突，戒除之后也容易故态复萌（Davis，2001）。针对网络成瘾问题，首先要强调的问题是：“网络成瘾的人究竟是对什么上瘾？”

说到网络成瘾，首先映入人们脑海的形象就是那些被称做“电脑黑客”的人，那些不擅于社交的十几岁的男孩子，极少或者干脆没有什么社会交往，常被人们冠以“电脑迷”或“极客”的头衔。要研究网络成瘾问题，首先应该回顾一下以往人们在这方面得出的研究结论。以下是与过度使用网络有关的人口统计学信息：

- “平均水平的成瘾者”每周上网 38.5 小时；
- 这其中有 72% 的人自认为是网络成瘾者；
- 10.6% 的人自称已达到网络依赖的程度；
- IT 工作者每周平均上网时间为 18 小时；
- 其中 13% 的人声称自己已经上网过度，

已经妨碍了个人生活；
- 大多数上网者为男性；
- 在构成病态的上网者中（被认定为成瘾者），男性所占比例为 12.2%，显著超过女性所占的 3.2%（Griffiths，1998）。

互联网被人们形容为人际交往的“百忧解”（一种抗精神抑郁药），许多人在网上交流要比面对面交流更为友善和开放（Griffiths，1995）。有人认为过度上网并非网络成瘾，只是人们为了弥补先前社交生活缺乏而采取的一种手段，原因可能是社会关系贫乏、缺少朋友、外貌有缺陷或者身体有残疾等（Armstrong，Phillips & Sailing，2000；Griffiths，1998），因此法庭的陪审团也始终没把这类现象当做问题看待。此外，另一种争论意见也声称不应把过度上网归于成瘾类疾病，它对于那些肯花更多时间投身于技术而不愿与人打交道的人群来说，只是社会趋势的另一种表现形式而已。把科技作为一种娱乐和社会交往的资源，这一趋势起源于收音机的出现，电视机紧随其后，而下一步就将是互联网。这一观点的支持者们相信，这是当今社会现实中不可避免的行为，因为人与人之间变得越来越陌生，而互联网已成为人们建立联系的工具（Ajayi，1995；Barnes，2001）。

最后一个问题是过度上网与工作环境之间的关系问题，即在家工作的员工由于不与同事和主管接触，更容易出现过度上网以及其他问题行为。当员工处于独自工作状态时，网络成瘾、赌博或其他物质滥用等问题很容易被忽视。员工这种远离他人的工作状态使得许多问题都不易被其同事和主管察觉（Caplan，2002）。EAP 从业者未来将承担着指导员工和管理者如何更好地识别网络成瘾者，并将其及时向 EAP 转介，以实施干预。

网络成瘾研究中心的主任金伯莉·杨（Kimberly Young）博士认为，网络成瘾的确存在，并且对人们的生活造成了实质性的损害。她还认为对网络成瘾的零容忍政策并不奏效，员工必须承认自己存在着网络成瘾问题，并且准备采取合适的策略去解决这一问题。对此，公司有许多工作可做：制订切实可行的政策以明确对网络成瘾行为的界定；对员工实施有效的教育计划；传授有关网络成瘾的科学知识；颁布针对网络成瘾问题的公平、公正的处罚措施；将问题员工转介至 EAP；通过 EAP 帮助其恢复原有的工作能力，而不是被抛弃（Greengard，2000）。

结论

实际上，大多数在工作期间使用互联网的人，都有不同程度的过度使用之嫌。这在很大程度上就如同上班时间拨打私人电话一样。但是，过度滥用互联网会导致员工工作效率下降、安全成本增加、不必要的网络负荷、数据安全风险以及日益增加的民事和刑事责任风险。因此必须要探讨并界定正常使用网络和滥用网络的恰当区分标准，并在每个工作场所实施。那些被确认为过度滥用互联网的员工应接受 EAP 的干预，以有效地解决其网络成瘾问题。

最后，EAP从业者应将网络空间视为一种机遇。互联网正日益成为员工与其工作、生活以及EAP服务之间建立连结的快捷而便利的途径。网络还为一些员工带来了额外的好处，例如有些人需要就子女看护问题或工作上的冲突等问题寻求帮助，他们更愿意借助于计算机与专家交流，而不喜欢与专家面对面直接交谈，因为网络上的交流会令他们感到更加自在和安全。

EAP已日渐成为企业员工的一项值得享有的基本福利，大企业中有大约90%的雇主为员工提供这项福利。与此同时，电子邮件、互联网以及企业内部局域网等新技术，为美国人查询信息和交流信息的方式带来了革命性的变化。这同时也大大扩展了EAP从业者的工作途径，借此可以向数以百万计的员工提供高效的心理社会支持，其中也包括那些需要帮助却又不愿意接受面对面咨询的人。互联网确实存在许多风险，所以必须要采取保密措施，在员工利用计算机技术就自己最为私密的问题接受心理援助之前，必须确保在线沟通的安全与保密，以消除网络使用者的顾虑。

参考文献

Ajayi, A. (1995). Terminal addiction. *Internet and Communication Today,* May, p. 36.

Armstrong, L., Phillips, J. G., & Sailing, L. L. (2000) Potential determinants of heavier Internet usage. *International Journal of Human-Computer Studies, 53* (14), 537–550.

Bellm, M. (1998). Cutting down on Internet abuse at work. *Control Engineering, 45* (12), 62.

Caplan, S. E. (2002). Problematic Internet use and psychosocial well-being: development of a theory-based cognitive-behavioral measurement instrument. *Computers in Human Behavior, 18* (5), 553–575.

Greenfield, D. N., & Davis, R. A. (2002). Lost in cyberspace: The web at work. *Cyberpsychology Behavior, 5* (4), 347–353.

Greengard, S. (2000). The high cost of cyberslacking. *Workforce, 79* (12), 22–24.

Griffiths, M. (1998). Internet addiction: Does it really exist? In Gackenbach, J. (Ed)., *Psychology and the Internet: Intrapersonal, Interpersonal, and transpersonal implications.* San Diego, CA: Academic Press.

Griffiths, M. D. (1995) Technological addictions. *Clinical Psychology Forum, 76,* 14–19.

Hines, A. (1994). Jobs and infotech: Work in the information society. *The Futurist, 28* (Jan./Feb.), 9–13.

Johnson, A. (1998). Causes and implications of disinhibited behavior on the Internet. In Gackenbach, J. (Ed)., *Psychology and the Internet: Intrapersonal, Interpersonal, and transpersonal implications.* San Diego, CA: Academic Press.

King, S. A., & Moreggi, D. (1998). In Gackenbach, J. (Ed)., *Psychology and the Internet: Intrapersonal, Interpersonal, and transpersonal implications.* San Diego, CA: Academic Press.

Reid, E. (1998). The self and the Internet: Variations on the illusion of one self. In Gackenbach, J. (Ed)., *Psychology and the Internet: Intrapersonal, Interpersonal, and transpersonal implications.* San Diego, CA: Academic Press.

Sunoo, B. P. (1996). This employee may be loafing. Can you tell? Should you care? *Personnel Journal, 75* (Dec.), 54–59.

第三十章
EAP 的文化多元化问题

Charlotte G. Dixon
Tennyson J. Wright

21 世纪，企业劳动力的种族多元化现象日益显著且渐成趋势。托马斯（Thomas，1991）指出，“管理多元化的时代已经到来。越来越多的企业和组织已意识到，如果管理得当的话，劳动力的多元化并不是负担，而是最大的潜在力量”。梅约（Mayo，1999）发现，由于人口发展趋势与商业发展趋势的联合推动作用，使多元化问题成为商业活动所要解决的首要因素。首先，多元化现象正在向全世界扩展。例如，根据《加拿大社会趋势》杂志报道（转引自 Mayo，1999），到 2016 年，少数族裔的加拿大人将有望占加拿大成人总数的 20% 多，与 1991 年相比翻了一番。此外，到 21 世纪末，美国劳动力中的女性和非白人男性将净增 85%。更具体地说，哈德森研究所发布的《2020 年的劳动力》（1997）指出，到 2020 年，少数族裔将占据整个劳动力的 32%。第二，消费市场也正在日趋多元化。全球化的进程导致了市场的扩张，进而推动了消费者的多元化。为了适应商场竞争，满足市场的需求，众多精明的企业已经认识到，他们需要了解这些新兴市场，并且主动地吸引和留住这些具有多元化背景的精英员工。第三，企业日趋重视团队在组织结构中的重要作用。梅约（Mayo，1999）指出，越来越多的企业领导相信，多元化的群体更容易于提出创新性解决方案和做出更出色的决策。该论断得到了《采购》杂志最近一项调查的证实（转引自 Mayo，1999），该调查发现 57% 的企业都是依靠多功能团队制订战略性决策。

劳动力种族多元化的主要优势之一就是能够为组织带来多元化的视角。它能够促进持不同观点的管理者之间进行信息交流，从不同的视角对工作任务进行探讨，如果管理得当，劳动力的种族多元化将会对工作绩效、士气、人才保留以及对组织目标的实现产生积极的影响。然而，维持一支多元化的劳动力队伍，并在其内部之间建立良好的合作关系，是一项极具挑战性的工作。管理得好，多元化会成为一个具有全球竞争力的组织的成功基石。若管理不当，则不仅会降低生产效率，还会付出高昂的代价。曾几何时，人力资源管理的专家们都曾经尝试独立应对这些挑战。然而时至今日，EAP 已经能够提供一系列涉及劳动力多元化的服务，以满足这一颇具挑战性的需求。“组织管理学已开始认识到，诸如歧视和文化疏离感等多元化问题会对生产力造成影响。”（Gale，2002）。因此，对多元化的劳动力实施有效的管理已成为EAP要解决的主要问题。总之，种族多元化的劳动力队伍是企业重要的人力资源，运用好这支队伍是能够惠及所有人员的企业实践活动。

有文献综述表明，管理措施、监督关系以及多元化培训计划被视为企业有效管理劳动力种族多元化问题必须要考虑的基本方面。本章以下内容将对这三个关键方面进行分析，同时探讨EAP在对多样化劳动力的有效管理上能够发挥什么作用。

管理措施

根据托马斯（Thomas，1991）的观点，当全球三个意义重大的发展趋势在20世纪90年代同时进入了关键期时，多元化的问题就凸显了出来。托马斯将这三大趋势归纳为："①美国企业在全球市场的竞争日益加剧；②美国的劳动力构成发生了引人注目的变化，日趋多元化；③个人开始变得越来越彰显其差异性，拒绝放弃自身的独特性。"这促使企业和组织开始从多元化的视角来寻求更为有效的人力资源管理措施。

托马斯（Thomas，1991）将管理多元化定义为"一种为全体员工创造有利工作环境的综合管理过程。"根据索尼（Soni，2000）的预测，在未来几十年内对多元化的管理将成为最为重要的组织事务之一。随着员工队伍结构的变化，雇主也更加关注对多元化员工群体的激励，以期获得满意的工作绩效，这些都使得管理的多元化问题成为了焦点。这种可预期的结构性改变使得几乎所有的企业都产生了理解和认可企业多元化价值的紧迫感。然而，要对多元化劳动力实施有效的管理，这在很大程度上取决于组织内部的多元化氛围（Cox，1993）。因此，管理的多元化还需要在文化、种族问题、组织结构及任务等方面有所创新。这些创新必须致力于①增强对文化差异的敏感性；②培养对多元化价值观的认识与接受能力；③尽力降低女性与少数民族遭受不平等待遇的可能性；④促进不同性别和种族群体之间的跨文化交流与人际交往；⑤改善企业文化与领导方式（Carrell & Mann，1995；Cox，1993；Loden & Rosener，1991；Thomas，1991）。

管理的关键任务之一就是帮助员工个体（包括高层管理者和中层管理者）在认识上超越组织或者部门的界限，建立对整个团队的认同感。个性固然重要，但个性必须服从组织的总体任务与目标。一个有效的管理者必须培养员工的团队意识，使员工在成员特征多元化的基础上，仍然能够认同组织目标的价值，并在行动上与组织保持一致。一旦需要，管理者必须能够将其关注点及其掌握的资源由员工个体以及多元化问题转移到组织的任务与目标上来，同时确认并表彰那些为实现团队目标而付出努力的个体。这两项任务并不是相互排斥的，但这要求有经验的管理者要善于巧妙地维持二者之间的平衡。这两项任务对于创建并维护一支高效的人力资源管理团队都是至关重要的。

一旦建立起团队的认同感，员工在完成共同任务和实现共同目标的问题上就一定会达成共识。管理者应该首先制订共同的愿景或提出需共同完成的使命，使其成为全体员工共享的价值观，以此培养整个团队的认同感。此外，管理者还必须帮助每一位团队成员将自己看做是为实现共同目标或任务而努力奋斗之团队的重要组成部分。换句话说，就是要形成为实现团队使命或目标而勇于奉献的有效共识。单位内部的多元化现象应被视为实现最终目标的一种手段，应该充分认识其对于实现期望目标的重要意义。

同样重要的是，管理者必须采取有效的管理措施以便最大程度地利用多元化劳动力所特有的知识和社会专业技能。例如，将任务与人员相匹配就是一项简单但却十分重要的管理手段。有些生涯咨询理论（例如特质—因素理论、霍兰德的理论、苏泊尔的理论）早就报告过根据员工的兴趣、天赋和能力将人与任务相匹配的重要性。运用这些理论将有助于管理者对团体内部的任务和职责做出合理的分配。管理者中普遍存在的问题是，为员工安排工作岗位时常常只是根据自己的刻板印象，而不是考虑员工的技术和能力（Mayo，1999），因此人 - 岗匹配的问题有多么重要就不言而喻了。为了避免以上潜在问题行为的发生，管理者需要对自己的刻板印象有所认识，并防止其对自己所做的决策产生负面影响。为了防止该类问题的发生，管理者需要对员工的个人兴趣、天赋、技能和能力做出有效的评估，同时还要与每位员工建立私人交往关系，以避免刻板印象影响到自己的决策。“EAP 提供一系列范围广泛的服务，包括针对管理者和部门主管的培训以及咨询”（Zarkin，Bray，& Karuntzos，2001），从而帮助管理者制订和实施上述管理措施。

监管关系

监管关系是有效实施多元化管理的核心，通常会超越正式的政策与计划。迪克森 - 凯尔（Dixon-Kheir，2001）报告了一项最新研究结果并对此进行了探讨：他们对年龄为 21 ～ 30 岁的 500 名员工做了调查，其中 75% 的人为黑人、拉美 / 西班牙裔、亚裔 / 太平洋岛民或美国印第安人。当被问及要被企业留用并能保持长久职业生涯的关键要素是什么时，绝大多数的回答都是：高质量的监管关系。它被视为员工在组织内部能否获得成功的最大影响因素。接受调查的员工普遍认同高质量的监管关系包含以下因素：①有效地将组织的情况介绍给员工；②奖励并支持员工的职业理想以及所做出的贡献；③帮助员工融入组织、专业团体或非正式网络；④促进员工提出对组织有益的简介和建议；⑤向处于困境的员工提供帮助，在他们无法依靠自身的力量走出困境时对其施以援手（Dixon-Kheir 2001）。

高质量的报告关系或沟通被认为是影响员工被企业留用并保持长期职业生涯的第二个重要因素。一项对 200 名管理者的调查结果确认，那些与具有多元化背景的员工建立并保持高质量报告关系的管理者，通常都能够做到：①建立相互的期望；②经常向员工提供反馈意见；③在交流中避免泛泛而谈和刻板印象；④分享个人经验和组织的文化背景知识；⑤充当支持者，坦诚面对员工，并能适度自我暴露；⑥平易近人，鼓励员工直接谈论坏的消息或者好的消息；⑦了解并赏识员工的工作；⑧指导员工获取知识、发展技能；⑨对员工出色的业绩给予表彰和奖励（Dixon-Kheir 2001）。

在此需要强调的是，80% 的管理者报告说，沟通的质量远比沟通的次数重要。事实上，主管与员工的沟通常常仅限于与工作有关的话题。

在跨种族、跨文化的相互交流中，与工作

相关的话题也许会被看做是唯一的共同话题。员工主管必须尽力弥合这一鸿沟，要花时间与具有多元化种族背景的下属建立良好的私人关系。主管与下属员工之间的关系应做到双方共同分享价值观、个人兴趣、目标与职业理想。若判断主管的行为是否真诚，可根据主管在工作与非工作场合与下属员工共同度过的时间来衡量。主管还可以倡导一些与工作无关的团体活动，如一起共进早餐或者午餐，发起举办单位野餐或圣诞晚会，并鼓励员工携带家人参加，共享美食，一同游戏，或者举办其他有文化和种族特色的活动。

除了以上内容外，迪克森－凯尔（Dixon-Kheir，2001）还为如何建立高质量的监管关系提供了以下建议：①善于向员工学习；②了解员工的去留意向；③设定与主管建立关系的相互期望值；④定期安排生涯（或个人）发展的研讨会；⑤定期提供反馈意见；⑥鼓励有关多元化的对话交流；⑦寻求机会支持良好关系的建立。如果员工能够感受到自身的价值，其贡献被认可，能获得知识，掌握技能，在工作中的付出能够得到公平的回报，他们就会选择留在组织中，为组织效力。

多元化培训

多元化培训项目的主要目的是①提高受训者对自己态度、信念和价值观的认识；②传播不同种族群体文化所特有的知识；③学习沟通技巧，促进跨种族、跨文化交流（Atkins，Morten，& Sue，1997）。遗憾的是，许多参加过多元化培训项目的人都报告说这种培训给自己带来的是消极的学习体验，因此对该类培训项目的评价并不理想（Beekie，1997；Karp & Sammour，2000）。多元化培训达不到预期效果的事例有很多。然而，由于多元化培训是有效实施多元化管理措施中不可或缺的部分，所以分析与多元化培训有关的典型问题，充分探讨如何设计高质量的多元化培训项目则至关重要。

多元化培训中的常见问题

多元化培训中普遍存在以下几类问题：第一，多元化培训经常会遭遇极端的抵制。由于自己曾有过多元化培训的负面体验，或者曾听闻他人的负面经历，被要求参加多元化培训的受训者会倾向于采取一种防御性的、自我封闭的、抵制、怀疑以及嘲讽的方式参与该活动。培训者必须尽快设法打破由此态度所造成的隔阂，但这项工作是相当耗时的。卡普和塞莫尔（Karp & Sammour，2001）认为大多数多元化培训项目都是受价值驱动的，注重强调事情“应该”是怎样的。他们还指出，这种抵触源于这种多元化培训是培训者从外部强加给受训者的，他们不征得受训者的意见便告知受训者必须改变自己的态度、价值观和信仰等。卡普与塞莫尔进一步指出，受训者的这种抵制态度就是为了保护他们自身文化的完整性。高质量的多元化培训不应该试图改变受训者的态度、价值观和信仰，而应该让他们认识到这些态度、价值观和信仰是如何影响个体的行为及决策的。遗憾的是，由于对多元化培训的目标或作用持有偏见，致使许多员工无法以开放性的观念接受培训，因而也不能够理解这两种培训之间简单但又鲜明的本质区别。因此，在培训的一开始就应该首先讲清楚这一点，并且要在整个培训过程中反复地予以强调。

第二，有限的时间也是多元化培训中普遍存在的问题。除了要应对受训者的阻抗外，多元化培训的基本目标之一是提高受训者的自我意识，即如何看待自己对其他文化和种族群体的态度、价值观和信念。真正的自我意识是经过长期的深刻反思与内省而形成的。至多一两天的多元化培训，仅仅是启发受训者开始愿意考虑投入精力与不同种族背景的同事建立关系。对于那些以开放态度和好学精神参加多元化培训的员工来说，一两天的培训课程仅能够使其对自我认识这一复杂问题做出初步探讨。

第三，多元化培训经常被视为主要针对男性白种人或主流文化的必修课程，这一观点错误地认为具有少数民族背景的人群在态度、信仰和价值观上是有缺陷的，而这又会使他们缺乏与其他种族群体成员建立建设性工作关系的意愿和能力，因此也认识不到不同种族群体之间的异质性。重要的是，多元化培训项目不仅能够使受训者了解群体内部成员之间的差异性，而且还可以了解不同群体之间的差异性。这种培训特别强调，所有员工都需要审视自己——在与具有其他种族背景的人群一同工作时，个体的态度、价值观与信仰是如何影响其行为和决策的。

第四，尽管多元化培训经常被看做是更适合于男性的白种人，但大多数志愿参加者却是女性和有色人种的男性。换句话说，如果可以选择的话，大多数男性白种人是不会参加多元化培训的。对此，有如下几种解释：①多元化培训人员对男性白种人缺乏深入了解；②多元化培训氛围容易引发罪恶感和防御心态；③培训人员对白种人的先辈存在人身攻击；④男性白种人意识到培训者对其价值体系持否定评价，并且坚持要求其做出改变（Atkinson，2001）。

优质多元化培训项目的设计

多元化培训活动通常都是由人力资源部门主导或者通过EAP来实施的。正因为如此，人力资源部门与EAP人员都应该认识到，如何尽职尽责地规划、设计和实施多元化培训项目，这对于整个组织来说具有非常重要的意义。必须重视诸如培训人员的选拔、培训风格、培训内容以及冲突管理等因素，否则多元化培训项目将难以成功，组织所引入的EAP也将在信誉上大打折扣。

如果说多元化培训的目的之一是增进种族文化所特有的知识的话，那么这种知识对于全世界所有的种族都应该是独特的；因此必须受到全世界的尊重与欣赏，包括少数族裔、妇女以及白人。多元化培训必须包括男性、女性或不同族群在价值观、态度以及行为方式上的差异，还要反映出在思维方式与文化背景上的不同（Thomas，1991）。

多元化培训通常注重以下几个目标：

- 培养对个体差异的意识和接纳态度；
- 充分理解个体差异的性质与动力特征；
- 帮助受训者了解自己对那些“不同”的人群的感受与态度；
- 探索如何将这些差异性转化成企业的优良资产；
- 增进不同族群之间良好的工作关系（Thomas，1991）。

多元化培训也必须包括美国白人的文化。

作为白人受训者，无论是男性还是女性，他们很难回答这样的问题："身为一名美国白种人，这意味着什么？"他们很少有人认为自己属于一个有着独特文化体验的种族群体。因此，有关白种人特权或者白种人的群体认同感常常是一种外来概念。许多种族群体成员首先会将白种人归类于白人，其次才会根据其他特征做进一步的归类（如白人男性、白人女性、白人老板或白人主管等）。尽管这种认识对其他种族群体来说具有更深的含义，但对于接受多元化培训的白人来说却常常会感到很意外。也就是说，其他种族群体的许多成员都认为，美国白人确实拥有一种使其在社会地位和工作职位上占据优势的种族文化。培训人员需要在多元化培训中对这种认识进行充分的探讨。没有哪一个工作场所看不到美国白人雇员的身影。所以，不仅白人员工必须要熟悉和理解有关其他种族群体的专门知识，其他种族群体的成员也同样需要掌握并理解美国白人的文化。也许更为重要的是，每个人都应该意识到，不同的种族群体除了掌握自身的文化以外，也都应该熟悉其他群体的文化。优质的多元化培训会对这类问题进行探索，并且通过这种探索来提高白人受训者的参与程度。将白人文化纳入培训内容并进行探讨，有助于减少抵触情绪，并能够展示向所有种族群体学习的重要价值。

多元化培训并不是要针对任何具体种族群体的行为及其苦难经历，重点应该是员工的焦虑与恐惧情绪。这种负性情绪阻碍了他们对其他所有种族群体的积极接纳与欣赏，而这一点恰恰非常重要。多元化培训人员应努力避免将讨论仅仅局限在种族与文化问题上；而要力求揭示造成这种不安和焦虑的真实根源，尤其要关注群体所有成员共同具有的那些特征。

要实现多元化培训的目标绝非易事，但坚持这种培训并解决这些复杂问题已是当务之急。多元化培训的兴起已成为影响组织成功必不可少的因素，所以企业发展的战略规划应该高度重视多元化培训问题。卡普和塞莫尔（Karp & Sammour，2001）列出了管理者在规划多元化管理项目时应考虑的六个问题：①应该由谁实施培训？②谁应该接受该培训？③该培训是注重态度问题还是行为问题？④是探讨什么还是如何探讨？⑤该培训是引发了受训者的负疚感还是培养了他们的共情能力？⑥培训重点对象是歧视行为的受害者还是那些尚未受到歧视伤害的人？毫无疑问，设计一个高质量的多元化培训项目应该投入足够的时间、精力和研究，它包括对施训者的精心挑选、有效的实施方案、培训过程的监督以及培训效果的评估等。要认真思考如何证明该培训达到了预期目标。就预期目标而言，寻求员工的积极参与将意味着该组织能够确保从员工的支持中获得回报。此外，培训评估也是提高培训质量的重要手段。

那些真正想最大程度地开发多元化劳动力的组织，应该借鉴许多高校与公司的做法，深化其多元化培训项目。这些项目充分考虑到了多元化培训自身所具有的一些障碍，因而需要用更长的时间来解决这些问题，这通常要花费 8 ～ 16 周的时间。大多数依托高校所举办的多元化培训班都会在授课和开展课堂活动的同时，通过书籍、录像、报刊文章和个人反思等方式来提高学习的丰富性和深度。这种方法使得受训者与施训者之间有足够的时间相互了解、建立彼此信任的关系，并能够为探讨以上复杂问题营造一个安全的氛围。在这种条件下，那些从事培训或者教学的人才更有可能对这类问题产生更深刻的认识和更为全面的理解，经验也才更为丰富。要鼓励人力资源部门、大学里负责多元化问题的官员以及企业负责设计多元化培训项目的经理借助外部资源、依托高校的师资开展培训，并为那些寻求进阶学习的员工提供可选择的培训内容。

结论

全球化使得我们这个世界不断缩小，也更具有包容性。组织的构成也因市场和消费者的多元化而日益多元化。毫无疑问，多元化的失败就意味着组织的失败。因此，必须在整个组织内部从上至下地开展和落实多元化措施（Griffin，1994）。因为研究发现，多元化的员工群体为组织带来了新的活力。他们开展建设性对话，提供能够对企业服务产生积极影响的多元化观点，使得具有种族多元化背景的劳动力被组织视为能够推动管理创新并提升市场竞争优势的重要力量。因此，作为21世纪最为成功的组织，不仅要设法从他们的经验、才华和专业技能上获取效益；还应努力营造并保持尊重、重视和支持他们的组织氛围。

有效地利用EAP可以帮助组织满足种族多元化劳动力的需求。然而，需要在此强调的是，由扎尔金、布雷和卡伦索斯（Zarkin，Bray，& Karuntzos，2001）所做的过程评估揭示了一些不同的结果，在向少数族裔员工提供EAP服务时也会产生一些不利影响。例如，由于EAP工作人员缺乏对文化多元性问题的认识，影响了他们为多元化种族群体提供有效的咨询。其次，研究还发现工作场所的培训项目中没有包括通常与妇女和少数族裔有关的信息（例如问题清单中没有包含“家庭”问题；所采取的面质方法也不具有文化适应性）。这些研究结果都生动地说明针对全员劳动力开展多元化培训的必要性，人力资源部门与EAP人员概莫能外。

评论与补充资料：2003—2008

Michael A. Richard

在过去的5年中，EAP在多元化问题上面临的最为突出的挑战是性别多元化问题。在美国众多的大城市里，越来越多的人公开了自己的同性恋者身份，这种趋势挑战了社会长期以来对同性恋人群的负面刻板印象（Barrett & Logan，2001）。在一些接纳同性恋文化的地区，同性恋男女更愿意公开自己的性取向，即使在工作场所也是如此。但是，在那些对同性恋不够宽容的地区，同性恋男女经常为了隐瞒自己的性取向而承受巨大压力，尤其是在工作场合。许多同性恋男女过着违背自己性取向的生活。为了保守自己性取向的秘密，他们会选择避免与人约会、平时以异性恋的形象示人以及在工作中拒绝与他人建立实质性的社会交往。有的同性恋者会在择业时选择一些有安全感、可以被接纳的工作环境，尤其是那些已公开表明身份的同性恋者。他们中的许多人为了寻求安全的工作环境，而不得不牺牲掉自己喜欢的职业。对于那些在排斥同性恋的环境中工作的同性恋者来说，他们在工作中必须对自己的性取向守口如瓶。但是这种情况正在改变。如今所有的工作环境都在逐渐趋于开放，这意味着同性恋员工可以期待EAP为他们提供越来越多的咨询服务（Pope et al.，2004）。

美国国会不愿意通过《就业平等法》，表明了其对职场同性恋者诉求的拒绝。但是，这方面的变革正在发生，社会的草根阶层对于同性恋的态度变得愈加包容（Ellis，1996；Kirby，2002）。许多企业和公共机构都将反对性取向歧视的内容纳入其人事政策，有些还为同性恋伴侣提供家庭福利（Human Right Campaign，2003）。1995年，仅有90个州和地方的政府向同性恋员工伴侣提供家庭福利（Pope et al.，2004），然而到了2003年，有172个州和地方的政府向同性恋员工伴侣提供家庭福利。此外，有2000多家私企雇主实施了反歧视政策，有将近5900家私企雇主为同性恋伴侣提供家庭福利（Human Right Campaign，2003）。

同性恋员工面临的问题

EAP从业者还应该意识到，同性恋的员工不仅会遇到许多其他员工同样会遇到的问题；同时还会面临许多独特并且颇具挑战性的问题。

歧视

虽然接纳同性恋者的工作场所越来越多，但是许多同性恋者在工作中仍然饱受偏见的困扰（Kirby，2002；Lee & Brown，1993）。歧视问题不断地给同性恋员工带来麻烦，对他们形成巨大压力。例如，他们经常会遭到反对同性恋生活方式的（政治上的和宗教上的）社会保守人士的消极对待。这种消极对待可能是私下的，如被说闲话或者开玩笑，也可能是公开的，如被口头指责（Anastas，1998）。

EAP服务提供者必须对这些问题保持敏感，要正视同性恋员工在个人生活和工作中仍会受到歧视这一现实。咨询专家应努力帮助他们制订应对这类歧视的策略。

在提供EAP服务时尤其要注意，多重歧视会加剧同性恋员工的困境。例如，女性同性恋者会面临两种形式的歧视——一般意义上的性别歧视和针对同性恋者的歧视。再进一步说，如果她们还是少数族裔、老年人或者残障人士，那么她们的处境会更加艰难（Palama & Stanley，2002）。咨询人员在处理有关歧视问题的时候，应该公开探讨所有涉及同性恋的问题。方式看似简单，但主动触及这一主题并与求助者公开讨论这些问题，会增强同性恋员工对咨询人员的信任感，进而有助于咨询人员更好地帮助他们解决问题（Anastas，1998；Pope et al.，2004）。

公开性取向

对于同性恋者来说，是否公开性取向是一个颇为棘手的问题，通常也是咨询过程中要优先解决的问题。波普及其同事（Pope et al.，

2004）建议咨询人员应重点解决如何公开以及为什么公开的问题，并介绍了两种不同的类型。一种是演变式任务，同性恋者认同自己的性取向，然后应对由此所带来的问题。这是一个自我接受的过程，最终同性恋者能够确认并接受自己的同性恋身份。另一种类型是向他人公开自己的性取向。即以面对面的方式或书面的形式、在相对私密的或者是社交场合向他人申明自己是同性恋者，公开自己的性取向。EAP专业人员应该帮助同性恋员工探索在特定工作场合公开同性恋者身份的代价与回报问题，这包括就“如何告知他人（包括同事和主管）”的方法而实施行为演练（Pope et al.，2004；Terndrup，Ritter，Barret，Logan，& Mate，1997）。

EAP从业者还应该牢记，年龄不会影响同性恋者对其性取向的认同和接受，在任何年龄都有可能意识到自己不同的性取向。EAP咨询师应该小心谨慎地探明每个同性恋者对自己性取向的认同和接受程度（Terndrup et al.，1997）。

有些当事人所处的文化环境或者家庭不接受亦不能容忍同性之间的亲密关系，在对他们提供帮助时咨询师应该格外小心。EAP咨询师应该意识到，这种处境可能极不确定，公开同性恋身份可能会引发认知的、现实的以及道德感上的失调；很可能会导致极端严重的情绪问题。

咨询师还有可能会遇到表现为双性恋的员工，这些员工通常既不被同性恋社会所接受，又遭到异性恋人群的排斥。此外，这些人会因为自身的异化感和内心的冲突而苦苦挣扎（是选择异性恋还是同性恋），还会因自己的双性恋欲望而产生罪恶感（Kirby，2002）。

伴侣关系问题

所有的伴侣在长期的婚姻关系中都会面临一些基本相同的棘手问题。但是这些另类的家庭将会遇到更多来自于社会或者政治方面的影响。例如，每个同性恋的伴侣都必须决定在工作场合是否应该公开身份的问题。同性恋者被人疏远和歧视的程度既取决于其工作环境，也取决于其性格特征。在建立同性伴侣关系的情况下，同性伴侣双方有可能在如何处理这类问题上持有不同的意见和期望。这种不一致又会导致同性伴侣关系的紧张和冲突（Cabaj & Klinger，1996）。

大多数同性伴侣无法结婚这一事实又会产生影响其关系的另外一些问题。例如，医疗保健服务：同性伴侣的一方不能享受婚姻医保福利，这势必会增加同性伴侣的医疗开支（Kirby，2002）。

同性伴侣的一方有时为了自己事业的发展而需要分开，这也会给两人的关系带来压力。如果两人的伴侣关系处在保密状态，那么这种关系的维系就可能会受到严重的威胁。如果他们先前已经结婚（或者还有孩子），这种关系就可能变得更加复杂（Milburn，1993）。

此外，EAP的咨询人员还需要充分认识并且帮助同性伴侣重点应对以下问题：

（1）来自自身以及外部的对同性恋的恐惧与厌恶对每个成员所造成的不同影响；

（2）关于子女问题，比如收养小孩与人工受精；

（3）公开同性恋性取向与个人关系。一方想公开，而另一方则想保守秘密，由此会产生问题；

（4）同性恋伴侣各自家庭之间的问题；

（5）与异性恋伴侣相比，同性恋伴侣所面临的性别角色问题也有所不同（Barret & Logan，2001）；

在为同性恋员工提供咨询服务时，咨询师和当事人都应该意识到，同性恋双方的关系会对工作产生一定的影响。但是咨询师能否尊重同性恋员工的同性伴侣关系，并且理解这些同性伴侣所面临的独特挑战，对于咨询服务的效果来说极为重要。

咨询师的考量

2002年，美国心理学会（American Psychological Association, APA）再次重申了针对同性恋者的立场。该学会强调同性恋者和双性恋者既不是心理疾病患者，也不表明任何道德堕落问题。研究结论支持这样的观点，即在社会适应与社会功能上，同性恋者与异性恋者之间不存在差异（American Psychological Association,2002）。

EAP咨询师必须以无偏见的态度为同性恋员工提供服务。为做到这一点，建议咨询师首先将自己潜意识中的、不易察觉的并有可能会影响咨询关系的偏见做一个自我反省。这项工作十分必要，因为研究发现：①咨询师常常给特殊性取向者提供劣质的和不恰当的服务；②咨询师的偏见是很容易被特殊性取向的客户所察觉的，这通常会导致客户提前中止这种咨询关系（Barret & Logan，2001）。因此，为了建立信任关系，咨询师必须认识自己固有的偏见，并要努力理解与同性恋者及其同性恋文化相关的各种问题（Palama & Stanley，2002；Van Den Bergh，1999）。

有一些途径可以帮助人们更深入地认识并理解同性恋人群及其文化。那些将要或者已经与同性恋者共事的员工，应该参加有关同性恋问题的研讨会，阅读相关的专业文献，并且参加同性恋同事举办的活动。此外，以朋友的身份与同性恋者公开交换意见，有助于更好地理解他们的生活（Barret & Logan，2001）。

EAP专业人员还需要为同性恋客户精心营造一个安全的环境氛围，这对于那些还没有公开自己性取向且还在犹豫是否向咨询师保密的员工来说，具有特别重要的意义。在会客厅或办公室摆放一些关注同性恋问题的宣传册、书籍、文献或光盘，可以消除同性恋者的疑虑，也是表明咨询师乐意并且准备与他们一同解决对他们来说最为敏感的问题（Van Den Bergh，1999）。

参考文献

Atkinson, W. (2001). Bringing diversity to white men. *HR Magazine, 46* (9), 76–83.

American Psychological Association (2002). Ethical principles of psychologists and code of conduct. *American Psychologist, 57,* 1060–1073.

Anastas, J. W. (1998). Working against discrimination: Gay, lesbian, and bisexual people on the job. In L. M. Sloan & N. S. Gustavsson (Eds.), *Violence and social injustice against lesbian, gay, and bisexual people* (pp. 83–98). New York: Haworth Press.

Barret, B., & Logan, C. (2001). *Counseling gay men and lesbians: A practice primer.* Belmont, CA: Brooks/Cole.

Beekie, R. (1997). Diversity training's big lie. *Training, 24,* 122.

Cabaj, R., & Klinger, R. (1996). Psychotherapeutic interventions with lesbian and gay couples. In R. Cabaj &

T. Stein (Eds.), *Textbook of homosexuality and mental health* (pp. 485–502). Washington, DC: American Psychiatric Press.

Dixon-Kheir, C. (2001). Supervisors are key to keeping young talent. *HR Magazine, 46* (1), 139–142.

Evans, R. (2001). A cultural gap. *Hospitals & Health Networks, 75* (9), 72.

Ellis, A. E.. (1996). Sexual identity on the job: Issues and services [Special issue]. *Journal of Gay and Lesbian Social Services, 4,* 1–16.

Fassinger, R. E. (1991). The hidden minority: Issues and challenges in working with lesbian women and gay men. *The Counseling Psychologist, 19,* 15–176.

Gale, S. F. (2002). Companies find EAPS can foster diversity. *Workforce, 81* (2), 66–69.

Gardenwartz, L., & Rowe, A. (2001). Cross-cultural awareness. *HR Magazine, 46* (3) 139–142.

Griffin, C. E. (1994). Improving rehabilitation service utilization among ethnic/racial groups: Rehabilitation administrator's role. *Journal of Rehabilitation Administration, 18* (1), 37–45.

Hayes, V. (1999). Beyond employment equity: The business case for diversity. *Ivey Business Review, 64* (1), 44–50.

Hilderbrand, K. (1996). Use leadership training to increase diversity. *HR Magazine, 42,* 53–54.

Human Rights Campaign. (2003). The state of the workplace for lesbian, gay, bisexual, and transgender Americans–2003 [Online]. Retrieved January 15, 2007. Available: www.hrc.org

Judy, R. W., & Amico, C. D. (1997). *Workforce 2020: Work and workers in the 21st Century.* Indianapolis, IN: Hudson Institute.

Karp, H. B., & Sammour, H. Y. (2000). Workforce diversity: Choices in diversity training programs and dealing with resistance to diversity. *College Student Journal, 34* (3), 451–458.

Kirby, K. M. (2002). Gay, lesbian, and bisexual employee issues in the workplace. In D. S. Sandhu (Ed.), *Counseling employees: A multifaceted approach* (pp. 169–184). Alexandria, VA: American Counseling Association.

Lee, J. A., & Brown, R. G. (1993). Hiring, firing, and promoting. In L. Diamant (Ed.), *Homosexual issues in the workplace* (pp. 45–64). Washington, DC: Taylor & Francis.

Mayo, M. (1999). Capitalizing on a diverse workforce. *Ivey Business Journal, 64* (1), 20–26.

Merighi, J. R., & Grimes, M. D. (2000). Coming out to families in a multicultural context. *Families in Society, 81,* 32–41.

Merrick, N. (2001). Minority interest. *People M*anagement, 7 (22), 52–53.

Milburn, L. (1993). Career issues of a gay man: Case of Allan. *The Career Development Quarterly, 41,* 195–196.

Palama, T. V., & Stanley, J. L. (2002). Effective counseling with lesbian, gay, and bisexual clients. *Journal of College Counseling, 5,* 74–89.

Pope, M., Barret, B., Szymanski, D. M., Chung, Y. B., Singaravelu, H., McLean, R., & Sanabria, S. (2004). Culturally appropriate career counseling with gay and lesbian clients. *Career Development Quarterly* [Online]. Retrieved January 26, 2008. Available: http://findarticles.com/p/articles/mi_m0JAX/is_2_53/ai_n1182988 5

Ramsey, R. D. (2001). Supervising immigrant workers. *Supervision, 62* (11), 13–15.

Raphael, T. (2001). Savvy companies build bonds with Hispanic employees. *Workforce, 80* (9), 19.

Russell, J. (2002). Multiculturalism grows up. *Hispanic Business, 24* (4), 58.

Soni, V. (2000). A twenty-first century reception for diversity in the public sector: A case study. *Public Administration Review, 60* (5), 395–408.

Terndrup, A., Ritter, K., Barret, B., Logan, C., & Mate, R. (1997). Competencies in counseling gay, lesbian, bisexual, and transgendered clients [Online]. Retrieved January 15, 2004. Available: http://www.aglbic.org/ competencies.html

Thomas, C. (2001). Challenges to diversity. *Pharmaceutical Executive, 21* (7), 10–14.

Thomas, R. R., Jr. (1991). *Beyond race and gender.* New York: American Management Association.

Van Den Bergh, N. (1999). Workplace problems and needs for lesbian and gay male employees: Implications for EAPs. *Employee Assistance Quarterly, 15,* 21–60.

Zarkin, G. A., Bray, J. W., & Karuntzos, G. T. (2001). The effect of an enhanced employee assistance program (EAP) intervention on EAP utilization. *Journal of Studies on Alcohol, 62* (3), 351–358.

第三十一章

EAP的重要课题：劳动力变化与职场变革

Michael A. Richard
Judith K. Schemm

温斯顿·丘吉尔当年的预言在今天似乎得到了印证。这在很大程度上应归功于信息技术的深远影响。美国职场的基础结构正在因信息技术的发展而发生改变。像底特律和匹兹堡这些昔日的经济中心城市已日渐式微，其中心地位正在被新崛起的硅谷和“北卡罗莱纳三角区”所取代。除了地理位置的改变，产品结构也正在发生根本性变革。从过去的汽车、纺织品和钢材制造，转变为今日商场所催生的“知识”产业、服务业和计算机支持的技术产业（Burris，1998；Druker，2000）。

在过去，公司聘用的理想员工是：熟悉业务、工作能力强、对公司忠诚、为公司一直工作到退休。作为产品生产的环节之一，他们的工作任务是具体的，有尺寸，有形态。时至今日，许多IT工作者是个体经营，接受外包业务，自己寻求业务再培训，独立完成工作。他们的工作是处理信息、传输想法与信息、接收指令、排序、标注和分类，并根据其价值确定工作的优先顺序。如今的工作方式与工业时代已大不相同（Rothman，2000）。新世纪的员工处在新的工作秩序中，这种新秩序会引发一系列独特的问题，因此要准备应对不断产生的新的挑战。

今天的员工不得不重新评价工作、社交和家庭的价值。回顾一下我们这一代所发生的社会与政治领域的变化，如家庭形式的变迁、日趋严重的职场暴力事件、俄克拉何马城爆炸案和“9·11”事件等，就能理解帮助员工适应这个新世界有多么的重要（Gale，2002；Galea，Resnnick，Ahern，Gold，Bucuvalas，Kilpatrick，Stuber，& Vlahov，2002）。本章着重探讨员工问题的根源，这些问题与工作方式的变化有关——挑战了原有的基本价值观、信念与安全感。在本书的另一章里将详细讨论与网络空间有关的信息技术方面的特定问题。

可以从三个方面来分析工作方式变化的原因：①宏观层面，即“全球”层面；②微观层面，或者说是与社区、工作和家庭相关联的那些方面；③个体层面。

宏观层面的变化

由于信息技术的发展，全球的劳动力市场变得更加相互依赖。全球网络或者叫“经济全球化”，正呈现日益扩张趋势，其影响遍及世界各地的经济、政治和社会领域。“新工作秩序”的支持者将这些领域的根本变革视为全球化进程的必要条件，而这一进程恰恰是现代商业实践的关键（Reich，1999）。

全球化可以说是发展中国家与发达国家在对信息技术产业的需求和发展目标上走到了一起而产生的一个混血儿（Reich，1999）。双方因共同的需求而必须合作，这也为这种奇特的社会发展现象提供了一个合理的解释。实现经济全球化的前提条件是交通运输与通信等基础设施建设的充分发展，从而保证通信的即时性和全球运输的快速性。IT 市场的扩张趋势日益强劲，而各国保“增长”目标的压力也与日俱增，迫使各国政府要不断提升其国民掌握信息技术的能力。技术开始占据至高无上的地位，并构成了全球文化的基本要素（Logsdon & Wood，2002；Rothman，2000）。

变革中的核心问题是国家主义思潮的变化，而国家主义思潮构成了工业时代的道德基础。美国人普遍认为“美国产品是最优秀的产品”，国家应该保护美国员工免受“外来”竞争者的威胁，这种观点正在受到“全球化”世界观的挑战（Carnoy，2000；Reich，1999）。罗格斯登与伍德（Logsdon & Wood，2002）从商业与经济团体的角度对这一国家主义与全球化观点的争论进行了分析。他们认为商界领袖对经济全球化的未来和价值持乐观态度。许多人甚至认为，作为美国核心价值观的“美国式骄傲”已成为全球化市场成长与扩展的阻碍因素。因此，人们正在从这一理论层面上重新审视以往的基本价值观。

在经济全球化的过程中，观念与信息已成为不受时间和空间限制的商品。事实上，对时间与空间的过分强调，只能对经济的发展起到限制作用（Lipset & Ray，1996）。

这是工作变革中的根源性问题，它直接影响着如何重建美国国民的道德基础和沟通方式。这一基础曾经有助于确立美国的世界观，也曾是构建工业时代美国资本主义的道德基础（Carnoy，2000；Lipset & Ray，1996）。

全球贸易与投资的扩张对许多职业产生了重大影响，尤其是那些使用信息技术的行业。商界领袖对全球化进程十分看好，认为这是大势所趋，必将促进经济的增长（Kelly，2000；Mohanty & Yadv，1996）。例如，克林顿执政时期签署的《北美自由贸易协定》虽然令劳工组织感到不快，但却受到了信息技术相关产业的热情鼓励与鼎力支持。从一开始，美国政府与商业领袖就共同致力于成立世界贸易组织，并成为该组织的主要成员。随着世界贸易组织在政治与经济方面的影响力不断提高，不断影响美国工人的那些观念开始成为世界贸易组织成员国探讨的主题。例如为了应对供需关系的变化而采用“弹性薪金制”之类的理念，都在世界贸易组织中获得了讨论，并被给予了充分的关注。美国商界与政界的领袖已从“全球化”的角度将“弹性薪金制”的理念推广到了第三世界国家。此外，许多人认为这在美国也是一个理想的选择。这些变革在产生的初期就已经开始对美国工人那些根深蒂固的价值观与信念造成了猛烈的冲击（Logsdon & Wood，2002；Reich，1999）。

微观层面的变化

随着世界经济的发展，工作的概念也发生了变化。社会科学家认为这一变化造就了后工业时代官僚制工作组织的产生，该类组织以权力分散、层级减少和经济上两极分化为特点。信息技术相关产业要求员工只有掌握更多的知识与技能，才能被聘用。而一旦被聘用，员工将无法指望像正规组织那样在适应新的工作岗位上获得帮助，个体会拥有更多的自主权，同时也将承担更大的责任（Kelly，2000；Rothman，2000）。

正如萨尔兹曼和罗森塔尔（Salzman & Rosental，1994）所指出的那样，由于技术类型和技术目标的不同而引领潮流，这在工作场所是不足为奇的。因此，那些依靠计算机系统或信息系统的制造业与那些生产普通消费品的企业是大不相同的。在实施计算机管理的工作场所，其员工要更具灵活性，在技术上要有更强的应变能力；由此所产生的工作组织结构与需求结构也完全不同。

1. 等级结构变化

信息技术革命带来的社会与经济变革将劳动力分为两大类："掌握"信息技术的员工和"不掌握"信息技术的员工。"掌握"IT最新技术的员工会获得丰厚的薪资报酬；而那些"不掌握"IT最新技术、只掌握很少或者技术过时的员工，只能被安置在低收入的岗位。这种两极分化的现象在IT相关行业中被视为是可以接受的，这在一定程度上是由于人们错误地认为，处于底层的技术员工最终会有可能升迁至最高职位（Murphey，1999；Nord，1999）。对于那些训练有素、受过良好教育、专业技术精良、能够充分胜任信息技术岗位的足够幸运的员工来说，前途当然是光明的。但对众多IT工作者来说，他们也会面临再培训、裁员、难以适应新工作要求、被歧视以及家庭破裂等现实问题（Dariety，Guilkey，& Winfrey，1996；McNerney，1996；Kelly，2000）。

工作方式的变革导致了超过55%的人去从事服务与零售业，仅有18%的人在制造业工作（Occupational Outlook Handbook，2002）。根据全美最全面的商品与服务的价值衡量指标，工业公司的产值在国内生产总值中所占的比例从1950年的29%下降至18%。与此同时，服务业和IT行业所占的比例则显著上升，而这两个领域对合格员工的需求也相应增加（Berman，2001；Thomson，1999）。

2. 职场对员工的要求

IT工作要求员工要有更高的学历、接受更好的培训，并愿意承担更大的职业风险。IT行业的雇主们期望员工能够完成数据整理、信息加工、在跨公司和跨国家的背景下进行信息交流等各项工作任务。这些工作的薪酬丰厚，但员工必须善于自我激励，并愿意承担更多的责任和风险（Clinton，1997；Druker，2000）。

信息技术产业也会面临更多的风险，如美国安然公司、世界通讯公司和无数的网络公司相继宣告破产，导致大量的员工失业。裁员还导致许多掌握高新技术的员工离岗，他们的希望也因此而破灭（Buhler，2002；Druker，2000）。昔日的关键技术也有过时的风险。最好的例子就是键盘打孔操作员，在30年前被雇主们疯抢，而如今该职位已不复存在。

由于服务型工作在方式上的改变，其社会经济地位迅速蹿升，先前被称之为"白领"的许多职业都随之发生了根本性改变，如律师、医生、保险销售人员、会计、银行家和其他一些职业。这些"白领"职业以及像程序员这样新兴的IT职业，构成了广义上的"服务型经济"的基础职业。而那些身价较低的"服务型"职业，如零售业、家政服务、草坪养护和餐饮业等，则仍然处于附属地位（Metters & Varges，2000；Thomson，1999）。

IT 行业不再受官僚体制的束缚，它允许创新，实行灵活的工作日程。但是由于所承担的责任是以工作绩效为基础的，所以工作带来的压力也随之增大。灵活的工作日程也引发了一些家庭与自我认同的问题，这些问题将随后进行探讨（Clinton 1997；Welty，1997）。此外，霍德森（Hodson，2001）的研究表明，IT 工程师有充分的自主权、参与决策，在薪酬上也比制造业的工程师们高出许多。

3. 组织变化

工作方式的另一重大变化是正式组织官僚体制的弱化。典型的工业企业会运用清晰的沟通链来明确职责。而 IT 公司通常更加依靠非正规的团队（Basin，1996；Mankin，Cohen，& Bikson，1997）。

与传统工业环境相比，高技术工作环境下工作组织的变化更为明显。传统工业的组织是由许多专业分工构成的，这种专业岗位在地位上是由高向低垂直分布的。而信息时代的组织结构层级较少，呈两极分布，（Carnoy，2000；Hodson，1988；Rocha，& McCant，1999；Rothman，2000）。由此导致组织结构的扁平化，中间层次的岗位会减少或被取消，在大多数服务行业与 IT 行业中，技术与薪酬将员工区分为两极。对受教育程度、外部资格认证和组织外招聘的日益重视，加剧了两极分化（Brauer，1995）。尽管这一趋势主要发生在 IT 公司，但技术含量较低的公司也开始注重缩减中间层次和采取外部招聘的做法（Hodson，2001；Murphey，1999；Rocha & McCant，1999）。

企业改进组织结构的另一个趋势就是职能综合化，或者叫团队协作，即综合利用来自不同部门或不同公司的员工的不同专长。从企业的角度看，这种多背景的团队能够改善产品质量、更有效地奖励成功、查找失败的原因。在这种绩效导向的工作环境中，团队成员会感受到更大的压力，尤其是当整个“团队”失利的时候（Lipset & Ray，1996；Solomon & Marmer，1999）。

对工业时代的员工来说，岗位的职能为员工之间牢固的合作关系创造了条件；而不同职能部门的员工之间则很少接触。因此当某个工作目标未能完成时，同事之间的彼此理解构成了员工的安全网络。他们知道，如果自己好好工作，就能从其他做同样工作的同事那里获得支持和帮助。今天的员工常常会感觉被遗弃、被疏离，像已习惯的那些“规则”一样落伍了。而这些规则曾经被用来管理个体的工作，如今已经被强调“团队”作用的新规则所取代（Chmiel，1998）。例如，一位市场营销专员要花费 75% 的工作时间与其他部门的人员讨论项目，因为他们同属一个项目团队。其他人的办公室可能也在市场部，并且看起来也都从事营销工作；但是该营销专员与他们进行社会交往和寻求帮助的可能性却大大降低了。因此，企业对员工的多职能化要求越高，员工的专业认同感就会愈加弱化（Challenger，1999）。

EAP 专业人员将会越来越多地遇到被抛弃感、失控感和丧失自尊等方面的问题。建议员工尽自己最大努力去获取丰厚回报，这并不是一个好方法。在这种情况下，EAP 专业人员的角色就像一名教师，教育员工如何以一名团队成员的身份有效地开展工作，使团队的效能最大化（Burns，1999）。

4. 晋升与留任

招聘工作历来都是由人力资源部门依照传

统的招聘方法实施的，但如今这种做法将会遇到一些问题（Murphey，1999）。为了有助于理解雇主所面临的问题，对两种不同类型的企业在聘用、留任和晋升方面不断变化的需求进行探讨是很有助益的。此外，以下内容还将对服务业和新兴的“自动化”生产环境进行分析，并加以说明。

如何选拔出具有很强的社交能力并掌握与高端客户打交道技能的员工，这已成为服务业雇主们日渐担忧的问题。传统的人格测验被用于筛选员工对某岗位的胜任力，其效果得到了证明，如《梅－布二氏类型指标》（Meyers Briggs，MBTI）和《自我探索量表》等（Adler，2000）。然而，服务型公司需要的不仅仅是对某岗位的胜任。他们更需要未来的经理与主管，这样的人能够迅速地区分可接受的客户关系和不可接受的客户关系；并有能力识别和优先处理能够创造新价值的工作。他们所要寻找的应聘者应该是“勇夺金牌”者，而非只打算稳居中层管理位置的人（Metters & Varges，2000）。在招聘过程中，EAP 专业人员可以发挥其核心作用。通过与人力资源部门的合作，对那些潜在的理想员工实施深度访谈，从而更加有效地甄选出那些愿意付出必要的努力而在服务行业取得成功的人（Blair，2002）。

进一步说，当员工向雇主证明自己对于企业的价值在不断提升的同时，如何留住这些已“被证明”的员工就成了服务型企业所头疼的问题。由于对员工的培训不仅耗时，而且费用昂贵，因此如何留住人才就变得格外重要。而且客户们也常常提到，他们之所以青睐某公司，完全是因为该公司员工业务水平高的缘故，而并非受低廉的价格或者媒体广告的吸引（Metters & Varges，2000）。许多雇主都将留住员工的重任交给了 EAP 专业人员，希望他们能够通过某种干预方式打消那些高身价员工的顾虑，帮助公司劝说他们继续留任（Blair，2002；Burns，1999）。

在自动化水平日益提高的制造业，由于对蓝领工人人数的需求骤减，留住人才的问题也凸显了出来（Berman，2001）。蓝领工人所占比例的下降会导致公司的精简、裁员，或者要求员工更新过时的技术。为了保住工作，员工不得不同意参加再培训以满足自动化技术的要求，抑或通过再培训进入到公司的“白领”阶层。传统的培训人员尚不能理解这一点，因此多不知如何应对。如果员工不接受再培训工作，他们就会很容易被拥有所需技能的新员工所取代（Frazee，1997；Rocha & McCant，1F999）。

对蓝领工人的再培训往往并不能取得预期的效果，特别是对那些希望凭借培训能晋升到白领位置的人而言。他们通常都表示，由于不能理解新岗位上那些微妙的社交方式，因此很难适应“公司白领文化”，而且公司也并不为他们提供适应“白领文化”的相关培训。另外，那些尝试转换身份、跻身白领阶层的员工在寻求帮助时会发现，“求助”在白领阶层被视为“无知”的同义语。因此，对许多人来说，努力适应新工作环境的过程将会是一个充满困难的过程（Lipset & Ray，1996；Rocha & McCant，1999）。

在未来的数年内，EAP 服务提供者将要面临的挑战是开拓新的领域。员工的选拔、留任咨询、员工教育、社交技能培训和针对主管的敏感训练等项目，都必须而且将越来越多地纳入到EAP的服务范围（Blair，2002；Burns，1999；Lippman，1998）。

个体层面的变化

美国人一直将工作视为一系列各自独立但又相互作用的任务，完成这些任务需要技术、聪慧与合作。员工们在一个共享的空间与时间内从事工作，并遵循事先与公司商定的工作日程，一成不变地每天从早8点工作到下午5点。工作与生活的界限是清晰的，下班后的时间属于员工自己支配。然而，随着恪守传统的八小时工作制的“公司人”日渐贬值，当今的许多员工对八小时工作制已不再抱什么奢望（Kelly，1999；Lipset & Ray，1996）。

职场的变化与社会的变革给当代员工带来了一系列新问题，也使EAP从业者面临诸多的挑战。以下将从五个广泛的领域来探讨工作环境的改变对员工健康的影响：①需要不断获取知识和接受教育所造成的压力；②工作机会的减少与职业安全感的降低；③变革对家庭以及个体在家庭中的角色所造成的影响；④变革给不同群体造成的不同影响；⑤其他问题。

1. 对所受教育与专业技能的要求

与上一代人所处的就业市场相比，初涉职场的员工如今想要被企业录用并获得理想的薪酬，必须要学习和掌握前面所谈及的高新技术。今日之员工在申请工作之前就要先掌握许多未来岗位所需要的技术，因为雇主们已经不再为员工提供基本的技能培训（Burris，1998；Chimel，1998；Drucker，2000）。

例如，在1962年，一名24岁的退役军人可能会被任何一家企业雇用，而这些公司都会提供相关的技术培训（如轮胎成型技术或汽车组装技术等）。一旦掌握了本职工作，待遇优厚、薪酬稳定，并会随着工作年限的累积而增长；可以在一家公司一直工作到退休。

随着计算机的出现，掌握该领域所需的专业技能成为员工生存的必要条件。即使在计算机应用的早期阶段，员工所掌握的技能也常常达不到雇主的要求。例如在1994年，美联社的一项调查表明，36%的成人感到缺乏现代技术知识，跟不上新技术的步伐；而24%的成人感到缺乏金钱；21%的成人感到缺乏时间。尽管如此，美国员工还是认为，如果掌握了必要的技能，他们通常会对新技术持积极的态度，因为它会提升工作绩效（Lipset & Ray，1996；Rocha & McCant，1999）。

在员工需要为掌握更多技术和接受更高教育而付诸努力时，EAP专业人员可以为其提供支持，帮助其制订目标和建立自尊。许多对新工作方式准备不足的员工可能会自感无能为力和表现欠佳。

2. 职业安全感与晋升

即使员工掌握了必要的技能，并获得了一份“好”工作，他们对于自己未来在公司的发展仍然会缺乏安全感。一个于2002年刚刚踏入职场的员工将会面临越来越多的变化，如由于公司裁员或经营失败而失去工作，或者是由于技术的不断更新、原有技能过时而遭淘汰。这在很大程度上是基于这样一个现实：许多IT业的雇主认为，替换那些技术过时的人员更为简单易行（Clinton，1997；Rothman，2000）。EAP工作者必须为解决这类问题做好准备，帮助那些遭遇此类问题的员工去应对挑战（Burns，1999；Lippman，1999）。

随着员工们的工作变动性增大，其面

临的晋升机会也在减少（Challenger，1999；Frazee，1997；Hodson，2001）。企业对资格认证（如学位、培训等）的要求越来越高，并且更乐于从组织外部招聘专业技术人员和管理人员，从而也减少了为“忠诚的员工”提供内部培训、再培训或者晋升机会的可能性。员工晋升无望，职业前景又充满了不确定性，要保持充分的工作积极性就成了问题（Drucker，2000；Rocha & McCant，1999；Powers，2000）。许多雇主都在尝试推行品质管理小组的做法，员工对这一实验的参与以及EAP工作者从群体或者个体层面上的实施的干预，都有助于缓解由于晋升机会减少而造成的失望与幻灭感（Burns，1999；Lippman，1999）。

EAP专业人员还要帮助那些对公司精简机构缺乏心理准备的白领员工重燃热情。许多公司的裁员方式对员工的积极性会产生长期的负面影响（London，1996；Sheridan，2000）。

3. 对家庭的影响

家庭对我们的社会起着多重作用，比如为我们提供安慰、支持和个人生活目标。在工作场所的转型时期，家庭应起到增强社会凝聚力的作用。但是，由于基本文化发生了改变，家庭也需要适应新工作方式所带来的巨大压力。以往，家庭负责向子女传授基本的工作价值观以及闯荡职场所需要掌握的工作技能和知识。工作基本要求的改变和企业世界观的变化对今日之家庭产生了一定的影响。例如，传统的双亲家庭如今需要承受弹性工作时间和更高的工作要求给双职工父母带来的压力。此外，如今的家庭结构也发生了很大的变化，呈现出多种模式，如单亲家庭或双职工家庭等（Carnoy，2000；Rosenberg，2001）。

为了更好地认识当前员工所面临的困境，在此需要讨论一下农业经济向工业经济转型时期对家庭产生的影响。这一时期曾充斥着大量的社会问题，如虐待童工问题。然而若要了解这些是如何发生的，就需要考察农业家庭是如何传授农耕技术的。这种农业家庭通常都会要求子女在很小的时候就跟随父母一起下田，学习耕种技术。但是，如果将这种传授技术的方式应用于工厂，就会产生灾难性的后果，包括由于基本“家庭价值观”的丧失而造成的创伤。最终，这种合作式的家庭工作体系在工业化时代走向了解体，取而代之的是核心家庭。经历了多少代不同阶段的演变与适应，农业家庭发展成为了今天的核心家庭。作为一个社会，当信息技术已经深入到各个工作领域的时候，我们也将面临相似的演变问题（Carnoy，2000；Lipset & Ray，1996；Spitze & Loscocco，1999）。

在审视家庭问题的时候，尤其需考虑其他一些社会现象对于家庭的影响。大量的女性开始打破社会常规，不再满足于生儿育女的生活方式。家庭规模的缩小使得女性能够成功地迈入职场，如果需要的话，她们甚至可以放弃家庭主妇这个角色。此外，在过去的30年里，越来越多的女性选择了“独自生活”，成为单身母亲。因此，当今职场有越来越多的单身女性在寻找就业机会。对这些女性来说，新的工作方式会对其家庭产生深远的影响，工作的母亲对此尤其感受深刻。这种影响通常来自于IT经济需求的变化，这种需求变化又源于“弹性”工作制、工作环境的改善、追求卓越的工作绩效以及渴望成为好父母等（Schroeder，1999；Spitze & Loscocco，1999）。

4. 歧视

美国劳动者的面孔也在发生变化。女性所占比例越来越大，白人与年长者的数量在减少。例如，随着少数族裔人口的持续增长，预计到2050年，少数族裔将在总人口中成为多数。因此，职场的变革将不仅发生在技术层面，更将发生在文化层面。但是，少数族裔（非洲裔美国人、拉丁美洲人和亚洲人等）、女性和年长者在寻求就业时仍然会遭遇歧视。虽然这些人群有可能找到工作，但这些工作通常都是低收入岗位（Darity，Guilkey，& Winfrey，1996；Staveteig & Wigton，2001；Zarkin，Bray，& Karuntzos，2001）。

为了更好地了解新兴职场的种族歧视和性别歧视问题，需要着重分析形成这种歧视的主要社会因素和政治因素。上世纪70年代，在政治与经济领域里的权利平等运动兴起的同时，组织结构的重组行动也在进行。这些变革导致了多层次的组织结构被双层两极结构所取代，而在IT这样的新领域里，工作岗位也在增加。企业结构的重组以及工作岗位的增加，营造了一种社会变革的虚假氛围。从事后来看，组织结构的重组只是掩盖了这样一个事实：那些高科技的企业主要将更好的工作机会提供给了男性白人。这在很大程度上是因为以往女性和少数族裔的人群很难获得受良好教育和掌握高技术的机会。所以，大多数女性和少数族裔员工都因为不掌握必需的专业技能而无法在新工作体制下跻身于高级阶层。而且，公司应对社会变革的错误观念只会阻碍针对组织层面的法律改革和社会改革（Noyelle，1987）。

职场的两极分化减少了组织的中间层次，但也使得种族歧视、性别歧视和年龄歧视的问题更加严重。另外，内部晋升机会的减少通常会对少数族裔员工或女性员工产生不利影响（Gale，2002；Thomas，2001）。

5. 少数族裔员工

研究证明在高技术公司仍然广泛存在着种族歧视现象（Darity，Guilkey & Winfrey，1996；Thomas，2001）。本书另外的章节将会对种族歧视的后果以及日益多元化的劳动力结构进行更加深入的讨论。

6. 劳动力老龄化

今天的劳动力市场还产生了一个错综复杂的变化，那就是职场的代际、等级结构的动力性变化以及由此所带来的问题。年轻人担任经理或主管等职务，而年长的员工却在找工作。这是EAP从业者无法回避的一大难题。年长员工通常会面临以下问题：①需要学习新的工作方法（例如在多专业背景的团队里工作）所带来的挑战；②掌握当前工作所需要的新技术的需求；③为了适应和接受沟通过程中的代际差异、职场流行的社交行为和工作习惯而产生的压力；④在与强势的年轻上级打交道时所受到的歧视（Douville，2001；Taylor & Walker，1998）。

另一个值得关注的问题是，许多年长的员工所掌握的专业技能已经过时，但主管们基于其刻板印象而不为他们提供培训机会，培训只针对年轻员工（Imel，1996；Taylor & Walker，1998）。在一项针对劳动力年龄特征的研究中，巴斯等人（Barth，McNaught & Rizzi，1993）发现，34%的被调查的经理表示，公司很少甚至根本不为年长员工提供培训；而有21%的经理则声称，公司对35岁以下的年轻员工也只提供很少或者根本不提供培训。

7. 性别歧视

如前所述，在过去100年的工业革命时代，家庭模式发生了很大变化，出现了许多单亲家庭，并且女性居多。随着女性在劳动力中所占的比例接近50%，许多女性成为了家庭的主要支柱。在高技术时代到来之前，有越来越多的女性摆脱了昔日“家庭主妇”的角色而步入职场。受过良好教育的女性更愿意选择弹性工作制。因此，许多女性更渴望在新的“体制”下工作，她们大量地应聘于技术支持类的工作岗位（Jones，2001）。

虽然女性可以获得比以往更多的工作机会，但是大量的研究资料证明，在IT行业仍然存在着性别偏见。这些刻板印象普遍把女性特质与掌握高技术的能力对立起来（Maume，1999）。如今为计算机专业人员提供技术支持的职业越来越多，如果单从这一点看，性别歧视的状况似乎已经有了改观。这些工作几乎不存在性别差异的问题（女性占36%）。然而，专业性强的岗位和管理岗位仍然是由男性把持（Maume，1999）。技术支持性工作会给女性员工带来虚假的希望，认为有可能通过自己的努力而得到升迁，但对于许多人来说，这已经成为IT行业阻碍女性员工向上发展的“玻璃天花板”（Jones，2001；Maume，1999）。

EAP咨询师必须了解并擅长处理这类许多女性都会遇到的歧视问题。但性别歧视并不是女性遭遇的唯一问题。许多职业女性是单身，或者是单亲家庭的家长，她们会遇到来自于职场之外的各种不同问题。这些问题都会影响到她们的工作绩效和工作满意度。因此，角色冲突（家庭和工作）和被虐待等问题已经作为当前最突出的问题而日趋严重（Schroeder，1999）。

8. 家庭暴力

家庭暴力并不仅限于家庭，还会侵扰到工作场所。惯常的形式是电话骚扰，或是在停车场尾随女性。最为常见的是女员工的前夫或前伴侣在工作场所对其实施伤害。该问题不容忽视，美国联邦调查局的统计资料高度强调了以下问题：

- 在遭受家庭暴力的女员工中有74%的人曾在工作场所被丈夫或情人骚扰。
- 工作场所发生的凶杀是职场死亡案件的第二大原因，是女性职场死亡的首要原因（Johnson & Indyik，1999）。

越来越多的少数族裔和女性员工加入劳动力大军，EAP工作者必须有能力帮助这些在种族、文化、性别以及生活方式上迥然不同的员工。在未来，EAP工作者必须保证能够向更具多元化的员工提供服务。总而言之，EAP专业人员必须让自己成为掌握多元文化咨询技术的专家（Schroeder，1999；Zarkin，Bray，& Karuntzos，2001）。

其他问题

1. 职场暴力

暴力事件以及像“9·11”这样的恐怖事件频发，充分表明了EAP干预工作的必要性。本书会有一整章节的内容专门讨论危机管理的问题。

2. 照料老人

普通老人大约需要18年的特殊照料；其中有80%的老人是由家庭成员照料的（Administration

on Aging，2000），也有许多是由专职看护人员照料。对男性员工来讲，既要照料年长的家庭成员，又要在工作中取得优异成绩，这二者之间的矛盾很难调和，而对女性员工来说就更是难上加难了。照料年迈的双亲，这历来是女性的传统角色。与上一代人不同，当今的女性往往要身兼多重角色，要满足各种不同的要求，如伴侣、家庭主妇、母亲、员工，还有负责照料年老体衰的父母的孝顺女儿等。这样的女性常被称之为"三明治一代"，也就是既要照料老人，又要抚养子女，因而被夹在中间的一代（Singleton，2000）。

3. 照料子女

照料子女经常是影响生产效能的一个重要原因，也是最令许多员工（主要是女性员工）心力交瘁的事情。此外，随着更多双职工家庭的出现，照顾子女的问题时常会侵扰到工作场所。它会影响工作绩效，占用工作时间。在对这类员工提供帮助时，务必要记住以下信息：

- 75% 的母亲都拥有自己的工作；
- 820 万学龄前儿童的母亲拥有自己的工作；
- 1800 万的美国儿童生活在单亲家庭中（Michaels，1997）。

4. 退休计划

许多美国老人对自己未来的财务状况极不放心。研究表明，这种担心不无道理。因为有相当数量的美国老人没有为自己的退休或者离职做好充分的财务准备（Administration on Aging，2000；Simon-Rusinowitz，1999）。导致这种准备不足的有诸多原因，比如频繁变换工作、没有坚持缴纳退休基金，或者相信社会保险足够养老等。因此，许多员工在退休后都面临没有足够资金养老的问题（Rubin，White-Means，& Daniel，2000；Thorson，1999）。

在此需要强调的是，由于女性员工和少数族裔员工的工作资历普遍较短，该问题对于他们的影响尤其严重（Silverstone，1996）。少数族裔员工和女性员工因受文化特殊性的限制和阻碍，他们的职业发展也不顺利（Marsells & Leong，1995）。从传统的角度看，与男性的白人同事相比，他们多数都从事那些收入低、技术含量低或者半技术性的工作，升迁资源十分有限。因此，他们中的许多人在退休后只能依靠社会保障福利作为唯一生活来源（Darity，Duilkey，& Winfrey，1996；Rappaport，1998）。

评论与补充资料：2003—2008

Michael A. Richard

美国的经济基础模式从工业基础向信息业基础转变，对工作环境以及工作于其中的个体均造成了持续的影响。新兴技术的兴旺发达大大提高了几乎所有工作领域的生产力，也改变了公共部门和私营企业的工作方式（Kruriger，2006；Mosenkis，2002）。尽管新技术的发展可以改善工作方式，但员工们却常常感到这种新技术也频繁引发快速变革，从而给人们带来动荡和焦虑情绪。例如，一名员工原本能够自如地使用一套计算机操作系统，公司又引入了新的改进版本，该员工就需要学习掌握新版本（Mosenkis，2002）。能够随时随地保持互联互通，已日渐成为职场上的基本要求。保持24小时不间断的在线状态，配有黑莓、蓝牙、苹果播放器和可视电话等装备，被看做是取得职场成就的必要条件。

在全球化的职场，员工们认为好员工、好技术以及好措施都可以为了压缩成本而被放弃、削减或者变更。有时一些意想不到的变化也会使员工感到压力，因为他们可能会担心下一个就轮到自己了。员工经常会感到自己只不过是公司这部机器上的一个可以更换的零部件，任由决策者摆布；因此不得不勉强应对自己并不理解的各类经济压力（Desmond，2008）。

在新的工作环境下，企业给员工提供的福利待遇也发生了根本性变化。在全球化的职场中，雇主们不再激励员工终身为公司服务；相反，他们必须帮助员工保持能够被继续雇用的能力。这意味着雇主应向员工提供培训机会以应对工作中出现的各种变化。为被继续雇用或者拥有符合市场需求的资质，员工应该充分利用公司提供的培训机会（Mosenkis，2002）。EAP服务提供方应该帮助员工接受这一现实，充分利用这些培训机会提升自己的专业技能。这是企业保留优秀员工的一项主要措施，如有必要，还可以帮助员工为从事其他工作做好准备。

此外，为了扩大产量，组织经常会兼并、收购那些亏损、破产和出现信贷危机的企业，对其进行重组。结果，员工就会频繁地经历裁员或者被重新安置，使得原本就充满压力的职场又新增不安全感。工作中随处可见频繁的变动，甚至连CEO都可以撤换，很容易使员工失去信心（Mosenkis，2002）。

员工常常把自己的直接主管看做是了解公司状况和判断企业前景的晴雨表。只有主管负责地将公司的工作目标转化为工作任务，员工才能集中精力做好本职工作。如果主管情绪低落、陷于沉思并频繁开会，员工就会过度担心、听信谣言、安全感动摇，从而导致生产力下降。即使公司并没有什么直接的危机，但一位受职工信赖的主管被解雇或主动辞职，都会给员工的工作环境增加压力（Madssen，Miller，& Camerson，2005）。

公司常常要求员工以最少的资源完成最多的工作，这使得员工几乎没有时间与同事或管理者建立良好、互信的工作关系。此外，信息互联的环境和人员的流动无助于增进人际交往，那些需要合作的员工将会感到难以忍受。由于任何人都有可能随时被别人取代，如今的员工开始怀疑是否还有必要花费精力与新领导或者同事建立良好的关系（Madssen et al.，2005）。

另外，EAP工作者将会更多地遇到所谓X一代员工（出生于1964年至1980年的员工）。据人力资源专家报告，X一代员工对工作的态度完全不同于婴儿潮时代出生的员工或者其他年龄段的员工。他们坚持自己的价值观，会全力以赴地为雇主工作。但与上一代员工不同的是，他们认为工作不是生活的全部。他们常常有一种能将自我价值与工作区分开来的健康心态。他们的道德取向不仅仅是做一名好员工，还要做好父母。为此，他们宁愿牺牲掉一些必要的再培训时间，争取早点儿下班去参加孩子的棒球赛或诗歌朗诵会。这不仅会使他们错过接受培训的机会，也会使他们失去晋升的机会（DeMarco，2007）。

总之，过去的变革都是渐进式的，员工认为自己会在一个工作岗位上长期干下去。他们常把任职的企业看做是家长，认为企业会为自己的职业安全感和健康操心。只要做好本职工作，员工就不必为自己的未来担忧，除了遇到最严重的经济衰退。即使发生经济危机，他们坚信经济形势一旦好转，公司就会安排他们重返工作岗位。如今这种情况已经不复存在了。今天的职场文化要求员工为了自己的就业安全承担越来越多的责任，为此必须不断更新自己的专业技能，接受频繁的人事变动，适应劳务市场长期存在的经济震荡。帮助处于困境的员工接受这种职场现实，已成为当今 EAP 服务提供方的中心任务（Bauer & Gruber，2007；Richard，2005）。

参考文献

Administration on Aging. (2000). AoA announces the availability of “a profile of older Americans, 2000.” [On line]. Available http://www.aoa.dhhd.gov/.

Barth, M. C., McNaught, W., & Rizzi, P. H. (1993). Corporations and the aging workforce: In Mirvis, P. (Ed.), *Building the competitive workforce: Investing in human capital for corporate success.* American Association of Retired Persons.

Bauer, J., & Gruber, H. (2007).Workplace changes and workplace learning: Advantages of an educational micro perspective. *International Journal of Lifelong Education, 26,* 675–688.

Berman, J. M. (2001). Industry output and employment projections to 2010. *Labor Review, 124 (11),* 39–56.

Blair, B. R. (2002). Consultative services: Providing added value to employers. *EAP Association: Exchange, 32 (2),* 20–23.

Buhler, P. M. (2002). Survivors of organizational downsizing. *Supervision, 63 (1),* 14–16.

Burns, J. (1999). For EAPs, corporations have become clients: rather than work strictly with employees, EAPs turn to organizational consulting. *Managed Healthcare, 9 (12),* 46.

Burris, B. H. (1998). Computerization of the workplace. *Annual Review of Sociology, 24,* 141–57.

Carnoy, M. (2000). *Sustaining the new economy: Work, family and community in the information age.* New York: Russell Sage Foundation.

Challenger, J. (1999). There is no future for the workplace. *Public Management, 81 (2),* 20–23.

Chmiel, N. (1998). *Jobs technology and people.* New York: Routledge Publishers.

Clinton, A. (1997). Flexible labor: restructuring the American work force. *Monthly Labor Review, 120* (Aug.), 3–17.

Darity, W. A., Guilkey, D. K., & Winfrey, W. (1996). Explaining the differences in economic performance among racial and ethnic groups in the USA: The data examined. *The American Journal of Economics and Sociology, 55,* 411–425.

DeMarco, D. (2007). Four strategies to create a gen-x friendly workplace [Online]. Retrieved on March 27, 2008. Available HR.BLR.com; Library http://hr.blr.com/whitepapers.aspx?id=76012

Desmond, R. (2008). Workplace change “can cause breakdowns” [Online]. Retrieved on March 27, 2008. Available: APA online: *Psychology in the News;* http://PsycPORT_com Workplace changes cause mental anguish.htm

Cruker, P. F. (2000). The long view. *Training and Development, 54 (12),* 27.

Frazee, V. (1997). Staffing services help workers upgrade skills. *Workforce, 76* (Apr.), 21.

Gale, S. F. (2002). Companies find EAPs can foster diversity. *Workforce, 81 (2),* 66–69.

Galea, S., Resnick, H., Ahern, J., Gold, J., Bucuvalas, M., Kilpatrick D., Stuber, J., & Vlahov, D. (2002). Posttraumatic stress disorder in Manhattan, New York City, after the September 11th terrorist attacks. *Journal of Urban Health, 79 (3),* 340–353.

Johnson, P. R., & Indyik, J. (1999). Domestic abuse: The organizational benefits of assisting domestically abused employees. *Public Personnel Management, 28 (3),* 365–374.

Jones, S. (2001). Silicon ceiling, glass ceiling for women in technology fields. *Crain's Chicago Business, 24 (46),* 15–16.

Kelly, G. M. (2000). Employment and concepts of work in the new global economy. *International Labour Review, 139 (1),* 5–32.

Kissin, B., & Begleiter, H. (Eds.) (1977). *Treatment and rehabilitation of the chronic alcoholic.* New York: Plenum Press.

Kruriger, C. C. (2006). Workplace change and worker fears. When new technology enters the workplace, managers must address their workers' concerns. *Army Logistician 4.* Retrieved from on March 27, 2008. Available: All Business.com; http://www.allbusiness.com/labor-employment/labor-sector-performance-labor-force/7771431-1.html

Lippman, H. (1999). This is not your father's EAP. *Business & Health, 17 (12),* 42–49.

Lipset, S. M., & Ray, M. R. (1996). Technology, work, and social change. *Journal of Labor Research, 17* (Fall), 613–626.

Logsdon, J. M., & Wood, D. J. Business citizenship: from domestic to global level of analysis. *Business Ethics Quarterly, 12 (2),* 155–187.

London, M. (1996). Redeployment and continuous learning in the 21st century: hard lessons and positive examples from the downsizing era. *Academy of Management Executive, 10* (Nov.), 67–79.

Madssen, S. R., Miller, D. J., & Camerson, R. (2005). Readiness for organizational change: Do organizational commitment and social relationships in the workplace make a difference? *Human Resource Development Quarterly, 16,* 213–234.

Marsella, A. J., & Leong, F. T. L. (1995). Cross-cultural issues in personality and career assessment. *Journal of Career Assessment, 3 (2),* 202–218.

Metters, R., & Vargas, V. (2000). Organizing work in service firms. *Business Horizons, 43 (4),* 23–32.

Michaels, B. (1997). Collaborating with a work-life consultant: Worker families. *HR Focus, 74* (Sept.), 7–8.

Mosenkis, S., L. (2002). Coping with change in the workplace. *Special Libraries Association Information Outlook, 6* [Online]. Retrieved March 27, 2008. Available: http:// Coping with Change in the Workplace–

Murphey, D. D. (1999). An economic paradox? Displacement and polarization in a booming economy. *The Journal of Social, Political and Economic Studies, 24 (3),* 349–371.

Nord, S. (1999). Sectoral productivity and the distribution of wages. *Industrial Relations.*

Powers, E. L. (2000). Employee loyalty in the new millennium. *Advanced Management Journal, 65 (3),* 4–8.

Rappaport, A. M. (1998). Retirement security for women needs work. *National Underwriter* (Life and Health/ Financial Services Edition), *102,* 39.

Reich, R. B. (1999). We are all third wayers now. *American Prospect, 43* (Mar./Apr.), 46–51.

Richard, M.A. (2005). Cyberspace: Issues and challenges for EAP providers. *Employee Assistance Quarterly, 19,* 51–60.

Rocha, C. J. & McCants, B.J. (1999). Closing time: workers' last call. *Forum for Applied Research and Public Policy, 14 (1),* 65–68.

Rosenberg, L. F. (2001). Expanded services: More employers embracing EAPs. *Business Insurance, 35 (26),* 10–16.

Rothman, H. K. (2000). What has work become? *Journal of Labor Research, 21 (3),* 379–392.

Rubin, R. M., White-Means, S. I., & Daniel, L. M. (2000). Income distribution of older Americans. *Monthly Labor Review, 123 (11),* 19–30.

Salzman, H., & Rosenthal, S. R. (1994). *Software by design.* New York: Oxford Univ. Press.

Schroeder, S. (1999). JobWork/life: Managing the delicate balance. *Risk Management, 46 (8),* 31–33.

Schwartz, J. (2004). Always on the job, employees pay with health [Online]. Available: *The New York Times:* http://www.nytimes.com/2004/09/05/health/05stress.html?pagewanted=print&position=

Sheridan, J. H. (2000). Ready for the revolution? *Industry Week, 49 (2),* 89–91.

Silverstone, B. (1996). Older people of tomorrow: A psychological profile. *The Geontologist, 36 (1),* 27–32.

Simon-Rusinowitz, L. 91998). Future work and retirement needs: Policy experts and baby boomers express their views. (The baby boom at mid-life and beyond.) *American Society on Aging.* [On-line]. Available: http:iac.fcla.edu/.

Solomon, C. M. Stessed to thel imit. *Workforce, 78 (9),* 48.

Spitze, G., & Loscocco, K. (1999). Womens position in the household. *Quarterly Review of Economics and Finance, 39* (special issue), 647–661.

Staveteig, S., & Wigton, A. (2001). Racial and ethnic disparities: Key findings from the National Survey of American families.

Taylor, P., & Walker, A. (1998). Employers and older workers: Attitudes and employment. *Aging and Society, 18 (6),* 641–658.

Thomson, A. (1999). Industry output and employment projections to 2008 employment outlook: 1998–2008. *Monthly Labor Review, 122 (11),* 33–50.

Thorson, J. A. (2000). *Aging in a changing society* (2nd edition). Philadelphia, PA: Brunner/Mazel, Inc.

Welty, G. (1997). For workers, high-tech can mean high anxiety. *Railway Age, 198* (Feb), 9.

Zarkin, G. A., Bray, J. W., & Karuntzos, G. T. (2001). The effect of an enhanced employee assistance program (EAP) intervention on EAP utilization. *Journal of Studies on Alcohol, 62 (3),* 351–388.

第七编

案例选编

第三十二章
"受损伤"的专业人员：EAP 面临的独特挑战

Jodi M. Jacobson
Christina Kominoth

由于不能对"受损伤的专业人员"（impaired professionals，IP）这一概念做出清晰的界定，对 EAP 工作者来说，无疑增加了其做出评估和推荐治疗的难度。进一步说，缺少标准化的测量、评估和治疗程序，对于受损伤的专业人员的救助效果也会大打折扣。历史上，曾经将"损伤"定义为：由于酗酒、药物滥用或者精神疾病而无法提供专业服务。其中最常报告的损伤形式就是物质滥用（substance abuse，SA；Kempthorne，1979）。如今，损伤一词的含义已大大扩展，它包括由于认知、情绪或者身体原因而无法从事本职工作的任何形式。它是指赌博、压力、网络滥用（见专栏 32.1）、工作倦怠、性功能障碍、健康状况下降、过度工作以及人际冲突等，但也不仅限于此。基本上，这类损伤会直接影响专业工作者为客户、患者或者其他消费者提供有效的服务。

此项研究主要集中于有酒精和药物滥用问题的医疗保健专业人员；但是当提及专业人员

专栏 32.1. 网络滥用造成的损害

在近来的成瘾问题中，网络滥用和成瘾问题因为对专业人员和其他员工造成的损害而凸显出来（Young，2005）。目前，尽管各企业都在尝试通过制订职场规章制度的方式来控制网络滥用（这些制度包括禁止使用和接入受限制的网络站点），但是网络滥用和成瘾问题依然日趋严重，并引发员工的违纪行为（Greenfield & Davis，2002；Richard，2003）。大量时间耗费在网络上不仅导致了生产效率的下降，同时也使员工饱受来自工作和家庭中法律问题和经济问题的困扰（Richard，2003）。明确地制订工作场所的规章制度是解决网络滥用的第一步，但雇主还需要通过培训和教育使员工了解所谓网络使用不当的行为。EAP 可以帮助人事部门教育员工认识健康与不健康的上网行为，包括网络成瘾的预警信号。此外，培训还应包括：如何识别网络滥用和成瘾的信号与症状，如何扮演同事的角色，员工如何管理上网时间，如何使企业或雇主承认网络成瘾是一种疾病并提供支持性治疗和康复，何时治疗最为有效（Young，2005）。对于主动寻求 EAP 服务，或由管理者推介前来接受服务的个体，EAP 必须扩展他们在治疗网络滥用者成瘾问题的专业技能，帮助其制订自我康复计划，或者接受其他资源的帮助。

一词时，还必须要包括那些不在医院工作的专业人员。根据本章的目标，所谓专业人员包括在特定领域接受过高等教育和专门训练、取得了从业执照，并在职业道德和从业规范的指导下从事该专业实践的任何人员。

仅靠观察到某人“不能完成工作任务”，并不能确认其为受损伤的专业人员，特别是那些依然按时上班并在某种程度上还能坚持工作的人。他们受损伤的迹象通常是微妙的，然而一旦忽略这些迹象，就可能发生严重问题。传统意义上来说，个人在私人空间内的所作所为是与工作无关的，雇主也不应该干涉。但是鉴于他们的工作性质，这些受损伤的专业人员，无论是在工作范围内还是在工作之外的活动与行为，都可能给公共安全造成严重威胁。例如，一名内科医生要决定用哪种治疗方式可以最有效地治疗高血压患者；但是由于其自身的功能已受损，有可能会开出错误的处方，最终引发病人的过敏反应并导致死亡。在公共安全方面，受损伤的专业人员可能给雇主带来财政方面的风险，如不断增多的医疗事故诉讼与员工赔偿、意外事故、安全漏洞、盗窃案件，还有职业道德下降和员工频繁流动等（Bush & Autry，2002；Gemignani，1999）。

专业组织直到最近才开始正视成瘾和损伤问题。以往根据惯例，对于公众发现的受损伤的专业人员，都会实施纪律处分或者惩罚措施。1958 年，美国州医学委员会联合会（Federation of State Medical Boards，FSMB）将内科医生酒精和物质成瘾认定为纪律问题，要求个体和各州委员会采取留职察看措施并要求其参加康复项目。但数年后，美国医学协会（American Medical Association, AMA） 正式承认，医生的损伤是严重问题，并将此问题公布于其标志性出版物上，题为《生病的医生：被酗酒和药物依赖等精神障碍所困扰》（*The Sick Physician:Impairment by Psychiatric Disorders*，*Including Alcoholism and Drag Dependonce*，American Medical Association，AMA，1973）。据该文件介绍，各州医疗团体都建立了旨在鉴别医生成瘾问题并为之提供援助的项目。其他专业领域，如护士、药剂师、牙医、社工、心理学工作者和法律工作者都纷纷效仿，并制订相关政策；目的是识别这类损伤，并将其视为一种疾病而为其提供治疗条件（American Nurses Association，1984；American Pharmaceutical Association，1982；American Psychological Association，1992）。

20 世纪 70 年代，企业开始认识到酒精滥用是职场中的一个严重问题，职场戒酒计划（OAPs）开始风靡。这些早期的基于工作场所的戒酒项目，主要是培训管理者和主管如何识别员工受损伤和中毒的症状，并将酗酒的员工转介给职场戒酒计划。可以想象，主管们对处理这类问题很头疼，最终职场戒酒计划仅取得了中等程度的成功。从事职场戒酒计划的专家们很快意识到，他们需要扩展服务范围以对成瘾员工实施有效的治疗，特别是他们需要将工作重点超越单纯的成瘾问题。职场戒酒计划逐渐发展为今天所看到的更加宽泛的 EAP。

流行状况与风险因素

在美国，典型的物质滥用的成年人多数都是有工作的。美国物质滥用与心理健康服务管理局（Substance Abuse and Mental Health Services Administration，SAMHSA）的研究表明，约有940万名18岁～64岁的全职员工（占全体员工的8.2%）报告称在参加调查的一个月内曾非法使用药物（SAMHSA，2007）。在那些受损伤的专业人员中，其损伤率反映了普通大众的情况；有10%～15%的医疗保健专业人员报告，在其职业生涯中曾有过物质滥用的情况（Brewster，1986；Baldisseri，2007）；但是，该统计结果的效度受到质疑，人们认为实际损伤的发生率和流行程度被大大地低估了（Brewster，1986；Stuart & Price，2000）。酒精滥用在各类物质滥用中最为普遍，但受损伤的专业人员的物质滥用在类别上与普通大众不同（Hughes et al.，1999）。例如，医疗保健专业人员更可能使用那些在他们的工作环境中易于获取的物质，如苯二氮平类药物和鸦片制剂（Hughes et al.，1999；Joranson，Ryan，Gilison，& Dahl，2000；Trinkoff & Storr，1998）。

成瘾与损伤并不能截然分开。但一些专家声称，易感人格的风险因素与工作相关因素一旦结合，专业人员面临的风险就会更大。那些成功的专业人士往往在某些特定的人格特征上有共同点，如完美主义、高成就感、高度自信、理想主义，这些都可能会增加受损害的风险。另外，许多专业人员在工作中都扮演着“照料”的角色，并被错误地灌输了一种“咨询师，请治疗你自己”的观念，这也会增加自我用药和拒绝治疗的风险（Christie et al.，1998）。也有人会为之辩解称，他们高超的技术弥补了受损害的负面效应等（Stammer，1988）。这样的错误逻辑，加上同事之间回避和拒谈这类问题，导致受损伤的专业人员面临的工作压力和孤独感进一步加大，进而造成生产绩效下降和专业判断力受损。

与工作相关的风险因素包括对组织内部事物的专业感知能力，将工作与生活加以区分的能力，还有工作场所的内部支持状况。有些研究者认为，专业工作的性质与工作场所的文化都有可能增加损伤的风险。例如，工作压力的增高加之高水平的社会责任感，二者结合就可能会加大受损伤的风险（Jex et al.，1992）。

识别

绝大多数的专业人员都工作在高自主性的岗位，较少受到管理者和主管的监督，因此在工作场所中表现出的微妙损伤征兆很难被识别。当这种损伤在工作中暴露出来时，通常已经很严重并且存在了很久（Papadakis et al.，2005）。EAP必须能够评估这种随时间而变化的损伤模式，因为任何单独的预测指标或行为改变都不能自动揭示损伤的发生。如前所述，对这些受损伤的专业人员来说，能够继续工作并且依然在某种程度上发挥着作用，这一点儿都不奇怪，因为对工作的损害通常只是其混乱生活中程度最轻的一部分（Molea，2003）。然而，受损害的征兆和症状有可能会表现为工作效能突然下降和非同寻常的行为改变。工作绩效的下降常被其保住工作的强烈动机所掩盖，他们为此甚至不惜以损害家庭关系或人际交往为代价。一些常见的与工作相关的指征包括：无故缺勤、原因不明的长时间午餐、情绪或性格改变、时间管理和组织技能出了问题以及日渐孤僻等。对于医疗保健专业人员而言，突然开出大量管控药品或其他处方药也可能是问题的指征（Baldisseri，2007）。

尽管拒绝帮助和掩盖症状通常可以隐藏更

为微妙的损伤征兆，但许多身体上的信号还是能够被观察到的，特别是当受损伤的专业人员处在药物或酒精的作用之下。人际关系问题通常显而易见，包括婚姻问题，与主管、同事、患者和客户的冲突，还有财务与法律方面的问题（Dunn，2005）。一些身体、行为、情绪方面的信号和症状也非常明显，包括睡眠、饮食习惯、外观和个人卫生的改变；口齿不清、压力感或者语言方式的转变；疲劳感增强和睡眠缺失；举止笨拙并易出事故；瞳孔放大或眼睛充血；不断抱怨身体不适；突然的情绪波动或其他人格改变；自我防御意识增加，焦虑或情感淡漠（Baldisseri，2007）。

干预

在工作中识别受损伤的专业人员，可以通过其自我识别，也可以通过同事或者主管识别，还可以通过药物检测或者酒精检测识别。无论哪种方法，组织内部支持员工接受治疗是最为重要的。工作组织通常依赖于正式的干预来解决这类问题，或者鼓励受损伤的专业人员去寻求评估与治疗。这种干预通常采取小组的方式，小组由一名领导、一名专业上的同事和当事人的家庭成员组成，他们可以证实这些可观察到的具体变化或者预示着损害的行为（Baldisseri，2007）。其目的是以非威胁的方式运用证据，建设性地做受损伤专业人员的工作，帮助其做出最恰当的选择——寻求专业评估和治疗。

研究显示，受损伤的专业人员一旦接受治疗，相比于普通民众，他们更容易取得好的疗效。康复率的统计结果差异很大（27%～92%），但一些研究表明，大多数医生都成功地结束了治疗（70% 以上），并得以重返工作岗位（Morse et al.，1984；Pelton & Ikeda，1991；Shore，1987）。不妨如此推断，受损伤的专业人员因为其社会地位具有潜在的公众性质，他们失去的不仅仅是工作，更有可能是他们的生计与职业身份，因而他们的治疗动机更强。

尽管治疗有着显著的成效，但受损伤的专业人员在治疗过程中也会面临很多阻碍。在最初接触时，他们通常对评估与治疗抱抵触态度，并仅将损伤看做是一种性格瑕疵。由于他们在工作中的角色通常是为别人提供照料，很容易产生自我优越感；如今角色的逆转使之成为了被照料者，这对他们来说实在是一种挑战（Bennet & O’Donovan，2001）。即使具有公众都能识别的危险因素以及行为方式上的改变，他们也常常会在某种程度上表现出拒绝。拒绝，作为成瘾和损伤的标志性特点，不仅延长了受损伤专业人员的痛苦，并且还增大了他们为患者、客户以及消费者提供不当服务的风险。这样的服务可能具有潜在的危险，甚至可能致命。

评价和评估

说服主管和同事去确认并面对那些潜在的受损伤的专业人员，的确不是一件容易的事。基于高度自主和相对独立的工作性质，受损伤的专业人员常常避免与主管发生传统意义上的建设性接触。综合这些障碍，受损伤的专业人员更可能在组织内占据有权势的位置，而且同事或者其他伙伴会碍于这种关系而害怕与其发生冲突。如果没有药检的阳性结果，拒绝同事或领导的关心通常是他们保护自己的得力工具

（Baldissert，2007）。

EAP 在与受损伤的专业人员打交道时，长期扮演着领导者的角色。但受损伤的专业人员一般却不会自己主动寻求 EAP 的帮助；相反，他们常常是由经理、主管或者同事推介才求助于 EAP 的（Gossop et al.，2001）。因为那些受损伤的专业人员通常被看做是最棒的员工，所以当在工作中发现某同事已受损伤时，大家都会感到震惊。例如，某护士经常同意加班，却是因为加班增加了其接触药品的机会。再比如，某危机干预专家总是第一个出现在灾难现场，其实是为了证明只有自己才能做好这项工作。

许多企业都开始意识到 EAP 服务的价值。尽管如此，EAP 工作者仍必须要告诫主管、管理者以及其他员工们有关这类损伤的危害，并要强调基于工作场所的支持服务的重要性。也许 EAP 提供的最有价值的服务之一就是管理咨询，它可以帮助管理者成功地将受问题困扰的员工转介给 EAP。为了项目的成功，EAP 专业人员必须与主管、经理等密切合作，指导他们如何做好发现、证明、接触与 EAP 转介的工作（Gossop，el-Guebaly & Lussier，2001；Al-Hamaid et al.，2007；Baldisseri，2007）。

一旦某位员工被转介来接受评估，EAP 工作者的责任就是要对其做出全面评价以发现隐藏的损伤和成瘾问题。成瘾问题和所造成的损伤永远都应该是每个 EAP 专家头脑中最优先考虑的问题，因为如果不深入调查，受损伤的专业人员是不会轻易吐露这方面信息的。EAP 工作者必须牢记，当受损伤的专业人员被转介时，其成瘾问题和其他损伤可能已经形成很长时间了。

对这类问题的最好解决措施就是使用信效度高的标准化测量工具来筛查和评估损伤情况。尽管本章不可能逐一讨论所有可用的评估手段，有些常被 EAP 采用的工具还是值得推荐的：贝克抑郁量表（Beck Depression Inventory，BDI；Beck et al.，1961）、患者健康状况问卷（Patient Health Questionnaire-9；Spitzer，Kroenke，& Williams，1999）、酒精使用障碍鉴别测验（Alcohol Use Disorder Identification Test，AUDIT；Babor，Higgins-Biddle，Saunders，& Monteiro，2001）、药物滥用筛查测验（Drug Abuse Screening Test，DAST；Skinner，1982）。在这些测量的基础上，再配合以全面的生理、心理、社会评估，借助于可靠的证据，可以为 EAP 工作者提供足够的信息来发现由于损伤所造成的大量人际关系问题。

治疗

同事援助计划（Colleague Assistance Program，CAP）常常为医生、飞行员、律师、还有近来越来越多的心理学工作者提供服务（Barnett & Hillard，2001）。该计划会因资源与项目的不同而不同，但是大多数都是提供干预、转介、教育、专业领域的支持小组、各种资源链接以及后续服务。一些组织与 EAP 合作，鼓励员工寻求专业帮助。针对同事援助计划效果的研究虽然较少，但一些专家声称，同事援助计划可以帮助员工在同行之间结成伙伴，鼓励寻求救助的行为。这对于职场来说，不失为一种有效的方式（Finke，Williams，& Stanley，1996；Yandrick，2000）。

评估之后，EAP 人员必须要确定最恰当的治疗等级。对于物质滥用者，作者推荐美国成瘾医学协会颁布的成瘾患者界定标准

（American Society of Addiction Medicine Patient Placement Criteria；ASAM，2001）来确定治疗等级。该标准主要针对与物质滥用相关的障碍，同时也提供有关心理障碍的诊断标准。对于其他损伤，该领域还缺少治疗等级的评定标准，因此有关治疗的建议常常是相对主观的，会因学科背景或者个人专业领域的不同而不同。由于在医疗保险方面也缺乏这方面成熟的解决方案，问题就变得更加复杂了。

一些EAP工作者认为，应该将受损伤的专业人员转介到专门为这类人士建立的治疗项目。研究显示，与同类人员一起参与这样的康复计划兴许会有促进作用，但是目前对该项目实际效果的研究还十分有限（Baldisseri，2007）。EAP工作者报告了一些复合性的结果：将受损伤的专业人员分别转介至两种不同类型的项目，结果表明，对康复效果影响最大的因素并非项目类型，而是专业人员试图改变自己的意愿。

一旦受损伤的专业人员转介成功并接受治疗，EAP代表便负责在治疗项目与工作单位之间的联络工作，以监控治疗的效果，保障服务质量。EAP工作者必须与治疗中心建立良好的工作关系，以处理在评估、干预、转介、重返工作岗位和后续服务等不同阶段可能出现的冲突。为了防止服务的重复，并保障受损伤专业人员的所有康复需求得到满足，EAP应该签订明确的协议，以便于在治疗与康复的所有环节都能与该治疗项目保持良好的沟通（Denton & Brown，2005）。

接受EAP服务与参加康复项目，并不能保证受损伤的专业人员不会丢掉工作，也不能保证他们不受纪律处分。在一些案例中，有些完成治疗的受损伤专业人员仍然会面临这样的结果，如中止工作、暂时或者永久性吊销执照（Baldisseri，2007）。许多工作单位已制订或正在制订相关的政策和康复程序——如果受损害的专业人员同意接受单位所推荐的治疗与康复计划，一旦完成该计划，单位可以免除对其实施的纪律处分。

重返工作岗位与监督

尽管针对受损伤的专业人员的治疗效果是显著的，但是必须谨记，康复过程中出现病情的复发也是正常现象。EAP专业人员必须熟练掌握对物质滥用的评估技术，以观察复发的征兆。的确有些情况和环境能够增加复发的风险，如个体有物质滥用的家族史，或者心理障碍与物质滥用问题同时存在（Domino et al.，2005）。当受损伤的专业人员重返工作岗位后，EAP需要通过常规性的沟通与监督来策略性地对其提供支持。作为重返工作岗位的条件，他们要保证与雇主建立经常性的正式联系，而具体的联系方式不能强求一致，要根据工作单位的情况和受损伤的状况而有所不同（Baldisseri，2007）。这些联系通常包括制订应对意外事件的具体计划和指导方针、定期与治疗师沟通、行为评估、药物检测与监管（Talbott & Earley，2003）。联系与监督的时间为3～5年不等。有些工作单位坚持认为康复是一个贯穿终生的过程，因此要求受损伤的专业人员必须在其整个职业生涯中接受监督。

在与受损伤的专业人员相处时，EAP工作人员必须谨慎地保持价值中立，工作单位也不能用EAP来取代单位的纪律。以工作为杠杆，激励受损伤专业人员坚持参加治疗与康复计划，这是EAP常用的辅助治疗手段。研究表明，害怕失去工作和担心被吊销执业资格，都是有助于其康复和自我约束的强有力的保护因素和激励因素（Simoneau & Bergeron，2000）。

不仅是EAP，大多数工作单位都一致支持那些受损伤的专业人员重返工作岗位。工作单位对于成瘾和受损伤的问题一定要有明确的政策。有的单位会为重返岗位的专业人员提供一些与以往不同的工作，新工作或者是压力较以往低，或者是接触违禁药品的机会少，或者二者兼而有之。有关治疗后重返工作和病情复发情况的研究目前很少，但有些研究者建议，团体治疗和支持性群体有助于取得最佳康复效果，并使效果得以长期保持（Galanter，Talbott，Gallegos，& Rubenstone，1990）。在针对受损伤护士的康复研究中，从同事或者工作单位中获得支持是帮助她们重返工作岗位的最重要因素，紧随其后的是由政府提供的干预项目、支持性群体、朋友和家人，还有"12步治疗项目"等（Pomm & Harmon，2004）。

不论是评估、治疗、重返工作岗位，还是纪律处罚，都是工作单位针对个体的管理，但大多数法律方面的问题还要从政府层面解决。有些州颁布了各具特色的项目，允许受损伤的专业人员接受执照注册机构所提供的治疗和追踪监督，而不必被迫接受公共纪律的处罚。尽管各州在这类项目上的规定各不相同，但是它们都鼓励受损伤的专业人员去寻求治疗，并服从治疗之后的安排。一些州还与治疗项目方合作制订了相关的政策与程序，"针对受损伤的医生，将鉴别、干预、评估、治疗以及监督工作加以整合"，以平衡保障个人隐私与接受监督之间的关系（Pomm & Harmon，2004）。

预防

与评估和治疗相比，人们对预防的了解更少（Mrazek，1998），不过这个问题现在正快速地引起各工作单位的重视。当前有人正在研究一些叫做"员工健康计划"（Employee Wellness Programs，EWP）的新项目，认为它们能够为职场提供一级预防和二级预防（Lapman，Chang，& Gregory，2000）。如果这些项目能够取得成功，它们将被用来增强EAP的作用，尤其是在防止饮酒危害的发生、减少饮酒行为的泛滥、尽早发现酒精或药物滥用的员工以及促进员工的身心健康方面。

专家建议应把损伤知识的教育放在专业教育和培训之前，因为损伤的迹象通常在该专业人员从事其工作之前便已经显现出来了（Papadakis，2005）。这类教育在课程设计上应该让受训者了解如何识别自己或者同事受损伤的预警信号与症状（Reamer，1992；Sherman，1996）。如果专业培训项目通过前期的教育来承担预防的义务，它们也必须为有困扰的受训者提供医疗保健服务，这会鼓励受训者接受早期干预和寻求帮助的行为。特别要指出的是，医疗保健福利应该包括涉及心理健康与物质滥用类的健康保险；还有单位之外的临床护理，这里也包括保护个人隐私的咨询（Roberts et al.，2001）。

道德责任与义务

最令EAP从业者和其他心理健康专业人士关切的是受损伤的专业人员对自己和他人构成伤害与威胁。在美国加利福尼亚州的塔拉索夫诉校董事会的案例（1976）表明，在治疗师与求助者的关系中，治疗师有义务保护已被确认的潜在受害者免遭危险客户的伤害。尽管该规则并没有直接要求EAP专家向受求助者所在社区或者单位发出警告，以警惕该受损伤专业人员的潜在危险；但有些EAP工作者还是在塔拉索夫案的原则上做了扩展，不仅要提醒已确认的潜在受害者，还要警示该受损伤专业人员所在的单位。这类做法与美国交通部确认物质滥用专业人员的规定是一致的，EAP专业工作者通常也是公共安全的守护者。虽然你可以说使用违禁药物的医生会对公众安全构成严重威胁，因为这与公交车司机醉驾的情形是相似或者完全相同的，但受损伤的专业人员一般都不在美国交通部的管辖范围内。甚至当EAP工作者依照美国交通部规定的原则去做受损伤专业人员的工作时，他们也应该意识到，受损伤的专业人员与物质滥用的专业人员是有着很大差别的；最为明显的是，他们无权依据联邦法规强制受损伤的专业人员接受治疗。如果没有美国交通部管理规定提供的这把强制治疗的保护伞，拒绝治疗的概率会大大上升，而玩忽职守的风险也会大大增加，这就需要EAP专家熟练掌握评估技术并能够证明受损伤的事实，为受损伤的专业人员提供最为恰当的治疗方案。

除了法律规定的提醒义务，EAP专家还必须了解工作单位处理受损伤员工的政策和程序以及保密规定。为专业性组织和工作单位提供EAP服务尤为复杂，这就促使EAP工作者必须与员工健康部门和其他部门建立紧密的工作关系，而不是单独开展工作。例如，在许多大型组织中，EAP专业人员经常以组建委员会的方式和倡导者团体的方式与其他领域的专业人士合作。这种层次的合作在规模较小的工作组织中是很难做到的。

尽管根据法律要求，大多数专业人员有义务举报那些受损害的同事，但管理者和同事都很难直接面对受损伤的专业人员，并将其举报给相应的执业许可管理委员会（Angres & Busch，1989）。同事们经常谈到，其实早在那些受损伤专业人员的问题征兆暴露于工作场所之前，他们就已经发现其问题了。但他们有很多推迟报告的原因，其中包括被对方否认、想保护受损伤的专业人员免受处罚、害怕其在公众面前丢脸、担心切断其生活来源等。那些长期不能自拔的瘾君子还发明了各种高明的方法以迷惑人们的认识。例如对医生而言，人们有这样一种认识——“医生可以自我防护”，而正是这种认识更加引起了各专业委员会、立法机关以及公众的恐惧（Pomm & Harmon，2004）。这种认识又被来自于专业人士和公众的一种信念所助推，即医生以及其他专业人员在某种程度上对于损伤（尤其物质成瘾）是有免疫力的。

管理者需要接受教育，了解如何将潜在的受损伤的专业人员推介给EAP，他们的同事也同样可以从这类培训和教育中获益。同事们常持这样的观点，即阻碍最小的路线也许就是解决问题的最佳途径；然而否认或者无视受损伤事实的存在，无论是对于受损伤的专业人员本人，还是对于他（她）的患者和客户，或者是对于其雇主，也包括他（她）的职业前景，都将会造成最为危险的后果。该专业人员的同事们也需要明白，他们这么做不是要证明某位同事存在着损伤问题，而是执业许可管理部门赋予他们的责任。最后，专业人员需要接受这样的教育：举报那些正在遭受成瘾或者其他损伤困扰的同事，其实是在挽救该同事的生命。

结论

也许最需要指出的是，专业人员也是普通人，像我们任何人一样也易于成瘾和遭受其他损害，而且康复后也会复发。EAP专业人员对于工作压力也不是免疫的。工作压力不仅会导致成瘾、心理损伤，或者二者兼有；还有可能导致同情心疲劳和职业倦怠，这两种消极结果都与压力相关（Jacobson，2006）。在EAP工作者最初接触受损伤的专业人员时，作者鼓励大家要先检查自己对成瘾和损伤问题的偏见；与此同时，还要跟上该领域不断发生的变化，及时了解该领域的最佳实践成果以及实证研究的最新发展。

参考文献

Al-Hamaid, H., el-Guebaly, N., & Lussier, D. (2007). Substance use and the police: An international workplace experience. *Addictive Disorders and Their Treatment, 6,* 107-115.

American Medical Association (AMA) (1973). The sick physician: Impairment by psychiatric disorders, including alcoholism and drug dependency. *JAMA, 223,* 684–687.

American Nurses Association (ANA) (1984). *ANA cabinet on nursing practice, statement on scope for addiction nursing practice.* Kansas City, MO: ANA.

American Pharmaceutical Association (APhA) (1982). Report of the American Pharmacy Association policy committee on professional affairs. American Pharmacy, NS22, 368–380.

American Psychological Association (APA). (1992). Ethical principles of psychologists and code of conduct. *American Psychologist, 47,* 1597–1611.

American Society of Addiction Medicine (ASAM) (2001). *ASAM Patient Placement Criteria for the Treatment of Substance-Related Disorders* (2nd ed., Revised). Chevy Chase, MD: American Society of Addiction Medicine.

Angres, D., & Busch, K. (1989). The chemically dependent physician: Clinical and legal considerations. In R. D. Miller (Ed.). *Legal Implications of Hospital Policies and Procedures.* San Francisco, CA: Jossey Bass, pp. 21–32.

Babor, T. F., Higgins-Biddle, J. C., Saunders, J. B., & Monteiro, M. G. (2001). *AUDIT: The Alcohol Use Disorders Identification Test Guidelines for Use in Primary Care* (2nd ed.). World Health Organization Department of Mental Health and Substance Dependence.

Baldisseri, M. R. (2007). Impaired healthcare professional. *Critical Care Medicine, 35* (Suppl.), S106–S116.

Barnett, J. E., & Hillard, D. (2001). Psychological distress and impairment: The availability, nature, and use of college assistance programs for psychologists. *Professional Psychology: Research and Practice, 32,* 205–210.

Beck, A. T., Ward, C. H., Mendelson, M., Mock, J., & Erbaugh, J. (1961) An inventory for measuring depression. *Archives of General Psychiatry 4,* 561–571.

Bennet, J., & O'Donovan, D. (2001). Substance misuse by doctors, nurses and other healthcare workers. *Current Opinion in Psychiatry, 14,* 195–199.

Brewster, J. M. (1986). Prevalence of alcohol and other drug problems among physicians. *JAMA, 255,* 1913–1920.

Bush, D. M., & Autry, J. H. (2002). Substance abuse in the workplace: Epidemiology, effects, and industry response. *Occupational Medicine, 17,* 13–25.

Christie, J., Rosen, I., Bellini, L., Inglesby, T., Lindsay, J., Alper, A., & Asch, D. (1998). Prescription drug use and self-prescription among resident physicians. *JAMA, 280,* 1253–1255.

Denton, S. L., & Brown, M. E. (2005). Forming effective alliances with IPPs. *Journal of Employee Assistance, 35,* 21–23.

Domino, K. B., Hornbein, T. F., Polissar, N. L., Renner, G., Johnson, J., Alberti, S., & Hankes, L. (2005). Risk factors for relapse in health care professionals with substance use disorders. *JAMA, 293,* 1453–1460.

Finke, L., Williams, J., & Stanley, R. (1996). Nurses referred to a peer assistance program for alcohol and drug problems. *Archives of Psychiatric Nursing, X,* 319–324.

Galanter, M., Talbott, D., Gallegos, K., & Rubenstone, E. (1990). Combined Alcoholics Anonymous and professional care for addicted physicians. *American Journal of Psychiatry, 147,* 64–68.

Gemignani, J. (1999). Substance abusers. Terminate or treat? *Business and Health, 17,* 32–39.

Gossop, M., Stephens, S., Stewart, D., Marshall, J., Bearn, J., & Strang, J. (2001). Health care professionals referred for treatment of alcohol and drug problems. *Alcohol and Alcoholism, 36,* 160–164.

Greenfield, D. N. & Davis, R. A. (2002). Lost in cyberspace: The web at work. *Cyber Psychology and Behavior, 5,* 347–353.

Hughes, P., Storr, C., Brandenburg, N., et al. (1999). Physician substance misuse by medical specialty. *Journal of Addictive Disorders, 18,* 23–27.

Jacobson, J. M. (2006). Compassion fatigue, compassion satisfaction, and burnout: Reactions among employee assistance professionals providing workplace crisis intervention and disaster management services. *Journal of Workplace Behavioral Health, 21,* 133–152.

Jex, S. M., Hughes, P., Storr, C., et al. (1992). Relations among stressors, strains and substance use among resident physicians. *International Journal of Addiction, 27,* 979–994.

Joranson, D., Ryan, K., Gilison, A., & Dahl, J. (2000). Trends in medical use and abuse of opioid analgesics. *JAMA, 283,* 1710–1714.

Kempthorne, G. C. (1979). The impaired physician–the role of the state medical society. *Wisconsin Medical Journal, 78,* 24–25.

Lapman, S. C., Chang, I., Gregory, C. (2000). Substance abuse intervention for health care workers: A preliminary report. *The Journal of Behavioral Health Services and Research, 27,* 131–143.

Mensch, B., & Kanel, D. (1988). Do job conditions influence the use of drugs? *Journal of Social Behavior, 29,* 169–184.

Molea, J. (2003). IPs: Current concepts and program elements, Chapter 27. In W. G. Emener, W. S. Hutchinson & M. A. Richard (Eds.). *Employee Assistance Programs Wellness/Enhancement Programming* (3rd ed.). Springfield, IL: Charles C Thomas Publisher, Ltd., pp. 259–265.

Morse, R. M., Martin, M. A., Swenson, W. M., & Niven, R. G. (1984). Prognosis of physicians treated for alcoholism and drug dependence. *JAMA, 251,* 743–746.

Mrazek, P. J. (1998). *Preventing mental health and substance abuse programs in managed health care settings.* Alexandria, VA: National Mental Health Association.

Papadakis, M. A., Teherani, A., Banach, M. A., Knettler, T. R., Rattner, S. L., & Stern, D. T. (2005). Disciplinary action by medical boards and prior behavior in medical school. *New England Journal of Medicine, 353,* 2673–2682.

Pelton, C., & Ikeda, R. M. (1991). The California Physicians Diversion Program's experience with recovering anesthesiologists. *Journal of Psychoactive Drugs, 23,* 427–431.

Pomm, R. M., & Harmon, L. (2004). Evaluation and post-treatment monitoring of the impaired physician. *Psychiatric Annals, 34,* 786–789.

Reamer, F. G. (1992). The impaired social worker. *Social Work, 37,* 165–170.

Richard, M. (2003). Cyberspace: Issues and challenges for EAP providers. *Employee Assistance Quarterly, 19,* 51–60.

Roberts, L. W., Warner, T. D., Lyketsos, C., Frank, E., Ganzini, L., Carter, D., and the Collaborative Research Group on Medical Student Health (2001). Perceptions of academic vulnerability associated with person illness: A study of 1,027 students at nine medical schools. *Comprehensive Psychiatry, 42,* 1–15.

Shore, J. H. (1987). The Oregon experience with impaired physicians on probation. *JAMA, 257,* 2931–2934.

Simoneau, H., & Bergeron, J. (2000). An etiologic model of alcoholism from a developmental ecological perspective. *Substance Use and Misuse, 35,* 1329–1368.

Skinner, H. A. (1982). The Drug Abuse Screening Test. *Addictive Behavior 7,* 363–371.

Spitzer, R. L., Kroenke, K., & Williams, J. B. W. (1999). Patient Health Questionnaire study group. Validity and utility of a self-report version of PRIME-MD: the PHQ primary care study. *JAMA, 282,* 1737–1744.

Stammer, M. E. (1988). Understanding alcoholism and drug dependency in nurses. *QRB Quality Review Bulletin, 14,* 75–80.

Storr, C., Trinkoff, A., & Hughes, P. (2000). Similarities of substance use between medical and nursing specialties. *Substance Use and Misuse, 35,* 1443–1469.

Stuart, G. & Price, L. (2000). Recent developments in populations at risk for substance abuse. *Current Opinions in Psychiatry, 13,* 315–320.

Substance Abuse and Mental Health Services Administration (2007). Workplace report: Many full-time employee use drugs. *SAMHSA News, 15.* Available online: http://www.samhsa.gov.

Talbott, G. D., & Earley, P. (2003). Physician health programs and the addicted physician. In A. W. Grahm, T. K. Schultz, M. F. Mayo-Smith, R. K. Ries, & B. B. Wilford (Eds.). *Principles of Addiction Medicine.* Chevy Chase, MD: American Society for Addiction Medicine, 1009–1022.

Trinkoff, A., & Storr, C. (1998). Substance use among nurses: Differences between the specialties. *American Journal of Public Health, 88,* 581–585.

Yandrick, R. M. (2000). Getting by with a little help from my friends. *HR Magazine, 45.* Available online: http://www.shrm.org

Young, K. S. (2005). Internet addiction prevention and education. *Journal of Employee Assistance, 1,* 15–17.

第三十三章

律师与律师协会

Richard E. Gentry

美国各州律师协会的首要职能是保护公众免遭问题行为的伤害和维护司法体系的正义性。作为法庭的官员，法官、书记员以及其他法庭专业工作者都必须能够依赖律师的形象来体现法庭的公正。律师可以在不受日常监管的情况下操作资金，同样可以在很大程度上操纵许多公众成员的未来。

尽管律师使用违禁药物和酒精成瘾已成为对律师业影响甚大的医疗问题，但直到最近，美国各州律师协会才开始以监管的角色看待这个问题。因此，预防、干预、监督以及恢复期治疗一直都不在律师协会的管理范围内。以往，如果律师由于成瘾而导致行为不当，就会被暂停或取消律师资格，但没有什么措施会触及引起其不当行为的原因。

律师以及律师协会对于深入了解其会员生活隐私的做法总是心存戒备，仅仅指控某人有成瘾行为就可能会导致诽谤行为。

但是，美国大多数州的律师协会为他们的会员建立第三方保证基金。出于自身利益的考虑，会员会努力防止问题的发生，避免招致严厉惩罚的行为。在华盛顿州，律师协会的预防措施是利用自我保证基金来加以监督。其干预的措施包括教育、电话热线、转介网络，或者实际干预。

教育的措施通常包括这样的信息：成瘾是一种疾病、成瘾有什么症状、州律师协会对待成瘾问题的态度等。这些信息还会在州律师协会的期刊、报纸以及地方的律师出版物上公布。州律师协会对待成瘾问题的态度将严重影响到其成员能否在发生违规事件之前承认自己成瘾的事实。如果律师协会的态度是支持性的，其会员就会更积极地在灾难事件发生之前举报有成瘾问题的同行，偶尔甚至会有律师自我报告其成瘾问题。

上世纪70年代，唯一的约束机制就是当严重的不当行为发生后才举报其受损伤问题。在法庭上有醉酒表现的并不多见，因为有时候它并不一定会产生明显的消极影响，实在无法出庭也还可以重新安排开庭时间。为了保全脸面，有成瘾问题的律师常常采取简单否认的态度。即使该问题恶化到严重程度，当地的律师委员会也只是静待灾难爆发，然后才采取措施以防止进一步影响到公众层面。

进入上世纪80年代后，美国加利福尼亚州的“另类律师协会”、佛罗里达州的“受损伤的律师”等其他项目才开始实施。这些项目使得不当行为在发生之前就能够被转介到相应机构。大致说来，这些项目要求同行们在保密的情况下为其提供转介，然后由合适的人进行调查。毫无疑问，律师本身就爱打官司，所以该类问题应由与律师协会无任何瓜葛的非盈利机构来处理。

美国某一个州所采取的措施是，由警察局将因醉酒驾车而被拘捕的律师全部直接转介到相应机构。这一拘捕过程通常也是非常好的干预时机，因为当事人此时很难否认自己酗酒的事实。而在其他各州，转介只是在处罚之外偶尔采取的措施，如果某个律师在受到处罚之前便由朋友或者其他同事推荐去接受干预治疗，那么该律师就算得上是相当幸运了。

针对那些不自律的律师实施干预需要更多的技能和耐心。律师都受过有关规避、辩论、交叉诘问以及语言自我防御等专业训练。根据我的经验，勇敢的干预者能够超越干预过程本身，了解自己为什么要质疑该律师的诚信。干预的准备必须是详尽的，对事实的描述必须是（在 Johnson 干预模式下）无懈可击的，干预场所的选择必须要将律师规避技术的影响降至最低。

美国佛罗里达州的律师协会雇用了一名专职干预工作者，并且计划在 1987 年～ 1988 年间扩大这一规模，其中还包括聘用一些兼职助理。尽管让所有人接受这种干预措施还有很长的路要走，但是协会的会员们普遍反映这样做是恰当的和有益的。如今，律师协会的干预工作者直接面向会员做工作，并将他们转介至相关机构接受评估。会员要与“受损伤律师干预项目”签订私人合同，承诺该会员将致力于防止进一步发生违禁药物滥用与酒精滥用问题。

通常情况下，有成瘾问题的律师在接受干预之前就已经受到职业监管程序的调查。尽管“自愿”接受评估与治疗可以减轻处罚力度，但是“受损伤”问题并不能成为律师行为失当的辩解理由。佛罗里达州最高法院已经意识到，律师有很好的康复机会，要让该律师在服缓刑期间返还客户的全部费用（包括客户的预付费、被挪用的资金等），而不是在暂停或者吊销其律师资格之后。

值得一提的是，律师个人应该对其成瘾行为所造成的后果负责，同时还应该为该行为给其他受害者造成的所有损害承担责任。任何偏离这一原则的做法都可能违反律师协会保护公众权利的职责。

目前，美国大多数州的律师协会正在推进一些对药物滥用的律师进行检测和治疗的项目，该项目立足于同业者举报。一个更好的方式就是利用州范围内的 EAP，它可以直接针对律师的家庭环境进行教育和预防，当问题尚未影响到工作时，这种措施的效果十分显著。

律师们常常都练就一副厚脸皮，很少会从客户的问题上联想到自己。但其家庭有更好的条件去发现这些正在形成的问题，如果家庭成员切实想解决问题，同时又不想毁掉这个家庭的顶梁柱，那就应该给这个家庭以解决问题的机会。

迄今为止，还没有什么早期预警的项目涉及律师的家庭。一旦启动转介程序，出于家庭生存的考虑，拒绝接受几乎成了家庭成员的必然反应，而保护墙也因此有效地建立起来。

第三十四章

职业体育与EAP

Fred Dickman

Ben Hayes

本章旨在展示EAP如何在职业体育组织内发挥作用。所选案例是美国职业棒球俱乐部的一个小联盟系统，该项目持续了4年之久。

该棒球组织的球队水平各异，分布在七个不同地区，拥有包括球员、经理、教练员和助理教练员在内的大约200名成员。

本章的目的是介绍这4年期间EAP是如何起步的，为什么要开展EAP，EAP在评估、咨询以及后续服务中出现了哪些问题，并进一步讨论了EAP的演变以及应用率。

历史

小联盟组织在要求其成员接受药检的问题上历来不受劳务合同的约束。结果，大约在4年前，该组织讨论决定：组织内所有的签约球员都不得使用任何违禁药物。药检是针对所有人员的强制性检测，药检一般放在春训期间，这是所有成员都聚齐的时候。200人全部接受检测，其中12人（6%）药检结果呈阳性。依照俱乐部的规定，需要评估员对这12人进行评估，以确定他们是否需要接受治疗以及采取何种治疗。这些评估的结果表明，大多数案例中所反映的不只是药物滥用问题，还有其他问题；多数情况下都建议他们接受一般咨询。在该季节的其他时间也实施了几次药检，一旦发现有阳性反应，就会重复上述过程。一些人需要接受物质滥用咨询，多数人还需要在其他问题上获得帮助，这些问题包括比赛焦虑、一般压力、家庭问题和生活方式压力等。

在下一个春训季节举办的一个一般性的全天会议和小型研讨会上，不光是讨论药物检测、酒精以及其他药物滥用的问题，讨论的主题还包括压力应对、比赛焦虑以及家庭关系等，这些内容都反响热烈。还有专门针对经理、教练员和助理教练的研讨会，主题是如何识别“问题”球员以及如何解决球员成绩下降的问题。在该季节，还为大家开设了一条“热线”，号召人们在遇到困难或者情绪不佳时主动求助。管理者还邀请EAP咨询师到某一城市去直接帮助某位球员。春季训练指南中关于生活方式和心理方面的主题更加受关注，而酒精和药物滥用方面的主题则不再引人注目。在最后一次药检中，只有4位球员被检测为阳性结果，药检阳性的总人数也一次比一次少。这些资讯已被大家所了解或者加以运用，甚至连（每年新入队的）新球员也都掌握了。药检阳性比例为2%～3%，远远低于全国平均水平。在春训季节的EAP会议上，邀请了美国著名演说家针对球员们所选择的感兴趣话题作了出色的演讲。EAP 咨询师在每所城市都提供为期 4～5 天的咨询服务，球员与球队经理在保密的前提下与其约定咨询时间，教练与助理教练也可以自由求助。

EAP 最常面对的问题

EAP 在咨询与评估阶段最常遇到的问题如下：

1. 失眠

我们惊讶地发现（但也符合逻辑），有相当多的球员入睡困难。这并不是因为比赛结束后外出或者长时间夜不归宿。绝大多数球员在球赛结束后都想尽快入睡，尤其是在旅行途中，但是结果都是辗转反侧睡不着，头脑中不断闪现赛场上失误或者成功的场面，不堪其扰。可以尝试教给他们放松的技巧，并给那些受此困扰的球员提供录音带，一面是放松的指导语；另一面是视觉化提示语（针对击球手或者投球手）。

2. 提高成绩

球员希望通过运用视觉化训练来集中注意力、专注、放松，并在头脑中想象"接住"球或者"放慢"球速。许多运动员都曾经有过这样的体验，似乎所有的事物都像慢镜头。而有时他们又感觉到时间似乎在加速，比赛节奏好像比现实快了许多。表象技术经常被用于帮助运动员找回先前状态。

3. 家庭问题

与父母、妻子或女友的关系是一个重要的问题。如果问题严重，有的人还要接受咨询，或者被转介到家庭服务中心。这些年轻人在家中都有所爱之人；离家在外时，有时会担忧。当然还有一些结了婚的球员，长时间在外奔波，可能还会导致婚姻关系紧张。球员们的生活方式也受比赛的影响，在赛季每晚都要比赛，甚至有时要到午夜；若要维护婚姻或者亲密关系，配偶或其他亲密关系者就需要对此特别地宽容与理解。

4. 耐心

许多球员，尤其是较低级联盟中的球员，常常缺少上场机会。他们必须学会耐心等待，要建立一定有机会上场的信心，处理好怨恨情绪，对自己保持积极的态度，坚持刻苦训练。

5. 焦虑

一定要自信。总是沉溺于（刚刚发生的）过去或者未来，感觉自己"不重要"或"不自在"等，这些问题都源自于深层的、没有觉察到的焦虑。练习正确的呼吸、放松和接地疗法都是有帮助的。但是，如果由于自我定位的原因而在能力与发挥作用之间出现明显偏差时，就需要转介到心理学家那里接受每周一次的咨询。

6. 生活方式问题

一觉睡到中午或者更晚是一种诱惑。到下午 2:30，球员要报告赛前准备的练习情况。除非连赛两场，比赛一般在晚上 10 点结束。因此，熬至午夜或者更晚才入睡的情况是家常便饭。那些比赛结束后立即便可入睡并且在上午 10 点起床的球员，通常精力比较旺盛。饮食是生活方式的另一个问题。过了晚上 11 点或者 12 点，就只有快餐食物供应。有些球员总是随身携带水果并设法均衡饮食，这从长远来看是个好习惯。改变习惯不是件容易的事情，但对于那些献身于此运动的球员来说确实值得一做。

7. 物质滥用问题

生活方式的这一部分问题需要管理者和

EAP专家从人生观上（帮助球员实现其潜能）给予特别的关注，而不能仅靠球员自己。尽管禁止运动员使用药物，并对他们实施检测，但饮酒却是运动员生活中可以被接受的部分。因此在饮酒问题上，人们通常的选择不是拒绝就是姑息，而非充满关怀地面对与干预。有些球员对此表示担心，并能够抵制来自同伴的压力。当然，大多数球员并非如此。过度饮酒、酗酒以及酒精本身，都会对神经系统产生不良影响，这些问题都应该在各类工作坊、管理培训以及咨询过程中加以强调。当运动员的问题导致其表现欠佳或者出现了影响成绩的过度焦虑时，就是对其实施教育的特别合适时机。

迷你工作坊

每天可以利用在路途上乘坐交通工具的机会或者在运动员更衣室举办30分钟的工作坊。以下详细地阐述了春训期间的工作坊的主题，其中包括从正式与非正式的讨论中获取的突出问题。

这些主题是：

（1）“比赛焦虑”

（2）“放松训练”

（3）“失眠：原因与治疗措施”

（4）“饮食”

（5）“正向思维——理性情绪疗法”

（6）“活在当下”

（7）“从过去的失误中吸取教训，而非纠缠于过去”

（8）“沉下来，深呼吸：聆听身体的声音”

（9）“视觉化：在击球手眼中，球大而慢；在投球手眼中，球小而快”

（10）“稳坐板凳，置身于比赛之中”

非正式咨询环节

在为期3～4天的随队采访中，EAP的咨询师和评估员有机会在训练和比赛期间与球员“近距离”接触，比赛期间他们可以在球员休息席或者候场练习区交谈，也可以在赛后晚餐时与球员或者球队经理交谈。这些交流为今后有益的接触甚至是短程咨询开了好头。

1986年的统计数据

在1986年春训期间以及在3～4天内于不同地点采集到的数据累计如下：

1. 正式访谈

与21人正式预约就各种不同问题进行访谈（后面将会讨论）。访谈一般安排在午饭、晚餐或者下午茶期间，通常在俱乐部办公室内、承办人订的汽车旅馆房间内，或者在训练场上的某独立场所进行。

2. 非正式接触

（1）当球员练完击球之后、球员赛前在休息席候场时、比赛期间在练习区热身时、清晨跑步或者慢跑时、上午11点至下午1点坐在汽车旅馆的游泳池边上休息时，都可以用上5～10分钟与球员交谈。很难精确计算非正式接触的次数，保守估计应该有50人次。

（2）比赛后，与球队经理、工作人员、助理教练共进晚餐，这种场合总是令人愉快的。后来发现，这种做法对于同他们建立良好关系、深入了解普遍存在的问题与特定问题，都具有极大的帮助。另外，令人钦佩的是，他们每个人都能够掌握球员的情绪状态。

效果评估

当然，最终的评估标准应该是球员的能力发挥到什么程度。尽管在评估方面已经做了一些工作，但 EAP 服务对球员的影响应该是长期的。有些参加 EAP 项目的球员如今已经进入美国职业棒球协会，但却苦于没有足够的证据证明 EAP 项目在其中发挥了重大作用。

效果评估的另一个指标是使用率。迄今为止，已有 90 人参加了 EAP 项目，其中至少也有一次会谈。根据表面价值判断这 180 多名球员中有将近 50% 的使用率。即使除去那些交换来的球员、新选拔的球员、解约的或者转到其他组织的球员，使用率仍高达 30%。仅这一项指标便能证明 EAP 项目给小联盟球队带来的价值，这也许意味着 EAP 能给其他所有运动组织带来效益。

评论与补充资料：2003—2008

Tamsyn Basson

对杰出运动员最坚实的支持是以运动员和教练员的关系为基础的，这也是竞技运动的精髓。教练员对于运动员的生活具有强大的影响力，为球员创造良好环境、向运动员传授体育运动的专业技能、社会价值、道德准则以及生理知识，都是一个教练员的基本职责。然而，教练员一个人的力量是有限的，在日常训练、体能准备、技战术问题之外，教练员无法为球员提供全面的建议、专业知识和其他支持。一般而言，给教练员和运动员提供的额外支持性服务大致分为三类：

（1）健康、安全和运动保健。运动组织首要的道德责任是在其指导和监督下对个体提供保护。

（2）与运动有关的科学知识。包括生物力学、训练生理学和社会学等学科。

（3）技术发展支持。这些支持涉及有关身体技艺的学习与完善。

通常，大多数的运动组织为上述领域提供充分的支持。但是，多数情况下，这些组织并没有给运动员及其家庭成员提供有意义的和实际的情感支持。众所周知，像运动心理学家这类的专业人士所起的作用的确重要，但他们的作用主要集中于运动员的成绩和技术上，是通过放松、视觉化练习以及激励技术来帮助运动员提高成绩。作为一门专业，运动心理学主要关注：①与训练和一般运动环境相关的个体行为；②与教练相关的知识；③运动员的目标形成、目标控制和目标专注程度；④运动伤害及其心理影响；⑤运动员的职业倦怠问题；⑥成绩提升与视觉化技术。

当运动员感到孤立和被他人控制时，其实现梦想与追求成就的动力并未消失；更为复杂的是，他们期望得到教练、球队经理甚至队友的监管。但这并不是一个理想的处理方式，并不是所有的教练都能够处理那些优秀运动员所遇到的广泛问题。更为糟糕的是，当运动员因为个人问题或情感问题寻求支持时，常常会被视为软弱。许多运动员都认为，周围没什么人可以独立交谈；但如果咨询他们的教练和球队经理，只会毁掉自己在球队中的未来和自己的运动生涯。

为了解决这些问题，越来越多的体育运动组织纷纷效仿那些大型机构，开展高效能的体育运动专用 EAP 项目，这些项目包含一系列免费的综合服务，服务面向全队的运动员、教练员、家属和一线的工作人员，以此提升组织绩效。

体育运动领域的 EAP 项目涉及部分或全部与压力有关的情境，其中包括物质滥用的预防、压力识别与控制、戒烟、精神疾病管理、创伤后康复、绩效提升、对组织文化的认识与适应、人际关系（与队友、教练、家人、朋友、女友或男友、同事）、性别不平等、性骚扰、经济和法律问题等。体育运动 EAP 的核心功能与工业领域的 EAP 相同，主要包括问题评估；短程问题解决；转介与监控；危机干预（包括危机事件群体晤谈）；组织与管理层咨询；通过外访来促进该项目的推广；教育研讨小组与项目效果评估。

通常，项目是在为隐私保密的情况下免费提供给所有运动员、教练员、家庭成员以及一线员工。服务团队中通常要有一名高水平的"运动协助项目"协调员（通常是一位运动心理学家），还要有一支具有不同文化背景的专家队伍，包括精神科医生、心理学家、临床社会工作者、药物依赖问题专家、生涯规划师、营养师和健康管理咨询师。

在处理物质滥用问题时，每一个药检阳性结果都需要进一步的医学检验来加以证实，而任何可疑药品的摄入都应该安排做药检阳性测试。有的被转介来的原因是因为与酒精或药物相关的行为问题，如对伴侣的施暴或被拘留（Greene，Urgyasz，& Petr，2001；Miller，Adams & Krause，2001；Miller，Miller，& Verhegge，2002）。大多数情况还是属于药物的误用或者滥用，而不是物质依赖。

与压力控制相关的服务主要集中于伴侣关系、子女养育问题、经济和法律问题、创伤性事件和哀伤处理（Baker，Cote，& Hawes，2000；Iso-Ahola，1995；Pinkerton，Hinz，& Barrow，1989；Raglin，2001）。这些服务还扩展到了最直接的家庭成员，甚至是住在较远城市的家庭成员，特别是那些队员为之担忧和分心的家庭成员。无论有无暴力行为，配偶之间或者伴侣之间出现关系紧张都很常见。当关系紧张、有侵犯行为发生或者关系破裂时，EAP 工作者就要为当事者伴侣提供咨询和支持。

由于许多运动员和球队工作人员的家里都有处于幼年或学龄期的子女，所以子女教养问题常常十分突出，如对孩子的管束和教育。有的配偶经常出差或者频繁搬家，有的配偶经常独自一人在遥远的城市，缺乏适当的社会支持网络。另外，还有其他一些现实问题可能导致失去家庭成员或亲密的朋友，如与家人在地理上的分离、与队友和教练长期相处而发展出来的家庭感等。

在球队中，相当大比例的球员来自外国或者本国其他不同文化的群体，文化支持服务由此发展而来。交流沟通问题、文化适应问题和多种族家庭的问题也是关注的重点。

情绪问题、焦虑症、睡眠障碍、冲动控制障碍和注意缺陷障碍等都是 EAP 工作者经常会遇到的问题。EAP 工作者可以在训练现场为其提供精神评估与治疗。在此应特别注意那些使用酒精、兴奋剂和类固醇的情况，因为它们是失眠症、精神紧张、注意力不集中和易激惹的常见诱发因素或促进因素（Hickey & Fricker，1999；Pope & Katz，1994）。精神类药物的选用也要十分谨慎，剂量需慢慢调整，以避免出现体温调节紊乱、出汗、警觉水平波动或精细动作失调等副作用（Hickey & Fricker，1999）。为了避免他们误将此类药物用来提高成绩，在使用兴奋剂治疗注意缺陷障碍时，必须先做严格的诊断评估，并且在开具处方时加以警示（Hickey & Fricker，1999）。鉴于药物的副作用，非药物治疗手段应是首选，如时间管理、积极的睡眠习惯、放松训练、冥想、按摩和生物反馈等。

许多职业运动员不愿意谈论个人问题，甚至在现场咨询已经准备就绪时也不肯开口。相比之下，他们更愿意参与讨论有关如何促进个人训练成绩和比赛成绩的问题。多年来，EAP 提供的帮助常常都是聚焦于问题的，如今又增加了针对群体的促进心理坚韧性的训练（Genter，Fisher，& Wrisberg，2004）。由精神科医生与临床社会工作者组成的服务团队，在应激医学和临床催眠方面具有扎实的专业背景，如今也在接受运动心理学的培训。他们也开始涉及生物反馈辅助技术的放松训练、集中注意力训练、注意转移训练、视觉化练习、强度调控、目标设定、积极自我对话以及赛前的例行自我调整等（Dorfman & Kuehl，1995）。

在针对专项运动的 EAP 项目中，每年各项服务的总使用率在过去 5 年内稳步上升，大多数运动员自愿前来寻求帮助，或者说是自我转介，接下来依次是助理教练转介、队医转介和教练员转介。

以下策略被认为可以提高 EAP 的使用率，并且与运动医学相关联：

（1）提供场外服务。

（2）雇用由不同性别、不同种族、不同专业背景和专长的工作人员组成的团队，以便服务使用者选择。

（3）了解赛季前的体检情况并与受伤队员联系。

（4）根据运动员在某项目上的运动成绩，与之开展预防性谈话。

（5）通过识别影响成绩的障碍，制订以目标为导向的改进与监控计划，提供促进成绩的服务。

（6）提供危机事件应激管理服务。

（7）提供与健康和营养知识相关的服务。

（8）监测运动员的睡眠、时差、慢性疲劳和倦怠情况，帮助运动员减压和恢复。

（9）将服务对象扩展到家庭成员（McDuff，2005）。

以下是高水平竞技运动 EAP 的定义：运动组织合法地运用一系列政策与程序，以识别和应对广泛存在的个人问题与情绪问题，包括杰出运动员及其家庭成员的家庭问题、职业问题、人际行为问题、心理和精神健康问题等。在健康专家的指导下，心理工作者和社会工作者在充分了解高水平竞技运动的基础上，综合当前生物 - 心理 - 社会模式的最新进展，并展望未来，为运动员提供预防、评估、治疗、个案管理以及转介等方面的服务（Basson，2008）。

设计某专项运动 EAP 的指导方针总结如下：

（1）尽管针对某项运动设计出基本的EAP工作程序并不难，但是应该意识到，每项运动的规则在性质与特点上都与其他运动项目有所不同，这些差别就转换成了对EAP的不同需求。要认真考察每项运动的特点，依据不同的特点设计不同的EAP项目。

（2）杰出运动员可以根据保密的原则自主选择是否参加EAP项目。在推介EAP理念时，应该将杰出运动员作为首选目标。项目的保密规定必须给予运动员充分的保护。

（3）要遵守那些经过实践检验并被广泛接受的EAP的基本原则，包括实施、项目支持、记录保存以及隐私保护等。

（4）自我推介是关键。当然，教练或者球队经理提供的转介也同样重要，但有关情况的反馈信息要限制在运动员自身范围内。最大限度地保障个人隐私是成功的首要因素。

（5）EAP服务提供机构必须保证那些熟悉和了解竞技运动环境的专业人员参与到团队中来。

（6）教练员、球队经理和运动组织主席所享有的高于杰出运动员的传统权力地位，不会因该项目的实施而得到进一步的加强。

（7）项目的实施需要EAP根据其基本工作原则，针对特定的竞技运动环境，专门为全体人员设计特殊的训练包。

（8）将杰出运动员当做高度独立的“工作者”群体来对待，他们对独特的环境有着极为特殊的需求。

（9）在保障个人隐私的基础上，将项目服务扩展至教练员、技术支持人员和球队管理层。

（10）杰出运动员由于其社会知名度高，因而比一般人需要更高水平的隐私保护，否则一旦其私生活细节被媒体曝光，将会给EAP造成严重损害（Basson，2008）。

那些对明星球员有商业兴趣的赞助商、承办者和广告代理商们，认为体育运动专项EAP可提高他们所投资球员的运动成绩。

对体育运动专项EAP的介绍与开发正在带来令人耳目一新的新视角——运动员才是体育最重要的资产。只有运动员的情绪需求与生理需求得到同样的关注，其运动成绩才能获得提高；运动员的生活质量和他们的家庭幸福才能得以提升；他们的运动生涯才有可能因此而得到延长。

参考文献

Baker, J., Cote, J., & Hawes R. (2003). The relationship between coaching behaviors and sport anxiety in athletes. *Journal of Science and Medicine in Sport, 3,* 110–119.

Basson, T. (2008). *EAP and the high performance athlete.* VDM: Verlag D. Muller.

Baum, A. L. (2000). Psychopharmacology for athletes. In: D. Begel & R. W. Burton (Eds). *Sport psychiatry: Theory & practice.* New York: W. W. Norton & Company.

Dorfman, H. A., & Kuehl, K. (1995). *The mental game of baseball* (2nd ed.). South Bend, IN: Diamonds Communications, Inc.

Gentner, N. B., Fisher, L. A., & Wrisberg, C. A. (2004). Athletes' and coaches perceptions of sport psychology services offered by graduate students at one NCAA Division I university. *Psychological Reports, 94,* 213–216.

Greene, G. A., Uryasz, F. D., & Petr, T. A. (2001). NCAA study of substance use and abuse habits of college student athletes. *Clinical Journal of Sport Medicine, 1,* 51–56.

Hickey, G., & Fricker, P. (1999). Attention deficit hyperactivity disorder, CNS stimulants and sport. *Sports Medicine, 27,* 11–21..

Iso-Ahola, S. E. (1995). Intrapersonal and interpersonal factors in athletic performance. *Scandinavian Journal of Medicine and Science in Sports, 5,* 191–199.

McDuff, D. R. (2005). Professional and collegiate team assistance programs: Services and utilization patterns. *Clinics in Sports Medicine, 21,* 943–958.

Miller, B. E., Miller, M. N., & Verhegge, R. (2002). Alcohol misuse among college athletes: Self medication for psychiatric symptoms? *Journal of Drug Education, 32,* 41–52.

Miller, T. W., Adams, J. M., & Kraus, R. F. (2001). Gambling as an addictive disorder among athletes: Clinical issue in sports medicine. *Sports Medicine, 31,* 145–i52.

Pinkerton, R. S., Hinz, L. D., & Barrow, J. C. (1989). The college student athlete: Psychological considerations and interventions. *Journal of American College of Health, 37,* 218–226.

Pope, H. G., & Katz, D. L. (1994). Psychiatric and medical effects of anabolic-androgenic steroid use. A controlled study of 160 athletes. *Archives of General Psychiatry, 51,* 375–382.

Raglin, J.S . (2001). Psychological factors in sport performance: The mental health mode revisited. *Sports Medicine, 31,* 875–890.

第三十五章

政府机构对 EAP 与 EWP 的使用

John L. Daly

EAP、EWP（Employee Wellness Programs，员工健康计划）以及其他创新性的心理健康干预计划都有助于维护美国公务员的健康与幸福，就如同它们为其他行业和客户提供的服务一样。这些服务项目对于政府部门来说，一直就是十分重要并且极其必要的。在政府部门任职看起来很优越，其实却充满了风险，特别是遭受职场暴力的可能性日益增大。美国司法部与司法统计局开展了一项名为《国家犯罪受害者研究》的调查，该调查从 1992 年持续到 1996 年，结果证明了在许多公共机构工作会遇到危险（McGoey，2008）。政府部门的职员经历着远高于平均水平的职场暴力风险，这些政府岗位包括执法官员、监狱或拘留所的行为矫正官员、精神健康专业人员、看守、公交车司机、小学和初中的教师、特殊教育教师、学院和大学教师等（McGoey，2008）。

报纸、电视、电台、网络博客以及其他媒体资源经常揭露并指责公共服务的不当。公共服务业是一个充满压力的环境，并常常招致上述挑战。例如，执法人员在工作中经常会遇到高压力事件和不可预测事件。消防队员经常在头脑中重现救援的情景，特别是涉及死亡的经历。教师与从事公众健康工作的护士也越来越多地遇到暴力冲突，并且经常是来自于他们的服务对象。社会工作者会面对身体、心理和情绪倦怠的威胁，这些威胁都来自于那些他们必须要处理的数量巨大的个案。税收工作经常会给许多公务员造成心理上与身体健康上的损害。

美国布鲁金斯学会的保罗·莱特（Paul Light）所做的调查表明，工作压力还会损害员工的工作承诺。他的研究指出，越来越多的联邦雇员声称，他们的工作动力主要来自于薪水，而不是其工作的社会意义。在受访的联邦雇员中有 41% 的人认为，目前薪水是最重要的激励因素。而在 2001 年 2 月到 3 月的调查中，大约有 31% 的联邦雇员认为，(相对于工作本身而言）薪水是他们最主要的激励因素（Miller，2002）.

当公务员的行为产生了极为负面的影响后，民众经常会问:“我们的政府怎么了？”“政府（及其雇员）为什么不能像商业领域那样高效呢？”针对这些问题，有一部分答案基本上可以归于：压力环境（工作压力或来自家庭的压力）最终导致工作绩效的下降。政府部门的雇员并不是唯一在压力下工作的人，但公众服务在本质上就完全不同于商业领域。

与私立部门相比较，公务员的工作环境通常更加复杂，压力负荷更高。无论处于哪个层级，无论在哪个部门工作，公务员都是为公众利益服务的。从伦理和道义的角度上说，尽管公务员的工作并不总是令人满意，但我们还是对他们有着很高的期望。我们还时常严格审查公职雇员的言行举止，因为他们是纳税人的保护者，而他们有时做出的重大决策会对我们的生活产生影响。因此，公众服务人员，作为公众的代理人，有义务为公众利益服务，不得辜负公众的信任。

欲讨论为什么 EAP 和 EWP 项目的兴起对于政府工作的成功及其雇员的健康如此重要，必须以两个前提为基础。第一个前提是，与商业机构不同，政府机构的人力资源系统需要对与雇员健康相关的范围广泛的问题保持高度的警觉和关注，因而愈加需要 EAP 和 EWP 来解决这方面的问题；第二个重要前提是，政府的工作绩效取决于健康的公务员队伍，这意味着政府一旦不能从 EAP 和 EWP 项目中获益，就经常会在其他方面付出代价，这些代价包括：

- ●员工的高离职率
- ●过高的医疗开销
- ●工作满意度的降低
- ●工作效率的下降
- ●人力资本投入回报率下降
- ●日益增多的诉讼
- ●公众服务承诺的下降
- ●在广大民众中公信力的丧失

政府机构中的 EAP 和 EWP

政府与商业机构有三个关键区别。从功能来看，无论是公共部门的组织还是私立部门组织，都要做同样的事情，都需要计划、组织、管理员工和控制工作环境。商业组织与政府部门的区别在于其运作的环境，还有其目标、工作对象以及所要承担的使命的性质。许多组织行为学家，也包括本文作者，都坚信在政府机构工作更具挑战性，有时会因其特殊的工作环境而遭遇更多的挫折。以下将讨论三个环境上的差异及其对实施 EAP 和 EWP 的影响。

差异一：政府作为独立的服务提供者的作用在增强

美国政府历史上一直是作为提供公共产品与公众服务的机构而存在，其所服务的对象包括美国公民、其他公共机构与合格的客户等。传统上，公共组织被授予独有的权利，可以决定何时、如何、由谁来提供服务。但在被赋予重大的自由决定权的同时，人们又期望公共机构能够依照公众利益最大化的原则行事，而不考虑实施的成本或者机构资源上的财政后果。诚然，公民在传统上总是在质疑政府的行为。而如今，公民在质疑政府行为的同时，对政府公职人员也不再像以往那样信任和尊重了。因此，质疑导致了怀疑，而怀疑又引发了更多的司法干预，这让公职人员更加困惑，不知如何做到（他们所相信的）体现公众的最大利益。行动的决策过程被延长，从而再次验证了当今公众头脑中有关政府（以及政府工作人员）服务质量差的观念。这样的恶性循环（即公众对决策制订的干预导致了公共行动效率的降低，进而又导致公众对公共服务的信心下降）至少从 1960 年就开始了。

凯特尔（Kettle，1996）指出，美国公共行政领域近年来已发生了巨大改变，“任何一项公共项目的实施都不可能由政府的某个机构单独完成，而必须依赖其他公共机构、私人或非盈利组织的协作才能达成”。如今，在公共项目和政策实施之前，任何机构的倡议都需要公共管理者主动去搜集各种利益相关者的意见与信息（通常都持有相互冲突的目标和目的）。随着决定公共行动的权力被日益拆分，实施的过程肯定会被延缓，这就给公众造成了政府决策不果断的印象，从而又将公共管理者置于顶着高压工作却又注定不可能赢的境地。他们可以根据部分信息采取行动，将一些利益相关者排除于决策之外，但这会招致他们的愤恨。另一方面，他们可以搜集更广范围的信息，然后再采取更为谨慎的行动；但这又会给公众造成一个慵懒、无能的印象。

私人企业则是在较为封闭的决策结构中运作的。企业根据外部的信息反馈（例如市场分析），通过行政决策、快速行动，从而最大限度地实现潜在利润或者增大市场占有率。而且，在开放的市场环境下，消费者（经常）自由选择购买哪家的商品或者服务。个体如果对卖方的产品或服务不满意，还可以选择其他的商家。同样，在大多数情况下，商家也可以决定是否从市场退出。然而，由于法律的强制性，公共机构不能轻易地放弃其对公众的义务。对于公众来讲，当他们的房子着火时，不向当地的消防部门求援还能找谁呢？对于公民而言，只能选择从公共机构得到有关服务，这就要求公务员必须要保持精神与身体的最佳状态。因为公共机构不可能真的退出市场，因此即使在资源不足的情况下，政府雇员也必须从道义上对公民的要求做出回应。如前所述，这些政府雇员面临越来越多的压力。这些压力主要来自于权力的分享以及如何依据不同群体的利益和需求，制订、实施政策和分配资源。这些因素导致公共机构要依照公众利益行事就必须承受高压力状态。

差异二：公务员制度的约束

政府与企业的第二个差异在于，企业能够中止与表现欠佳员工的合同。而政府若想辞退那些工作绩效差的正式雇员，则要比私人企业困难得多。大多数企业，尤其是那些不受工会制约的企业，个体的工作是以“随意”为基础的。“随意”的含义是，一旦企业需要，雇主可以随意（例如，在任何时候）中止与员工的合同。当前，美国有45个州是接受“随意”这一观念的，也就是说允许雇主中止与员工的合同，甚至不需要陈述理由或者证明其这样做的合法性（O’Toole & Lawler，2006）。

“随意解雇”的观念为雇主提供了终止合同的依据，以解雇那些多余的或者工作效率低下的雇员。然而，如迈克菲和尚宾（McAfee & Champagne，1994）所指出的：“在有些州的立法机关和法院就已作出规定，明确了诸多不可以‘随意解雇’的例外情况。”而且，即便允许随意解雇，当那些优秀员工仅是由于个人原因而导致工作绩效下降时，许多雇主还是会主动寻求留住这些员工。他们之所以这样做，是因为许多组织为员工的培训作了大量的投入，当然不希望就此浪费掉。尽量帮助有困难的员工彻底解决面临的问题，以恢复高水平的工作绩效，正是符合组织最大的经济利益。现有的大量文献表明，EAP的工作具有显而易见的积极效果。

在许多政府机构中，“随意解雇”标准是不

适用的。对那些初级或中级岗位的雇员更是如此。通常，这些公共机构雇员都是遵照公务员系统的规定行事。当公务员面临被解雇的可能时，行政机关赋予其更大的正当程序权利。根据这些规定，公共机构想中止与其雇员的工作关系要比私人企业困难得多，并且要花费更多的时间。与“随意解雇”的观念相反，公共机构必须要提出正当的理由才可以解雇其雇员。并且，在解雇程序最终完成之前，行政部门的规定常常会为该雇员的复职提供帮助（并且给雇员提供第二次机会）。因此，与私营企业管理者“随意解雇”的做法极不相同的是，公共机构的主管通常必须小心谨慎地处理公务员所存在的问题。对于公共机构管理者和EAP服务提供方来说，这既是机会，也是挑战。一旦员工得以充分复原，组织对其知识、技术和能力方面所做的投资就不会丧失，同时也保留住了那些有才华的雇员。

差异三：公众对政府行为的审查

政府也要在更为开放的环境中运作。他们经常要应对颇具攻击性的媒体和武断的公众监督。例如，美国佛罗里达州的“阳光法案”就强制要求政府的行为与信息必须对公众保持最大限度的透明度。在佛罗里达州有一种司空见惯的现象——那就是地方政府的政策调整还处在酝酿之中，当事者尚未知晓，媒体就已经将其公之于众了。

政府对公众的开放性是体现美国民主的首要因素。作为一个社会，我们要求公共机构要承担保障公众利益的责任和义务，并且高效地为民众服务。广泛的公众监督有利于整个社会，但是公务员们却要为此付出一定代价。这就给公务员施加了越来越多的压力，因此他们也需要更多的心理健康干预。在私立机构，对信息公开化做如此高的要求是不切实际的。企业管理者不必征得记者的同意，就可以扣下他们的采访设备。由于私企可以高度控制信息的传播，所以来自媒体的舆论压力就要小得多。既往研究已经表明，工作上的高压力与身心健康水平的下降有着非常紧密的联系。众所周知，当员工对情境的预测性下降并失去对其工作环境的控制时，个体的压力便会增加。政府工作日益透明化所导致的两个结果，就是员工对于工作情境失去了预测性和控制感。对于高层官员而言（例如，市政管理者和著名的民选官员等），这样的情境还会影响到他们的家庭。这些家庭还必须应对所谓“鱼缸”效应（例如，家庭成员的任何举动都处在公民的观察与监督之下）。在这种情况下，EAP的干预性服务，尤其是对于公务员家庭成员来说，就具有非常重要的意义。近来美国纽约州长埃利奥特·斯皮策（Elliot Spitzer）的辞职表明了这样一个事实，即公众对于政府领导人的开放、诚实以及在道德方面的表率作用具有很高的期望。所以前州长斯皮策的招妓行为在公众看来就是不可容忍的；而这件事情如果发生在一个《财富》1000强的CEO身上，就不大会引起公众的如此关注，股东们也不会因此要求他辞职或下台。

背景差异与EAP的实施

人力资源系统通常在问题员工的需求与EAP服务提供者之间起着连接点的作用，以保障问题员工能够得到所需的咨询与转介服务。有专门的联邦法律规定，个人病历属于保密内容，其中包括EAP咨询的记录。有些粗心大意的雇主会在不征得个人同意的情况下查看员工的健康档案，这是要负法律责任的。标准的人力资源管理程序是，查看这些保密信息必须事先征得本人同意。尽管如此，一旦获得授权，雇主也只能在其知晓的范围内使用该信息。

来自公众的巨大压力迫使公共机构做到信息公开。作为保存这类保密信息的公共机构的人力资源系统，又必须采取有效措施保障这些信息不向公众（包括媒体）泄露。为此，保密信息通常要以独立的文件形式加以管理，不对公众开放。此外，信息管理人员（尤其是直接主管）必须了解保护医疗记录隐私的相关法律。员工也必须了解到，如果未经得本人同意，披露工友的受保护信息是要被追究责任的（包括解雇）。公共机构一直承受着向媒体、公众、特殊利益群体以及其利益相关者提供信息的压力。通过坚持高水平的保密标准，政府将保护那些需要帮助的个体以及政府自身，而且不会背负那些因违反保密规定而引发的耗财费时的诉讼官司。

政府内EAP与EWP的发展历史

EAP源自早期的酗酒干预策略，该策略在20世纪30年代晚期开始获得广泛的认可。这一时期，在那些锐意进取的企业中，如杜邦公司、伊士曼柯达公司和联合爱迪生公司等，一些具有创新意识的医生与匿名戒酒者互助会的热心人士一道开始将酒精滥用与酗酒看做是一种可以被治疗的心理疾病，而不是个体性格的缺陷。而在此之前，酗酒者通常是要被精神卫生机构长期收容的。具有讽刺意味的是，这种变化并不是因为过去那种恐怖的治疗方法令人无法接受，而是由于第二次世界大战导致劳动力短缺，导致必须雇用那些有酗酒问题的工人。为了维持足够数量的员工，最终采取了新的治疗范式，也包括后来兴起的员工健康运动。这种态度上的转变令美国的各类组织都从中获益不浅，因为第二次世界大战结束后有成千上万的士兵在返回家园后，由于难以适应工作场所的要求而出现了酗酒问题（Trice & Schonbrunn，1988）。

1938年到1944年间，随着匿名戒酒者互助会及其会员的数量迅速增长，社会对酗酒的态度也发生了转变。特雷斯与舍恩布朗在他们对早期（1900年～1955年）基于工作的戒酒项目的研究中报告，在1938年，只有3个匿名戒酒者互助小组和大约100名成员；然而到了1944年，匿名戒酒者互助小组就增加到了300多个，并为10000多名成员服务（Trice & Schonbrunn，1981）。

现代EAP始于20世纪60年代初期，当时，针对员工（及其亲属）所遇到的各种问题，涌现出了许多更具综合性和更为全面的咨询与治疗方法。迪克曼与查林哲（Dickman & Challenger，1988）指出，在1962年，坎波集团（Kemper Group）将他们项目的涉及面扩展到了“酗酒员工的家庭以及有其他生活困扰的个体”。这些宽泛的项目所扩展的服务内容包括“婚姻和家庭问题、情绪问题、财务与法律问题，还有涉及药物和酒精滥用的问题”。到了20世纪70年代末，这已成为典型的企业咨询方案，而到80年代的时候，这种宽泛型的方案便开始激增（Dickman & Challenger，1988,）。而政府对于EAP方案的广泛采纳，其动力便是来自于EAP在企业的成功经验以及法律强制实施的精神健康干预服务。

与更为成熟的EAP相比，EWP对于政府来说还是一个新事物，它是政府部门用来提高其雇员健康水平以及幸福感的基本方案。然而，就如同私营机构的情况一样，政府部门对于EWP的应用也正在逐步发展。这种发展具有如此的势头，在一定程度上是由于EWP的发起者早就发现员工的健康与高工作效率之间具有非常重要的关系。总体而言，帮助创建一个能够促进员工健康的平台，从长期效益来说，会降低健康与福利的成本（这大概是多数机构早期采用EWP的原始理由）；但并不止于此，其同时还会长期提升职场的工作效率。这对于许多政府部门而言有着极大的吸引力，因为大多数政府机构都处于一种特殊的境地：公民期望自己的纳税投入能够产生丰厚的回报，而这种回报的方式便是公职人员为公民提供不断增加和改善的服务。因此，公职人员的健康非常重要；健康的公职人员不仅能够为公民提供高质量的服务，而且还可以降低公职人员在健康福利等方面的开支。

法律的强制性与政府对EAP、EWP的采用

政府对职业戒酒计划的引进在1970年得到了极大的推动。此时出台了《联邦酒精滥用、酗酒的综合治疗与康复法案》（Challenger，1988）。该法案明确了联邦民众服务委员会（人事管理局的前身）的权利和义务，即制订可操作的酗酒干预计划以帮助政府的职员。该法案还为各州的职业戒酒咨询提供了资金支持，帮助设计和实施职业戒酒康复计划（Challenger，1988）。随着时间的推移，各种相关政策也开始在各州和地方政府出现。并且，政府还将项目加以整合，扩大了项目的覆盖面，将原来的职场药物与酒精滥用康复计划拓展为内容更为广泛的职场精神卫生计划。

如上所述，这种宽泛型的政府EAP在发展过程中又由于联邦新法规的出台而得到了进一步促进。这些有助于扩展政府EAP项目的新法规包括①1973年的《康复法》（The Rehabilitation Act）；②1990年的《美国残疾人法》；③1988年的《无药物工作场所法》（The Drug-free Workforce Act）。

1973年的《康复法》对政府在早期采用EAP曾产生过广泛的影响。作为强制性内容的一部分，《康复法》要求联邦资金的接受者（包括州政府与地方政府）必须与联邦政府签订合同，并确保用于那些身体或者心理有损伤的个体的拨款不少于2500美元。根据该项法规的扩展内容，还要给那些需要康复援助的人员提供EAP服务。依照新的法规，残疾状态被定义为个体某种或多种主要生活功能受限（Thompson，1990）。时至今日，该法案的第501条款（针对联邦雇员）仍然是联邦机构在残疾与康复问题立法上的指导依据。

1973年的《康复法》也是1990年《美国残疾人法》的先驱。《美国残疾人法》是美国各州、地方政府以及私营企业保护残疾人权益的基本立法。它适用于任何拥有超过15名全职雇员的组织。《康复法》与《美国残疾人法》共同赋予各类组织以特殊的义务，即组织有责任为那些因身心问题而使生活（包括工作）活动受限的员工创造合理的便利条件。但需要说明的是，这些法律并不能保护滥用药物或酒精的员工免受纪律处罚，包括解雇。然而，在多

数情况下，作为雇主的政府机构总是先尝试让出现问题的员工接受咨询和转介服务，而不是将其解雇。政府愿意给其雇员一次通过康复努力而重新工作的机会，这也是公务员保护条例赋予政府雇员的权利。

1988 年的《无药物工作场所法》也对政府 EAP 服务的扩展起到了积极作用。该法案作为 1988 年《反药物滥用法》（Anti-Drug Abuse Act）的一部分，要求联邦项目承揽者和接受 10 万美元以上联邦拨款的机构要制订并实施一项综合性的反物质滥用政策。1994 年的《联邦采购精简法案》（The Federal Acquisition Streamining Act，FASA）提高了资金支持额度，从 1988 年《无药物工作场所法》规定的 25000 美元增加到 10 万美元（U.S. Dept. of Labor，2002）。事实上，所有得到这笔资金资助的地方政府和其他准政府机构（例如大学、非盈利组织等）都必须依据该法规的指导使用这笔联邦经费。雇主必须教育其员工了解有关反对使用和持有违禁药物的政策。该法规还建议设立帮助个体寻求咨询或者康复服务的场所。

近几年来，特别是自 2000 年以来，政府开始越来越重视员工健康策略的推广。EAP 的工作重点在于对员工健康状况下滑的早期发现与干预。与此相比，EWP 的目的则是防止健康问题的发生，并通过主动预防的方式来提升员工的健康水平。所以，如果说 EAP 是员工出现了问题时才提供帮助的话；而 EWP 的倡导者则是从一开始就致力于维护员工的身心健康。

全美目前对 EWP 的需求在逐年增多。近期由约翰霍普金斯大学的王佑发（Youfa Wang）教授开展的一项研究发现，目前肥胖人群的比率在升高。到 2015 年，美国社会的成年人肥胖率将达到 75%，将近 24% 的儿童会体重超标或者肥胖（Harkins，2007）。2007 年，美国爱荷华州的民主党议员汤姆·哈金斯（Tom Harkins）与俄勒冈州的共和党议员戈登·史密斯（Gordon Smith）提出了《健康工作场所法案》（The Healthy Workforce Act）。该法案的目的是鼓励企业增加对卫生保健的资金投入，以促进员工健康和预防疾病的发生（Harkin，2007）。该法案目前仍在国会的讨论中，一旦获得通过，那些为员工提供综合性健康项目的企业将获得 50% 的税额减免。不过，即使该法案获得正式颁布，公共机构的雇主也不会从中获益，它的确标志着美国对于工作场所员工健康的关注以及公共政策的改变。

政府机构中 EAP 和 EWP 的使用

在任何时间点，美国都有超过 20% 的员工符合问题员工的分类（Myers，1984）。这些问题包括以下一个或更多的内容：酗酒、药物依赖、心理与情绪障碍、赌博成瘾、婚姻问题、家庭问题以及法律纠纷等。无论出现哪种问题，都可能造成个体工作绩效的下降。在许多案例中，这些问题给员工的工作表现造成了严重的负面影响，最终会由于日益增多的法律纠纷以及更高的整体诉讼费用而危及政府组织的财政安全。

肥胖及其对卫生保健费用的影响已经成为各级政府主要关注的焦点。考虑到诸如员工的工作效能以及公共安全的潜在威胁等问题，许多地方的警察部门和消防部门已经将身体健康标准纳入对其警员进行年度绩效考评的内容。在一些政府部门，员工被告知：要么恢复身体的健康状态，要么准备面临被解雇的风险。

对政府而言，通过推动综合性的保健与健康举措来帮助那些被健康问题困扰的员工，具有深远的经济意义。而且，公共机构也应该鼓励那些有健康问题的员工尽早地主动寻求帮助，使之更有利于个体的康复。要向员工灌输这样的信念，即组织与EAP的最终目标是康复性的，而不是惩罚性的，以此来促进EAP服务在组织内部的成功实施。同样，树立一种维护健康的组织文化（包括身体和心理健康）也是在强化这样一个前提，即组织希望自身及其员工都能保持最佳状态，因为劳动力的健康与和谐状态有利于所有利益相关方的根本利益。康宁汉（Cunningham）报告了一个有关员工主动求助并渐成趋势的令人振奋的消息。据她介绍，在其项目中"非自愿求助"的员工与"自愿求助"的员工所占的比例发生了戏剧性的转变（Cunningham，1994）。她还进一步说明，"在大多数EAP项目中，大多数员工都是自愿寻求帮助，而不是由于其主管的干预，而且多数员工还并没有表现出工作绩效的下降"（Cunningham，1994）。这表明，在过去两个世纪里与员工使用EAP相联系的"恶名声"已经淡化，而EAP也从过去以药物和酒精戒除为标志的项目转化为重点关注员工的整体健康问题。

咨询服务一般需从外部购买，而非组织内部提供。而如今私立机构承包EAP与EWP服务已成为政府采用EAP的典型模式[1]。在私人企业中也存在类似的模式，但是私人企业里也有采用基于公司内部的EAP服务模式，而这是"不太标准的EAP服务提供模式"(Cunningham，1994)。有许多因素导致政府部门更偏爱与外部EAP提供方签约的模式。首先，政府部门越来越意识到并且也更加关注那些由于不当地暴露EAP保密信息而引发的法律诉讼。选择外部服务商来管理EAP服务可以降低该类诉讼的风险。其次，选择外部专家为问题员工的康复提供指导和帮助，也能够减少未来由于疏忽所造成的诉讼性损害。

政府希望控制不断上升的运作成本，这也是为什么使用签约EAP和EWP越来越盛行的原因。小规模的市政当局在寻求综合性健康服务时通常无力支付内部的EAP或EWP项目。而且，即使他们支付得起，通常也仍然会选择外部承包的服务，因为这种形式人均花费较少。美国夏威夷州政府在购买EAP服务上的花费是每人每年12美元至30美元不等。该费率是根据组织内部员工人数和想要选择的服务类型计算出来的（Hawaii Health Assistance Services，2002）。如今，各级政府都面临着减少开支以及提升组织效率的压力。很显然，外包服务对于许多政府组织而言是非常有利的，因为这样就不需要自己配备专职人员，也不需要为提供内部服务而耗费各种资源。尽可能地减少责任、节省有限的财政资源以满足其他需求、从外部资源中获得高质量的EAP专职人员等，这些都是促使政府将EAP服务私有化的关键驱动力。

1988年，罗伯特·查林哲指出，由政府为员工提供EAP的动力相比私有企业来说有所滞后。他声称，"令人遗憾的是，仍然有一些州尚未充分意识到从这类项目中所获得的益处，并且缺乏为他们的员工及其家庭成员建立综合性服务项目的动力和知识"（Challenger，1988）。由于人数众多，在此对政府的所有机构进行分析是不现实的。例如，1997年的政府普查报告称，有超过87500个政府单位使用EAP服务（U.S. Department of Commerce，1999）。该报告对政府中EAP服务的使用作了回顾，指出自1988年查林哲的调查开始，如今几乎所有的州政府都在积极地实施EAP。许多服务提供商还开始将推动卫生保健的举措作为其提供服务的重要部分。这表明在过去的20年里，有越来越多的地方政府和州政府在使用EAP和EWP。然而应该说明的是，公共部门的EAP和EWP，无论是在数量还是在质量上，其服务范围还存在着较大的差异。

政府机构EAP与EWP的未来发展趋势

在未来几十年，为了应对社会与组织变革的需要，政府部门将继续推进和采用EAP和EWP。有许多因素可能会影响到政府对项目类型的采用。可以预期，随着劳动力的老龄化，将会有越来越多的特殊服务，以满足“婴儿潮”出生的一代人从工作到退休这一转折期的需要。

持续增长的健康费用也会促使越来越多的政府机构要求其员工积极主动地使用EAP和EWP。政府可能一方面会加强对健康服务项目的支持；另一方面也会惩罚那些健康状况长期不佳的员工。在私有企业，《财富》1000强的公司已经开始采取各种措施激励员工维护健康。也有一些公司向那些体重超标、过度肥胖和体态不佳的员工收取更多的健康服务费。此外，有些组织，包括佛罗里达州普兰特市的地方政府，就对员工吸烟保持零容忍态度，无论是在工作期间还是在下班后。组织的态度也许正在发生改变，即从提供健康教育与促进，转向要求每个人都要对自己的健康状况负责。有的组织可能使用“胡萝卜”政策，对保持健康者提供奖励；另一些组织则使用“大棒”政策，即对于那些不能够展示健康状态的员工提出警告，最终甚至实施惩罚。这将是一个有趣的时代，特别是那些涉及公共政策的法规，例如《美国残疾人法》，在过去一直都是保护肥胖员工的。

未来的EAP和EWP将更加有效，然而，政府机构固有的组织文化以及公民对待EAP的态度也必须转变。人力资源系统可以通过积极的努力（将该项目做有效的推广）来鼓励更多的员工参与到EAP和EWP之中。非常多的公共机构仅仅是简单地提供了EAP的信息，但却没有积极地鼓励或者“奖励”员工去使用这些服务。要用各种激励手段（例如“健康”奖金等）鼓励员工积极参与到项目中，尤其是健康促进项目。然而，有兴趣采取这种鼓励策略的政府机构还需要事先预见到可能出现的阻力，并针对这些阻力做好周密的计划。例如，某城市为给自己的员工修建保健中心而筹集资金，就有可能面临市民们的质疑：为什么纳税人的钱被用来建造市政工人的“乡村俱乐部”？即使有证据表明该项目带来的效益远远超过实施的成本，城市领导人还是可能会面临针对这些举措的激烈反对和抵制行为。在这种情况下，就必须要有创造性的策略，例如建造一所社区的休闲设施，既向公众开放，同时也为政府雇员提供健康服务。

EAP仍然会继续关注对药物与酒精成瘾者的援助。但是，由于药物滥用问题在我们的社会已趋减少，所以对其关注的程度（尤其是药物滥用咨询）有所降低。而与此相对应的是，由于酒精滥用问题呈上升趋势，对这方面咨询服务的需求却有所增加。例如在过去的15年里，佛罗里达州对酒后驾车时血液中酒精含量（BAC）的标准一再降低，从0.15BAC到0.10BAC，再到如今的0.08BAC。针对有些岗位的雇员，这个标准更低（如市政公交司机）。因此，随着社会对酒精滥用行为的标准更加严格，在药物咨询需求减少的同时，酒精滥用问题的咨询却有了日渐增多的需求。

无论是州政府还是地方政府，为员工提供健康服务项目已成为不断发展的趋势。然而，正如之前所指出的，许多公共组织由于经费紧张和资源不足而无法维持综合性的员工健康项目。但在城市的机构里，这些不是实质性问题，因为城市中的那些私立机构特别擅长这类健康项目，完全可以根据合同规定提供所需要的服务。而乡村政府可能就没有那么多的选择了，因此不得不创造性地开发综合性项目。一个可能的解决方案是，在为某政府机构的员工设计项目的同时，也将该项目对同一地区的其他私营企业开放，并收取相应的服务费。创造性地使用政府内部经过专业培训的休闲娱乐服务人员可以为“事业基金”提供创收。如此，乡村政府可以通过越来越多的私营企业加入政府健康项目而获得资金，然后用来为自己的员工提供健康服务。当然，在实施这一步骤之前必须要考虑诸多因素：

- 这类服务的潜在客户
- 当内部项目为外部私营企业服务时，如何保护内部员工的隐私
- 对外收费可能涉及的风险和法律问题
- 公众对开展内部健康项目的态度

明确了上述这些需要关心的问题之后，市政领导人会对建立和实施这样的企事业单位健康项目的可行性有更好的理解。

上述这些预测随时都可能因社会认知和态度的改变而变化，也可能随着组织领导者的变化而变化，新法律的颁布与修订也可能会要求现有的EAP和EWP项目必须与之相适应。但无论如何变化，有一件事情永远不会改变，那就是政府将会继续以EAP和EWP为手段来提升和维护其员工的身心健康，以保持为公众服务的高效率。

注释

1. 涉及公共安全的敏感职业在这方面也许是个例外，如警察与消防队员。人们经常发现地方政府会投资健身房，为改善警员的身体条件提供方便。

参考文献

Challenger, B. R. (1988). Government. In F. Dickman et al. (Eds.) *Employee assistance programs: A basic text.* Springfield, IL: Charles C Thomas.

Cunningham, G. (1994). *Effective employee assistance programs: A guide for EAP counselors and managers.* Thousand Oaks, CA: Sage Publications.

Dickman, F., & Challenger, B. R. (1988). Employee assistance programs: A historical sketch. In F. Dickman et al. (Eds.) *Employee assistance programs: A basic text.* Springfield, IL: Charles C Thomas.

Hawaii Health Assistance Services (2002). Information retrieved August 31, 2002. Available: www.heas.org/about.html

Kettl, D. F. (1996). Governing at the millennium. In J. L. Perry (Ed.) *Handbook of public administration,* 2nd ed. San Francisco: Jossey-Bass Publishers.

McAfee, R. B., & Champagne, P. J. (1994). *Effectively managing troublesome employees.* Westport, CT: Quorum Books.

McGoey, C. E., (2008). *Workplace violence: Dangerous occupations* [Online]. Retrieved February 29, 2008. Available: www.crimedoctor.com/workplace_violence_2.htm

Miller, J. (2002). Study: More feds work just for the money. *Government Computer News* [Online]. Retrieved August 13, 2002. Available: www.gcn.com/vol1_no1/workforce/18889-1.html on August 13, 2002.

Myers, D. (1984). *Establishing and building employee assistance programs.* Westport, CT: Quorum Books.

O'Toole J., & Lawler, E. III (2006). *The New American Workplace.* New York, NY: Palgrave MacMillian.

Thompson, R. Jr. (1990). *Substance abuse and employee rehabilitation.* Washington, D.C.: The Bureau of National Affairs, Inc.

Trice, H. M., & Schonbrunn, M. (1981). A history of job-based alcoholism programs: 1900–1955. *Journal of Drug Issues, 11,* 171–198.

U.S. Department of Commerce (1999). *1997 census of government.* (Report GC97(1)-1, page XIII), Washington, DC: U.S. Department of Commerce. For additional information see http://www.census.gov/prod/gc97/gc971-1.pdf.

U.S. Department of Labor. The Drug-Free Workplace Act of 1988. Retrieved August 28, 2002. Available: http://www.dol.gov

第三十六章

神职人员

Fred Dickman

神职人员有着与普通人群不同的独特问题，这对EAP专家来说也是个挑战。神职人员的酗酒问题是比较严重的。这也是神职人员经常拒绝承认的个人问题，尤其是涉及成瘾的问题。否认的结果可能会使这类问题更加泛滥，并且使得干预效果进展缓慢。宗教的教义经常会教育神职人员如何认识那些一般个人问题和特殊成瘾问题的本质，而且，神职人员（包括康复的和没有康复的）也会接触到许多患病但却拒绝承认的人。

本章的目的是关注神职人员的酗酒问题。尽管许多教堂已经采用了EAP作为早期干预手段，但是那些“EAP类型的问题”（如婚姻家庭问题、酗酒问题、有酗酒父母的成年子女问题，其他的药物成瘾问题，一般心理问题等）则是在解决任何问题的进程中需要最早加以识别和改善的。

神职人员特殊的问题

不仅神职人员及其家庭成员会因为酗酒问题而蒙受耻辱，就是普通大众也会因为酗酒问题而感到羞耻，而神职人员有着更深层的耻辱感。神职人员的身份使其坚信，他们会有足够坚定的信念保证其不会成为酗酒者。但是如果反过来讲，既然他是一名酗酒者，那么他的信念也必定是软弱的或者是虚假的。这种“更深层”的内在冲突常被作者以趣闻的方式加以记载，同时在使用调查法的研究中也有所反映（Moss，1975）。这一现象也许能够很好地解释为什么研究者不关注牧师和发生在教会的酗酒问题（Banks，1983）。如果神职人员坚信酗酒（以及心理疾病）是生活信念低或者是没有生活信念的象征，那么要接触酗酒的神职人员及其家庭就会变得非常困难。因此，EAP从业者所面临的机会与挑战就是去识破那些否认酗酒的神职人员，这样不仅可以使有问题的神职人员尽快得到帮助，而且神职人员所接触的那些人从中获益的机会也会成倍增加。

自相矛盾的发展历史

从匿名戒酒者互助会的发展历史来看，神职人员因酗酒而蒙受的那种双重耻辱就更加令人费解。因为自1935年匿名戒酒者互助会刚刚发起时，神职人员和教会就已参与其中（Kurtz，1979）。

牧师塞缪尔·舒梅克（Samuel Shoemaker）博士就是一个极好的例子。他曾是比尔·威尔逊（匿名戒酒者互助会的共同发起人）早年接受康复治疗时的精神导师（Kurtz，1979）。另一个例子是欧内斯特·道林（Ernest Dowling）

神父。在他早期充满智慧的建议下，比尔和匿名戒酒者互助会的早期成员们有效地维护了匿名戒酒者互助会的独立性，而不受任何宗教组织的干扰。

在早期，持各种信仰的教堂都为匿名戒酒者互助会大开方便之门，为他们“封闭的”或者“公开的”组织活动提供场所。直至今日，在任何一所城市内只要随意一瞥，就能发现半数以上的教堂被用做匿名戒酒者互助会的聚会场所。

形势的逆转

新教的主流教派与罗马天主教廷正在打破这种令神职人员蒙受耻辱的双重困境，不再将酗酒等同于缺乏信念。

约翰逊学院的弗农·约翰逊（Vernon Johnson）领导下的美国新教圣公会，以及因开办“治疗客房”（底特律市外的一家天主教治疗中心）而获得成功经验的美国天主教会，他们共同提出了政策声明：酗酒是一种疾病，而不是罪孽。随着这种理念的逐渐升温，EAP对于每个主教管区、教区或者长老会辖区而言，都可以为其神职人员、修女、世俗修士以及他们所服务的信众提供重要的帮助。

教会的EAP

根据上述情况来看，各不同教派都具有适合开展EAP的氛围，是基于以下的原因：

1. 疾病观念

酗酒是一种疾病的观念已经日渐渗入许多教会领袖的头脑中（Kellermann，1958）。酗酒不再被视为罪恶，教会逐渐意识到，虽然信念是戒酒者康复过程中必不可少的因素（Roessler，1982），但是缺乏信念绝不是导致酗酒的原因。

2. 历史上教会对戒酒运动的关注

教会长久以来一直都积极参与和支持匿名戒酒者互助运动和戒酒者康复活动。早期（1932年～1950年），这些支持尚未形成规模时，正是在牧师舒梅克博士和道林神父这样的先驱者们的努力下发展起来的。早在1948年，海瑟登基金会就对此展开了实验；1952年路德教派在芝加哥资助建立了依托医院的治疗中心。如今，教会所资助的治疗与培训机构已经遍布各个社区。

3. 教会的政策声明

如前所述，新教圣公会与天主教的各主教管区都推出了政策声明，即秉持酗酒是一种疾病的理念。该政策声明明确地提出以治疗而非纪律惩处来解决该问题，要求酗酒的神职人员要积极参加康复治疗。

4. 康复的实例

像工商领域一样，在每个主教管区、教区以及教会的信众中都能够看到，那些从酗酒问题中康复的人又可以成为高效率的、业绩突出的好员工。有些神职人员本身也是全国最为著名、最为成功的帮助酗酒者康复的导师。

5. 公众的接受

18年前，在作者所在的教区，一个刚从酗酒问题中康复的牧师几乎不可能再回到原来的教区任职。但是如今这种情况改变了。在过去10年中，作者曾经接受过许多教区的服务邀请，当作者与教会团体谈及酗酒问题时从未被明确地拒绝过。在许多教区，甚至某些教区主教的职位也是由康复了的神职人员担任的。

EAP 方法

神职人员的酗酒问题以及其他问题，就像20世纪40年代以来工商领域里的员工一样，也可以通过EAP获得早期帮助。

一旦教区主教、教区大会主席或者教区秘书长被说服，就可以成立一个由知识渊博的世俗人员与神职人员共同组成的有关健康的或者EAP的委员会。该委员会就一项政策声明达成一致，即酗酒是一种疾病，其他那些导致社会功能受损的问题也是“人”的问题，而不是与信念相对立的问题。然后，委员会在会议上和小型团体里发表讲话，以提高人们对以下问题的认识：①神职人员也会有自己的问题；②无论早晚，在EAP的帮助下都极有可能得到康复；③正视并且改善问题对所有人都最为有利，不要否认问题的存在，直致灾难性后果。

在这种氛围下，可以训练干预团队，提供充分的医疗保险，成立咨询及评估中心，制订治疗与后续跟进服务的计划。从世俗人员或者神职人员中挑选出EAP协调员，就可以开始整个项目了。EAP不仅有益于该项目所针对的人群，还会改变整个教区或者地区的环境氛围，使那些有酗酒疾病的普通信徒及其家庭成员更容易尽快地从中获得帮助。

结论

本章试图论证神职人员在“罹患”酗酒疾病之后所面临的独特情境。他们常自我责备，还会被人责备缺乏信念或者说不应该沾染上这类疾病。本文指出，从历史上看，教会同酗酒者康复运动有着密切的联系，一直都在提供帮助，因而不应该持有这样的态度。

建议如下：

（1）各类教会组织都应开展EAP，以帮助那些酗酒的神职人员康复。

（2）时机和精神氛围都适合开展该项目。

最后，神职人员都受过良好的训练，是每个社区所不可或缺的。因此，神职人员及其家庭接受自己酗酒的事实并且寻求治疗，最终返回到教区任职；教会、教会的神职人员及其家庭、教区的教民，尤其是对那些有问题的当事人来说，都会从中获益。

评论与补充资料

Thomas P. Schroeder

当比尔·哈奇森让我帮助修订有关神职人员及其对EAP的需求与使用这一章时，我着实有些吃惊，因为我的确不是这方面的专家，并且我的写作风格也缺乏学术性。尽管我对EAP很熟悉，最近也在为圣彼得斯堡主教管区牧师中心的人员建立EAP服务机制，但是针对神职人员的EAP究竟应该如何运作，尤其是神职人员到底应该从中获得什么样的帮助，我并没有多少经验。但是另一方面，在过去的20年里，我与神职人员打交道的经验非常丰富，他们是工作在罗马天主教廷各种组织以及其他各教派组织的宗教相关人士。首先，作为底特律市萨基诺主教管区的法律助理以及圣彼得斯堡市人力资源部现任执行主任，我确实能够提供有关神职人员所面临的压力及其影响的第一手资料。

这些都是相当基本的认识，但是当我想到教会牧师的时候（不论什么教派），我看到了那种人员密集型的运作方式。我们为教区居民和非教区居民提供牧师服务，而这需要大量的人手，包括有偿的和义务的工作者。我们不仅要为被任命的牧师或者发过誓愿的修道士安排岗位，同时也要对世俗的信众负责。我们不仅共同承担这种神圣的职责，同时也要共同经受许多来自于宗教职责的压力，这就是为什么EAP对于所有教会工作人员是如此重要的原因。

尽管这涉及另外一个主题的讨论，但在深入探讨之前，考虑一下教会这一特殊工作的复杂性是非常重要的。后面将要讨论这些复杂性对于实施EAP的影响。

（1）首先，教区的工作者由保障人员和牧师这两类人员组成：他们对于完成教会的使命都至关重要，两者之间不应该是竞争关系（虽然有时也有这种情况）。与所有服务性工作遇到的问题一样，这也会产生难以克服的压力。

（2）第二，一个教区的工作人员通常由被委任的牧师、发过誓愿的修道士和世俗的信众组成。而世俗信众又分为有偿的和无偿的（志愿）工作者。尽管有时也有例外情况，但所有人员都需要被当做“员工”看待，所有人都需要被这样来认识：他们不仅是这个大局的一部分，而且都对这个大局做着有价值的贡献，这个大局就是教会的职责与使命。他们之间由于生活方式、期望以及生活经历的不同，经常会产生困惑、不满和压力。

（3）与上述情况相关联，教会法（教会内部的法律）与民法（当地法律）之间的差异也会给神职人员造成紧张与压力。神职人员与教会之间的“雇用关系”适用于教会法，而世俗信众与教会之间的雇用关系则适用于州与联邦的上百种劳动法规。这些差异以及缺少对这些差异的理解也常会导致困惑、不满和压力。

（4）最后，我还要强调的是，那些在教会工作或者为教会工作的人，通常比在世俗社会工作的人有着更高的行为标准。并不是说这些行为标准完全不适用，但他们所接受的这些行为准则经常是不合理的，而且在某种程度上说也是无法做到的。这些所谓的准则通常是神职人员自己、教会以及社会强加于他们身上的，而神职人员又将这些准则视为“上帝的旨意”。在管理界和人力资源领域里，人们通常信奉这样的原则：员工只应为一个老板服务，这样才能在期望、沟通与责任上保持明确性。从某种意义上说，那些在教会环境工作的人有许多“老板”，这常常给他们造成很大的挫折感、紧张和压力。当我们分析职场压力时，一方面，我们每个人都能说出自己工作的诸多独特之处，并且为我们的职业压力找到各种独特的原因。另一方面，在不同的职业之间却有着许多相同的压力与压力源。作为雇主同时又是人力资源管理者，我们应该发挥自身的优势（人力资源），对这些问题加以分类处理：区分哪些问题是独特的，哪些问题是共同的，并且还要：

●识别症状及对个体和组织的影响（这些症状能够表明大概需要哪一类的咨询，或者哪种形式的支持）；

●辨别那些可能引发症状的压力源；

●列出有助于解决压力源和症状的所有资源与方法；

●设计一个体现综合策略的程序，以最适合个体与组织的方式来帮助他们降低、缓解或者管理压力。

下面的表格列出了一些在教会工作中比较常见的症状和压力源，它们会影响到教会的各类人员：牧师、修道士和世俗信众。表格所列内容虽然做不到包罗万象，但的确是我与神职人员交往的20年里遇到的实例。

要识别更多的症状和压力源其实并不难，但这不是我的主要目的。我将花费一点时间，详细介绍这些我曾经确认的每项症状与压力源，并具体说明它们为什么是特殊的问题。我其实想要做的就是阐述我这样的观点：作为雇主，我们理应对员工的整体需求作出评估，为其提供各种心理健康与情绪健康的服务项目，尽可能满足他们的这些需要，这与解决员工身体健康问题大体相同。我已经在不同的地方说了无数次，但这是我们的使命，对于牧师而言，“教会”就是他们的牧师。

症状	压力源
成瘾行为，例如：酒精滥用与依赖、物质滥用与依赖	临近退休
工作狂	神职人员短缺
赌博	在工作场所的去个性化
隐居或者与社会隔离	照料老年人
职业倦怠	沉重的工作负荷
抑郁	教会或者牧师的形象
过度焦虑	缺乏工作技巧
情绪异常波动	缺乏奖励机制
敌意	不恰当的期望
不恰当的愤怒行为	缺乏责任感
强迫性思维	缺乏明确的方向
贪食或过度节食	缺乏社会支持（朋友或大家庭）
过度锻炼或过少锻炼	“身居斗室”
过度睡眠或过少睡眠	孤独或与社会隔离
性放纵或性压抑	丧失生命意义
	丧失精神支柱
	随叫随到的工作性质
	身体疾病
	权力
	角色冲突
	性丑闻
	工作区域（教区）转换

建议

我的建议主要是给雇主的，不论他们是在世俗社会还是在教会，我建议他们要充分掌握正在发生的事情，了解和评估各种可能或正在影响员工的压力。评估可以通过简单的观察，也可以通过对个体或群体的访谈。如果是访谈，必须要认真对待，真诚地倾听。一旦对情况有所了解，我建议设计一个综合性的且现实的策略，在不同的层次上解决所有不同的问题。有许多资源可以用来提供多种形式的帮助和支持，一个均衡的、多种形式组合的服务会更加适宜，即使不能解决全部问题，也可以视需要而定。虽然还有其他资源，但我认为以下这些资源是符合教会工作人员需求的：

教育项目

通常，压力来自于对可能的压力源的认识，或者更简单的原因是因为不具备应对工作或担任神职所必须的技能。对于后者，我经常推荐一些继续教育和技能发展项目。此时让我想到了我们为圣彼得斯堡主教管区的牧师们提供的“当代教会行政管理”项目。这个特别的项目是针对许多从事牧师“职业”却又没有机会掌握必要管理技能的人。除了强调专业的技能、知识以及能力，还有其他类型的教育项目与个人有关。那些对未来感到不确定的人可能对退休计划更有兴趣，因为这常常是他们压力的来源。其他的主题还包括理解你的人格类型如何影响你与他人的交往；急救与心肺复苏术；反物质滥用项目，总体健康知识，如何处理“三明治家庭”所产生的问题。

家庭、朋友、支持群体与同事

当个体感到有压力时，与人交谈和偶尔地宣泄一下通常是有帮助的。家庭、朋友、同事以及各种支持群体通常都是很好的应对资源。但需要提醒的是，必须要小心谨慎，为个人隐私保密，确保诉说个人敏感信息的对象是值得信任的。尽管那种恶意的蜚短流长并不总是奏效，但即使是无伤大雅的品头论足，也有可能给当事人造成可怕的伤害。理想的情况是，神职人员的社会支持群体应该有明确的规范，包括保护隐私的相关责任与义务。

祈祷、精神指导与静修

一个人的信念可以成为强大的力量源泉，并能使人从容应对各种与压力相关的问题。有时候，根据具体情境，一个点拨或者指引就能够帮助克服障碍。在这种情境下，一个人的精神指引就可以成为强大的资源。还有，每天花一些时间，摆脱日常事务，在一所用于静修的房间里，将注意力集中在与上帝的关系上，也是很有帮助的。祈祷是一种能够让内心平静并充满力量的另类奇妙源泉。

EAP

因为本书主要是写EAP，所以这部分内容所占比重较大。长期以来，员工们都是EAP的受益者，其实雇主们也同样获益，只不过作为教会中的雇主来说这还是一件相当新的事物。正如你在其他章节所读到的，EAP的发展历史与雇主关心如何应对酗酒和物质滥用问题有关。

为了清楚起见，我们在牧师中心所设置的

EAP是为所有在这里工作的人员服务的，包括神职人员、修道士和世俗信众。这里并不区分各自的生活状态，由独立的EAP供应商提供服务。在与PAR公司签约的随后一年里，供应商为每个员工以及（或者）其家庭成员提供5次预付费用的咨询。虽然我们自己的健康与医疗保险中已经含有心理健康的内容，但是EAP还是有以下作用的：

- 尽早解决某些问题；
- 在使用医疗保险之前，评估问题的严重性；
- 确定是否需要特殊的治疗或后续服务，如果需要，应该是什么样的治疗与后续服务。

参加EAP项目一般都是自愿的，而且由第三方提供服务，这样就很好地保障了当事人的隐私权。但由于项目的特定性质，有时候会涉及雇主的推介，或者要求某位雇员必须接受进一步的咨询。最明显的例子就是有人存在酗酒或物质滥用的情况。

该项目的总体设计体现了整体健康的理念。尽管咨询是EAP的主要部分，但教育（如上所述）也是一个非常重要的选择，需要优先考虑。

EAP通常被认为是“雇员”的福利，神职人员与修道士并不是严格意义上的雇员。我对我们项目的担心是，神职人员可能不会坦诚地使用它，因为他们并不把自己看做是雇员，而咨询也不会针对与其牧师工作相关的特殊问题。尽管我认为我们都经受着许多相同的压力，但我也确实承认，我们需要以某种方式来处理那些差异。并不是要对项目进行全部的重新建构，一个为神职人员设计的EAP可能只是营销上的不同，或者是针对业务技能而提供的教育有些许的不同。此外，有必要从神职人员中确定一些咨询师，或者是那些对于教会的独特问题有所认识的人，以帮助那些希望获得服务的神职人员。例如，PAR公司就物色了一些“基于信仰”的咨询师，他们不仅能够满足牧师的特殊需求，也能够为修道士和世俗信众中的雇员提供服务。

简而言之，对于在教会工作的神职人员而言，EAP是重要的资源，因为它的服务是综合性的（适合解决各种我们所关心的问题）、保密的、自我选择的、灵活的和预付费的，等等。

心理健康咨询

根据情况的严重性或者危险程度，EAP可能会终止，转而需要采取更加正式的和深入的咨询。在这种情况下，许多健康和医疗保险项目中的心理健康部分会支付这笔费用。从某种程度上说，这类的咨询应该属于我们通常说的门诊咨询。

治疗中心

同样，根据问题的严重程度，可能需要更为复杂的咨询与治疗，而且个体可能需要住院治疗。这样的治疗设施在美国很常见。1995年，美国教会人员管理者协会设在俄亥俄州辛辛那提市的总部编制了《治疗设施资源手册》，虽然有点儿过时，但在综合性项目中涉及处理较严重的症状、复杂的压力源和条件时，该手册还是有一定帮助的。

有关EAP的话题以及其在教会的应用，仅

此寥寥数页是很难说清楚的。在此我只是简要介绍教会机构对于EAP项目的需求，探讨一些症状、压力源以及一些能够用来应对压力的资源。我希望这些介绍能够起到催化剂的作用，以推动教会的雇主们（主教、牧师、神学院院长等）认真看待他们的工作者，评估各工作环境的压力水平。并且采取措施设计并实施一个综合性的项目，以维护一支健康、幸福的教会工作队伍。

参考文献

Albers, R. H. (1982). The theological and psychological dynamics of transformation in the recovery from the disease of alcoholism. *Dissertation Abstracts Interna-tional, 43* (4–A), 1198.

Banks, R. E. (1983). Attitudes and alcohol: The use of the semantic differential with different professional and drinking populations in east Tennessee. *Dissertation Abstracts International, 43* (9–A), 2896.

Desilets, R. (1968). Alcoholism and actual pastoral approaches. *Toxicomanies, 1* (1), 51–60.

Drummond, T. (1982). The alcoholic and the church: A pastoral response. *International Journal of Offender Therapy & Comparative Criminology, 26* (3), 275–280.

Fappiano, E. R. (1984). The alcoholic priest and Alcoholics Anonymous: A study of stigma and the management of spoiled identity. *Dissertation Abstracts International, 43* (4–A), 1211.

Fitzgerald, M. C., (1982). Correlates of alcoholism among Roman Catholic nuns: Psychological and attitudinal variables. *Dissertation Abstracts International, 43* (I–B), 246.

Kellermann, J. L. (1958). *Alcoholism: A guide for the clergy.* New York: National Council on Alcoholism.

Kurtz, E. (1979). *Not–God a history of alcoholics anonymous.* Center City, MN: Hazelden.

Mann, K. W., (1972). The mission of the church in a drugs culture. *Journal of Religion & Health, 11* (4), 329–348.

Merrigan, D. M. (1983). Pastoral gatekeeper participation in community alcohol abuse prevention. *Dissertation Abstracts International, 44* (6–A), 1700.

Moss, D. M. (1975). Parochial ministry, the Episcopal Church, and alcoholism. *Journal of Religion & Health, 14* (3), 192–197.

Roessler, S. J. (1982). *The role of spiritual values in the recov-ery of alcoholics.* Wesley Theological Seminary.

Sorensen, A. A. (1973). Need for power among alcoholic and nonalcoholic clergy. *Journal for the Scientific Study of Religion, 12* (1), 101–108.

第三十七章
为学校教职员工实施的EAP

William G. Emener

> 美国教育面临着严重的危机。教育的危机损害着这个国家通过明智的选民来管理公共事务的能力。教育危机还阻碍着国家在这个经济低迷的世界中的竞争力，因为科技与创新将决定谁是未来世界的领导者。(Feistrizer，1983)

的确，在过去的几年里，美国公众越来越关注学校教育。学校教育不仅引起了像菲斯特里泽（Feistritzer，1983）这类专业人士的关注与研究，也引起了普通大众的关注。导致教育危机的因素有许多，包括人口的流动、女性从事教育以外的工作机会增加、进入教育岗位的门槛降低等（Raschke，Dedrick，Strathe，& Hawkes，1985）。学校与教学环境、教育者的职业寿命，特别是教师的职业寿命，这些特点都是明显的影响因素，也严重影响着当前的教育危机。教育领域的这些“特殊性”，为在学校系统开展针对教职员工（特别是教师）的EAP提供了令人信服的理由。以下内容将要①探讨一些与教职员工相关的“问题”（主要针对教师）；②提出在教育系统实施EAP的充分理由；③探讨针对教职员工的EAP，有哪些服务内容最为重要；④教育系统的EAP应特别关注哪些问题；⑤提供一个教育系统EAP的成功案例；⑥做出总结性评论，阐明教育系统EAP的设计、制订与实施。

学校工作者（教师）与工作相关的问题

在过去的几年里，高科技与复杂的社会变化加重了人们的压力，尤其是给教育系统以及教育工作者带来了很大的压力。一个教师组织的主席明确地表述了这一现象：“我们社会的发展动力以及公众对于教育不断增长的要求，共同造就了这种消极的、充满压力的课堂与教学环境。而这种教学环境又导致了教师与其他教职员工在情绪上和身体上障碍的增加”（Moe，1979）。最近，人们开始关注新入职的教师，以期帮助他们迅速成长并掌握“基本的生存技能”，同时希望能够避免遭受那些如莫尔（Moe，1979）所描述的有害影响。鲍因顿、迪杰罗尼莫和古斯塔夫森（Boynton，DiGeronimo & Gustafson，1985）评论道：“那些经验丰富、成功的教师好像有一个永远取之不尽的大包，包里面装满了（个体生存所必需的）技术、策略与方法。而刚入职的教师却很可怜，他们是背着一个几乎没有任何经验的空包走进这个职业的。”

近期研究揭示了教育界存在的导致职业困难和与工作相关问题的独特方面。例如，“教师疏离感”显然对于任课教师会产生有害影响。古德莱德（Goodlad，1983）报告称，教师在学校内常常彼此很少接触，学校也没有什么促进他们交往的措施（比如共同讨论课程与教学）。泰耶夫妇（Tye & Tye，1984）发现，尽管相互“分享”是必要的，也是教师们所希望的，但大多数教师都是在独立自主的教室里单独工作，很少有时间观摩其他教师的工作或者与其他教师共同工作。有趣的是，罗斯伯格（Rothberg，1986）对196名进修研究生课程的教师做了调查，他发现：

> 小学、初中、高中组的教师中，每组都有超过80%的教师感到：“你的课堂是一个私人空间，除了任课教师和学生以外，其他人都不好进入”。并且高中组教师持这种观点的比例是最高的。
>
> “你是否认为你最好的工作状态是在无人注意的时候？”在回答这个问题时，超过85%的小学和初中教师回答“有时”或者“经常”，而85%的高中组教师回答“经常”或“总是”。

有关教师这种类似“疏离感”的报告很早就有了。例如，考克斯和伍德（Cox & Wood，1980）报告，教师在学校感到“被疏远”是因为很少有机会参与决策的制订。不幸的是，对课堂和学校环境的这种情绪反应又会令教师感受更多的压力。

有关教师（特别是小学教师）压力的系统研究目前尚不多见（Pellegrew & Wolfe，1982）。该领域的专业文献似乎多局限于个人报告、人物轶事和问题解决技术（Quick & Quick，1979；Weiskopf，1980；Werner，1980）。尽管来自日常生活的压力、学生的破坏行为、学生的言语侮辱以及学校管理方的支持不利等因素都在加重教师的压力（Quick & Quick，1979；Weiskopf，1980；Werner，1980），然而更为不幸的是，目前还没有系统的证据表明学校在尝试改变这种状况。尽管如此，我们似乎仍有理由认为，这些状况应该是学校方面能够解决的。例如，拉希克、德瑞克、斯特拉斯和霍克斯（Raschke，Dedrick，Strathe，& Hawkes，1985）调查了300位六年级教师，这些教师来自美国中西部不同规模的学区。他们报告：“当要求列出他们工作中最不喜欢的三件事情时，70%的教师把过多的文书工作、与教学无关的工作列为最为不喜欢的两件事情。”这些状况的存在本身并不一定是问题，而这种状况的长期存在却一直得不到解决才可能产生严重的负面影响，并最终导致专业文献中所探讨的“教师倦怠”问题。

弗洛登伯格与李奇尔森（Freudenberger & Richelson，1980）提出了与教学相关的倦怠的解释：“投身于一项事业、一种生活方式或者一种人际关系，却得不到期望的回报时，就会产生疲劳和沮丧状态。”在韦斯科夫（Weiskopf，1980）的一篇有关教师倦怠的综述性文章中，她总结了六类导致教师倦怠的压力源：课程结构；工作超负荷；与学生直接接触的数量；教职员工与学生的比例；缺少成就感；对其他人所承担的责任。

因此，前面对相关专业文献所做的粗略综

述使我们了解到，普通民众所经历的那些由于社会现状所造成的各种压力，教师也一样会经历（Gold，1985）；同时教学活动与学校工作环境所具有的独特性质又会加重教师的压力。同样需要说明的是，我们的社会在过去的几年里，酒精与药物滥用问题、婚姻与家庭问题日渐增多（离婚率不断攀升），日常生活问题也在增多（Dickman，Emener，& Hutchison，1985）。此外，员工还会遇到与工作相关的问题（如上所述），所有这些潜在的困难和问题都会影响到员工（如教师）的工作绩效（Dickman & Emener，1982）。教师在儿童成长的道路上扮演着极为重要的角色，而孩子是我们的未来（Moe，1979），为此我们应该积极地投身于改善教师压力状况的事业之中。

学校系统实施 EAP 的基本理由

正如当今的大众媒体（报纸电视）、专业期刊以及各类国家委员会的报告所描述的（Griesmer & Butler，1983），教育是一个备受诟病的职业。简而言之，“教学”在很大程度上无法满足我们教师的那些重要的需求。克莱斯与米尔斯特因（Kreis & Milstrin，1985）指出：

> “如今人们逐渐意识到，学校的董事会与行政管理人员在期望教师提升工作绩效的同时，还需要回答那些老教师这样一个问题：‘我们从中得到了什么？’满足教师的要求是一项复杂的工作，但是对于改善学校教育的成效却是至关重要的。”

正如本书在第二十八章讨论过的（“发展”的重要性），如果教师将精力花费在满足他们自己的需求上，那就很难有精力去满足他们学生的需求。而且必须要牢记，这将会影响到许多人。例如，美国教育部（1982）的《学校统计评估：1982-1983》显示，在 1982 年至 1983 年学年，美国聘用了超过 110 万名任课教师担任小学教师。重要的是，他们负责教育约 240 万儿童。根据这些统计数据，拉希克等人（Raschke et al.，1985）建议：

> “行政管理者、学校董事会成员以及纳税人都应该更坚决、更负责任地为减轻小学教师身上的压力做出贡献。一想到小学教师在儿童心理、生理以及智力培养方面所起的重要作用，就不难理解为什么这些教师需要更多的时间来从事教学，创造性地设计内容丰富的教学大纲。”

考虑到学校教师和其他教职员工可能面临的诸多困难和问题，考虑到这些问题对接受学校教育的孩子们的影响，考虑到 EAP 对解决这些困难和问题所起到的积极作用，学校系统引入 EAP 的确是势在必行。

学校系统对 EAP 服务的需求

学校系统中的 EAP 应该能够提供全方位的服务内容（参见 Dickman，Emener，& Hutchison，1985，以及本书的其他章节），例如个人问题、婚姻与家庭问题、财务计划、物质滥用与成瘾问题等。这些通常被认为是“必须的”服务领域。接下来就要设计出以学校工作为导向的服务内容（特殊的服务需求应该通过对具体的学校系统做出评估研究之后才能确定）。学校系统的 EAP 可以提供 4 类服务：①

直接服务——用于满足员工的个体需求；②系统服务——“适用于所有人”的服务；③职业取向——针对工作中的问题（例如教学）；④个人取向——针对员工个人生活中遇到的特殊问题（在多数情况下，这4个领域的问题会有很大程度的重叠）。下面将详细介绍这四类服务。

直接服务

1. 职业取向

根据受访者做出的积极反馈，鲍因顿等人（Boynton et al.，1985）为新入职的教师提供了45条极有价值的建议，以帮助他们适应课堂教学的现实状况。这45条建议共分为4类：16条针对“课堂管理”；5条针对“课堂纪律”；9条针对“教学大纲”；15条针对“专业发展”。当教师遇到与课堂教学有关的困难和问题时，这45条能够为他们提供些指导。

2. 个人取向

员工时常会面对一些涉及个人的问题，这需要一种个体化的服务来解决。例如，杨斯（Youngs，1985）就药物滥用问题对美国的学区主任和中小学校长做了问卷调查，回收问卷3470份，回收率为69.4%。经过对问卷的分析，她发现：“约有60%的受访者声称他们知道周围哪些人在工作中使用药物。”该研究还报告说，受访者提供了一些具体的建议，以帮助那些存在药物滥用等相关问题的教职员工。

系统服务

1. 职业取向

学校系统中的EAP可以组织许多活动或者鼓励员工自己开展一些活动来帮助大家减少疏离感，增强社群意识和职业精神。例如，罗斯伯格（Rothberg，1986）就建议设计一些活动，帮助减少教师的疏离感：“任何能够促进或者增加教职工社会互动的活动都是有价值的……（比如）参加一个专业会议……学期开始前或者结束后的静修活动。”

2. 个人取向

该类型活动的例子是由高德（Gold，1985）建议的。在她所描述的减压项目中，“在职培训工作坊、自助小组、教师中心的减压室都能够帮助教师改善他们的生活”。

通过上述介绍，我们对学校系统中的EAP有了积极的认识。但它也面临着挑战，即除了像大多数EAP一样提供一系列“典型”的EAP服务，它还要针对特定的“学校系统”提供有助于学校教职员工（尤其是教师）的特殊服务。显然，这些服务的许多内容都是“健康取向”的（相对于治疗取向）。尽管如此，EAP服务的效益早已是有目共睹，并且实践也已证明了其存在的价值。

学校系统 EAP 的特殊点

如同许多EAP文献所揭示的（如，Dickman，Emener，& Hutchison，1985；以及本书的其他章节），如果一个EAP项目想要获得成功，就必须意识到那些众多的关注点与敏感点。无论是学校系统的员工、管理者，还是其他劳动者，他们在看待EAP实施与活动时都有着自己独特的关注点。的确，教师职业和学校系统有着独一无二的特点，EAP需要对此给予特殊考虑。

1. 核查

当一个学校准备计划、制订和实施EAP

的时候，通常就会有一些人持怀疑态度，他们可能是社区居民、学校董事会成员、行政部门的管理者或者是教工，他们会关注甚至反对该项目的实施。因此该项目所有的运作程序都要谨慎地监控，并适当地记录在案。此外，要在EAP的基础设计上加入高质量的项目评估内容。只有这样，怀疑论者的批评才能够被平息，项目的可靠性和持续性才能得到保证。

2. 保密性

与社会上大多数职业（职业运动员、司法人员和牧师）类似，公众对教师以及学校官员的生活方式也有特定的期望，无论是工作中还是工作之外。教职人员也特别在意别人怎么看待他们、他们如何行事、他们应该做什么。并且，公众对教师的看法肯定会影响到对他们的聘用，因为他们也是为公众所瞩目的人。这种情况在小城镇和农村地区尤为明显。因此，向员工承诺保障其隐私权至为关键。

3. 推销与信任

让客户群体中的怀疑者和担忧者对EAP产生信任感，是EAP首要的营销策略。例如，让EAP工作者与学校的官员共同参与一个教工会议，通过“面对面”的交流来解释该项目的特殊政策和程序，将会有很大的帮助。营销的底线是要让教职员工（特别是职业教师）相信，EAP会对他们的需求做出回应，对他们是有益的，他们不必担心因为前来寻求帮助而被发现或者受到惩处。

充分了解教师职业的独特性、学校系统的作用以及社区的态度，是学校系统EAP成功的关键。学校系统EAP应将对于上述特殊因素的认识纳入EAP的设计，使之成为该项目的重要组成部分，并成为所有EAP相关人员的共识。

一个学校系统EAP的成功案例

为了能够更好地了解EAP在学校系统的开展路径，这里介绍并讨论一个在美国佛罗里达州赫尔南多县的学校系统实施的EAP和健康促进项目，其中涉及学校系统EAP整个项目的计划、开展与实施。项目活动与重要的经验都将在下面详细介绍。

1. 计划、开展与实施

在与学校董事会成员、学校官员和部分被挑选的教职员工代表进行多次讨论之后，学校系统与EAP服务的独立提供方签订了服务协议并付诸实施。基本上说，学校系统的EAP是一种外包型项目（相对于内置型）。该项目始自1985年11月1日，早期实施的活动包括各种营销策略。比如：分发介绍项目内容、描述项目特点和项目效益的宣传册。宣传册随员工的工资一同定期发放；EAP工作者与校方代表会同教职员工团体（如教师大会）共同开会，以面对面的方式来商讨；举办监管者培训会，以保证监管者了解他们应该“如何配合项目的实施”。项目评估活动包括检查是否遵守协议规定，对项目的活动以及后续影响和结果进行正式或非正式的监督。

2. 项目评价方法

对项目各项活动的正式评估都是根据协议进行的。该项目的《六个月初步进展报告》（Hutchison，Jr.，1986）共包括协议规定的5个主要领域：①转介与评估；②项目评价；③个案管理；④实施治疗；⑤培训与咨询。从报告的《情况说明书》来看：①项目所覆盖的总人数为1629人（其中1150人为员工）；②在49个EAP案例中，共进行了89次活动；③最初6

个月项目的使用率为0.085（49/1150×2）。评估“报告”的总结如下：

> 评价结果表明HCEAP（EAP提供方）充分履行了协议。过程性评估结果显示，员工及其家庭成员对EAP服务的使用率大约是9%，这是国内同类型EAP平均水平的两倍（国内EAP使用率为5%），这也是一个非常有力的客户满意度指标。另外，直接服务费用与该阶段预期的费用几乎持平。
>
> 过程性评估还反映出客户对EAP服务的满意程度。结果表明，所有的顾客都对调查（即项目的EAP调查）做了回应，表示他们受益很大，并愿意介绍其他人来参加此项目。除此之外，客户还表示，该项目不仅有助于降低他们的焦虑与抑郁，还有助于提高他们的工作绩效。健康项目已经为65名员工提供了服务，并且收效甚好。这些人表示他们在许多方面都获得了帮助，包括掌握了放松的技术、学会了时间管理、提升了工作绩效等。
>
> 总而言之，EAP与健康项目得到了员工及其家属的充分利用，这些服务有助于他们解决重要的生活问题，而这些问题的解决进而又改善了他们的个人状况和工作表现。服务得到有效的监管，服务费用也被很好地控制在预算之内（Hutchison, Jr., 1986）。

的确，到目前为止，根据正式评估所见，项目的效率与实际效果都是值得称赞的。

EAP工作者记录下了员工最早接触EAP时（“来访”）所求助的问题，多为自我报告。这些数据反映了员工主要问题的领域：①家庭关系—40%；②婚姻—26%；③个人问题—23%；④法律—3%；⑤财务—2%；⑥物质滥用—1%；⑦工作压力—1%。除此之外，该项目还提供了一个与心血管疾病相关的筛查检验，发现有66%～75%的员工压力水平高于正常值（Landers，1987）。尽管这些观测不够严格，也不具有结论性；但它确实反映出了EAP服务的重要性——员工们在摄入性咨询时所反映出的那些关切、困难与问题应该引起我们的重视，并为此提供完善的服务。

所有证据显示，该项目进展情况良好，完全有理由作为赫尔南多县学校系统中的一个重要组成部分而继续运行。

总结性评论

在我们的社会，特别是在未来社会，学校扮演着极其重要的角色。当前，我们的学校仍存在着大量问题，而作为学校中最为宝贵的资源——我们的教师与管理者，在工作与生活中也经历着许多困难和问题。这种不幸的状况将在很大程度上导致我们学校的教育质量达不到本可以或者说应该达到的水平。EAP的实践证明了它在帮助员工提高工作效率和效果方面所具有的积极作用。同样，EAP在我们的学校系统也证明了这样的积极作用。因此，我们没有任何理由拒绝在学校系统中引进这样的项目。并且，正如本章前面所讨论的赫尔南多县学校系统中的EAP一样，只要我们以高度的敬业精神精心计划、开发和实施EAP项目，就一定能够达到其所设定的最终目标——提升我们的教育质量。有趣的是，当本章的作者与赫尔南多县学校系统的官员谈论EAP项目的费用时，兰德斯（Landers，1987）一语道出了问题的关键："问题并不在于我们能否支付得起EAP的费用。从学校学生受益这一结果来看，还有什么是我们支付不起的呢？"

评论与补充资料：2003—2008

Darcy Hopko

在过去的几年里，影响学校系统EAP发展方向的首要因素来自于立法界。其中包括《美国残疾人法》和《家庭与医疗休假法》（Family and Medical Leave Act，FMLA）。对学校系统EAP产生影响的第二个因素是特殊服务的提供，如健康项目与导师项目（Mentoring Programs）。另外还有许多因素来自于对教师与学校教职员工产生影响的压力源。

《美国残疾人法》

《美国残疾人法》旨在保护那些具有生理和心理损伤的人，他们的基本生活受到了实质性的限制，如视物、交谈和呼吸等方面的障碍。该法还保护那些有"受损害"记录或者是因损害而导致实质性障碍的个体（ADA，1990）。《美国残疾人法》允许个体在工作时获得合理的便利条件，以使这些员工能够在完成基本工作的情况下保住自己的工作岗位。这种便利条件可能包括大号字体、人性化的器具、辅助性设备或者灵活的工作时间。当然，《美国残疾人》并没有要求雇主完全改变工作以帮助员工。

员工需要自己提出便利条件申请，大多数雇主在这方面都有相应的程序——个体需要自我推荐，并向雇主提供医疗检查报告，签署同意向雇主公布医疗检查信息的书面文件。一旦雇主收到所有这些材料，就会约见申请者本人，以判定该员工是否"符合资格"。在约见过程中，雇主方的《美国残疾人法》委员会的代表会审查申请材料，并做出决定。如果该员工在生理或者心理方面确有残疾，主要活动能力受到实质性限制，符合该法要求，那么雇主方就必须提供合理的便利条件。所申请的便利条件未必都能够得到充分满足，但它应该尽力考虑该员工的需要（ADA，1990）。

《家庭与医疗休假法》

1993年颁布的《家庭与医疗休假法》要求雇主保障符合条件的员工在12个月里有12周的无薪休假，这些条件包括生育、收养、看护子女、照料患有严重疾病的家庭成员或者员工自身患有严重疾病等情况。根据该法，员工还可以利用医疗协议的规定采取间断性休假，例如，为治疗癌症而接受放射疗法或化学疗法，为了康复而接受的理疗治疗或者职业疗法。

为了符合《家庭与医疗休假法》的请假

条件，员工必须在此前一年工作满1250个小时，而且所在单位必须有50名以上的员工。如果员工符合《家庭医疗休假法》的请假条件，还可以使用雇主根据该法所提供的一部分带薪休假。这个特别规定就是用于教育机构的（FMLA，1993）。并且两个学年中间的假期并不计算在内。这一条款还允许教育机构安排符合资质的教师或其他担任教职的员工替代休假人员，这些替补教师在代课期间也将获得相同的薪酬、福利和工作条件（FMLA，1993）。

2008年，新立法的颁布使得《家庭与医疗休假法》也得到了修订，并且当美国公民服兵役或者因伤退出现役时，该法也为军人的家庭成员提供了类似的休假权（NDAA,2008）。《国防授权法》（National Defense Authorization Act，NDAA）规定，“如果某员工的配偶，或儿子，或女儿，或父母在执行紧急任务的武装部队服兵役（或者被紧急征召入伍），该员工便可以享受《家庭与医疗休假法》赋予的休假权。”

给教育工作者更多的支持

健康项目

为减少医疗保险的开支，并为员工提供最好的健康活动，越来越多的学区开始为教师提供各种健康项目，如减肥计划、健身俱乐部的折扣门票、戒烟计划以及其他活动。其他的健康支持项目还包括为员工及其家人提供免费的健康风险评估、举办健康博览会和疾病筛查活动、举办有关各种健康问题的网上研讨会、免费提供糖尿病患者用品、开设健身房等。健康专家通过与员工交流，为他们推荐合适的医疗机构（Sanders，2007）。学区还经常提供免费的乳腺X射线影像检查、体检、在线咨询以及宫颈涂片检查等，以便于疾病的早发现和早治愈。

共享的职业发展

美国员工发展委员会（National Staff Development Council，NSDC）在其标准中总结道：“员工发展是为了促进所有学生的学习，它将成年人组织成为各种学习团体，其目标与学校、学区的目标是一致的。”

小型学习团体的特点是提供情感支持、强调自我成长、促进互相协作（DuFour & Eaker，1998）。小型学习团体使员工保持密切合作，而不是彼此疏离。该运动强调责任感，让学校的每个人都担任教学领导。“团体始于共同的愿景。它由教师自己运作，自己担任学校领导，他们为团体带来了灵感，提供了方向。”（DuFour & Eaker，1998）例如佛罗里达州布雷登顿的海牛县学区，每周三都会提前两个小时让学生回家，以使教师和教职员工们能够在一起探讨学区和学校的职业发展问题。其他四个教学日可延长工作时间，以补偿周三的提前放学。

导师项目

教师的入门指导与辅导项目是为新入职和重返讲台的教师提供的人员支持项目。1987

年，在讨论教育与经济问题的卡内基论坛上，美国职业教师标准委员会（National Board for Professional Teaching Standards）接受了提高教学质量的建议。自那时起，美国职业教师标准委员会为64000名教师做了资格认定，这些教师接受经费资助后去指导其他教师，协助学校的教学领导工作，并负责开发课程（National Board for Professional Teaching Standards，2006）。在新教师从事教学的头一年，许多学区都为他们提供导师。经委员会认定的教师还可以为学区的所有教师示范好的教学技能。那些在教学上有困难的教师还经常能够从教师工会或者学区的员工发展团体所推荐的导师那里获得帮助。

其他压力

1966年美国奥斯汀的德克萨斯州立大学发生了枪击事件，1999年4月20日科罗拉多州又发生了哥伦比亚悲剧事件，从中小学到大学的教职员工都不得不面临可能的校园暴力及其后果所带来的压力。2007年4月16日弗吉尼亚技术学院和2008年2月16日北伊利诺伊大学发生的惨剧都突出了这样一个事实，即暴力事件正毫无预警地在大学和各公立学校之间快速传播。在宾夕法尼亚州的费城，一名教师因批评学生使用音乐播放器声音过大而遭到该学生袭击，导致该教师脑震荡和颈部骨折（The Philadelphia Inquirer，2007）。学区需要为学生和教职员工提供一个安全保障计划；如有需要，还要同时提供EAP计划以对心理创伤和创伤后应激障碍患者进行咨询帮助。

参考文献

American's With Disabilities Act of 1990, Pub. L. No. 101-336, A.§ 1201 et. seq., 29 U.S.C.

Boynton, P., DiGeronimo, J. D., & Gustafson, G. (1985). A basic survival guide for new teachers. *The Clearing House, 59,* 101–103.

Carnegie Forum on Education and the Economy (1986). *A nation prepared: Teachers for the 21st century.* Washington, DC: The Task Force on Teaching as a Profession.

Chichon, D. J., & Koff, R. H. (1978, March). The Teaching Events Inventory. Paper presented at the annual meeting of the American Educational Research Association, Toronto.

Cox, H., & Wood, J. R. (1980). Organizational structure and professional alienation: The case of public school teachers. *Peabody Journal of Education, 58* (1).

Department of Labor. Retrieved April 2, 2008. Available: www.dol.gov

Dickman, F., & Emener, W. G. (1982). Employee assistance programs: Basic concepts, attributes, and an evaluation. *Personnel Administrator, 27,* 8, 55–62.

Dickman, J. F., Emener, W. G., & Hutchison, W. S. (Eds.) (1985). *Counseling the troubled person in industry: A guide to the organization, implementation, and evaluation of employee assistance programs.* Springfield, IL: Charles C Thomas, Publisher, Ltd.

DuFour, R., & Eaker, R. (1998) *Professional learning communities at work: Best practices for enhancing student achievement.* Bloomington, IN: National Educational Service and Alexandria, VA: Association of Supervision and Curriculum Development.

DuFour, R., Eaker, R., & Burnette, R. (2002) *Getting started: Reculturing schools to become learning communities.* Bloomington, IN: National Educational Service.

Family and Medical Leave Act of 1993, Pub. L. 103-31, A.§ 1201 et. seq., 29 U.S.C. FMLA Section 29 Codified Federal Rule 825.600; FMLA Section 29 Codified Federal Rule 825.601 Manatee County School District, Bradenton, Florida.

Feistritzer Associates. (1983). *The American teacher.* Washington, D.C. Author.

Freudenberger, H. S., & Richelson, G. (1980). *Burnout: The high cost of achievement.* Garden City, NY: Anchor Press.

Gold, Y. (1985). Burnout: causes and solutions. *The Clearing House, 58,* 210–212.

Goodlad, J. I. (1975). *The dynamics of educational change.* New York: McGraw-Hill.

Goodlad, J. I. (1983). A study of schooling: Some implications for school improvement. *Phi Delta Kappan, 64* (8), 555.

Griesmer, J. L., & Butler, C. (1983). *Education under study.* Chelmsford, MA: Northeast Regional Exchange, Inc.

Griffin, W. D. (1984). Teacher alienation and isolation. Unpublished Master's Report, University of Central Florida.

Hutchison, Jr., W. G. (1986). Six month preliminary report: District school board of Hernando County-Employee assistance & wellness program. Unpublished report. Department of Social Work, University of South Florida, Tampa, Florida.

Kreis, K., & Milstein, M. (1985). Satisfying teachers' needs: It's time to get out of the hierarchical needs satisfaction trap. *The Clearing House, 59,* 75–77.

Landers, R. R. (1987). Personal communication. Brooksville, Florida. (January 30, 1987).

Lortie, D. (1975). *Schoolteacher: A sociological study.* Chicago: University of Chicago Press.

Maslach, C. (1976). Burnout. *Human Behavior, 5* (9), 16–22.

Moe, D. (1979). Teacher burnout–A prescription. *Today's Education, 68* (4), 36.

National Board for Professional Teaching Standards. Retrieved on April 2, 2006. Available: www.nbpts.org

National Defense Authorization Act, Pub. L. No. 110-181, enacted January 28, 2008.

National Staff Development Council. Oxford, OH.

Pagel, S., & Price, J. (1980). Strategies to alleviate teacher stress. *Pointer, 24,* 45–53.

Pellegrew, L. S., & Wolfe, G. E. (1982). Validating measures of teacher stress. *American Educational Research Journal 19,* 373–393.

Quick, J., & Quick, J. (1979). Reducing stress through preventive management. *Human Resources Management, 18,* 15–22.

Raschke, D. B., Dedrick, C. V., Strathe, M. I., & Hawkes, R. R. (1985). *The Elementary School Journal, 85* (4), 559–564.

Rothberg, R. A. (1986). Dealing with the problems of teacher isolation. *The Clearing House, 59,* 320–322.

Sanders, E. (2007). *Hospitals merge corporate wellness programs.* The Business Journal, Milwaukee, WI.

Sparks, D. (1979). A teacher center tackles the issues. *Today's Education, 68* (4), 254.

U.S. Department of Education National Center for Education Statistics. (1982). Estimates of school statistics 1982–1983. *Digest of Educational Statistics,* Volume 34.

The Philadelphia Inquirer (April 1, 2007).

Weiskopf, P.E. (1980). Burnout among teachers of exceptional children. *Exceptional Children, 47* (1), 18–23.

Werner, A. (1980). The principal's role: Support for teachers in stress. *Pointer, 24,* 54–60.

Youngs, B. (1985). Drug abuse among superintendents and principals. *EAP Digest,* January/February, 41–46.

第三十八章
刑事司法从业者

Max L.Bromley
William Blount

本章重点关注工作压力对于刑事司法系统的从业者所产生的影响，特别是针对警察、狱警和假释官等。本章还将对刑事司法机构所记载的压力来源做一个简要回顾，并推荐一些可能对刑事司法系统的员工有所帮助的EAP服务内容和策略。

大约有180万人受雇于美国联邦、各州以及地方的司法系统（司法部统计的原始资料，1995）。在过去的25年里，刑事司法部门的管理层已经意识到，他们的许多雇员所面临的个人问题远比普通民众所遇到的更多。刑事司法部门的雇员也不得不应对他们自己的物质滥用问题、婚姻问题、工作倦怠问题以及其他与工作相关的压力问题。

针对刑事司法组织中的压力，人们做了大量的研究。以警察系统为例，奥迪格等人（Aldig & Brief，1975；Eisenberg，1975；Kroes，1974；Reiser，1974，1976）很早就开始了有关压力问题的研究。后来，格拉普曼等人（Graupman，1983；Kroes，1985；Sewell，1981，1983；Spielberger et al.，1981）又在警察系统开展了针对压力问题的调查。本章的最后还将对其他研究者的综合性研究工作做一个介绍。

最近，根据麦克福迪等人（McCafferty et al.，1992）的研究，警察在他们的职业生涯中面临着形成创伤后应激障碍的风险，其原因可能是一次恐怖的经历，也可能是在整个职业生涯中诸多压力因素的积累。在一些特殊的岗位，如重案组的侦探，在侦破凶杀案时肯定会产生更高水平的应激状态（Sewell，1993）。

关于假释官的职业压力问题，史密斯等人（Smith，1982；Sigler & McGraw，1984；Sigler，1988；Whitehead，1985；Whitehead & Lindquest，1985）对假释官职业倦怠的职业特点以及角色冲突问题作了大量研究，其研究对象包括联邦和各州的假释官。

狱警的压力问题也是实证研究所关心的内容。毫无疑问，拘留所、监狱以及其他监禁场所的工作会对警官的心理状态和情绪状态有着较高的要求。在许多方面，狱警们所受到的限制和他们所监管的囚犯是一样的。奇科等　人（Cheek & Miller，1983；Siegel，1986；Ganster & Schaubroeck，1991；Whisler，1994；Simmons，1996）曾对狱警个体以及整个组织的压力情况做了许多研究。

刑事司法人员的压力来源

正如艾尔斯和斯特拉顿（Ayres，1990；Stratton，1978）所指出的，如果能够将每个研究者的相关研究加以综合，据此建立一个有关压力源的综合模型，将会非常有用。这些研究主要包括艾森伯格等人（Eisenberger，1975；Reiser，1976；Roberts，1975）所做的工作。可以将这些压力来源做如下分类：

（1）外部压力源（源于执法机构之外的压力）

a. 来自国家司法制度的挫折感
b. 安排警员出庭时，法院缺少充分考虑
c. 缺乏公众支持，公众对执法机构持消极态度
d. 媒体对执法机构的负面报道与歪曲报道
e. 警官对行政机构做出的影响执法的决定感到厌恶

（2）内部压力源（源于警察机构内部的压力）

a. 对警员不利的政策与程序
b. 培训不足或者培训质量差，职业发展机会少
c. 好的工作表现得不到认同与赞赏
d. 经济收益低，工作条件较差
e. 过多的文案工作；
f. 自相矛盾的纪律规定
g. 在晋升与任用上任人唯亲

（3）执法工作本身的压力（源于警察工作本身的压力）

a. 轮班工作所带来的困难，特别是循环性的轮班
b. 执法与为公众服务二者之间的角色冲突
c. 经常目睹人生中的不幸与暴行
d. 感到倦怠，却又不得不根据工作需要而迅即警觉起来或者振作精神
e. 工作中的恐惧与危险
f. 为保护他人而承担的永恒职责
g. 工作的不完整性，很难从始至终地完结一个案子
h. 工作超负荷

（4）针对个体的压力（每位警官作为独立个体时所面对的压力源）

a. 对工作能力、个人的成功以及安全的担忧
b. 服从的必要性
c. 从事第二职业或接受继续教育的必要性
d. 由于人们对其警察身份的态度的改变而影响到其社会地位

正如前面所介绍的，有相当数量的研究是关于假释官与狱警的压力来源的。查皮因（Champion，1990）指出，假释官的压力主要来自于以下几个方面：

- 工作满意度低
- 角色冲突
- 角色模糊
- 与工作对象的关系

- 过多的文案工作
- 工作绩效压力
- 低自尊与较差的公众形象
- 职业危险
- 责任

霍里格特与克莱格（Holegate & Clegg，1991）描述了假释官的高离职率与工作倦怠之间的相关。在他们的研究中，假释官们所列举的主要问题包括社会资源不足、收入与社会地位相对较低、流动机会少、角色冲突与角色模糊。

惠斯勒（Whisler，1994）发现，假释官的主要压力并不是工作本身带来的，而是源自于组织及其工作程序。例如，工资低、缺少升职机会、职业冲突、很少参与政策制订、缺少来自于本部门的支持等，这些表明多数重大压力都来自于管理层或者说内部组织。在一项有关工作压力和工作满意度对假释官离职意向影响的研究中，西蒙斯（Simmons，1996）也发现主要的工作压力来自于组织，其中包括薪水低、主管领导不称职、过多的文案工作。工作满意度与工作压力呈负相关，并且与离职意向直接相关。

一些官方机构也调查了在监狱和拘留所里工作的狱警的压力来源。例如，根据达尔（Dahl，1981）的研究，对狱警影响最大的两个压力源是管理上的模糊性和与囚犯的接触。隆巴多（Lombardo，1981）指出，狱警与他们的上司之间缺乏沟通是他们工作中三大首要压力源之一。该研究还发现对囚犯的恐惧和不能参与决策制订，也是狱警的压力来源。在布罗斯基（Brodsky，1982）的一项研究中，报告了狱警将角色冲突作为他们的首要压力源。也就是说，社会期望他们改造囚犯，但实际上他们经常做不到。怀特海德与林奎斯特（Whitehead & Lindquist，1986）指出，是行政管理上的问题和沟通交流的欠缺造成了狱警的压力和倦怠。在林奎斯特与怀特海德（Lindquist & Whitehead，1986）的另一项研究中，狱警们提到，来自上司前后矛盾的指令是他们工作中最大的压力源。而且，年轻的警员经历工作倦怠的比例要远远高于年长的警员。

最后，惠斯勒（Whisler，1994）对比了假释官与警察的压力源后发现，假释官最大的压力源来自组织内部，而警察最大的压力源与工作及任务相关，如伙伴因公殉职、执行任务时击杀某人、面对遭虐待或者死亡的儿童、身体攻击等。这些不同的地方似乎是因为每个职业群体有着显著不同的工作要求。

尽管大多数研究旨在探究执法人员与狱警的压力状况，但是还有其他一些与刑事司法机构有联系的群体也经历着类似的压力，如急救中心的工作人员。例如，研究发现消防队员也具有与警察相似的压力源（Pendleton，Stotland，Spiers，& Kirsch，1989）。与执法人员的日常工作联系最为紧密的是电话接线员，他们负责接听报警电话，并派遣警察前往援助。罗伯格等人（Roberg，Hayhurst，& Allen，1988）报告称，不论这些接线员是工作在警察机构还是在911中心，其所经受的巨大的职业压力与那些受他们派遣的执法人员是相似的，通常甚至会超过他们。并且德克尔（Decker，1991）发现，当工作环境获得改善后，电信接线员的压力显著下降了。

司法从业者对EAP的需求

尽管在刑事司法领域的EAP发展比较慢，但当前还是有各种不同的服务类型是适合于该领域从业者的。里斯（Reese，1987）将刑事司法领域的EAP服务追溯到了20世纪50年代。许多项目，如创始于波士顿、纽约和芝加哥等地的EAP项目，主要是为了解决酒精滥用问题。

在20世纪70年代，诸如洛杉矶的警长办公室、芝加哥警察局和旧金山警察局都开展了他们自己的项目，其中就包括与戒酒有关的项目。1980年，心理健康专家开始为联邦调查局的工作人员提供有关个人的和工作问题的咨询服务。心理健康专家还经常帮助联邦调查局的管理层处理各种员工事务（Reese，1982）。到1986年，美国的许多最大的警察局成立了减压部门或者类似的其他机构，以帮助那些遇到个人问题或者工作困难的员工。在20世纪90年代早期，美国的海关总署为其全国的监管人员和非监管人员分别进行了有关压力管理的培训（Milofsky et al.，1994）。另据瑞福斯与史密斯（Reaves & Smith，1995）的研究，大多数拥有100人以上的执法机构都制订了为其员工提供咨询服务的政策。现如今，许多执法机构都已经规范了实施关键事件群体晤谈的具体方案（Mitchell，1988；Mitchell & Bray，1990）。

依据本章之前引述的研究，假释官和狱警还需要其他一些服务以帮助他们处理个人问题与职业问题。虽然刑警、狱警和假释官会有着自己独特的问题，但是作为刑事司法工作者，他们肯定也有许多相似的问题。这一点得到了一些例证的支持。每个职业群体都是刑事司法系统的一部分，他们都强调严格的政策规定。除此之外，这些职业群体中的从业人员都经常会目睹他人的痛苦，而且自己也经常会处于危险之中。公众对于他们职业角色的看法与他们自己的认识常常是不一致的。长时间的加班和得不到轮休对于刑事司法工作者而言简直就是家常便饭。并且，因为他们经常要应对各种复杂的情境，所以刑事司法工作者也有可能会罹患创伤后应激障碍。

开展EAP需考虑的问题

一个刑事司法机构要想向其警员推广EAP服务，至少需要回答三个问题：首先，是什么情况或者什么压力源在影响着刑事司法工作者？第二，刑事司法机构采取何种措施来减少由于其自身的政策或者具体做法而造成的压力？最后，采取什么措施来鼓励其警员主动使用EAP服务。

有许多管理策略方面的建议可以帮助组织通过营造健康的工作环境来降低组织内部压力。例如，艾尔斯（Ayers，1990）就建议采取以下策略来实现此目标：

（1）**对工作场所的检查**。在该策略中，艾尔斯建议组织进行自检，识别内部压力源，并制订必要的改变计划。这其中包括运用各种技术手段鼓励机构内部人员匿名提供意见以及应如何改进的建议。

（2）**坚信使命**。该策略能够保障本部门有清晰的方向，并能够为机构内全体成员所充分理解。

（3）**建立组织的价值观**。依照该策略，管理层必须由先前的独裁型管理方法转变为强调民主原则的管理方法，接纳所有警员的意见和建议。这样的接纳态度有助于建立能够体现组织使命的价值观。

（4）**鼓励上行沟通**。该策略要求改变当今许多刑事司法机构中僵化的、军事化的气氛。有效的沟通必须是双向的，允许信息自下而上地公开流动，重要理念必须得到组织内各层次的拥护。

（5）**推进自主权**。该策略意味着，受过教育的刑事司法从业者在从事本职任务时，应该被授予更多的责任和自主权力。决策的制订应该从组织的最底层开始。

（6）**保障公平**。该策略是指公平处理所有事物，包括奖惩、绩效评估和晋升。

（7）**关怀员工**。该策略保障所有的管理层必须关心自己的下属。需要强调的是，在降低警员压力的问题上，一线的主管还扮演着协助者和指导者的角色。

针对狱警的工作，伍德拉夫（Woodruff，1993）还推荐了许多类似的策略以帮助减低来自组织的压力。当机构中的员工感受到组织压力时，部门管理者就要采取以下措施：

（1）**明确组织的使命、目标和价值观**。政策和程序都应该与组织的使命和价值观相一致。

（2）**制订与上述内容相一致的书面政策**。要保证政策有实效，就必须形成书面文件，管理层和各级主管都必须遵照执行。

（3）**鼓励所有层级的警员参与决策制订**。所有人员都应该有机会参与那些影响他们工作的政策和程序的制订。

（4）**从最高管理层到各级管理者，所下达的政策、指示和指令要保持一致**。这可以降低角色冲突以及减少向下属下达混乱指令的现象。

（5）**警员的岗前和在岗教育与培训**。所有的警员都必须经过充分的培训，以便于他们能够应对工作中将会遇到的压力情境。

（6）**提供周密的管理层培训计划**。高层管理者应接受如何保障政策与程序应用一致的培训，其他的培训还应该包括管理以及人际沟通的各项内容。

（7）**为所有警员提供压力觉察与压力管理方面的培训和教育**。要让组织内所有个体都意识到压力的灾难性影响，并提供一些有助于防止或者控制自身压力的策略。

（8）**公平有效的选拔与绩效评估程序**。晋升与绩效评估应该对所有的警员一视同仁和客观公正。

（9）**综合性的员工健康项目**。应该为所有的警员提供培训，以帮助其形成健康的行为习惯，包括适当的锻炼和营养方面的知识。

斯特拉顿（Stratton，1985）建议，刑事司法机构一旦开展了 EAP，有些服务的提供是十分必要的，包括发生重大事件之后的咨询。例如，某警员参加了一起枪击事件或者刚经历家庭成员的去世等。这些服务应该对组织内警员 24 小时开放。其他一些项目也是非常有益的，如处理物质滥用问题、家庭财政问题、退休计划以及家庭关怀等。斯特拉顿（Stratton，1985）进一步指出，在建立一个全面的 EAP 之前，管理者还应该对以下问题做出考虑，并制订出相应的政策：

（1）**保密与信任**。在大多数成功的项目中，警员们相信该项目的工作人员是高度职业化的；

确信自己向他们提供的信息不会被泄露给管理部门，造成对自己的不利影响。

（2）**自愿与非自愿**。尽管有时警员会被要求前来咨询，但是大多数有成效的项目往往都是个体自己主动前来寻求咨询。

（3）**EAP的地位与EAP工作人员**。提供服务的EAP工作人员必须具有职业道德和专业素养。

（4）**EAP的地点与便利性**。一般而言，EAP服务地点应该设置在远离机构总部的地方。但是要能够提供24小时的紧急帮助。

（5）**其他项目**。EAP应该提供常规性的健康检查项目。在刑事司法领域还应该鼓励设置针对警员配偶的服务项目。

一些权威人士指出，出于各种原因，许多刑事司法工作者在与心理健康专家分享个人或者涉及工作的问题时还是心有疑虑的（Depur，1979；Klein，1989）。原因可能包括（但不限于此）：担心如果将自己的隐私与心理健康专家分享，管理者是否会使用这些信息；缺少对心理健康领域的信任；否认刑事司法工作者也会有心理问题，等等。为了识别这些问题，有些机构在20世纪80年代建立了朋辈咨询项目，即培训同行警员来提供支持与辅导。

克莱因（Klein，1989）描述了建立于加利福尼亚州的朋辈咨询项目的各方面情况，该项目最终被警官工作标准与培训委员会（Commission on Peace Officers Standards and Training）所认可：

培训朋辈咨询师

（1）共计3天的课程，由临床心理学家和警察共同实施教学。

（2）内容包括建立和谐关系、积极倾听和采取措施的原则。

（3）朋辈咨询师还需要懂得如何识别严重问题（妄想、自杀倾向），这些严重问题需要被转介给心理健康专家。

朋辈咨询已经在以下领域取得了显著成果：

a. 压力
b. 创伤后应激
c. 人际关系问题
d. 化学品依赖

结论

总而言之，刑事司法工作是需要情绪与心理资源投入的特殊职业。警员的压力来源既有内部因素，也有外部因素。因此，对于刑事司法机构的行政主管和EAP服务的提供者来说，警员们似乎更适合综合性的援助策略，这些策略至少应包括以下内容：①压力识别与管理培训；②危机干预与危机事件后续服务；③家庭咨询；④物质滥用识别。国际警长协会（The International Association of Chiefs of Police，IACP）很早前便意识到，警察需要各种类型的心理健康服务。在1994年，该组织发布了警察机构满足上述需求的示范性政策。该示范性政策包括“朋辈咨询”和“心理健康专家”等组成部分，以满足警员们不同层次的服务需求

(IACP，1995)。

如前所述，有大量文献表明，对于多数刑事司法警员而言，最主要的压力来源于管理层的监督管理政策与具体做法。因此，必须采取措施确立组织目标和价值观，以便于了解个体的需求，并最大限度地发挥警员的职业潜能。在刑事司法机构内部要创造性地解决问题，以激发警员们努力工作，而不是阻碍他们。本章所建议的项目与策略，都是为了促进与管理层之间的深刻对话，因为他们负有减少工作环境中压力的责任，进而可以提升警员的工作绩效。

参考文献

Aldag, R., & Brief, A. (1978). Supervisory style and police stress. *Journal of Police Science and Administration, 6,* 362–367.

Ayres, R. N. (1990). *Preventing law enforcement stress: The organization's role.* Washington, DC: Bureau of Justice Assistance, U.S. Department of Justice.

Brodsky, C. (1982). Work stress in correctional institutions. *The Journal of Prison and Jail Health, 2,* 74–102. 406.

Bureau of Justice Statistics (1995). *Sourcebook of criminal hustice statistics–1994.* Washington, DC: U.S. Department of Justice.

Champion, D. J. (1990). *Probation and parole in the United States.* Columbus, OH: Merrill.

Cheek, F., & Miller, M. (1983). The experience of stress for correction officers: A double-bind theory of correctional stress. *Journal of Criminal Justice, 11,* 105–120.

Dahl, J. J. (1981). Occupational stress in corrections. In B. H. Olson & A. Dargis (eds.), *American Correctional Association Proceedings,* 207–222.

Decker, R. M., Jr. (1991). An Analysis of Telecommunicators Stress in Law Enforcement. Unpublished master's thesis, University of South Florida, Tampa, FL.

Depue, R. L. (1979). Turning inward: The police officer counselor. *FBI Law Enforcement Bulletin, 48* (2), 8–12, Washington, DC: U.S. Department of Justice.

Eisenberg, T. (1975). Job stress in the police officer: Identifying stress reduction. Techniques in W. H. Kroes and J. J. Hurrell (eds.), *Proceedings of Symposium,* pp. 26–34. Cincinnati: National Institute for Occupational Safety and Health (HEW Publication #76–187).

Flannery, R. B., Jr. (1986). Major life events and daily hassles in predicting health status: Preliminary inquiry. *Journal of Clinical Psychology, 42,* 458–487.

Ganster, D.C., & Schaubroeck, J. (1991). Work stress and employee health. *Journal of Management, 17,* 235–271.

Graupman, P. (1983). Permanent shifts as opposed to rotating shifts: An evaluation of sick time and use among police officers. *Journal of Police Science and Administration, 11,* 233–236.

Holgate, A., & Clegg, I. (1991). The path to probation officer burnout: New dogs, old tricks. *Journal of Criminal Justice, 19,* 325–327.

Horowitz, S. M., & Baker, W., Jr. (1987, Oct.) The relationship between lifestyle, distress, and absenteeism in male law enforcement officers. *Fitness and Business,* pp. 55–61.

Klein, R. (1989). Police peer counseling: Officer helping officers. *FBI Law Enforcement Bulletin, 58* (10): 1–4, Washington, DC: U.S. Department of Justice.

Kroes, W. H. (1985). *Societies victims–The police: An analysis of job stress in policing* (2nd ed.). Springfield, IL: Charles C Thomas, Publisher, Ltd.

Kroes, W. H., Margolis, B. L., & Hurrell, J. J., Jr. (1974). Job stress in policemen. *Journal of Police Science and Administration, 2,* 145–155.

Lindquist, C. A., & Whitehead, J. T. (1986). Burnout, job stress, and job satisfaction among southern correctional officers: Perceptions and causal factors. *Journal of Offender Counseling, Services, and Rehabilitation, 10* (4), 5–25.

Lombardo, L. X. (1981). Occupational stress in corrections officers: Sources, coping strategies, and implications. *Corrections at the Crossroads: Designing Policy,* 129–149.

McCafferty, R. L., McCafferty, E., & McCafferty, M.A. (1992). Stress and suicide in police officers: Paradigm of occupational stress. *Southern Medical Journal, 85,*

Milofsky, C., Ostrov, E., & Martin, M. (1994). A stress management strategy for US Customs Workers. *EAP Digest, 14* (6), 46–48;

Mitchell, J. T. (1988). The history, status, and future of critical incident stress debriefings. *Journal of Emergency Medical Services, 13,* 47–52.

Mitchell, J. T. & Bray, G. P. (1990). *Emergency services stress: Guidelines for preserving the health and careers of emergency services personnel.* Englewood Cliffs, NJ: Prentice Hall.

Pendleton, M., Stotland, E., Spiers, P., & Kirsch, E. (1989). Stress and strain among police, firefighters, and government workers: A comparative analysis. *Criminal Justice and Behavior, 16,* 196–210.

Reaves, B., & Smith, (1995). *Law enforcement management and administration statistics, 1993: Data from individual state and local agencies with 100 or more officers.* Washington, DC: U.S. Department of Justice.

Reese, J. T. (1987). *The history of police psychological services.* Washington, DC: U.S. Department of Justice.

Reiser, M. (1974). Some organizational stress on policemen. *Journal of Police Science and Administration, 2,* 156–159.

Reiser, M. (1975). Stress, distress, and adaptation. In Police Work in W. H. Kroes & J. Hurrel (eds.), *Job Stress and the Police Officer: Identifying Stress Reduction Techniques.* Proceedings of the Symposium, Cincinnati, OR, May 8–9, 1975, Washington, DC: U.S. Government Printing Office.

Roberg, R. R., Hayhurst, D. L., & Allen, H. A. (1988). Job burnout in law enforcement dispatchers: A comparative analysis. *Journal of Criminal Justice, 16,* 385–393.

Roberts, M. (1975). Job stress in law enforcement: A treatment and prevention program. In Kroes, W. H. & Hurrel, J. (eds.), *Job Stress and the Police Officer: Identifying Stress Reduction Techniques.* Proceedings of the Symposium, Cincinnati, OR, May 8–9, 1975, Washington, DC: U.S. Government Printing Office.

Sewell, J. (1981). Police stress. *FBI Law Enforcement Bulletin, 50* (4), pp. 7–11.

Sewell, J. (1983). The development of a critical life events skill for law enforcement. *Journal of Police Science and Administration, 11,* 109–116.

Sewell, J. D. (1993). Traumatic stress of multiple murder investigations. *Journal of Traumatic Stress, 6,* 103–118.

Siegel, B. (1986). *Love, medicine, and miracles.* New York: Harper and Row.

Sigler, R. (1988). Role conflict for adult probation and parole officers: Fact or myth. *Journal of Criminal Justice, 16,* 121–129.

Sigler, R., & McGraw, B. (1984). Adult probation and parole officers: Influence of their weapons, rural perceptions, and role conflict. *Criminal Justice Review, 9,* 28–32.

Simmons, C. (1996). The effects of job satisfaction and stress on probation officers' inclination to quit. Unpublished master's thesis, University of South Florida, Tampa, FL.

Spielberger, C., Westberry, L., Grier, K., & Greenfield, G. (1981). *The police stress survey: Sources of stress in law enforcement.* Monograph Series 3, No. 6, Tampa: University of South Florida, Human Resources Institute.

Stratton, J. G. (1978). Police stress: An overview. *Police Chief, 45* (4), 58–62.

Stratton, J. G. (1985). Employee assistance programs: A profitable approach for employers and organizations. *Police Chief, 52* (12), 31–33.

Smith, J. (1982). Rekindling the flame. *Federal Probation, 46* (2): 63–66.

The International Association of Chiefs of Police (1995). Model Policy for Providing Mental Health Services.

Whitehead, J., & Lindquist, C. A. (1985). Job stress and burnout among probation/parole officers: Perceptions of causal factors. *International Journal of Offender Therapy and Comparative Criminology, 29,* 109–119.

Whitehead, J. T., & Lindquist, C. A. (1986). Correctional officer burnout: A path model. *Journal of Research in Crime and Delinquency, 23* (1), 23–42.

Whisler, P. M. (1994). A study of stress perception by selected state probation officers. Unpublished master's thesis, University of South Florida, Tampa, FL.

Woodruff, L. (1993). Occupational stress for correctional personnel–What the research indicates (Part 2), *American Jails, 8* (5), 71–76.

第三十九章

高等院校中的EAP

Bruce C. Prevatt

在大学校园里从事EAP工作是一种独特而又令人兴奋的经历。EAP从业者有机会在一个到处都是年轻人并且每天都有新鲜事的环境中工作，他们的主要服务对象是这里的教职员工及其家属。校园里有着各种充满活力和刺激的体育活动，有对终身学习的向往，这些都使得EAP从业者深受激励和眼界开阔。也就是说，高等院校的EAP在基本结构上与其他公共或私人机构中的EAP没有太大区别。但与所有EAP一样，都会受到独特的组织文化的影响。

大学都是由若干个学院所组成，这些学院既授予本科学位，也授予研究生学位，并在学位授予上相对比较宽松。然而，大多数学院都关注本科生教育，对于学位课程有着相对严格的要求。大学和学院一般都会分为三个独立的员工群体或者部门：①学生事务；②财务与行政管理；③学术研究与教学。如同医院的医生不把自己看做是医院的“雇员”一样，大学教授一般也不把自己当做是学校的雇员。学校中的教职员工并不都是有规律地上下班，他们可以在家工作，还可以从事一些副业，如担任顾问、治疗师和研究员等。尽管如此，他们在很大程度上还是属于独立的科研人员和教师。与企业员工不同，他们并不认为自己的主要角色是在某一机构内与其他个体的合作者（除非是在他们专业兴趣十分狭小的范围内）。对于担任终身教职的教师来说，即使工作业绩不佳，学院院长或者系主任也很难对他们实施纪律约束，或者要求他们求助EAP。但这并不意味着一个运作良好的EAP就不能被很好地使用。这只是表明项目的主管需要创造性地构建一个在高校教职员工看来可以满足他们独特需求的有益项目。

在院校机构内开展EAP还要考虑另外一个问题，那就是服务对象的多样性。许多机构只雇用具有某种特定技能的个体：如采矿业、旅游业、环卫工作、零售业、运输业等，或者可以根据收入水平分类。而大学则不同，几乎涵盖了各种受教育背景的个体，从高中肄业的到持有多种研究生学位的，既有拿最低薪资的教工，也有拿六位数薪水的高级行政主管和教授。最为重要的是，一个成功的EAP要能够面向机构内所有的员工，并为所有员工所重视。

由于大学是由各种互不相关的学生群体、专业院系和支持性服务机构所组成的一个集合体，因此要使这些部门之间建立紧密的联系通常十分困难。尽管任何服务都会面临这样的困难，但EAP却策略性地在大学工作的几乎所有方面都找到了提供服务的结合点。一些专家将其形容为“把EAP编织进了整个校园”，或者说更像一个纵横交织的蜘蛛网将所有的部门连接到了一起。这两个比喻都给人以这样的印象，只要 EAP 愿意探索提供服务的机会，它就一定能够做到。

我曾有幸为 3 家研究型大学、一些社区学院和一些规模较小的大学提供员工帮助服务。有一段时间，我在一个州的 EAP 公司工作，负责为该州 1/3 的机构提供 EAP 服务，这其中就包括一些大学和社区学院。在另外两所大学，我应聘帮它们创建一个内部 EAP 项目，并指导其运作。对于每个项目，我的方法都非常相似，并且从以下几个方面可大致反映：

提供模式

大学采用 EAP 主要有三种基本模式：①内部模式；②外部模式；③内外结合模式。接下来将讨论每一种模型的优势与劣势。

内部模式

这一模式通常是作为大学综合预算的一部分，其资金来源与其他院系和项目基本相同。院长与教职员都是大学的员工，与其他机构的员工一样拿薪水和享受应有的福利。他们都对整个行政管理链负责，即通过院系的副院长或副主任最终向校长负责。EAP 通常设置在行政部门，隶属于副校长、副校长助理或者人力资源主任的管辖。也有一些大学将 EAP 设置在学生事务处，经常与学生健康或学生咨询部门联系，或者受其领导。在另外一些大学，EAP 还可以被设置于教务处，由教务长管辖。但是，具体设置在哪里并不如工作自主权和校方对 EAP 主管的支持程度那么重要。尽管有许多项目在具有硕士学历的从业者管理下也很出色，但 EAP 的主管最好还是应拥有哲学博士、心理学博士或者教育学博士学位。因为大多数教师都拥有类似的最高学历，当 EAP 服务是由具有相同学历的人管理时，他们会更支持，也更愿意使用该服务。当然，博士学位不是必需的，但绝对会给服务加分。

内部 EAP 的一个主要优势在于，它对大学的组织文化更加敏感，因此更容易深入到大学的各个领域，也更容易被视为机构内的一部分。EAP 主管与其手下经常会列席大学委员会的会议，并成为危险评估和危机干预小组的重要成员；与此同时还可能担任兼职教授，或常常被聘为管理顾问。

外部模式

教职员工少于 2500 ～ 3000 人的小规模大学或学院经常会使用外部模式。惯常的做法是与当地的、地区性的或者全国的 EAP 服务商签约。外部模式的费用通常要比内部模式少，但是使用率较低，并且会失去许多内部模式特有的优势。例如，外部 EAP 服务商很少列席大学委员会，或者说只能部分参与大学内部任务小组的工作，如危机应对小组或危险评估小组。外部 EAP 服务商更像是健康管理计划的咨询顾问，只是在需要的时候才会前来提供管理方面的咨询意见。因此，外部 EAP 服务商扮演的是协助应对的角色，而不是预防。

如果一所大学要寻找的是类似学生咨询部门或者是为教职员提供咨询服务的签约 EAP，那么外部模式就能够满足需求。尽管如此，由于不同的外部 EAP 服务商之间也有着较大的差别，因此学校负责与外部服务商签约的官员需要考虑如下一些因素：

（1）外部服务商是否拥有它们自己的专业人士，或者是与当地的心理卫生机构签约来帮助大学的员工？无论是由谁来提供服务，都要考虑其是否熟悉国家 EAP 组织制订的从业要求，如员工帮助从业者协会（EAPA）或者北美员工帮助协会（Employee Assistance Society of North America，EASNA）的规定，而不能仅仅将 EAP 看做是其心理健康工作的一个延伸。

（2）服务商（个人或者公司）是否得到了 EAP 行业认证机构的认证？他们是否拥有其他专业执照，如社会福利工作者、职业咨询师、婚姻与家庭治疗师以及心理学家等？还有哪些证据是证明他们在 EAP 领域有所擅长的？

（3）服务商是否胜任 EAP 领域里所有方面的工作，如职场工作效率问题、管理咨询、酒精与药物滥用的识别、鼓励员工求助于 EAP、帮助组织或者家庭实施有效的干预？

（4）在做出 EAP 评估之后，是否允许签约方将当事人转介到自己的机构？这样是否会产生利益冲突？ EAP 是否会成为一个流向私人机构的“漏斗”？有哪些保障措施可以防止类似事件的发生？

内外结合模式

这是两种模式的混合体，若能有效地管理便可以将两种模式的最大优势加以结合。该模式要求至少有一个人应属于大学编制内的人员，这名工作者并不从事评估工作和对员工及其家人提供临床帮助，而是负责 EAP 的许多其他工作。内部 EAP 工作人员主要是充当与外部服务商之间的联系人，监督外部 EAP 提供方的工作质量、组织管理咨询、开展与 EAP 相关的主题培训，参与各种大学委员会和任务小组的工作。外部 EAP 服务机构提供直接的客户服务、评估、临床干预以及其他相关服务。尽管有些大学让人力资源部门的通才来做内部 EAP，把 EAP 当做他们的附属工作；但最好还是由有资质的 EAP 专业人员来做，因其对于物质滥用问题、心理健康问题、生产效率问题、EAP 核心技术以及管理咨询技能等方面有着深刻的理解和认识。另外，因为 EAP 工作还涉及保密问题，所以该岗位不能使内部 EAP 专员卷入可能的利益冲突。

在 EAP 的发展过程中，大学应该很好地向外部 EAP 的咨询顾问请教，以帮助其思考和评估他们自己的各种需求。如果采用了外部服务，还要制订一个意见征求机制，以保证该项目充分适合本机构的特殊需求。

所有 EAP 的必需元素

一个基本的 EAP 至少应该符合像员工帮助从业者协会等国际组织所规定的标准。这些标准包括问题识别、危机干预、短程问题解决、监督和追踪服务、组织领导层培训、组织顾问、项目推广与教育（EAPA Standards，2003）。其他需要考虑的还有项目人员在组织结构内部的配置、形成文字的政策、程序说明、保密室设置、评估程序、由高级管理层签署同意的服务范围以及顾问委员会等。此外，项目主管应该能够理解全体员工中存在着不同观点的支持者。

各个大学提供的EAP服务在内容上千差万别，这在很大程度上取决于该大学如何看待EAP。例如，大学是直白地将EAP视为解决酒精和药物滥用的手段呢，还是将EAP视为提升员工生活质量的综合方法的一个组成部分？

延伸的服务

员工服务从业者协会的标准还规定，“EAP应该时刻关注新出现的需求，当新需求可以通过EAP核心技术解决时，便可以增添新的服务”（EAPA Standards，2003）。依据这一规定，多数大学突破了那些基本服务内容，而尝试提供一个综合性的“服务包”，重点关注健康、和谐、生产能力和生活质量。这些服务可以包括冲突的调解与解决、管理方式、培训、身心健康、组织发展，甚至可能是一笔紧急贷款资金；这些还仅是其中的几项。EAP还可能选择与其他院系合作，由这些院系提供一些服务，而不是由EAP机构自己来提供。此外，EAP工作人员还可能被要求参与危机干预小组、危险评估小组以及紧急应对小组的工作。

EAP在组织中的定位

我们建议，要尽可能将EAP设置在组织链的高层。这样，EAP项目主任就可以直接向校长或者副校长汇报。这样做有许多理由。首先，如果一个项目由协调员负责，那么协调员要向主任助理汇报，主任助理再向主任汇报，主任再向副校长助理汇报，副校长助理再向副校长汇报，副校长再向校长汇报，这实际上是在传递这样一个信息，这是一个不受重视的项目，而且当财政出现困难时，很容易被财务政策的制订者轻易撤销。而且，直接向管理链中的高层报告，便于接触主要决策者，因而更加容易获得高层的支持。例如，EAP项目主任向副校长办公室汇报，那么一旦有必要，就可以直接面见支持EAP的高级“掌权者”。在项目发展的早期阶段，负责EAP的副校长可以帮助项目主任敲开其他副校长的大门，这有助于项目的推广，起码可以让更多的人了解有关EAP的信息。无论是什么部门，相比于中层或者初级管理者来说，高级管理者总是能够打开更多的方便之门。

将EAP尽可能设置在高层组织机构的另一个原因是为了获得经济上的生存保障。每个机构的财务预算都有高低之分。当人们越来越为预算不足而担忧时，通常就会从组织机构的底层开始削减资金，所以组织中的低层次机构最容易失去资金支持。反过来讲，组织层次越高，被削减资金的可能性就越小。

有些机构将EAP看做是人力资源的职能，其运作方式就是基于这样的假设。但是，也有人持强烈的反对观点，认为EAP应该是一个具有评估、短程咨询、组织发展、管理训练与辅导、培训以及其他多种服务功能的独立实体。如果将EAP设置在负责聘用与解聘、处理申诉、实施处罚的人力资源管理部门中，EAP专业人员将会面临着被误解的风险；该项目会被看做是纪律惩处的一部分，而不是一种帮助资源。EAP的工作应该是保密的，它是为了帮助员工和管理层解决个人与工作绩效方面的难题。虽然与人力资源部门保持良好的工作关系很有好处，但是要将EAP设置在这个部门，还是需要慎重考虑的。

最后一点，要考虑负责EAP项目的主管应

享有什么头衔。在大多数学术机构，系主任远比经理或者协调员更具影响力。同样，在组织的构架中，院系或办公室的名称会比某项目的名称更为强势。就这一点而言，EAP“办公室主任”要比EAP“项目协调员”更可能受到积极对待。归根到底，EAP项目主任的人选需要看重个人的业绩，但是在组织中拥有一个“较高”的头衔和职位，有助于为该项目的推广打开局面，并能够帮助该项目在财政紧缩的时候得以生存。

办公地点的设置

只要可能，EAP的办公室就应该与校园中的其他办公室相分离，因为校园中员工的人来人往不利于为个人隐私保密。这一点对于内部EAP来说尤其重要。例如将办公室设置在人力资源部门，或者设置于主要行政楼区内，将会导致EAP的使用率降低。如果可能的话，EAP办公室应该是校园外的独立建筑，并且在保证人们求助方便的同时，还要尽可能地为当事人保密。

保密性与双重关系

EAP专业人员要同时服务于两个客户：大学与个人。这可能会造成一种尴尬的局面，但是如果EAP从业者能够遵循专业组织制订的伦理准则，他们便能够很好地驾驭这些情境，并获得尊敬。保密性是任何一个好的EAP项目的基础，对该原则任何一个小小的违反都会造成失信，并可能最终毁掉整个项目。如果没有对EAP和EAP专业人员的信任，项目便很难生存。例如，经理想知道某员工是否是EAP的客户，或者某工友或其配偶提到一个朋友或配偶曾求助EAP。在这种情况下，EAP工作者绝不能承认曾会见过其人，除非该客户签署过同意公开此类信息的文件。

不同专业领域的基本保密守则是有差异的，但是几乎所有行业都普遍坚持：除非该客户可能会危害到自己或者他人，或者其中有虐待儿童或虐待老人的情况，或者法庭要求提供相关记录，否则个人隐私必须得到保护。EAP应对保密的限度做出书面说明，请每一位客户阅读并签字。无论在什么情况下，坚持职业标准、坚守保密原则，都将永远符合客户、EAP和EAP从业者的最大利益。

在大多数心理健康或医疗行业中，其职业道德守则都有明确规定，不容许存在双重关系。但是，在一个封闭性的大学系统中做内部EAP，双重关系却是难以避免的。系主任或者院长某一天可能会转介某人去求助EAP，接下来又可能是请同一位咨询师为其提供管理咨询，随后又可能邀请该咨询师列席大学委员会或者任务小组与被转介的当事人一起工作。甚至可以想象，有时候最初提供转介的人后来也可能成为了EAP的客户，或者一名咨询师应邀与某位当事人共同参加社交活动。在这种情况下，就可能存在着双重关系或者违反保密原则，抑或二者同时存在。尽管双重关系更多存在于像学院或者大学这样的封闭系统，但EAP工作者必须时刻保持警惕，在咨询以外的场合偶遇当事人时绝不谈论任何有关信息，以免违反保密原则或者将当事人置于尴尬的境地。

政策与程序说明

每一个EAP项目都应该在项目开始阶段就起草一个综合性的政策说明，以界定该机构和 EAP 项目的宗旨、组织内 EAP 的设置、保密原则与目标。EAP 程序说明应该明确强调，EAP 办公室为谁提供服务、员工是否可以占用上班时间求助 EAP、保密的限度、服务范围以及其他一些因素，明确告知员工如何使用 EAP 服务。

当形成政策与程序的书面文件时，应该查阅和参考《员工帮助从业者协会工作标准与 EAP 职业指导》（www.EAPAssn.org）。如果大学内部各部门在职责上有所重叠，就建议让每位副校长对该政策与程序说明加以审阅并签字。这将会避免混乱以及将来可能出现的“领域”纷争。

大学的员工群体

EAP 专业人员必须熟知机构内的员工分类情况，并且了解如何才能最有效地与每个不同的员工群体共同工作。例如，如果某员工与工会签了合同，就需要熟悉这种劳工合同的条款以及如何在合同的限度内最为有效地工作。EAP 工作者还需要了解该大学工会中的领导人，因为他们对于一名员工是否接受治疗常常会有重大的影响力。与工会代表的私人关系还可以使 EAP 工作者与工会结成强大的同盟，这将大大有助于 EAP 工作者为问题员工提供服务。

教师

终身制使得与教师合作变得十分困难。大多数初级教师都是以非终身制助教的身份进入大学的。在受聘的第一年，他们接受同行与大学行政人员的详细审查。如果他们的工作表现不佳，或者在科研与论文发表上没有取得突出进展，通常在 5 年或者 6 年之后，与他们的合同就会终止。他们要接受所在系、学院、大学的任职与晋升委员会的考评，一旦他们获得通过，就可以晋升为副教授并被授予终身教职。一旦获得终身教职，原本严格的审核就会变得宽松，他们所享受的职业保障是其他大多数职业无法相比的。他们也有可能被解除合同，但那通常是因为严重的违规行为或者长时期工作表现欠佳。而对于那些终身教授来说，因为对他们的审查更为宽松，所以许多问题都是在很多年后才暴露出来。直到某位教授醉醺醺地出现在课堂上，或者行为举止颓废，行政机关才意识到必须采取某些措施了。然而此时，成瘾或个人问题已经严重恶化，必须要实施强力的干预。

桑伦森（Thorenson，1984）提出了一个酒精滥用在学术领域里的特征清单：

（1）在学界的被关注度降低和缺乏学界监督。

（2）与院系内同行之间的关系、学术主管与其学术雇员之间社会距离的淡化，严重地限制了监管者的管理能力。

（3）害怕失去工作本应该是工作的动力，但是终身制严重地削弱了这一动力；而在企业的戒酒计划中，害怕失去工作是戒酒成功的一个必要条件。

（4）长期不变的、稳定的员工队伍，缓慢却又无情地缩水的薪酬和社会地位，以及由此而产生的厌倦感和挫折感。

（5）教授职位老龄化（45 岁～ 60 岁），处于中期的教授酗酒者居多。

（6）学术自由的原则延伸到了工作绩效领域，其所带来的影响就是工作绩效成为了一个

“被层层保护的、神圣不可侵犯的、无法评估的领域”。其实工作绩效与学术自由之间并无明显的联系。

（7）对工作绩效的含混界定本身就会造成严重的障碍。

（8）作为学术界的一个传统，对个性化的尊重会给教师的人格特征罩上光环，很少有人会指责同事的酗酒行为。

（9）学术界对饮酒持有正面看法，将饮酒视为一种优雅的、有品位的生活方式。

与终身制的教师们打交道会有很多困难和挑战。教师一旦取得了终身教职，学院院长或者系主任就很难再密切关注其在工作表现上有什么变化了，因此也很难对其采取什么纠正措施。而对于其他教职员工来说，主管就有可能会注意到其在情绪、工作效率以及潜在的物质滥用等方面的日常变化。他们可以对其做出惩戒，向 EAP 转介，改变工作任务，要求其接受身体状况检查以及限制其弹性工作时间等。大多数员工都是严格地按照规定上下班，其工作表现上的变化可以成为个人问题的早期指征，而主管对此可以每时每刻进行观察。然而，对于教师而言，因为工作时间不规律，所以这种常规式的观察并不适用。

按照要求，大多数教师每周在办公室或者教室里的工作时间只有有限的几个小时。如果一名教授每周教两个班，共计 6 小时，每天待在办公室的时间是 2 ~ 3 小时，合计起来，每周也就是 3 天时间。该教授每周与学生在“现场”直接接触的时间也就是 13 ~ 18 小时；尽管许多敬业的研究者每周都会额外花 40 ~ 60 个小时在他们的工作上，包括与学生交流、做研究和写作，还有一些时间是花在大学委员会的会议上，发挥顾问作用，或者用于自身的专业发展，抑或二者兼有。因此，对于一名有物质滥用或者其他个人问题的教授来说，有许多时间都不知道花在了哪里，没有任何实际产出；并且没有人知道其会把这种问题行为隐藏多少年。因此，当院长或者系主任觉察到这些问题时，该教授的问题可能已经非常严重，甚至对其实施干预措施都很困难。

非教学员工

大学里的非教学员工与大多数企业或者政府机构从事后勤保障的员工是相似的。除了通过工会或者签订雇用合同来保障就业安全外，大多数员工的工作都要服从雇主的要求。这些个体通常可以分为两类：小时工与拿月薪的员工。拿月薪的员工都在中高级管理层。薪水是一成不变的，通常既没有超时加班费，也不会因随时被上级召唤而得到补偿。有些拿薪水的员工在一种被严密监控的环境下工作，但也有些员工的岗位具有相对的自主性。这种自主性使得要在早期发现员工的物质滥用或者个人问题变得十分困难。与教师一样，这些个体容易将问题掩盖相当长的时间，直到影响了工作。但与教师不同的是，这些非教学员工不是终身制，工作要服从雇主的意愿，或者每年签一次合同。

按小时获得薪水的员工将会依照工作时间得到报酬，如工作超时或者临时加班都必须付给其费用。小时工不必担负管理职责，经常与其他人在一起工作，并且处于严格的监管之下，所以很难长时间隐瞒这些问题。因此，对这类人员的管理通常措施较多，如可迅即实施干预；如有必要，还可以用处罚作为手段来迫使他们接受帮助。

酒精和药物筛查

根据某些工作的特殊要求，偶尔也会对一些教工进行药物检查。例如，根据联邦运输部的规定，持有运营驾照的员工或者是工作中经常与危险品打交道的员工，都需要接受随机药检。有的机构还规定，如果员工出现物质滥用的迹象，就要接受药检。在这种情况下，药检很容易识别出哪个人存在酒精滥用或药物滥用问题，或者对处方药物成瘾。对于如何处理药检呈阳性的个体，每个机构都有明确的政策规定与程序。把EAP作为干预程序的一部分是非常重要的。在有些机构里，会有一名或多名曾接受过运输部处理物质滥用问题专业人员培训，他们的工作可以纳入EAP的服务内容。若是其他形式的EAP，对物质滥用问题的处置也可以与当地的提供商签约。不论EAP是否提供这方面的服务，建议大学的EAP中至少应该有一名成员接受过这方面的培训，以不断了解运输部对物质滥用问题的政策规定。

干预

与所有的EAP类似，大学里开展的EAP也需要对那些工作表现或生活质量出现问题的个体实施干预。问题的原因可能是酒精或药物滥用，也可能是行为健康问题。与大多数行业的EAP相似，大学校园中的EAP也是直接针对问题个体的，并将渐进性的惩处与激励相结合——先以尊敬和帮助的方式鼓励其接受干预；但如果其不接受帮助，就可能会因此失去工作。

在处理终身制教师时，渐进式的处罚就会更加复杂。有些大学里的教师工会可以成为动员教师寻求EAP帮助的很好资源。即便没有这样影响力强大的教师工会，其他的资源（包括同事和家人等）也都可以用来鼓励其接受干预。那些正在康复的教师也是非常好的资源，他们可以帮助有问题或者已成瘾的同事面对自己的问题，不再否认和防御。将正在康复的教师作为EAP的重要资源，以此帮助那些遇到同类问题的教师，是十分有益的。有趣的是，大学教师比起非教学员工而言更愿意求助于EAP来解决他们的物质滥用问题、婚姻问题或人际关系问题（Thorenson，1984）。因此，与教师相比，非教学员工更多是被其主管或者管理者转介至EAP的。

在选择治疗形式时，那些持质疑精神的学术研究者可能会拒绝匿名戒酒者互助会的哲学理念。对于这些个体，可以探索多种备选方法。如果是与自己敬重的康复专家合作，有些人可能更愿意参加匿名戒酒者互助会。这一点支持了EAP的一种理念，即EAP要与康复领域的学术团体发展专业合作关系；对于那些不愿配合或者持怀疑态度的教授，这些学术团体将是很好的资源。适合于这类教师的另一个有效资源是理性康复法。这是一种针对“自我康复”的咨询与直接指导的全球性资源；它通过计划与持久的节制来达到戒除酒精或者其他药物依赖的目的（Rational Recovery，2008）。

应对物质滥用者拒绝帮助的最为有效的方法也许是一种多管齐下的过程。这包括同事之间的鼓励、来自院系管理层适度的但却是经常性的压力、来自于家庭的支持以及真诚的关爱。康复性的学术团体以及EAP对其理性逻辑的呼唤也相当关键。

这些担任教职的酗酒者虽然酗酒问题已经到了很严重的程度，但是如果干预是“在合适的时间以合适的方法”实施，他们通常更愿意接受治疗。最后需要强调的是，在处理这类问题上，没有一种适合于所有人的模式，永远不变的就是耐心和毅力。

危险评估与危机干预小组

由于在全国中学和大学校园里的悲惨事件频发，许多大学都成立了危险评估小组，以识别那些有能力对校园造成威胁的个体。危险评估小组通常包括驻校园的警方代表、人力资源工作者、法律顾问、心理健康专家（通常是EAP专业工作者、学生咨询顾问或临床心理学家，临床心理学家一般也是该校心理健康学科的教授）。当这个核心小组开始关注某个人时，他们就可以召开一次会议，并邀请一些相关人士，如该员工的主管，或者是对该个体情况有所了解的教师。如有必要，主管副校长办公室的代表也要参加。危险评估小组经常要在保护个体利益和整个校园利益之间中做微妙的权衡。通常EAP专家也是危险评估小组中的一员，甚至可能还要决定或者建议该个体是否需要接受EAP服务，但在这一过程中还必须坚持本行业的保密准则。

大学里的EAP还要为那些得不到其他EAP服务的人群提供机会。虽然EAP的首要服务对象是教职员工和他们的家属，但是偶尔也会为学生提供帮助。EAP在大学建立工作网络的途径之一就是当学生出现危机时，也能够立即做出反应，提供帮助。这也许是EAP处理危机问题的一种方式：例如因一名学生的死亡，给其他学生和教职员工等提供哀伤支持，通过这种服务也对学生的潜在危险做出评估；或者为校内辅导员提供培训。EAP的服务在满足各种需求方面越是得到大学方方面面的认可，其作为大学校园重要资源的地位也就愈加巩固。

管理咨询

员工帮助从业者协会的工作标准明确规定，EAP应该为业务主管和行政管理层提供咨询建议。与工商企业相比，这对于学术机构尤其重要。在商务领域，当员工的工作表现出现问题时，一线主管可能会因监管经验的不足而不知如何应对，因此需要EAP专业人员的帮助。而高层的管理者在遇到物质滥用或者行为健康方面的问题时则较少寻求EAP的支持。但是在大学里，各级的管理者都有可能会缺乏这些处理个人问题或工作表现问题的经验，比如系主任就是如此。尽管这些人可能是某个学术领域的带头人，并且智商很高，但他们并不是因为在监督和管理方面富有经验而进入领导岗位的。在面对下属的工作表现或者行为问题时，他们不愿意求助于教务长，也不会想到求助EAP。因此，EAP专业人员有必要定期与院系领导会面，向他们介绍EAP所能提供的服务，尤其强调EAP在管理咨询方面的功能，这是十分重要的。EAP专家还应该了解获得终身教职的程序以及为终身教师提供服务时可利用的资源。在对终身教授进行干预时，常规的干预规则与面谈方式常常不适用。因此，EAP专业工作者在构建合适的干预方法上要提供有益的指导。

管理教练

EAP专业人员可以提供服务的另一个领域就是管理教练。鉴于许多业务主管与行政管理者缺少监管的经验，EAP专业人员能够出色地帮助他们发挥自身优势，掌握一系列行之有效的监管技巧。EAP从业者有着丰富的管理咨询经验，对人类行为有着深刻的理解，在治疗与激励技术方面训练有素，因而是业务主管和行政管理者获取工作所需专业知识的天然资源。为了向管理者提供最佳服务，EAP专业人员需要通过参加专业的教练机构举办的会议和培训来进一步完善自己的教练技巧。另外，有关管理教练的资源应该能够通过网络在线获取。

冥想

像任何大型组织一样，大学里也有工作冲突。EAP提供有效处理这类冲突的服务，有助于减少对工作场所造成的破坏，增加生产效率。冥想训练是治疗与管理咨询技能的一个自然延伸的内容，大多数EAP专业人员都掌握这一技术。大多数基础性的冥想训练需要30～40个小时（例如在司法系统），这同样可以应用到工商业领域和大专院校。通过向大学引进这方面的培训师，同时从教职员工中招募志愿者接受培训，使之也成为培训师，EAP便可以借助于这些非专业的培训师，向大学提供极有价值的服务。这不仅能够减少EAP专业人员必须亲自出面的一些服务活动，还有助于将大学机构所拥有的一些技能整合到EAP的服务内容之中。例如，在佛罗里达州立大学，EAP培训了40多名员工，而这些员工又自愿在大学里担任冥想培训师。该EAP还培训了校内辅导员，他们在处理校内冲突方面更具优势。个人、专业主管、管理者和人力资源部门都可以推荐人们来接受冥想训练。人力资源部门负责员工关系的经理在处理员工的抱怨时，向员工推荐冥想技术也是帮助他们解决问题的一个选择。

咨询委员会

咨询委员会通常由大学不同部门的员工群体代表所组成。它包括代表学术团体、行政团体、人力资源部门、基础设施维护单位、工会、学生服务部门、饮食服务、警察或校园保安以及咨询团队等。这个团体的目的是给EAP项目主任提供规划性意见，并在大学里各个大型群体中推广EAP服务。当预算削减有可能威胁到EAP的存在和地位时，该委员会还可以给大学的行政机构提供建议。在作者所熟悉的一个案例中，EAP向副校长办公室报告的制度将要被降为向人力资源办公室报告。咨询委员会为此与副校长会面，并说服他这样的改变既不符合EAP的利益，也不符合大学的最大利益。

咨询委员会的另一个益处就是，在考虑推行新的项目时，它能为EAP主任提供来自外部的反馈信息。当要开展针对EAP的评估程序时，这些熟悉学术研究的委员会成员可以提供有益的指导。一个咨询委员会应该足以代表大学里的各个部门，但又不能太大，否则在许多问题上难以形成一致意见。一个咨询委员会的规模在10～15人最为合适。

项目评估

评估对于所有EAP项目而言都是一个重要部分，而在以研究为支柱的学术机构中尤为重要。无论是从必要性上看，还是从所遇到的困难来看，这与在学术界的其他大多数机构都是一样的。缺少与员工的接触，对保险、医疗和 EAP 记录缺乏了解，调查的低应答率，这些都是阻碍研究的问题。然而，在大学里，有学术专家为咨询委员会服务，有其他相关资源的支持，任何新想法都可以被争辩和被评估。如运用好这些资源，EAP 项目的可信度就会得到增强。

为了检验 EAP 的有效性，教育界 EAP 国际联合会（International Association of Employee Assistance Programs in Education，IAEAPE）的大学会员们编制了一个自陈式工具，它包括适用于所有大学的一系列问题以及针对各个机构的独特问题。该工具于 2001 年开始使用后，越来越多的大学加入该联合会，并以此工具来评估大学的 EAP 项目。通过使用这样一种范围广泛的标准，各大学可以根据共同的基线来评估其项目的有效性。尽管该程序还缺少量化的研究评价，但与内部评估相比，它确实给项目评估提供了一个更加坚实的基础。

相关网址

www.EAPAssn.org：EAP 从业者协会网站

www.IAEAPE.org：教育界 EAP 国际联合会网站

www.EASNA.org：北美员工帮助协会网站

www.aa.org：匿名戒酒者互助会网站

参考文献

Rational Recovery (2008). Available: www.rational.org

Thorenson, R. W. (1984). Employee assistance programs in higher education. In Thorenson & Hosokawa (Eds). *The professor at risk: Alcohol abuse in academe.* Springfield, IL: Charles C Thomas, Publisher.

第八编

未来之路

第四十章

EAP：对未来的展望

Fred Dickman

B. Robert Challenger

在范围广泛的保健领域，当前的主要趋向是越来越强调对整体人的关注（Hollman，1981）——即寻求一种同时关注心理、情绪和身体健康的“系统”方法。如果将个体看做是一个由许多部分和功能所构成的整体，就不难理解在某一领域里存在的某种问题是如何对个体其他方面的机能产生重大影响的。一个高度关注员工需求的EAP，应尽可能地采用并提升这种方法。

EAP对这种整体观的认识要走在员工及其家庭的前面，但其仍需要不断地向员工们宣传EAP的存在价值及其理念。当员工看到EAP对“任何问题”都是开放的，自己或者家庭成员不会为此冒任何风险，就会更加乐意接受该项目的服务。这种整体观的解决方案是由以下一些基本内容构成的：

压力

尽管改变似乎是一种针对压力事件的常见反应，但是如果一个人过于脆弱，同时又缺乏支持性环境的话，那么任何事情就都可能被称做是压力事件。有大量的研究证实了压力与生理和心理障碍之间的关系（McGaffey，1978）。一个秉持“健康”理念的综合性的EAP应该针对压力开展如下内容的教育：压力的征兆与症状、预防压力的方法以及可供选择的应对策略。

通过讲座、电影、研讨会、工作坊以及内部通讯等方式来提高员工的认识，有助于员工掌握应对压力的策略和方法。定期的血压监测和心率监测，便利的健身设施和健身课程，科学的营养与饮食知识、放松与冥想技术，所有这些都可以起到预防和减轻压力的作用，都能够促进身体的健康。

身体健康

如前所述，身体健康与压力是密切相关的，但是也有一些领域可能更适合作为身体健康的部分来加以探讨。EAP可以为员工提供有关常用处方药和非处方药的基本知识，尤其是这些药与饮酒和使用其他药物之间的相互作用问题。

与此相同，一个不断创新的EAP还可以通过研讨会、提供信息和咨询等方式来帮助员工戒烟和克服饮食障碍。

诸如酗酒是一种疾病的概念，其成瘾的发展过程，酗酒和药物的早期征兆，让人们掌握这些知识，教育是最有效的干预手段。酗酒对于家庭成员的影响以及对酗酒者朋友的影响其实倒不必过度看重。

心理与情绪健康

教育会产生新的认识，而新的认识则会提供改变的机会。一个支持性的 EAP 可以提供促进心理和情绪健康的项目。它们包括：

1. 沟通技能培训

以有效的方法帮助员工改善工作之中以及工作之外的人际沟通。

2. 自信心训练

帮助员工以满意的心情有效地实现自己的目标。

3. 子女抚养

帮助员工应对在养育子女过程中面临的各种困难与压力问题，以成为更有成效的家长。

4. 退休准备

当前的经济形势正在形成一种趋势，就是更早地退休。多数员工都期望退休后至少还能够生活 20 年以上，因此提前做好退休计划有助于在这一生命阶段保持创造力与幸福感。

5. 性行为与性别角色的改变

女性在美国劳动力中所占的比例为 40%（Solomon，1983）。如何影响人们对于妇女的刻板印象与不公正态度，这将成为 EAP 更加关注的问题。研究文献表明，持男女平等观点的主管更容易及时识别女性员工的问题，并推荐她们求助于 EAP（Reichman，1983）。

6. 丧失与死亡

当员工经历亲人亡故、离婚和家庭迁徙这类重大事件时，支持性群体的群体分享活动以及提供应对策略的支持项目都是很有帮助的。

7. 受害者援助

EAP 可以为遭受犯罪行为伤害的个体提供范围极为广泛的帮助，包括身体的、情绪的甚至经济上的伤害。而这些需要通常无法在刑事司法体系范围内解决（Teems & Masi，1983）。

8. 日托

对于雇主来说，帮助双职工家长照料年幼的子女，可以使劳动力潜能得到最大限度的利用。

9. 艾滋病

艾滋病问题如今已经被纳入 EAP 日益增加的工作内容。有些咨询师也承担了援助艾滋病患者的任务与责任，帮助艾滋病患者建立一些应对机制，成立一些自助性团体和支持性团体。此外，许多工作机构还为其员工提供这方面的教育资料和相关的工作坊。我们衷心希望，我们医学界的同行们所从事的研究与试验最终能够将这一不治之症从我们的工作内容中去除。

10. 对医疗保健费用的监管与代理

医疗保险费用和治疗费用的不断上涨，使得 EAP 服务提供商也参与到了针对精神健康、酗酒与药物滥用之类的员工福利的全面管理。短期咨询与替代性治疗方式成为当前遏制这类费用飙升的首选方法。成功的 EAP 提供商在有效的成本控制策略上具有丰富的资源优势，并且可以与精神治疗中心和医疗团体结成建设性的合作关系。

11. 专业课程

服务业是当前经济领域中成长最快的产业。而该产业中的 EAP 服务属于比较成功的范例，它们的成功还催生了对于高等教育机构设置相关课程的需求。为了满足不断增长的职业需求，高等教育机构要专门培养当前急需的以及未来的EAP专业人才。该需求将会长久持续下去，因为所有的EAP从业者都要借助于这一学术平台，使自己在专业上能够与时俱进，跟得上EAP领域的发展。

12. 提升职业化水平

如同马西和蒙哥马利（Masi & Montgomery，1987）所指出的，EAP将对从业执照和资格证书提出更高的要求，除了评估和转介工作之外，EAP从业者还要承担咨询师的角色。那些采用EAP服务来控制医疗保健费用的企业必须要保证咨询服务的质量。

13. 各类不同的法律问题

企业正面临着严重的药物滥用问题（Masi & Montgomery，1987）。尿检分析是识别药物滥用者的一个途径。如同第三十一章所讨论的，这种做法会引发严重问题——最主要是涉及宪法权利问题。EAP理所当然地要介入这一有争议的事件中，如果他们不能对这些人加以确认、实施干预并助其矫正，那么这些人就只有被解雇了。

14. 下岗工人的危机

企业的自动化和高技术化有可能制造出一个新的员工群体：下岗工人。EAP可以（也许是应该）为他们的再培训提供极有价值的帮助。考试、推荐再培训和安排岗位，对于提升国家总体生产力来说都是十分必要的努力。

大多数企业都认识到，一个功能完备的EAP能够给公司带来效益。根据一些公司保留的EAP成本效益数据来看，1美元的投入至少可以产生3美元的回报。有一个公司报告说，他们花在EAP上的1美元资金可以得到17美元的回报（Fetterolf，1983）。

看到这样的回报率，EAP的发展趋势就显得十分明朗了，工商业领域的雇主们越来越多地意识到，如果不采用某种形式的EAP服务，因事故、旷工、医疗保险、生产损失等问题所造成的成本上扬将使企业难以承受。

对于小规模企业来说，可以选择不同形式的EAP服务，这一内容在本章已做讨论。小型企业可以采用联合购买EAP服务的方式，也就是由两家（或多家）公司共聘一个全时的EAP协调员，各家公司分摊费用（McClellan，1982；Quayle，1983）。另一个选择是与当地的EAP从业者在该地区签约。接受服务的员工越多，就越说明这项工作有意义；无论是从人文关怀的角度来看，还是从节约成本的角度来看，都是十分值得努力去做的事情。

在作者看来，前面所讨论的这些趋势既有鲜明的优势，也有明显的风险。这些优势以及发展的迹象有以下几个方面：

（1）在未来，企业与人文服务事业之间的关系将比以往更加紧密。这意味着更多的人将有机会获得早期干预服务。更多人文服务事业的从业者将更加关注职场，并为企业提供有效的服务。

（2）这些趋势意味着企业也许要严肃地看待这一观念：企业不仅会雇用有问题或者有潜在问题的员工，企业也会制造问题（McGaffey，1978）。研究企业压力及其缓解方式可以使我们认识到：有些压力是可以避免的，有些压力至少是可以在工作中得到缓解的。

（3）无论是政府的放权还是企业的分权，我们作为社会的一员在防止和矫正某些人本问题方面可能要承担更多的责任，而这些责任如今与EAP相关联。

风险

然而，如同这些趋势所具有的优势一样，其存在的风险也是显而易见的。简而言之，当职业戒酒计划让位给 EAP 时，对酗酒问题的解决反倒陷入了混乱，职业戒酒计划被员工促进计划给排挤掉了。已有证据表明了这种现象的存在。

不久前，作者对坦帕湾地区的一些公司做了调查，了解他们对于学习有关职场酗酒问题的知识是否有兴趣。许多人都坚称自己所在的公司没有酗酒问题。后来，其中有些公司与“新”EAP 从业者签了约，这些 EAP 专业人员更加注重员工促进，“淡化”酗酒问题。显然，职场上的压力要比酗酒问题更容易被人们所接受。最近，本文作者向一些“新”EAP 专业人员了解其服务在企业的一般普及率，尤其是酗酒问题。他们所报告的普及率很高，但是对酗酒问题的识别率和康复率则仅有 5%。

纵观 20 世纪 40 年代至 60 年代的职业戒酒计划和 70 年代的 EAP，这个比率是 40% ～ 60%，这种比较的结果令人不寒而栗。有证据表明，一些受过训练的访谈者竟然没有发现自己对什么不了解（Dahlhauser et al., 1983）。如果这些与企业签约的新从业者都不了解有关酗酒的知识，他们当然不会从中看出什么问题——酗酒者也就可以成功地欺骗这些 EAP 从业者长达若干年。本书的内容即将结束，但作者相信，在某种程度上说，它应该只是一个开始。对酗酒问题的治疗催生了 EAP 的策略，在此基础上，企业曾被看做是治疗酗酒问题的最好干预者。除非企业管理者与员工促进计划的专业人员对酗酒康复问题能够保持高度的责任承诺，即明确将其列为社区与职场健康的主要问题，否则这种关系就有可能消失殆尽。

参考文献

Dahlhauser, H. F., Dickman, F., Emener, W. G., & Yegidis-Lewis, B. (1982). Alcohol and drug abuse awareness: Implications for intake interviewing. Manuscript submitted for publications.

Fetterolf, C. F. (1983). Acceptance remarks upon presentation of Ross Von Wiegand Award at the 12th Annual Meeting of ALMACA. *The ALMACAN, 13* (10), 1, 6–7.

Hollman, R. W. (1981). Beyond contemporary employee assistance programs. *Personnel Administrator,* (Sept.).

Masi, D., & Montgomery, P. (1987). Future directions for EAPs. *The ALMACAN, 17* (3), 20–21.

McGaffey, T. N. (1978). New horizons in organizational stress prevention approaches. *Personnel Administrator,* 26–32.

McClellan, K. An overview of occupational alcoholism issues for the 80's. *Journal of Drug Education, 12* (1), 1982.

Quayle, D. (1983). American productivity: The devastating effect of alcoholism and drug abuse. *American Psychologist, 38* (4), 454–458.

Reichman, W. (1983). Affecting attitudes and assumptions about women and alcohol problems. *Alcohol Health & Research World,* 7 (3), 6–10.

Solomon, S. D. (1983). Women in the workplace: An overview of NIAAA's occupational demonstration project. *Alcohol Health & Research World,* 7 (3), 3–5.

Teems, L., & Masi, D. (1983). Victims of crime as EAP clients. *The ALMACAN, 13* (10), 20–21.

第四十一章

EAP：对未来的展望——1997

William G. Emener
William S. Hutchison, Jr.

大体而言，本书在1988年有关对未来展望这一章的主题仍然适用于20世纪90年代。如果企业继续从各个领域向着一种健康模式靠拢，酒精滥用的康复工作就确有可能在混乱中迷失。（这肯定是一个耻辱——如果企业的EAP能够真诚地秉持并且实施一个包括戒酒康复内容的EAP模式，将会有成千上万的好员工为企业做出优秀的贡献。）不过，对于EAP的未来还有另外一个展望的视角，这与美国社会的过去、现在、未来有关。

20世纪90年代上半期，美国经历了一次经济萧条。工资缩水，就业机会短缺，工商企业内部以“精简”和“优化”为名的结构重组，生活成本上涨，共同造成了美国经济的严重萎缩。这些经济状况所产生的一个重大后果就是“付费人”的变化——买主、采购者和消费者总体上变得更加谨慎，也更加苛求。与此相应，这导致了日益加剧的企业竞争性行为，从而使得当代的工商企业发生了巨大的变化。例如：①许多企业采取了削减成本和节约成本的举措（例如企业希望员工对他们自己的医疗保健费用承担更大责任）；②降低人工成本（例如要求员工“多做或少做”）。通过提高工人的生产效率和增强计算机性能来确保节约成本。一般说来，工商企业都热衷于高度警觉的监控措施，尤其是自上而下的集中监控（如微观管理）。正如一名工人最近所言：“不论我说什么或者做什么，我都一直感到前面办公室的那位老兄在盯着我的一举一动。”多数大型工商企业在这些基本架构上的变化，对于当代的工作环境、员工以及EAP，都产生了许多可以理解的影响。

工作环境

- 工人的行为受到高度的监督，工作任务受到严密控制。
- 个人行为受到更严苛的规范（例如：政治正确）。
- 工人承受更大的“多做”压力。

员工

- 工人感到更多的疑虑，害怕失去工作。
- “生存模式”显著降低了员工的工作满意度。
- 职业挫折感增加（工人的自主性降低）。
- 工人的偏执感增加。

EAP

- EAP需要处理日益增多的“与工作相关”的问题和困难（以及典型的“个人”问题和困难）。
- 由于人文服务领域里管理式医疗模式的出现，公司采取削减成本的措施，加之整个医疗服务行业的竞争加剧，EAP将感受到需要多做（少得）的压力。
- EAP从业者越来越处于“夹在中间”的境况（例如，公司希望EAP给自己带来更明确的效益，而EAP从业者又必须为员工个体提供最好的服务，因而感受到双重的压力）。

总之，这些情境并不一定把EAP的未来描绘成最激动人心和最具有吸引力的画面。未来10年很可能面临巨大的挑战！

总结性评论

对公司而言，①继续赢利并在20世纪90年代高度竞争的商业领域生存下去，而且②继续为其员工提供高效率并且富有成效的EAP，这的确构成一系列极大的挑战。同样，对于EAP从业者而言，①继续为求助者提供高效率和富有成效的EAP服务，而且②在此过程中继续保持其专业水准并坚守其道德准则，这也构成了一系列极大的挑战。

愿企业、工会和EAP专业人员继续合作，（即使各自面对挑战，也要）成功地帮助那些遇到困难的员工。

第四十二章

EAP：新千年的挑战

William G. Emener
William S. Hutchison，Jr.
Michael A. Richard

对未来的预测包括对过去的体会和对当今的理解。

有几个关键因素影响 EAP 的发展，当我们在新千年里继续我们的征途时，它们可能会继续影响 EAP 的推广、构建与运作。这些因素大致可以分为三类：①影响 EAP 事业的内部因素；②作为整体的工作场所的内部因素；以及③工作场所之外的更为广泛的社会因素。

EAP 事业

在这些因素中有一个重要因素，就是管理式医疗组织（Managed Care Organization，MCO）、员工个人和劳工组织对于 EAP 的评价。历史上，EAP 及其前身都声称它们能够有效地使有价值的员工恢复其生产力，并以这种方式向雇主“兜售”自己（Trice & Beyer，1984）。然而，EAP 的效果往往很难加以评估（Normand et al.，1994），部分原因是由于 EAP 通常只是更大的干预系统的一部分，该系统还包括治疗提供者、管理式医疗组织、雇主以及其他人等。这些群体中的任何一方的变化，都会对治疗费用、雇主的开支、员工康复以及最终是否接受 EAP 作为整个干预系统组成部分造成积极的或者消极的影响。

其次，外部 EAP 的提供者，无论是作为独立公司还是作为较大的管理式医疗组织的分支而存在，它们彼此之间的激烈竞争也推动了该领域的发展和服务供给。根据奥斯和克拉里（Oss & Clarly，1998）的预测，EAP 领域很可能会朝着多个方向发展。

一个发展方向是通过覆盖更多的工人和更高比例的劳动人口来扩大 EAP 市场。另一个发展领域可能采取外部供应商的形式来提高市场份额，但以牺牲内部服务模式为代价。虽然对于特定类型的公司来说（例如小型的、地域分散的、政府监管的公司等），外部 EAP 是一个高性价比的选择，但这些公司节省经费往往是通过限制与员工服务相关的核心技术的使用范围来实现的，而且这对工作场所的内部状况几乎没有结构性影响。但是，市场的扩张不太可能让所有外部 EAP 的供应机构都能满足企业的个别需要。奥斯与克拉里（Oss & Clarly，1998）记录了一个 EAP 组织的整合过程。这种整合的结果是较大的 EAP 机构为较大比例的 EAP 服务对象提供服务。例如在 1997 年初，20 家最大的 EAP 供应组织为 EAP 服务对象（约 3350 万人）中的 85.9% 的人提供服务。1997 年间，几家大型 EAP 供应商合并，导致 88.5% 的服务对象集中到 20 家最大的组织。1997 年 11 月，麦哲伦健康服务有限公司一家就控制了 34.1% 的市场份额，向 13291822 人提供服务。此外，奥斯与克拉里（Oss & Clarly，1998）预测，EAP 将演化为三个组织层级：①大型的全国性项目，服务员工超过 80 万人；②中等规模的区域性项目，服务员工在 6 万～ 80 万人，以及③小型地方性项目，服务员工在 6 万人以下。最大的 EAP 提供者在管理和技术支持方面占有规模经济的优势，小型 EAP 的优势则在于本地支持以及与雇主和员工群体的个人关系。将来，中型 EAP 很可能会感受到来自于行业两端的压力，甚至不得不考虑与大型 EAP 供应组织合并的问题。该预测的结果是，当企业要选择 EAP 提供商的时候，可供选择的对象将越来越少。考虑到全面服务型 EAP 费用的日益上涨以及 EAP 提供商的可选范围有限，今后内部项目和朋辈帮助计划则可能在特定的小众服务领域获得支持，在这一细分市场的空缺中找到自己的生存之地。

工作场所

EAP 成长和发展的另一个影响因素是对这些服务的真实的和明确的需求。例如，越南战争结束后，雇主们普遍认为退伍军人很可能会把他们的物质滥用恶习带进工作场所（Robins，1974）。另外，应用管理式医疗组织服务的企业显著增多并取得了效益，这与 20 世纪 80 年代以来更多女性加入劳动力大军的情况在时间上是平行的。由人口结构改变和其他社会力量引起的劳动力需求的类似变化，将继续影响着 EAP 服务的发展与走向。工作场所的特点，比如造成员工饮酒和非法用药的压力及文化影响，也会影响到对 EAP 服务的持续需要。多年来，研究人员把一些行为健康问题归咎于工作场所的影响（关于这些影响的概述，请查阅 Trice & Sonnenstuhl，1988）。历史上，EAP 一直在做问题员工的工作，并与他们的主管合作，探讨如何管理这些工人，但这只是最低限度地参与劳动流程在结构上的再设计（Steele，1989）。然而，EAP 专业人员已对参与工作场所风险管理活动表现出兴趣，通过这些活动可以更多地介入到对酒精和药物滥用的预防工作中，以求减少工作场所的风险因素。

社会

近年来各种不同类型的 EAP 项目的涌现，表明该领域对于管理式医疗实践的变化相当敏感。1997 年，据估计在 2.23 亿持有医疗保险的美国人中约有 1.685 亿人参加了某种类型的管理式行为健康医疗项目（75%）。在这 1.685 亿人当中，有 1.49 亿人参加了专项管理式行为医疗项目，有 19.5% 的人通过健康维护组织（Health Maintenance Organization，HMO）内部的管理式项目而受益。后一数字较 1996 年上升了 19%。因此，一个尚存争议的预测是，EAP 未来会更多地介入由管理式医疗组织所监督的活动。

综述

医疗保健行业是迄今入驻工作场所的唯一行业。其他社会机构也对那些导致员工求助EAP的问题感兴趣。例如，刑事司法机构就对非法药物滥用问题（U.S.Department of Justice，1997）、不当饮酒、家庭暴力、非法赌博、工作场所暴力以及不当性行为感兴趣。由刑事司法机构开发的检测设备和程序被越来越多地运用于工作场所项目（尤其是毒品检测）。强制报告类似虐待儿童之类犯罪行为所涉及的伦理和法律问题，如今受到执法部门的专家们更为严格的审查。最后，各种EAP、保险、职场健康、公民权利以及药品管制方面的立法已经影响到EAP模式及实践的发展方向。例如，各州对于EAP执照的发放制度就对这一行业的发展产生了影响。影响EAP的联邦立法具体包括：《美国残疾人法》、《美国健康保险流通与责任法案》、《精神健康平权法》（the Mental Health Parity Act，MHPA）、《员工退休收入保障法》（ERISA）、《全面综合预算康复法》（COBRA）和《联邦员工保健福利法》（the Federal Employee Health Benefit Act，FEHBA）。此外，适用于健康维护组织和其他管理式医疗组织的医疗改革方案如果获得通过，都将会影响到EAP未来的发展。

总结性评论

在新千年的最初两年里，我们亲眼目睹的现象就是变革速度的急剧攀升。无论是在局部范围还是在全球范围，事物的变化比以往任何时候都快。政府官员的失德及违法表现、首席执行官们的非法行为、美国经济的急速下滑，以及无处不在的国际恐怖主义威胁，统统转化为遍布生活各个方面的不稳定状态。工商企业以及员工变得越来越脆弱。如果说美国历史上什么时候最需要高效率和有成效的EAP的话，那就是现在。

当今许多EAP的创建者、发展者和领导者，都是通过“边做边学”的方式踏上了EAP的发展之路。他们可以被视为第一代EAP从业者。但是，最近以来，许多学习心理咨询、康复咨询、社会工作以及心理学课程（不再一一列举）的毕业生，在接受了EAP方面的课业和专门训练之后，确实更有利于继续发展、引领和从事将来的EAP工作（Dixon & Emener，1999）。恰好，在审视通往新千年的发展道路时，我们被这个世界发生的所有社会变迁所震惊，而这些变迁正预示着社会对于EAP将产生日渐增多的需求。因此，当看到新型的EAP从业者走出学院和大学，开始执业并准备应对新千年的挑战时，我们感到无比欣慰，并充满了乐观的自信。

参考文献

Dixon, C. G., & Emener, W. G. (1999). *Professional counseling: Transitioning into the next millennium.* Springfield, IL: Charles C. Thomas, Publisher, Ltd.

Employee Assistance Professionals Association (1997). *EAPA Model Employee Assistance Professional Licensure Act.* Arlington, VA: Employee Assistance Professionals Association.

Normand, J., Lempert, R. O., & O'Brien, C. P. (eds.) (1994). *Under the influence: Drugs and the American workforœ.* Washington, DC: National Academy Press.

Oss, M. E., & Clary, J. (1998). EAPs are evolving to meet changing employer needs. *Open Minds,* January, 4–10.

Robins, L. N. (1974). *The Vietnam drug user returns.* Washington, DC: Special Action Office on Drug Abuse Prevention; Monograph Series A, Number 2, May.

Steele, P. D. (1989). A history of job-based alcoholism programs: 1955–1972. *Journal of Drug Issues, 19* (4), 511–532.

Trice, H. M., & Beyer, J. (1984). Employee assistance programs: Blending performance-oriented and humanitarian ideologies to assist emotionally disturbed employees. In Greenley, J. R., ed., *Research in community and mental health.* Greenwich, CN: JAI Press, 4, 245–297.

Trice, H. M., & Sonnenstuhl, W. J. (1988). Drinking behavior and risk factors related to the workplace: Implications for research and prevention. *Journal of Applied Behavioral Health, 24* (4), 327–346.

U.S. Department of Justice. (1997). *Combating workplace drug crimes.* Washington, DC: Office of Justice.

第四十三章

EAP：在变化无常的世界中发展

Michael A. Richard

William G. Emener

William S. Hutchison, Jr.

变化对人的心智有相当大的心理影响。

担忧是一种威胁，因为事情可能变得更糟。

抱有希望是一种鼓励，因为事情可能变得更好。

自信鼓舞人心，因为挑战的存在让事情变得更好。

——小金·惠特尼（King Whitney，Jr.）

与工作场所相关的各种因素、发生于更广泛社会背景和政治环境下的各种事件，都会不断地左右着EAP的发展。在预测EAP未来发展方向时，我们唯一可以确定的就是我们实在不能确定什么。我们可以预见新的科学发展或者组织发展会影响EAP服务的提供，但这不是绝对的。我们也许知道哪些因素正在改变着工作场所，不过这也是不确定的。而且，社会环境和政治环境中的影响因素可能无法预见，同时又充满了戏剧性。例如，谁曾预测到：从2002年起美国会陷入两场战争；四级飓风所带来的灾害会摧毁一个重要大都市区，夺去1800人的生命，造成812亿美元的损失；或者一名心理严重失常的学生会在佛吉尼亚州布莱克斯堡大学城安静的校园里犯下残酷的暴行，枪杀了32名学生和他自己。也没有谁会想到一名持枪者会进入宾夕法尼亚州的一所乡村社区学校，杀害了5名少女。

当前EAP服务的发展趋势是以帮助解决员工问题和组织问题为标志的，这是本章所要讨论的主题。然而，EAP服务的提供者必须牢记，可预见和不可预见的无常变化将会改变EAP的未来。正如本文开头引用的民权活动家小金·惠特尼的建议，影响我们反应的是我们对变化的认识。

新章节

本版几个新章节围绕的焦点都是探讨影响EAP及其服务提供方式的趋势。EAP以及EAP提供者必须注意以下与员工需要相关的问题，这些新章节都是在回答以下问题：

- 要求提供财务规划和资金管理服务
- 财务方面的担忧和顾虑

- 患有创伤后应激障碍（PTSD）的员工人数增多
- 担心工作场所暴力增多
- 多样化问题，包括同性恋员工
- 关于物质滥用检测和药物与酒精依赖治疗方法的争议
- 劳动力老龄化
- 采用信息技术衡量和评价 EAP 服务
- 对员工敬业度和隐性缺勤的评估

本书的新章节和更新部分全面阐述了这些问题。因此，本章的首要重点是关于对 EAP 服务造成影响的员工问题或者组织问题，以及其他的一些趋势。

员工问题

女工问题

EAP 服务的提供者将越来越多地面对女工所特有的问题。由于为经济上的生存问题和医疗费用的支付能力而担忧，更多的女性向 EAP 寻求帮助（Rappaport，1998）。家庭暴力问题仍然对职场女性有着负面影响，这是经常被提到的问题（Bowman & Paul，2005）。看护问题，包括照料儿童、照料老人和照料患病亲属等，所有这些都主要影响到女性。EAP 服务提供者也在帮助她们解决其在这方面的顾虑（Hobson，Kesic & Delunas，2001）。

此外，临近退休的女性往往准备不足。为了照顾家庭而放弃工作，后又遭遇离婚，这让众多女性随着年龄的增长将面临财政风险。因此，年龄较大的女性越来越多地意识到她们必须继续工作以维持收支平衡（Rappaport，1998；Thorson，2000）。她们经常会请 EAP 专业人员帮助其缓解因这些情况而导致的压力。此外，处于这种困境的女性会向 EAP 服务的提供者报告自己对于未来所感受到的沮丧和绝望（Silverstone，1996）。

家庭暴力经常会对受害人的工作表现造成严重影响。这种伴侣对伴侣实施的暴力对受害人造成的损害既有直接的，也有间接的，包括生产效率下降、医疗费用增加、病假增多、工作中频繁出错、失去工作以及在工作期间遭受暴力伤害的风险增大。美国劳工部报告称，女性的伴侣实施的凶杀是女性在工作场所死亡的首要原因。此外，在所有报告的针对工作环境中女性所发生的暴力事件中，可归因于家庭暴力的占 27%（Bowman，2005）。EAP 服务的提供者必须对女性在面对这种风险时产生的焦虑情绪保持敏感性，让她们确信自己可以获得帮助。EAP 还可以向雇主提供咨询，帮助他们设计和建立一种现场的方案，可以向受害者以及施暴者提供服务，从而帮助企业降低暴力风险。

女性通常是儿童和老年亲属的主要照料者，这是现实。一项对工作者的调查结果显示，员工认为雇主应当帮助她们争取可以负担的费用，为子女和老人提供高品质的照料。那些承担照料子女和老人的义务的员工的确面临着诸多重大的压力来源，但她们是可以从设计得当的雇主帮助服务或者转介服务中获益的。EAP 从业者必须做好为该领域提供帮助的准备，因为有越来越多的女性表现出了与这些问题有关的压力，并影响到她们的工作能力（Hobson，Kesic，& Delunas，2001）。

就业安全

尽管工作场所的暴力和恐怖主义事件在增多，但员工更关心的是工作的稳定性。路易斯（Lewis，2001）报告称，对工作稳定性的这种担心与公司的裁员有关，在过去几年里持续不断的裁员使得受此影响的工作者已增加至50%。主要的解约方式就是直接让员工"走人"。但是，各公司会请EAP向这些员工和组织提供服务，以缓解该行动过程造成的不良后果。建议在此情况下应实施干预，以便被裁减的员工能够坦诚地向雇主表达要求。EAP服务的提供者应当允许受此影响的员工发泄他们的挫折感，然后对这种感受表示理解。主管应当与这些人接触，以表达组织对他们所作贡献的谢意（Lewis，2004）。

即使没被裁减的员工也会感到压力，因为失业的可能性也会给某些工人造成麻烦。对失业的担心可能与家庭经济的稳定、人身安全、居住条件以及自尊心等问题相联系。EAP服务提供者必须为心存顾虑的员工提供安全的宣泄渠道，使之能够表达他们的担心和恐惧，从而帮助他们应对这种状况，并保持良好的工作状态（Blair，2004；Saleh，2004）。

员工隐私

雇主越来越多地对员工进行背景调查和网上行为监控，部分原因是出于安全的考虑。许多员工理解这种强化监督的理由，但仍有部分员工认为他们的隐私权受到了威胁。这种监督措施正在改变员工与雇主关系的边界。工人的隐私在减少，他们的活动比以往任何时候都更容易被看到。这常常被认为会对工人与其组织之间的关系产生消极影响。许多员工也报告说，这对他们的自尊和幸福感也产生了负面影响（Brown，2000）。EAP从业者会接触越来越多的这类问题，它们多与工作场所隐私权的变化有关（Wellness Junction，2008）。

离职后重返岗位的问题

美国在伊拉克和阿富汗的战争已持续了4年，众多家庭和退伍军人面临着从战场退役后的问题。这些退伍军人可能会向EAP服务提供者表达他们重返工作岗位的顾虑。他们可能会提出这样的问题：他们离职期间谁在做这份工作？这些人现在在哪里？自己是否还能成功地重新适应这份工作？这些人也许会发现难以重新结识新同事，因为其他人未必对其离职期间的这段经历感兴趣。总体而言，离职后重返工作岗位的员工需要时间进行重新调整，以适应工作以及地方职场的要求。退伍军人因遇到出乎预料的反应而感到焦虑时，朋友和家人也可能会遭遇到一个"变得不认识的人"（Thomas deLong，2004）。

此外，家人也可能会因为担心从战场返回的亲人而求助于EAP专业人员。许多退伍军人是带着足以改变其人生的伤病返回的，这不仅会影响到其整个家庭，还可能会影响到他们的工作表现。周围的人会把这些问题反映给EAP服务提供者。许多返乡士兵会经历创伤后应激障碍，这让家人和退伍军人本人都非常担忧。EAP专业人员应当预见到所有这些影响返乡士兵的问题，并做好应对的准备（Thomas deLong，2004）。